姜伟 / 主编

江溯 邹劭坤 / 副主编

法律人工智能导论

INTRODUCTION TO AI IN LAW

北京大学出版社
PEKING UNIVERSITY PRESS

图书在版编目(CIP)数据

法律人工智能导论 / 姜伟主编. —北京：北京大学出版社，2023.4
ISBN 978-7-301-33762-2

Ⅰ. ①法… Ⅱ. ①姜… Ⅲ. ①人工智能—应用—法律—研究 Ⅳ. ①D9-39

中国国家版本馆 CIP 数据核字(2023)第 031433 号

书　　　　名	法律人工智能导论 FALÜ RENGONGZHINENG DAOLUN
著作责任者	姜　伟　主编
责 任 编 辑	靳振国　杨玉洁
标 准 书 号	ISBN 978-7-301-33762-2
出 版 发 行	北京大学出版社
地　　　　址	北京市海淀区成府路 205 号　100871
网　　　　址	http://www.pup.cn　http://www.yandayuanzhao.com
电 子 邮 箱	编辑部 yandayuanzhao@pup.cn　总编室 zpup@pup.cn
新 浪 微 博	@北京大学出版社　@北大出版社燕大元照法律图书
电　　　话	邮购部 010-62752015　发行部 010-62750672 编辑部 010-62117788
印 　刷　 者	北京中科印刷有限公司
经 　销　 者	新华书店
	650 毫米×980 毫米　16 开本　40.75 印张　763 千字 2023 年 4 月第 1 版　2023 年 11 月第 2 次印刷
定　　　　价	168.00 元

未经许可，不得以任何方式复制或抄袭本书之部分或全部内容。
版权所有，侵权必究
举报电话：010-62752024　电子邮箱：fd@pup.cn
图书如有印装质量问题，请与出版部联系，电话：010-62756370

主编介绍

姜 伟

中国人民大学法律系毕业，研究生（刑法专业）学历，法学博士学位。曾在中国人民大学任教授、博士生导师，先后任最高人民检察院检察委员会委员、公诉厅厅长、黑龙江省人民检察院检察长、中央政法委副秘书长、最高人民法院副院长，现任中国法学会副会长、中国法学会网络与信息法学研究会会长、最高人民法院咨询委员会副主任委员。主持国家社科基金重大项目（首席专家）等研究课题，出版个人专著五部，主编十余部，参与著作近三十部，在《中国社会科学》《中国法学》《法学研究》《人民日报》《求是》《光明日报》《经济日报》《法制日报》等报刊发表论文、文章近两百篇，《新华文摘》转载三篇论文。

副主编介绍

江 溯

北京大学法学院研究员，博士生导师，兼任北京大学实证法务研究所主任，北京大学法学院法律硕士刑法中心主任，北京大学法律人工智能实验室／研究中心副主任，《刑事法评论》主编，周泰研究院联合院长，中国犯罪学会信息犯罪防控专业委员会副主任委员，中国法学会网络与信息法学研究会理事，中国案例法学研究会理事、副秘书长，全国人大常委会法工委法律英文译审专家委员会委员，最高人民检察院网络犯罪研究中心特邀研究员。主要研究领域为刑法学，发表中文、英文、德文论文六十余篇，专著两部，主编著作五部，翻译论文、著作十余篇／部。

邹劭坤

中国社会科学院大学互联网法治研究中心副主任，清华大学智能信息获取研究中心研究员，中国社会科学院大学法学院博士研究生，星川律政创始人。2016 年起专注于法律智能领域，带领团队参与多项国家重点研发计划项目课题。

目　录

绪　论 …………………………………………………………… 001
　　第一节　人工智能与法律 …………………………………… 001
　　第二节　法律人工智能发展历程 …………………………… 007
　　第三节　各国对待法律人工智能的态度 …………………… 016
　　第四节　法律人工智能的发展趋势 ………………………… 021

第一编　外国的法律人工智能

第一章　英美法系的法律人工智能 ……………………………… 031
　　第一节　美国的法律人工智能 ……………………………… 031
　　第二节　英国的法律人工智能 ……………………………… 038
　　第三节　加拿大的法律人工智能 …………………………… 045
　　第四节　澳大利亚的法律人工智能 ………………………… 051

第二章　欧盟的法律人工智能 …………………………………… 063
　　第一节　欧盟电子司法战略（2019—2023年） …………… 063
　　第二节　德国的法律人工智能 ……………………………… 068
　　第三节　法国的法律人工智能 ……………………………… 078
　　第四节　芬兰的法律人工智能 ……………………………… 096

第三章　亚洲国家的法律人工智能 ……………………………… 104
　　第一节　日本的法律人工智能 ……………………………… 104
　　第二节　韩国的法律人工智能 ……………………………… 111
　　第三节　新加坡的法律人工智能 …………………………… 118
　　第四节　印度的法律人工智能 ……………………………… 125

第四章　其他金砖国家的法律人工智能 ………………………… 129
　　第一节　俄罗斯的法律人工智能 …………………………… 129

第二节 巴西的法律人工智能 ………………………………… 131
第三节 南非的法律人工智能 ………………………………… 135
小　结 ………………………………………………………………… 139

第二编　中国的法律人工智能

第五章　智慧立法 ……………………………………………… 143
第一节 智慧立法的必要性 ……………………………………… 143
第二节 智慧立法的发展历程与趋势 …………………………… 146
第三节 智慧立法发展应用的主要障碍 ………………………… 154
第四节 对智慧立法未来发展的展望 …………………………… 157
第五节 智慧立法典型案例 ……………………………………… 164

第六章　智慧警务 ……………………………………………… 168
第一节 智慧警务概述 …………………………………………… 168
第二节 智慧警务的应用场景 …………………………………… 173
第三节 智慧警务的未来展望 …………………………………… 195

第七章　智慧法院 ……………………………………………… 199
第一节 智慧法院的历史进程 …………………………………… 199
第二节 智慧法院典型应用场景 ………………………………… 203
第三节 智慧法院的未来展望 …………………………………… 230

第八章　智慧检务 ……………………………………………… 232
第一节 智慧检务的历史进程 …………………………………… 232
第二节 智慧检务的应用场景 …………………………………… 234
第三节 智慧检务的未来展望 …………………………………… 250

第九章　智慧律师 ……………………………………………… 258
第一节 概述 ……………………………………………………… 258
第二节 国外智慧律师发展情况 ………………………………… 261
第三节 我国智慧律师的发展现状 ……………………………… 263
第四节 智慧律师在律师业务中的实际应用 …………………… 265
第五节 智慧律师的未来发展 …………………………………… 273

第十章 法律科技 276
- 第一节 法律科技的概述 276
- 第二节 法律科技在中国的发展阶段 279
- 第三节 法律科技的应用场景 282
- 第四节 法律科技对中国法律市场的影响 296
- 第五节 总结与展望 300

第三编 法律人工智能的原理

第十一章 中文语言的法律人工智能原理 305
- 第一节 文本表示和文本相似 305
- 第二节 信息抽取 315
- 第三节 文本分类 322
- 第四节 知识图谱 330
- 第五节 阅读理解 338
- 第六节 搜索与推荐 345

第十二章 英文语言的法律人工智能原理 355
- 第一节 法律人工智能技术导论 355
- 第二节 法律论证建构模型 361
- 第三节 法律信息检索系统 381
- 第四节 论证结构与信息采集的结合：认知计算 401

第十三章 法律人工智能的应用场景 406
- 第一节 法律检索 406
- 第二节 法律问答 415
- 第三节 法律推理 422
- 第四节 文本生成 429
- 第五节 案件和主体画像 439
- 第六节 证据分析指引 451
- 第七节 情节判定 458
- 第八节 裁判尺度分析 464
- 第九节 案件可视化 471

第十四章　法律人工智能的技术"瓶颈" …………………………… 479
第一节　人工智能的发展"瓶颈" ……………………………… 480
第二节　法律人工智能的技术"瓶颈" ………………………… 485
第三节　新方向的探索 …………………………………………… 496

第四编　法律人工智能的影响

第十五章　对法律职业的影响 ……………………………………… 503
第一节　法律职业会消失吗 ……………………………………… 503
第二节　法律职业的忧虑与争议：真正的问题是什么？ ……… 504
第三节　技术的力量：作为冗余的法律职业？ ………………… 508
第四节　法律的未来：法律消逝而代码永存？ ………………… 515
第五节　认真对待法律职业 ……………………………………… 521
结　语 ……………………………………………………………… 529

第十六章　对司法程序的影响 ……………………………………… 531
第一节　数字技术应用与智能司法：控制犯罪之维 …………… 531
第二节　科技的司法应用需要解决的法律技术性问题 ………… 535
第三节　数字技术应用与智能司法：对正当程序的影响 ……… 541
第四节　数字技术应用下隐私权和信息安全的保障 …………… 545
结　论 ……………………………………………………………… 550

第十七章　对法学研究的影响 ……………………………………… 552
第一节　对法学研究对象的影响 ………………………………… 552
第二节　对法学研究方法的影响 ………………………………… 553
第三节　对法学研究主体素质养成的影响 ……………………… 569
结　语 ……………………………………………………………… 573

第十八章　法律人工智能的未来 …………………………………… 574
第一节　AI法官的现状如何 ……………………………………… 575
第二节　AI法官的应用障碍 ……………………………………… 582
第三节　AI法官的发展 …………………………………………… 587
结　语 ……………………………………………………………… 591

附录一：人工智能法学研究综述 ………………………………… 592
 第一节 人工智能法学研究的概况 ……………………………… 592
 第二节 人工智能的刑事法律问题 ……………………………… 593
 第三节 人工智能的民事法律问题 ……………………………… 602
 第四节 人工智能的立法建议 …………………………………… 613
 第五节 法律人工智能的相关问题 ……………………………… 617
 第六节 自动驾驶汽车的相关法律问题 ………………………… 623
 结 语 ……………………………………………………………… 628

附录二：欧盟各国司法数字化水平分析报告 …………………… 629

绪　论

人类社会已开始迈入智能化时代，人工智能引领社会发展是大势所趋，不可逆转。法律人工智能是人工智能的一个分支，是人工智能在法律领域的应用。法律人工智能就是在法律研究和实务中，运用人工智能技术来帮助法律工作者解决问题、提高质效。近些年，人工智能与法律职业的结合愈加紧密。在2016年11月第三届世界互联网大会上，各国法院代表达成了"乌镇共识"，明确将在司法审判、司法管理和司法决策中积极运用包括大数据和人工智能在内的新技术，以提高司法效能，降低管理成本。牛津大学理查德·萨斯坎德教授（Richard Susskind）在《法律人的明天会怎样？法律职业的未来（第二版）》中提到："未来十年，我认为人工智能可能会改变法律界的未来。"经过世界各国长期的探索实践，人工智能现已广泛应用于法律特别是司法领域，对法学基础理论、法律职业发展、社会伦理道德、公民行为模式等诸多方面产生了广泛而深远的影响。

第一节　人工智能与法律

近年来，人工智能的应用有着突飞猛进的发展。其实，人工智能的概念早在20世纪50年代就已提出。人工智能（Artificial Intelligence）又被称为AI，是研究、开发用于模拟、延伸和扩展人的智能的理论、方法、技术及应用系统的一门新的技术科学。纵观世界人工智能发展历史，人工智能领域的发展总共经历了三次大浪潮。

一、人工智能发展历程

人工智能的发展离不开三个关键词。一是幻想，科技创新往往始于人类的幻想。1308年，加泰罗尼亚诗人、神学家雷蒙·卢尔（Ramon Llull）发表作品《最终的综合艺术》（Ars generalis ultima），详细地解释了自己的理论：用机械方法即使用"逻辑机"从一系列概念组合中创造新知识。1726年，英国小说家乔纳森·斯威夫特（Jonathan Swift）出版《格列佛游记》，他在书中描述了一台名叫"Engine"的机器，这台机器放在拉普达（Laputa）岛。斯威夫特描述称:"运用实际而机械的操作方法来改善人的思辨知识。""最无知的人,只要适当付点学费,再出一点点体力,就可以不借助于任何天才或学力,写出关于哲学、诗歌、政治、法律、数学和神学的书来。""机器可以同我们一样拥有智能的想法"是由一个叫阿兰·图灵(Alan Turing)的人提出的,他的故事被拍成了电影《模仿游戏》。二是设想,从幻想走进现实。1950年,阿兰·图灵在英国哲学杂志《思想》上发表文章《计算的机器和智能》,借助"模仿游戏",提出"机器能否思考"的问题,为智能机器设置了标准,"一种可以让某人以为自己是和另一个人说话的机器"。被后人称为"图灵测试"。这篇文章被广泛认为是机器智能最早的科学化系统论述。三是科学,1956年首次提出了"人工智能"这一术语,标志着"人工智能"这门新兴学科的诞生。1955年8月31日,"人工智能"一词在一份关于召开国际人工智能会议的提案中被提出。当时的参与者纽维尔(卡耐基梅隆大学)、西蒙(卡耐基梅隆大学)、麦卡锡(麻省理工学院)、明斯基(麻省理工学院)、塞缪尔(IBM公司)因此成为人工智能研究的奠基者与领导者,甚至有人称他们为"人工智能之父"。[①] 一年后,达特茅斯会议召开,这次会议被认为是开辟了人工智能研究领域的历史性事件。此后,人工智能经历了三次浪潮式的发展。

(一)1956—1979年

这一时期,人工智能领域的突出表现为首款感知神经网络软件的发明,论证了数学定理。1959年,阿瑟·萨缪尔(Arthur Samuel)创造了"机器学习"一词,并在文章中指出:"给电脑编程,让它能通过学习比编程者更好地下跳棋。"1965年,费根鲍姆(Edward Feigenbaum)、布鲁斯·布坎南(Bruce G. Buchanan)、莱德伯格(Joshua Lederberg)和卡尔·杰拉西(Carl Djerassi)开始在斯坦福大学研究DENDRAL系统。这是历史上第一个专家系统,能够使有机化学的决策过程和问题解决实现自动化。1978年,卡内基梅隆大学开发了XCON程序。这是一个基于规则的专家系统,能够按照用户的需求,帮助DEC为VAX型计算机系统自动选择组件。或许是对人工智能抱有较高的期待,这些年间无论大学还是政府机构都纷纷往人工智能相关领域倾注人力、物力、财力等大量资源。可惜的是,当时的硬件和技术都无法匹配人工智能的发展需要。在经历第一次发展浪潮后,1974年人工智能迎来了首次寒冬。

(二)1980—2006年

这一时期,人工智能的发展迎来了第二次浪潮,标志是一种名为"专家系

[①] 参见蔡自兴:《明斯基的人工智能生涯》,载《科技导报》2016年第7期。

统"的 AI 程序的出现，Hopfield 神经网络和 BT 训练算法的提出，以及语音识别、语音翻译计划的诞生。1980 年卡内基梅隆大学设计的专家系统，一种能够依据一组从专门知识中推演出的逻辑规则，回答或解决某一特定领域问题的程序。"专家系统"在世界范围内被采纳后，在不少领域中都发挥了作用。此外，非常热衷于人工智能的日本，也在这个时期通过政府斥资 8.5 亿美元制造出了一台具有超级计算能力和人类智能的计算机。这台被称为"第五代计算机项目"的机器，目标是可以实现与人对话、翻译语言、解释图像，并且能像人一样推理。这一突破吸引了英国、美国开始关注 AI 和信息技术领域的研究，也为行业带来了第二次发展。但随着 1987 年"苹果""IBM"的崛起以及台式电脑的出现，AI 硬件市场需求突然下跌。再加上人们逐渐意识到，日本人提出的"第五代计算机项目"并没有实现，开始走向失望。这直接导致价值 5 亿美元的专家系统产业崩溃，并引发了人工智能的第二次寒潮。1988 年，罗洛·卡彭特（Rollo Carpenter）开发了聊天机器人 Jabberwacky，其能够模仿人进行幽默的聊天。这是人工智能与人类交互的最早尝试。1988 年，IBM 沃森研究中心发表研究文章，预示着从基于规则的翻译向机器翻译的翻译方法的转变。机器学习无须人工提取特征编程，只需大量的示范材料，就能像人脑一样习得技能。1997 年，IBM 研发出的计算机"深蓝"击败国际象棋冠军加里·卡斯帕罗夫，公众开始意识到人工智能的力量。

（三）2006 年

2006 年 Hinton 提出深度学习技术，2012 年 ImageNet 竞赛在图像识别领域带来突破，人工智能发展迎来了第三次浪潮。2011 年，IBM 的问答系统"沃森"在美国智力竞赛节目《危险边缘》中击败了卫冕冠军布拉德·拉特和肯·詹宁斯。"罗斯"（IBM ROSS）被认为是世界上第一个"人工智能律师"（AI Lawyer），它是建立在沃森系统自然语言问答平台基础之上的。虽然 2014 年 10 月阿鲁达、欧柏亚哥和达洛吉利奥三位联合创始人就已正式宣布罗斯问世，但它真正备受关注却是在 2016 年 3 月"阿尔法狗"击败世界围棋冠军李世石之后。2016 年，谷歌旗下的"深度思考"（Deepmind）出品的阿尔法狗大战韩国职业围棋手李世石并连胜三局等事件，再次引起人们对人工智能的关注。此后，谷歌、脸谱、微软等互联网巨型公司纷纷表示未来将更加重视人工智能，除开源机器学习框架，还投入巨资收购研发人工智能的公司和人才，使得 2016 年成为人工智能元年。对此，麦肯锡报告称"人工智能进入突破阶段"[1]。现在，人工智能已经无处不在。随着互联网技术的广泛应用、

---

[1] 《麦肯锡报告：2016 年人工智能投资超 300 亿美元，正进入最后突破阶段》，载搜狐网（https://www.sohu.com/a/149710329_781358），最后访问日期：2021 年 5 月 15 日。

互联网经济的蓬勃发展,世界各国都在积极探索"互联网+人工智能"的新模式。

(四)2022年

2022年底,美国人工智能实验室OpenAI发布的新一代人工智能系统ChatGPT成为全球性的热点。毫无疑问,ChatGPT是扩散速度最快的人工智能现象级产品。ChatGPT是由人工智能技术驱动的自然语言处理工具,使用了Transformer神经网络架构,也是GPT-3.5架构,这是一种用于处理序列数据的模型,拥有语言理解和文本生成能力,尤其是它会通过连接大量的语料库来训练模型,这些语料库包含了真实世界中的对话,使得ChatGPT具备上知天文下知地理,还能根据聊天的上下文进行互动的能力,做到与真正人类几乎无异的聊天场景进行交流。ChatGPT不单是聊天机器人,还能进行撰写邮件、视频脚本、文案、翻译、代码等任务。在如下五个方面,ChatGPT都比以往的人工智能工具更加优越:(1)在相对优越性方面,ChatGPT的语言生成能力和对话连贯性要比用户此前接触到的类似产品表现更优秀。相比微软公司此前开发的人工智能聊天机器人"小冰",ChatGPT能生成更顺畅自然的语言表达,在处理语言交互任务时更加准确。ChatGPT能提供良好的使用体验,在聊天过程中满足甚至超越用户的期望,这在其扩散过程中发挥出正向激励效应,提高了用户的采用率。(2)在兼容性方面,ChatGPT作为一款聊天机器人,其使用方式与真人聊天无异,与大多数既往互联网用户的使用经验相兼容。(3)在易用性方面,ChatGPT的交互逻辑简明直接,用户只需输入想要聊天的主题和任务,就可即刻得到答复。ChatGPT还能根据用户的反馈来调整自己的回答,提高用户的使用体验。(4)在可试性方面,作为免费开放的在线平台,ChatGPT欢迎用户进行尝试,接入和试用成本低。此前早已布局的聊天机器人和近年来涌现的系列智能生成图像、音视频的人工智能技术,已为大众接受ChatGPT做好了心理铺垫。(5)在可察性方面,ChatGPT在交流互动体验过程中表现出的自然流畅与高准确度,充分满足了用户对技术改进的期待,使用效果明显可见。有人甚至预测,ChatGPT可能会是首款能通过"图灵测试"的人工智能产品,它的问世将会对人类社会产生深远的影响。

二、人工智能与法律领域

人工智能与法律的关系比较紧密,法律是最早运用人工智能研究基础理论的领域之一。人工智能科学于1956年诞生,1958年美国学者陆斯恩(Lucien)就提出了法律科学的信息化处理模型,即建立法律文献自动检索模型和法官裁量模型。人工智能领域顶级刊物《人工智能》(Artificial Intelligence)在2007—2012年引用率最高的前20篇论文中有9篇、前10篇中有5篇、前5篇中有3篇都是与法律人工智能相关的。可以说,法律领域十分适合前沿技术的介入,司法的过程"适合人工智能,法官的自由心证,也是算法";人工智能应用也因"不通人情世故,拒绝偏见,拒绝个性,看起来,完美。机器人法官,呼之欲出"。①

一是机器更符合人们对司法裁判的期待。人工智能的发展是从幻想开始的,法律人工智能也源于人类的幻想。1955年,美国科幻作家弗兰克·莱利发表了一篇名为《赛博和霍姆斯法官》的短篇小说,虚构了一个机器人取代人类充当法官的故事。由于机器人更理性、高效,很少犯错(至少在形式逻辑意义上),不受情感干扰,更不会有动机去徇私舞弊、枉法裁判,因而比人类更适合操持司法。

二是法律实践的需求。随着社会生活和法律关系的复杂化,法律实践需要新的思维工具。一方面,法官、检察官和律师可能无法承受法律文献日积月累和法律案件不断增多的重负;另一方面,人脑的知识和记忆能力有限,且存在检索不全面、记忆不准确的问题。人工智能法律系统强大的记忆和检索功能,可以弥补人类的这些不足,帮助律师和法官从事相对简单的法律检索工作,从而极大地使律师和法官从脑力劳动中解放,能够集中精力从事更加复杂的法律推理活动。

三是人工智能与法律推理具有一定的契合性。司法活动很大程度上属于理性判断的过程,法官需要依据规则和事实来进行逻辑推理并得出裁判结论。而人工智能刚好可以像人类一样具备感知、推理、判断、学习、交流和决策等能力,能够模拟人类的思考过程,与法官在逻辑推理能力层面具有一定的共性。具体表现在以下几个方面:第一,尽管法律推理十分复杂,但它有相对稳定的对象(案件)、相对明确的前提(法律规则、法律事实)及严格的程序规则,且须得出确定的判决结论,这为人工智能模拟提供了极为有利的条件。第二,法律推理以明确的规则、理性的标准、充分的辩论,为观察思维活动的轨迹提供了可以记录和回放的样本。第三,法律知识长期的积累、完备的档案,为模拟法律知识的获得、表达和应用提供了丰富、准确的资料。第四,法律活动所特有的自我意识、自我批评精神,对法律程序和假设进行检验的传统,为模拟法律推理提供了良好的反思条件。

虽然法律与人工智能的关系一度紧密,曾是人工智能首选的应用领域之

---

① 参见《人工智能能够代替人类吗法官?》,载腾讯新闻(http://news.qq.com/cmsn/20170731012237),最后访问日期:2022年11月2日。

一,但随着法律人工智能研究的不断深入,人工智能在法律领域的诸多限制也逐步暴露出来。也正因此,从《人工智能》期刊 2018—2020 年引用率最高的前 25 篇论文来看,没有一篇与法律人工智能研究直接相关。同时,法律目前也不是人工智能公司创新的首选领域。这一现象与法律市场的特殊性、复杂性、监管严格性,以及法律在经济市场的次重要性等特征均有关系。①

首先,人工智能本身还面临许多"瓶颈",尚不具备法律职业活动必不可少的一些要素,如价值观、道德感、情感、审时度势的创造能力、联系实际的工作作风等。②

其次,司法大数据与人工智能技术的应用结果具有不确定性,其负面影响可能需要一段时间的系统评估才会显现。例如,算法黑箱是司法人工智能的主要问题。算法是由商家和技术公司设计的,建模和算法的某种不可解释性,就会形成算法黑箱。而司法公开是国际通行的一项基本原则,近年来,我国法院通过实施审判流程信息公开、庭审公开、裁判文书公开、执行信息公开等一系列举措,让司法活动经得起围观,实现以公开促公正、以公正促公信。机器学习的思路和结论的根据目前不具备可视性和可解释性,由此带来的技术壁垒使人们无法破译和理解 AI 是如何作出决策和判断的,这与司法公开原则相抵触,其科学性也就难以令人信服,特别是当前社会上热议的"大数据杀熟"所带来的算法歧视和偏见,更引起人们的不安和忧虑。尽管尚存在一定的争议,算法裁判仍在许多西方发达国家的司法实践中得到了运用,如辅助证据审查、预测裁判结果。未来,人工智能和算法裁判是发展趋势,但应限于简单案件,即案件事实清楚,法律关系明确,并建立与之配套的监督、验证与救济机制,预防或者避免算法歧视、不透明等弊端,最大限度减少算法黑箱可能对司法公正所造成的负面影响。

再次,法律人工智能的深度应用与裁判权的专属性存在冲突。虽然法律人工智能可以在大数据分析的基础上,通过算法为裁判者提供类似案件的先例裁判规则,统一司法尺度,促进司法公正,提高司法效率,降低司法成本,但如果裁判者对基于概率程序得出的分析结论形成过分的路径依赖,则有悖于法律职业的集体理性和伦理道德,变相将裁判权这一专属权力让渡于软件背后的软件开发者、算法设计者、数据提供者,司法责任将无从谈起。故而,无论是学界还是实务界达成的基本共识,就是法官在审判活动中仍然具有主体地位,法律人工智能只能一种辅助手段,不能独立用于审判案件,更不可能取

---

① 据国际货币基金组织(IMF)估计,全球法律市场占全球年国内生产总值(GDP)的比例仅略高于 1%,约占全球 80 万亿欧元 GDP 的 1 万亿欧元。
② 张新宝:《把握法律人工智能的机遇 迎接法律人工智能的挑战》,载《法制日报》2017 年 6 月 29 日。

代法官。

最后,缺少质量较好的结构化数据可能也会导致法律领域的技术应用落后于最前沿的技术发展。单就数据建模的技术原理而言,法律并不具备什么特殊之处,司法行为同样可构建数据模型。但是在输入数据项的选取、预测的精度提升方面却有着较高的难度。① 法律领域难以智能化应用的重要原因之一就是缺少质量较好的结构化数据。单纯寄希望于数据化技术的提高来改善数据质量,短期内来看还是有一定困难的。

第二节 法律人工智能发展历程

自20世纪50年代"人工智能"一词产生以来,人工智能与法律的结合已经有70多年历史了。在梳理法律人工智能发展历程之前,本书拟先对"法律人工智能"与"法律信息化"作出区分,防止实践中把一些没有体现出类人类一般的自主思考能力的应用都冠以"法律人工智能"的称谓。一般来说,法院的信息化建设是人工智能运用的基础,但并不等于人工智能运用本身。两者之间虽有着承继关系,但法律人工智能却呈现出技术介入的广泛性与深刻性。② 在国外,人工智能的运用也被看作深化法院信息化建设,特别是在线纠纷解决的一种发展方向。③ 例如,电子卷宗生成技术、网上办案平台、在线庭审等技术,其本质仍是电子化的信息处理方式,旨在实现法院办案方式由纸质向电子、由线下向线上的转变,并未体现计算机自主思考后进行加工的"额外知识",而仍是需要由人进行操作的信息化方式。这种模式其实是"人+电子化",或者说是数字化、在线化。④

纵观世界人工智能发展历史,人工智能发展经历了以推理和搜索为标志的首轮热潮和以专家系统为标志的第二波热潮,再到21世纪由机器学习推动的第三轮热潮。伴随着人工智能发展的三次大浪潮,法律人工智能的发展也相应经历了三个阶段,大体可概括为从学理研究到应用探索阶段,再到快速发展阶段。

---

① 参见周翔:《智慧法院的生成机制与未来发展趋势》,载《西安交通大学学报(社会科学版)》2021年第3期。
② 参见王禄生:《大数据与人工智能司法应用的话语冲突及其理论解读》,载《法学论坛》2018年第5期。
③ Amy J. Schmitz, Expanding Access to Remedies Through E-Court Initiatives, 67 *Buffalo Law Review*. 89, 2019, p. 146.
④ 参见左卫民:《从通用化走向专门化:反思中国司法人工智能的运用》,载《法学论坛》2020年第2期。

一、学理研究阶段

20世纪70年代以来,人工智能与法律关系的研究一直是学界感兴趣的课题。1970年,在人工智能专家系统刚刚起步之时,美国学者布坎南·赫里克(Buchanan & headrick)在《斯坦福法律评论》发表了《关于人工智能和法律推理的若干问题的考察》(Some Speculation about Artificial Intelligence and Legal Reasoning)一文,对法律研究和论证模型进行了探讨,特别是对建议系统、法律分析系统、法律论辩架构进行了讨论,为人工智能的推理和算法研究提供了思路,揭开了研究人工智能法律推理的序幕。① 这篇文章被视为首个法律人工智能提案,因为这是第一次正式把"人工智能"与"法律推理"关联起来思考问题。

1976年的《哈佛法律评论》刊登了法律人工智能领域标志性的文章《反思TAXMAN:人工智能和法律推理的一项实验》(Reflections on Taxman: An Experiment in Artificial Intelligence and Legal Reasoning),建立了基于定理证明、服务于公司法的程序原型TAXMAN。该原型具有开放架构的特征,并且将法律概念拆解成为复杂的且具有深度的模型。1977年,杰弗瑞·梅尔德曼(Jeffrey Meldman)开发了计算机辅助法律分析系统,它以律师推理为模拟对象,试图识别与案件事实模型相似的其他案件。安东尼·阿马托(Anthony D. Amato)提出,人类法官是否以及应该被机器法官所取代,以消除法律的不确定性。但这一设想是否正确以及可行在美国学术界一直争论不休,甚至还被上升至哲学层面讨论。② 例如,J. C. 史密斯(J. C Smith)指出,"电脑可以或应该代替法官"的见解是基于笛卡尔的"灵体二元论"和"莱布尼茨的谬误",二者犯了智力可以独立于人体而存在和所有的人类思想都可以通过一种通用的语言来表达的错误。③ 1978年,卡罗尔·哈夫纳发表了使用人工智能方法改善流通票据领域的法律信息检索(IR)系统的研究,并可以使用语义网络表达来超越纯粹基于关键词的方法。

我国的法律人工智能研究大概始于20世纪70年代末80年代初。1979年年底,著名科学家钱学森在《光明日报》发表文章,将法治系统工程纳入系

---

① See Bruce G. Buchanan etc., Some Speculation about Artificial Intelligence and Legal Reasoning, *Stanford Law Review*, 1970, 23, pp. 40-62.
② See Anthony D'Amato, Can/Should Computers Replace Judges, 11 *Georgia Law Review*. 1277 (1976-1977).
③ See JC Smith, Machine Intelligence And Legal Reasoning, *Chicago-Kent Law Review* (1998).

统工程体系。① 1983年,龚祥瑞和李克强在《法学杂志》上发表的论文《法律工作的计算机化》最早提出了运用计算机系统建立法律数据库、辅助审判业务的构想。② 这一阶段可视为以推理和搜索为目标的首轮法律人工智能研究热潮。

二、应用探索阶段

20世纪80年代,法律人工智能的相关研究主要集中在信息提取和信息检索方面,以及构建各种所谓的专家系统。这一阶段的法律人工智能进入以专家系统为标志的第二波热潮。

这一时期的法律专家系统经历了繁荣发展的十年,许多计算机科学领域的专家和律师投入法律专家系统的研发之中。两大法系基于各自法律传统分别形成基于规则、案例的法律专家系统。基于规则的法律专家系统是用专家系统模拟与规则相关的法律、司法解释、地方性法规等内容,建立复数的规则与相应权重的连接,从而预测裁判结果。在基于规则的法律专家系统中,具有代表性的是被誉为"人工智能与法之父"的麦卡迪所创建的TAX-MAN系统。基于案例的法律专家系统的发展,既是英美法系判例法传统与人工智能融合发展的产物,也是对基于规则的法律专家系统缺陷的弥补,即知识表示不仅是法律规则的简单选择,还应提取要素结合案例予以表达。具有代表性的如美国学者阿什利和里斯兰设计的HYPO法律专家系统。该系统能根据案件要素的相关性与重合程度进行索引从而发现类似案例,作为裁判参考。③ 此后各类专家系统如CATO、CABARET和PROLEXS等相继出现,有的已用于司法实践之中。④

我国于20世纪80年代中期开始研究法律专家系统。1986年,上海华东政法学院朱华荣、肖开权主持的"量刑综合平衡与电脑辅助量刑专家系统"课题获批国家社科"七五"研究项目,建立盗窃罪量刑数学模型。武汉大学法学院赵廷光教授从1987年开始研究量刑公正与人工智能技术的结合问题,并于1990年、2004年先后研发推出"中国刑法专家系统"软件和"辅助量刑系统"软件。⑤ 1993年,中山大学学生胡钊等研制了"LOA律师办公自动

---

① 参见钱学森:《大力发展系统工程,尽早建立系统科学的体系》,载《光明日报》1979年11月10日版。
② 参见龚祥瑞、李克强:《法律工作的计算机化》,载《法学杂志》1983年第3期。
③ 参见高翔:《智能司法的辅助决策模型》,载《华东政法大学学报》2021年第1期。
④ 参见张妮、徐静村:《计算法学:法律与人工智能的交叉研究》,载《现代法学》2019年第6期。
⑤ 参见赵廷光等:《实用刑法专家系统用户手册》,北京新概念软件研究所1993年版。

化系统"。①

现阶段人工智能技术的诸多司法应用,如诉讼策略辅助、案件结果预测等,在20世纪80年代末90年代初就已面世。例如,20世纪90年代研发的案件推理系统就可以从案件中提取事实,然后为双方当事人形成辩论要点与反驳观点。② 令人遗憾的,是类似研究很快遭遇"知识获取'瓶颈'"。原因在于司法人工智能技术应用的成败取决于能否获得海量法律知识以及能否将这些海量知识转换为计算机可识别的知识。③ 而当时可供训练的司法数据量与计算条件否决了很多现今流行的司法人工智能算法。另外,由于以法律专家系统为代表的法律知识工程在知识获取上依赖人工,专家知识库的知识结构不清晰且仅是无规则地被放置在机器中用于检索。因此,这些系统面临法律解释困难、难以解决规则冲突及缺失等问题。尤其是对于案件要素的相关性应由何种方法确定,这个法律专家系统的最核心问题,法律专家系统理论始终未能给出有效的回答。这一时期法律专家系统的热潮,实际上是在赫伯特·哈特所倡导的那种简单化的、以规则为导向的法律理论的影响下成长起来的。但是,这种依据法哲学理论所进行的研发,在实践中必定会遭遇各种复杂的法律问题,因为逻辑编程无法反映法律运行的真正逻辑;我们必须重视实体法的具体问题,但是这些研发者缺乏足够的专业法律知识。④ 自20世纪90年代后,传统的法律专家系统跌入低谷。⑤

法律人工智能真正的第一次实践应用,是1981年由沃特曼和皮特森开发的LDS法律判决辅助系统。作为检测美国民法制度的一种应用,此系统可以"计算"民事案件中产品的赔偿责任。1983年,霍华德·加德纳首次提出"多元智能理论",从多角度分析问题,结合法律概念对相似案例进行比较分析,检验结果的合理性与正确性,最后得出司法裁量结果。⑥ 1987年,首届国际人工智能与法律会议(ICAIL)在美国波士顿的东北大学成功举办,标志着人工智能与法学共同体的正式形成,有力地推动了人工智能与法律这一跨学科领域的研究和应用。与会者达成共识,每两年召开一次学术大会。为了进

---

① 参见杨建广、骆梅芳编著:《法治系统工程》,中山大学出版1996年版。
② 参见於兴中:《人工智能、话语理论与可辩驳推理》,载葛洪义主编:《法律方法与法律思维》(第3辑),中国政法大学出版社2005年版。
③ Henry Prakken, AI & Law on Legal Argument: Research Trends and Application Prospects, 5 SCRIPTed: A Journal of Law, Technology and Society, 449-451 (2008).
④ See Philip Leith, The Rise and Fall of the Legal Expert System, 30 International Review of Law, Computers & Technology 94-106 (2016).
⑤ 参见高翔:《智能司法的辅助决策模型》,载《华东政法大学学报》2021年第1期。
⑥ Anne von der Lieth Gardner, An Artificial Intelligence Approach to Legal Reasoning, MIT Press, MA, USA, 1987, pp.1-50.

一步引领与推动人工智能与法研究,1991年在牛津大学召开的第三届人工智能与法国际大会上成立了"国际人工智能与法协会"(IAAIL),旨在推动人工智能与法律这一跨学科领域的研究和应用。① 该协会不仅引领了法律人工智能的发展方向,还引领了人工智能的发展方向。② 1989年,伯曼(Berman)发表文章提出了人工智能司法应用的分工。人工智能可存在于司法程序的每一个环节,每个专有系统在自己的分支环节运作,系统也可以通过观察评判法官的裁判结果,模拟法官的审判思维,来预测司法裁量。③ 1993年,美国匹兹堡大学法学院资助创办的《人工智能与法》杂志,由斯普林格出版社出版。

1989年,澳大利亚开发了IKBALSI系统用于解释事故司法补偿条例,处理工人事故补偿问题。④ 1982年至1995年,日本第五代计算机系统工程促进了人工智能与法律实践的快速发展。Split-Up系统在1995年被研发出来并用于离婚纠纷案件中双方财产的处理。⑤ 1991年,Deedman提出了专家断案系统。此后,很多学者对法律人工智能的理论研究开始与实践相结合,通过AI产品和系统的研发设计搜索系统和裁量模型等,不断地适应司法实践的需要,推动司法领域相关改革。

2003年,本奇提出在利用人工智能技术进行类似案件筛选时,应考虑案件与案件之间的关联性。贝叶斯网络,又被称为有向无环图模型,于2005年被Biedennann用于法庭调查的证据评估。⑥ 2008年,里森(Riesen)以受害人的特点为视角,通过贝叶斯网络对美国刑事案件进行推算演绎的自动分析,极大地提高了刑事案件的处理效率。2009年,Dung通过设立涵盖知识、信仰、常识等当事人事实信息系统,建构推理模型辅助法官快速、准确做出司

---

① 此次会议主要包括十大议题:法律推理的形式模型;论证和决策的计算模型;证据推理的计算模型;多智能体系统中的法律推理;自动化的法律文本分类和概括;从法律数据库和文本中自动提取信息;针对电子取证和其他法律应用的机器学习和数据挖掘;概念上的或者基于模型的法律信息检索;自动化次要、重复性的法律任务的法律机器人;立法的可执行模型。

② 参见熊明辉:《法律人工智能的前生今世》,载中国社会科学网(http://ex.cssn.cn/zx/bwyc/201810/t20181010_4666738_1.shtml),最后访问日期:2022年11月1日。

③ Cal Deedman, J. C. Smith, The Nervous Shock Advisor: A Legal Expert System in Case-Based Law, *Operational Expert Sysems Applications in Canada*. Ching Y. Suen and Rajian Shinghai eds, Pergamon Press, 1991. pp. 56-71.

④ 参见张妮、杨遂全、蒲亦非:《国外人工智能与法律研究进展述评》,载《法律方法》2014年第16期。

⑤ John Neleznkow, Australian perspective on research and development required for the construction of applied legal support systems, *Artificial intelligence and Law*, Vol, 10: 237-260, 2002.

⑥ 贝叶斯网络在1986年由Judea Pearl提出,本质是一种概率网络,基于概率推理的图形化网络。一种在不确定条件下进行命题推理的标准认知模型,具有强大的不确定性问题处理能力。它能有效地进行多源信息表达与融合。其成为研究人工智能领域非精确知识表达与推理领域几十年的热点。

法判决。之后,许多国家和国际组织开始研发自己的司法专家系统或裁量模型,如基于案例和规则的混合系统 CABARET 等。

2015 年,全球著名十大律所之一 Demons,启动了一项名为 Nextlaw Labs 的项目,主要向一些法律与高新科技结合的研发计划提供资金支持。[①] 同年,斯坦福大学的学生约弗亚·布朗德(Joshua Browder)创建了世界上首个机器人聊天律师 DoNotPay,从最初处理违章停车罚单纠纷,到现在能够回答消费者权利和劳动争议的 1000 多种法律问题。

在美国,刑事司法系统中的人工智能应用主要表现为刑事司法中的"风险评估工具或软件"(Risk Assessment Tool/Software),集中应用于审前和量刑阶段。2013 年起,美国有一半以上的州应用了风险评估软件辅助量刑。目前,美国已有 2/3 以上的州应用这些软件来辅助法官量刑。

美国风险评估工具出现在 20 世纪 70 年代。一是暴力犯罪评估指南(Violence Risk Appraisal Guide),其被视为暴力犯罪方面最受欢迎的风险评估系统,包含年龄、婚姻状况、犯罪前科以及精神疾病等 12 项风险评估因子;二是 Static-99,属于在性侵类犯罪方面应用较为广泛的风险评估系统,包含被告人的犯罪前科、受害人性别、行为人年龄以及双方是否同居等 10 项风险因子;三是联邦审前风险评估系统(Pre-trial Risk Assessment tool),是近年研发出来适用于缓刑的风险评估系统,包含所犯罪行的严重性、教育程度、年龄、工作状况等 11 项风险因子。这一时期的风险评估工具主要采取了一种量化统计的方法,根据已量化的风险因子辨别行为人再犯风险的高低。

20 世纪 70 年代晚期至 80 年代初期的风险评估工具引入了动态风险因子,通过动态风险因子与静态风险因子的协同运作预测再犯可能性。The Historical, Clinical, and Risk Management Violence Risk Assessment (简称 HCR-20),是在暴力犯罪再犯风险预测方面应用性广以及预测准确性高的风险评估系统,包含了 20 种风险评估因子。[②] 水平评估量表(The Level of Service Inventory-Revised,简称 LSI-R),其特点是通过对可能引发犯罪的风险因子进行分析来预估再犯可能性。水平评估量表具体包括了 54 项风险评估因子,大致可以归为 10 类:犯罪前科、教育或工作状况、经济状况、婚姻家庭状况、居所状况、娱乐消遣、伴侣状况、酒精药物、情感状况以及个人定位等。这些风险因子一般通过半结构化访谈获取,并在此基础上进行数值累计,数值越高则行为人的再犯风险越大。美国"威斯康星危险评价工具"(The Wisconsin Risk-

---

① 参见谢澍:《人工智能如何"无偏见"地助力刑事司法——由"证据指引"转向"证明辅助"》,载《法律科学(西北政法大学学报)》2020 年第 5 期。

② K. S. Douglas, C. D. Webster, The HCR-20 Violence Risk Assessment Scheme: Concurrent Validity in a Sample of Incarcerated Offenders. *Criminal Justice & Behavior*, 1999(1): 3-19.

Assessment Instrument)是在西方国家比较有影响的危险性评估工具。这份量表是由贝尔德(Baird)、海因茨(Heinz)、贝莫斯(Bemus)在1979年编制的。

目前,在美国刑事司法领域应用最多的是COMPAS(The Correctional Offender Management Profile for Alternative Sanctions)系统,又被称为基于网络的风险评估工具,旨在评估诱发犯罪行为的因素和罪犯再犯可能性。COMPAS主要包括两个风险预测模型:再犯风险预测和暴力犯罪再犯风险预测。此外,还有风险筛选模型以及审前释放风险预估模型等。① COMPAS的风险因子主要集中在犯罪相关因素、人际关系、人格、家庭关系以及是否有反社会倾向等五个领域。所以,COMPAS在提供风险评估估值的同时,也会提供暴力犯罪风险估值、再犯风险估值、不到庭估值以及社区矫正失败风险估值。此外,COMPAS的独特之处在于它能够提供诱使罪犯实施犯罪行为的画像,包括罪犯的犯罪前科、主观恶性以及所处的社会环境等信息。②

除上述"风险评估工具"外,美国的一些州还使用法律人工智能工具来确定被告人的刑期长短。此类工具参考了数十年的量刑案例来设计算法,通过设置所在居住地、受教育水平、关系亲密人群的犯罪状况、中学前是否有过乘坐飞机旅行的经历等权重模块,评估被告人在一定时期内重新犯罪的可能性。还有学者通过机器学习的方法研究了新奥尔良地检署1988—1998年10年间145000名被告人的280000起案件,建立了被告人的再犯可能性模型,分析何种案件、什么样的人会得到法院的减刑与保释。③

美国早在21世纪初就开始了建设网络法院的探索。1993年,威廉与玛丽法学院启动了一项利用信息技术改革法院的研究项目"courtroom 21",提出利用信息网络技术的科技来建构虚拟法院(Mc Glothlin Courtroom),这就是密歇根州网络法院的原型。2001年2月,美国密歇根州议会通过《网络法院法》(The Cyber Court Act)。2001年3月28日,密歇根州最高法院根据《网络法院法》,对《密歇根州法院规则》和《证据规则》进行了修订。其中,最重要的变化是在《密歇根州法院规则》下增加第2700节"电子操作"(electronic practice)作为网络法院审判实务操作的指导规则。虽然计划详尽,"网络法院"却未真正设立。最大的原因就是缺乏资金支持。据估算,筹建"网络法院"需要25000~50000美元来建设并配备高速网络、证据

---

① Practitioner's Guide to Compass Core, Northpointe. https://assets.Documentcloud.org/documents/2840784/Practitioner-s-Guide-to-COMPAS-Core, last access: Mar. 13, 2020.
② T. L. Fass, K. Heilbrun, D. Dematteo, et al. The LSI-R and the COMPAS: Validation Data on Two Risk-Needs Tools. *Criminal Justice and Behavior*, 2008(9): 1095-1108.
③ 参见左卫民:《热与冷:中国法律人工智能的再思考》,载《环球法律评论》2019年第2期。

和文件展示硬件,以及电子文件管理系统等软件。"网络法院"拟由密歇根州最高法院提供资金,但州预算紧缩,这个计划最终流产。

三、快速发展阶段

21世纪初期,人工智能和法律领域开始研究机器学习技术,法律人工智能进入了由机器学习推动的第三轮热潮。

自2013年起,密歇根州19家法院和俄亥俄州1家法院陆续推行Matterhom在线平台。除了针对小额索赔民事争议,该在线平台主要被用来替代针对未偿担保案件和交通违法(连同一些民事侵害案件)的诉讼程序,它允许当事人、执法者和法院人员远程上传文书,取代法庭听证会。[1]

自2015年以来,由于人工智能技术的突破以及政策、社会和商业机构的关注、投入,法律科技市场再次繁荣。特别是随着2016年Alpha Go的横空出世,人工智能迅速升温。在各国人工智能战略和资本市场的强势推动下,以深度学习为主要特征的新一轮人工智能浪潮席卷全球。得益于知识图谱、算法、大数据的发展突破,法律人工智能技术取得飞速发展。

2017年,法国人路易·拉海·查内便设计了一款离婚诉讼结果预测软件,大获成功,受到了雷恩上诉法院、杜埃上诉法院及里尔律师公会的关注。同年,IBM公司研发了全球首位人工智能律师ROSS,此平台几乎输入了所有法律文件数据,ROSS可以通过证据的收集以及对法律和判例的解读,推理论证得出基于证据的高度盖然性结论。而且,ROSS还可以通过展示与案件相关的法律条文,结合以往判例,提出假设等方式与律师互动。此外,ROSS平台还能记录法律体系的发展与变化,时刻更新法院新型案件的司法判决。

2017年,英国的Case Cruncher Alpha在伦敦举办的一场"基于数百个PPI(付款保护保险)错误销售案例事实来判断索赔与否"的法律比赛中,以86.6%的准确率战胜了百名人类律师取得胜利。此后,一支来自谢菲尔德大学、宾夕法尼亚大学和伦敦大学学院的研究团队,通过人工智能识别几百个案件数据,经过整合分析后,预测到79%的案件审理结果与欧洲人权法院的案件审判结果相同。

我国这一阶段的法律人工智能也呈现飞速发展之势。我国在司法领域的智能化主要是"智慧法院"的建设。这项活动最早开始于2015年,当前已在全世界处于遥遥领先的地位。2016年10月,我国法律服务商"无讼"宣布国内首款法律机器人"法小淘"正式诞生,其能基于法律大数据实现智能案

---

[1] 参见〔美〕伊森-凯什、〔以色列〕奥娜·拉比诺维奇·艾尼:《数字正义》,赵蕾、赵精武、曹建峰译,法律出版社2019年版。

情分析和律师遴选。在学术研究层面,以"法律人工智能"为关键词在中国知网进行检索,可以看到,中文文献的数量从 2017 年起呈现递增的趋势。

四、发展现状分析

一般认为,人工智能的发展可以分为弱人工智能、强人工智能以及超人工智能三个阶段。从人工智能的发展来看,仍处在弱人工智能阶段。弱人工智能阶段的法律人工智能"可用但不好用"。基于机器学习的人工智能缺乏人类具有的背景知识,还没达到人脑的程度,尚未拥有智能或自主意识,距离强人工智能或者超级人工智能仍有相当一段距离。例如,目前用于智慧法院建设和其他法律领域的"人工智能"系统大多只是封闭的专家系统,有赖于知识的人工输入,还不具备深度学习的能力。① 类案推荐、量刑辅助、偏离预警等应用面临着图谱构建过度依赖人工干预、情节提取的自然语义识别技术准确度不足、类案识别的准确率偏低、模型训练的样本瑕疵、量刑算法的非可视化、偏离度预警的颗粒度悖论等技术"瓶颈"。②

从应用的广度来看,目前的法律人工智能还只是有选择地被应用于某些法律场景,并非全面推广应用。例如,司法人工智能被集中运用在警务活动及司法活动的少数环节,在通用技术相当成熟的如人脸识别、语音转换领域,人工智能的应用比较成功。但是,在关涉效率与公正等司法决策的真正疑难问题上,司法人工智能的应用仍是浅尝辄止,存在应用不多、不具体、实效不够等问题。③ 从应用的深度来看,目前司法人工智能在实践中仍限于充当辅助法律人决策的角色,难以胜任知识覆盖面大、技术含量高的司法工作,更适宜于处理技术性、辅助性的工作。即使在司法辅助活动中,人工智能的应用也是相对有限的。如"智慧法院"建设中推出的庭审智能语音识别、电子卷宗生成、类案推送、量刑辅助、法律问答机器人等,这些运用在一定程度上满足了当事人的需求,减轻了法官的工作量,同时在司法活动中开始发挥提高效率、有效地节约司法资源,但其效果还相当有限,未能如预期地普遍运用。④

---

① 参见郑戈:《大数据、人工智能与法律职业的未来》,载《检察风云》2018 年第 4 期。
② 参见王禄生:《司法大数据与人工智能开发的技术障碍》,载《中国法律评论》2018 年第 2 期。
③ 参见左卫民:《从通用化走向专门化:反思中国司法人工智能的运用》,载《法学论坛》2020 年第 2 期。
④ 参见左卫民:《从通用化走向专门化:反思中国司法人工智能的运用》,载《法学论坛》2020 年第 2 期。

第三节 各国对待法律人工智能的态度

在全球范围内,大数据与人工智能技术已经开始广泛影响政治、经济与文化生活。尽管各国均将人工智能技术视为下一个社会变革与经济增长的"引擎",不同国家司法系统对待人工智能的态度仍有明显区别,而这也跟法律领域的特殊性密切相关。态度差异之原因在形式上表现为一些国家对智能技术在法律领域的警惕,实质上则是司法自治与技术主义之间的冲突。例如,人工智能技术还无法审时度势地处理法律纠纷中常见的利益和人情,也无法有效地解决司法推理过程的复杂性问题。① 审判活动从古代神明裁判发展到当下的证据裁判,是一种非理性到理性的演变过程,这个过程中无疑彰显着诸多审判智慧,即哈耶克所谓"从长期审判实践的经验和丰富的观察中获得的可靠而周密的判断力和裁决力"②。这些显然是司法人工智能技术无法具备的能力。又如,算法黑箱与司法固有的公开属性存在冲突。司法人工智能技术较多地借助深度学习算法,但这些算法因自我适应性而缺乏可解释性。普通人往往难以理解其算法的原理和机制,与司法固有的公开属性存在冲突。③ 再如,基于司法大数据技术的广泛应用而产生的判决结果预测系统可能导致"管辖兜售"和"择地诉讼"等诉讼投机行为,由此给司法公正带来负面影响。④ 正是考虑到人工智能与司法的固有属性之间的不同程度的冲突可能引发一定的风险,尽管在实践层面各国都在不断地提升法律人工智能技术的适用范围与深度,但在国家立法等方面的态度却有所区别。

一、保守态度

欧洲一些国家对人工智能持保守态度,这些国家的人工智能应用主要呈现出民间应用蓬勃发展、官方应用相对有限等特点。2018年12月,欧洲委员会下属的司法效率委员会(CEPEJ)通过了在司法系统中使用人工智能的首份道德准则《关于在司法系统及其环境中使用人工智能的欧洲伦理宪章》,规定了五项基本原则。2019年1月,欧洲委员会通过了《人工智能和数

---

① 参见张新宝:《把握法律人工智能的机遇 迎接法律人工智能的挑战》,载《法制日报》2017年6月28日。
② 〔英〕冯·哈耶克:《经济、科学与政治——哈耶克论文演讲集》,冯克利译,江苏人民出版社2003年版。
③ 参见王禄生:《大数据与人工智能司法应用的话语冲突及其理论解读》,载《法学论坛》2018年第5期。
④ 参见王禄生:《司法大数据应用的法理冲突与价值平衡——从法国司法大数据禁令展开》,载《比较法研究》2020年第2期。

据保护指南》,其准则是"确保人工智能尊重人类尊严、人权和自由的基础"。2019年9月11日,欧洲理事会部长委员会成立了人工智能特设委员会(CAHAI),并于2019年11月18日至20日在斯特拉斯堡举行了首次会议,拟每年举行两次全体会议。该委员会的任务是根据欧洲委员会的人权、民主和法治标准,通过相关利益方的多次磋商,研究开发、设计和应用人工智能法律框架的可行性。① 2019年年底,司法效率委员会成立了一个"网络司法和司法领域人工智能工作组",挑选在网络司法和人工智能领域有深厚专业知识的6名成员和2名替补成员组成。新成立的工作组的任务是开发新的工具,为愿意在司法领域创设、使用信息通信技术或人工智能工具的成员国和司法界人士提供基本框架和保障。②

欧洲司法效率委员会在《关于在司法系统及其环境中使用人工智能的欧洲伦理宪章》中指出欧洲各国法律人工智能应用未受足够重视,并且主要来自私营部门,而未被纳入公共政策。在欧洲理事会(Council of european)成员国的司法系统中,要找到人工智能算法倡议的实例比较困难,因为大多数倡议尚未被公共政策所采纳。欧洲委员会各成员国的法官还没有在日常工作中使用预测性软件。从欧洲委员会为欧洲各国在司法领域应用人工智能设定的下一步工作重点领域可看出,其工作重点是司法文档数字化,而预测类司法软件等更多体现人工智能特征的应用并未列入2021年的优先工作领域。

欧洲国家中,又以法国最具代表性。法国总统马克龙指出,人工智能科技发展必须实现算法的透明化,方能保证法律的公平正义及提升"指引"的说服力。2017年,法国司法系统在雷恩和杜埃两家上诉法院进行了司法人工智能判决结果预测软件Predictice的试点。经过试点后,法国司法系统得出的结论是软件并无显著价值,它无法判断案件中的细微差别,也无法充分考量一些案外因素。在此基础上,法国政府于2019年推出的《司法改革法案》不仅没有明确支持智能技术在司法场景中的应用,反而还对其施加了限制,如该法案第33条明确规定,"不得为了评价、分析、比较或预测法官和司法行政人员的职业行为而重复使用其身份数据",违者将面临5年以下的牢狱之灾。这一立法并没有禁止判决预测,也没有禁止裁判文书的大数据分析,而是禁止基于法官、书记官"画像"的判决书大数据应用。这也是世界上第一例禁止对法官司法行为进行数据分析预测的法律。法国禁止人工智能

---

① See Harvard Law School, Online Courts: Perspectives from the Bench and the Bar, 20th November 2020, Sir Geoffrey Vos, Chancellor of the High Court of England and Wales.
② See CEPEJ, Terms of Reference of the Working Group on Cyber-Justice and Artificial Intelligence (CEPEJ-GT-CYBERJUST), 2020-2021.

指引裁判,更多地还是出于对技术不成熟的担心。① 可以说,法国"禁令条款"的出台与欧盟地区各国对大数据技术司法应用的警惕一脉相承,所不同的是法国政府更进一步,由"谨慎"到部分"禁止"。②

二、慎重态度

一些国家,如美国和英国,对法律人工智能运用既保持乐观,同时又较为慎重。这些国家或者从合宪性角度出发,或者从言词证据规则、技术安全性等角度出发,对人工智能、区块链等新技术应用于司法领域保持审慎态度。

美国没有国民身份证制度,许多美国人天生就害怕大政府。美国地方政府对人工智能技术应用表现出担忧。美国联合技术委员会(Joint Technology Committee)发布的《法院人工智能应用报告》中明确提到,法院在应用人工智能时,应谨慎处理,充分考虑人工智能系统可能带来的风险,以及这些风险可能产生的后果。③ 美国采取了相对宽松的管理制度,对于大数据与人工智能技术在司法领域的应用也并不反对。Lex Machina、Premonition、Ravel Law 等知名的司法大数据挖掘平台都是基于海量裁判文书对法官进行画像,进而实现风险评估与结果预测。美国一些州的法院已经开始有规模地将法律人工智能技术应用于审前保释或判后假释的风险评估之中。④ 美国在算法公开方面与欧洲国家也有所区别。美国司法机关没有完全承认公民享有算法公开这项权利,将个人利益特别是对知识产权的保护置于辩方的权利之上,而欧洲国家则更多地保护公民这项权利。⑤

总体上看,美国联邦最高法院相较于各州法院向来更趋向保守。美国联邦最高法院首席大法官约翰·罗伯茨(John. Roberts)的观点最具代表性,他写道:"法院主动选择以消极的姿态来面对美国最新科技成果所带来的好处。在应用包括信息技术等方面,法院的确与其他机构有所不同。"即便是因新冠肺炎疫情导致全美多数法院"停摆",联邦最高法院仍然固守"禁止摄像机进法庭"的传统,而各州最高法院对此并未禁止,甚至鼓励使用视频会议系统在线开庭。

英国司法界对于司法现代化存在一种批评的声音。地方法官指出,如果

---

① 参见施鹏鹏:《法国缘何禁止人工智能指引裁判》,载《检察日报》2019 年 10 月 30 日,第 3 版。
② 参见王禄生:《司法大数据应用的法理冲突与价值平衡》,载《比较法研究》2020 年第 2 期。
③ See Joint Technology Committee (JTC), Introduction to AI for Courts.
④ 参见左卫民:《热与冷:中国法律人工智能的再思考》,载《环球法律评论》2019 年第 2 期。
⑤ See EUROPEAN COMMISSION FOR THE EFFICIENCY OF JUSTICE (CEPEJ), European ethical Charter on the use of Artificial Intelligence in judicial systems and their environment.

按照英国的司法改革计划,将会有更多的审判转化为视频庭审。如果没有直接负责人或机构承担公共责任,这种诉讼程序可能会破坏公众对法律制度的信任。英格兰及威尔士首席大法官伯内特勋爵于 2018 年 12 月 3 日在"第一届国际在线法院高峰论坛——聚焦数字化改革与发展"的主旨发言时指出:"有些人认为,人工智能在谨慎保障的支持之下,即便不是全部司法职能,至少也可以执行部分司法职能。我对此有所怀疑,但不会阻止这些问题的辩论。"

三、积极态度

一些国家对法律人工智能持积极态度,如中国、韩国、新加坡、阿联酋等。以我国为例,我国已经成为法律大数据与人工智能应用的大国,"智慧法院"建设更是在世界范围内处于领先位置。在国家层面,大数据产业已经是重点工作领域,出台了相当多的政策来推动大数据产业的发展。在法律领域,法院系统的裁判文书上网工程,是法律大数据产业的最大亮点。正如有学者评论的,党的十八大以来的法治中国建设(尤其是司法改革)与信息化、大数据技术相结合,促成了法律改革的良好局面。在法律规制方面,中国对人工智能所设置的进入门槛较低,相应限制也较少,虽然正在对人工智能的伦理问题进行研究,但一定的滞后性反而为人工智能的政策选择与发展战略提供了有利条件。公众普遍将人工智能技术视为"为我所用"的工具,而对其不利的一面抱持乐观的心态。①

韩国对人工智能的态度整体上趋向于积极。② 一方面,不断推进人工智能的应用;另一方面,出台 AI 治理新规,严格限制、甚至禁用相关人工智能技术在某些场景的发展和应用。韩国已经制定了《机器人伦理宪章》,也在智能机器人的开发与普及、数据垄断的规制等方面有所尝试。2020 年 11 月 27 日,韩国科学技术信息通信部与情报通信政策研究院(KISDI)共同发布"国家人工智能伦理标准",提出理想的人工智能开发和运用方向,指出人工智能需以人为中心。在开发和运用人工智能的过程中,需遵守维护人的尊严、社会公益和技术合乎目的这三大原则。

四、激进态度

有的国家持激进态度,如爱沙尼亚。爱沙尼亚司法部已正式要求该国首

---

① 参见左卫民:《热与冷:中国法律人工智能的再思考》,载《环球法律评论》2019 年第 2 期。
② 参见〔韩〕尹玟燮:《韩国人工智能规制现状研究》,栗鹏飞、王淼译,载《上海政法学院学报》2018 年第 6 期。

席数据官奥特·维尔斯伯格(Ott Versberg)设计一名"机器人法官",负责处理积压的小额索赔法庭纠纷。该项目正处于早期阶段,很快将开始试点,重点关注合同纠纷。爱沙尼亚可能是第一个赋予算法审判权的国家。机器人法官的判决具有约束力,当事人不服可以向人类法官上诉。机器人法官的想法可能会在爱沙尼亚奏效的原因之一,是爱沙尼亚130万居民都已经使用国家身份证,并习惯于在线菜单服务,如电子投票和数字报税。

值得一提的,是欧盟发布的2020年法治报告显示,欧洲国家司法系统采用的数字化技术和所处的发展阶段差异较大:波罗的海3国(爱沙尼亚、拉脱维亚、立陶宛)的司法数字化水平最高,北欧3国(丹麦、芬兰、瑞典)紧随其后,西欧发达国家总体处于平均水平,中、东欧国家司法数字化水平整体较低,南欧国家呈现两极分化。这里可以发现一个有趣的现象,西欧发达国家明显不如波罗的海周边小国,爱沙尼亚尤其是典型代表:它的司法数字化水平在欧盟中最佳,在所有欧盟成员国中表现最为亮眼,比如在法院中使用最先进的信息通信技术,使法院在新冠肺炎疫情期间几乎没有受到影响。

总体来看,多数西方国家对于人工智能的应用比较慎重,呈现出一种"保守倾向",主要体现为以下两个方面。

一是尽管在实践层面法律人工智能技术的适用范围与深度正在不断提升,但在国家的顶层设计方面却要慎重得多。由于担心人工智能的运用会引发一系列的侵权行为以及当下作为权利维护手段的法律所无法解决的问题,西方国家普遍对人工智能尤其是数据的利用心存芥蒂,并设置了较多限制。

二是尽管现阶段的司法信息化改革中也有一些智能化的应用,但整体而言,其并非针对法院的核心业务。例如,英国司法改革中大数据技术主要被应用于了解公众需求、改善用户对在线系统的体验等方面,其对象主要是社会公众和法院辅助人员,而并未大规模地应用于法官的判案程序之中。欧洲地区应用司法人工智能的国家还包括奥地利和拉脱维亚。例如,奥地利司法系统尝试引入人工智能技术协助电子邮件管理和自动匿名化处理判决书中的个人信息;拉脱维亚也正在探索将机器学习运用于司法实践的可能性,其主要目的是处理法院的统计数字,以便拟定要分配的人力和财政资源的临时估计数值。可以看出,域外国家官方推动的司法智能化主要围绕在司法行政管理、改善公众体验等非核心业务领域,而在案件审判等核心业务方面渗透不足。

第四节 法律人工智能的发展趋势

人工智能技术日新月异,带动相关科技产业繁荣发展,人工智能企业不断涌现。人工智能技术的发展归根结底取决于三个要素:数据、算法和算力。大数据是人工智能的基础资源,而挖掘大数据的价值就必须依赖数据分析手段,这就是机器学习算法。目前,机器学习算法特别是其中的深度学习技术在某些方面取得巨大进展,在大数据和摩尔定律时代大算力的支持配合下,人工智能技术势必爆发出巨大威力。百度创始人李彦宏指出:AI 技术在经历了长期的投入和积累后也进入到快速应用期。在未来 10 年,人工智能领域中的 8 项关键技术将会实现从量变到质变,从而深刻地改变我们的社会。它们分别是自动驾驶、数字城市运营、机器翻译、生物计算、深度学习框架、知识管理、AI 芯片和个人智能助手。以人工智能为核心驱动的智能经济,正在成为经济发展的新引擎。①

通过对学界相关研究成果的梳理分析,笔者认为法律人工智能主要有 9 个发展趋势值得关注。

一、智能检索自动化

借助人工智能技术,法律检索和案例检索将朝着自动化的方向发展。

以法律检索为例,以往的法律数据库服务一般基于传统的关键词进行法律检索,费时又费力。在人工智能技术推动下,基于自然语言处理(NLP)、深度学习的语义检索和法律问答开始改造传统的法律检索服务。比如,号称世界首个机器人律师的 ROSS 就是基于 IBM 的 Watson 系统的智能检索工具,利用强大的自然语言处理和机器学习技术向律师呈现最相关、最有价值的法律回答,而非像传统法律数据库那样,仅仅呈现一大堆检索结果。② 未来的法律检索系统可以理解一段事实陈述并自动识别其中的法律问题,在此基础上完成检索并提供最佳法律信息,为用户提供更加便捷化、精准化和个性化的服务。

一般来说,案例检索包括类案检索和典型案例检索两类。前者主要用于案件办理,后者主要用于学者研究。关于类案检索,法院现有的类案推送系统大多采用输入特定关键词进行全库全文比对的传统方法,检索结果存在检

---

① 参见《百度李彦宏:AI 进入快速应用期 八大关键技术将深刻改变社会》,载人民网人民科技官方账号,2021 年 07 月 29 日。
② 曹建峰:《"人工智能+法律"十大趋势》,载《机器人产业》2017 年第 5 期。

索推送案例不精确,推送案例的范围过窄、来源不明、层级不清、类案类判实践差异显著等诸多问题。人工智能技术有助于建立真正的司法案例大数据库,加强"类案"本身的建设与管理,确立国家层面类案类判的管理机制与标准流程,建立一套类案类判、类案推送、类案检索的国家标准。① 对典型案例检索来说,人工智能算法有助于生成司法案例独有的"知识图谱"和案例精准推送制度,并自带专属"热搜"逻辑,为用户开展案例研究提供个性化的法律检索服务。具体来说,通过自然语义分析、机器学习等人工智能技术在案例检索领域的运用,可以基于一定的算法逻辑对数据库内案例的不同要素进行精细化的系统自动标注,作出类型化、标签化处理,实现案例的深度分析解构与关键信息提取。在此基础上根据用户的个性化需求进行可视化检索,自动匹配对应的知识图谱、裁判规则和逻辑体系,以提供更加精准、权威、高效的结果反馈。用户只需根据自身需求从前述检索结果中进行二次筛选、确认以及评价,系统就会根据用户对检索结果的反馈情况进行进一步的机器学习,对检索要素的关联性、文书与案情的匹配度等作出相应调整,不断优化后台算法、提升检索质量。总之,智能检索自动化需要重视和加强法律人工智能领域的"知识管理",把法院集体与审判个体的经验知识线上化,借助智能算法实现此类信息在职业群体间的高效流动。

二、文件生成自动化

法律文件自动化的趋势将给法律行业带来深远的影响。一是法律文件审阅自动化。基于 NLP、TAR(技术辅助审阅)、机器学习、预测性编程(predictive coding)等技术,可对调查取证、尽职调查、合同分析、合规审查等进行自动审查、分析和研究,显著提高这一工作的效率,大大节约审阅文书的时间。例如,德勤(Deloitte)借助机器学习合同分析系统 Kira Systems,只要 15 分钟就可以读完原本需要人类律师花费 12 个小时才能审阅完的合同。②

二是法律文件生成自动化。随着人工智能技术的发展,智能机器将被用来辅助甚至独立起草大部分的法律文件甚至诉讼文书。我国不少法院应用了文书自动生成软件,实现当庭宣判、当庭制作及裁判文书的当庭送达。诉讼文书自动生成既减少了法官的重复劳动,有效地提高了裁判文书制作的效率与准确性,也为当事人提供了更加便捷的服务。借助人工智能技术,随着数据的不断积累,系统还可以不断地自我学习和改进,持续改进法律文书的格式。

---

① 参见左卫民:《如何通过人工智能实现类案类判》,载《中国法律评论》2018 年第 2 期。
② 参见曹建峰:《"人工智能+法律"十大趋势》,载《机器人产业》2017 年第 5 期。

三、法律服务泛在化

随着法律人工智能的普遍应用,法院的法律和诉讼服务正朝着不断提升"泛在化"的方向发展。所谓"泛在化",顾名思义就是广泛存在,"泛在化"的法律和诉讼服务,则是指通过人工智能技术与法律/诉讼服务的深度融合,加强信息化基础设施建设,打造"互联网+法律/诉讼"模式,使法律/诉讼服务从线下扩展至线上,在多个领域与大众发生关联,获得更加多元的应用场景和更大规模的用户群体。

一是法律服务日益标准化、系统化、商品化、自动化。得益于人工智能技术,在线法律服务可以直接向终端用户提供法律咨询服务。例如,面向终端用户的法律机器人 DoNotPay 就可以协助用户自主完成对交通罚单的申诉材料准备和提交工作。① 法律机器人将对法律服务的提供产生深远影响,有助于实现司法便捷性,消除法律资源不对称的问题,提供更加精准的便民利民法律服务。

二是法院的在线诉讼将成为常态。在交往场景日益数字化的背景下,在线身份识别、音视频技术以及人工智能技术等已经为在线法院的建设提供了技术支持。比如,英格兰和威尔士上诉法院大法官布里格斯(Briggs)表示,"可以借助使用人工智能来在线裁决英格兰和威尔士的民事法律案件,在这方面,人工智能可以辅助法官,甚至作出判决"。② 我国智慧法院建设在这方面也做出了一系列有益探索。随着大数据、人工智能等科技创新成果同诉讼服务工作的深度融合,我国法院正在不断地提升在线多元解纷能力,完善诉讼服务中心的一站式服务功能,诉讼服务工作正进入更加便捷、透明、高效的"智慧时代";通过优化中国移动微法院并作为对外服务的统一入口,为当事人提供立案、查询、交费、调解、庭审、保全、委托鉴定等 29 项在线诉讼服务,融合线上线下资源渠道,全面打造一站式服务体系。③ 2020 年,我国法院接收网上立案 1080 万件,占一审立案量的 54%。④ 智慧法院建设还利用人工

---

① 参见曹建峰:《"人工智能+法律"十大趋势》,载《机器人产业》2017 年第 5 期。
② 根据英国学者苏斯金德(Susskind)的观点,英国的在线法院包括三个阶段:第一阶段是在线法律援助系统,向当事人提供法律咨询和建议等;第二阶段是审判前争议解决,法官通过邮电、电话等方式和当事人沟通,以解决纠纷;第三阶段即在线法庭,只适用于小额案件,以在线的方式审判案件,包括立案、提交证据、举证质证、裁判等。这类似于简易诉讼程序。英国当前的在线法院建设并没有利用人工智能系统来裁判案件,因此并非代替法官,而是以更好的方式解决纠纷。
③ 其中,立案、联系法官、证据交换、事项申请、多方视频、调解、庭审、保全申请、委托鉴定、智能问答等核心功能做到四级法院 100%全流程在线。
④ 当事人在 8 小时之外的非工作时段提交的网上立案申请,占全部网上立案申请量的 23.6%;非工作日的立案申请,占网上立案申请量的 10%左右,实现立案服务"零距离""不打烊""指尖办"。

智能系统提供在线矛盾纠纷多元化解决平台以及案件结果预判、网上司法拍卖、智能语音识别、类案推送、当事人信用画像、法律机器人法律援助等。

泛在融合必将深度改造传统的司法模式,使其更具有鲜明的时代特征。以庭审为例。传统法庭审理的核心功能是通过诉讼参加人的举证质证查明案件事实。在法庭这个独立密闭的空间内,通过诉讼参加人的陈述、相互询问、法庭询问等环节,法官可以直观感受到诉讼参加人在庭审中的不同语音语调、面部表情、反应、情绪、肢体表现等外在状态,是法官构建内心确信的事实依据,法官可以通过察言观色对陈述和证据材料(特别是言词证据)的真实性作出判断,进而对案件是非曲直形成内心确信并作出裁判。网上庭审是非面对面的,具有空间上的不一致性,甚至还衍生出时间上也不一致(即当事人之间不见面即可完成庭审)的异步审理模式,这使法官难以观察到诉讼参加人的临场状态,有悖于诉讼法上的直接言词原则,这对传统的庭审观念和模式形成了极大冲击和挑战。为了更好地发挥线上庭审的技术优势,最大限度地消除其潜在弊端,一些泛在网络技术未来将被应用到线上庭审中,有效地改善诉讼参加人的用户体验。比如,尽管 5G 技术目前在全球尚未普及,但是通信专家已经开始将 6G 技术提上日程。据相关报道,6G 的大多数性能指标相较于 5G 将提升最高 100 倍,将网络延迟从毫秒降到微秒级别。特别是基于 6G 技术的新型显示、传感成像设备等技术发展,可以实现虚拟现实(VR)、增强现实(AR)、混合现实(MR)合并为一的延展现实(XR)服务。通过泛在覆盖的高速宽带通信和虚拟现实技术,将有效地打破线上庭审的空间距离的局限性,让法官、诉讼参加人犹如面对面、身临其境地参加庭审,让传统的庭审功能借助新兴科技得以更好地实现。

四、案件预测智能化

案件预测是人工智能在司法实践中的重要运用场景。案件预测的智能化既利于当事人找到最佳诉讼策略、节约诉讼成本,也利于法官实现同案同判,保证司法公正。借助人工智能,可以在诉前阶段为当事人提供诉讼风险评估分析。当前,诉讼风险评估系统已在很多法院应用,当事人可以进行案情有关描述的选择,提交完成后获得通过大数据分析生成的法律建议书,科学提示当事人采取调解或诉讼等不同解纷途径所花费的时间、经济成本,提醒当事人结合自身实际情况理性选择,鼓励当事人选择非诉方式解决争端。当前的案件预测技术研究已经取得了一定进展。2016 年,研究人员利用欧洲人权法院公开的判决书训练算法系统,构建模型来预测案件判决结果,预测准确性达到了 79%。① 而且,案件预测已经用在了诸多实务领域。比如,Lex Machina 公司提供的服务,通过对成千上万份判决书进行自然语言处理,来预测案件结果。Lex Machina 的技术已经用在了专利案件中。

五、审判执行协同化

电子卷宗是实现智慧法院的前提和基础,只有做到卷宗电子化,才能实现真正意义上的全流程无纸化网上办案。目前,我国各级法院正在持续推进电子卷宗随案同步生成和深度应用,实现全流程无纸化在线办案,并提供全流程伴随式智能辅助支持,着力整合各类应用,改善一体化服务水平,提升与不同部门、不同法院、不同网络间的业务协同能力,实现网络互通、系统融合、数据共享的统筹规划,打破"信息孤岛"的阻隔效应,加强审判执行信息化建设,加快现代科技创新成果在审判执行工作中的全面运用,推进存证验证、可信操作和智能合约等区块链技术在审判执行工作中的深度融合。

六、人机融合常态化

英格兰和威尔士上诉法院大法官 Briggs 在在线法院的倡议中提出了算法裁判,即人工智能可以代替法官直接作出裁判。② 实践中不少实验证明,算法预测判决结果的正确率高于人类。例如,在 2004 年的一项研究中,研究人员安排若干名法律专家与一种算法同台竞技,预测高等法院判决时陪审团的多数意见。结果算法正确地预测出 75%的判决结果,而法律专家们预测准确率却只有 59%。③ 2016 年,研究人员利用欧洲人权法院公开的判决书训练算法系统,构建了模型来预测案件判决结果,预测准确率达到了 79%。④

马斯克认为,避免我们落后于机器的最好方式就是"我们变为人工智能,突破人类潜力的极限甚至生物的极限"。马斯克创办的脑机接口公司 Neuralink 甚至已经将这一疯狂的想法变为现实:具体来说,就是通过一台小手术机器人,像微创眼科手术一样安全无痛地在脑袋上穿孔,向大脑内快速植入芯片,实时读取脑电波,无线对外传输,并可以用外部设备控制。脑机接口研究的是在人脑与外部设备间,建立的直接连接通路,以实时翻译意识,最终做到人类与人类之间、人类与机器之间自由传输思想、下载思维。

---

① 参见曹建峰:《"人工智能+法律"十大趋势》,载《机器人产业》2017 年第 5 期。
② 参见曹建峰:《"人工智能+法律"十大趋势》,载《机器人产业》2017 年第 5 期。
③ 参见〔美〕卢克·多梅尔:《算法时代》,胡小锐、钟毅译,中信出版社 2016 年版。
④ 参见腾讯研究院等:《人工智能:国家人工智能战略行动抓手》,中国人民大学出版社 2017 年版。

"人机融合",简单地说就是充分利用人的认知能力和机器的计算能力,形成一种新的交互协同的智能形式,人与机器对同一事物产生的不同层面的理解将发生融合。马斯克的设想或许有些疯狂,但不可否认的,是人机融合将成为人工智能发展的一个大趋势。尽管人工智能技术的发展一次次打破人类的传统技术认知界限,甚至在某些领域已经超越了人类,但在创造力和智慧上,人工智能远远比不上人类。机器终究是人类研究出来的,数据和智能不可能、也不应该取代人的思想和意志。在法律领域,人工智能也不可能完美替代法律职业人士。2020年12月4日,浙江大学和达摩院联合举行了一场法律AI"一对多"人机竞赛,最终的冠军是人机协作组,由AI先预审,人类律师复审的准确率最高。① 美国联合技术委员会发布的《法院人工智能应用报告》中指出,虽然人工智能可以显著提高司法效率,但目前由人工智能完全取代人类是不可能的,而且也是不受欢迎的。② 法律人工智能特别是人机融合智能在中短期内只可能是一种有限的辅助办案手段,尚难以胜任知识覆盖面大、技术含量高的司法工作。更可行的做法是,将其定位为一种人机结合的司法裁判智能化辅助系统③,人类应在其中起主导和决定作用。由此人类可以从重复性机械式的初级工作中被解放出来,从而可以集中精力从事更具创造性和智慧性的高级工作。

七、法律数据中台化

所谓数据中台,是指实现数据的分层与水平解耦的大数据平台,通过数据建模实现跨域数据整合和知识沉淀,通过数据开发工具满足用户的个性化数据和应用需求。基于数据中台技术,法律人工智能领域可以持续汇聚各类法律数据资源,融合多源多态司法大数据,构建法律数据中台,建设法律人工智能综合"引擎",形成智慧法院大脑,支持法院间、法院与政务等部门间数据共享应用,提升数据驱动、知识生成和智能服务能力,面向各类用户提供精准数据分析和精准推送服务,面向各类应用提供智能辅助支撑和知识服务,支撑高层司法决策和社会治理态势分析预警。

---

① 人类组、机器组和人机混合组共5支队伍列队出赛,他们要在30分钟内审核5份总计近2万字且预埋了50个风险点的租赁合同,找出合同中的风险点。机器组不到1分钟就完成审核运算,准确率达到96%,速度远超人类。参见《阿里AI"一对多"挑战人类律师,不到10秒审近百行合同,准确率达96%》,载中国青年网(http://finance.youth.cn/finance_djgj/202012/t20201207_12608383.htm),最后访问日期:2021年5月15日。
② See Joint Technology Committee (JTC), Introduction to AI for Courts.
③ 参见宋旭光:《论司法裁判的人工智能化及其限度》,载《比较法研究》2020年第5期。

八、智慧云网一体化

随着"互联网+司法"模式的广泛应用,很多法院已经将自身核心业务系统部署至云网,通过与云服务提供商合作,逐步具备定制化云计算及大数据服务能力,获得相较于传统系统部署架构更为安全、高效、经济的技术优势,打通各个分散系统间的"信息孤岛",加速海量数据有效融合、开发利用和共享交换,真正实现应用协作和数据互通。在确保数据安全的前提下,整合构建法院专有云、开放云和涉密云,发挥法院云网的独特优势,建设完善网络设施,支持移动办公办案等各类终端全场景泛在化接入和跨网应用,提升云网设施一体化服务能力,推进重要业务场所的标准化、智能化建设,逐步推进法院专网应用与电子政务内网、电子政务外网等不同网系间的互联互通,促进上下级法院之间以及与其他政务部门的协同共享,满足不同应用主体的多元化司法需求。

九、法律智能职业化

随着人工智能与法律不断融合,法律人工智能职业也将成为法律行业的新兴职业。目前,美国50个州中有至少28个州修订了《律师执业行为准则》,规定律师必须具备技术能力。美国律师协会"未来法律服务委员会"2016年发布的专题报告《美国法律服务的未来》明确提及"法律职业者要利用技术创新来满足社会公众的法律服务需求"。

从域外法律人工智能开发的过程来看,知名高校法学院在其中扮演着重要角色。在人工智能研究领域,外国的大学法学院是主力军。中国《新一代人工智能发展规划》已经看到了法学教育与人工智能的结合,提出打造"人工智能+法学"复合专业培养新模式。我国各大法学院也注意到了人工智能对于法学的重要影响,开始将法律人工智能作为一个研究分支与教学方向。例如,北京大学法学院成立了"法律人工智能实验室和研究中心"、中国人民大学法学院成立了"未来法治研究院"、清华大学开设"计算法学"主题夏令营、中国政法大学设立"网络法学研究院"、华东政法大学成立"人工智能与大数据指数研究院"。未来,技术与法律的结合将更为密切,对新型人才的需求也更为迫切。推动人工智能同法律工作深度融合,需要法律人才,也需要技术人才,更需要既懂法律又懂技术的复合型人才。法律教育与人工智能等前沿信息科学技术之间的结合必将日益密切。

(绪论作者:姜伟、徐文文、章扬)

第一编 外国的法律人工智能

INTRODUCTION TO AI IN LAW

第一章　英美法系的法律人工智能
第二章　欧盟的法律人工智能
第三章　亚洲国家的法律人工智能
第四章　其他金砖国家的法律人工智能

第一章　英美法系的法律人工智能

第一节　美国的法律人工智能

一、美国法律人工智能发展历史概述

人工智能与法律是人工智能研究的经典领域,法律为人工智能提供了富有挑战性的课题,而法律本身也日益重视对人工智能领域的规制。

早在20世纪50年代,美国的法律人工智能研究已经发端。1957年科特(Fred Kort)发表的《用数学方法预测最高法院的判决:对律师案件权利的定量分析》,代表了这一时期法律人工智能研究的特点:受制于当时的计算能力,彼时人工智能采用分步骤地人工设定规则(hand-crafted rules)的方式对法律问题进行分析。布坎南(Buchanan)和亨德里克(Headrick)于1970年发表的《人工智能和法律推理的推测》一文对法律研究和推理进行建模的可能性,对法律检索、推理、咨询、分析和论据构建的发展提出了建议,并准确地预见了类比推理的重要性。① 1977年麦卡蒂(L. Thorne McCarty)里程碑式地介绍了TAXMAN系统,采用了定理证明方法来对公司税法中的问题进行推理。② 随着互联网的建立,法律信息获取技术也崭露头角。

至20世纪80年代,美国的法律人工智能领域的研究迅猛增加,人工智能研究团体之间不断加强联系,法律人工智能两大基础方法之一的基于案件的法律推理逐步建立。80年代末90年代初凯文·阿什利(Kevin Ashley)发表了在法律人工智能领域的重要论文《法律论证建模》,详细构建了英美法系中相关度评估、案件比较以及使用相关相似性和不同性来类比和区分案件等要素的方式。以此构建出的HYPO系统成为法律人工智能领域的首个基于案件的(case-based)法律推理工具。其后,这一系统发展出众多衍生系统,知名的如文森特(Vincent Aleven)开发的CATO系统,成为法科生创建基

---

① See Bruce G. Buchanan, Tbomas E. Headrick, Some speculation about Artificial Inteligemce and Legal Reasoning, 23(1) *Stanford Law Review* 40, 62(1972).

② See Edwina L. Rissland et. al, AI and Law: A fruitful synergy, http://www.iaail.org/?q=page/ai-law#fn6, last access: Aug. 21, 2020.

于案例的论点的重要工具,HYPO/CATO 也成为评价其他系统和理论的标志性系统。

在 21 世纪,机器学习、数据挖掘、观点挖掘等技术成为法律人工智能的主要研究方向,法律人工智能越来越迸发出与现实结合的生命力,不再停留于系统和模型阶段,而是在行政管理、证明责任分配、法律社交网络、法律文本信息获取等方面发挥着更加直接和现实的作用。

最近十年,大数据分析给法律人工智能的发展带来了新的机遇和挑战。据世界知识产权组织(World Intellectual Property Organization,简称 WIPO)数据显示[1],机器学习仍然在人工智能领域专利申请中占主导地位。此外,模糊逻辑和逻辑编程相关的专利申请也呈现上升趋势。在机器学习中,深度学习是成长最迅速的领域,其次是多任务学习。

二、美国法律人工智能的应用场景

美国人工智能研究和咨询公司 EMERJ 经过分析和评估,将人工智能在法律中的应用总结为六大领域:尽职调查(Due Diligence)、预测技术(Prediction Technology)、法律分析(Legal Analytics)、文件自动化(Document Automation)、知识产权(Intellectual Property)和电子化记账(Electronic Billing)。[2] 上述任何一个领域都不可避免地会出现不同的法律技术和方法的综合应用:尽职调查主要涉及合同审核、法律搜索或研究以及电子发现等内容;预测技术主要指通过人工智能软件生成判决、预测诉讼结果;法律分析指使用过去判例法中的数据点[3]、胜诉/败诉率以及法官的历史记录来分析趋势和模式;文件自动化则是指律师事务所使用的基于输入的数据而形成的填写好的模板软件;知识产权组合分析是指通过分析众多的知识产权组合以从中获取见解;电子化记账是指自动记录律师的计费工时。

(一)尽职调查:合同审核、法律检索与电子发现

尽职调查是一项复合型的法律工作,这一工作的内容主要包括合同审核、法律检索和电子发现。本项工作的难点不仅在于高昂的时间、金钱和人

---

[1] See WIPO, Technology Trends Artificial Intelligence, https://www.wipo.int/edocs/pubdocs/en/wipo_pub_1055.pdf, last access: Aug. 21, 2020.

[2] See Emerj, AI in Law and Legal Practice - A Comprehensive View of 35 Current Applications, *Business Intelligence and Analytics*, https://emerj.com/ai-sector-overviews/ai-in-law-legal-practice-current-applications/, last access: Aug. 21, 2020.

[3] 数据点是信息的离散单位。一般而言,任何单个事实都是一个数据点。在统计或分析的背景下,数据点通常是经过测量或研究得出的,并且可以用数字和/或图形表示。术语数据点大致相当于基准的、单数形式的数据。

力成本,而是即便如此规模的投入,仍然难以避免出现疏漏和错误。

从主体上来看,在美国从事本领域业务的有专门从事法律人工智能的公司,如总部设立在芝加哥的 iManage、哥伦比亚大学同研究人员共同创建的 eBrevia、总部位于旧金山的创业公司 Legal Robot;以及专门面向美国个别州的法律人工智能系统,如专门提供加州法律服务的 Judicata 公司。此外,一些知名律所、投资银行的法律部门也建立起自己的法律人工智能系统,如摩根大通的 COIN 系统。律所、会计师事务所、公司等实体既可以是法律人工智能服务的提供商,也可以是法律人工智能产品和服务的购买者。

同尽职调查相关的产品和服务主要采用的是自然语言处理和机器学习技术。AI 在并购业务的尽职调查领域中发挥着尤其重要的作用。从目标公司或卖家的角度,AI 具备如下功能:(1)协助收集文件并进行分类;(2)协助形成披露日程以及识别需要披露的文件以尽量避免卖家可能承担的责任;(3)提取关键信息;(4)发现文件中的反常之处。

具体来说,首先,在合同审核领域,相关系统可以从客户上传的文本中提取相关文本数据,决定哪些数据同客户寻找的信息相关,如并购交易中与控制权转移相关的数据。具备此种功能的产品如 eBrevia。其次,在法律搜索领域,相关系统可以将客户上传的法律文件同数据库中的上千份文件进行对比,也可以对文件通过光学字符识别(Optical Character Recognition),对文件进行数字化和分析处理。用户仅需输入所需要查找的特定法条类型,平台就可以摘取所有相关条款。除 eBrevia 之外,iManage 也致力于提升法律检索的智能化程度。最后,在电子发现方面,相关产品将自动搜索数据库中同客户上传的文件高度相关的文件,筛选出与客户提供的文件最相关的文件,对可能涉及诉讼相关的电子证据进行归档和再现,"公司律师可以轻松访问影响法律程序进程的关键文件"[1],此类公司如 DISCO。此外,还有主要提供自动修订(对文件中某些信息进行遮盖等处理)服务的 Catalyst,融合法律检索和电子发现两项功能的 Exterro 公司开发的 Whatsun 系统。

AI 在尽职调查领域的应用也引发了一些争议,主要包括以下问题:(1)责任问题。当使用 AI 处理争议条款时,可能会因算法或者程序训练不足而产生错误的结论。在此情况下,使用该 AI 软件的律所或公司一般是有责任的,但 AI 软件的制造商是否应该承担责任呢?(2)在发生网络攻击的情况下,AI 的应用可能导致敏感信息和机密信息的泄漏。(3)在使用法律人工智能将文件送给第三方之前如不抹除元数据可能违反律师和客户之间的保密

---

[1] Exterro, E-Discovery Data Management Product Brief, https://www.exterro.com/resources/e-discovery-data-managment/, last access: Aug. 21, 2020.

协定。

(二) 预测技术:对案件的预测与对文件的预测

律师每一天都面临着提供影响客户商业计划、交易结构、诉讼赢面和开销等服务。广义的预测技术包含多种内容,如上文提到的电子发现中预测相关文件、预测性编码(在神经系统中对认知冗余进行缩减以进行高效编码的统一框架)、预测法院决定和预测案件结果等。

众多学者在对最高法院判决结果的预测方面进行了持续的探索,在较近的研究中,研究人员利用最高法院的数据库,从表决中提取出16个特征并建立起算法架构。①

不过,同美国最高法院每年八十个左右的判例相比,客户更加关注和解与撤诉的可能性。在具体产品和服务领域,来自斯坦福大学法学院和计算机系建立的 Lex Machina 致力于预测法庭、法官、律师和当事人的行为,预测诸如某个法官准许或者否决某个动议的可能性有多大、案件需要多长时间才能获得永久禁令、得到审理或者审理终结、法官认定专利侵权、是否合理地使用商标或者违反《证券法》的可能性有多大等问题。在相关文件预测方面,来自华盛顿的 Intraspexion 拥有的专利软件系统可以搜索高风险的文件,并按照风险大小的顺序进行排列。预测性编码则建立起在神经系统中对认知冗余进行缩减以进行高效编码的统一框架。

(三) 法律分析:对案件的分析和对人的分析

传统上,法律分析需要律师通过阅读案件材料和摘要来进行。当前的人工智能技术已经可以从这些文档中提取关键的数据点,以方便法律分析。

法律分析进一步体现为对人的分析和对案件的分析。对案件的分析如前所述,但目前的研究方向更加倾向于研究对方律师、主审法官等人的行为模式。Lex Machina 的法律分析软件不仅可以查找出原告、代理律师和其他起诉人的信息,还可以生成数据分析对方律师胜诉或者败诉的可能性。Raven Law 的官网则显示其可以提供主审法官审理过的案件信息、巡回法庭和裁判信息。目前该公司正在和哈佛大学法学院曾合作,致力于美国判例法的数字化。

(四) 文件自动化:可重复使用的模板

文件自动化致力于将已经存在的法律文件自动生成模板,用生成的模板形成新的法律文件。文件自动化的好处在于提升工作效率的同时,又减少了

---

① Matthew Hutson, Artificial intelligence prevails at predicting Supreme Court decisions, https://www.sciencemag.org/news/2017/05/artificial-intelligence-prevails-predicting-supreme-court-decisions, last access: Aug. 21, 2020.

出错的可能性。不仅如此,高效也带来更好的客户体验,交付速度都是客户日益期望和要求的。更重要的,是文件自动化的本质是作为律师事务所的知识存储库,从而避免律师离开律所时随之而失去的智力和专业知识。

当前从事文档自动化业务的公司颇多,如 Legito、Smokeball、DocuSign 等不同产品的基础功能比较一致,通过将常用的文档和表格转换成可以重复使用的模板,使用户可以在短时间内创建自定义文档,且功能能够和微软 Word 软件相适配,方便一键转化。Legito 官网显示,其已为全球 123429 家公司和个人提供服务,包括斯柯达、Aber 律师事务所等;Smokeball 官网显示,该公司旗下的软件可以自动生成 200 多种法律文件。

(五)知识产权:从简化文件操作到一站式服务

法律人工智能进入知识产权领域的重要原因在于专利申请过程时间跨度长而任务艰巨。传统的专利搜索需要人工调查研究成百上千份的专利文件。根据世界知识产权组织(WIPO)的数据(2018 年为目前可获得的最新数据),全球共有近 250000 项专利申请,在过去的 15 年里年平均增长率为 5%,除了欧美等成熟经济体的缓速增长,全球对专利申请的需求已在相当长的时期内以惊人的速度增长。知识产权领域的高度专业性、申请高难度以及日益增长的申请需求共同推动了法律人工智能向这一领域的倾斜。

在具体应用方面,Anaqua 公司开发的 AQX 平台致力于提供一站式的知识产权服务。该平台提供知识产权整个生命周期的战略性管理,不仅可以让客户了解到保护己方知识产权的信息,还可以提供对公开及不公开数据进行分析的服务,评估该项知识产权的创新度,生成知识产权评估报告。除此之外,还能搜索相关专利,并对各项专利进行快速分析。据称,该平台已为 59 个国家的 1000000 名客户提供服务。[1] 同样,专门从事知识产权业务的 Smartshell 公司提供的服务则更加倾向于文件的自动化,其主要采用自然语言处理的方法。客户输入专利申请号,Smartshell 即可智能扫描和提取专利审核回应,对审查员的问题进行突出显示,滚动并清理先前的权利要求,从众多可选择的模板中创建自定义的回应模式,并以文档形式展现。[2]

(六)电子化记账:提高效率的有效工具

电子化记账的目标在于减少订单争议,进行客户导向的调整,同时也可更加准确地报告和追踪工作时间。

---

[1] Anaqua, Expect More From Your IP, https://go.anaqua.com/l/361891/2019 - 10 - 14/x6762g, last access: Aug. 21, 2020.

[2] ROWAN, SmartShell FAQ, https://rowanpatents.com/smartshell - faq/#toggle - id - 5, last access: Aug. 21, 2020.

上文中已经提及的 Smokeball 同时也提供电子化记账服务。Smokeball 的记账功能可以集成于法律业务管理软件中,与客户的业务实现无缝衔接。① 该平台通过云应用程序实现对每个文件进行准确、快速的计费,并且发票开出频率高,无论是按小时收费、固定收费还是偶然性工作都实现了高效的记账。

电子化记账也颇具争论。首先,不同的记账系统提供商有不同的记账指引,而不同的公司有各自的提交指引,想要实现从律所到付费账户的一站式送达仍存在中间障碍。其次,目前电子化记账缺乏统一的准则,尽管大多数供应商和客户系统基于统一任务管理系统和法律电子数据交换标准,但是每个提供商对于上传和追踪都有一些不同的协议,而且客户难免会要求对其中的交易标准或任务代码进行修改。当客户群体扩展到数万计的时候,系统提供商面临着巨大挑战。最后,电子化记账真的如此便捷吗?电子化记账的流程大致如下:必须根据为该特定客户开发的模板将账单打印到文件中。然后,将其转到共享驱动器进行审查。接下来,开票人可能需要手动操作文件或进行抽查。之后,开票人必须登录到电子计费系统,找到客户,上传账单。如果账单被接受,则必须记录确认;如果账单被拒绝,该过程将重新开始。实时追踪记账虽然看似增加收入,但是公司也往往会拒绝小于一定数额的账单。

三、美国法律人工智能的大潮与挑战

(一)律师职责范围的变化与美国律师协会示范规则的修改

法律人工智能在法律工作者的生产力起到了越来越大的效果,但与此同时也引发了人们对律师能力、勤勉和监督义务的关注。

2012 年,美国律师协会(ABA)修改了示范规则。根据示范规则第 1.1 条之规定,律师有义务向客户提供"胜任的代理",这意味着律师必须证明其进行了尽职代理,证明其具有为进行代理所必备的知识、技能,为代理进行了彻底的准备。该条注释 8 提出了技术能力要求,律师精通用于代表客户的技术;律师负有考虑的义务,即应考虑使用包括机器学习在内的技术能否更好地提供服务,目前已有 38 个州采用了此规则。②

美国的许多州都意识到法律人工智能对律师职责范围的影响。《纽约郡

---

① Smokeball, Legal Billing Software, https://www.smokeball.com/features/legal-time-and-billing-software/, last access: Aug. 21, 2020.

② Tech Competennce, LawSite, https://www.lawsitesblog.com/tech-competence#google_vignette, last access: Aug. 21, 2020.

律师协会职业道德委员会第 749 号正式意见》（2017）要求律师在使用技术代表客户的范围内具有技术能力，即律师本人拥有必要的技术知识，或者至少能和拥有技术知识的一个或者多个人员建立联系。①

（二）算法歧视与公平正义的张力

法律禁止歧视，但难处在于人类是否能够发现歧视。就法律人工智能而言，对数据的依赖并不能推定算法提供的就是真理，因为算法也常常植根于过往的歧视。潜在的算法歧视体现在刑事法官用来评估累犯风险的软件中出现的种族差异风险分类，体现在差异化定价策略中，也展现在针对不同种族和性别群体的广告中。②

在美国，COMPAS 是被纽约州、威斯康星州、加利福尼亚州等司法辖区所广泛使用的一种基于算法评估特定被告的累犯风险的软件。③ 非盈利新闻机构 ProPublica 于 2016 年的一项研究表明，该软件对黑人表现出明显的偏见，黑人被告更可能被错误地判定为高风险，即便算法本身可能并未将种族纳入衡量因素。虽然 COMPAS 提供的结论仅仅具有参考作用，但由于认知偏差，大脑在处理复杂问题时会自然地倾向于依赖短时间内就可以解决问题的方式去处理问题，这种认识偏见会导致法官过分依赖 COMPAS 评分。加州圣克鲁兹市是美国最早采用预测性警务的城市之一，但其却于 2020 年 6 月明确禁止使用预测性警务技术，盖缘预测性警务会对有色人种产生的偏见和歧视紧密相关。④

随着人工智能的普及，COMPAS 这样的预测算法可能会在司法系统中变得越来越多。需要在提高效率的同时，寻找能够消除细微差别的解决方案以克服各种偏差。

（三）技术的"黑匣子"

虽然人工智能已经越来越多地参与到法律工作的诸多流程之中，人们在依赖人工智能生成的结果时，却很难理解特定的技术是如何查询、分析数据

---

① https://www.jdsupra.com/legalnews/ethical-information-gathering-when-11208/.

② Diane Holt et. al. Examining Technology Bias: Do Algorithms Introduce Ethical & Legal Challenges? *ABA Business law section*, https://businesslawtoday.org/2019/03/examining-technology-bias-algorithms-introduce-ethical-legal-challenges/last access: Aug. 21, 2020.

③ Andrew L Park, Injustice Ex Machina: Predictive Algorithms in Criminal Sentencing, *UCLA Law Review*, https://www.uclalawreview.org/injustice-ex-machina-predictive-algorithms-in-criminal-sentencing/, last access: Aug. 21, 2020.

④ Kristi Sturgill, Santa Cruz becomes the first U.S. city to ban predictive policing, *Los Angeles Times*, https://www.latimes.com/california/story/2020-06-26/santa-cruz-becomes-first-u-s-city-to-ban-predictive-policing#:~:text=Nearly%20a%20decade%20ago%2C%20Santa, U.S.%20to%20adopt%20predictive%20policing.&text=In%20a%20unanimous%20decision%20Tuesday, from%20using%20facial%20recognition%20software, last access: Aug. 21, 2020.

并输出结果的。人工智能工具成为一个技术的"黑匣子"。

技术"黑匣子"同法律人工智能的其他问题如影随形。从律师的勤勉尽职义务角度来说,律师必须在多深的程度上了解"黑匣子"的内部运作方式,才能满足勤勉尽职的道德职责?如何处理对律师"技术能力"的要求同私人开发的算法知识产权保护之间的关系?COMPAS已经获得了商业秘密保护,这意味着COMPAS的算法、软件、使用的数据类型以及权衡每个数据点的方式几乎不受第三方审查。这种制约不仅仅适用于律师,也适用于提出量刑建议的检察官。随着我们对技术的依赖程度和不公平事件的出现频率不断增加,这些问题将继续出现。

在算法歧视方面,如果用以搭建算法的数据点等关键因素作为商业秘密而得到保护,研究人员只能从结果的演算上去估量某一产品的潜在歧视,这也引起了对公平正义观念的探讨。例如,ProPublica从COMPAS的计算结果中得出结论,黑人被该软件评判为高风险而实际上却未成为累犯的误判率要高于白人;而COMPAS所属公司则根据算法认为该软件对不同人种的预测准确率是相同的。①

四、小结

美国人工智能发端早且应用场景丰富。本节主要从尽职调查、预测技术、法律分析、文件自动化、知识产权、电子化记账六个部分分析了当前的应用软件和在法律等方面值得商榷之处。可以看到,人工智能其实已经触及法律工作的各个方面,虽不完美,但是美国也通过修改相关法律文件等方式重新调整法律关系。然而,一旦触碰到公平正义的逆鳞,也会摒弃法律人工智能在某具体领域的运用。

第二节　英国的法律人工智能

在人工智能领域,英国从来没有缺席。任何人回顾人工智能的发展历史,都无法忽略一个英国人——阿兰·图灵(Alan Turing)。1950年,图灵发表了题为《计算机与智能》(*Computing Machinery and Intelligence*)这篇具有开创意义的论文,推动了智能机器概念的正式定义,并将智能机器整合进快速

---

① Sam Corbett-Davies, A computer program used for bail and sentencing decisions was labeled biased against blacks. It's actually not that clear, *The Washington Post*, https://www.washingtonpost.com/news/monkey-cage/wp/2016/10/17/can-an-algorithm-be-racist-our-analysis-is-more-cautious-than-propublicas/? noredirect=on&utm_term=.fa2ecb6503a8, last access: Oct. 17, 2017.

发展的数字计算领域。2016年3月15日,围棋人工智能"阿尔法狗"(Alpha Go)战胜职业九段棋手李世石,这场"人机大战"成为人工智能史上一座新的里程碑。"阿尔法狗"(Alpha Go)背后的研发公司DeepMind在被谷歌收购之前,正是一家纯正的英国公司。DeepMind公司的两位创始人是伦敦大学学院计算神经科学组的博士。尽管其他国家和跨国公司也在大力投资人工智能开发,但至少在目前,英国的人工智能研究一直走在世界前列。

近年来,英国在人工智能领域的研究逐渐从由政府和学术机构主导转移到了商业界主推。①法律人工智能产品的应用同样如此,英国已步入人工智能技术服务于律所等供给侧的发展阶段。

在英国,由于律师事务所经常与大学展开合作,并且有财政上的资金支持,它们的人工智能产品有着非常出色的发展。另外,自2007年以来,替代性法律服务提供者的出现(替代性法律服务提供者,是指传统律师事务所以外、提供法律服务的专业公司,主要提供文书校验、电子档案查询、合同管理等业务)开启了律师事务所的新竞争。

一、法律文件审阅自动化

(一)电子取证

英国法院已经明确表示在诉讼和案件中整理、收集证据材料时可以利用预测编程技术。2018年3月9日,英国律师事务所Berwin Leighton Paisner(BLP)的诉讼和公司风险团队在为其客户BCA Trading在英国高等法院进行为期12天的诉讼后,最终获得了胜诉。在这个案件中,BLP使用了预测编码技术进行了实质性的文件审查。高等法院在12天的审判中对这项技术在案件应用中的可靠性进行了完整的测试,并给予了积极的评价。②

预测编码是一种机器学习技术,它大大降低了电子取证过程的成本。通过迭代求精的过程,该算法能够达到可应用于整个数据集的审阅精度,以比传统文档审阅更高效和可扩展的方式识别相关文档。

---

① Growing the Artificial Intelligence industry in the UK, Department for Business, Energy & Industrial Strategy and Department for Digital, Culture, Media & Sport, https://assets.publishing.service.gov.uk/government/uploads/system/uploads/attachment_data/file/652097/Growing_the_artificial_intelligence_industry_in_the_UK.pdf, p. 23-30, last access: May 30, 2020.

② BLP's LCR Team Wins in High Court with First Applied Use of Predictive Coding Technology at Trial, https://www.bclplaw.com/en-GB/news-events/blp-s-lcr-team-wins-in-high-court-with-first-applied-use-of-predictive-coding-technology-at-trial.html, last access: May 30, 2020.

(二)文件审阅

2019 年,英国的一家律师事务所 Bryan Cave Leighton Paisner(以下简称 BCLP)因为其早期案件评估工具 Clear/Cut 系统的使用而再次获得 AI 创新奖。Clear/Cut 系统由 BCLP 专门针对商业诉讼、仲裁和调查案件进行早期评估而设计。它只需花费少量的时间和成本就可以分析海量的文档。它的速度和准确性确保律师不会被淹没在浩瀚的文档中而可能错过某个关键点。据此,律师能够对客户的问题提供针对性的报告,并向客户推荐案件处理策略,比如建议客户选择应诉或是和解。①

该奖项巩固了 BCLP 在法律服务中使用人工智能方面的领先地位,同时也促使 BCLP 引入 Kira 系统的人工智能审查技术进行文档审核,以优化其律所的工作流。②

Kira 系统借助其先进的机器学习技术可以自动识别和提取合同信息,并提供 1000 多个内置条款模型和标准搜索结果,包括律师尽职调查过程中普遍需要审查的合同条款。如果在调查过程中需要审查额外或不常用的信息,Kira 快速研究系统可以用来确定几乎任何条款,并且可以以任何格式呈现出审查内容的摘要。③

(三)信息检索

BCLP 利用 RAVN Systems 的人工智能平台 Applied Cognitive Engine(RAVN ACE)创建了英国第一个合同机器人的项目,在其房地产业务范围内开展工作。RAVN ACE 能以更短的时间和更高的准确度从文档中读取、解释和提取特定信息,并将非结构化数据转换为结构化输出。BCLP 的合同机器人使用 RAVN ACE 核心功能从标准法律文档中提取数据,在内部交叉检查数据,对照外部源检查数据,并将输出结果写入电子表格,为下一阶段的流程做好准备。④

2018 年英国替代性法律服务提供商 Riverview Law 利用 Kim Technologies 专为法律部门提供服务的 Intelligent Legal Operations Platform 进行文档分

---

① https://discover.bclplaw.com/clearcut, last access:May 30, 2020.
② BCLP Named Among 'Big Winners' at Legal Week Innovation Awards, https://www.bclplaw.com/en-US/news-events/bclp-named-among-big-winners-at-legal-week-innovation-awards.html, last access:May 30, 2019.
③ https://www.kirasystems.com/solutions/due-diligence/, last access:May 30, 2020.
④ RAVN Systems' Artificial Intelligence Platform is Deployed Successfully at Berwin Leighton Paisner, https://www.prnewswire.com/news-releases/ravn-systems-artificial-intelligence-platform-is-deployed-successfully-at-berwin-leighton-paisner-528627681.html.

析,以帮助其律师团队更快、更好地作出决策。①

英国律师事务所 Linklater 开发了一款名为 Verifi 的电脑程序,用来筛查 14 家英国及欧洲监管登记机构的材料,为银行核查客户姓名。经受过训练的初级律师核查一个人名平均需要花费 12 分钟,而这款程序可以在数小时内处理成千上万个人名。②

英国律师事务所 Pinsent Mason 开发了一个可以读取并分析贷款协议条款的程序 TermFrame,该程序专为银行金融业务中精密复杂的分离零售银行和投资银行业务而设计。该系统在尽职调查过程中能够协助律师通过自动化数据提取组件,分析处理大量文件并提取出关键条款。此外,还可让银行"归集"来自单个客户的所有文档并着重显示其中的差异,以进一步提升投资组合的透明度,并协助律师评估、分析,并根据客户要求定制报告。例如,对于一家客户,Pinsent Mason 使用 TermFrame ERA 平台审核了超过 23000 份文件,审查的项目从详细审查评估到高级尽职调查,全部采用数据析取技术完成。在详细审查评估方面,它在 22 天内审查了 1879 个文件,相当于平均每天审查 77 个文件;在高级尽职调查中,它在 30 天内审查了超过 12000 个文件,相当于平均每天审查 405 个文件。根据 Pinsent Mason 的计算,相比人工审查,使用 TermFrame 程序帮助律所减少成本约 97%,即便是更为复杂的文件,也依然可以节省约 63% 的成本。③

伦敦律所 Slaughter&May 目前正在使用的是 Luminance 的人工智能技术,该项技术能够帮助律师进行合同审阅,尤其是帮助并购律师在并购交易中完成尽职调查。④ Luminance 由剑桥大学的博士合作开发,它可以自动读取、比较和分析一个大型数据库的内容,让律师能够即时了解交易的规模和复杂性。⑤

---

① Kim Technologies Launches Intellifent Legal Operations Platform,https://ask.kim/resource/kim-technologies-launches-intelligent-legal-operations-platform/,last access:May 30,2020.

② 参见简·克罗夫特:《人工智能正在取代初级律师》,马柯斯译,载爱思想网(http://www.aisixiang.com/data/106027.html),最后访问日期:2017 年 9 月 20 日。

③ 参见《筑起 21 世纪的金融藩篱》,载 Pinsent Mason 官网(https://www.pinsentmasons.com/zh-cn/thinking/case-studies/erecting-a-21st-century-ringfence),最后访问日期:2020 年 7 月 30 日。

④ Richard Parnham, How law firms are using AI-assisted LegalTech Solutions:A conversation with Slaughter and May's Knowledge and Innovation team, Faculty of Law, University of Oxford, https://www.law.ox.ac.uk/unlocking-potential-artificial-intelligence-english-law/blog/2019/06/how-law-firms-are-using-legal, last access:July 3,2020.

⑤ Artificial Intelligence in a law firm-Transforming the legal profession, GoLegal, https://www.golegal.co.za/artificial-intelligence-law-firm/, last access:July 3,2020.

二、法律文件生成自动化

英国律师事务所 Allen & Overy 联合德勤推出了人工智能系统 MarginMatrix,该系统被认为是近年来最成功的法律人工智能应用。① MarginMatrix 系统里录入了不同司法管辖区的法律,根据自动化法律分析自动起草合同。一份通常需要花费一个律师 3 个小时的时间才能起草完成的合同,MarginMatrix 3 分钟内就能完成。②

法律自动化平台公司 Seedlegals 通过数据库驱动的平台取代电子表格和 word 文档,输入数据后,系统通过预先积累知识、使用的数据处理和文档自动化的方式来动态构建所有的输出。2017 年 3 月来,英国已有 200 家公司使用了这个平台。③

三、法律咨询服务

英国公司 LawBite 打造了一家虚拟的律师事务所,专为中小企业提供在线法律咨询、在线合同审阅等法律服务。用户可以在网站上下载各类法律文件或合同模板进行编辑、电子签署并储存,获得法律风险诊断结果以及争议解决的意见。④

目前在英国和美国可用的移动应用程序 DoNotPay 是由英裔美国人企业家约书亚·布劳德(Joshua Browder)创建的法律服务聊天机器人。作为"机器人律师",它利用人工智能技术帮助用户解决停车罚单争议,使用的技术包括 IBM Watson 的自然语言处理功能。除最初的解决停车罚单问题之外,DoNotPay 开始逐渐提供其他服务,包括协助解决航班延误的赔偿、小额诉讼的起诉,以及帮助难民在美国和加拿大申请移民,并在英国申请庇护支持。DoNotPay 聊天机器人会提出一系列问题,向用户请求必要的信息,并自动填写适当的申请表。提交表单后,聊天机器人会自动删除用户详细信息。⑤

剑桥大学的 4 名学生发明了一款名为 LawBot 的互动式律师机器人,旨在帮助受害者快速准确地理解复杂的法律问题。这是一个免费的匿名聊天

---

① The most technologically advanced law firms in Britain, https://www.legalcheek.com/2017/11/the-most-technologically-advanced-law-firms-in-britain-2017-18/, last access: May 30, 2020.

② Allen & Overy and Deloitte tackle OTC derivatives market challenge, https://www.allenovery.com/en-gb/global/news-and-insights/news/allenovery-and-deloitte-tackle-otc-derivatives-market-challenge.

③ https://www.seedlegals.com/, last access: May 30, 2020.

④ https://www.lawbite.co.uk/services/, last access: May 30, 2020.

⑤ https://donotpay.com/learn/, last access: May 30, 2020.

机器人,把晦涩难懂的法律术语,使用通俗易懂的方式表达,为任何有需要的人提供有关英国刑法的建议。LawBot 能够与用户进行双向对话,引导用户通过一系列的问题和答案以确定他或她是否是犯罪受害者,并建议他们可能采取的后续步骤,如向警方报警。① LawBot 的第二个版本 Divorce Bot 则专注于为英国的人们提供有关婚姻的法律建议。它通过网页向用户提问,检索与他们不同的情况,帮助用户了解目前的确切法律处境。它还解释了离婚中常用的法律术语,如"无法挽回的离婚"和"暂准判令",并提供了离婚过程的全面分解。它还为用户提供了所需成本和表格的细目,这样人们就可以在和律师交谈之前知道自己能有何期待。②

四、案件结果预测

虽然案件结果预测在目前仍然是一项处于发展初期的技术,但英国律所已经开始了该项技术应用的探索。③ LawBot 的创始人们随后开发的名为 Case Cruncher Alpha 的人工智能律师机器人在案件结果预测方面表现出色。在和 100 名来自伦敦各大律师事务所的律师的比赛中,Case Cruncher Alpha 和人类律师根据数百个 PPI(支付保护保险)不当销售案例的基本事实,针对金融调查官是否会允许索赔进行预测。参与比赛的选手们总共提交了 775 份预测报告,结果显示 Case Cruncher Alpha 的准确率为 86.6%,而人类律师的准确率只有 66.3%。④

五、律师匹配

与其他提供自动化法律服务的企业不同,英国法律服务初创公司 Lexoo 则是利用数据和算法,将有经验的自雇律师与需要法律服务的中小企业匹配起来,让创业公司和中小型公司能够方便地找到需要的律师。所有平台上的律师都经过 Lexoo 的筛选和认证,平台注册的拥有特定专长的律师会对某项

---

① Matt Gooding, Cambridge's Law Bot 'robo-lawyer' can predict how likely you are to win a case, https://www.cambridge-news.co.uk/business/technology/cambridges-lawbot-robo-lawyer-can-13209877, last access: May 30, 2020.
② Divorce Bot Launches, a Family Law Legal Bot, https://www.artificiallawyer.com/2017/02/21/divorce-bot-launches-the-family-law-legal-bot/, last access: May 30, 2020.
③ Richard Parnham, How law firms are using AI-assisted LegalTech Solutions: A conversation with Slaughter and May's Knowledge and Innovation team, Faculty of Law, University of Oxford, https://www.law.ox.ac.uk/unlocking-potential-artificial-intelligence-english-law-blog/2019/06/how-law-firms-are-using-legal, last access: May 30, 2020.
④ Rory Cellan-Jones, The robot lawyers are here-and they're winning, http://www.bbc.com/news/technology-41829534, last access: May 30, 2020.

法律业务提出固定报价,企业还能够在平台上对律师提供的法律服务进行点评,帮助其他企业找到更合适的律师。①

聊天机器人是 Billy Bot 与 Lexoo 类似,同样不提供法律服务,但帮助用户在英国找到律师(出庭律师或诉状律师)。Billy Bot 可以与公众交流一些律师办事员经常处理的初步法律问题。它可以向用户提供适当的法律资源,并从 350 个律师事务所获取信息。Billy Bot 目前在 LinkedIn 上回答相关的问题。②

六、在线法院

监督民事法庭的民事司法委员会在 2015 年发布了一份报告,建议英国法院开设在线法庭来处理低额索赔的案件。在这份报告中,民事司法委员会为英国在线法院从 3 个层次进行了构想:第一个层次是在线评估。在这个层次中,在线法院主要是帮助使用者在线评估他们所面临的问题,对其存在的问题进行分类,帮助使用者了解他们的诉讼权利和面临的法律选择。这种在线评估的工作方式不收取任何费用,其主要目的就是为使用者提供法律信息,帮助使用者在第一时间规避法律风险,或帮助他们在发展成为实质性法律问题之前解决困难。第二个层次是在线辅助。如果在线评估未能解决争议,那么,使用者就进入下一个在线协助阶段。在线工作的人员都是经过训练的、经验丰富的调解员(facilitator),能够审阅当事人提交的文书,协助人们调解,给当事人提供建议,引导他们协商解决问题,避免使用对抗的方式解决冲突。第三个层次就是在线裁判。在该层次中,法官主要是根据收集到的电子文档对案件进行裁判。同时,法官也可能使用电话会议等设施进行在线质证和辩论。在线裁判中法官作出的裁判与传统法庭审理后作出的裁判一样具有法律约束力和强制执行力。虽然这种裁判也要求使用者支付一定的费用,但是费用比传统的法庭低很多。③

针对在线法院的这份建议报告,英国在 2016 年 7 月发布《民事法院结构改革最终报告》,将在线法院作为其中的核心工程,承载着复兴英国司法的梦想。④ 报告初步提出在线法院受理案件的标的额上限为 25000 英镑。在线法院办理案件程序可分为 3 个阶段。第一阶段是核心和关键。这个阶段会通

---

① https://www.lexoo.com/, last access: May 30, 2020.
② http://www.billybot.co.uk/, last access: May 30, 2020.
③ ODR Report February 2015, Courts and Tribunals Judiciary, https://www.judiciary.uk/reviews/online-dispute-resolution/odr-report-february-2015/, last access: May 30, 2020.
④ 〔英〕布里格斯勋爵:《生产正义方式以及实现正义途径之变革——英国在线法院的设计理念、受理范围以及基本程序》,赵蕾译,载《中国应用法学》2017 年第 2 期。

过一个几乎完全自动化的互动式在线程序,对案件争点进行整理,对书证进行认定,对案件进行分流。第二阶段是调停程序。在案件分流的基础上,由案件管理人员而不是法官主持调停程序,加强案件管理。第三阶段是裁判程序。如果纠纷经调停之后仍未解决,将由法官通过查阅电子卷宗、电话沟通、远程视频或面对面沟通等不同方式作出案件的最终裁判。通过在线法院的设立,可以使诉讼当事人无须聘请律师就能有效地获得司法救济,可以为当事人提供一个更加便捷的实现正义的途径,法院也可以从数字化进程中节省大笔开支。

第三节 加拿大的法律人工智能

一、加拿大法律人工智能的产业背景

加拿大作为深度学习、机器学习等概念的诞生地,有深厚的人工智能研究历史。在人工智能领域具有开拓性地位的学者集中于加拿大,其中包括获得 2018 年图灵奖的约书亚·本吉奥、杰弗里·辛顿和杨立昆,他们各自在深度学习的理论解释、模型设计及优化方法和卷积神经网络方面作出极大贡献。加拿大人工智能领域在 20 世纪 70 年代获得发展,典型事例有蒙特利尔大学的研究人员开发出一种全自动机器学习程序,用以翻译多瓦尔机场(Dorval Airport)的天气预报。[1] 20 世纪 90 年代后加拿大人工智能领域进入快速发展阶段,一项针对全国主要国家或地区在人工智能领域 SCI 发文情况的研究显示,1992 年以前,加拿大年度论文产出不足 100 篇,而从 1992 年开始,论文数量总体保持稳定较快增长;近年来论文产出均在每年 500 篇以上。[2]

除学术根基深厚外,还有其他方面的优势推动加拿大人工智能的发展。根据"绿色科技亚洲有限公司"(Green Technology Asia Pte Ltd)发布的《加拿大 AI 生态系统:2018 年报告》[3],加拿大发展人工智能的优势主要在于:政府财政扶持力度大,移民政策宽松,整体教育质量高,工业体系成熟以及研发团队水平顶尖。相关事实也对此有所印证。例如,在政府政策方面,加拿大是

---

[1] ICTC, Artificial Intelligence in Canada: Where Do We Stand, https://www.ictc-ctic.ca/wp-content/uploads/2015/06/AI-White-paper-final-English1.pdf, last access: Aug. 31, 2020.
[2] 参见周伯柱、赵晏强:《加拿大人工智能发展现状》,载《科技促进发展》2019 年第 8 期。
[3] Green Technology Asia Pte Ltd, The Canadian AI Ecosystem: A 2018 Profile, http://www.greentechasia.com/wp-content/uploads/2018/02/Canada-AI-Ecosystem-2018-Profile-Summary-Report-Greentech-Asia.pdf, last access: Aug. 31, 2020.

第一个颁布人工智能全球战略的国家,而且于 2019 年设立总部在蒙特利尔的国际专家中心,政府承诺 5 年内投资 1000 万美元,帮助中心开展关于人工智能的研究活动;在教育方面,蒙特利尔大学和麦吉尔大学相继成立用于人工智能科研的实验室,卑诗大学设置奖学金和数据科学专项计划。①

近年来,加拿大人工智能产业发展迅速,规模不断扩大,形成多处知名的 AI 生态系统。这些产业分别分布于埃德蒙顿、蒙特利尔、多伦多、渥太华等处。市场营销、金融、自动驾驶、人工智能医疗等均为备受瞩目的 AI 领域,其中诞生不少知名企业及产品,如 X-future Auto 自动驾驶公司、医疗领域的数字健康和发现平台(DHDP)等。各大企业及研究机构相继在加拿大开设人工智能实验室,如苹果公司于 2016 年开设的渥太华自动驾驶实验室、谷歌开设的蒙特利尔大学人工智能实验室、三星于 2017 年成立的尖端技术研究所。

虽然存在不少优势因素和乐观的发展趋势,加拿大产业发展中存在的劣势和风险也同样需要关注。前述《加拿大 AI 生态系统:2018 年报告》②同样提及加拿大人工智能发展的劣势所在:人才大量流入美国,学术研究缺乏商业化,创业公司难以获得更大规模的资金支持。除此以外,创新驱动的速度减缓,人才培养结构也引发忧虑。自 2016 年起,大多数国家的人工智能相关专利不断加速增长,而加拿大的专利数量却在随后的每年不断减少。企业对人才资源的重视也呈现不太均衡的一面,即过于关注外部人才资源,不太重视员工培训以推动人工智能解决方案开发和部署。③ 加拿大作为最早发布正式人工智能战略的国家,领先于起跑线却因后来者强劲而面临可能掉队的危险。

AI 法律领域中不乏广受关注的 AI 企业,例如 Cilo、Kira Systems、Blue J Legal 等,这些企业在律师、企业法务与法院人员的工作中逐渐扮演更加重要的角色。但也有不少人对法律人工智能的前景持怀疑和忧虑态度。例如,《避免消失:重塑 21 世纪的法律服务》一书的作者,Calgary 大学法学院教授 Mitch Kowalski 曾表示,法律科技仍然处于"炒作模式"之中,而且"泡沫将破裂并影响到整个行业"。除非有经过证明的、令人信服的商业案例,否则对风

---

① 参见蔡志伟、宋嘉、吕娜:《人工智能下的教育发展与实践——基于对〈泛加拿大人工智能战略〉的思考》,载《基础教育参考》2020 年第 2 期。
② Green Technology Asia Pte Ltd, The Canadian AI Ecosystem: A 2018 Profile, http://www.greentechasia.com/wp-content/uploads/2018/02/Canada-AI-Ecosystem-2018-Profile-Summary-Report-Greentech-Asia.pdf, last access: Aug. 31, 2020.
③ 参见《悬而未决的 AI 竞赛 全球企业人工智能发展现状》,载德勤网(https://www2.deloitte.com/content/dam/Deloitte/cn/Documents/technology-media-telecommunications/deloitte-cn-tmt-future-in-the-balance-zh-190528.pdf),最后访问日期:2020 年 8 月 31 日。

险投资者的吸引力有限。①

二、加拿大法律人工智能的应用场景

(一)人工智能在律师及法务工作中的应用

人工智能正在逐步应用于文件审查、法律研究、起草文书和案例分析等多个方面,具体的应用主要包括以下内容:

(1)文档自动化工具。通过将烦琐的人工流程转化成数字化、自动化的工作,提高文档起草和修改的效率。这类工具能对文件中的重复元素进行编码,当律师、书记员或其他客户需要起草一份新文件时,可以通过填写一份问卷而由系统自动生成相关文件。著名的产品有汤森路透公司推出的 Contract Express,该产品通过使用问卷的方式帮助律师将相同信息填充进多个文档而不必在多个模板中应用相同的修改;其将变量转换成问卷的方式也有助于缩短法务部门的审核时间。

(2)合同分析工具。这包括对合同文本的识别提取、审查和分析。合同分析工具的效率及精确程度甚至超过有丰富经验的执业律师,这一点在 2018 年 LawGeex 平台举办的标准保密协议审阅比赛中得到证实。加拿大科技公司 Kira Systems 推出的分析系统能从合同中迅速精确地提取重要信息,包括大量外语合同,能够帮助律师更快完成尽职调查与合规调查。其用户报告称能节省 20%~60% 甚至更多的合同审查时间。对于公司法务而言,由于工作中经常出现重复性高的合同条款文本,该技术将有助于把他们从烦琐的工作中解救出来。

(3)尽职调查辅助工具。尽职调查常常耗时较长、工作繁重,而且其中的关键问题经常被掩盖,需要大量的审查分析才能予以识别。利用人工智能可以对相关文件快速分类,并识别尽职调查的常见问题,如控制权变更、转让等。人工智能还可从中提取适用的条款,方便律师在大量文件中获取关键的信息。有的 AI 工具还支持随着工作进展创建尽职调查报告。AI 的辅助能够有效地缩短尽职调查所需的时间,并增加调查评估的准确性、减轻客户的成本。Kira Systems 依然是其中具有代表性的公司,因其产品具有出色的合同识别和分析能力,能从大量交易文件中识别风险,从而影响交易价格和结构。

(4)决策树(decision trees)和专家系统(expert systems)。决策树和专家系统将软件与专业技术和知识相结合,使通常由人完成的推理决策过程自

---

① Scott Neilson, The state of legal tech, Canadian Lawyer, https://www.canadianlawyermag.com/practice-areas/litigation/the-state-of-legal-tech/275820, last access: Aug. 31, 2020.

动化。例如,通过不断地向用户提问并根据其回答而修改、提出后续问题,以确定最终问题并提供解决方案。律师可利用这些工具为客户提供咨询,法务部门也能用来应对其他利益关联方的重复提问。以 Blue J Legal 为例,该产品的研发团队为每个分类的问题找到多个特征,通过分析客户提供的与特征匹配的信息来回答他们的提问并显示相关案例,该过程中使用了决策树模型。

(5)法律研究工具。使用人工智能及数据驱动分析支撑法律研究,结合自然语言处理和机器学习来回答相关法律问题并提供建议,还能够跟踪立法发展动态、识别法律条文的变迁等。人工智能可缩短法律研究的时间,帮助进行诉讼预测,改变诉讼策略的制定。一位加拿大律师报告说,使用 Alexsei 可以根据输入的法律研究问题自动创建法律备忘录,从而"为客户节省了大量的成本和时间"[1]。加拿大公司 Blue J Legal、Codify、Knomos 和 Loom Analytics 是该领域的佼佼者,但相关产品目前距离成为法律人士的首选还需要一段时间。

(二)法院对律师使用法律人工智能产品的态度

在 2018 年 Cass 诉 1410088 Ontario 公司[2]关于占用人责任(occupier's liability)的案件中,Cass 的律师质疑对方律师费计算中判例费用过高,因为这些判例完全可以通过 CanLII 或其他对公众免费开放的网站查询获得。法官最终认定,由于律师被假定从毕业起即具备基本的法律知识,因此,这不可能是他第一次涉足"占用人责任"的领域,如果他在研究过程中使用了人工智能资源,将极大减少律师准备时间,于是最终认可律师费用的缩减。

而在同年 Drummond 诉 Cadillac Fairview[3] 一案中,败诉方 Fairview 提出,胜诉方主张的因使用 Westlaw 而产生的法律研究费用过高。法官认为计算机辅助法律研究是当代法律实践的必要条件,而且与我们预期和鼓励的人工智能的进步趋势一致,与传统研究方法相比,计算机辅助下的法律研究能在更短的时间内提供更全面准确的答案。换言之,法院认可人工智能技术在实践领域日益普遍使用的事实及产生的必要费用,且认为律师应该这么做,因为采用能提高效率的技术手段是律师的职责。

---

[1] Tara Vasdani, AI legal research tools save money, time, and judges' emnity, Canadian Lawyer, https://www.canadianlawyermag.com/news/opinion/ai-legal-research-tools-save-money-time-and-judges-emnity/275988 , last access:Aug. 31, 2020.

[2] Cass v. 1410088 Ontario Inc., 2018 ONSC 6959.

[3] Drummond v. The Cadillac Fairview Corp. Ltd., 2018 ONSC 5350.

(三) 人工智能在司法裁判中的应用

1. 智能调解电子谈判系统

智能调解电子谈判系统的应用是在线纠纷解决方式（Online Dispute Resolution, ODR）智能化的最新动态，使法院拥有除人工调解以外的另一个选择而减少案件积压。该领域最出名的是加拿大 iCan 公司推出的电子谈判系统 Smartsettle，这是该公司创建的世界上第一个安全电子谈判系统，曾在 1 个小时之内解决一起历时 3 个月仍未调解成功的、关于培训课程欠款的索赔争议案件。① 该系统分为 Smartsettle ONE 和 Smartsettle Infinity 两个版本，前者主要用于双方当事人之间简单争议的谈判，后者则适用于涉及多主体、多轮次、多种利益关系或标的额较大的复杂案件谈判。②

Smartsettle 值得关注的算法包括被称为"阻尼摆"（Dampened Pendulum Arbitration）的仲裁规则和"盲区报价"（Blind Bidding）模式。"阻尼摆"仲裁规则是对钟摆仲裁的修改，Smartsettle 将从各方的一系列的报价中选择接近最公平的价格作为最终价，以奖励报价更接近公平的一方。Smartsettle 还采取"可见度的盲区报价"模式，系统最初建立的框架协议对双方都是可见且可知的，但各方价格底线不会披露给对方。系统鼓励各方从各自最理想的要价和出价起步，并在区间内选取一些价格作为建议，各方可以秘密地接受这些建议价格，以便于确定协议区间。系统将从双方同意妥协的价格区间中依据"阻尼摆"规则选择最终报价。③

智能调解谈判系统有助于缩短纠纷解决时间，而且通过自动抓取纠纷的关键要素及用算法实现最佳策略选择，促进协议的达成，提升调解的成功率。④

2. 使用人工智能获取情态证据

情态证据，指法院通过评估证人在作证陈述时的非语言情态，判断其作证的可信程度。关于欺骗的途径控制学说认为，人们的面部表情、身体姿态、说话方式、声音和内容会传递出信息。当证人说谎时，不管这名证人如何试图表现得诚实，表明其正在说谎的信息会通过上述一个或多个途径无意中泄

---

① Tara Vasdani, From Estonian AI judges to robot mediators in Canada, U. K., LexisNexis, https://www. lexisnexis. ca/en-ca/ihc/2019-06/from-estonian-ai-judges-to-robot-mediators-in-canada-uk. page.
② 参见郭文利、阎智洪、裘滢珠：《加拿大智能调解 Smartsettle 电子谈判系统透视》，载《东南司法评论》2019 年第 0 期。
③ 参见王旭辉、温蕴知：《互联网+时代：引进网上纠纷解决机制 ODR"第四方"的契机——以 smartsettle 为例》，载《企业经济》2015 年第 8 期。
④ 参见郭文利、阎智洪、裘滢珠：《加拿大智能调解 Smartsettle 电子谈判系统透视》，载《东南司法评论》2019 年第 0 期。

露出来①。情态证据作为英美法系常用证据之一,其应用颇有争议,因为其可能会受文化差异、刻板印象偏见和法庭压力等多种因素影响。随着认知科学的研究发展,情态证据更大的缺陷被揭露。多伦多大学的 Kang Lee 教授在关于人工智能的会议上指出,人们说谎时高达93%的情绪信息不是通过肢体语言、面部表情或其他姿态表达的,法庭过去一直依赖的外在情态证据只是证人内心真实情况的很小一部分。他提出用一种"血谱成像技术"(transdermal optical imaging)分析被检测者面部血流模式反映其隐藏情绪并识别出谎言,通过机器学习算法获取面部血液的血红蛋白含量变化作为分析依据。

但该技术在法庭上应用的前景仍不明朗,因其与大多数人工智能的应用一样存在算法歧视的风险,通过机器学习将血谱成像中的黑色素信息去除的过程可能存在种族间的差异。虽然无法取代传统的可信度评估,但该技术还有其他的应用可能,如客户咨询和证人的庭前准备、律师用于识别值得进一步审查的陈述②、服刑人员的负性心境干预等。

(四)人工智能在执法和预防犯罪中的应用

执法机关希望借助 AI 技术提高执法的效率和准确性,但其合法性常常受到怀疑。加拿大皇家骑警,安大略省、新斯科舍省、艾伯塔省警方先后承认曾使用 AI 面部识别技术(Clearview AI),该软件通过公共媒体和社交媒体提取数10亿张照片建立数据库,供执法机构用以识别受害人和犯罪嫌疑人。该技术的使用者只需要得到一张照片即可查找出当事人姓名、电话、地址和职业等信息。加拿大警方使用 Clearview AI 的合法性受到质疑,因其未经同意而收集个人隐私信息,而且在缺乏法律规制及其他制衡手段的情况下使用 AI 面部识别技术会有滥用风险。除此以外,Clearview AI 等面部识别技术也被质疑存在算法歧视,因为 AI 面部识别技术识别白人的准确率比黑人更高。

除了事后的控制,如何建立事前的犯罪预防机制也一直是研究的焦点。在这方面,位于温哥华的 Patriot One Technologies 公司研制出一种雷达微波探测系统 PATSCAN CMR,该系统经过大量数据的训练,能够识别区分常见武器、危险道具与无害物品。在人流密集场所,该系统能够隐秘地对人群进行扫描和探测,提前预防暴力犯罪事件的发生。

---

① Roth, D. Michael Laissez-Faire Videoconferencing: Remote Witness Testimony and Adversarial Truth, 48 *UCLA L. Rev.*, 185 (2000—2001),转引自蒋雪琴、韦永睿、邵燕等:《证据法前沿问题研究》,四川大学出版社2015年版。

② Omar Ha-Redeye, Using Artificial Intelligence for Demeanour Evidence, Slaw, http://www.slaw.ca/2019/03/24/using-artificial-intelligence-for-demeanour-evidence/, last access: Mar. 24, 2020.

第四节 澳大利亚的法律人工智能

澳大利亚在 AI 技术发展上投入较少,发展较慢,目前在很大程度上都是直接使用其他国家开发的系统。尽管作为相对后发的国家,但澳大利亚也对法律和人工智能的结合趋势有所关注,并出现了若干本土法律人工智能公司,本节将在技术应用部分对此进行介绍。

一、澳大利亚法律人工智能的发展历史

澳大利亚从 20 世纪 80 年代起开始大规模地进行法律与人工智能领域的研究。以国内数所顶尖大学牵头,在法律推理、法律本体论等研究领域都卓有建树,开发的系列产品也被逐步应用到各个法律领域。下面选取澳大利亚法律人工智能发展过程中较有代表性的 Donald Berman 实验室项目进行介绍。

拉筹伯大学信息技术与法律系的 Donald Berman 实验室从 20 世纪 80 年代开始,致力于研发智能化的法律判决系统,截至 2002 年,该实验室研发的产品覆盖了工人赔偿、信贷法、家庭财产分配、难民法、法律援助的资格评估、版权法、目击证人识别等多个领域;在法律决策支持系统的建构上,该实验室经历了从基于规则的系统发展到面向用户的系统,再到基于判例的系统的发展过程。[①]

澳大利亚的社会保险法立法数量众多,非常庞杂,普通公众难以理解复杂的计算方法,政府工作人员也深受其困,所以,为了保证社会保险领域的透明度,提高政府的公信力和效率,实验室研发了 Softlaw 系统。Softlaw 是基于规则的系统,这是因为社会保险相关法律虽然复杂,但是,执法者几乎没有自由裁量的空间,所以,该领域内的法律规则就相当于数学公式,该系统则可以类比为计算器——只要输入法律规则所需的变量,该系统就可以迅速地得出结果。

IKBALS 系统是该实验室从基于规则的系统向前迈进的一个尝试。该系统能够基于规则(1989《事故赔偿条例》)以及先前的判例对法律中的不确定性法律概念进行解释,帮助计算工伤赔偿金。虽然该系统在 1992 年时由于立法废止而停止使用,但是,以前两代 IKBALS 系统为基础建构的第三代系

[①] John Zeleznikow, An Australian Perspective on Research and Development Required for the Construction of Applied Legal Decision Support Systems, *Artificial Intelligence and Law*, Vol. 10, p. 237-260 (2002).

统又在信贷法领域得到了应用。第三代 IKBALS 从原先的"黑板结构"发展为分布式人工智能技术,并采纳归纳算法。该算法能够提取案例特征并生成"标签",再通过"标签"将案例归类,是案例检索功能的基础。且第三代系统中基于规则的部分成为了 CAAS 系统的前身——CAAS 系统的基础是 1984 年澳大利亚《信贷法》,其以启发式规则构成知识库,后被商业化应用于信贷法领域。

1996 年开发的 Split-up 系统应用在婚姻法领域,能辅助法官进行离婚财产分配,其运行原理见图 1-4-1 所示。

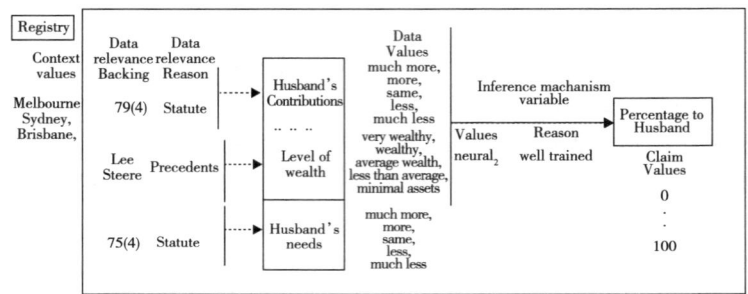

图 1-4-1　Split-up 系统运行原理①

Split-up 系统能找出案件材料中法官在离婚财产分配时可能考虑的因素,再通过神经网络算法学习过往判例,模拟法官综合这些因素判断的思维方式,最后得出双方应得的财产比重。该实验室之后又推出了该系统的在线网页版,为准备离婚的人提供更方便快捷的法律帮助。

二、澳大利亚法律人工智能的技术应用

(一) 司法领域

澳大利亚联邦法院于 2001 年开始建立 eCourt 系统,联邦巡回法院也采用了该系统。打开澳大利亚联邦法院的官网,点击右上角的网络服务选项,就能看到 eCourt 内包含的电子审判、电子上诉、电子听证、电子审判、文件管理系统和录像会议等诸多选项,其中,两个最为人所称道的项目分别是 eCourtrroom 和 eFiling,见图 1-4-2 所示。

---

① See John Zeleznikow, An Australian Perspective on Research and Development Required for the Construction of Applied Legal Decision Support Systems, *Artificial Intelligence and Law*, Vol. 10, p. 237-260 (2002).

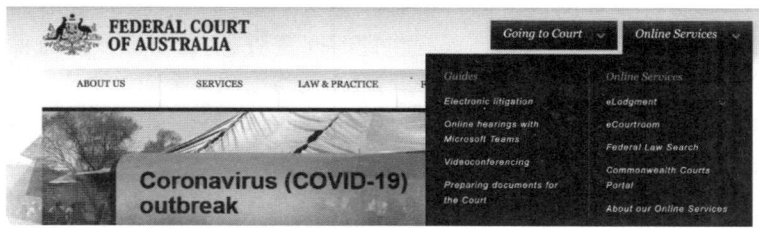

图 1-4-2　澳大利亚联邦法院官网中的"网络服务"选项①

eCourtroom 是电子审判室,安全性极佳,证据和法律文书等文件通过电子邮件传出传入,并仅对该审判室内的参与者可见;eFiling 即电子归档系统,嵌在 eCourtroom 系统之中,保证文书和配套的签名都按照格式有次序存放在法院内部的数据库中。有学者认为 eCourt 系统作为澳大利亚最早的线上法律平台,有可能是之后澳大利亚非官方电子争议解决平台发展的模板。②

联邦法院在 2018—2019 年共同计划中报告称,2015 年开始进行的电子听证试验初有成果,已经明确了为确保法官与诉讼参与人有效地进行线上沟通所必须的流程和环节,并计划在 2019 年年底完成电子听证改革的第二阶段;该报告还指出,联邦法院的数字战略不仅止于将纸质文件电子化,还将是对诉讼流程和诉讼实践进行全面变革。③ 而面对新冠肺炎疫情蔓延导致的公众无法旁听的情况,联邦法院从 2020 年 3 月 13 日起开放在线文件查询,公众无须登录即可浏览自即日起联邦法院发布的命令、庭审录音、证人宣誓词以及法院与其他机构关于案件的通信、邮件记录等电子文件。④

(二)执法领域

澳大利亚 1958 年的《移民法案》中规定部长有权"在其控制监督之下使用电脑系统作出决策"。此外,在 1989 年的《疗效产品法》、1999 年的《社会保障(行政)法案》等 22 部法律中,都授权政府部门利用 AI 系统帮助作出决策。

难民上诉审裁处在 1999 年时就开始使用名为 Embrace 的 AI 系统,辅助其

---

①　图片来源:澳大利亚联邦法院官网(https://www.fedcourt.gov.au),最后访问日期:2020 年 7 月 7 日。

②　Faye Fangfei Wang, *Online Dispute Resolution Technology, Management and Legal Practice from an International Perspective*, 2008, p. 57.

③　"共同计划(Corporate Plan)"项目,载澳大利亚联邦法院官网(https://www.fedcourt.gov.au/about/corporate-information/corporate-plan),最后访问日期:2020 年 6 月 26 日。

④　参见澳大利亚联邦法院官网(https://www.fedcourt.gov.au),最后访问日期:2020 年 5 月 3 日。

对申请者是否符合难民资格进行审查;①澳大利亚知识产权局采用了名为 Alex 的虚拟智能助手,②为申请人提供即时问答服务:在知识产权局官网右下角有一个"Ask Alex for help"的标识,点击后将出现一个问答页面,如图 1-4-3 所示。只要在聊天框中键入问题或者问题的关键词,Alex 就能对用户提出的诸如专利申请流程、申请人资格等问题作出回答,类似知识产权局版的"淘宝客服";同时,该"客服"还能通过与用户的对话不断学习,提升回复效率和答案精确度。

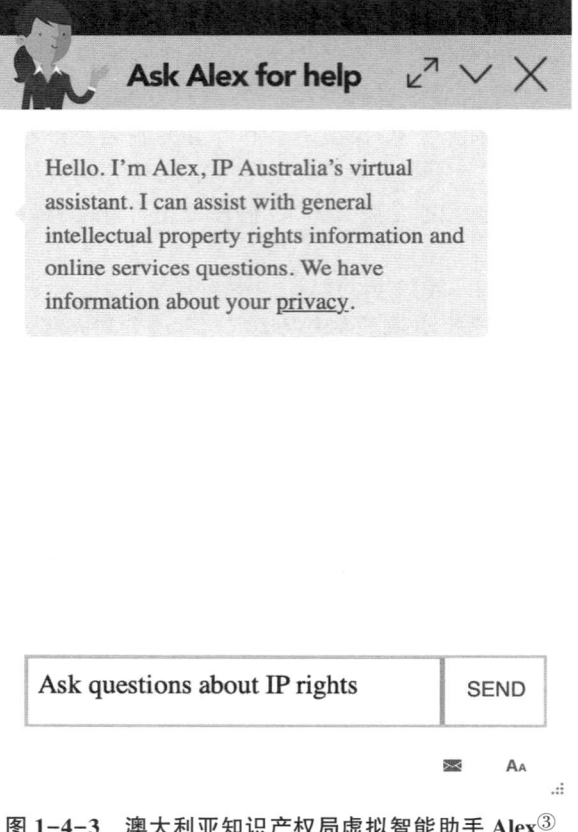

图 1-4-3　澳大利亚知识产权局虚拟智能助手 Alex③

---

① John Zeleznikow, An Australian Perspective on Research and Development Required for the Construction of Applied Legal Decision Support Systems, *Artificial Intelligence and Law*, Vol. 10, p. 237-260（2002）.

② 参见澳大利亚知识产权局官网（https://www.ipaustralia.gov.au）,最后访问日期:2020 年 6 月 26 日。

③ 图片来源:https://www.ipaustralia.gov.au,最后访问日期:2020 年 7 月 7 日。

联邦警方与蒙纳士大学合作,于 2019 年 4 月设立了 AI 执法与社会安全 (AiLECS)联合调查实验室,主要研究如何利用 AI 技术给案件材料分类,如按照可能对人情绪造成的不良影响程度给材料分类,防止警员因长时间阅读某类材料导致内心抑郁或者崩溃,从而保护警员的心理健康。

但 AI 介入执法后也可能引发一些问题,以 Robodebt 系统为例:澳大利亚福利署从 2016 年开始使用 Robodebt 帮助工作人员进行社会服务的费用核算工作,但由于该系统一旦识别出福利与个人收入存在偏差,就会直接向该公民发送偿还债务的通知,省略了人工核算发送通知前派遣负责人进行核对的步骤,导致联邦政府发出的债务通知数量激增,由先前每年 2 万份债务通知到如今的每周 2 万份通知①——仅仅在 2016 年当年,就导致 2 万名市民被错误地指控诈骗,愤怒的市民纷纷向联邦监察员提起申诉或向法院诉请赔偿②,甚至感到"身体和心理健康都受到 Robodebt 的折磨"③。在这种状态之下,恶劣的社会影响似乎已经背离了使用 Robodebt 系统的初衷——"在新系统之下,任何一个诚实守信的公民都不会蒙受损失,而新系统也将为联邦政府节约 23 亿澳币的开支"④。

(三)本土法律人工智能产品

1. AustLII——澳大利亚法律信息研究所

AustLII 是澳大利亚最常用的本土法律信息的搜索网站,前身是 DataLex 项目。它无偿为使用者提供服务,依靠众多捐赠者提供资金维持运转,每天有超过 60 万次访问量。在该网站中能够搜寻到海量的澳大利亚的法律资料、案例资料以及立法报告和法律改革意见等,也收录了法律类学术期刊的内容,包含有超过 400 万份可搜索到的材料,是最大的法律资料资源库之一。AustLII 不仅能为法官、律师等专业人士提供法律服务,也设置了社会法律信息一栏,能为没有经过法律训练的普通人提供其感兴趣的法律信息,进行普法工作,如图 1-4-4 所示。除网站外,AustLII 还开发了适用于 IOS 系统的手机 APP,使用者在手机或者平板上也能方便地使用该 APP 查询法律信息。⑤

---

① 参见《权利镜像:最大规模刺激政策到最大乌龙,谁来监管权利的金字塔?》,载搜狐网(https://www.sohu.com/a/400971267_512834),最后访问日期:2020 年 6 月 10 日。

② Toby Walsh et al. Closer to the Machine: Technical, social and legal aspects of AI, *Office of the Victorian Information Commissioner*, 2019, p. 125.

③《权利镜像:最大规模刺激政策到最大乌龙,谁来监管权利的金字塔?》,载搜狐网(https://www.sohu.com/a/400971267_512834),最后访问日期:2020 年 6 月 10 日。

④《权利镜像:最大规模刺激政策到最大乌龙,谁来监管权利的金字塔?》,载搜狐网(https://www.sohu.com/a/400971267_512834),最后访问日期:2020 年 6 月 10 日。

⑤ 澳大利亚法律信息研究所官网(http://www.austlii.edu.au),最后访问日期:2020 年 5 月 15 日。

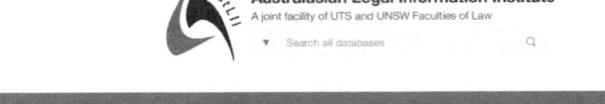
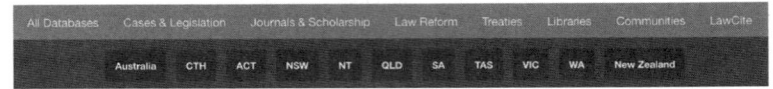

图 1-4-4　AustLII 官网页面①

LawCite 作为 AustLII 的一个数据库,收录了来自全球各个国家累计接近 600 万件案件,通过键入判决地区、判决法院、原被告名称等就能进行检索;同时,还能检索到研究或者引证了该案例的法学期刊论文。有趣的是该网站还收录了中国的部分案例,感兴趣的读者可以自己去检索。②

2. Parker、Ailira——智能法律咨询产品

Parker 由 Norton Rose Fulbright 跨国律师事务所的两位澳大利亚律师研发,于 2017 年的 12 月份发行。该产品使用的是 IBM 公司开发的 AI 平台,是澳大利亚国内在私法领域开发的第一个智能法律咨询产品。非诉律师团队使用该产品对客户提的一些商事交易中的"格式问题"进行回答,有效地降低人力成本。Parker 在数据保护领域也有所作为,它帮助客户应对澳大利亚《隐私法》修订后于 2018 年 4 月生效的个人信息泄露通知机制;在欧盟的《通用数据保护条例》(GDPR)颁布后,Parker 也帮助非欧盟的客户对 GDPR 是否适用于他们的业务、将适用何种规则进行判断。但该产品不能提供法律建议,而只能提供法律信息。③

同为人工智能法律小助手的 Ailira 由澳大利亚一名税法律师开发,已得到澳大利亚的税法律师和会计们的广泛应用。它能精准检索税法领域的案例和法规。据官网宣传,零法律基础的人在 Ailira 的帮助下都能通过大学税法考试。研究者正在逐步扩大其知识库和适用范围,目前 Ailira 还能帮助客户进行资产管理、协助家暴受害者提起诉讼等。④

---

① 图片来源:http://www.austlii.edu.au,最后访问日期:2020 年 7 月 7 日。
② 参见 Lawcite 网站(http://www.lawcite.org),最后访问日期:2020 年 5 月 15 日。
③ See Nick Abrahams, Bernard O'Shea, Jim Lennon, Norton Rose Fulbright launches first Australian law firm chatbot to help manage data breach, Norton Rose Fulbright, https://www.nortonrosefulbright.com/en/news/6e0837ff/norton-rose-fulbright-launches-first-australian-law-firm-chatbot-to-help-manage-data-breach, last access: May 15, 2020.
④ 参见 Ailira 官网(https://www.ailira.com/about),最后访问日期:2020 年 7 月 26 日。

3. ContractProbe——合同审阅平台

ContractProbe 是审阅合同的线上平台,如图 1-4-5 所示。无须下载软件,使用者直接将合同上传网站,在 1 分钟之内就能得到合同审阅的结果。该平台利用 AI 技术,通过将上传的合同与数据库中的合同进行比对分析,对合同中不常见的条款、可能遗漏的条款、没有释明的条款以及交叉引用的错误等进行标注,并给出综合评分。由于该平台并不提供法律意见,所以,即使合同审阅后得到该平台的满分评价,也不能保证该合同已经毫无法律风险可以直接签署。

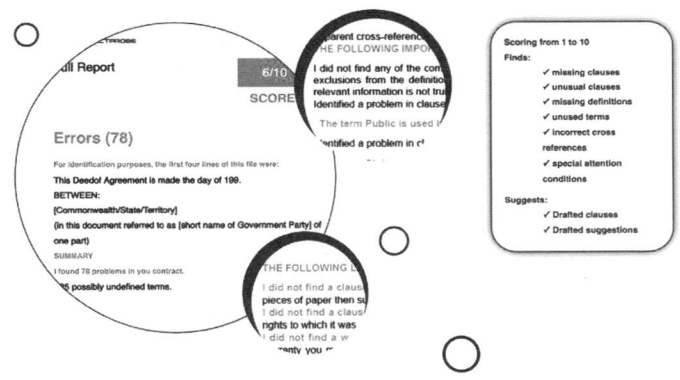

图 1-4-5　ContractProbe 官网页面①

该平台原则上能够审阅所有类型的合同,但对于供应协议、服务协议、软件许可、保密协议等部分领域的合同会给出更深层次的解析。在 2020 年,如果用户点选了 covid-19 审查模式,该系统还能针对不可抗力条款对合同双方的影响给出分析报告。②

4. 法律服务中介平台

LawAdvisor 公司提供了一个中介平台,如图 1-4-6 所示。寻求法律帮助的用户可在该平台上描述自己遇到的法律问题,平台根据其问题类型匹配在该平台登记注册的该领域的律师,两方联系后用户再自行决定是否委托。该平台还能将公司和非诉律师团队进行对接,一方面为公司匹配律师团队,帮助其进行成本核算工作,实时了解律师团队的工作进程;另一方面为团队提

---

① 图片来源:https://www.contractprobe.com, 最后访问日期:2020 年 7 月 25 日。
② 参见 Contractprobe 官网(https://www.contractprobe.com),最后访问日期:2020 年 5 月 15 日。

供数据分析帮助以及智能决策支持。此外,该公司还为律所的管理人员提供智能管理平台,为创业公司提供法律文件管理服务等。

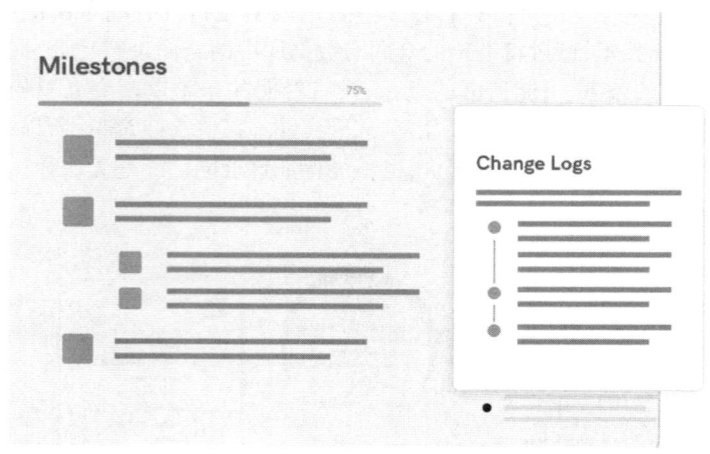

图 1-4-6　LawAdvisor 官网页面①

NEXL 公司在建立法律服务中介平台之外,还搭建了一个律师之间交流的社群,相当于律师的专属社交 APP。律所也可以借助该平台进行信息的分享和合作。

5. PaperLite、eDiscovery——信息管理产品

TIMG 公司是一家信息管理公司,按照功能划分,该公司提供的服务可以分为信息数据化、信息存储和信息管理三个部分,如图 1-4-7 所示。目前的业务范围为澳大利亚和新西兰两国。在澳大利亚境内,TIMG 公司与新泽西州政府、昆士兰州政府和联邦政府数字转型机构(DTA)等政府机构以及其他公司签订合约,提供信息存储、副本管理或者证据处理服务。

面向律所和教育机构,TIMG 开发了 PaperLite 产品,为客户提供文本数据化、文件归档和保密的服务。eDiscovery 也是该公司主推的法律服务项目,该项目提供覆盖整个诉讼流程或者谈判阶段的法律帮助,从法律文件及证据的电子化和存储开始,到最重要的信息检索和审核,再到最后的文书整理打印工作,且能与公司团队相整合,实时按需提供法律咨询。

---

① 图片来源:https://www.lawadvisor.com/for-corporate,最后访问日期:2020 年 7 月 26 日。

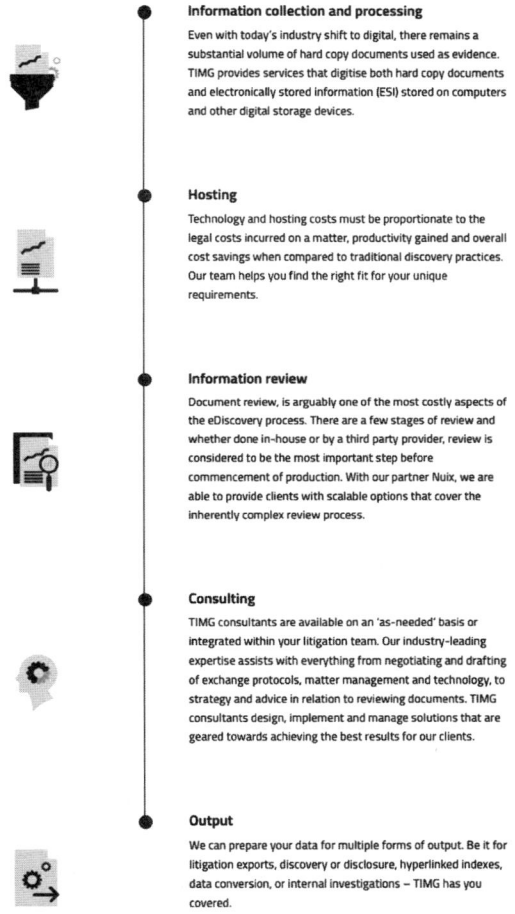

图 1-4-7　TIMG 官网页面[1]

此外,该公司还提供信息托管服务,在知识产权保护领域为客户提供知识产权源代码或者数据的寄存服务。[2]

6. YourCalse、Courtsight、Settle

Protable 公司总部位于澳大利亚的墨尔本,其从 2012 年起开始研究人工智能在法律领域的应用。该公司曾与社会司法中心合作,参与在线的家庭暴

---

[1]　图片来源:https://www.timg.com/solution/ediscovery,最后访问日期:2020 年 7 月 26 日。
[2]　参见 TIMG 官网(http://www.timg.com),最后访问日期:2020 年 5 月 15 日。

力干预令的设计,该产品在澳大利亚皇家委员会的家庭暴力防治中心得到应用。与干预令相配套,Protable 还开发了名为 YourCase 的在线产品,如图 1-4-8 所示。主要为受到家庭暴力后在海德堡法庭和巴拉瑞特治安法庭申请干预令的女性提供诉讼"导航"。从指导申请者应当为开庭审理做哪些准备,到帮助其理解审判结果,YourCase 提供全流程的法律帮助。①

图 1-4-8　YourCase 官网注册页面②

向谢珀顿法院的法官和法院其他工作人员,Protable 则开发了 Courtsight 系统,如图 1-4-9 所示。法官可用该软件记录案件开展流程,安排听证以及与律师的会见计划,还能查看其他法官的结案数。其他工作人员能根据该软件察看业务办理的等待人数、安排庭审旁听人员等;该系统还整合了案件管理检索系统、法院订阅的内部资料以及其他第三方平台,功能非常强大。③

Protable 还创建了名为 Settle 的在线争议解决平台(ODR),并从 2016 年起着手进行第二代平台的建构。借助 AI 的帮助,该平台能够分析案件争议点,并基于已公开的案例数据预测并呈现法官或者仲裁员可能的判决,进行争议解决或者诉前指导;该平台使用了交互式的工作流程,帮助用户一步步明确其法律诉求和事实依据。④ Amica 是 Settle 的一部分,由 Protable 和南澳法律服务委员会共同开发,专门用作婚姻法领域的调解,如图 1-4-10 所示。

---

① 参见 Yourcase 官网(https://www.yourcase.com.au),最后访问日期:2020 年 5 月 15 日。
② 图片来源:https://app.yourcase.com.au,最后访问日期:2020 年 7 月 26 日。
③ 参见 Courtsight 官网(https://www.courtsight.com.au),最后访问日期:2020 年 5 月 15 日。
④ 参见 Portable 官网(https://portable.com.au/work),最后访问日期:2020 年 5 月 15 日。

它能帮助当事人进行儿女抚养等事务的磋商,根据双方上传的信息得出推荐的财产分配比例,最后帮助生成离婚协议;它甚至提供转账服务,在离婚协议生效后,当事人就可在 Amica 上根据协议接收或者转出对应财产份额①,真正实现了数字时代的离婚变革。

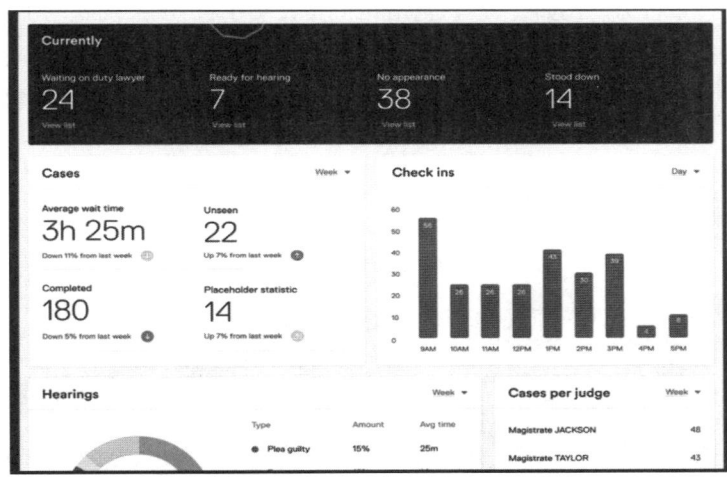

图 1-4-9　Courtsight 官网页面②

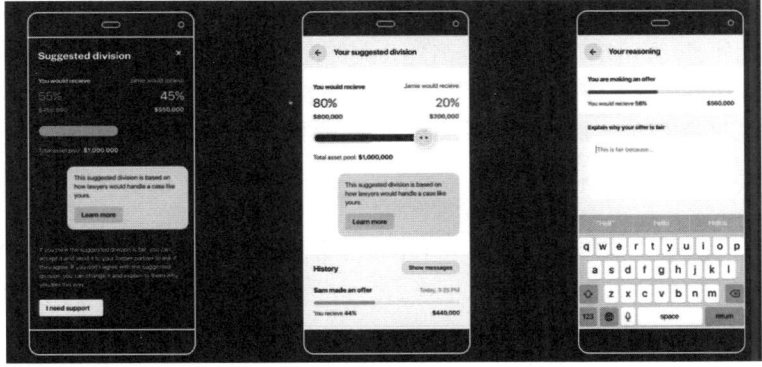

图 1-4-10　Amica 官网页面③

---

① 参见 Amica 官网(https://www.amica.gov.au/know-your-rights.html),最后访问日期:2020 年 7 月 26 日。
② 图片来源:https://www.courtsight.com.au,最后访问日期:2020 年 5 月 15 日。
③ 图片来源:https://portable.com.au/work/amica,最后访问日期:2020 年 7 月 26 日。

7."智能之眼"——Acusensus 公司

Acusensus 公司的设立目的是减少驾驶员的违章驾驶行为,利用 AI 技术为保障道路交通安全助一臂之力,如图 1-4-11 所示。其主推的"拒绝分心驾驶"产品能够弥补车载的探测提示装置,利用 AI 技术识别驾驶员在驾驶过程中的违章行为。比如,一旦识别出司机正在玩手机,该系统就马上拍照留存证据,并将照片加密打包,发送给执法机关或者法院,同时保证照片清晰,能作为证据被采纳。悉尼和新南威尔士州均于 2019 年起与 Acusensus 公司合作,在道路上安装使用该系统。

图 1-4-11　Acusensus 官网页面①

此外,该公司还开发了监控高速公路路况的系统。该系统能在识别到司机实行违章行为后第一时间通知司机,并根据当地交管政策发送信息,指令其实施相应行为。此外,该系统还能够进行数据分析,识别事故的高发地带。②

(本章作者:关湘瀛、王梦迪、李乐怡、万慧)

---

① 图片来源:https://www.acusensus.com,最后访问日期:2020 年 7 月 26 日。
② 参见 Acusensus 官网(https://www.acusensus.com),最后访问日期:2020 年 5 月 20 日。

第二章　欧盟的法律人工智能

第一节　欧盟电子司法战略(2019—2023年)[①]

自20世纪90年代以来,信息与通信技术(ICT)以及它所带来的数字工具不断塑造着整个欧盟在司法程序中实施新解决方案的方式。欧盟电子司法的目标是在泛欧范围内改善公民诉诸司法的机会,并将持续发展的信息与通信技术融入法律信息的获取和司法系统的运作中。当前,以数字化方式执行的司法程序和参与到其中的各方之间进行的电子通信已成为欧盟成员国司法机构有效运作的重要组成部分。

事实上,欧盟对电子司法的大规模实践可追溯到十多年前。欧盟理事会、欧盟委员会和欧洲议会都表明了它们对发展电子司法的承诺。

迄今为止,两项欧盟电子司法行动计划(2009—2013年和2014—2018年)和电子司法战略(2014—2018年)推动了电子司法领域的发展。欧盟理事会通过其有关筹备机构、成员国、委员会和出版办公室执行了这两项行动计划。

目前,欧盟电子司法门户网站(e-justice.europa.eu,见图2-1-1)已增加了信息页面、搜索工具和动态表单。它的设计也进行了更新,以改善和促进用户体验。

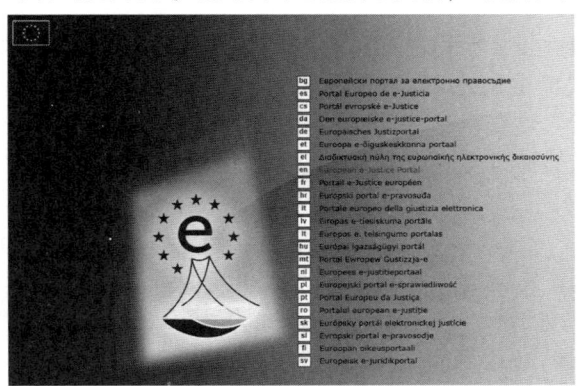

图2-1-1　欧盟电子司法门户网站

[①] 2019-2023 Strategy one-Kistoce(2019/C 96/04), https://eur-lex.europa.eul/legal-content/EN/TXT/PDF/? uri=CELEX:52019XG0313C01), last access: Sep. 19, 2022.

欧盟电子司法门户网站(e-justice.europa.eu),以欧盟的24种正式语言发布。

相对于传统的司法系统,电子司法及其工具的发展是指数级的,因为它们现在允许使用安全的电子渠道进行数字司法程序,司法部门之间的安全通信,方便公民了解法律规定、成员国或专业组织负责的某些国家登记册。

同样,EUR-Lex① 如图2-1-2所示,也增加了新类型的文件和搜索工具。它还更新了新的法律法案和判例法,包括国家换位措施、国家判例法,以及立法摘要,用简单的语言解释欧盟的法律行为。随着使用者的反馈,EUR-Lex的功能和结构也得到了加强。

图2-1-2　EUR-Lex首页②

一、电子司法与电子政务原则之间的联系

在电子司法领域所做的工作可以有益于其他领域,尤其是E-CODEX,可以为多个领域提供构建块,如电子送达(E-Delivery)。同样,已完成的e-SENS项目(旨在增强欧盟数字单一市场并促进跨境公共服务的泛欧洲项目)的成果,旨在通过通用和可重复使用的技术组件促进跨境数字公共服务的部署。

正如《电子政务塔林宣言》所述,通过允许更容易地获得信息和司法,电子司法应有助于发展数字单一市场,这是电子政务的目标之一。根据2016年9月20日欧盟理事会关于2016—2020年电子政府行动计划——加速政府数字化转型的结论和2016年4月19日题为"欧盟电子政务行动计划

---

① eur-lex.europa.eu,欧盟法律和欧盟其他公共文件的官方网站,以欧盟的24种正式语言发布。
② 图片来源:https://eutlex.europa.eu/homepage.html,最后访问日期:2022年9月19日。

(2016—2020年)——加速政府数字化转型"的委员会函件,欧洲电子司法计划应努力与电子政务框架保持体系一致性,同时要考虑成员国有关司法的宪法规定。

根据2016年9月20日的欧盟理事会结论,在欧盟电子司法下发起的计划应遵守2016年4月19日委员会在文中概述的原则。欧盟电子司法尤其应:

(1)支持默认数字方法;

(2)承诺为公民和企业提供与当局进行数字互动的选择;

(3)将默认数字方法纳入国家和欧盟立法,以确保相关法律规定,从而确保在国家和跨国界背景下的法律确定性和无缝互动;

(4)按照一次原则运行,即避免冗余程序,并根据数据保护规则,将引入系统的信息重复使用一次,以便以后的程序使用(如果不是过时的);

(5)以用户为中心,即在设计应用程序、网站、工具和系统时考虑到用户的易用性和授权。

二、欧盟电子司法的目标及其实现途径

电子司法旨在促进公民、法律从业人员和当局将案件诉诸司法和司法系统运作,包括在跨境案件中的运作。它通过简化和数字化通信、获取程序和法律信息以及跨国界国家系统之间的联系来实现这一目标。

(一)改善欧盟司法领域的信息获取

这些信息包括:

(1)有助于提高公民意识的公民权利信息;

(2)关于欧盟法律的信息,以及转换欧盟法律的国家法律;

(3)关于有助于公民使用各种工具进行此类程序的信息,如针对从业人员和(司法)当局的动态表格或搜索工具;

(4)在司法或法外程序框架内帮助公民确定主管当局和相关国家法律的主管当局信息;

(5)国家登记册中包含的公开信息;

(6)与使用电子司法相关的数据和电子法律。

欧盟电子司法门户网站与 EUR Lex 在实现这一目标方面发挥着重要作用。该门户网站必须继续发展,成为一个更具互动性的司法一站式服务,提供获得电子服务或电子解决方案的途径。EUR Lex 应进一步满足公民的需要,并使他们能够方便地找到有关欧盟法律的所有相关信息。

(二) 促进司法领域的电子通信

司法和法外程序的非物质化应继续下去,以便在跨国界情况下使用安全的电子通信工具(特别是电子法典),使案件更方便、更快地诉诸法院,并便利使用法外程序。

电子司法系统应根据现有法律框架,促进司法当局之间以及与公民和司法程序从业人员之间的电子互动和通信(如通过电视会议或安全的电子数据交换)。

某些功能只能由司法当局成员通过具有特定访问权限的安全访问和基于 eIDAS(电子识别、认证和信任服务,是欧盟关于在欧洲单一市场上进行电子交易的电子识别和信任服务的法规)兼容系统的统一或可互操作的认证方法访问。

无论何时实施或利用司法领域的信托服务,都应审查和适用 eIDAS 法律框架的规定。

电子司法系统还可用于促进欧洲一级各种现有网络的运作,如欧洲民事和商业司法网或欧洲刑事司法网。为此,可与上述组织协商,进一步利用欧洲电子司法系统和门户网站提供的可能性。

(三) 确保跨国界国与电子司法系统之间的互操作性

欧盟各成员国应确保国家电子司法系统的技术顺利实施,管理正常运行,以促进会员国系统之间的互联互通。应确保为电子司法系统的应用所选择的各种技术、组织、法律和语义方面的兼容性,同时保证会员国的灵活性。在这种情况下,应考虑欧洲互操作性框架(EIF)中规定的原则。

三、电子司法原则

(一) 行动计划指南

1. 优先次序

应根据确定的对公民、企业和司法部门的重要性、可持续发展前景、技术发展和从一开始就参与成员国数目确定的优先事项,决定将项目列入行动计划。优先项目应依赖足够成熟的技术,以便以合理的成本实施,同时确保适当的稳定性和服务质量。项目应使公民、企业和司法机关受益,并适用于广泛或重要的程序。项目必须有可能涉及所有或几乎所有会员国。项目可能涉及欧盟机构。

由于目前的进展、紧迫性或与其他项目的联系而被视为优先事项的项目将列入行动计划的一个主要清单。同时,将拟定一份项目储备清单,其中一些先决条件暂时看来没有得到满足。本储备清单所列优先级别较低的项目,仍可以在希望实施该项目的会员国的参与下实施,一旦为现有障碍或未实现的条件找到解决办法,这些国家仍可以获得资助,如果资助包括这些项目的范围。

2. 连续性

在起草行动计划时,应考虑将以往行动计划中正在进行的项目列入目前的行动计划,以保证连续性。已经产生并显示出积极成果的项目应优先列入。

3. 进化性

无论是法律上的还是技术上的。行动计划应灵活对待未来的发展,这意味着,如果一项法律行为要求在电子司法领域采取行动,可以在行动计划中增加一个具体的项目。

同时,应密切监控法律技术领域,如人工智能(AI)、区块链技术、电子翻译或虚拟现实,以便识别和抓住可能对电子司法产生积极影响的机会。

特别是,人工智能(AI)和区块链技术可以对电子司法产生积极影响,如通过提高效率和信任。此类技术的任何未来开发和部署都必须考虑到风险和挑战,特别是在数据保护和伦理方面。

由专业人员提议或管理、涉及专业人员的项目,如果符合前三段所载的要求,就有资格列入行动计划。据了解,由于国家制度的不同,并非所有会员国都能协助执行这些项目。

(二)行动计划的执行情况

1. 自愿参与

电子司法项目以自愿行动原则为基础,但具体法律文书规定义务的情况除外。从每项计划一开始就应争取会员国的广泛参与,因为这有助于产生更大的积极影响和更好的可持续性潜力。

2. 可持续性

一般而言,可持续性应被视为将电子司法项目纳入行动计划的先决条件。这种可持续性包括组织、法律、技术和财务方面。

应确保项目管理和维护的可持续框架,在适当的时候通过欧盟法律文书。

电子司法项目完全符合欧盟法律框架,是其可持续性的先决条件。

技术要求应便于成员国采用,并在考虑到技术发展的情况下进一步发展。应确保适当的网络安全水平。

应区分试点项目和大规模解决方案。将根据现有法律文书建立和运作大规模的解决办法,其中将载有关于治理和可持续性的规定。试点项目将在时间上受到限制。一旦试点项目敲定,将选择将其转化为大规模的解决方案,以自我维持的方式继续下去。

3.财务可持续性

欧盟委员会、成员国和专业人员组织应确保及时为电子司法项目提供适当的资金。

在欧盟层面,应促进融资渠道,尤其是尽可能简化行政手续,同时遵守金融条例。

4.分权

欧洲电子司法基于欧洲一级分散模式的原则,将成员国已经建立的各种系统相互连接起来。因此,分散处理电子司法的办法遵循相称性和辅助性原则。

尽管如此,在某些特定情况下,也可以设想一种集中的方法,或由欧盟法律强制实施。

5.电子司法工作的组织

欧盟理事会主管筹备机构对《欧盟电子司法行动计划》的总体执行情况进行跟踪。

如有必要,参与具体项目的少数专家组可举行会议,通过交流信息和最佳做法电子司法工作的开展。

为了促进欧盟电子司法的成功实施,在电子司法工作中需要考虑到欧盟和国家两级的宣传和提高认识。

工作组每半年将至少监测一次电子司法行动计划的执行情况,如果正在进行的事态发展有需要,应加以调整。

6.与专业人员的合作

专业人员应以顾问或合作伙伴的身份参与实施行动计划,参与依赖他们的参与或从中受益的项目。

第二节 德国的法律人工智能

德国是工业大国,拥有制造业优势,既往的工业积淀为德国的人工智能研发提供了深厚的基础。因此,德国在"工业4.0"时代的发展潜力巨大。但是,德国于人工智能领域的研究存在着起步较早但后继乏力的情况[1],主要原因在于德国对人才和投资的吸引力不及美国和亚洲诸国,知识转化不畅,这对于中小企业发展人工智能尤其不利。同时,德国在人工智能领域

---

[1] 郑春荣主编:《德国发展报告(2019)——大变局时代的德国》,社会科学文献出版社2019年版。

还存在着立法滞后、隐私与数据保护过严的情况,影响了人工智能的数据获取。

该《人工智能战略》已于2020年更新,德国进一步加大了对人工智能的投资力度。以期保持德国的国际竞争力,应对人工智能技术带来的挑战。在该战略的指引下,德国尤其关注在工业4.0中与美国和中国的竞争。① 在此之后,德国人工智能发展提速,建立了多个研究平台,为中小企业的数字化发展提供了相当多的案例研究报告。

一、德国法律人工智能的底层应用现状

德国法律人工智能的底层应用指的主要是法律本体工程应用研究,通过使用最新的研究工具用于法律理论和法律实践,拓展计算机的应用范围,以满足从事法律事务的工作者以及公民的需求。在内容上,主要包括法律推理、裁量模型、信息检索和查询等方面。

根据相关研究,德国在人工智能相关的国际期刊上发表的论文位列世界第三,发表论文数量为23篇,占比6.41%,前面两名分别是美国和英国。② 这一部分的研究主要是以理论的形式呈现法律人工智能的应用场景,为具体场景的落地应用提供技术基础和理论支持。

(一)信息检索系统

法律本体是法律文件索引及检索的基础,能够对各类文档进行语义分析。德国在这一方面的研究主要由莱布尼兹法律中心推进,目前该机构搭建了较为成熟的模型体系。

1999年莱布尼兹法律中心开发的FOlaw(Functional Ontology for Law)系统,主要从法社会学的视角观察法律系统在社会中的作用,被称为功能性本体,用于制定法体系的立法和查询。③

莱布尼兹法律中心基于大量的常识性知识,继续研发了LRI-Core法律本体查询系统。④ LRI-Core法律本体涉及了一系列抽象的概念,如物理、心理、作用、抽象世界等,另外,该本体为法律核心本体,可用于发展法律的本体

---

① Künstliche Intelligenz (KI) ist ein Schüssel zur Welt von morgen, National Strategie für Künstliche Intelligenz, http://www.ki-strategie-deutschland.de. (abgerufen am 25. Mai 2020).
② 参见张妮、杨遂全、蒲亦非:《国外人工智能与法律研究进展述评》,载《法律方法》2014年第2期。
③ See Benjamins, V. R., Casanovas, P., Breuker, J., Gangemi, A. (Eds.) Law and the Semantic Web, Legal Ontologies, Methodologies, Legal Information Retrieval, and Applications, https://www.springer.com/gp/book/9783540250630, last access: May, 25, 2020.
④ See Joost Breuker, Andre Valente, Radboud Winkels. Legal Ontologies in Knowledge Engineering and Information Management, *Artificial Intelligence and Law*, 2004, Vol. 12 p. 241-277.

概念。该模型已经使用在 E-COURT 和 E-POWER 等项目中。之后,莱布尼兹法律中心又将本体分为顶层、中间层和法律层,并以此为基础建立了 LKIF 核心本体。①

(二)裁量模型

裁量模型主要指的是基于归责和案例推理的司法裁量系统。1989 年 Berman 在《人工智能帮助解决法律系统危机》一文中详细地描述了法律专家系统,用人工智能系统模拟法官的思维,进行专家裁量预测,并且用计量方法观察法官的判决结果。② 随后,在 1999 年 Hollatz 通过对德国的精神损害和交通损害案例的研究,用 200 个非物质损害案例,采用高斯发散神经网络(radial based Gaussian function networks)将推理具体化为:伤害类型、持续时间长短、造成的后果的严重性、性别、职业的损害、特别严重情节和医疗损害,最后获得关于非物质损害的裁量模型,该文根据伤害程度、期待交警解决的程度、出事地点、出事时间、交通拥挤程度,建立了对事故解决时间的模糊评价系统。

总体而言,人工智能的本体论和裁量模型的搭建,为法律人工智能领域搭建产品和实现应用落地奠定了重要的基础,使在法律领域快速地获取、整合信息成为可能。

二、德国法律人工智能企业及其应用场景

在国家《人工智能战略》发布第一年,德国联邦政府已经启动了约 100 个部门间资助计划和合作,并着力推动中小企业在该领域的发展。③ 慕尼黑、图宾根、柏林、多特蒙德/圣奥古斯丁、德累斯顿/莱比锡的大学和德国人工智能研究中心(DFKI)成为国家 6 个 AI 研究中心。专注于人工智能的企业大量集中在这些地区,并在由联邦教育与研究部(BMBF)任命的指导委员会管理的平台 Lernende Systeme 上进行信息登记和汇总,具体名单详见表 2-2-1。

---

① See Rinke Hoekstra, Joost Breuker, Marcello Di Bello, etc. The LKIF Core Ontology of Basic Legal Concepts, http://www.estrellaproject.org/lkif-core/, last access: Aug, 19, 2020.
② See Donald H. Berman, Carole D. Hafner. The Potential of Artificial Intelligence to Help Solve the Crisis in Our Legal System, *Communications of the ACM*, 1989, Vol. 32(8) p. 928-938.
③ 冯一平、陈正:《德国教科动态德国人工智能战略中期报告公布》,载同济大学中德人文交流研究中心(Thhp://sino-germon-dialogue.tongji.edv.cn/30/56/c7114a144982/page.htm)。

表 2-2-1　Lernende 法律人工智能企业名单①

企业名称	技术领域	应用事实	官方网站
Fraugster Limited	数据管理与分析	电子商务公司的反欺诈解决方案	Fraugster.com
Leverton	语音和文本理解	从文件中提取数据	www.levertion.ai
PAIR Finance	数据管理与分析	公司的数字债务追收	Pairfinance.com
IPlytics	数据管理与分析	用于分析技术趋势和市场发展的文档分析	Iplytics.com
Retresco	数据管理与分析 语音和文本理解	用于语言交流自动化的 AI	Retresco.de
Rfrnz GmbH	语音和文本理解	合同文件分析	Rfenz.com
MotionsCloud	数据管理与分析	保险公司理赔流程的自动化	Motionscloud.com
wtsAI GmbH	数据管理与分析 图像识别和理解 机器人和自治系统	用于税收和金融的解决方案	Wys-ai.com
Glanos	语音和文本理解 人机交互与协助系统	协作 Web 平台，可确保质量可靠的文本挖掘	Glanos.de
ThingsTHINKING GmbH	数据管理与分析 语音和文本理解	捕获非结构化文本数据的含义级别	Semantha.de
MindUP Web+ Intelligence GmbH	图像识别及应对 语音和文本理解	检测进行欺诈的网上商店、进行侦察等	Mindup.de
Fraunhofer SIT	数据管理与分析	通过大数据分析提供网络安全和隐私保护	Sit.fraunhofer.de

---

① Lernende Systemem, https://www.plattform-lernende-systeme.de/startseite.html. (abgerufen am 25. Mai 2020).

（续表）

企业名称	技术领域	应用事实	官方网站
Fraunhofer IAIS	语音和文本理解 数据管理与分析	合同文本分析 防止信用卡欺诈	Iais. fraunhofer. de
Taxy. io GmbH	数据管理和分析 语音和文本理解	数字税法情报平台	Taxy. io
Pan Amp	数据管理和分析 图像识别和理解 语言和文字理解 人机交互和辅助系统 机器人和自治系统 虚拟和增强现实	自动取证分析	Panamp. de
GinkGO	数据管理和分析 语言和文字理解 人机交互和协助系统	合同文本分析	Ginkgo-analytics. com

除此之外，德国法律行业相关公司共同组成法律科技社区 Reinvent Law，吸纳了德国法律科技服务公司作为成员，致力于创建一个活跃的法律创新生态系统，名单详见表 2-2-2。

表 2-2-2　Reinvent 法律科技社区成员企业名单

企业名称	技术领域	应用事实	官方网站
Ayfie	数据管理和分析 语言和文字理解	法律分析和诉讼辅助	Ayfie. com
ipQuants	数据管理和分析	用于数据驱动的法律建议	Ipquants. com
LEGARTIS	数据管理和分析	合同智能解决方案	Legartis. ai
Rfrnz GmbH	语音和文本理解	合同文件分析	Rfenz. com
THINGSTHINKING	语言和文字理解	非结构化数据中的信息提取	Semantha. de
Busylamp	数据管理和分析 机器人和自治系统 人机交互和协助系统	法律事务管理	Busylamp. com

基于这两个平台，可获得德国目前在法律领域的人工智能企业的相关信息。基于这些信息，可将这些企业分为 3 种业务类型：针对专业性法律产品

研发企业、提供可应用于法律服务的数据分析和专注于法律相关业务的细分场景。

（一）针对专业性法律服务产品研发

1. Rfrnz GmbH：面向律师事务所的分析平台

Rfrnz GmbH 服务于法律部门和律师事务所，是可供直接使用的、经过算法培训的合同分析平台。主要产品 Rfrnz 是一个智能合同分析系统，其可以通过人工智能识别并提取合同和文档中的相关信息，如主题、条款或个人数据，也可以用于识别不利或缺失的条款，快速提取所有相关信息，并指出异常和风险。Rfrnz 能够帮助客户汇总和评估所有相关信息，在检查标准化合同（如 NDA 和一般条款及条件）以及处理大量数据（如在并购交易和合规性方面）尤其有效。

具体而言，Rfrnz 具有以下 3 个主要业务：

（1）NDA 审查。客户可以通过使用 Rfrnz NDA-Checker，快速识别保密协议的所有相关内容，同时将这些内容与公司标准进行比较，检测异常条款，将其合并到审核过程中。

（2）房地产领域。Rfrnz 的产品能够在几秒钟内捕获租赁合同全部信息，并分析哪些租赁合同超出了预定义的格式条款，并且确定终止权、租户激励措施等。

（3）并购与尽职调查。客户可以通过使用 Rfrnz 的 M&A 工具，在数据室中检查大量合同文件，并根据主题相关性和数量进行评估，节省客户在有关核心法律问题的文档上花费的时间。

2. WtsAI：面向税收和金融领域的合规方案

WtsAI 主要在税收和金融领域通过神经网络自动处理海量数据和特殊税收评估提供 AI 解决方案。WtsAI 提供面向未来的税收和财务模拟系统，这一系统作为发现错误管理决策的基础可以降低企业出现违反合规性的风险，使企业行为在法律或程序上适应情势发展并立即对变化做出反应。

WtsAI 的一个主要产品是 Tax app，该产品能够进行异常检测，识别日常业务交易中异常或不正确条件的交易。通过使用"学习"算法，可以在标准案例和异常案例之间进行自动分类。该算法是基于当前法律（或逻辑）进行编程的神经网络，可以单独用于所有类型的公司交易。随着数据库的丰富和逻辑的扩展，该产品的自动化程度以及处理特殊情况的精度都在稳步提高。

WtsAI 的一个具体应用场景就是 FTA 优化项目。大量的自由贸易协定和经济联盟给公司带来了重大的合规性和效率挑战，90%的欧盟出口产品都使用现有的 FTA 以避免关税。因此，WtsAI 提供基于 AI 的 FTA 优化解决方案，可作为计划交易的信息和决策基础。

其中,FTA 的法律框架和客户合同构成了智能算法的逻辑基础,该算法始终可以通过神经网络扩展其链接逻辑。WtsAI 的 FTA 优化工具可以模拟和可视化各种方案,增强的合规性安全。

目前,WtsAI 的产品组合着重于分析增值税、关税和转让定价等税种。

3. Fraunhofer 研究中心:多领域的法律辅助业务

(1)预测性警务

Fraunhofer SIT 的"预测性警务"主要用于评估大数据收集以预测犯罪并调配警察的部署。其中,"社交媒体取证"支持个人犯罪档案的形成以促进执法目的,这一功能同样适用于基于大量文本的作者身份的识别。例如,在取证过程中确定某些人是否为社交媒体上非法文本的作者,就能够采取 Fraunhofer 提供的自然语言机器学习的方法。

(2)合同文本分析

Fraunhofer IAIS 在多年开发的用于分析文本和文件的工具的基础上,建立了从合同文件中自动提取信息的技术。首先,扫描和提取其他文档中所有信息(文本结构、文本内容和图像)并用于训练机器学习,并对其进行评估、组合和丰富。之后,可以进一步分析和优化内容,并应用于商事交易中的反欺诈措施或为企业合同谈判提供准备。

(3)防止信用卡欺诈

由于信用卡数据的非法交易正在大规模泛滥,Fraunhofer IAIS 在研究项目中开发了新颖的欺诈挖掘机制——MINTify 规则软件。这一软件可以独立识别新的欺诈情形和模式,基于此,系统会自动创建透明且易于理解的规则,以防止出现新的欺诈模式。

MINTify 规则软件支持银行在人工智能的帮助下进行数据保护,该软件基于自学习算法,可以随着时间的推移,更快、更好地检测数百万次交易中的欺诈模式。

4. 潘安公司(Pan Amp):智能化司法取证手段

潘安公司的技术产品可以根据数据模式全自动分析网络,这些数据模式能够独立进行进一步的自主开发和增强。智能化司法取证手段适合对以合法手段收集的数据进行调查,对大量数据进行自动取证分析。潘安公司已经开发出该技术来识别和记录特别是在全球网络中搜索得到的数据,并将其传输到可以在法庭上使用的在线证据。该技术还可以在 DEEP INTERNET 上找到内容,即可以应用在尚未被搜索引擎索引的区域或在搜索引擎技术上无法索引的区域。

同时,潘安公司内部开发利用了人工智能基于预定义的参数独立评估使用数据模式识别的内容。这一分析是跨协议进行的,并不依赖于搜索引擎的支持,可以用阿拉伯语、德语、英语、芬兰语、法语、希腊语、意大利语、挪威语、瑞典语、西班牙语和土耳其语来激活机器人技术。该技术面向法医科学家、调查人员、互联网安全专家和应急人员,以支持他们的调查工作。

5. 银杏分析(Ginkgo):智能化合同管理

银杏分析提供了基于人工智能的合同管理技术,帮助客户了解合同。银杏分析的产品内容具体包括两个部分:第一部分是对单词的理解,为此 AI 在大量的英语文本上进行了训练,形成一个能够理解同义词的模型。第二部分是对句子进行分类,即对可交付成果和义务的认可。该应用程序当前识别合同规定的服务内容及合同相对方的义务的准确性为 91%。

6. Ayfie:诉讼辩护辅助工具

Ayfie Group AS 是 Ayfie Group 的母公司,位于挪威奥斯陆。公司拥有挪威 Ayfie AS,瑞典 Ayfie AB,德国 Ayfie GmbH 和美国 Ayfie Inc.。

该公司主要为律师事务所和其他斯堪的纳维亚知识业务提供知识管理产品,美国公司专注于美国法律服务和金融市场,而德国公司则是高级 NLP 和机器学习的研发中心。

德国 Ayfie GmbH 主要产品为 Ayfie Inspector,该产品是一个功能强大的文本分析工具,可以筛选出结构化或非结构化内容中的关键信息。它超越了组合单词或相似名称的筛选模式,连接活动、地点、事物和时间,并采用了相应的语言处理技术,最终呈现在具有数据可视化功能的界面上。

Ayfie Inspector 为诉讼活动提供了有效的辅助,它能够为大量基于文本的内容添加结构以进行快速过滤和筛查,且直观的查询使大量数据易于搜索。

7. Busylamp:法律事务管理

Busylamp 主要向律师事务所提供法律事务管理服务,其能够收集、跟踪、分配和报告法律工作的过程,包括案件名称、类型、法律服务提供者以及处理案件的预算。旗下产品可管理的法律事务囊括了简单分析任务和复杂的法律项目,包括合同、争议诉讼、知识产权或并购。Busylamp 产品的主要目的在于更有效地组织、协作和报告法律部门的工作及相关费用。

Busylamp 的法律事项管理系统主要包括两个方面:

(1)提供对法律部门工作的协调意见,并对工作进行详细的跟踪。基于这一功能,Busylamp 能够帮助事务所有效计划未来事务,规划预算,有效地预防风险并形成以数据为依据的决策。

(2)自动执行重复的手动任务。这一功能能够提高律师工作效率,降低律师在编写报告和搜索文档等方面的投入时间以提高生产率,帮助律师专注于高价值的法律工作。

8. ipQuants：知识产权领域的法律建议服务

ipQuants 主要提供知识产权领域的基于数据驱动的法律建议。具体而言，ipQuants 基于欧洲专利局(EPO)和上诉委员会(BOA)的资料库创建案例法分析模块，向客户提供 20000 多个上诉委员会(BoA)决策分析以了解结果和趋势，选择可行的法律方案。ipQuants 的产品为 ipQuants Appeal Insights，该产品具有搜索案例和报告过滤选项来评估数百种方案的功能。例如，确定与特定的主席或上诉委员会技术成员有关的决定；通过基于"检查申诉"或"异议申诉"进行过滤，找到相关的申诉决策等。

9. Legartis：智能化合同分析服务

Legartis 主要面向律师事务所以及公司法律、采购和财务部门提供合同智能解决方案，帮助企业自动查看和分析法律文件，提供快速从法律文件中提取相关信息的工具。

(二) 提供可应用于法律服务的数据分析服务

1. Glanos：基于 Web 的文本挖掘

Glanos 旗下产品 DataSphere 协作 Web 平台可进行文本挖掘进行分析，作为技术基础辅助法律工作。

DataSphere 的搭建流程包括：

(1) 团队合作：跨学科团队制定程序规范；

(2) 文档注释：对协作文档进行注释，将文本分析的结果与手动注释进行比较；

(3) 文本分析：使用机器学习和基于规则的自然语言处理(NLP)方法处理和分析数据；

(4) 质量检查：通过手动反馈进行连续自动校正，并通过单元测试进行质量保证，每次更改文本分析时都会自动重新评估。

2. ThingsTHINKING GmbH：非结构化数据的信息提取

ThingsTHINKING 开发的产品具有语言理解能力，能够对文档进行语义识别，并应用于非结构化数据中的信息提取。该产品为汽车、化学、制药、法律、建筑、审计和保险领域的客户提供服务。

(三) 专注与法律相关业务的细分场景

1. Fraugster Limited：防范欺诈交易

Fraugster Limited 使用人工智能系统自动检测条款并防止欺诈。具体而言，人工智能系统在审核交易合同时，会分析每个交易行为条款的上下文，以便在批准合法交易的同时准确阻止交易中可能发生的欺诈行为。

该产品的 AI 引擎基于学习算法，可检测并应对新的欺诈模式。结合计算机的计算能力,它在毫秒内处理数千个事务,实现无限增长。

2. PAIR Finance:债务索赔服务

PAIR Finance 提供了一种新形式的应收款管理和债务追收。借助基于数据的机器学习技术,该公司支持其客户追偿未决索赔。

3. Retresco:金融合规和反金融犯罪

Retresco 基于人工智能,在自然语言处理(NLP)、自然语言生成(NLG)和自然语言理解(NLU)领域开发软件解决方案。其中,Restresco 在金融智能自动化解决方案中,有效地设计了金融行业中基于文本的业务流程,并能应用于合规和反金融犯罪领域。具体包括使用基于 AI 的语言技术,创建监管报告(如资金活动报告、信用评估和可疑交易报告)。

4. IPlytics:专利问题的风险管理

IPlytics 为公司提供了一个自动化平台,用于研究专利、标准、出版物、公司数据和文献资料。为此,IPlytics 结合有关市场和技术数据的广泛信息,并将数百万份专利文件、科学出版物和公司简介数据整合到该软件中。IPlytics 作为一个 IP 分析工具,同时向企业提供了风险管理,提供了有关法律纠纷、许可协议、专利池或者标准必要专利的数据预警系统,在早期为客户估算可能的成本,识别与量化潜在风险。

5. Leverton:法律文档的结构性分析

Leverton 提供的产品可以从文档中提取数据信息,并以结构化和可分类的方式进行设置,主要用于财务、税务和法律领域。公司主要产品之一是一个 AI 驱动的数据提取和合同分析平台,可帮助企业从公司和法律文档中提取和分析关键的结构化数据。

6. Motionscloud:智能索赔方案

Motionscloud 主要为保险公司提供智能索赔解决方案,通过 MotionsCloud 估算引擎实时估算损失价值。还能采用各种媒体形式,包括文本、音频、照片和视频收集证据,减少欺诈,将保险索赔成本和索赔周期从数天缩短至数小时。

7. MindUp:防范欺诈行为

MindUp 的产品针对的是电子商务中商家的欺诈行为,通过机器学习训练 AI 系统实现对欺诈行为的自动检测。同时 MindUp 与政府机构合作,共同扩大资料库,协助打击国际欺诈者,辅助调查网络犯罪行为。

四、小结

德国作为工业大国,在人工智能领域的发展享有基础优势,尽管德国的人工智能行业经历了一段时间的低迷期,但是,在 2018 年的国家战略发布后,在理论研究、立法进程、伦理审查和企业发展方面都呈现出高速发展的态势。

总体而言,德国对人工智能的信心正在增长,德国人工智能行业的实力在迅速增强。在未来,德国法律人工智能背靠这一有利的大环境,有着明朗的前景。

第三节 法国的法律人工智能

一、法国法律人工智能的发展背景

目前,法国是欧洲人工智能生态系统最强的国家之一,法国与德国、英国三国的人工智能公司总数,占欧洲人工智能公司总数的一半以上。[1] 2016 年法国国家信息和自由委员会(the Commission Nationale de l'Informatique et des Libertés,简称 CNIL)着手研究与新数字科技相关的社会和道德风险。随后,CNIL 于 2017 年 12 月发布关于算法和人工智能的道德风险的报告《Comment Permettre À L'homme De Garder La Main?》。报告指出了围绕人工智能的六大的风险:其一,如果决策权逐渐下放至机器和软件,人类的自由意志和责任是否会受侵蚀?其二,如何应对人工智能中或故意制造或意外隐含的偏见和歧视?其三,随着人工智能细分、定制个体解决方案,这将如何影响某些社会基本要素中的集体逻辑,如民主多元和风险共担理念?其四,如何平衡大数据带来的好处与保护个人隐私的必要性?其五,如何选择用于人工智能机器学习的数据,以平衡质量、数量和所追求目标的相关性?其六,自动化人工智能的发展以及人与机器之间界限的模糊,将如何质疑人类身份的原有含义?[2] 同时,CNIL 也于 2022 年发布"关于人工智能的指南",加大了人工智能重视的力度。

为应对这些风险,报告提出两项一般原则和 6 项具体建议。两项一般原则分别是忠诚(loyauté)原则和警惕性/反省性(vigilance/reflexivity)原则。忠诚原则是指算法不应背叛其用户的利益,这里的"用户"不仅包括消费者,还包括公民、社区成员或利益可能受到算法影响的其他组织。警惕性/反省性原则,是指人工智能的不断发展和不可预测性要求所有利益相关者有条理、

---

[1] See The Law Library of Congress, Regulation of Artificial Intelligence in Selected Jurisdictions, *Global Legal Research Directorate*, 2019, p.79.

[2] See CNII, Comment Permettre À L'homme De Garder La Main? Rapport surhes enjeux éthiques des algorithmeset de l'intelligence artificielle, www.cnil.fr/enlnode/24008, lass access: May 30, 2020.

保持谨慎并定期重新审查。6项具体建议包括：人工智能参与开发者和使用者接受道德教育；进一步努力让用户理解算法；设计算法以服务于人类自由并抵消"黑箱"效应；建立相关国家机构专门审计算法；鼓励对道德的人工智能的研究，并启动面向大众利益的重大国家研究项目；加强公司内部的道德合规机构建设。①

在此基础上，法国国家力量进一步明确推动人工智能发展。2018年3月，法国总统埃马纽埃尔·马克龙在巴黎举行的"AI for Humanity"峰会结束时，公布法国人工智能发展战略计划。②该战略计划基于法国副总统赛德里克·维拉尼（Cédric Villani）所作的政策报告《有意义的人工智能：走向法国和欧洲战略》③，其目标在于推动法国成为人工智能领域的全球领导者。④ 法国人工智能战略计划提出3项主要目标：其一，完善人工智能教育和培训系统，培养和吸引最优秀的人工智能人才；其二，为人工智能程序的应用和相关资产的集合而制定数据开放政策；其三，为能够透明并公平地使用人工智能应用程序而制定相应道德伦理框架。为此，法国政府将在2022年年底前投入15亿欧元用于开发人工智能，其中7亿欧元将专门投入研究。⑤

二、法国法律人工智能的应用争议

（一）第2019-222号法律内容

人工智能的政策建构版图已然铺开，法律人工智能的实践发展如火如荼，然而这一态势却未顺利地进入正式的立法领域。法律规范构建上的趋势甚至与之相反，背道而驰。这一趋势体现在法国2019年3月23日关于2018—2022年方案拟订和司法改革的第2019-222号法律（《司法改革法》）中，该法第33条规定："不得为了评估、分析、比较或预测法官和书记官

---

① Commission Nationale De L'informatique Et Des Libertés (CNIL), Comment Permettre À L'homme De Garder La Main?, https://www.cnil.fr/sites/default/files/atoms/files/cnil_rapport_garder_la_main_web.pdf, last access: May, 24, 2020.
② DATAIA, National Research Network in Artificial Intelligence: with the DATAIA Institute "France does not start from scratch", http://dataia.eu/en/news/national-research-network-artificial-intelligence-dataia-institute-france-does-not-start.
③ See Cédric Villani, For A Meaningful Artificial Intelligence: Towards A French And European Strategy, https://www.aiforhumanity.fr/pdfs/MissionVillani_Report_ENG-VF.pdf, last access: May, 24, 2020.
④ See DATAIA, National Research Network in Artificial Intelligence: with the DATAIA Institute "France does not start from scratch", http://dataia.eu/en/news/national-research-network-artificial-intelligence-dataia-institute-france-does-not-start.
⑤ See European Commission, France AI Strategy Report, https://ec.europa.eu/knowledge4policy/ai-watch/france-ai-strategy-report_en, last access: May, 24, 2020.

处工作人员的专业行为而重复使用其身份数据,违反这项禁令将受到《刑法典》第 226-18226-24 条和第 226-31 条规定的处罚,但不妨碍 1978 年 1 月 6 日关于信息技术、档案和自由的第 78-17 号法律规定的措施和处罚。"①

《司法改革法》一经出台,便引发诸多争议。虽然第 33 条在具体适用条件的规范上语焉不详且缺乏判例,但作为当前世界上唯一明确推行、钳制法律人工智能数据分析并附带严厉后果的立法范式,迅速引起了各国关注:《司法改革法》缘何出台? 其出台的背后又如何反映法国国内各方博弈情形?

(二) 立法先声:法国司法部的测试项目与反馈

2017 年 4 月至 6 月,在法国司法部的倡议下,Rennes 和 Douai 地区的两个上诉法院中的十几名地方法官参与了一项测试项目,在案件审判中试用法国 Predictice 公司的司法预测软件。该软件通过扫描收集所有法国上诉法院的民事、社会和商业裁决,基于算法从中获取数据并进行分析,继而确定案件胜诉的机会,并评估离婚、解雇等情况下的经济补偿金额。软件具体的使用和运行过程为:在法官需要对一个案件做出裁决时,先在软件搜索引擎中选择裁判的主要标准。随后,软件将在数秒之内分析判例法(软件数据库中包含除刑事案件外的大量法庭判决),并向法官提供类似案件的裁判结果。最终,终局的裁判决定仍然由法官斟酌作出。②具体运行流程,如图 2-3-1 所示。

从测试的反馈来看,软件的使用结果并不尽如人意。根据司法部与 Rennes 地区上诉法院的一份公报来看,司法部和地方上诉法院认为该软件需要大幅度改进。而且,对于那些已经拥有高质量分析搜索工具的最高上诉法院和上诉法院的法官,该软件并没有任何增益之处。③

除此之外,Rennes 地区上诉法院院长泽维尔·罗亨(Xavier Ronsin)指出此类软件存在算法偏差问题。他指出,法院的裁判是一项全面的、需要复杂知识的工作,尽管软件可以很好地确认判决中的一部分内容,但是软件只关心法院判决的执行,算法不会阅读动机和所有的细节,例如哪些证据得到确认,以及如何确认等,尤其在决定复杂的情况下软件的偏差更大。他认为,这项试验的结果表明,律师的咨询作用是不可替代的,而审理具体案件的法官

---

① Art 33 (1) LOI n° 2019-222 du 23 mars 2019 de programmation 2018-2022 et de réforme pour la justice.

② LeParisien, Des robots testés à la place des juges dans les cours d'appel de Rennes et Douai, LeParisien, https://www.leparisien.fr/faits-divers/des-robots-testes-a-la-place-des-juges-dans-les-cours-d-appel-de-rennes-et-douai-30-10-2017-7362198.php.

③ See Artificial Lawyer, French Magistrates See 'No Additional Value' in Predictive Legal AI, Artificial Lawyer, https://www.artificiallawyer.com/2017/10/13/french-justice-ministry-sees-no-additional-value-in-predictive-legal-ai/, last access:May 30, 2020.

图 2-3-1 司法预测软件运行示例

的作用也是一样不可替代的。这些新产品应被视为对决策的补充。①

对此，Predictce 公司则回应认为，公司所推出的软件，只是简化了对律师的法律信息的搜索和分析，从来没有尝试建立一个能够预测诉讼结果的工具。该项司法实验是在公司成立之初，软件尚未商业化的阶段，与公司的开发软件的测试版本同时启动的，其目的是更好地了解法官的需求。并且，相关报道中认为软件只关注法院判决的执行情况这一说法是不准确

---

① DALLOZ, L'utilisation de l'outil Predictice déçoit la cour d'appel de Rennes, https://www.dalloz-actualite.fr/interview/l-utilisation-de-l-outil-predictice-decoit-cour-d-appel-de-rennes#.XskVNS9Y69Z.

的,事实上,软件搜索引擎不仅检索法院判决,并且还允许查阅法律文本和理论。

司法部的测试项目成为法国立法的先声,尽管司法部进行了明确表态,但未能平息人工智能发展客观需要的浪潮。在测试项目之后,各方争议的序幕由此拉开,讨论更加激烈。

(三)立法背景:各方博弈与实然结果

1. 立法目的与考量:留白与解读

对于法国为何在法案中禁止人工智能进行判决分析预测,并没有官方解释或普遍共识。《司法改革法》本身对此进行了留白。即便跳出《司法改革法》本身、从整体体系架构的角度探求其中立法目的,《司法改革法》对法律人工智能的态度亦也未进一步处理如何统筹这一禁止规定与现行政策"法国人工智能发展战略计划"之间的张力关系。

相关立法背景或许能为立法目的的解释提供落脚点。据此,法国国内提出了各种解读。有观点认为部分原因是法律人工智能企业取得了巨大成功,这些企业的产品现在能够相对轻松地模拟司法决策者的决策倾向,让法国法官们误入歧途。① 也有观点认为,此项法律的出台是来自法官群体的压力所致。②法官群体担心预测分析暴露其决策模式,甚至会显示出司法裁判与法律规范之间的差异,最终导致司法权威受损。

2. 立法过程中的争议:司法数据能否公开

根据《欧洲人权公约》第 6 条第 1 款规定的公开审判原则,目的在于确保法官(必须是可识别的且被合法任命履职的)的客观公正性以及遵守程序规则(如公开和合议)。③又考虑到数据是人工智能发展的必要前提,AI 技术唯基于对大量数据的分析方能改进其模型、提高分析预测能力。因此,开放司法裁决数据是专门从事搜索引擎或预测分析的法律技术公司发展的先决条件。然而,从另一维度考察,在衡量公开数据对司法效率和质量的影响方面存在困难,并且公开数据又带来了对个人隐私保护的威胁。因此,是否应当开放司法数据引起了争议,这一争议影响着相关领域的法律规定。

具体而言,2016 年前,《司法组织法》第 R433-3 条规定,如果司法、行政

---

① DALLOZ, La réalité derrière le fantasme de la justice robot, https://www.dalloz-actualite.fr/flash/realite-derriere-fantasme-de-justice-robot#.XskJ6i9Y69Y.

② DALLOZ, La réalité derrière le fantasme de la justice robot, https://www.dalloz-actualite.fr/flash/realite-derriere-fantasme-de-justice-robot#.XskJ6i9Y69Y.

③ European Convention on Human Rights (1953) Art. 6.

法院和法庭的裁决"具有特殊利益",则应将其公开。①而在 2016 年,法国颁布《数字共和国法》(La loi pour une République numérique),修订了《司法组织法》并重新规定了法院公开裁决数据传播的法律框架。该法第 20 条和第 21 条规定,在不影响关于诉诸和公布法院裁决的特别规定的情况下,法院判决应在尊重有关个人隐私的情况下免费提供给公众,即以公开为原则;但是,在向公众公布司法裁决前,应先分析重新确定涉案人员身份的风险。②同年,法国政府还制定了"Open data"(开放数字)执行时间表,明确了一系列的政府数据公开措施及其法令的制定或生效时间。

上述试图调和争议的努力与第 2019-222 号法律似乎是一脉相承,但就规定本身而言,其钟摆已然通过例外条款的填充而偏向了保护隐私一端。具言之,第 33 条 1 款、2 款规定重申了 2016 年修订的内容"在不违反关于诉诸和公布法院裁决的特别规定的情况下,判决应以电子形式免费提供给公众"。与此同时,又增加了关于例外情况的规定,"作为第 1 款的例外情况,判决书中提到的当事方或第三方的自然人的姓名在向公众提供之前被隐瞒。如果披露信息会影响这些人或其家属的安全或隐私,则也应隐瞒任何能够确定当事方、第三方、法官和书记官处成员身份的资料"③。

应然层面规范的博弈亦影响了实然层面法律人工智能运行与实践的进程。目前在法国政府网站 Légifrance.fr 是主要的认证公共信息在线来源,其中不仅包含立法和法规文本,还包括判例法和公共职位任命信息,如图 2-3-2 所示。但是,这种单一的信息获取完全不同于直接访问后台数据库④,更精细的信息由于规范层面的收紧始终没有放开,使运用 Légifrance.fr 获取信息的能力与效率大打折扣,徒增法律人工智能的运行成本。

正因受到如上限制,人工智能运营商期望能够自由地获得所有法院裁决数据。但是,这一愿望持续落空。2019 年 3 月 20 日,法国律师协会理事

---

① European Commission for The Efficiency of Justice (CEPEJ), European Ethical Charter on The Use of Artificial Intelligence in Judicial Systems and Their Environment (2018), p. 22.
② 该法的通过是为了使法国法律与 2013 年 6 月 26 日欧洲议会和欧洲理事会第 2013/37/EU 号指令(Directive 2013/37/EU of the European Parliament and of the European Council of 26 June 2013)保持一致,该指令修订了 2003 年 11 月 17 日关于重新利用公共部门信息的理事会指令("PSI 指令")(the Council Directive of 17 November 2003 on the reuse of public sector information (the "PSI Directive"))。
③ Art 33 LOI n° 2019-222 du 23 mars 2019 de programmation 2018-2022 et de réforme pour la justice (1).
④ European Commission for The Efficiency of Justice (CEPEJ), European Ethical Charter on The Use of Artificial Intelligence in Judicial Systems and Their Environment (2018), p. 22.

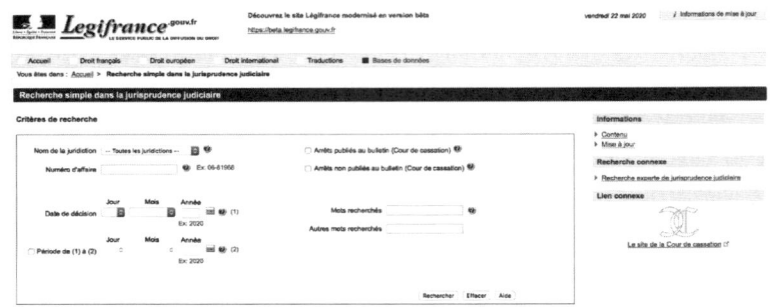

图 2-3-2　Légifrance.fr 网站上的司法判例查询页面①

会与最高上诉法院共同起草了一份"联合声明",其内容包括设立一个"为利用判例法数据库而设立的管理机构"。但是,这一声明没有任何约束力,仅仅代表了实务领域的愿望与呼吁;而法国司法部态度明确,直接表示没有必要设立一个专门的机构。②旋即《司法改革法》出台,为现阶段上述争议画上句号。

三、法国法律人工智能的学术研究

(一) 法国法律人工智能立法后评估

1. 法国国家律师协会(Conseil National des Barreaux)的立场

尽管法官群体可能更倾向于支持该立法禁令,但法学界、律师界中质疑该禁令的声音。*Artificial Lawyer* 期刊中有文章发表观点认为,如果案件信息已经向公众公开,进入公共领域,那么,任何人都应当有权对源自该案例的数据进行统计分析,以显示或揭示他们所希望的内容。③而在法国推出禁止分析预测法官数据的禁令后,法国国家律师协会(Conseil National des Barreaux,简称 CNB)要求将律师身份资料也排除在法庭上对其行为的统计分析之外。此前,法国国家律师协会一直重申其支持透明度和公开司法的立

---

①　Artificial Lawyer, France Bans Judge Analytics, 5 Years in Prison For Rule Breakers, Artificial Lawyer, https://www.artificiallawyer.com/2019/06/04/france-bans-judge-analytics-5-years-in-prison-for-rule-breakers/, last access: May 30, 2020.

②　DALLOZ, Open data judiciaire: le CNB et la Cour de cassation réclament la création d'une instance de régulation, https://www.dalloz-actualite.fr/flash/open-data-judiciaire-cnb-et-cour-de-cassation-reclament-creation-d-une-instance-de-regulation#.XskM_S9Y69Y, last access: May 30, 2020.

③　Artificial Lawyer, France Bans Judge Analytics, 5 Years in Prison For Rule Breakers, *Artificial Lawyer*, https://www.artificiallawyer.com/2019/06/04/france-bans-judge-analytics-5-years-in-prison-for-rule-breakers/, last access: May 30, 2020.

场,并反对将法官和律师姓名匿名化,法国国家律师协会此项举措显示其立场上的根本转变。

但是,协会这一立场似乎也与大多数法国律师的立场和利益存在冲突。由 Doctrine 委托进行的 IFOP 民意调查显示,87%的法国律师反对法官匿名,63%的年轻律师希望提高他们在网上的知名度。法国国家律师协会是代表法国所有执业律师的公共利益机构,所有律师均在其 161 个地方律师协会中注册,对于法国律师监管有着相当大的影响力。对于律师而言,对司法判例数据进行分析,是提高效率、创造经济利益的一个重要手段。人工智能软件可以帮助律师根据先例调整其诉讼策略,拒绝那些风险过大的案件,这些帮助最终会影响他们的收费和费率。[1]从这一角度来看,该立法禁令对律师群体也造成了负面影响。

2.《司法改革法》第 33 条合法性的争鸣

(1)言论自由与维护司法权威的权衡

《司法改革法》第 33 条出台后受到批评,被称为法国民主的"彻底耻辱"[2]。而在各方观点争鸣之外,通过合法性框架审视《司法改革法》的出台的做法,是否又存在瑕疵?从整体上看,其合法性有待考虑。《欧洲人权公约》第 10 条从法理层面奠定了对言论自由的认可,基于《欧洲人权公约》,法国必须表明,第 33 条禁令在比例原则的架构下是符合要求的。

法国可以辩称这项法律的目的是正当的。欧洲人权法院在 Prager v. Austria 一案中指出,为保护司法"声誉"和"维护司法权威"而限制对个别法官的批评的措施是合法的,尤其是需要保护司法机构"免受基本上毫无根据的破坏性攻击"。[3] 英国媒体对 2017 年英国第一次脱欧判决的反应就是一个很好的例子,英国高等法院法官的照片被刊登在《每日邮报》头版,标题是"人民的敌人"。这种对法官的肆意批判,被广泛批评为对司法独立的攻击。在这种情况下,法国推出《司法改革法》可能落入寻求保护"司法机关的权威"。[4]

然而,法国对司法行为研究的限制也可以被视为非法目的——它代表着破坏法治的企图。禁令限制了司法判决的透明度,从长期来看,这将最终削弱法院的权威和司法声誉。法院认识到,言论自由在"激发关于司法系统运

---

[1] See Malcolm Langford, Mikael Rask Madsen, France Criminalises Research on Judges, Verfassungsblog, https://verfassungsblog.de/france-criminalises-research-on-judges/, last access: May 30, 2020.
[2] Jon Kleinberg, Himabindu Lakkaraju, Jure Leskovec, Jens Ludwig, and Sendhil Mullainathan, Human Decisions and Machine Predictions, Working Paper 23180.
[3] Gündüz v. Turkey, no. 35071/97, § 37, ECHR 2003-XI.
[4] European Convention on Human Rights Art 10.

作的辩论"中发挥着重要作用(Prager v. Austria)①,它可以构成"能够促进人类事务进展的公开辩论"(Giniewski v France)。② 进一步来看,如果不公开是为了维持一个内在矛盾的判例法和有偏见的法官的法律制度,本身就是不正当的。几个世纪以来,法律学者一直把批评损害法律统一的判决视为一种职业义务。

尽管有着上述解释路径,法国法律还需要回答的问题是对侵犯言论自由的测试的其他内容。假设法律的目的是合法的,下一个问题是:它是否可以被证明是合理的,是否"在民主社会中是必要的"? 回到修法内容本身,其最引人注目的,是该条款对法官身份的可惩罚使用的定义非常宽泛。如前所述,"评估、分析、比较或预测"个别法官的行为是应受惩罚的。换言之,禁止对法官个人资料的任何评估性使用,并将其定为犯罪。法律中的定义似乎创造了一个全新的犯罪情形。其措辞不仅包括商业目的的算法分析,如预测案例结果或在实际案例中的使用,甚至还包括各种其他研究,采取极为宽泛的解释模式。由上述分析来看,该法违反了斯特拉斯堡经典判例(Strasbourg)中的一项附加要求:任何授权干涉言论自由权的法律必须起草得足够清楚和详细,以使其不会导致"不受限制的权力",并以不可预见和任意的方式运作,即符合典型的法治原则(Glas Nadezhda Eood and Elenkov v. Bulgaria)。③特别值得注意的,是许多国家的法官其实几十年来一直"容忍"相关研究的推进。从20世纪40年代开始,美国学术界对司法行为展开了专门的研究,新闻媒体经常将司法行为列为重要的公开信息。相比之下,在欧洲很少能看到这样的学术成果,而法国又尤为强调作为一个整体说话、希望追求没有不同意见的存在。人类学家布鲁诺·拉图尔(Bruno Latour)认为,法国司法程序的模糊性是其基本原则之一,坚持让法院用同一个声音说话,这是法国早期强大影响力的结果。④

尽管这一解释可以为《司法改革法》的出台提供制度背景说明,但在法律的审阅下,该法并不满足比例原则的规范要求。最后,虽然这项法律是针对法国法律体系,但其效力范围尚不清楚。例如,该法律是否具有域外效力,即它是否也会禁止对法国国际法官的研究? 从法律安全的角度而言,如果想让法官匿名,需要采取什么措施? 相关问题都为人工智能在司法领域的应用发展带来不确定性。

---

① Pragor and Oberschlick v. Austria, APP No. 15974/90, ECHR 26 April 1995.
② Giniwski v. France, APP No. 64016/00, ECHR 31 April 2006.
③ Glas Nadezhda Eood and Elenkov v. Bulgaria, APP No. 14134/02, ECHR 11 Oct. 2007.
④ See Malcolm Langford, Mikael Rask Madsen, France Criminalises Research on Judges, Verfassungsblog, https://verfassungsblog.de/france-criminalises-research-on-judges/.

（2）GDPR 下的合法性审视

在《司法改革法》第 33 条的框架下，一条主流的解读路径是：判决信息将继续可用，用户可以查阅判决资料，其中自然包括法官的姓名。但人工智能不能汇总关于特定法官及其行为模式的数据。如果人工智能做任何分析，都被禁止做出任何带有识别性的判断，这意味着任何基于数据的比较或预测都变得毫无意义。①

两项集中讨论的内容为：其一，法官姓名是否属于"个人数据"而应触发 GDPR 的规制？其二，人工智能是否可能在 GDPR 的合规框架下对相关数据进行大数据挖掘？根据 GDPR 第 4.1 条的规定，"个人数据"是一个已识别或可识别自然人的所有相关信息。出现在判决书之上的法官署名似乎径直落入第 4 条的辖摄范畴。然而，值得追问的是：(1) 判决公开的要求是否足以作为第 4 条的例外或豁免？(2) 法官身份及其履行职务的关联性是否能够避免触发第 4 条的规制？GDPR 对此语焉不详，导致相关技术分析无法开展。同时，GDPR 合规通常采取的"数据脱敏路径"似乎于此也处于适用受阻的尴尬之中，②出于分析具体法官偏好态度的需要，"脱敏"的逻辑与人工智能在司法领域的应用并不完全匹配。基于个人保护的考虑，法国法官坚持不住……

而就法国法官坚持不让自己的身份受到算法审查而言，更多地可能基于个人保护的理由。一个实例即为，2019 年 5 月，一对夫妇因为骚扰一位家庭法官而被判入狱[*Hilson v McCarthy* (2019) EWHC 1110 (Admin)]，他们通过社交媒体获取了法官的个人信息并借此对法官及其家人发出威胁。③也有观点指出，这个问题的根源在于民众对案件裁判结果存在的普遍不满，因此，反而应当进一步提高法院的透明度，通过提高判决的可接受性来解决问题，而非一味地强调对法官的信息保护。④

在 GDPR 的现行法框架之外，相关的讨论还促使媒体在报道法庭上发生的事情时，从更一般的意义上考虑使用匿名。当事人匿名在民法领域没有争

---

① See Paul Magrath, Reviews Weekly Notes: legal news from ICLR-17 June 2019, https://www.iclr.co.uk/blog/weekly-notes/weekly-notes-17-june-2019/, last access: May. 30, 2020.

② See Ahmed Baladi, Gibson, Dunn & Crutcher Llp, With Practical Law Data Privacy Advisor, French Implementation of the GDPR, https://www.gibsondunn.com/wp-content/uploads/2019/05/Baladi-French-Implementation-of-the-GDPR-Practical-Law-03-2019.pdf, last access: May 30, 2020.

③ See Nick Hilborne, High Court rejects appeal by couple jailed for harassing judge, https://www.legalfutures.co.uk/latest-news/high-court-rejects-appeal-by-couple-jailed-for-harassing-judge, last access: May 30, 2020.

④ Jon Kleinberg, Himabindu Lakkaraju, Jure Leskovec, Jens Ludwig, and Sendhil Mullainathan, Human Decisions and Machine Predictions, Working Paper 23180.

议(现在欧洲法院在要求自然人作出初步裁决的请求中规定了这一点),但除此之外,证人或专业人员的姓名是否可以公开?如果公开,他们在案件中的作为或不作为可能会受到批评(当然,也许是不公平的指摘)。而地方当局或其他组织的姓名又是否可以公开?这些问题都在进一步叩问《司法改革法》第33条如何落地。

(二)司法预测与自由心证之间的张力

跳出新法本身,从法律人工智能的发展自身来看,司法预测与自由心证之间的张力是更为本质的争议问题。司法预测活动有的建立在法官职业整体的判断之上,有的则建立在特定法官在长期工作历史中所表现出的持续倾向上。从某种角度而言,预测结果是对裁判理性在各空间和时间维度上的概括和凝练。但是,在传统司法实践中,法官所秉持的裁判准则是自由心证,即法官在裁判时需要凭借自己诚实与善良之本心,形成自己的内心确信。由此可见,司法预测同自由心证规则之间存在着冲突。在自由心证规则的指引下,法官个人同整体的意见可能存在差异,法官此时的裁判同自己过往一般的裁判也有可能会不同。在司法预测上,就表现出法官的实际判决同预测的优势结果不相吻合。

对此,有观点认为司法预测有助于纠正法官个体的认知偏差,补足其经验上的匮乏,防止这些不足之处在自由心证规则的庇护下损害裁判的一致性。布鲁诺·皮雷(Bruno Pireyre)质疑"这些手段,特别是所谓的预测性司法工具,通过模仿、恐吓、智力一致性等手段,限制法官的裁判自由……"[1]安托瓦内特·鲁罗伊(Antoinette Rouvroy)进一步指出,仅仅依靠算法的预测值,那些看似会败诉的原因有时值得商讨。"解决办法是在司法中引入更多的手段和更好地培训法官,而不是想用机器人取代他们。判决不是可优化的,当事人不仅是当事人,也是公民。"这就提出了另一个问题,即如何设定以往判例的规范性权重。因为预测性的司法工具依赖于既往法院判决来预告胜诉机会和可获得的赔偿。安托瓦内特·鲁罗伊指出:"在像法国这样的大陆法系国家,情况就更加微妙了,因为法律优先(民法典),而不是判例法。法官可以以判例为依据,也可以背离它。"[2]

反对意见则认为,不同案件之间必然存在差异,尽管可能是细微的,但也可能是有意义的,因此,不能随意将案件类型化,自由心证规则使法官可以积

---

[1] Jon Kleinberg, Himabindu Lakkaraju, Jure Leskovec, Jens Ludwig, and Sendhil Mullainathan, Human Decisions and Machine Predictions, Working Paper 23180.

[2] Jon Kleinberg, Himabindu Lakkaraju, Jure Leskovec, Jens Ludwig, and Sendhil Mullainathan, Human Decisions and Machine Predictions, Working Paper 23180.

极地探求和准确地把握这些差别,从而做出更恰当的判决。同时,自由心证为司法者保留了价值判断的空间。随现实情境的变迁,裁判在不同时期和地区当然会有所不同,司法预测极可能会抹杀这些精致巧妙且意义深远的思考。①

四、法国法律人工智能的实践发展

尽管所出台的法律并非全然利好,但总体来看,在 2019 年之前,法国的法律人工智能已然有了优良的发展表现,并在新法出台后持续探索合法空间。

(一)法律人工智能实践概况

法国有关法律人工智能的实践与思考由来已久。迈入现代,作为其开放数据政策的一部分,法国已经提供了超过 35 万个司法判决的信息。②又鉴于文本的数量,传统研究工具往往不足以支撑起对海量判决信息的分析。正因如此,科技界(大学、研究中心、研究公司)通过人工智能的发展大大改进了专门用于理解人类语言的预测算法,并将其应用至司法领域之上。法国较为成熟的法律人工智能应用包括 Doctrine.fr、Prédictice、Case Law Analytics 以及 JurisData Analytics(LexisNexis),如图表 2-3-1 所示。

表 2-3-1 法律人工智能现有应用及开发表项

软件	国家	类型
规则.fr	法国	搜索引擎
预测	法国	分析(除了刑法)
案例法分析	法国	分析(除了刑法)
法方分析(律商联讯)	法国	搜索引擎,分析(除了刑法)

其中,Doctrine.fr 是一个利用大数据和人工智能的法律搜索引擎,该搜索引擎可将大量非结构化数据转化为可利用的信息,以发现零散信息之间的内在联系。以此帮助用户便利地查找法国和欧洲判例法等法律信息,推动法律研究,优化法律服务,如图 2-3-3 所示。

---

① Jon Kleinberg, Himabindu Lakkaraju, Jure Leskovec, Jens Ludwig, and Sendhil Mullainathan, Human Decisions and Machine Predictions, Working Paper 23180.
② Supra Legem, Michael Benesty, The impartiality of some French judges undermined by machine learning, https://medium.com/@supralegem/the-impartiality-of-some-judges-undermined-by-artificial-intelligence-c54cac85c4c4, last access:May 30, 2020.

Doctrine

Toute l'information juridique.

Plus rapide, plus intelligente, plus pertinente.

Changez les règles du jeu grâce à Doctrine. Affinez votre analyse et transformez la façon dont vous construisez vos stratégies juridiques pour ne plus avoir de doutes sur la solution que vous apportez à vos clients.

Essayer gratuitement →

图 2-3-3　Doctrine.fr 网站页面①

就 Predictice 而言，作为法国最大的法律人工智能公司之一，其专注于诉讼预测和分析，后来也在探索知识管理（KM）领域，因为它希望更广泛地利用其广阔的 NLP（自然语言处理）能力。Prédictice 于 2016 年创立，公司致力于借助算法收集、阅读并研究分析法律信息。根据公司介绍，巴黎 100 家最大的律师事务所中，有 56 家使用 Prédictice 的服务，在法国各地共有 2000 多名律师使用其服务。②在数据来源方面，Predictice 表示与 Wolters Kluwer 合作，可以分析和查询所有法院判决。而在具体效用上，该分析工具可以用于估算诉讼成功率、优化诉讼策略，并传递关键信息。从而，律师可以计算计划的诉讼行动的成功率，并量化与此相关的请求。成熟阶段的 Prédictice 为分享其预测性司法工具的经验，进一步出版指南《Guide de la justice prédictive》③，又一次带来广泛影响。

同时，为尊重律师职业道德、公正地研究预测性司法的运作条件、目的和限制，处理好预测性司法所涉及的伦理问题，公司加入了预测司法伦理和科学委员会（Comité éthique et scientifique de la justice prédictive），该委员会负责监督其行动并制定一些约束规则。④在实践运用中，Predictice 奉行如下原则：（1）忠诚原则。预测性司法工具的设计者必须尊重忠诚和客观的原则。（2）数据库完整性原则。不得为了修改结果而对用于预测性司法工具的数据进行删除或更改，除非告知用户并明确征得其同意。数据库必须依法收集

---

① See Doctrine, Toute l'information juridique, https://www.doctrine.fr/? source=nav last access: July, 1, 2020.
② See Predictice, Comité éthique et scientifique de la justice predictive, https://blog.predictice.com/offre-predictice-barreau-paris, last access: July, 1, 2020.
③ See Predictice, Comité éthique et scientifique de la justice predictive, https://blog.predictice.com/offre-predictice-barreau-paris, last access: July, 1, 2020.
④ See Predictice, Comité éthique et scientifique de la justice predictive, https://blog.predictice.com/offre-predictice-barreau-paris, last access: July, 1, 2020.

和处理数据。(3)透明原则。每个人都应该能够知道用于构建服务的技术的名称,尤其是要区分他人的技术和自己开发的技术。(4)可理解性原则。设计人员必须以简洁明了的教育方式来解释用于构建预测性司法工具的技术模块的功能,以便所有人,甚至是非专业人员也可以理解。(5)控制原则。可以由指定的机构定期对工具的功能进行控制,尤其是为了验证是否符合本章程的原则,以保证控制程序运行过程中有关信息的机密性,并尊重企业保密原则。(6)时效原则。如果法院判决涉及不尊重自然人的隐私部分,则必须将其从数据库中排除并从分析中撤回,而本条不与本章程的第二项原则冲突。(7)文件编制原则。预测性司法工具的设计者必须记录其执行的工作和发展,以便可以对代码的质量进行检查。(8)合作原则。预测性司法工具的设计者致力于实施协作方法,尤其是与学术界和法律专业人士合作。

Case Law Analytics 同样是一款提供法律分析服务的软件。Case Law Analytics 基于判例法和历史交易信息的收集分析,形成一个司法裁决过程的模型,帮助快速量化评估客户的法律风险,高效获取相关司法信息,为法律专业人员提供法律分析、诉讼策略和决策支持,帮助律师和客户之间、法律部门和其他部门之间建立起沟通的桥梁,①如图 2-3-4 所示。

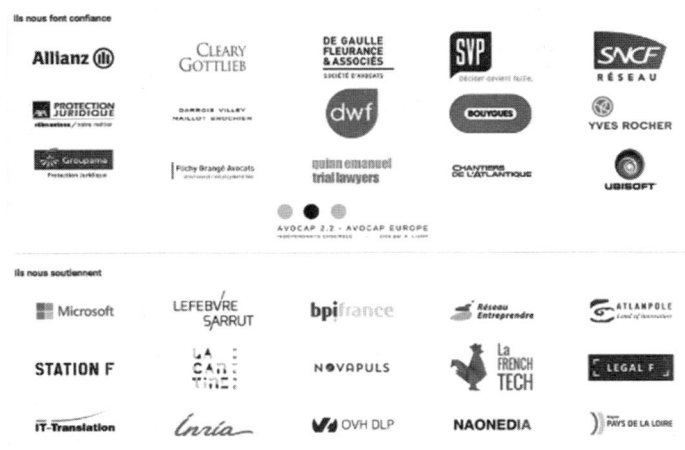

图 2-3-4 Case Law Analytics 的部分合作企业与支持企业

有如前述,Case Law Analytics 的特色恰在于强烈的实务色彩及其广泛的覆盖面。其官网页面显示:(1)其与律师事务所合作,能够从第一次会议开始量化对客户的风险,并提供司法管辖区的司法信息;(2)与公司合作,能够

---

① See Caselawanalytics, https://www.caselawanalytics.com, last access: July, 1, 2020.

组建一支可靠敬业的"虚拟律师"团队,能够为当前和将来的案件提供法律风险;(3)与保险公司合作,在首次通话时以高精确度向投保人提供信息;能够建议采用其他解决方法,加快案件解决速度;(4)与会计师合作,能够高度可靠地审查和验证客户的法律规定;快速评估潜在的法律风险并进行精确估算。

而 JurisData Analytics（LexisNexis）的主要业务在于提供法律信息搜索引擎和预测分析服务。该软件以创新的图形数据操作技术为基础,检索类似判例并对判例中的量化数据进行收集和分析,评估人身伤害、离婚补助金、因个人原因解雇等诉讼中的货币赔偿或其他福利的数额,如图 2-3-5 所示。

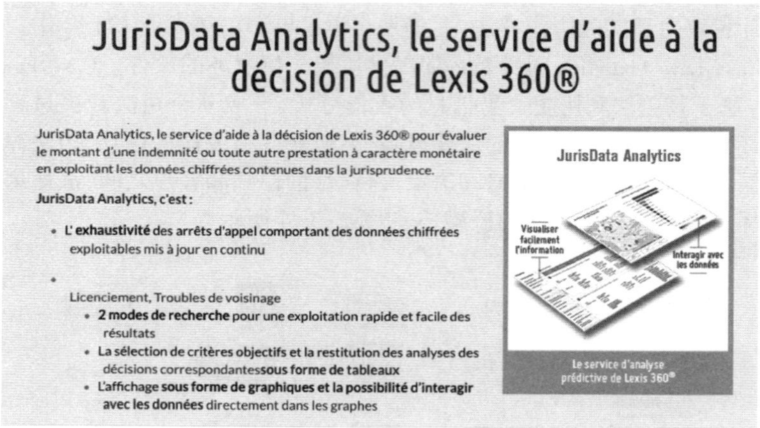

图 2-3-5　JurisData Analytics（LexisNexis）网页的预测分析服务介绍①

2019 年 3 月,一个来自法国的新法律技术市场平台 Legal Tech Store 正式推出。该平台为用户提供从合同管理、数据分析到隐私工具等一系列的法律应用程序。平台对每个应用程序的信息系统安全性进行审核,并评估各应用程序对 GDPR 与第三方知识产权的遵守情况。②用户可以在平台上集中获取包括产品概述、价格在内的各种法律应用程序的信息,对各类应用产品的性能进行比较,还可以在虚拟助理的帮助下,为自己设置一套合适的法律技术解决方案,并便利购买应用程序。

---

① See Artificial Lawyer, 'Legal Tech Store' Opens In France-An Application Marketplace, Artificial Lawyer, https://www.artificiallawyer.com/2019/03/13/legal-tech-store-opens-in-france-an-application-marketplace/last access: May 13, 2019.

② See Artificial Lawyer, 'Legal Tech Store' Opens In France-An Application Marketplace, Artificial Lawyer, https://www.artificiallawyer.com/2019/03/13/legal-tech-store-opens-in-france-an-application-marketplace/last access: May 13, 2019.

2019 年 10 月,法国领先的商业律师事务所之一 De Pardieu Brocas Maffei 与全球法律和生命科学行业文档管理的领先软件供应商 Litera 达成合作协议,Litera 将为 De Pardieu Brocas Maffei 提供交易管理平台解决方案,帮助法律团队对交易的每个步骤进行安全的组织、跟进和协作。平台允许用户创建清单对所需的所有版本文件进行跟进,并获取最新的交易进度的状态等。

(二)典型

1. 离婚诉讼结果预测软件在司法中的适用

在人工智能在司法领域的应用中,尤其是在一些法官容易受个人情绪影响的案件中,如离婚诉讼,法官可能受到自身性别、婚姻状况、子女情况等因素的影响而作出偏离常情常理甚至法律的判决。相比而言,人工智能则不受任何个人情绪因素影响,可客观、理性地作出判决,由此成为业界关注的又一重点。

2017 年,路易·拉海·查内设计了一款离婚诉讼结果预测软件,受到了雷恩上诉法院、杜埃上诉法院及里尔律师公会的关注,并引发了各界的讨论。①该软件立足于已公开的 250 余万份司法判决,并对此进行大数据处理,能够较为准确地演算出法国各地不同类型离婚案件诉讼结果的概率,包括子女抚养权、离婚补偿金数额等不同类型的案件纠纷。例如,在雷恩,如果女方当事人存在通奸行为,有孩子需要抚养,那么,有34%的概率获得离婚补偿金,赔偿金的数额在 0.8 万欧元到 3.2 万欧元之间。所提供的情况越详细,演算的结果就越精确、越接近司法实务的现实状况。②

2. 离开法国领土系列案件中的应用(OQTF)

法国人工智能又一个集中应用,涉及离开法国领土的义务的请求(Obligation to Leave the French Territory,OQTF)。

OQTF 是在导致驱逐出境的非正常情况下可能对外国人实施的驱逐措施。如果申请被拒绝,就意味着外国人必须离开法国领土。这一系列案件极受关注,而某些法官在 OQTF 问题上的偏袒是一个敏感的话题。2015 年一位司法助理抨击:在 OQTF 的撤销申请中,一些分庭庭长将在案件独立于法律和事实背景审查之前系统地要求起草驳回判决草案,即使这与该案的定罪相悖,而且案件存在有利于外国人的有力证据。在法国,司法助理受法官兼报告员的委托处理档案,负责分析文件的交换和在法庭上出示的文件;地方法

---

① 参见施鹏鹏:《法国缘何禁止人工智能指引裁判》,载《检察日报》2019 年 10 月 30 日,第 3 版。

② 参见施鹏鹏:《法国缘何禁止人工智能指引裁判》,载《检察日报》2019 年 10 月 30 日,第 3 版;施鹏鹏:《裁判可通过大数据预测?》,载搜狐网(https://www.sohu.com/a/219847942_118060),最后访问日期:2022 年 11 月 4 日。

官有最后的决定权,但在简单的案件中,他往往会听从助理的工作。

由于法国没有披露相关文件,现阶段人工智能无法通过仔细阅读每个案件的支持文件来判断每个决定的是非曲直。然而,算法的结论中仍有非常重要的统计数字表明一些行政上诉法官存在明显的偏见(见表2-3-2)。为了体现上述结果的一致性,Supralegem.fr 又通过反向实验(其他选择标准与之前使用的相同)进行验证,结果如表2-3-3所示。

表 2-3-2　证明行政上诉法官偏见存在的正向实验法国 Supralegem.fr 在此得到了应用①

分庭庭长	上诉法院	%2012	%2013	%2014	%2015	Nb. declsions [12–15]
古利弗	马赛	78%	47%	43%	60%	455
切科尔	马赛	NA	NA	67%	63%	233
克鲁扑奇	巴黎	NA	NA	60%	73%	199
唐东尼奥·特洛	巴黎	90%	97%	98%	100%°	228
倒贴利斯勒	南希	NA	93%	92%	96%	302
莫特莱卡	杜阿拉	92%	92%	92%	0%°	419

表 2-3-3　证明行政上诉法官偏见存在的反向实验

Chambre presideepar	Cour adm. d'appel	%2012	%2013	%2014	%2015	Nb. declsions [12–15]
Guerrive	Marseille	16%	64%	55%	89%	37
Cherrier	Marseille	NA	NA	71%	12%	29
Krulic	Paris	NA	NA	78%	65%	61
Tandonnet Turot	Paris	0%	6%	5%	NA	121
Pelissier	Nancy	NA	0%	50%	60%	16
Mortelecq	Douai	50%*	22%	23%	NA	80

最终结论发现,有一些 OQTF 法官偏向于支持行政管理方,而其他法官则更偏向于被告。由于法官并非毫无感情的机器人,对于案件的决定难免存在主观的考虑倾向。同时,Supralegem.fr 引用了关于 Légifrance 的行政法研

---

① See Langford, Malcolm; Madsen, Mikael Rask: France Criminalises Research on Judges, Verfassungsblog, https://verfassungsblog.de/france-criminalises-research-on-judges/, last access: May 30, 2020.

究,并在其自动化分析的基础上提出了研究和分析工具。该算法相应的搜索引擎又允许使用者为每个行政法官创建统计数据,以揭示新的规律。因此,使用者可以知道法官在相关问题上采取的立场,这种知识从而可以减少与诉讼实践相关的风险。与此同时,该网站还可以根据提取的数据使用不同的关键词进行法理搜索,如法律条文的性质或判决的类别,如图 2-3-6 所示。这个算法项目在法国是首次尝试——无论是根据应用算法的决策数量,还是根据所使用算法的复杂程度和所发现结果的质量。①

图 2-3-6　Supralegrem 非盈利网站界面服务②

对此,法国司法部门反应迅速,行政部门也随之发表批评文章,媒体在很大程度上站在法官一边,将这一算法定性为激进的商业法律技术。

(三)小结

综合来看,从法律人工智能实务界出发,其分析预测的出发点之一在于法官的行为可能存在个人偏见,而借助对信息的分析人工智能技术能够找出可能存在的个人偏见。因此,对法官信息颁布的禁令自然会引起法律人工智能实务界的震惊。

但无论如何,禁令之下法律人工智能的发展受到了约束,此类人工智能公司显然必须停止对法国法官进行统计分析,禁令表述上的模糊抽象性也给法律人工智能的发展带来困扰。然而,判例法中仍有大量信息可以分析,法

---

①　Langford, Malcolm; Madsen, Mikael Rask: France Criminalises Research on Judges, Verfassungsblog, https://verfassungsblog.de/france-criminalises-research-on-judges/., last access: Nov. 7, 2022.

②　图片来源:Découvrez nos environnments(http://www.dalloz.fr.), last access: Nov. 7, 2022.

律人工智能行业仍有可能继续发展的空间。①

第四节　芬兰的法律人工智能

芬兰并非人工智能大国,但它也有不俗的人工智能研究实力。芬兰正致力于成为欧盟中法律人工智能的领先国家,芬兰的目标是成为北欧四国法律人工智能的领头羊。芬兰赫尔辛基大学已经建立了法律科技实验室,芬兰的法律科技产业也在蓬勃发展,涌现出了众多的法律科技公司。总体而言,芬兰的法律人工智能研究和产业发展状况在世界各国中处于领先地位。

一、芬兰法律人工智能的学术研究

(一)赫尔辛基大学法律科技实验室(Legal Tech Lab)

赫尔辛基大学(University of Helsinki)是芬兰最大且历史最悠久的最高学府,其法律、计算机科学的研究水平都居于世界领先地位,值得一提的是著名开源系统 Linux 的创始人林纳斯·托瓦兹即毕业于该学校。

赫尔辛基大学近年来积极开展法律人工智能的学术研究,已经处于芬兰甚至欧洲的领先地位。2016 年,赫尔辛基大学法学院院长吉木·诺托里(Kimoo Nuotio)发起设立了法律科技实验室(Legal Tech Lab)试点项目。② 法律科技实验室在赫尔辛基大学法学院的性质是一个跨学科法律科技研究中心,由里卡库鲁(Riikka Koulu)博士担任主任。该实验室已经拥有了由几十位学者组成的大规模研究团队。里卡库鲁博士是赫尔辛基大学法律与数字化助理教授。她于 2016 年获得程序法博士学位。在她的博士后研究项目中,她研究了自动化程度的提高对法律专业的影响,如算法公平性和自主决策、争议解决技术和法律中数据分析的使用等。③

法律科技实验室研究法律技术和法律实践的数字化并进行实验。该实验室的目标是提高人们对法律技术可能性的认识,提供对技术的批判性见识,并建立一站式服务,以获取有关国家和全球法律实践数字化的学术和实践信息。从某种意义上说,法律科技实验室是法学院内部的初创企业,它将

---

① See Artificial Lawyer, France's Controversial Judge Data Ban – The Reaction, *Artificial Lawyer*, https://www.artificiallawyer.com/2019/06/05/frances-controversial-judge-data-ban-the-reaction/, last access: Aug. 22, 2020.

② Dittmar & Indrenius, LEGAL TECH LAB-Legal problems rethought, https://www.dittmar.fi/insight/legal-tech-lab-legal-problems-rethought/, last access: Aug. 22, 2020.

③ Riikka Koulu's personal page in University of Helsinki, https://researchportal.helsinki.fi/en/persons/riikka-koulu/publications/, last access: Aug. 22, 2020.

法律实践和计算机技术与学术研究相结合。

法律科技实验室已经承办了多次法律科技活动,包括 2017 年的法律与数字化工作坊(Law and Digitalization Workshop)和 2018 年的法律黑客(Hack the Law!)和 2018 法律科技论坛(Legal Tech Con 2018)。

法律科技实验室的主要研究领域包括以下 5 个方面:(1)法律数字化的基础;(2)算法的公平性和公正性;(3)信息的法律方法;(4)机构和法律职业的变革;(5)数字正义与数字治理。法律科技实验室通过早期的探索和研究确认了这 5 个不同的研究领域,这种分类并非全面涵盖了法律人工智能研究的所有领域,而是列举出五个起点,以此为基础来描绘法律、技术和社会的交叉与重叠。①

(二)FCAI 协会(FCAI Sociey)

FCAI 协会是芬兰的一个跨学科专家小组,旨在分析 AI 技术如何改变社会规则。FCAI 协会成立于 2018 年 3 月,从计算机科学、哲学、伦理学、社会学、法学、心理学和艺术领域寻求专家,以探索 AI 对人类生活各个方面的影响。②

FCAI 协会目前主要确立了 7 个研究计划和 5 个重点项目,每个项目都有多个研究团队参与,目前共有 50 名教授及其研究团队成员参与其中。项目主要侧重点还是 AI 算法的开发,但也需要法律知识来提供隐私保护和安全方面的建议,以确保 AI 在训练以及预测时的安全性和隐私性。

二、芬兰法律人工智能的应用情况

(一)司法领域:法院文件数字化与自动化

芬兰从数字化和自动化两个方面积极探索 AI 在司法领域的应用。芬兰司法部部长安帝·哈凯宁(Antti Häkkänen)指出,数字化和自动化的最终目的是在保持司法机关独立性和公正性以实现权力制衡的同时,更有效地实现正义。③

芬兰法院正在进行数字化建设,将越来越多的文件和数据转化为机器可读的形式,为多种 AI 技术的应用提供了基础。

---

① Legal Tech Lab Home Page, https://www.helsinki.fi/en/networks/legal-tech-lab/research, last access: Aug. 22, 2020.
② FCAI Home Page, https://fcai.fi/fcai-society, last access: Aug. 22, 2020.
③ Ministry of Justice, Minister of Justice Antti Häkkänen's speech on High-Level AI Conference at Finlandia Hall 27 February 2019, https://oikeusministerio.fi/en/article/-/asset_publisher/oikeusministeri-antti-hakkasen-puhe-korkean-tason-tekoalykonferenssissa-finlandia-talolla-27-2-2019, last access: Aug. 22, 2020.

芬兰司法部在 2018 年 10 月 1 日启动了名为 ANOPPI 的文书自动化项目。ANOPPI 的目的是开发基于自然语言技术的人工智能工具,用于自动匿名化以及形成法院判决和行政机关发布文件的自动摘要。该工具将文书转换为易于计算机处理的数字化形式,便于学者、政府官员开展学术研究与决策。①

根据芬兰司法部的介绍,ANOPPI 项目可以自动识别和标记要匿名化的关键短语以及指向短语的连接词,比如对同一个人的不同称呼和指代。在自动匿名分析的基础上,ANOPPI 也为使用者提供工具进行进一步修改。ANOPPI 应用自然语言处理中的语言和语义计算技术,可以识别出文本中对人物、组织、地点和其他细节的指称。相同的技术方案也可以用于自动摘要。工作人员可以通过这种自学习自动注释(self-learning automatic annotation,APPI)的技术使文档可以进行智能搜索并链接到其他材料,如将判决书链接到其他类案以及相关立法。在自动化之前,芬兰法院案件管理系统中的内容摘要都十分粗略,因为内容摘要是一个费时费力的人工工作,而 ANOPPI 将改变这一现状。

ANOPPI 不仅为司法系统带来益处,也能大大助力行政系统的发展。芬兰众多的公共部门产生了海量的信息和数据,这些数据如果对每个行政部门、企业和公民都开放访问,将产生巨大价值,但目前由于隐私保护的限制暂时不能开放。在 ANOPPI 开发完成后,与个人数据保护或隐私有关的问题可以通过将公开发布的数据匿名化来解决。人名可被统一替换为中性名称,如"人员 A"。芬兰司法部认为,行政决定和判例的公开访问将从根本上提高整个公共行政和司法系统的透明度,该项目将使行政机关、公司和公民受益。

(二)行政领域:智能问答系统

芬兰正在借助人工智能技术对公共行政进行改革,将公共行政服务升级成不受时间和地点限制的 24 小时服务。芬兰的目标是公民可以在任何时间以任何语言无障碍地获得公共服务。

芬兰政府正在公共服务领域打造类似于苹果语音助手 Siri 和三星语音助手 Bixby 的人工智能语音问答助手 Aurora,帮助公共服务在适时提供正确的信息。人工智能语音技术已经应用到芬兰移民局的电话系统,可以根据用户的需要切换不同的语言。芬兰计划打造一个全国性的行政语音机器人助手网络 Aurora,移民局的语音系统是第一步,随后将扩展到其他的行政部门。

---

① Anoppi project, https://oikeusministerio.fi/en/project?tunnus=OM042:00/2018, last access: Aug. 22, 2020.

(三)立法领域:AI 处理意见

芬兰司法部正在开发基于人工智能的立法意见反馈项目,该项目于 2019 年 1 月 1 日启动。立法意见、征集是立法程序中的重要步骤,可以加强立法的透明性和可靠性。芬兰司法部的意见征集系统是结构化的数据库,这种传统的数据库仍需要大量的人工劳动来处理意见。该项目使用文本分析和自然语言处理工具,可以减少立法工作中意见征询的工作量。①

(四)法律服务市场行业

1. 智能尽职调查

Luninance 公司是创立于英国的法律科技公司,目前已经进入了芬兰的法律科技市场。Luminance 利用专业的机器学习算法以类似于人类的方式读取和理解法律文档,可以极快的速度来处理大量的法律文件。在法律专家的培训下,Luminance 可以快速查找出大量法律文件中的法律风险,从而提高律师的工作效率。芬兰领先的律师事务所 Castrén & Snellman 被 Luminance 的技术、整体平台和省时的潜力所吸引。② 使用英语和芬兰语文件竞标并进行了为期两周的技术试验后,选择了 Luminance。Castrén & Snellman 已经采用 Luminance 公司开发的 AI 尽调工具来增强其在房地产、就业和并购交易中的尽职调查流程。

2. 智能商标搜索

TrademarkNow 是一个智能商标搜索工具,为企业、公司、律师事务所和品牌代理提供免费的搜索引擎来即时搜索商标。该公司于 2017 年 10 月通过债务和股权相结合的方式筹集了 500 万欧元的风险投资。③与普通搜索引擎不同的是,TrademarkNow 使用了数据挖掘、自然语言处理、人工智能等多种计算机技术,并结合了语言学家、商标法专家、人工智能工程师的知识和技能,共同打造了驱动搜索引擎的人工智能模型,提高商标搜索的准确性和智能化程度。

3. 文本识别(OCR)

文本识别并不直接涉及法律科技,但是作为一项基础性技术,文本识别同样可以用于法律领域。文本识别将合同、判决书、营业执照的照片、PDF 文档转换为计算机文本软件可编辑、可处理的形式,将极大方便律师的后续工

---

① See Ministry of Justice pilot project on feedback, https://oikeusministerio.fi/en/project?tunnus=OM010:00/2019, last access:Aug. 22, 2020.

② See Castrén & Snellman:Castrén & Snellman Adopts Artificial Intelligence from Luminance, https://www.castren.fi/blogandnews/news-2018/castren-snellman-adopts-artificial-intelligence-from-luminance/, last access:Aug. 22, 2020.

③ See TrademarkNow, https://www.trademarknow.com/, last access:Aug. 22, 2020.

作,仍具有非常大的应用价值。Ilveshaku 作为文本识别应用的一款产品,由 Ilves 所主营,Ilves 成立于赫尔辛基,其主要产品是基于深度神经网络的智能文本识别系统,用以扫描读取的 PDF 文档中的信息和知识,并为提取的信息建立索引以供以后进一步查询。①

4. 智能合规(Compliance)

合规业务是非诉律师行业中的核心业务之一,内容非常广泛,涉及反垄断、反洗钱、数据保护、环境保护、知识产权保护等民事、行政、刑事的多个领域,是全世界各大公司治理的重要内容。合规业务涉及对企业大量合同文本的阅读、分析和风险识别,是法律人工智能的重要应用领域。

在芬兰,企业合同需要符合多方面、多层次、复杂繁多的法律法规,芬兰监管机构也加强了对企业不合规的执法力度和处罚力度。在这样的背景下,芬兰涌现出了多家致力于合规领域的法律科技公司,其中技术发展较成熟的是 NORD CHECK。

NORD CHECK 于 2019 年成立于芬兰埃斯波(Espoo),该公司的合规平台 M-Files 采用了基于文档内容自动分类等人工智能和自然语言处理技术,来帮助企业完成法律文件管理的自动化。M-Files 允许用户通过笔记本电脑、平板电脑或手机等设备访问相同的管理平台,进行法规政策、合同文件、财务审计、数据保护等多个方面的企业管理工作,从而消除信息孤岛。②

M-Files 的合规平台围绕 3 个核心概念搭建:元数据(Metadata)、资源库中立(Repository-neutral)与智能(Intelligent)。元数据是指 M-Files 打破了传统基于文件夹的信息管理方法,转为根据信息的内容来直观地管理信息;资源库中立指 M-Files 平台并不将信息储存在单一的数据库中,而是可以通过连接到文件云盘、电子邮件、文件传输服务平台等其他系统;智能则是 M-Files 利用 AI 技术来自动化、简化和协助用户获取文件内的信息。

5. 合同自动化

合同工厂(Contract Mill)于 2016 年在芬兰埃斯波成立,该公司旨在为律师和法务提供合同自动化(contract automation)的工具,其于 2018 年获得了荷兰法律科技初创公司大奖。

合同工厂面向律所和企业法务提供文档管理平台,可以让律师将法律工作业务和流程数字化,对文件的模板进行自动管理。合同工厂提供直观的自动化功能,点击问卷就可以在几分钟内创建文档,并可以根据自身需求进行自定义模板。

---

① https://ilveshaku.fi/en/product/plugins/intelligent-text-recognition/, last access:Aug. 22, 2020.

② https://www.nordcheck.com/technology/, last access:Aug. 22, 2020.

2020年6月11日,合同工厂推出了全新的2.0版本,2.0版的合同工厂将其合同自动化平台优化升级为100%的可视化界面。其他的自动化合同平台通常需要在合同文本中插入代码以实现自动化,而合同工厂的合同自动化不需要任何代码,以直观、可视化的形式生成合同。可视化的生成方式比起手写代码,也大大提高了合同生成的速度。①

具体而言,基于代码的合同自动化通常需要完成多个技术性操作,这些技术性操作增加了律师的使用成本。首先是标注(tagging),用户需要创建问题和答案的标签,并将标签标注在合同文本的正确位置。然后是编写代码(coding)决定合同文本生成的逻辑,包括条件(if-else)和循环(for)等。对于律师来说,合同自动化的代码有自身的语法规则,律师通常需要额外的学习和练习才能熟练掌握。除此之外,标注和代码还可能使用方括号、上标等格式来和普通文本区别开来,律师在自动化标注的时候还需要解决烦琐的格式问题,这更加重了编写自动化合同的工作量。在初步编写完后,还需要进行测试以确保合同没有逻辑和语法上的错误,测试需要一次又一次地生成合同文本并人工校对,再次增加了成本。

而合同工厂采用的可视化自动化技术较大解决了上述成本问题。在可视化的合同文本生成过程中,律师只需要用鼠标添加问题和答案,用鼠标将其拖动到合同中合适的位置,窗口中就会实时显示自动化的结果,如图2-4-1所示。合同工厂使合同自动化的过程与编写普通文档一样简单。在生成自动化文件后,用户可以在任何时候对文件进行测试并随时修改。

合同自动化不仅可以方便律师的工作,还能够作为自助服务式的文件(self-serve documents)直接面向客户。当律师起草某个文件需要客户提供相关信息时,律师可以将文件里的某个问题模块发送给客户,客户通过平台填写完问题后,文件便能自动生成。律师还可以直接将自动化文件整个发给客户,由客户独立地完成所有问题来生成文件,如图2-4-2所示。

6.专利相似性服务

TEQMINE公司于2013年成立于芬兰赫尔辛基,该公司开发了基于人工智能的专利技术分析软件,称为专利相似性服务(Patent Similarity Service)。专利相似性服务使用专业开发的AI系统分析输入专利,并与数据库中的数千万项专利进行比较,以相似度指数的方式描述输入专利和数据库中专利的相似程度。此外,专利相似性服务还能够生成大量的分析数据,用于web应用或外部工具进一步处理。与传统基于关键词的专利检索方法相比,AI检索能够大量减少专利检索和分析工作的资源与时间,并且降低错误率。除了

---

① Contract Mill, https://contractmill.com/, last access: Aug. 22, 2020.

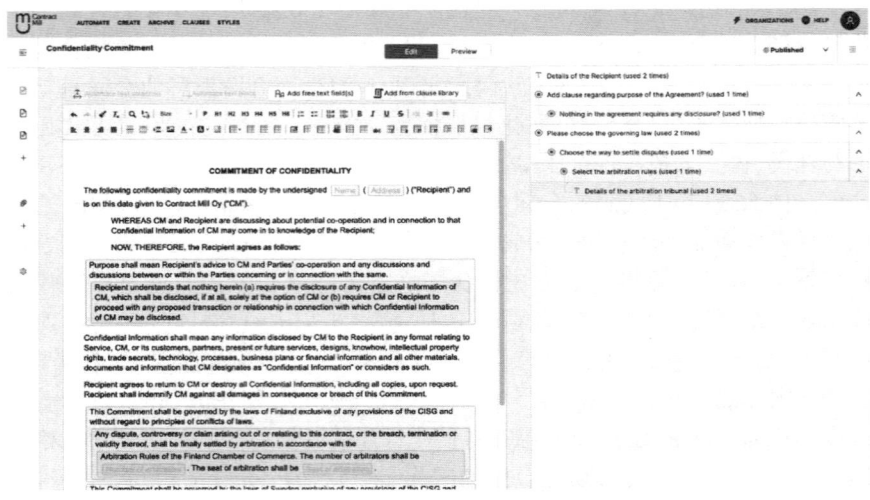

图 2-4-1　合同工厂的自动化界面

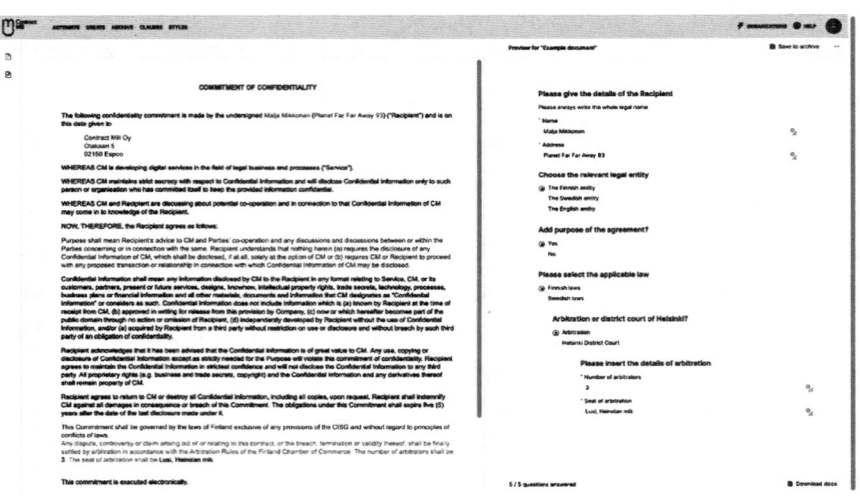

图 2-4-2　自动化生成的合同——智能专利审查

覆盖所有技术领域的专利相似服务,该公司还能提供针对特定行业垂直市场的服务,利用定制的人工智能模型来优化对各自技术领域的深入理解,如图 2-4-3 所示。对于希望专注于专业技术领域的客户,定制的解决方案可以为其提供更详细的搜索过程和增强的发现结果。①

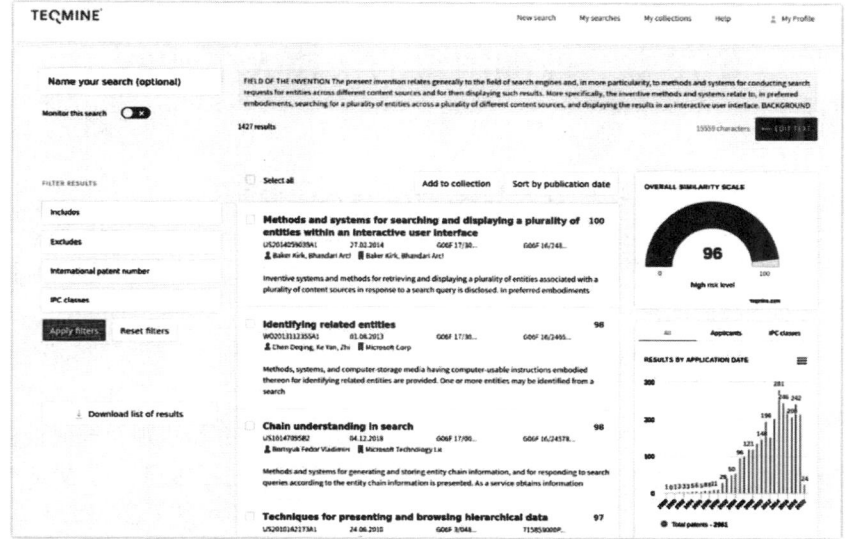

图 2-4-3　TEQMINE 智能专利审查页面

(本章作者:陈志宏、莫语霏、雷琦、姜聪)

---

① TEQMINE, https://teqmine.com/products-and-services/, last access: Aug. 22, 2020.

第三章　亚洲国家的法律人工智能

第一节　日本的法律人工智能

日本法律将人工智能技术定义为："帮助机器用人工方法实现学习、推论、判断等功能的技术。"①

一、日本法律人工智能的发展历史

20世纪60年代末70年代初，计算机化的法律研究开始出现，"当时俄亥俄州律师协会尝试创建一个电子系统来对法律意见进行排序"②。从那时起，法律人工智能雏形初现，随后日本也开始了对这一领域的关注。

20世纪80年代前后，"经济繁荣与民族主义盛行，让日本试图借第五代计算机超越美国，在信息领域建立起领导者地位"③。1978年，日本通产省（Ministry of International Trade and Industry，MITII）委托时任东京大学计算机中心主任的元冈达（TohruMoto-Oka）研究第五代计算机系统。"据《日本经济新闻》报道，五代机计划最终目标是组装1000台要素信息处理器来实现并行处理，解题和推理速度达到每秒10亿次；与此相连接的是容量高达10亿信息组的数据库和知识库，包括1万个日语和外国语言的基本符号，以及语法规则2000条，可以分析95%以上的文章，自然语言识别率达到95%。此外，还将配置语音识别装置和储存10万个图像的模式识别装置等。"④其中，按照计划，第五代计算机的学习推理功能可以帮助建构法律人工智能系统，如通过法律知识库中的检索，利用相关司法判例、法条进行审

---

①　官民データ活用推進基本法，平成二十八年十二月十四日法律第百三号，载 http://www.japaneselawtranslation.go.jp/law/detail/?ft=1&re=02&dn=1&co=01&ia=03&ja=04&x=0&y=0&ky=%E4%BA%BA%E5%B7%A5%E7%9F%A5%E8%83%BD&page=1，最后访问日期：2020年5月27日。

②　赵万一、侯东德：《「法律的人工智能时代」1 预警！机器智能将入侵的5个法律领域》，载微信公众号"法律出版社"2020年5月7日。

③　《深度分析：日本第五代计算机是如何一步步走向失败的》，载一点号"蓝海长青智库"（http://www.yidianzixun.com/article/0HmWgD4z），最后访问日期：2020年5月27日。

④　《日本的第五代计算机计划》，载 https://www.cnblogs.com/idooi/articles/3166632.html，最后访问日期：2020年5月27日。

判,提高审判速度。

然而,1992年,"因最终没能突破关键性的技术难题,无法实现自然语言人机对话、程序自动生成等目标,导致了该计划最后阶段研究的流产"①。

1993年,日本文部省宣布实施一项"法律专家系统"的重点领域研究,该研究项目持续时间为1993-1998年。专家系统是一个计算机化的咨询程序,它试图模仿人类专家解决特定类型问题的推理过程和知识。

"随着计算机技术的迅速发展,可以预测,'第五代计算机'即智能计算机的出现将再次冲击法律界。第五代计算机是一台会思维的机器,它的核心是'知识库系统','知识库系统'拥有执行某项工作所涉及的各种必要的知识。'专家系统'是'知识库系统'中的一个组成部分,它是一种容纳着各种知识的计算机程序,运行能力可以到达甚至超过人类专家的水平。也就是说,将人类专家的知识和经验系统化,找出规律,然后编成软件输入计算机内,由计算机模仿专家做事。"②

根据吉野一教授的观点,专家系统需要将法律知识转换为计算机语言,之后用逻辑对案例进行法律上的推论——达到"让计算机做出法律判断"的效果。③

在日本法律专家系统的研发过程中,无论是在理论方法、知识表示和推理模型还是自然语言研究方面都有其独特之处。然而,"法律专家系统计划"最终流产,其根本原因在于知识库的构建存在问题。法律知识并不是白纸黑字的法律、法规,它更多地存在于法官、律师等法律职业者的脑海中,是"经验的法律"——这很难通过机器进行抓取整合,容易导致最终的法律分析和现实状况偏离,降低该系统的实用性。

回顾20世纪末期日本人工智能和法律人工智能的发展(见图3-1-1),虽然"第五代计算机"计划和法律人工智能专家系统均以失败告终,但是这些计划实施过程中建立的"逻辑法学"思想、"知识表示"方法都奠定了日本法律人工智能未来发展的方向。比如,日本的法学教育系统和法律信息检索系统一直是建立在"法律专家系统计划"的知识库基础之上。

---

① 雁鸣:《布局中国物联网亟待举国体制》,载《计算机世界》2010年9月13日版。
② 张力行:《计算机法律信息检索与计算机法律专家系统——理论与实践》,载《中外法学》1989年第3期。
③ 〔日〕吉野一:『法律エキスパートシステムの基礎』(ぎょうせい、一九八六年),高橋文彦1986年作序。

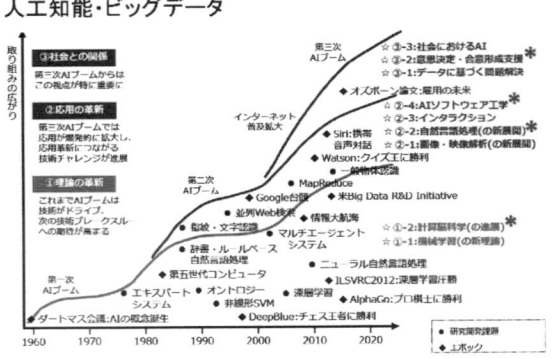

图 3-1-1　日本人工智能研究进程①

二、日本法律人工智能的技术应用

日本主要将人工智能应用于法律知识库建立、刑事侦查、法律人才培养等方面。

(一)法律政策制定与人工智能

自 2016 年 10 月起,旨在协助法律政策制定的"e-LAWS"系统(e-Legislative Activity and Word Support System)在日本正式投入使用。② 只要将法案中需要使用的词汇等输入电子系统之中,使用者对哪个用语应如何修改的"修订文"告知便会在该系统中自动生成,这进一步完善了日本法令数据库系统。

(二)法律检索与人工智能

日本在 20 世纪 80 年代就开始建设有政府支持的比较完备的电子法律数据库。如图 3-1-2,"1989 年日本主要有四大数据库:(1)日本行政管理厅法令检索系统,包括条文检索系统、相关条文检索系统变更及废止法规检索系统和判例检索系统。从 1983 年到 1989 年,有 22 个省、厅和 227 个部门设置 371 台终端机主要用于法令制定、修改和法律术语修改时,检索需要的法律条文、法律术语以及与某一术语相关的条文或规定。(2)有关税务法的日

---

① 参见「新時代・新世代の科学技術システム」ビジョン 論点とりまとめ,载 https://www.mext.go.jp/b_menu/shingi/chukyo/chukyo4/siryo/__icsFiles/afieldfile/2019/04/05/1415140_10.pdf,最后访问日期:2020 年 5 月 27 日。

② 参见《法制执行工作的业务支援》,载 https://www.tech-jpn.jp/wp-content/uploads/2018/03/pr09-11.pdf,最后访问日期:2020 年 7 月 26 日。

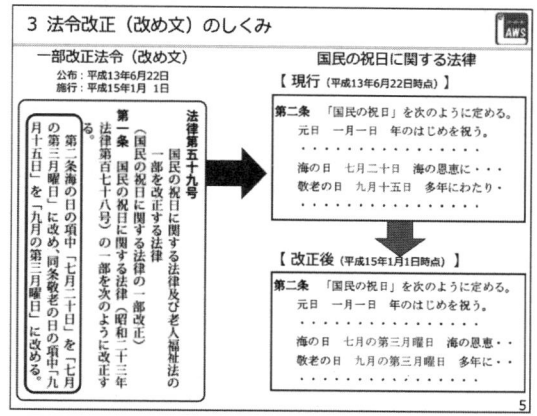

图 3-1-2　法令改正系统示意图

本税务处理联合会数据库。(3)日本律师协会判例数据库。(4)东洋信息系统的判例检索系统。从日本的情况中,我们可以发现,日本计算机法律信息检索系统的发展是以政府部门的支持为直接动力的"①。

日本建有比较成熟的法律检索系统,设立了"案号""日期""法院名称"等检索词语,收集了不同层级的法院和各种特别法的案件。只需要登录日本法院网,就可以检索到这些案件信息,十分方便,如图3-1-3、表3-1-1所示。

图 3-1-3　日本法院官网的案件检索界面②

---

①　张力行:《计算机法律信息检索与计算机法律专家系统——理论与实践》,载《中外法学》1989年第3期。

②　图片来源:www.courts.go.jp/app/hanrei-jp/searchi,最后访问日期:2022年7月26日。

表 3-1-1　日本司法领域法律人工智能概述

	当下与近期(实例)	未来(设想)
行政	A 行政服务的自动化、效率化 B 基于犯罪预测的警察工作	C "完全自动化执行"？
司法	D 基于再犯预测等的意思决定支援	E "AI 法官"？
立法	F 法制执行工作的业务支援	G 政策立案支援 H 政策决定支援("AI 议员"？)

(三)司法审判与人工智能

司法领域中应用法律人工智能的核心在于"提高司法效率"，因此，法律人工智能的应用主要集中在案件管理、算法审判等领域。日本司法系统的法律人工智能的应用目前仍然处于"低人工智能阶段"，即主要将人工智能用于案件管理等数据存储性环节，①态度比较谨慎。

人工智能的发展对法院的影响在 2018 年(平成 30 年)已经开始显露。2018 年日本海西法院工作人员招聘综合职位考试便让考生分析了人工智能在法律界的应用，②这显示出人工智能在日本司法领域的应用初步进入了大众视野。

然而，直至现在，日本的司法仍停留在"IT 化"的阶段，③即目前日本的裁判程序仍主要以纸质文件为媒介，人工智能应用相对落后。

自 2020 年 2 月起，日本计划在一部分的裁判所，在民事裁判中的争点整理、相关的裁判文书管理等方面，做到能灵活运用云服务。此外，日本计划正逐步展开法律的修订工作，预计 2022 年实现网络法庭辩论以及网络提交诉状等法律服务。④ 比如，日本岐阜地方裁判所委员会就于 2020 年(令和二年)讨论了网络处理民事诉讼争端的可行性。该网络处理程序主要分为三步:(1)电子提交(在线提交诉讼请求和证据、在线进行电子支付和电子裁决);(2)电子法庭(视频会议、网络会议进行法庭审判);(3)电子案件管理

---

① 参见郑曦:《人工智能技术在司法裁判中的运用及规制》，载《中外法学》2020 年第 3 期。
② 参见「平成 30 年度裁判所職員採用綜合職試験 第 2 次試験政策論文試験」による，载日本裁判所网站(https://www.courts.go.jp/saiyo/vc-files/saiyo/file/03XY-7seisaku.pdf)，最后访问日期:2020 年 7 月 26 日。
③ 参见工藤郁子:《立法、行政、司法领域中大数据・人工智能应用的可能性与课题》，载 Slideshare 网(https://www.slideshare.net/fumiko_k/ss-209889664)，最后访问日期:2020 年 7 月 26 日。
④ 参见工藤郁子:《立法、行政、司法领域中大数据・人工智能应用的可能性与课题》，载 Slideshare 网(https://www.slideshare.net/fumiko_k/ss-209889664)，最后访问日期:2020 年 7 月 26 日。

(当事人可以不时在线访问索赔和证据等)。① 委员会的关注点主要在于网络安全、年长者适应和法官判断力是否会因为二维环境受损。但是,由于委员会只初步准备在诉讼程序的第一阶段引入网络直播审判,因此,不会对法官的判断力、双方的陈述环节有太多的影响,其余阶段的纠纷处理仍然需要现场进行,但是引入网络审判已经可以大大降低处理争端的成本。虽然该会议并没有得出明确结论,并且该种主题的会议在日本法院官网中检索记录很少,但是可以看出,"诉讼记录数字化"确实成为了日本司法系统未来的发展方向之一。

(四)法律监督与人工智能

人工智能的监控、数据汇总与分析能力强大,可以帮助法律部门进行市场监管。比如,日本交易所集团(JPX)计划与东京证券交易所(TSE)合作,将人工智能应用于市场监管、防止市场操纵等违法行为。

(五)刑事侦查与人工智能②

人工智能的分析能力可以帮助警方预测犯罪,人工智能强大的搜索和深度学习能力可以帮助刑事侦查人员更好地捕捉到犯罪嫌疑人的特征和犯罪现场不引人注意的细节,这无疑有利于刑事案件的预防、侦破和嫌疑人的追捕。

京都府警察厅于 2016 年 10 月导入"预测型犯罪防御系统",通过应用该系统,即使警务经验较少的警官也能够顺利地展开警备巡逻工作。③ 该系统除既往的犯罪信息以外,还以街灯数量与餐饮店的营业时间等数据信息为基础,使用机器学习进行解析。该系统的犯罪种类的预测限定在机动车内犯罪、抢夺与特定性犯罪等在街头发生的犯罪。此外,除家中无人盗窃等犯罪行为外,预测对象范围扩大至抢劫、强奸、暴行以及杀人等犯罪行为。在该系统的解析结果基础之上,警察与地方社区协同工作,共同利用具体犯罪发生地点等敏感信息(sensitive data)抽象化出来的巡逻路线与本地的防犯罪志愿工作人员协同工作。

据《日本经济新闻》2018 年 1 月 22 日报道,在日本,利用人工智能(AI)分析监控摄像头等的影像,从而防止犯罪和调查犯罪的研究十分活跃。

---

① 参见「第 34 回岐阜地方裁判所委员会议事概要」による,载日本裁判所网站(https://www.courts.go.jp/gifu/vc-files/gifu/2020/R2_tisaiiinkaigijigaiyou.pdf),最后访问日期:2020 年 7 月 26 日。

② 参见王欢:《更准确?日本将利用人工智能来预测和调查犯罪》,载环球网科技频道(https://tech.huanqiu.com/article/9CaKrnK6qWv),最后访问日期:2020 年 7 月 26 日。

③ 参见工藤郁子:《立法、行政、司法领域中大数据·人工智能应用的可能性与课题》,载https://www.slideshare.net/fumiko_k/ss-209889664,最后访问日期:2020 年 7 月 26 日。

冲电气公司开发的人工智能可以通过 ATM 机上设置的监控影像,分析人操作的样子,发现可疑行为。该公司通过人工智能技术让公司内部的 ATM 机学习了 200 个人操作的样子,并从这些人操作以外的样子中发现汇款欺诈等违法行为,精确度达 90%。

日本总务省向专家询问了人工智能可以活用的领域,结果约 7% 的专家列举了预测犯罪和预防犯罪。虽然监控摄像头急剧增加,但是犯罪行为仍时有发生。人工智能擅长分析图像,随着深度学习等新技术的出现,人工智能的应用更加灵活。人们期待人工智能遏制犯罪的效果能够进一步提高。

日本大阪大学教授八木康史率领的研究小组发布消息称,①利用人工智能的学习功能,大大提高了视频识别走路姿势技术的精确度,该技术有望应用于犯罪侦查等方面。该技术采用人工智能从大量图像中自动寻找特征,进行"深度学习",让人工智能学习了约 1 万人相对于镜头以各种方向走路的视频。此前,身体方向发生 90 度改变时,识别率仅为 61.5%,使用人工智能学习后识别率提高到 95.8%。

(六)法学教育与人工智能

由于人工智能"知识库"的建立,构建拥有大量司法考题的"知识库"不再是天方夜谭,这有利于考生学习和备考。比如,日本一家名为"视野访问"的人工智能开发企业说,它开发的人工智能系统"未来问"成功地预测并解答出 6 成司法预备考试题目。这一消息也引发人们对现行出题制度的争议。针对本月 18 日所举行的司法预备考试,"未来问"事先学习了考试范围内的法律知识、研究近 8 年考题以及 3500 页习题集,分析出题倾向、预测考题并予以解答。结果,95 道考题中,它成功预测出 57 道,命中率为 60%。②

三、小结

综上所述,日本从 20 世纪 80 年代开始就有意识地将人工智能和法律结合,公布"第五代计算机"计划、"法律专家系统"计划等多种法律人工智能战略。进入 21 世纪以来,日本更是加大了对法律人工智能的投入,提出多项"人工智能战略计划",在法律知识库建立、法学教育系统建立方面取得极大成效。此外,日本非常注重科技人才的培养,这也为日本法律人工智能的发展提供了源源不断的动力。

---

① 甄子健、吴松、柏燕秋:《日本人工智能发展研究》,载《全球科技经济瞭望》2018 年第 3 期。

② 《日本人工智能成功预测六成司法考试题》,载新华社新媒体(https://baijiahao.baidu.com/s?id=16342183545490530758wfr=cpidergfor=pc),最后访问日期:2020 年 11 月 1 日。

第二节 韩国的法律人工智能

一、韩国法律人工智能的发展历史

虽然韩国的信息通信技术一直走在世界前列,但是韩国人工智能初步进入韩国法律界的视野是在2008年,远远晚于日本,但是法律人工智能的发展进步迅速。2008年,韩国制定了《智能机器人开发和普及促进法》(以下简称《智能机器人法》),该法将"智能机器人"定义为"自行识别外部环境并判断情况,进而自主操作的机械装置"[1]。实际上,根据这一定义,仅以软件形式存在的人工智能很难被囊括其中,但是,该法仍然引发了关于"人工智能能否被囊括进法律规定"的讨论。直到2018年6月12日,韩国才通过修正案变更了定义,将人工智能包含进《智能机器人法》中。

"2015年,韩国电子通信研究院对人工智能相关的13种技术和10个融合产业领域进行了调查研究,结果显示韩国人工智能技术总体水平为世界先进水平的66.3%(最高水平以100%计算),与先进国有4.4年的差距。"[2]

2016年年底,韩国发布《应对第四次工业革命的智能信息社会中长期综合对策》,将智能信息化社会定义为"ICBM(物联网、云服务、大数据和手机)与AI(人工智能)相融合的社会"[3]。在这之后,韩国的人工智能逐渐进入快速发展阶段。

二、韩国法律人工智能的技术应用

韩国法律人工智能领域的探索,主要用于司法案件归档审判、刑事侦查、法律预测等领域。

(一)法院案件电脑化与人工智能

韩国司法系统与计算机应用结合紧密。1979年以来,韩国在不断地推动司法计算机化。韩国法院基于全国的高速互联网网络,为公众提供广泛的司法信息服务,包括全面的法律信息系统(CLIS)、案件搜索系统、提供互联

---

[1] 〔韩〕尹玟燮:《韩国人工智能规制现状研究》,栗鹏飞、王淼 译,载《上海政法学院学报》2018年第6期。

[2] 高芳、张翼燕:《日本和韩国加快完善人工智能发展顶层设计》,载《科技中国》2018年第8期。

[3] 高芳、张翼燕:《日本和韩国加快完善人工智能发展顶层设计》,载《科技中国》2018年第8期。

网注册处和法院拍卖信息。

最高法院于1986年开发了民事系统,在该系统中可以将民事事务计算机化,并于2002年完成了案件管理系统的建设。2007年,为了支持法官的审判工作,建立了一个名为JUSTICE(法官智能案件统一管理系统)的系统。并通过运行JUSTICE系统,为法官的工作提供全面护理和支持,如安排审判、管理案件、让以电子方式撰写决策成为可能。2008年,法院建立了最高法院IT中心,这是用于司法信息系统集成运营的基础设施,并且还在大田、釜山和光州建立了辅助数据中心,全年无休地稳定运行信息系统。

1995年,在28个法院首次安装韩国司法计算机网络中,占全国166个法院的16.8%。2004年,所有法院都实施了双重超高速网络系统。韩国司法网络使用局域网和互联网络。所有法院,包括地方法院和市法院,都通过路由器相互连接,构成了一个庞大的内部网络。此外,为了最大限度地提高网络效率,安全和公共管理部、检察官办公室、银行和其他外部设施仅与法院网络系统连接。①

韩国的司法计算机系统主要包括案件管理系统、案件归档系统、电子法院系统。

1.案件管理系统(Case Management System)

目前,全国所有法院的所有法官和法院官员都使用案件管理系统(CMS)对案件文件进行计算机处理。CMS支持法官和法院官员将各种案件电子化处理,例如民事案件、家庭案件、刑事案件和行政案件。该系统可以用来接收案件、分配案件、管理正式文件、送达文件、保存文件等。后来,CMS的案件管理范围从民事案件扩展到家庭、行政、破产案件等,功能也不断细化,比如刑事案件可以通过韩国刑事司法服务信息系统在警察、检方和司法部之间交换电子信息,简易案件如酒后驾驶或无证驾驶案件可以通过电子方式处理。

2010年至2011年5月,韩国司法机构建立了电子案件备案系统(ECFS)作为CMS的下一代模型,ECFS能够通过无纸化的诉讼程序为公众提供有效的服务。

2.电子案件备案系统/电子归档系统(Electronic Case Filing System)

电子归档系统建立于案件管理系统的基础之上,内容和功能更加完善。自2010年4月开始为专利案件提供电子归档服务以来,电子归档系统的内容已扩展到2011年5月的民事案件、2013年1月的家庭和行政案件、2013年9月的禁令案件和2014年4月的破产案件,并分别于2015年3月针对财产

---

① 元晓鹏:《韩国法院信息化技术运用》,载人民法院报2011年5月6日版。

和非诉讼案件执行判决,如图 3-2-1 所示。

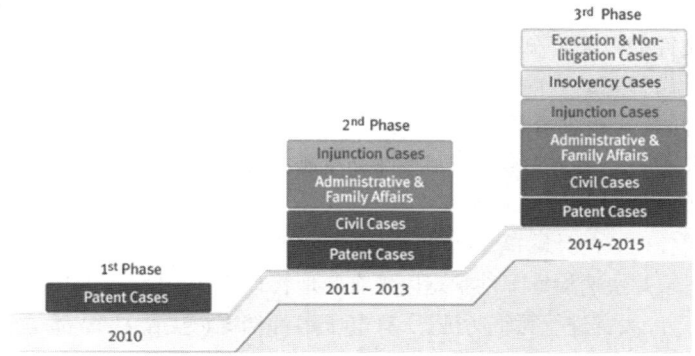

图 3-2-1 案件归档类型增长情况①

电子案件归档系统(ECFS,http://ecfs.scourt.go.kr)是韩国司法机构的电子诉讼系统,如图 3-2-2 所示。

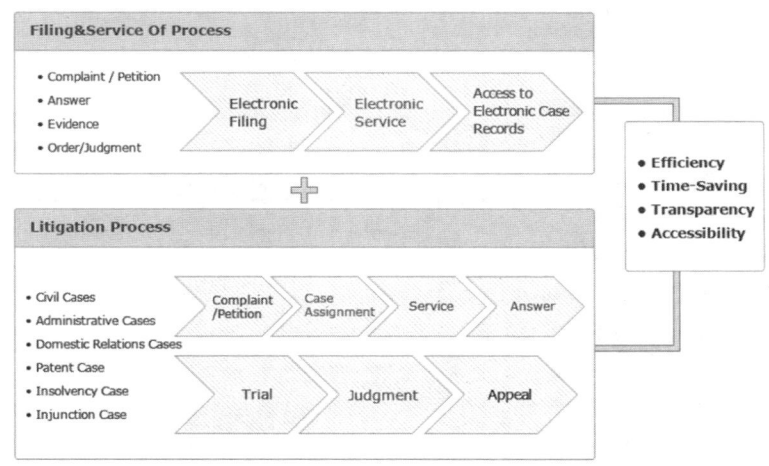

图 3-2-2 电子归档系统示意图②

首先,该系统允许原被告及其律师归档和管理案件,以及以电子方式访问法院信息和程序。他们无须现场前去法院就可以通过网络提交所有法律

---

① 参见韩国法院网站(https://eng.scourt.go.kr/eng/judiciary/eCourt/eTrials.jsp),最后访问日期:2020 年 7 月 26 日。
② 参见韩国法院网站(https://eng.scourt.go.kr/eng/judiciary/eCourt/eTrials.jsp),最后访问日期:2020 年 7 月 26 日。

文书、文件证据和数字证据,如图3-2-3所示。通过ECFS提起诉讼后,原告会收到电子邮件和短信通知,如果被告同意电子归档,他们还可能会收到对方提交文件的电子通知。该系统可以保证使用ECFS的所有当事方能够迅速知悉诉讼程序的当前状态。并且,诉讼人及其律师可以访问案件记录和程序信息,并搜索相关资讯,如最高法院的判决、有关法律的文章或新闻。此外,ECFS还为当事方提供与金融机构、注册办公室和其他涉及诉讼相关事务的公共机构的服务。

其次,ECFS的计算机化案件管理程序还允许法官和法院官员通过查看电子案件记录并快速检查案件状态以更有效地管理案件。ECFS取代了现有的纸质诉讼,允许法官进行无纸听证,所有电子案件档案(包括文件)都是从中央数据库中检索出来的,并且可以在法庭的监视器和大屏幕上查看。而且,法官和法院官员可以通过ECFS有效安排听证会诉讼案件。

由于隐私和安全原因,只有诉讼人及其律师、法官可以访问电子案卷,公众不能访问。但是,公众可以访问有关最高法院判决和下级法院意见。

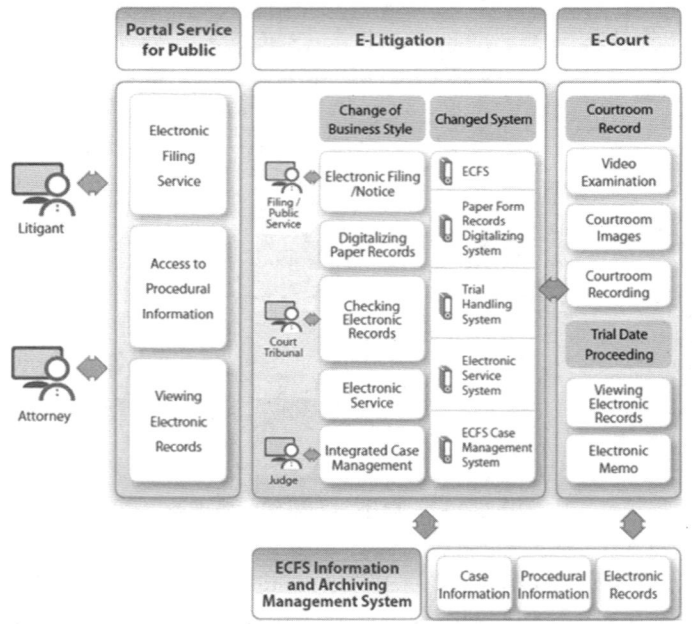

图3-2-3 电子归档系统示意图①

---

① 参见韩国法院网站(https://eng.scourt.go.kr/eng/judiciary/eCourt/eTrials.jsp),最后访问日期:2020年7月26日。

如图3-2-4所示,至2014年,几乎所有的普通法庭都配备了电子系统,公众可以访问所有审判记录。这将进一步促进高效、透明的审判系统,促进韩国司法系统的不断完善。

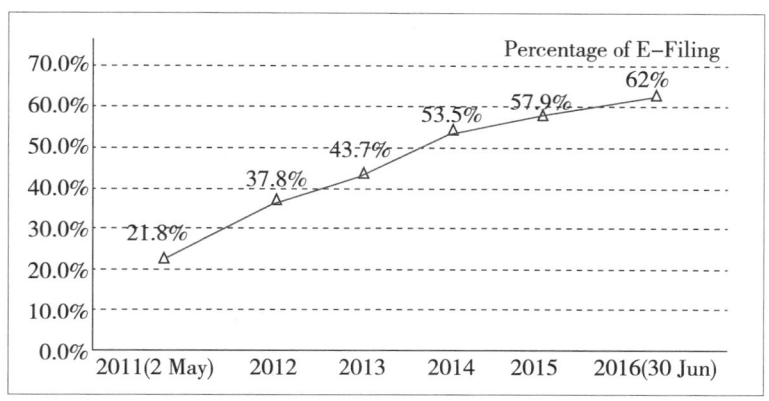

图3-2-4 电子归档案件百分比发展进程①

3. 电子法庭(Electronic Courtrooms)

韩国司法机构将战略重点放在"在全国法院建立电子法庭"上。电子法庭的主要特点如下:(1)电子法庭为法官提供与法官会议厅相同类型的计算机网络环境,可以通过这些电子庭室以及法官分庭中的计算机访问网络和审判系统;(2)电子法庭支持有效的口头辩论/诉状,它们配备了电子技术和设备,包括计算机、数字视频演示器和DVD播放器,双方当事人和证人都可以在审判期间轻松地使用这些设备;(3)电子法庭有助于提高审判程序的透明度和可及性。法官和其他法庭参与者,如当事方、代理人,可以通过他们的计算机屏幕实时查看法庭记录员键入的速记记录,如图3-2-5所示。

(二)刑事侦查与人工智能

据报道,韩国首都首尔将于2020年起安装装有用于检测犯罪可能性的AI软件的摄像头。

"首尔Seocho区和电子电信研究所(ERTI)透露,它们计划在2020年7月前在该区安装3000个摄像头。摄像机将利用人工智能软件处理公民的位置、时间和行为模式,以预测犯罪发生的可能性。该软件本身相当复杂,它将

---

① 参见韩国法院网站(https://eng.scourt.go.kr/eng/judiciary/eCourt/eTrials.jsp),最后访问日期:2020年7月26日。

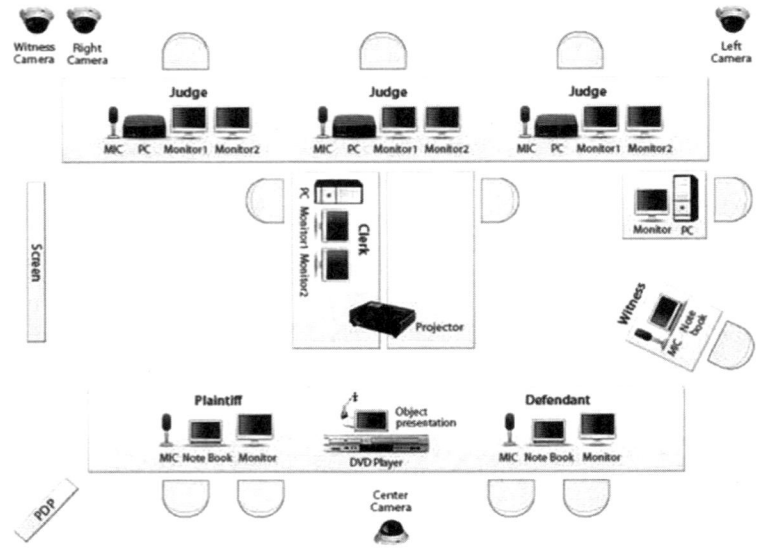

图 3-2-5　电子法庭示意图①

能够检测到路人是否戴着帽子、面具或眼镜,以及他们随身携带的东西,如袋子或可能用于犯罪的危险物品。摄像机将利用它们收集的信息来帮助推断犯罪发生的概率。如果它们的分析结果显示超过了一定的速度,摄像机就会通知地区办事处和附近的警察局,这些警察局将派执法人员到该地点。Seocho 和 ETRI 还计划分析 2 万份法庭量刑文件以及犯罪片段,以培训关于犯罪模式的人工智能软件。摄像机甚至能够比较目前正在拍摄的画面是否与过去的犯罪模式相匹配。据国家研究机构称,AI 软件仍在开发中,但预计到 2020 年将完成一个完整的版本。今后,将在首尔其他地区以及韩国其他省份安装更多的摄像机。"②

(三)法律咨询与人工智能

根据荷兰企业部门(Netherlands Enterprise Agency)调查报告,韩国将人工智能应用于多方面,其中最值得关注的就是它的"语言识别"技术——这种技术可以帮助客户更好地进行法律咨询,人工智能也能够更好地分析客户

---

①　参见韩国法院网站(https://eng.scourt.go.kr/eng/judiciary/eCourt/eTrials.jsp),最后访问日期:2020 年 7 月 26 日。

②　《韩国将使用人工智能摄像头来侦查犯罪》,载绿色消费网(http://www.greeni.cn/rgzn/202001/1194.html),最后访问日期:2020 年 5 月 27 日。

的诉求。①

韩国政府于2018年起引入AI处理技术向民众提供服务。法务部启用了一款聊天机器人Buddy。Buddy可以提供房地产、租约、资遣和继承等相关的法律咨询。

DR&Aju律师事务所在韩国首次引入了智能法律信息系统。这个AI系统是由韩国的新创公司Intellicon Meta Lab所研发,可以输入一个句子或是对状况的形容,系统会自动了解输入者的意思并将内容转变成法律术语。这样的自然语言处理是利用深度学习和遗传算法(hybrid algorithm)再加上咨询律师的结果。

(四)法律预测与人工智能②

2017年,韩国政府设定了人工智能发展的阶段性目标:2017年达到语音与视觉辨识;2019年整合AI、语音与视觉辨识;2022年研发了具备推论与决策能力的AI,并于2019年育出100家专门从事AI研发的企业,2026年则可望培育超过1000家专门从事AI研发的企业。

韩国政府委托韩国电子通信研究院(EPRI)负责人工智能的基础研究,三项重点研发计划分别为:(1)Deep View;(2)Exobrain;(3)GenieTalk。其中,由ETRI等20个研究机关共同开发的Exobrain是一套整合人工智能与自然语言辨识技术的智能专家服务系统,可提供专家决策的服务,加快决策的制定,以及提供医疗、法律、财务等专业领域所需的建议。

三、小结

据韩联社2017年12月21日报道,韩国信息通信技术振兴中心(IITP)发布的一项调查结果显示,近12年韩国人工智能相关专利申请数量居全球第三,刊载论文数量排世界第七,为人工智能技术实现质的发展奠定了基础。③ 这证明了韩国人工智能发展的速度之快。

与日本相比,韩国的人工智能产业发展并不完善,相应地,其法律人工智能产业也处于相对初级的阶段。但是近年来,韩国大力推进"人工智能兴国"战略,加上韩国拥有全球领先的互联网和最早商用的5G网,在把创意转化为市场的商业化能力方面有着突出优势,极有可能在未来产生巨大的成效。

---

① 参见《韩国AI人工智能发展趋势》,载https://www.iothome.com/tech/ai&ml/2018/0611/9092.html,最后访问日期:2020年5月27日。
② 参见《韩国政府的人工智能发展策略》,载中国电子网(https://www.21ic.com/iot/smart/data/201711/743995.htm),最后访问日期:2020年5月27日。
③ 参见《调查:韩国人工智能专利申请数全球第三》,载韩联社官网(https://cn.yna.co.kr/view/ACK20171220005100881?section=search),最后访问日期:2020年5月27日。

第三节 新加坡的法律人工智能

一、新加坡法律人工智能的概况

新加坡法律人工智能的发展,是在国家人工智能技术的发展和政府、司法机构对技术的态度转变的过程中螺旋式前进的。之所以新加坡的法律人工智能形容为螺旋式的发展过程,是因为在新加坡过去 30 年的法律科技生态系统完善过程中,科技与政策始终交织在一起,彼此渗透、影响和促进。

(一)新加坡人工智能技术的发展概况

2015 年,新加坡总理在国庆五十周年之际发布了智慧国家(Smart Nation)的倡议,倡议指出将人工智能作为未来国家经济增长的关键。[①] 2017 年 5 月,新加坡政府制定了一项名为 AI Singapore 的国家计划,该计划旨在促进、协同和增强新加坡人工智能科技的发展能力,主要专注于金融、城市管理和医疗保健 3 个关键行业。[②] 2019 年,新加坡政府发布《国家人工智能战略》(National Artificial Intelligence Strategy, NAIS),该战略对 2015 年智慧国家倡议的落实提供了具体政策指引,立下一项长达 11 年的国家级人工智能战略,计划将在 2030 年之前通过 5 项人工智能计划(运输和物流、智慧城市和房地产、医疗保健、教育以及安全和保障),从整体上实现升级国家基础设施的目的。[③]

进入人工智能时代,数据分析、区块链、机器学习等技术迅速发展,有关人工智能伦理与治理的论述也随之增加。2019 年 1 月,新加坡个人数据隐私委员会(Personal Data Privacy Commission, PDPC)与新加坡信息媒体发展局(Infocomm Media Development Authority, IMDA)共同发布了《人工智能治理框架(第二版)》[④],该报告向全球展示了新加坡自实施 AI Singapore 国家计划以来,所建立起的协作、包容的人工智能治理生态系统。自 2016 年"智慧国家 2025 战略"发布以来,新加坡与法律人工智能相关的各类科学技术始终处于发展态势。

在新加坡政府各部门综合主导的人工智能治理框架的指导下,新加坡的

[①] 《世界上最"智慧"的国家是这样炼成的》,载中国电子政务网(www.g-gov.org.cn/article-164869.html),最后访问日期:2022 年 11 月 3 日。
[②] AI Singapore 国家计划,参见:https://www.imda.gov.sg/AI, last access: Sep. 12, 2020.
[③] www.smartnation.gov.sg/media-hub/publications/national-ai-strategy, last access: Sep. 12, 2020.
[④] *Model Artificial Intelligence Governance Framework Second Edition*, https://www.pdpc.gov.sg/-/media/files/pdpc/pdf-files/resource-for-organisation/ai/sgmodelaigovframework2. last access: Sep. 12, 2020.

法律体系始终与科技的发展尽可能保持一致,以保证社会发展不会因科技的快速革新而失去秩序。早在 2012 年,新加坡就通过了《新加坡个人数据保护法》,同时 PDPC 还在 2019 年表示将结合科技的发展,对《新加坡个人数据保护法》进行修订。2020 年 1 月份,《新加坡支付服务法》正式实施,该法因应金融科技、人工智能的发展,主要针对数字货币的灰色地带制定了相关的法规和道德规范指引。此外,在网络安全、代币发行、数字令牌销售等方面新加坡政府也开展了多项立法工作。

(二)新加坡法律人工智能的发展概况

1. 法律科技的发展历史

(1)积累渐进阶段(1990—2015 年)

在新加坡建立本土法律体系之后很长一段时间内,新加坡的法律科技始终呈现缓慢发展的态势。这样的发展特点一方面要归因于新加坡实体法律体系还未健全,另一方面原因在于科技的变革主要体现为电子计算机的逐渐普及,并不能对法律行业在短期内产生颠覆式影响。在这样的背景下,新加坡科技的发展很长一段时间是由政府主导。新加坡最早的法律科技产品是 1990 年在政府、公共部门多方推动下诞生的,由新加坡法学会管理的在线法律研究平台 LawNet,以及新加坡法院于 1995 年启动的配备计算机系统的首家科技法院。政府部门在这段时期内并未对法律科技公开明确的态度,而是通过推出可由司法机构和律师共用的法律产品进行测试和评估。回归到律师个体身上,科技对新加坡法律工作者的影响更多地体现在个人工作模式的革新,主要原因是个人电脑的普及使电子办公与线上协作逐步成为法律行业的工作常态。可以说,在这段缓慢渐进发展的时期,科技的发展和积累速度远大于法律科技行业的发展。也正是这个时期科技的飞速发展,为现在新加坡法律人工智能行业的兴起积蓄了能量。

(2)飞速发展阶段(2015 年至今)

新加坡政府在 2015 年至 2017 年期间先后提出多项与智慧国家、人工智能相关的发展战略,数据分析、人工智能等技术也逐渐开始向法律行业渗透。首席大法官桑德莱什·麦农(Sundaresh Menon)在 2017 年法律年度开幕式(OPENING OF THE LEGAL YEAR,OLY)中介绍了"面向未来的法院"(Towards a Future-Ready Legal Sector)的设想,指出已经对一部分法院完成了技术升级,认为科技将为法律行业带来颠覆式的革新。①

---

① A Future-Ready Judiciary, https://www.supremecourt.gov.sg/docs/default-source/default-document-library/supreme-court-2017-ar37bc3a33f22f6eceb9b0ff0000fcc945.pdf, last access: Sep. 12, 2020.

2017年,《法律科技愿景》(Legal Technology Vision)发布,正如其在序言中所指出的,《法律科技愿景》"为新加坡法律界提供总体路线图,告知利益相关者该行业技术发展的总体方向。《法律科技愿景》提供的路线图将更好地指导律师事务所和公司考虑将法律科技纳入他们的商业计划"。①《法律科技愿景》的发布可以称得上是新加坡法律人工智能发展史上里程碑式的纪念。虽然《法律科技愿景》由新加坡法律协会(Singapore Academy of Law, SAL)发布,但对整个法律行业的法律人工智能技术革新都产生了极为重要的影响,首席大法官桑德莱什·麦农(Sundaresh Menon)就在2018—2020年连续3年的OLY法律年度开幕式上的公开演讲中提到该报告,并围绕其对法律行业的未来发展进行了详细论述。伴随着《法律科技愿景》的发布,新加坡政府对法律人工智能的态度也从开始的评估、中立,转变为认可其重要性并积极推广。

2. 新加坡法律人工智能的近期发展

新加坡法律人工智能领域经历了长时间的探索和发展,该领域已经有大量的法律科技创新企业和产品,是东南亚地区法律科技的核心地带。随着2015年之后新加坡政府与司法机构对法律人工智能态度的积极转变,政府及新加坡律师工会推出了多项发展法律人工智能的项目,每年都会对法律人工智能的发展状况进行评估。

2017年2月,新加坡律政部、律师公会和SPRING Singapore组织公布了法律科技开创计划(Tech Start For Law),这是一项协助新加坡律师事务所采用科技的资助计划。2018年1月启动了未来法律创新计划(Future Law Innovation Programme, FLIP)试点,该计划为想要进行法律人工智能技术变革的小微型律师事务所以及法律科技初创公司提供平台,聚集在一起共同进行法律创新。2019年,在FLIP计划推出一周年之际,新加坡法律学会又推出了亚洲首个法律科技加速器GLIDE,该加速器将对法律科技公司进行评估,确定它们的需求和目标,然后以评估结果为依据,为之匹配相对应的律师事务所、法学院等充分实现法律领域各级之间的联动,试图打造一个亚洲范围内最高效、最全面的法律科技平台,彻底改变亚洲法律行业。② 2019年9月,由SAL、新加坡律政部共同主办的TechLaw. Fest推出了重大计划,例如2019年8月版的亚太法律创新状况报告(State of Legal Innovation in the Asia Pacific Report),以及亚太法律创新与科技协会(Asia-Pacific Legal Innovation and

---

① Legal Technology Vision-Towards the digital transformation of the legal sector, *Singapore Academy of Law*, 2017.

② Legal Technology in Singapore, https://lawtech.asia/legal-technology-in-singapore/, last access: Sep. 12, 2020.

Technology Association)①,DXC Technology 执行副总裁兼总法律顾问 William Deckelman 参会并表示"亚洲的法律领域正在发生变革,数字创新帮助律师事务所和企业的法务部提高了效率、相关性,并逐步加强以客户为中心的核心理念"②。

政府部门除通过推出加速孵化项目以外,还在公共机构内部建立新部门来指导、支持法律人工智能领域产生的新工作,如新加坡律师公会新增了法律生产力和创新部、SAL 新建立了法律科技小组、最高法院设立了改革与创新办公室等。这也体现出法律人工智能在新加坡已经拥有了前期的基础管理结构,随着大量法律科技企业的建立,新加坡法律人工智能即将从飞速发展阶段进入巩固阶段。

二、新加坡法律人工智能在实践中的应用

(一)科技法院

1995 年起,新加坡开始设立科技法院,利用计算机系统对法院内部的文件管理、文档交流、庭审记录等环节的办公模式进行转变。1995 年第一座利用电视和电脑连接设置的高科技法庭耗资 200 万新元建成,并于 1995 年 9 月 20 日审理了第一个案子,这是全世界第一座高科技法庭审理的第一次案件。根据报道,高科技法庭日租费为 200 新元,利用科技法庭审理案件的总费用并不高。③ 此后,又有多座科技法院在新加坡建成。

在 2017 法律年开幕式上,首席大法官桑德莱什·麦农宣布新加坡未来 5 年法院规划设定的"科技蓝图",并且建立了司法信息技术指导委员会[One Judiciary (IT) Steering Committee,OJSC],指导和监督"科技蓝图"信息技术项目的开展。"科技蓝图"项目是一个"动态文件"(living document),该项目包括 15 项信息技术,可以根据法庭的庭审环节大概分为 3 个阶段:诉前/庭前阶段,包括发展自助纠纷解决,这个阶段的项目包括 E 解决、在线纠纷解决以及结果模拟;审理阶段,包括形成提升司法系统效率和有效性的解决方案,这个阶段的项目包括 E 计划表和 E 审理;庭后阶段,包括数据的智慧使用,这个阶段的项目包括人工智能和数据分析、E 审理。④

---

① Legal Technology in Singapore, https://lawtech.asia/legal-technology-in-singapore/, last access: Sep. 12, 2020.
② 《第二届 TechLaw Fest 将于下月初在新加坡举行》,载美通社(www.prnasia.com/story/255670-1.shtml),最后访问日期:2022 年 11 月 15 日。
③ 信宣:《新加坡使用全球首座高科技法庭审判案件》,载《东南亚南亚信息》1995 年第 24 期。
④ 参见李家春:《新加坡未来法院"蓝图"——科技应用符合"用户"需求丨庭前独角兽》,载微信公众号"庭前独角兽"2017 年 8 月 29 日。

(二)法律检索产品

新加坡的法律人工智能企业中,有多家高质量的法律检索产品。LawNet 线上法律研究平台预示了法律研究向在线领域的过渡。LawNet 被视为"各种信息存储库的一站式中心",也可以成为"虚拟法学图书馆",作为最早的线上法律研究平台,整合了立法、判例法、判决文书等数据库,LawNet 的出现极大地提高了司法机构和律师的工作效率。① 此外,新加坡提供线上法律检索的注明私营公司还包括 Lexis Singapore 和 Westlaw。

(三)在线争议解决平台(ODR 平台)

新加坡的在线争议解决系统的发展源于电子归档系统(Electronic Filing System,EFS)的采用和普及。通过 EFS 系统,双方律师可以直接在线上向法院进行立案登记和提交文书材料。随着 EFS 的全国普及,新加坡也成为世界上第一个在全国法院都采用无纸化办公的国家。在 2013 年,新加坡法院系统将 EFS 升级为 E-Litigation,升级后的版本稳定性和安全性更高。②

(四)知识、案件、实务管理软件

对于律师事务所来说,大量的客户材料、案例文档、电子邮件等需要进行整合和团队共享,因此为了更好地管理整个律师事务所的文件以及帮助律师更快地在文件库中检索到有效的信息,各类知识、案件、实务管理软件应运而生。

各家法律科技公司开发出不同的产品:LexisNexis 开发的 Lexis Affinity 软件,可检索到全球 160 多个国家和地区的法律资源,每 15 分钟更新 1 次 Shepard 内容;汤森路透公司开发的 Firm Central;亚洲法律网推出的 Tessaract.io。③

(五)eDiscovery

eDiscovery 的主要目标是识别和制作非特权文件,回应传票、文件披露请求或内部调查需求,帮助律师事务所识别相关内容并在法律案件中提供信息监督。④ 正如新加坡高等法庭法官李兆坚所说,"电子信息量大,某些类型的电子信息难以获取,对诉讼查证领域带来相当大的挑战",这些挑战触发了对

---

① LawNet, https://www.sal.org.sg/Resources-Tools/LawNet, last access: Sep. 12, 2020.
② https://www.supremecourt.gov.sg/services/services-for-the-legal-profession/elitigation, last access: May 29, 2020.
③ Tessaract.io, https://tessaract.io/, last access: May 29, 2020.
④ eDiscovery Solutions, https://www.sal.org.sg/Resources-Tools/Legal-Technology-Vision/Other-Services/eDiscovery, last access: May 29, 2020.

先进科技的巨大需求,eDiscovery 也随之应运而生。[1]

(六)法律服务线上市场

这一类产品可以根据算法,依照用户需求匹配最合适的律师或律所,极其高效地简化了客户与律师之间相互寻找、联系的过程,降低了信息成本。有些产品还提供线上交流功能,被称作法律领域的 Uber,如 Asia Law Network、EasyLaw 等。

(七)其他产品

新加坡法律科技企业结合市场不同的需求,推出了极其多样化的人工智能产品:可以为律师事务所提供利益冲突等内容的尽职调查的软件,如 Handshakes;能自动捕捉、匹配专业词汇以及法律逻辑的合同拟写产品,如 Legalese。此外,还有一类在法律行业广受客户和律师事务所欢迎的产品,即以结合用户提出的关键词,自动进行相关数据检索,提供初步的法律建议的人工智能软件,如 FirstCounsel。

三、新加坡法律人工智能的未来发展

(一)未来发展趋势

人工智能技术未来势必会在新加坡持续发展,新加坡政府、律师工会等组织对法律人工智能不断增加的扶持、激励、孵化项目,将会使更多的法律科技企业出现,这些企业又会进一步整合市场需求和技术发展,不断创新出高效的法律人工智能产品。

2019 年,首席大法官桑德莱什·麦农在 OLY 开幕演讲中,论述了在新加坡,科技将如何改变未来的法律职业的问题。他指出,在现有的大数据、区块链等技术的帮助下,将会有越来越多的争议解决从线下转移到线上;人工智能技术的发展,如虚拟财产、无人驾驶、AI 作品等现实技术的出现,将随时随地对新加坡已经确立起的实体法律进行挑战,而国会和法院需要做的则是不断接受挑战,审查并修改法律。同时,人工智能的产生会减少某些类型法律服务人工劳动力的需求,从这个角度来看,将会对法律领域的分工及劳动结构产生一定的影响。[2]

---

[1] http://www.hk-lawyer.org/tc/content/%E6%B3%95%E5%BE%8B%E7%A7%91%E6%8A%80%EF%BC%9Aediscovery-%E8%A7%A3%E9%87%8B%E5%8F%8A%E5%88%86%E6%9E%90, last access: Aug. 27, 2020.

[2] RESPONSE BY CHIEF JUSTICE SUNDARESH MENON, https://www.judiciary.gov.sg/news-andresources/news/new-detas/chief-justice-sundaresh-menon--address-at-the-opening-of-the-legal-year-2019, last access: Sep. 12, 2020.

(二) 法律人工智能对新加坡法律行业的影响

新加坡政府和司法机构对法律人工智能的积极态度，带动了律师行业也积极使用法律科技产品，也加快了法律科技企业的孵化以及创新。

1. 政府及司法机构

随着法律人工智能的不断升级转型，一系列相关的法律规则的制定和完善，以及公权力部门对应于法律科技领域的新部门增设，新加坡的法律人工智能即将进入巩固阶段。随着整个行业结构的不断完善和稳定，政府的态度也将更加开放和积极。

对于司法机构而言，除原有的可以进行在线解决争议的案件之外，受到2020年新冠肺炎的影响，也加速催生了更多线上争议解决的平台搭建，加速了新加坡司法机构内部的转型与创新。

2. 法律服务行业

对律所整体而言，随着法律人工智能的普及以及人工智能等高新技术的发展，客户对于法律科技的了解和信任逐渐增加，律所对于法律科技的使用度、法律服务工作者工作模式的科技化程度或许将成为客户选择法律服务的一项重要参考标准；反过来，也将促进律所加快自身法律科技的更新。同样，客户也能够随着法律科技的发展，较为容易地掌握更多基础法律知识并不断提高，对律所提供服务的标准。

对法律服务工作者个体而言，正如前文所述，与过去20年内科技对法律行业的缓慢、渐进式影响不同，人工智能时代的技术革新给法律行业带来的冲击和改变是颠覆式的，人工智能技术将在短期内迅速覆盖法律服务行业的各个环节。同时，无论是政府、司法机构还是行业协会，都以积极的态度推进法律人工智能的普及，这意味着法律科技将成为法律工作者一项极为重要的工作能力和业务考核标准。若不及时进行转型，很容易落后于整个法律行业的时代发展，被竞争市场淘汰。

3. 教育领域

各学会、研究机构都逐渐为法律人工智能建立专门的分支，除此之外，也将出现更多专门的研究机构，致力于行业动态的报道及研究。法学院将迎合实务的发展，鼓励学生跨学科学习，搭建多角度的知识体系，从源头培养法律科技研究、创新人才，如新加坡管理大学计算与法律（Computing & Law）新学位计划，已于2020年8月开始专门培养科技和法律相结合的专业人才。新加坡国立大学的学生也曾提出 AI+Law 倡议，这样的倡议得到了政府的回应。政务部高级部长英兰妮·拉杰（Indranee Rajah）对此回应道，法律专业的学生必须要注意实践性质的不断变化。高校也开始出现"法律+"学生社团，社团中集合了法学、人工智能、IT等不同专业的学生，如新加坡管理大学学生成立的人工智能学生俱乐部等。

高校、研究机构的培养思路和教育模式的转变,也体现出新加坡政府与法学院意识到培养法律科技人才的重要性。及时改革法律教育的模式,能够为今后法律行业的技术转型培养新生力量。

第四节 印度的法律人工智能

在2020年9月8日通过视频形式召开的金砖国家首席大法官论坛上,印度最高法院大法官拉温德拉·巴特介绍了印度法院运用信息技术取得的一系列成就,得益于"电子法院"项目(E-Courts)第一、二期的建设,印度几乎所有的法院都已电脑化;通过国家司法数据网(NJDG)连接了全国21000多个法院,并实时记录了这些法院各种未决案件的进展情况,同时自动生成有助于司法行政政策的各种统计数据。①

一、"电子法院"项目(E-Courts)

一提到印度法院的信息化发展,"电子法院"项目(E-Courts)绝对是这一进程中的一个里程碑。2004年8月,为推进法院数字化并创造与技术有关的解决办法,根据时任首席大法官拉梅什·钱德拉·拉赫蒂的建议,最高法院电子委员会顺势设立,成员包括来自各邦高等法院现任法官以及软件、数据和网络方面的专家,他们将协助首席大法官制定印度司法机构信息化的国家政策,并就通信技术和管理方面的变革提出建议。"电子法院"项目就是根据印度最高法院电子委员会提交的《2005年在印度司法机构实施信息与通信技术的国家政策和行动计划》而构建,其愿景是通过法院使用信息与通信技术来改变印度司法机构。

"电子法院"项目是一个泛印度项目,由印度政府法律与司法部对全国各地的地区法院进行监督和资助,其所涵盖的内容包括:

(1)按照《电子法院项目诉讼当事人章程》的详细规定,提供高效且有时限的以民为本的服务;

(2)在法院开发、安装和实施决策支持系统;

(3)实现程序自动化,为利益相关者提供透明的信息获取渠道;

(4)从质和量两个方面提高司法生产力,使司法系统成为可负担、可使用、具成本效益、可预测、可靠和透明的系统。

---

① 陈志宏:《印度法院的信息化之路》,载《中国审判》2020年第21期。

(一)"电子法院"项目第一阶段

在 2007 年开始了"电子法院"项目的第一阶段,印度大量的法院综合楼、计算机服务器室和司法服务中心等工作已经准备就绪,以实现地区法院的计算机化。第一阶段所覆盖的地区和塔卢卡法院综合楼已实现计算机化,安装了硬件、局域网和案件信息软件(CIS),为诉讼当事人和律师提供与案件有关的基本服务。许多地区法院开通了自己的网站,以方便不同的诉讼参与方。这一阶段,法院改革管理的工作重心是培训司法人员和法院工作人员使用电脑。与此同时,案件信息系统也已成功部署,所有未决案件的数据输入均已完成。印度最高法院启动了流程再造工作,以使人们对高等法院辖下的不同地区法院现行的流程、程序,系统和法院规则有新的了解。按计划,"电子法院"项目第一阶段应于 2014 年年初结束,而实际上,这一时间表延长到了 2015 年 3 月 30 日。

(二)"电子法院"项目第二阶段

2014 年 1 月 8 日,时任印度首席大法官拉金德拉·巴布批准了"电子法院"项目第二阶段的政策和行动计划文件。随后,印度政府于 2015 年 8 月 4 日批准了该项目,总预算为 93.5 亿卢比(约合 8.73 亿人民币)。第二阶段的内容主要集中在以下几个方面:

(1)对 8000 多个新法庭、法律服务机构办公室和国家司法院校进行信息化建设,注重强化硬件设备;

(2)通过广域网和扩充的冗余连接,将印度所有法院连接到国家司法数据网,以便与拟议的可互操作的刑事司法系统进行整合;

(3)以诉讼当事人为中心的设施,如在每个法院大楼内设置集中式立案中心和基于触摸屏的自助立案设备;

(4)通过数字化、文件管理、司法知识管理和学习管理,建立健全的法院管理系统;

(5)通过变革管理和流程再造,以及通过手持设备改进流程服务,促进法院的更好业绩;

(6)通过电子立案、电子支付和使用移动应用程序加强信息通信技术支持。

"电子法院"项目第二阶段动态的实施结构使印度最高法院电子委员会、司法部(印度政府)、国家信息中心、国会和财政部之间有更多的参与和合作。它规定高等法院作为其管辖范围内项目的执行机构。法院基础设施模式规定采用云计算架构,效率高、成本低,同时,保留目前的服务器机房作为网络机房,而司法服务中心作为集中档案中心。第二阶段的规划也为地区法律服务管理局、塔卢卡法律服务委员会、国家司法学院和各邦司法学院办公室的计算机化作出了规定,以便有效提供服务和培训。

在"电子法院"项目第二阶段,所有法院综合楼都将通过桌面视频会议与监狱连接起来,以扩大常规还押与在审囚犯的适用范围。视频会议还将用于记录敏感案件的证据,并逐步扩大到尽可能多的案件类型。第二阶段的重点是司法人员的能力建设和流程再造,提供司法知识管理系统,包括综合图书馆管理系统和数字图书馆的使用。

如上所述,"电子法院"项目第二阶段的重点是为诉讼当事人、律师和其他利益相关者提供服务。各级法院的网站将符合无障碍标准,并尽可能地以当地语言提供信息。手机应用程序、短信和电子邮件被广泛用于传播信息的平台。每个法院综合大楼都将提供信息亭。各级法院将在网上提供经核证的文件副本,并提供电子支付网关,用于存款、支付法庭费用和罚款等。同时,将进一步完善国家司法数据网,以方便法院、政府和公众获得更多高质量的信息。

二、国家司法数据网(NJDG)

2013年8月7日,时任印度首席大法官萨萨斯瓦姆宣布推出国家司法数据网。目前,印度超过2852个地区法院和塔卢卡法院已经在国家司法数据网门户网站上录入信息并在线提供案件状态和原因清单,其中许多还上传了法院的命令/判决。

国家司法数据网作为全国性的案件数据仓库,通过不断生成和更新动态实时数据,为所有利益攸关方提供了司法服务系统的信息来源。印度研究人员定期对其进行分析,以便为国家政策制定和决策提供有意义的帮助。

2017年10月31日,世界银行发布了《营商环境排名报告2018》,报告中提到:"印度通过引入国家司法数据网,使合同的执行变得更加容易,这使在地方法院生成案件评估报告成为可能。"①印度在该报告中的排名从2017年度的130位提升到100位,一年提高了30位,成为名副其实的大赢家。可见,国家司法数据网的价值不容小觑。

新冠肺炎疫情极大挑战了全球大多数司法系统的运作方式。印度在争端解决过程中使用创新技术也有助于加快审判进程。新德里、孟买、加尔各答和卡纳塔克邦高等法院一直在对所有商业纠纷实施电子备案程序。印度在各高等法院和最高法院也引进了电子工具管理系统,供律师查阅法律、法

---

① NjDG, http://doj.gov.in/the-national-judicial-data-gird-njdgl, last access: Nov. 5, 2022.

规和判例法,接收通知,跟踪案件状况,向法院提交案情摘要和文件,以及查看法院命令和裁决。这些举措极大地促进了诉讼过程的顺利进行,并减少了由于系统效率低下而造成的延误。

据拉温德拉·巴特介绍,新冠肺炎疫情期间,印度法院通过持续的主动作为,实现了案件的电子归档:印度最大的邦阿拉哈巴德高等法院的上诉法院见证了4600个案件的电子归档,其中1793个案件在7月得到了处理;德里高等法院在4月至7月发布了3700项判决,并审理了约12000起案件。最高法院在3月23日至8月31日期间列出了17373起案件供审理,在此期间,共处理8429宗案件,包括1098宗发回重审的案件。这些数字也部分印证了印度司法系统找到了自己的技术解决方案,以确保公民诉诸司法的通道畅通。

(本章作者:曹婧怡、张雨珊、陈志宏)

第四章 其他金砖国家的法律人工智能

第一节 俄罗斯的法律人工智能

俄罗斯法院能够在疫情期间开展如此有效的应对措施并取得相应的成效,归因于其几十年来不间断的对司法信息化进行投入。

一、俄罗斯法院信息化建设历程

2000年以来,俄罗斯就持续从世界银行、新发展银行(又称金砖国家新开发银行,俗称金砖银行,是由金砖国家共同倡议建立的国际性金融机构)申请了上亿美元的贷款以推进其司法改革(包括2005年结束的俄罗斯法律改革项目、2007年结束的俄罗斯司法改革支持项目、2009年结束的俄罗斯司法改革项目——最高法院远程司法程序的设备采购和通信渠道系统的建设等),其中信息技术更是优先项目。

利用这些资金,俄罗斯法院重点开展了以下信息化建设:

采购并安装庭审录音设备和专用软件;采购并安装视频会议硬件和软件工具,以开展远程法庭诉讼;采购和安装一般管辖法院和其他司法部门信息资源远程监控系统;采购移动设备以支持法院运作;案件和文件流管理集成系统的现代化,司法判决的自动数据库,最高法院的信息参考系统和互联网门户,为最高法院访客创建的信息帮助系统和建立电子图书馆系统;制定新的司法系统运作效率标准和指标;评估法院在硬件和软件方面的一般司法要求,以建立有关法院程序人员的联邦数据库;对法院信息服务部门的员工进行信息技术培训。

近几十年来,俄罗斯联邦现代信息技术和通信技术在各类法院诉讼中的使用逐渐增加,解决了一系列相互关联的问题,其中包括:

方便公民和组织获取信息;为公民和组织诉诸司法提供便利,使其向法院提出申请更加方便,并减少相关申请人的组织和物质努力;通过司法当局与申请人之间非个人化的关系形式,减少腐败风险;保证遵守程序性时限,方便地熟悉案件档案;确保司法机关的信息透明度。

此外,俄罗斯司法数字化的核心法律基础存在于不同层面。俄罗斯加入的国际组织通过了"软法"文件,目的是在确保网络安全和个人数据安全的必要条件下,最大限度地简化公民和法院之间的沟通。在这些建议中,特别值得一提的是欧洲委员会的法案。它们呼吁成员国确保通过电子手段启动司法程序的可能性,在电子环境中采取程序性行动,以电子形式获取有关案件的信息等。

在国家层面,《2020年前俄罗斯法院信息化概念》文件为在俄罗斯司法程序中使用数字技术提供了重要指导,其主要目标是发展电子司法,即"在法院利用信息技术的基础上,以电子(数字)形式开展法律规定的程序行动的方式和形式,包括法院、自然人和法人之间的合作"。另一份重要的纲领性文件——《2017-2030年俄罗斯联邦信息社会发展战略》中也规定了司法进一步数字化的主要阶段。①

二、俄罗斯法院信息化在新冠肺炎疫情期间取得的成效

近期,欧洲司法效率委员会(CEPEJ)对其组织成员国在本次疫情期间开展司法管理工作进行案例征集,俄罗斯联邦最高法院国际合作部参赞乔治·鲍里索夫提供了该国的一些有益经验:

2020年3月18日,俄罗斯最高法院主席团和法官委员会主席团通过了一项联合裁决——《俄罗斯联邦最高法院主席团和俄罗斯联邦法官委员会主席团的裁决书》,用以对抗新冠病毒肺炎疫情带来的不利影响。裁决书共9条,其中第1条:应停止法院对公民的个人接待,建议通过法院的电子互联网接待处或通过邮政服务提交文件;第2条:对通过邮政服务和电子形式向法院提交的文件,尤其是电子文件形式的文件,应保证及时接收、处理和登记;第5条:法院在具备技术能力的情况下,应通过使用视频会议系统启动案件的审理。以上规则都显示了最高法院对于利用信息技术来缓解疫情影响的重视。

2020年5月19日,俄罗斯联邦最高法院全体会议第一次在网上举行。在网络会议上,与会者讨论了《关于法院适用〈俄罗斯联邦行政司法程序法典〉规范上诉法院程序》的裁决草案。本次会议中,只有列别杰夫首席大法官和全体会议秘书维克托·莫莫托夫在法庭上实体出席,其他与会人员均通过远程参会。讨论之后,编辑委员会被指示对该裁定草案进行后续修订,这项工作也将通过视频链接进行。有意思的是,2020年是俄罗斯国家司法机关使用视频会议系统20周年。2000年4月19日,俄罗斯最高法院首次开庭审理了被定罪者远程参与的案件。20年后,这种方式首次在全体会议上使

---

① 陈志宏:《俄罗斯联邦法院信息化建设之疫情应对》,载《中国审判》2020年第19期。

用。俄罗斯联邦最高法院一位代表这样评价远程召开全体会议的试验:"这种做法在目前的大流行期间已经成为一种积极的趋势:现在电子技术正在积极发展,可以有效、安全地召开紧急会议。这种实时通信系统今后将更多地被使用。"①

从 3—5 月,俄罗斯法院系统一直在看似完全陌生的条件下运作。尽管如此,俄罗斯法院在新冠肺炎疫情期间仍然审理了 200 多万起案件,通过视频会议举行了 8000 多次庭审。

6 月 11 日,俄罗斯最高法院举行第三次全体会议,参与者首次使用由卡巴斯基实验室开发的基于在线分布式分类记账技术的投票系统 Polys 来记录投票结果。该系统是在俄罗斯云存储 Softline 的基础上部署的,用于记录投票结果。据参会的一位法院代表介绍,该系统基于区块链技术,并使用透明数据加密。至少可以说,6 月 11 日举行的全体会议可被视为整个司法系统的里程碑。俄罗斯最高法院法官和全体会议的其他参加者对该经验进行了积极评价。

第二节 巴西的法律人工智能

在 2020 年 9 月 8 日举办的金砖国家首席大法官论坛上,巴西联邦共和国首席大法官、最高法院院长迪亚斯·托福利介绍,巴西最高法院 90% 的案件通过电子形式审理,法官们经常进行视频听证会,并在电视上直播,所有巴西民众关注的案件都可以在电视上观看。与此同时,国家司法委员会(CNJ)也在推广数字平台,以保障民众使用纠纷解决替代机制。这些数字平台的日益普及大大提高了巴西诉讼案件的和解率。

一、巴西法院早期信息化及存在的问题

诚如迪亚斯·托福利首席大法官所言,巴西法院信息化所取得的成就是建立在此前近 30 年的持续投入基础之上。

据其介绍,早在 1996 年,巴西司法部门中负责组织、监督和裁决全国选举进程的机构——选举司法局就开发了被称为"电子投票箱"的电子投票系统。自 2000 年以来,巴西全国各地的选举都是以电子方式进行的。这一系统的开发并投入使用不仅仅是在巴西全国范围内加快了计票和披露最终结果的速度,还确保了每个人的选票在经过适当处理后都能清点溯源。

在 2018 年最后一次总统选举中,这一系统仅用了 2 小时 18 分钟就收到

---

① 陈志宏:《俄罗斯联邦法院信息化建设之疫情应对》,载《中国审判》2020 年第 19 期。

并披露了最终结果。这对于巴西这样一个拥有2.1亿居民和1.47亿选民的国家来说,并不是一件小事。

虽然起步很早,也取得了一定的成效,但是信息化也受到了现实体制的制约。由于巴西是一个联邦制共和国,巴西司法系统的基础是在州一级。《巴西宪法》第四篇第三章第一节第92条就规定了巴西司法系统的宏观组织结构:从最高一级的联邦最高法院;第二级的高等法院(又分为高等、劳工、选举、军事四个法院);第三级的地区上诉法院(包括劳工、选举、军事、州上诉、地区联邦上诉);第四级的联邦司法部门及区域军事司法部门,如图4-2-1所示。由于这种划分,巴西的26个州和1个联邦区就有100多个自治的行政司法单位。在这种分散的环境中,巴西法院信息系统的开发并不协调。这就造成了诉讼自动化的多个系统同时存在,但彼此之间不能互通,数据共享程度低,成本很高。

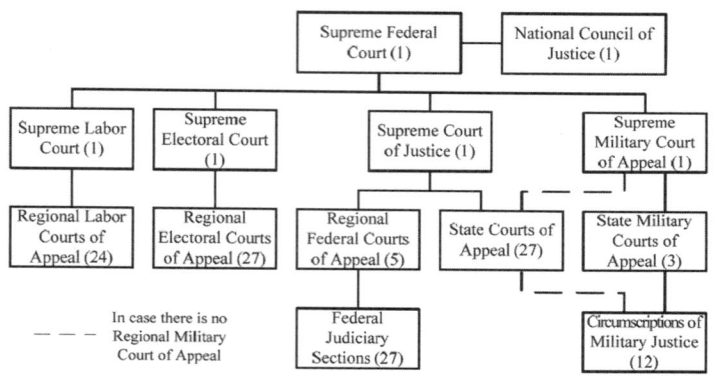

图4-2-1 巴西司法系统四级组织架构

二、破局之举——国家司法委员会的成立

为了打破巴西司法系统这一机制障碍,巴西联邦最高法院于2004年根据第45号宪法修正案设立了管理协调监督机构,即国家司法委员会。该委员会负责设计司法政策、起草规制标准、确定巴西司法系统的战略规划和机构评估的目标和方案,以便指导各种不同层级和不同类别专门法院。除此之外,该委员会还对一、二审联邦法官进行行政和财政预算监督,负责对其审判结果、行为、过程进行监督考评。国家司法委员会由联邦最高法院首席大法官任委员会主席并主持工作,共有来自不同部门,分别代表司法、立法和社会等各方面的15个委员组成,由总统提名,国会任命,任期两年。

在国家司法委员会领导下,巴西法院信息化有了长足的发展:

（1）在实现现代化和透明度的道路上，巴西联邦最高法院自2002年以来，通过司法电视台和司法广播电台在巴西各地直播法院合议判决。最近，还开始在 YouTube 和 Twitter 上进行直播。自2007年以来，巴西的法官就通过所谓的"线上合议"在线上环境中对案件作出合议庭裁决。2019年，国家司法委员会改进了这一制度，扩大了可以在线上环境中合议判决的案件类别。据首席大法官迪亚斯·托福利介绍，2019年全年，巴西联邦最高法院各庭、合议庭线上开庭已累计判决案件10976件。通过法院网站法官们在线上环境中的意见结论进行实时监测，确保了透明度，也确保了公民能够获得线上庭审中的裁决。

（2）在诉讼服务方面，最直接的成效是构建了各级法院统一的司法审判电子服务平台。巴西每个法院都可通过其提供在线司法服务：通过查询律师注册号、当事人姓名或者案件号了解案件最新信息；通过电子邮件对法律问题进行咨询；查询审结案件数据库；定期发布法院资讯；通过 PDF 格式文本向法院发送诉讼请求。这一举措通过构建信息共享平台，直接提高了司法查询效率。国家司法委员会还与中央银行、国家税务总局、交通运输部等签订电子信息共享的协议，使法官在获得授权的情况下能够跨系统、跨行业查询。

（3）巴西法院智能审判的另一个成效是大力推行"在线诉讼"，实行无纸化审判。国家司法委员会组织各级法院集中对历史案卷进行电子化，包括案卷清理、电子扫描、内容核对、目录编排、上传数据等。每个高等法院每年要将12000件历史纸质案卷按照程序进行电子化，新收案件则在收案地进行电子化。通过这种方式节约了人力和财力资本，提高信息使用便捷性，并能够永久保存案卷，使签有司法授权确认的电子签名的电子化案卷成为案件审理一个正式程序。通过电子司法管理系统使用户能够通过网络查询案件进程。2013年，国家司法委员会推出了电子司法程序系统（PJE）。当时，全国法院系统只有30.4%的案件是以电子方式接收的。到了2018年，这一比例已经跃升至83.8%。

三、未来之路——由自动化走向智能化

首席大法官迪亚斯·托福利的任期是2018年9月至2020年9月（也就是参加完金砖五国首席大法官论坛后的第三天就卸任）。在两年的任期里，他领导启动了一项制度性战略——"联邦最高法院数字化转型计划"，旨在实现巴西法院的新一轮技术革命，特别是从自动化向智能化的转型升级。

据其在2019年度金砖国家首席大法官论坛上介绍，近几年来，巴西司法部门每年审理的诉讼案件有7,800余万件。全国18141名法官平均每人每年裁决 1877 起案件,相当于每个工作日要解决 8 起案件。光是联邦最高法院每年就得处理和判决 32000 个案件。2018 年,联邦最高法院共作出了 14000 多件合议庭裁决,平均每月作出 1200 多件裁决。① 巴西法官惊人的工作量也突显出"案多人少"的普遍矛盾,这使推进司法信息系统的自动化乃至智能化迫在眉睫。

巴西联邦最高法院在 2019 年完成了一个采办程序,目的是开发所谓的特别管辖权模块。该项目是联邦最高法院、国家司法委员会和高等法院之间通力协作的结果。这一模块力求将巴西国内现有的各种电子诉讼系统与国家司法委员会和高级法院的系统全面整合,实现各级法院之间协同办案自动化无缝衔接。

国家司法委员会还与巴拉那州法院合作开发了"刑事判决统一电子系统",可实现对全国各地正在执行的刑事判决和巴西监狱系统相关信息的自动关联控制。目前共有 960000 个正在服刑的刑事判决被输入该数据库。现在,法官会自动收到关于即将到期或尚未到期的服刑期限通知。这个工具相当于一个常设的在线监狱工作队,实时提供全国刑事判决的服刑情况。

国家司法委员会旨在开发一些工具,使解决冲突的共识手段也能在数字平台上发挥作用。目前,相应工具已经创建,该工具将电子司法程序与消费者投诉门户网站 Consumidor. gov. br 联系起来。其目的是鼓励非司法解决纠纷,通过投诉方与相关公司直接进行线上谈判,实现快速、高效、免费的解决纠纷方式,不用出门,不用上法庭。

在司法人工智能应用上,巴西联邦最高法院正在尝试获取一种新的咨询判例工具,该工具将利用人工智能为获取法院判决提供便利,以塑造一个更加方便用户、易于使用的数字司法环境。

巴西司法人工智能领域最引人注目的是国家司法委员会与巴西利亚大学合作开发的 VICTOR。这一个人工智能工具,旨在识别与具有普遍影响的问题相关的特殊案件资源。该工具正处于"监督阶段",有望在未来提高这些进程的分析效率,从而节省时间和人力资源。据测试,VICTOR 可在 5 秒内完成法院工作人员平均需要 44 分钟才能完成的任务。这一工具有可能在整个巴西司法部门的推广使用。另一个值得介绍的司法人工智能项目是执行税务诉讼判决的程序行为自动化,这一举措旨在解决巴西司法系统案件积压的难题(在全巴西总共约 7800 万件正在进行的诉讼中,约 40%的案件与税费

---

① 参见陈志宏:《巴西法院信息化从自动化向智能化过渡》,载《中国审判》2020 年第 20 期;曹建军:《在线规则与民事诉讼法典化》,载《河北法学》2022 年第 8 期。

征收有关)。

此外,国家司法委员会最近还成立了电子司法程序创新实验室和人工智能中心。毫无疑问,这些举措旨在持续改进司法信息技术,以期在更深层次开发司法人工智能解决方案。

第三节 南非的法律人工智能

在2020年9月8日通过线上举行的金砖国家首席大法官论坛上,南非宪法法院大法官茜茜·康佩佩表示:数字化给全球带来了挑战,技术改变了消费者的习惯,尤其是新冠肺炎疫情之后。各国都要求公民居家隔离,大家都通过网络进行经济行为,消费交易大多依赖网络进行,这意味着法律、法规需要审核和完善,为消费者提供各方面的保护。是时候让南非法院过渡到数字时代以开展数字审理。宪法法院开展的网上审理模式也受到了民众的欢迎,诉讼当事人可以在线提交文件,法官可以在线与律师、当事人进行沟通,这使司法参与者之间的沟通更加便利,法院同消费者之间的关系更加巩固。

毫无疑问,在当前席卷全球的新冠肺炎疫情面前,南非法院数字化进程得到了前所未有的发展。但在此前,作为非洲大陆最大、最发达的经济体,其法院信息化进程却远远不能匹配上其经济发展速度。

一、缺乏信息通信技术给南非法院带来的挑战

在2019年10月底举行的金砖国家信息通信技术研讨会上,南非宪法法院首席大法官托马斯·里桑·莫高恩就毫不讳言地指出,南非法院在其行政程序方面没有跟上技术进步的步伐。直到当时,在南非法院系统里,信息通信技术几乎是不存在,只是有限地使用了综合案件管理系统(ICMS)这一基于网络的程序,用于监督案件数量,协调下级法院,即治安法院和高级法院的案件规划和案件管理。而案件管理系统实际上是手动的,过时的法院管理程序使用硬拷贝,包括案件摘要、案件档案和判决书仍在使用。

南非法院缺乏信息技术受到了若干重大挑战,妨碍了法院的效率和公众诉诸司法,引发的主要问题包括:

(1)纸质案卷的大量积累,极难管理。这一情况非常糟糕,首席大法官抱怨说,多年来堆积如山的纸质卷宗已经可以填满许多足球场,而且还在不断增长。

(2)从立案到庭审阶段,法院程序出现严重拖延,原因是:首先,诉讼参与人要花很长时间准备法院文件,并提交法院文件包、分页和证据编辑,以便

在法院外手工管理文件。其次,在法院内处理证据,即手工提交证据和共享纸质文件,这增加了为提交证据而搜索文件的时间。

(3)由于难以追踪所有的文件,导致了大量错误文件、法庭文件丢失或被盗,这往往导致定罪和判决被搁置。

(4)诉讼参与人排着长队,挤满了书记官长办公室,以便签发案件、提交法律程序、获取法院命令等。

(5)法院工作人员舞弊、渎职的趋势日益增加,包括虚假登记案件、伪造法庭命令,以及无法迅速发现在法庭出庭的假冒人员和被取消资格的诉讼代理人等。

(6)难以将工作分配给法官,无法跟踪法院的开庭时间、推迟时间和原因,案件定案、判决的周转时间等。

(7)法官必须逐字抄录证据和口头陈述,以防记录丢失或记录有误,如此占用了极大时间和精力。

(8)法院的内部网基础设施老化导致的不稳定状态,同时不能为在互联网上共享敏感文件提供一个安全的平台。

二、推进法院数字化的益处

首席大法官托马斯·里桑·莫高恩列举了他认为法院实施数字化改革的两大益处:

(1)改进了信息获取、报告、数据收集、记录保存和案件流程。这其中包括:

通过法院公共门户网站增强对案件相关信息的访问;通过视听设施、远距离取证,能够获得高质量的庭审服务;由于数据随时可用,有助于改进法庭报告工作,并使相关角色(包括司法部门)能够更好地优先对案件进行排期、监测案件进展和最终定案;便于更好地跟踪审判或听证会的进展情况、保留的判决和报告;促进法院、法官绩效报告的生成;为共同审理上诉案件和其他合议庭分配案件的法官提供在线讨论平台;通过自动时间表和通知,实现增强的案件管理流程。

(2)优化了法庭记录的录音和抄写,包括:

源于语音识别技术的进步,有助于法庭记录的即时电子转录;庭审记录存储备份,以在现场记录被销毁或丢失时保存法庭记录;基于以上原因,法官在诉讼中失去记录原稿的可能性微乎其微,因此,法官将有时间作分析性笔记,以协助作出判决。

三、新冠肺炎疫情加快南非法院数字化进程

在对中国、美国、俄罗斯、新加坡、马来西亚、卡塔尔等国家进行了广泛的考察之后,南非司法部门于 2018 年 11 月决定在法院推行数字化改革,以解决目前法院效率低下的问题,并提高向公众提供法院服务的质量。南非政府因为新冠肺炎疫情采取的隔离措施也加快了法院对于数字化的采用速度,主要包括以下 6 个措施。

1. 在线法院(COURT ONLINE)

在线法院是一个先进的基于云的协作解决方案,包括数字案件管理和证据管理系统(如图 4-3-1)。它为诉讼参与方提供了随时随地以电子方式在线提交文件的机会,而无须亲自出庭。这也让法官群体可以轻松地在网上即时管理出庭日志和法庭证据。其益处包括办案无纸化、缩短案件处理时间、提高便利性和效率、减少法庭内的排队。

图 4-3-1　南非在线法院

2. 案件线(CaseLines)

案件线是由首席大法官办公室(OCJ)提出而引入英国著名信息化厂商提供的法院在线证据管理应用程序。2020 年 1 月 10 日,豪登省高等法院院长姆兰博发布了一项全面实施该系统的实践指令,并于 2020 年 1 月 27 日在豪登省生效。该系统具有立案、当事人/诉讼代理人邀请、文件归档上传、案件展示等功能。它使诉讼当事人能够以电子方式提交和上传诉状以及其他文件,并在法庭诉讼过程中陈述自己的案情和论点。法官可以高效、安全地在线准备和审查证据,并跟踪庭审期间以数字方式提交的证据。现在由高等法院审理的案件必须通过案件线提出,否则,法官将拒绝审理没有在该系统上登记或上传文件的案件。案件线使法官和法律团队有机会在一个单一的

在线系统中高效、安全地准备、整理、编辑、共享和呈现证据/法律证据包、文件和视频证据。

3. 远程庭审和视频会议

南非法院还加快采用视频会议技术的速度,以确保其司法系统不会在新冠肺炎疫情导致的全国范围封锁期间完全停止。不过,虽然一些法院采用了技术来确保司法工作能够继续进行,但还有一些法院却采取了更为保守的做法,即完全停止法院服务。

4. 替代纠纷解决机制

在疫情封锁期间,南非的替代纠纷解决机制继续全面运作。随着南非仲裁基金会引入指导其行为的措施,仲裁现在正在顺利进行。通过在线调解解决的纠纷数量会明显增加。

5. 远程协商

虽然传统上的面对面磋商是最好的协商方式,但疫情已使以维护健康和安全以及保持社交距离的远程会议成为新常态。南非劳工法院最近裁定,《劳动关系法》没有限定协商过程的形式。因此,在新冠肺炎疫情期间和人们所处的新常态背景下,通过 Zoom 这样的在线会议系统召开的咨询会议是完全可取的。

6. Wi-Fi 项目

南非司法部于 2012 年批准创建,由美国计算机辅助法律研究公司 LexisNexis 提供的 Wi-Fi 项目。迄今为止,配备 Wi-Fi 基础设施和可移动访问法律内容的法院包括宪法法院、最高法院、9 个高等法院和 5 个地方法院。Wi-Fi 连接使这 16 家法院的法官和诉讼参与方能够方便地获取法律信息,从而节省时间并提高效率。

南非法院数字化的其他举措还包括基础设施升级,如安装 Mimecast 电子邮件系统、用光纤替换所有铜质网络数据线,并安装能提供更高网络速度的电缆,同时推进法庭卷宗的数字存储以方便有关各方查阅,从而逐步实现无纸化办公办案。

如上所述,南非法院在近两年,尤其是新冠肺炎疫情期间采取的积极措施极大地推进了其数字化进程。当然,在全面执行上述信息通信技术项目的过程中,南非法院也受到预算限制、诸如老一辈法官的抵制和其他配套设施的跟进不及时等困扰。因此,南非法院可能需要一段时间来构建更有效率的司法系统,实现数字化的最佳效益,从而提高所有公民诉诸司法的机会。

小　结

总体上看,国外对法律人工智能的发展充满热情,在研究和技术方面也有着深厚的积累。各国大多根据自己的需求,制定具体的国家战略和政策,支持包括法律人工智能在内的 AI 产业的发展。由于法律的地区性特征较强,每个国家几乎都发展出本土化的法律人工智能产品,在法律运行的各个环节发挥着辅助作用。但面对法律与人工智能的碰撞,各国也遭遇了不同的难题,这反映了新兴技术对传统价值的挑战。

在英美法系国家,美国、英国、加拿大和澳大利亚都积极推动法律人工智能的应用,各类本土化产品在法院和律师的工作中发挥着辅助性作用。

在欧盟地区,欧盟电子司法战略(2019—2023 年)展现出欧盟发展法律人工智能的雄心。德国、法国和芬兰都出现了各种类型的法律人工智能产品。但对于法律应当在何种程度上拥抱人工智能,各国存有争议。其中,法国态度较为谨慎,其《司法改革法》第 33 条禁止了出于预测等目的对法官身份数据的重复使用,由此引发了各界争议。

亚洲诸国的法律人工智能发展则处于不同阶段。日本对法律与人工智能的结合早有关注,在科学研究和技术应用等方面都取得了出色的成果。韩国的人工智能产业发展则处于发展中阶段,法律 AI 产品的进一步开发应用未来可期。新加坡法律人工智能的发展则呈现出螺旋式前进的特征,构成了其法律科技生态系统的基本图景。印度的电子法院项目则是法院信息化建设的重要成果。

在俄罗斯、巴西和南非等金砖国家,法律人工智能的发展各具特色。俄罗斯法院信息化在疫情期间取得了较大成效。巴西的法院信息化进程在国家司法委员会成立之后进一步得到推进,未来将从自动化走向智能化。南非近年来也看到了法院数字化的收益,正在积极推进法院数字化建设。

国外现有的法律人工智能技术主要依靠两种范式:一是法律专家系统范式;二是论证提取和认知计算技术范式。前者取得了一定的成功,但也遇到了若干困境;后者在近年来的运用较为广泛,但也存在一些问题,如 IBM 发布的 Watson 和 Debater 工具在本质上并不能提供法律论证。法律论证建构模型对法律人工智能的进一步发展至关重要。这项技术经历了从基于法条文本的模型、基于案例的法律论证模型到预测法律结果的模型的不断进步。法律信息采集系统是一项基础性的法律人工智能技术,现有技术可以运用机器学习从法条文本和案例文本中提取信息。认知计算结合了法律论证建构与信息采集两种技术,形成了 ROSS 等新的法律应用程序。尽管面临着种种挑战，但认知计算拥有广阔的前景，将使人类和计算机的合作更加富有成效。

面对法律人工智能这个新生事物，世界各国都给予了关注，在促进基础建设、促进数据公开共享、坚持法律 AI 的辅助性定位等方面达成共识。在司法应用方面，英美法系国家更为乐观，而欧洲普遍较为谨慎并制定了分级规范。学术界不仅发展出了计算机与法律相结合的新兴学科，也对算法引发的法律和社会问题进行讨论。但对普通民众来说，尽管他们对人工智能有所认知，但将人工智能与法律深度结合仍然是个遥远的话题。

（本章作者：陈志宏）

2 / 第二编 中国的法律人工智能

INTRODUCTION TO AI IN LAW

| 第五章 智慧立法　　第六章 智慧警务

| 第七章 智慧法院　　第八章 智慧检务

| 第九章 智慧律师　　第十章 法律科技

第五章 智慧立法

中国特色社会主义法治国家的建设中各项事业各个方面都需要法治的有力支撑和保障,推进全面依法治国,立法是基础。立法是推进国家治理体系和治理能力现代化的重要途径,担负重要使命。当前,"人工智能+法律"已经成为新一代人工智能产业的热点。建立在互联网、大数据、云计算基础上的新一代人工智能技术,正在与法律的各个环节进行不断地融合,将会对法律信息获取、生产、加工、供应和法律人才培养等方面带来巨大影响①,智慧立法也必然应运而生。

智慧立法,即用人工智能辅助立法工作,基于现有成熟专业的法律数据库,利用大数据分析工具和人工智能发展成,结合立法流程、立法技术和相关政策制度要求及立法工作者需求,建立完善、简明、智慧的立法全流程操作系统,使立法工作智能化,提高立法质量和效率,从而真正实现科学立法、民主立法、依法立法,更好地服务党的领导,服务依法治国,服务广大人民群众。

第一节 智慧立法的必要性

作为中国特色社会主义法治国家建设的重要一环,推进智慧立法符合时代发展的必然趋势,亦是我国推进全面依法治国的必然选择。下文将从必要性和可行性两个方面对智慧立法的现实意义和实现依据展开研究。

一、必要性

立法与人工智能的结合是现代信息化社会发展的必然趋势,二者结合将为传统的立法工作和立法研究带来深刻的变化。具体来说,智慧立法的必要性可概括为以下3个方面。

(一)科学立法的必然要求

走进新时代,法治中国建设要更加适应改革开放和经济社会发展需

---

① 高绍林、张宜云:《人工智能在立法领域的应用与展望》,载《地方立法研究》2019年第1期。

要,从"有法可依"走向"良法善治"。充分利用新一代信息技术手段全面提高科学立法水平成为必然选择。中共中央、国务院《法治政府建设实施纲要(2015-2020年)》明确提出,要利用信息化手段推进规范性文件合法性审核机制建设,建设规范性文件合法性审查平台。党的十九届四中全会提出:"完善立法体制机制。坚持科学立法、民主立法、依法立法,完善党委领导、人大主导、政府依托、各方参与的立法工作格局,立改废释并举,不断提高立法质量和效率。"这些高屋建瓴的指导方针都对智慧立法工作的未来发展提出了更高的要求。

(二)立法工作的现实需求

党的十八大以来,党中央强调发挥立法的引领和推进作用,要求立法与改革决策相衔接、相适应。任务重、难度大、要求高、节奏快已经成为立法工作的新常态。与此同时,在法律的新旧交替中,备案审查制度的重要性日益凸显。我国备案审查制度由开始的不统一、备案审查过程庞杂繁复,到"有件必备、有备必审、有错必纠"历经了一个逐步发展的过程。党的十八届四中全会要求将所有规范性文件纳入备案审查,实现对卷帙浩繁的法律文件的高效管理、审查,这就急需能够及时发现有违法治统一、不适当规范性文件的辅助工具。针对新时代立法工作存在的突出问题,唯有借助互联网、大数据技术和信息化手段才能达到提高立法质量和效率的要求,实现"良法善治"的目标。与人工智能在司法、执法领域的应用相比,人工智能在立法领域的应用步伐相对较慢。当前,迫切需要通过先进人工智能的研发和应用对立法活动予以支撑和辅助,构建起一套完善的民意采集和意见反馈响应体系、专业化智能化立法辅助工具和立法协同平台,全方位提高立法工作水平。

(三)人工智能技术发展的客观趋势

人工智能被视为第四次工业革命的重要组成部分,是推动数字经济产业转型升级的重要力量。近10年来人工智能在各个领域快速发展。面对日益增长的社会需求,一些具备长期研发经验的组织陆续推出人工智能开发平台或人工智能系统。通过与诸多垂直领域相结合,人工智能技术可以通过两方面进行产业赋能:一方面提高生产效率、降本增效,即"+人工智能",实现快速高效处理数据,同时兼顾普通和长尾用户,提高生产效率,实现降本增效;另一方面创造新的需求和增长点,即"人工智能+"。

具体到法律领域,法律与人工智能的结合是新时代我国法治建设的必然要求和必然选择。学术界对信息技术在法律领域的应用研究由来已久,早在1983年,龚祥瑞、李克强在《法律工作的计算机化》一文中,对当时世界上出现的法律工作计算机化趋势进行了深入分析,指出法律工作的计算机化将朝向民用化和世界化方向发展,将为法律工作带来根本性的变化,意义十分重大。① 作者对法律工作计算机化的发展趋势表示出了极大的乐观态度。进入 21 世纪第二个 10 年,人工智能在算法、算力(计算能力)和算料(数据)等方面取得重大突破,而法律语言本身的规范化、易于标准化等特点,是人工智能应用的理想场景。2017 年 7 月,国务院发布《新一代人工智能发展规划》描绘了至 2030 年的我国人工智能发展路线图,提出推进社会治理智能化,围绕社会治理的热点难点问题,促进人工智能技术应用,推动社会治理现代化。人工智能在司法、执法、法律服务等领域的应用,已经取得明显成效,实践中智慧立法、智慧司法、智慧执法、智慧法务、智慧法律服务等项目纷纷落地,并初见规模。

二、可行性

近年来随着科技进步,更多的法律数据得以被搜集和利用,而法律数据的结构化特征让人工智能在这一领域的应用有了更好的基础,法律服务本身的知识服务特征也为人工智能提供了更多可行的应用场景,法律人工智能的未来非常值得期待。

人工智能技术在法律方面的实践应用,首先起步于司法、法律服务等领域,在这些领域已经出现了许多针对专业问题的智能解决方案,为法律工作者节省了大量时间,大大提高了工作效率,有效降低了司法、执法和法律服务成本。浙江省高级人民法院庭审引入人工智能程序做笔录;在"智慧法院"建设中已经实现了纸质卷宗、语音等非电子化信息的电子化和数据化技术、裁判文书中关键信息自动提取和裁判结果的智能学习等技术成果;在法律服务领域开发出具有语音问答功能的法律服务机器人,如无讼创始人发布国内首款法律人工智能机器人"法小淘",可以根据语音为用户分析案情,回答法律问题并匹配律师,还可诊断和提示企业的法律风险并给出有针对性的建议;重庆研发的法律机器人"大牛"完胜 6 名资深律师等。②

与人工智能在司法、执法领域的应用相比,人工智能技术在立法领域的应用步伐相对较慢,但是在智慧司法、智慧执法方面取得的成果,这同样可以应用于智慧立法的相应环节中。例如,对法律、法规文本中行为主体、主管部门等内容的自动提取,可为建设法规合法性审查平台,实现智能化的审查预警提醒提供技术支持。通过人工智能与立法的深度"合作",如法律大数据

---

① 龚祥瑞、李克强:《法律工作的计算机化》,载《法学杂志》1983 年第 3 期。
② 高绍林、张宜云:《人工智能在立法领域的应用与展望》,载《地方立法研究》2019 年第 1 期。

的应用、法律知识图谱和优化算法的研发、大数据感知体系的形成、数字法治知识模型的构建、智慧立法平台的建设等辅助立法工作的开展、聚焦专业数据库的搭建、综合性立法智能系统建设、立法全流程管理等,全方位多层次满足立法工作实际需求,为科学立法提供有力的智能支撑,提升依法治理的智能化、现代化水平,为推进国家治理体系和治理能力现代化作出新的贡献。

第二节 智慧立法的发展历程与趋势

一、发展历程

站在历史的新起点回望过去,从时代进步和科技发展的角度大体可将我国智慧立法的发展历程分为以下四个阶段。

（一）文字处理系统+法律数据库阶段

作为社会科学的典型代表,法律科技化的实现是随着文字处理系统的诞生逐步展开的。

知识的传播离不开文字,文字是人类用表义符号以传之久远的方式和工具,文字的发明使人类进入有历史记录的文明社会。① 1980 年,我国颁布了汉字编码的国家标准 GB2312-80《信息交换用汉字编码字符集》基本集,这一编码标准为中文信息处理技术发展奠定了基础。1985 年年底,电子工业部深圳电子科技中心和香港金溢发展有限公司联合研制成功新中国第一台中英文电子打字机。1985 年,四通公司的汉字打印机面世,使汉字打印机快速进入办公室。1986 年,北京大学王选教授发明汉字激光照排系统,华光电子排版系统普遍应用于新闻出版行业。

正是借助文字处理系统的快速发展,法律数据库研究初露端倪。1985年,计算机辅助法律研究始于北京大学法律系,"计算机辅助法律研究课题组"在全国率先开展法律数据库的研究,致力于法律检索软件的研发,其成果获得北京大学首届科学研究成果奖。1989 年国家科委重点科技项目——"中国法律检索系统"在北京大学法学院研发成功,该系统成为北京大学法制信息中心与北京北大英华科技有限公司联合推出的智能型法律信息一站式检索平台"北大法宝"的前身。1992 年,微软在中国北京设立代表处,Windows、Office 办公软件成为文件处理主流。同期,立法机关开始办公自动化建设。WPS、Office 等办公软件推广应用,"Word+中国法律检索系统"成为法律

---

① 载百度百科网站(https://baike.baidu.com/item/%E6%96%87%E5%AD%97/612910?fr=aladdin),最后访问日期:2020 年 5 月 25 日。

工作者的方便工具。立法工作者开始利用法律检索数据库辅助查询并用办公软件起草、修改法律、法规草案。在此阶段,虽然各类法律、法规数据库的开发已经取得了一些成果,但因限于科技发展的水平,此时的专业法律数据库通常设计比较简单,功能不全,数据量有限。

(二)互联网时代+OA阶段

1994年4月20日,是中国互联网发展史上的大日子——中国全功能接入互联网(Internet),成为国际互联网大家庭中的第77个成员。在这一天,中国国家计算机与网络设施(NCFC)通过美国Sprint公司的64K专线,实现了与国际互联网的全功能连接。至1994年年底,中国国家计算机与网络设施共连接中科院中关村地区30个研究所和北大、清华两校的各类工作站及大中型计算机500台,PC机及终端2000台。网上每天的国际传输数据量达300兆字节,相当于1.5亿汉字。[①] 互联网拉开了海量信息的大幕,这一时代在我国的开启无疑对国家发展和改革开放都产生了深远影响,迈出了对于国家宏观发展极具战略意义的重大一步,并迅速在社会的各个层面引发巨大回响。与此同时,国内外针对办公系统自动化(Office Automation,OA)的研发逐渐深化。办公系统自动化是将计算机通信等现代化技术运用到传统办公方式,进而形成的一种新型办公方式。办公自动化利用现代化设备和信息化技术,代替办公人员传统的部分手动或重复性业务活动,优质而高效地处理办公事务和业务信息,实现对信息资源的高效利用,进而达到提高生产率、辅助决策的目的,最大限度地提高工作效率和质量、改善工作环境。[②] 从手动型办公到电脑化办公再到协同型办公自动化,这一阶段我国OA系统主要以工作流为中心,在文件型OA的基础上增加了公文流转、流程审批、文档管理、会议管理、资产管理等实用功能。

具体到立法层面,1995年,中国第一家综合性专业法律信息网站"北大法律信息网"(见图5-2-1)上线。该网站凭借北大法学院的学科优势,集学术、实务为一体并涵盖了社会法律信息的方方面面,且下设法学在线、法律网刊、法律新闻、法律专题等精品栏目,关注法律知识的专业性、系统性,关注技术革新和研发,提供中文法律法规、司法案例、法学期刊、律所实务、专题参考、英文译本、法宝视频七大数据库在线检索服务,提供法律咨询服务,并自主研发法宝联想以达到全方位、立体化展示法律信息。该网站清晰便捷,深

---

① 参见闵大洪:《一起走过,共同见证,纪念中国接入互联网20年 1994年中国互联网"开天辟地"》,载http://media.people.com.cn/n/2014/0415/c40606-24898154.html,最后访问日期:2014年4月15日。

② 载百度百科网站(https://baike.baidu.com/item/OA%E7%B3%BB%E7%BB%9F/10677850),最后访问日期:2020年5月25日。

受法律工作者好评。2002年,北京大学法制信息中心与北大英华科技有限公司联合推出的智能型法律信息一站式检索平台"北大法宝V3.0"版本,首创法条联想超文本链接技术,开创法律检索新时代。2007年,国家电子政务网络开通,电子政务网络框架基本形成,机关办公OA系统快速普及。随着互联网法律信息服务发展和办公系统自动化、办公软件等的普及,立法过程中各级人大和政府逐步应用新技术新方法辅助工作,提高了工作效率和水平。

图 5-2-1 北大法律信息网

(三)大数据时代+立法信息化的初步探索

大数据现象源于互联网及其延伸所带来的无处不在的信息技术应用以及信息技术的不断低成本化,其为人类提供了一种全新的思维方式和探知客观规律、改造自然和社会的新手段,这也是大数据引发经济社会变革最根本的原因。① 随着大数据技术开始适用于政务、法律及社会的各个领域,我国在立法领域也开始了新的探索。以浙江省为例,2009年浙江省人大法工委开发出一套专门的立法工作系统,该系统利用计算机技术和大数据,针对立法过程中比较繁杂的基础性工作,比如法条的检索、法律文本的规范、立法流

---

① 参见梅宏:《大数据发展现状与未来趋势》,载《交通运输研究》2019年第5期。

程的管理等问题提出解决方案。

在互联网通信逐渐便利高效的背景之下,立法工作信息化初期网上办公成为大势所趋,立法机关内部可以在互联网共享立法过程、资料与成果,并且在"大数据云端"完成各类立法资料的备份、分享和在线编辑修改等工作。但在这一时期,立法领域法律大数据平台建设刚刚起步,对智慧立法的探索尚未深入,加之技术水平有限,平台建设并不完善,实际可以视为对前一阶段即"互联网+OA"阶段的进一步发展,没有实现真正的立法流程数据全收集、强分析的大数据化。就其使用效果和深度而言,尚处于初级阶段,无法指导实践层面的深层次应用。

(四)人工智能辅助立法的实践探索与应用现状

人工智能是研究开发用于模拟、延伸和扩展人的智能的理论、方法、技术及应用系统的一门新的技术科学。① 人工智能是计算机科学的一个分支,是使计算机来模拟人的某些思维过程和智能行为(如学习、推理、思考、规划等)的学科,主要包括计算机实现智能的原理、制造类似于人脑智能的计算机,使计算机能实现更高层次的应用。② 它企图了解智能的实质,并生产出一种新的能以人类智能相似的方式做出反应的智能机器。该领域以知识本身为处理对象,研究如何运用人工智能和软件技术,设计、构造和维护知识系统,包括但不限于机器人、专家系统、智能搜索引擎、计算机视觉和图像处理、机器翻译和自然语言理解、数据挖掘和知识发现等。人工智能是一门极富挑战性的科学,从事这项工作的人必须懂得计算机知识、心理学和哲学。总的说来,人工智能研究的一个主要目标是使机器能够胜任一些通常需要人类智能才能完成的复杂工作。③ 人工智能已经走过数十年的风雨历程,相关理论和技术日益成熟,应用领域也不断扩大,但它的高速演进是随着最近十年深度学习的急剧发展开始的。

有学者用"忽如一夜春风来,千树万树梨花开"来形容法律大数据、法律人工智能等类似话题在中国法学界的涌现,④这种现象实则具有全球普遍性,呈现了大数据时代法学研究和法学实践的结构性转型特点。首先,在国家层面,大数据产业是当前政府的重点工作领域,国家和政府通过相关产业

---

① 载百度百科网站(https://baike.baidu.com/item/%E4%BA%BA%E5%B7%A5%E6%99%BA%E8%83%BD/9180),最后访问日期:2020年5月25日。
② 参见quarkqiao:《为什么人工智能如此难以预测?》,载腾讯科学(https://tech.qq.com/a/20141229/006887.htm),最后访问日期:2014年12月29日。
③ 参见chenjian:《人工智能,科大讯飞志在何方?》,载中文商业新闻网(http://www.ciotimes.com/IT/96306.html),最后访问日期:2014年10月30日。
④ 参见程金华:《未来还未来:反思中国法律大数据的基础建设》,载《中国法律评论》2018年第2期。

规划和政策来推动该领域产业发展。其次,相关机构与数据平台的建设也切实推动了法律大数据的采集和利用。最后,实践中也出现了对法律数据产品的实际应用来推动法律数据的产品研发的趋势。人工智能辅助立法的实践探索与应用亦基本符合这样的发展路径。近年来,我国对加强以数字化科技创新、人工智能发展等为代表的"新基建"建设格外重视,政策的引领和扶持加速了 AI 技术进步和相关人工智能产品的优化,政府部门陆续开始智慧政务建设,各地"智慧人大、智慧立法"的建设也如火如荼开展起来。

以国内智慧立法领域的先行者和典型代表"北大法宝"辅助地方立法智能化建设的实践历程为例,可以更好地了解当前人工智能辅助立法的应用现状。"北大法宝"积极响应国家战略要求,2014 年开始对人工智能辅助立法进行探索研究。经过六年多的发展,"北大法宝"智能立法支持平台现已形成"1+7+7+1"的产品框架体系(见图 5-2-2),从而满足人大、政府的立法工作需求。

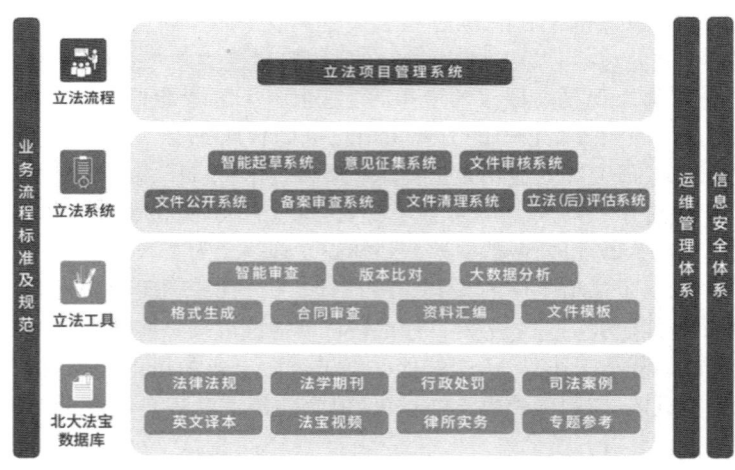

图 5-2-2 "北大法宝"智能立法支持平台

智能立法支持平台以"北大法宝"专业的法律资源库为支撑,以人大立法和行政立法流程为基础,把握立法过程各个业务需求,集智能起草、审查、清理于一体,内含 9 大子系统,包括提供立法项目管理系统、智能起草系统、草案意见征集系统、文件管理系统、备案审查系统、文件清理系统、立法后评估系统、大数据分析系统和立法决策支持系统,涵盖了立法工作的主要环节。[①]

---

① 参见曹琴、栾文静:《人工智能辅助立法的探索之路》,载微信公众号"北大法宝"2019 年 12 月 17 日。

"北大法宝"智能立法支持平台最早应用于天津市人大常委会。2014年天津市人大常委会"规范性文件审查系统"上线运行,天津市人大常委会法工委实现了对政府规章和规范性文件的主动审查,并对2014年之前报备的文件进行追溯性主动审查,对自身制定法规草案进行合法性预审查,立法工作的质量和效率明显提高。2016年完成了对天津市172部地方性法规的全面清理,对23件次地方性法规不符合法律、行政法规规定的条款,分3批进行了修改;对两部政府规章和4件区人大常委会的决议决定提出审查意见,让制定机关自行做出了纠正处理,有力维护了法制统一。2017年又分两批修改了相关的8部地方性法规。此后,根据全国人大常委会的要求,天津开展了对生态环境保护领域法规的全面清理,对《天津市大气污染防治条例》等7部生态环保领域的地方性法规进行了打包修改。该套"规范性文件审查系统"对天津的地方立法工作发挥了一定的辅助作用,得到了全国人大常委会法工委有关领导的肯定。[①] 目前,该平台已正式应用于北京、江苏、广西、西藏、甘肃、青海、哈尔滨、珠海、云浮、昌都等地方的人大常委会以及北京市、江苏省、秦皇岛市、潍坊市、北京市通州区等司法厅局等政府机关,中国法学会环境资源法学研究会、西北师范大学等学术研究机构也正借助这套系统开展相关的立法项目研究。

二、智慧立法的发展趋势

2016年5月习近平总书记在全国科技创新大会上发表了题为"为建设世界科技强国而奋斗"的讲话,明确指出:"科技是国之利器,国家赖之以强,企业赖之以赢,人民生活赖之以好。中国要强,中国人民生活要好,必须有强大科技。新时期、新形势、新任务,要求我们在科技创新方面有新理念、新设计、新战略。"[②]同年,中共中央、国务院颁布的《国家创新驱动发展战略纲要》明确,我国科技事业发展的目标是,到2020年时使我国进入创新型国家行列,到2030年时使我国进入创新型国家前列,到新中国成立100年时使我国成为世界科技强国。国家对科技创新事业的重要战略定位、全面依法治国的重大方略、进一步发展中国特色社会主义法治体系的宏伟目标以及提高社会治理"社会化、法治化、智能化、专业化水平"等一系列新思想新部署,为数字法治发展提供了方向指引和根本遵循。在数字法治建设过程中,智慧立

[①] 高绍林、张宜云:《人工智能在立法领域的应用与展望》,载《地方立法研究》2019年第1期。

[②] 《习近平:为建设世界科技强国而奋斗》,载共产党员网(https://news.12371.cn/2016/05/31/ARTI1464698194635743.shtml),最后访问时期:2022年11月5日。

法始终与社会科技进步和相关体制机制改革的前进道路由发展趋势保持了有机统一。具体来说,我国智慧立法的发展趋势总体上与国家科技建设趋势同步,大致可分为信息化、数字化、智能化3个阶段,3个阶段相辅相成且形成递进关系。

(一)信息化

信息化代表了一种信息技术被高度应用,信息资源被高度共享,从而使人的智能潜力以及社会物质资源潜力被充分发挥,个人行为、组织决策和社会运行趋于合理化的理想状态。同时,信息化是建立在IT产业发展、IT在社会经济各部门扩散的基础之上的,是不断运用IT改造传统的经济、社会结构,从而通往如前所述的理想状态的一段持续的过程。实现信息化就要构筑和完善6个要素(开发利用信息资源、建设国家信息网络、推进信息技术应用、发展信息技术和产业、培育信息化人才、制定和完善信息化政策)的国家信息化体系。

随着计算机技术的发展,立法信息化建设成为智慧立法的起点。从20世纪70年代开始,西方计算机专家已经开始研究通过计算机程序来解读和定义法律条文。法律信息化建设最开始主要为法律实践服务,通过部门性数据库建设为实务中司法、行政领域提供数据支持,如当时西德的司法部所建JURIS资料系统和警察信息系统等。法律工作计算机化出现后便向着深度和广度发展:首先,法律信息系统储存的数据量增加,准确度提高。其次,法律信息系统涉及的法律部门逐渐增加,使用者范围不断扩大,虽然相关理论和技术均未成熟,但意义重大、前景颇好。[①] 信息化技术在法律领域的运用及其自身的不断发展让相关法律工作开始发生根本性的变化。我国的立法工作在20世纪90年代左右捕捉到信息化建设契机,立法机关的自动化建设始于当时办公软件的推广和法律检索系统的出现,该建设主要通过IT技术对立法过程实现基础性管理,利用办公软件起草和修改法规草案,提升工作效率、保障工作质量。这种信息化程度属于传统的线下封闭型系统,通常采用CRM/ERP管理模块辅助开展工作,为紧耦合、封闭架构,数据不全且共享程度低,只能满足部分立法科技化需求。

(二)数字化

习近平总书记在十九届中共中央政治局第二次集体学习时的重要讲话中指出:"大数据是信息化发展的新阶段",并做出了"推动大数据技术产业创新发展、构建以数据为关键要素的数字经济、运用大数据提升国家治理现

[①] 参见龚祥瑞、李克强:《法律工作的计算机化》,载《法学杂志》1983年第3期。

代化水平、运用大数据促进保障和改善民生、切实保障国家数据安全"的战略部署,为我国构筑大数据时代国家综合竞争新优势指明了方向。① 如果说立法信息化建设初期是依靠传统 IT 技术对立法工作者的办公环境具体业务进行项目、流程、知识等方面的管理以及对信息化改造、"无纸化办公"的牛刀小试,那么,紧随其后在互联网科技蓬勃发展背景下在大数据时代呼啸而来的"数字法治"建设,则是信息化基础上对立法科技发展的全面变革。②

智慧立法的数字化过程着力重点在基础法律数据的获取和检索,建设权威、准确、及时、全面的法律数据库,并由此延伸发展出其他应用功能。需要指出的是,这里的"立法"是广义上的立法,不仅包括《立法法》中规定的立法活动,也包括大量规范性文件的制定活动。立法领域的数字化建设,最基础最根本的问题是基础数据的采集和利用。同时,在法律、法规的制定过程中出现的大量过程性信息也有被记录和保存利用的必要。唯有全面的掌握数据才能谈得上对数据的开发利用,进而用大数据分析预测未来,指导实践的深层次应用,这是未来智慧立法的发展趋势。

(三)智能化

智能化指事物在网络、大数据、物联网和人工智能等技术的支持下,所具有的能动地满足人的各种需求的属性。我国智慧立法的先行者"北大法宝"正不断推动立法智能化发展,一方面要深化系统运用;另一方面要加强互联互通。深化系统运用,即运用大数据思维,融入数字时代,充分发挥智慧立法系统对于立法工作的联动效应,推动立法主体工作方式方法的变革。要以智能立法支持平台、联网智能监督平台、代表履职智能服务平台、机关综合业务系统等为重点,积极推进人大信息数据中心建设,最大限度地实现信息资源共享。要通过立法支持平台,建立统一的立法协同工作系统和智能化立法辅助系统,提高立法量化决策效率,保障立法与改革决策相衔接,拓宽公众有序参与立法渠道,为科学立法、民主立法、依法立法提供辅助支持;要加强互联互通,加强上下级人大之间、人大与党政机关之间、人大与行政机关司法机关之间的互联互通,推进资源整合,统一技术标准,协同工作步调,形成整体合力;要打破"信息孤岛",加强人大与政府、监察、司法机关的互联互通、资源共享,使人大的立法、监督都能够"有数据可用""有数据能用"。在实现人大与各被监督机关、部门联网的基础上,充分运用区块链技术,开发适合于非个案监督的人大智能监督平台,以法律、法规规定的国家机关及其各部门法定

---

① 参见梅宏:《大数据发展现状与未来趋势》,载《交通运输研究》2019 年第 5 期。
② 参见《习近平:实施国家大数据战略 加快建设数字中国》,载共产党员网(https://news.12371.cn/2017/12/09/hRTI1512835870877.html),最后访问日期:2022 年 11 月 5 日。

权责清单为基础,构建相关国家机关履责监督指数体系,实现人大对各被监督机关、部门的有效总体监督。通过监督可以发现法律、法规的立、改、废、释需求,进一步启动新的立法程序。总之,智慧立法将伴随科学立法、民主立法、依法立法的进程不断发展和完善,这是不以人的意志为转移的客观发展趋势。

第三节　智慧立法发展应用的主要障碍

一、数据结构化不足

法律数据的"结构化",即法律数据结构的"知识图谱",是机器学习的前提。所谓知识图谱,是显示知识发展进程与结构关系的一系列各种不同的图形,用可视化技术描述知识资源及其载体,挖掘、分析、构建、绘制和显示知识以及它们之间的相互关系。具体来说,知识图谱是用可视化的图谱形象地把复杂的知识领域通过数据挖掘、信息处理、知识计量和图形绘制而显示出来。法律知识图谱的核心是机器能够模拟法律人的真实法律逻辑,即将法律人积累的经验、思维方式转化为算法(见图5-3-1)。

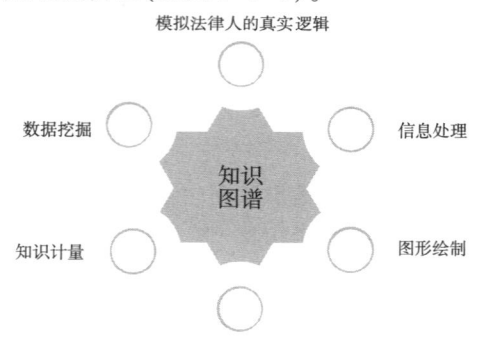

图 5-3-1　法律数据结构的"知识图谱"

基于知识图谱,探索解决现有深度学习技术缺乏法律推理能力和解释性的问题。

立法是一个从无到有、确立规则、分配利益的过程,包括对法律适用的理解,该过程更多则是创立合理规则,而不是对法律法规的重复适用。对于立法人工智能来说,真正的困难在于大量现实中的立法问题并不存在标准答案,立法工作需要进行各方面的权衡,需要具有真正理解现实社会的能力,具有处理复杂立法问题的智慧。当前,立法方面的知识图谱还处于萌芽状态,需要立法专家与计算机专家、逻辑专家展开深度合作,构建出立法领域的知识图谱,转化为计算机能够理解和深度学习的语言。[①]

此外,相较于裁判文书,法律、法规的文本整体数据结构化显得较为明显,但是具体到条文规定层面时,其结构化处理就显得困难。首先,上位法规定相对于下位法规定较为抽象。其次,位阶相同的法律之间由于立法主体的差异而对同一事项的具体规定在表述方式上千差万别。例如,对"限制人身自由"的表述,散见于各类法律、法规内的至少就有50余种不同的表述,如"拘留""强制关押""不得离开""协助执法""收容教育""强迫劳动""扣留审查""限制出境"等。诸如此类的非结构化数据,在无人工监督情况下用机器学习去识别,效果难以保障。因此,需要人工首先对数据进行筛选、归类、标签设置,其后再让机器去学习。然而,通过人工对种类繁多的法律数据进行筛选、归类和打标签本身也是一件艰巨浩繁的任务。

二、复合型人才缺乏

人工智能具有多学科综合、高度复杂的特征。立法领域人工智能发展缓慢的原因,除技术上的复杂性与特殊性之外,立法人工智能人才严重匮乏是一个重要原因。立法工作是政治性、政策性、实践性、专业性极强的工作,不仅需要对我国的立法体制、中央和地方立法权限、法律效力层级以及立法程序有着深刻理解和把握,而且需要有处理复杂社会矛盾、不同利益诉求关系的能力与智慧。这些知识、能力与智慧往往是在法学教育、司法实务中难以获得的。一方面,绝大多数立法工作者是法学专业人才,很少有熟知计算机科学技术的复合型人才;另一方面,在计算机科学技术领域了解立法规律的人才更是少之又少。[②] 国内研发法律智能产品的机构多采用的是"法律人才+计算机人才"的方式。这种简单相加方式在实践中并不能深度解决双方在沟通理解上的障碍,甚至由于法律人对技术的不理解、技术人员对法律业务的误解而致使项目进程偏离预定目标或者延期。因此,亟须培养和造就一批既精通立法工作又精通人工智能技术的复合型人才队伍。而从目前全国各高校的学科、专业、课程设置来看,还不能适应法律人工智能的发展需求。立法工作者应尽快转变观念,适应人工智能时代带来的深刻变革,积极学习和

---

① 高绍林、张宜云:《人工智能在立法领域的应用与展望》,载《地方立法研究》2019年第1期。

② 高绍林、张宜云:《人工智能在立法领域的应用与展望》,载《地方立法研究》2019年第1期。

了解人工智能技术,并且与计算机科学技术专家紧密合作,共同推动人工智能技术在立法领域中的应用。①

三、研发投入不足

根据《中国人工智能发展报告 2018》的统计,人工智能已经在医疗健康、金融、教育、安防等多个领域得到了应用。全球智能音箱市场增长迅速,其中谷歌和亚马逊的市场份额超过全球 60%,我国的阿里巴巴和小米分列第三和第四位。2017 年全球机器人市场达到 232 亿美元,中国市场占 27%。其他如无人机、智能家居、智能电网、智能安防、智能医疗和智能金融也发展较快。② 该报告还预测说"未来 5 年内人工智能技术将应用到多个行业并极大提高其行业运转效率,具体效率为教育行业 82%,零售业 71%,制造业 64%,金融业 58%"③。而与上述汽车、医疗、教育、金融等行业相比,法律市场的规模则相对较小,收益相对较少。因此,法律人工智能尚未引起投资者的足够关注,资本没有像投入金融科技、自动驾驶汽车、智慧医疗领域那样投入法律人工智能的研发。除此以外,法律人工智能企业属于高智力劳动密集型企业,由于缺乏资本的投入与支持,国内从事法律人工智能研发的企业多数都在百人以下,法律科技企业无论是从资本投入规模还是在人才招揽上,相较于大型互联网企业都处于明显的弱势与被动地位,这也直接阻碍了法律人工智能的迅速发展。

四、应用开放场景不够

发展人工智能,一方面要掌握核心技术,即算法、数据、算力;另一方面是开放和开发应用场景,使人工智能在不同领域有用武之地。

回首人工智能几十年的发展历程,其先后经历了技术驱动、数据驱动和情景驱动这样三个发展阶段。随着人工智能的技术发展和数据积累,数据分布的情境化特性使人工智能进入了"场景为王"的发展阶段。"场景为王"即需要从场景导入,来应用和发展人工智能。从互联网行业的发展来看,与人们日常生活息息相关的场景会使人工智能的应用与发展如虎添翼。例如,腾讯的微信红包、阿里的支付宝,都是因为融入人们的生活场景才受到大众的

---

① 高绍林、张宜云:《人工智能在立法领域的应用与展望》,载《地方立法研究》2019 年第 1 期。
② 参见《〈中国人工智能发展报告 2018〉英文版发布》,载《中国科技奖励》2018 年第 10 期。
③ 《〈中国人工智能发展报告 2018〉英文版发布》,载《中国科技奖励》2018 年第 10 期。

喜爱。而法律领域的应用场景却是十分特殊的,从立法、司法到执法的各个场景,似乎都是人们的日常生活以外的事情。因此,法律人工智能的应用场景目前仅仅局限于立法机关、司法机关和执法机关等单位的工作中。此外,法律的制定本身是一个社会实践问题,离不开人类的价值评判,①若想利用人工智能立法,就需要机器模拟法律人的"逻辑思维"。但人工智能的本质是一套程序,是由算法和数据结构组成的,算法作为人类物质条件的束集,无论在哲学层面还是在现实层面都缺乏实践的能力。② 面对这种潜在的"风险",严肃和谨慎的法律人必定会三思而后行,这也使法律人工智能的应用场景受到一定的限制和约束。

第四节 对智慧立法未来发展的展望

党的十九大进一步提出科学立法、民主立法、依法立法的总要求。习近平总书记在主持中共中央政治局就人工智能发展现状和趋势举行的第九次集体学习时强调,人工智能是引领新一轮科技革命和产业变革的重要驱动力量,加快发展新一代人工智能是事关我国能否抓住新一轮科技革命和产业变革机遇的战略问题。人工智能是引领这一轮科技革命和产业变革的战略性技术,具有溢出带动性很强的"头雁"效应。在移动互联网、大数据、超级计算、传感网、脑科学等新理论新技术的驱动下,人工智能加速发展,呈现出深度学习、跨界融合、人机协同、群智开放、自主操控等新特征,正在对经济发展、社会进步、国际政治经济格局等方面产生重大而深远的影响。加快发展新一代人工智能是我们赢得全球科技竞争主动权的重要战略抓手,是推动我国科技跨越发展、产业优化升级、生产力整体跃升的重要战略资源。要加强人工智能同保障和改善民生的结合,从保障和改善民生、为人民创造美好生活的需要出发,推动人工智能在人们日常工作、学习、生活中的深度运用,创造更加智能的工作方式和生活方式。③ 从法律数据库功能向立法人工智能技术转变,未来的立法人工智能应当达到如下目标:以科学立法、民主立法、依法立法为原则(见图5-4-1),以立法程序信息化管理为主线,以法律数据库为依托,综合运用人工智能最新成果,对立法工作全流程进行智能化再造,实现人工智能与立法工作全过程深度融合,全面提升各级立法机关的立法质量与立法效率,为全面推进依法治国、实现良法善治提供更好的立法支撑。

---

① 参见刘强:《人工智能与法治关系辨析》,载《重庆大学学报(社会科学版)》2021年第3期。
② 参见刘强:《人工智能与法治关系辨析》,载《重庆大学学报(社会科学版)》2021年第3期。
③ "习近平报道专集"栏目,载新华网(http://www.xinhuanet.com/politics/leaders/xijinoping/jhqw.htm),最后访问日期:2020年5月25日。

图 5-4-1 立法人工智能的目标

一、人工智能助力科学立法

人工智能助力科学立法,核心是助力立法工作尊重和体现客观规律。一是进行立法背景资料智能收集分析,利用人工智能立法平台自动抓取网上与立法相关的背景资料,并对与立法相关的社会情况进行大数据分析,辅助生成立法背景研究报告。二是将国内外立法经验比较借鉴,通过智能立法平台的搭建,自动检索和聚类相关领域立法成果,自动比较国内外相关立法的异同,自动推送与本立法草案精准配对的依据、参考资料。三是智能分析比较不同立法方案,依据不同立法草案的规范建立不同的行为模型,利用大数据对前述行为模型进行成本效益分析与预测、进行实施场景虚拟运行计算,预测不同实施效果,并对不同候选方案进行客观排序。四是优化专家参与立法活动,利用大数据分析形成相关专家库,提高邀请专家学者参与的精准度,并保证专家全程参与系统的使用,同时建立专家意见系统及采纳结果反馈系统,自动汇集整理专家意见,使其意见的提出不受时空限制。

二、人工智能助力民主立法

人工智能助力民主立法,核心是助力立法为了人民、立法依靠人民。民主立法、开门立法,立法公开征求意见已经成为各级立法机关立法工作的必经程序。通过人工智能技术的辅助,可以进一步拓宽人民群众参与立法的渠道,最大限度地降低社会公众参与立法的成本。一方面,通过人工智能技术的发展可以实现社会公众参与立法的智能性、便捷性和即时性;另一方面,可以实现社会公众意见的收集、整理、归纳的智能化。以编纂《民法典》为例,10次审议征求意见,先后有42.5万人次提出102万多条意见。面对数量庞大、内容多样的各类意见,若不借助人工智能单靠人力完成相应的整理审查,任务非常艰巨。借助人工智能可以利用其语义理解实体/关系识别技术,对数据进行清洗,从而梳理出对法律法规草案修改有益的意见信息。①

人工智能助力民主立法,可以对公众立法意见进行智能筛选。以立法草案的公众意见征集为例(见图5-4-2),智能立法平台可以自动公示立法草案,并对该立法草案的网上公众讨论通过计算机算法帮助智能收集、统计、分类、筛选,智能生成立法草案公众意见的大数据分析报告,以便立法人员参考。同时,通过智能立法平台,立法草案的网上听证程序将成为更加简便、更加常用的听取公众意见方式,其智能收集、统计、分类、整理听证陈述意见,智能生成听证意见大数据分析报告等功能,都将为民主立法增添动力。此外,智能回复公众意见,智能梳理、公示立法草案的公众意见,对照立法草案的修改结果,智能生成公众意见采纳报告等一系列创新举措,将使公众意见及吸收采纳情况的公示成为民主立法的一大特色。

图 5-4-2 人工智能民主立法

三、人工智能助力依法立法

人工智能助力依法立法,核心是助力立法工作严格遵守立法权限和立法程序,保证国家法制统一和尊严。借助智能立法平台,可以对立法主体、立法草案的立法权限进行智能地分析,及时发现、提示越权立法风险。利用人工智能进行上位法制定、修改、废止动态的自动跟踪,分析对比新制定、修改、废止的上位法,及时发现与上位法新规定不一致,并自动生成法规清理报告,提出法规需要修改的内容。对规范性文件进行智能备案审查,自动生成规范性

---

① 高绍林、张宜云:《人工智能在立法领域的应用与展望》,载《地方立法研究》2019年第1期。

文件备案文件并自动实现网上报备,对于报备的规范性文件与上级规范性文件不一致的,系统能够自动发现并进行提示,同时生成规范性文件审查报告。此外,还可以通过智能化立法平台跟踪上位法、上级规范性文件变动情况,自动进行规范性文件追溯审查,并发出审查提示。

四、人工智能助力完善立法流程管理

立法工作体系是以立法目标为核心,包括立法计划、法律法规起草、法律法规审议、法律法规实施、立法后评估等在内的一个循环往复的动态过程。立法人工智能技术的重点,是紧紧围绕立法工作体系,开发适用于立法工作的"智慧大脑知识体系"(如下图5-4-3所示)。

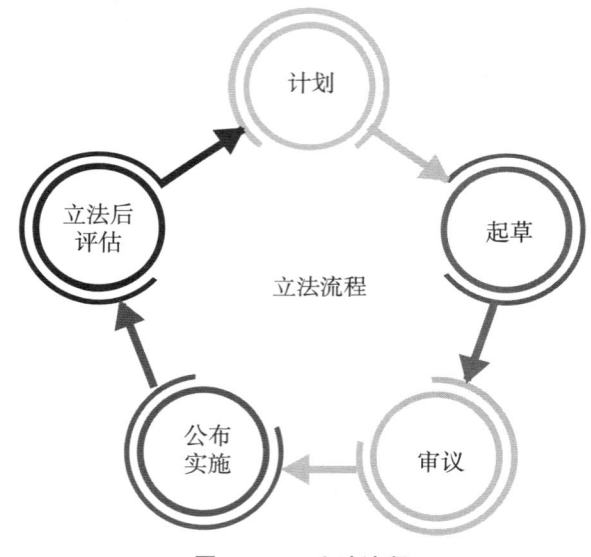

图5-4-3 立法流程

(一)立法计划管理

立法建议的筛选整理面临着数量大、意见质量参差不齐等问题。例如,2018年6月,《个人所得税法修正案(草案)》向社会公开征求意见,一个月内收到67291人提出的超过13万条的意见。面对如此海量的意见,要实现全面、快速、准确整理,单纯靠人工是难以很好地完成的。[①] 未来法规草案意见征集的整理工作,将会由人工智能来辅助高效完成。在数据化的基础

---

① 高绍林、张宜云:《人工智能在立法领域的应用与展望》,载《地方立法研究》2019年第1期。

上,利用文本自动分类、关系识别等技术将不同公众提出的相同或相似意见在累计数量的基础上去重,实现整体意见和逐条意见的自动分类以及不相关、无效意见的自动过滤,如智能汇集梳理立法项目建议,智能收集整理立法项目相关舆情,立法计划项目论证管理,自动汇集整理论证意见,自动生成立法计划草案、说明、请示等格式文件。

(二)草案起草管理

通过人工智能辅助法规草案起草可以有效解决地方普遍存在的立法力量不足的问题。起草法律、法规不仅需要法学专业知识,还需要法律以外的、与调整对象相关的专业知识,这通常又是立法工作者的"短板",但这却是人工智能的优势所在。人工智能运用机器深度学习技术,可以自主学习党和国家的政策文件,深度学习我国现有的所有法律、行政法规、地方性法规、司法解释、部门规章、地方政府规章,学习法学文献和域外法律法规文献,学习立法相关领域的专业知识,运用线索发现、法律推理、逻辑推理技术,为立法工作者提出可供进一步研究修改的法律法规草案初稿。人工智能还可以全面分类保存调研资料、参考资料,辅助生成立法草案,自动保存每一次修改稿,一键生成不同版本的对比稿以及自动生成起草阶段格式文件。通过人工智能的辅助,立法工作人员能够迅速掌握不同行业的知识、规则和规律,从而弥补立法工作者自身知识结构上的不足。这样,在提高立法质量的同时,也将大大地节省立法资源。[①]

利用人工智能技术已经能生成新闻稿,生成诗词和音乐,未来利用人工智能技术或许同样可以生成草案文本。利用大数据分析、人工智能等现代科学技术,或许计算机在全面搜集各渠道来源信息的基础上,不仅做到分析出社会中存在的主要问题,而且可以进一步分析出该类问题现有的解决方案有哪些,自动评估各类方案的优劣,从而推荐出最合适的方案。在基于全量数据分析和人工智能的辅助下,未来的立法草案或许每一条都会以可视化的数据来向代表、委员、公民证明立法的合法性、合理性。

(三)法规审议管理

人工智能技术可以运用多元数据融合与对比技术,对法律法规草案影响因子、依赖关系、权重、可信度进行科学对比,为立法工作者提供一个快速审查工具,辅助进行立法决策。[②] 为此,人工智能可以对接人大会议管理系

[①] 高绍林、张宜云:《人工智能在立法领域的应用与展望》,载《地方立法研究》2019年第1期。

[②] 高绍林、张宜云:《人工智能在立法领域的应用与展望》,载《地方立法研究》2019年第1期。

统,伴随会议进程全面汇集整理人大常委会、专门委员会的审议意见;对照法规草案修改稿,智能生成人大常委会组成人员、人大代表意见采纳反馈函,并自动生成法规审议阶段各种格式文件。

当前北大法宝研发的智能审查平台已经初步实现了法律文件上位法及同位法的智能匹配,该项功能极大地提高了法规草案文本审查的效率,审查流程如下图 5-4-4。伴随着国家权责清单制度的完善,以权责清单为基础运用人工智能技术实现法规、规章的智能审查已成为可能。未来当我们输入一篇法规到系统中时,系统将全面、快速、准确地生成一篇法律、法规审查报告,在这篇法律、法规审查报告中,系统不仅能够审查出每一条规定是否与上位法相抵触、与同位法相冲突的问题,并且能够从立法技术规范上给出审查意见。

图 5-4-4　法规、规章的智能审查流程

(四)法规表决报批管理

立法决策不能任性而为。立法过程是把党的主张、人民群众意愿紧密结合起来,通过立法程序实现科学决策的过程。这既是一个民主的过程,也是科学的过程。在这一过程中,经常会涉及多个方案如何优选。人工智能运用多元数据融合与对比技术,对法律、法规所可能产生的各种社会影响进行量化预评估,从中提出优选方案顺序,供立法工作者在多方案中优选立法成本最小,社会效益最高,最符合党、政府和人民群众意愿的法律、法规草案。将立法工作者的经验与人工智能有机结合,在人工智能的辅助下,为中国特色社会主义法治体系提供高效、精准、科学的建设方案,使立法精确对接发展所需、民心所向、基层所盼,切实提高立法的科学化、精细化水平,提高法律的可执行性和可操作性。①

因此,需要运用人工智能对接人大会议管理系统。智能立法平台通过记录人大及其常委会会议表决法规草案结果,自动生成公布法规的人大常委会公告稿、法规通过文本与法规备案格式文件(见图 5-4-5);并通过对接的备案审查系统,上报全国人大常委会办公厅、国务院办公厅备案;通过对接的人大会议管理系统,记录省、自治区人大常委会审查批准设区的市地方性法规情况及批准表决结果,自动反馈设区的市人大常委会。

---

① 高绍林、张宜云:《人工智能在立法领域的应用与展望》,载《地方立法研究》2019 年第 1 期。

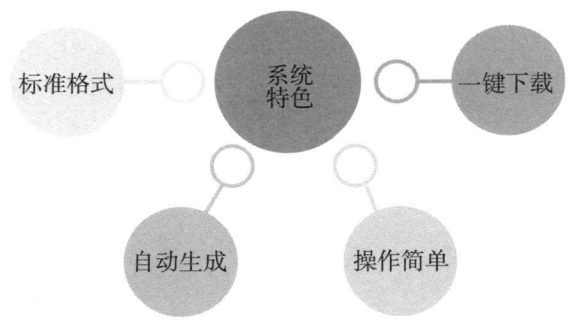

图 5-4-5　人工智能应用法规表决报批

(五)法规实施和立法后评估管理

这是法律人工智能已经运用并且取得一定实效的领域,未来人工智能在这一领域内还将进一步发展和完善。各级党政机关每年要发布数万件的规范性文件,如何落实"有件必备,有备必审,有错必纠",对备案审查工作来说是很大的难题。人工智能可以深度运用语义理解、实体/关系识别技术、动态增量更新技术,准确识别不同表述方法的法律实质意义,对所有的规范性文件进行实时审查、动态审查、追溯审查,使备案审查工作在动态过程中不断更新,以确保国家法制统一和尊严。①

立法社会风险评估是科学立法的重要方法。修改后的《立法法》对立法中评估、立法后评估都做出了新的规范。然而,立法中评估、立法后评估基本上延续的还是典型调查、抽样调查、群众座谈、专家评议的传统方式。人工智能可以充分运用大数据技术,根据各种评估要素开发智能算法,快速、全面、精准地分析法律、法规各种规范要素在实践中的实现程度,从而得出有具体数据、有典型事例、有逻辑分析的初步评估意见,供立法工作者进一步深入细化研究。例如,利用智能立法平台对接智慧执法、智慧审判、智慧检察等系统,自动汇集整理各部门执行法律、法规情况,对接人大执法检查监督系统,汇集整理人大执法检查情况;根据执法检查报告、立法后评估报告,辅助生成法规草案修改建议。

立法后评估工作是贯彻落实科学立法、提高立法质量的重要举措。从目前已经开展的立法后评估来看,多数还是通过查阅相关文献,听取工作汇报、开展问卷调查、整理社会公众反馈的信息等方式进行,对立法主要制度、实施效果、经济效益等进行评估,主要是定性分析,定量分析研究不够。立法人工

---

① 高绍林、张宜云:《人工智能在立法领域的应用与展望》,载《地方立法研究》2019 年第 1 期。

智能的特色之一在于辅助立法后的评估。例如,"北大法宝"智能立法支持平台的立法后评估系统(见图5-4-6),可以实现自动比对,使新起草的法律与其上位法保持一致。该"智能立法平台"还可以利用大数据技术,分析法律法规在行政执法、司法活动中的应用情况,根据评估指标体系,自动收集与各项指标相关的执法与司法数据,进行定量分析,最终辅助生成立法后评估报告稿。人工智能还可以应用大数据分析技术,为立法评估工作提供相关资料文献的收集,法律法规的比对分析,法规在司法案例、法学期刊、网络新闻等引用情况的统计分析,对法规实施效果社会反馈的舆情统计分析,从而为立法后评估的定性分析提供可信的数据基础。

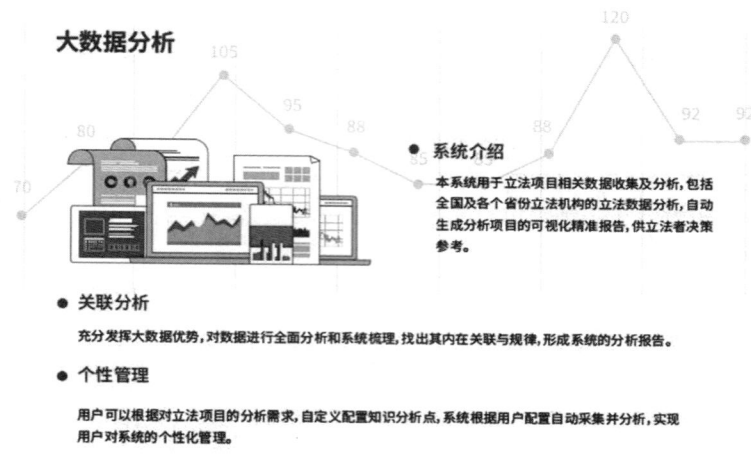

图 5-4-6　大数据分析

第五节　智慧立法典型案例

近年来,不少立法机构积极尝试引进智能立法技术,发挥人工智能技术在立法工作中的作用。其中,江苏省司法厅的智能立法平台是比较典型的案例。

为了贯彻落实"数字法治,智慧司法"的信息化体系建设要求,江苏省司法厅引进了立法智能化信息平台,充分应用大数据、人工智能等技术,围绕司法行政立法的立项、审查、公布、清理、评估等业务环节,建设立法智能化信息平台,提升了立法质量。

江苏省司法厅的立法智能化信息平台有两大模块,分别为立法智能化信息平台和备案审查信息平台。

一、立法智能化信息平台

(一)立法计划管理系统

该系统可以支持江苏省政府立法计划相关工作的开展,实现立法项目的在线征集、汇总及立法计划相关会议管理、归档、公布等全流程管理。

(二)立法审查系统

该系统辅助立法工作人员对审查过程中各节点状态进行跟踪,并及时提醒承办人,对立法过程痕迹进行保留,并最终完成文件的审查与归档。此外,该系统嵌入了智能起草、智能审查、版本比对等立法智能应用工具。

(三)法规规章清理系统

该系统针对发生变化的上位法、到达清理年限的法规规章,自动给予清理提醒,并实现了智能形成清理目录、智能审查清理结果、智能汇总统计清理结果和智能生成文本的重大创新。清理系统主要分为常态化清理和专项清理两大部分,结合清理任务情况汇总及清理结果审查,为法规、规章的清理工作提供了极大的便利性。该系统页面见图5-5-1。

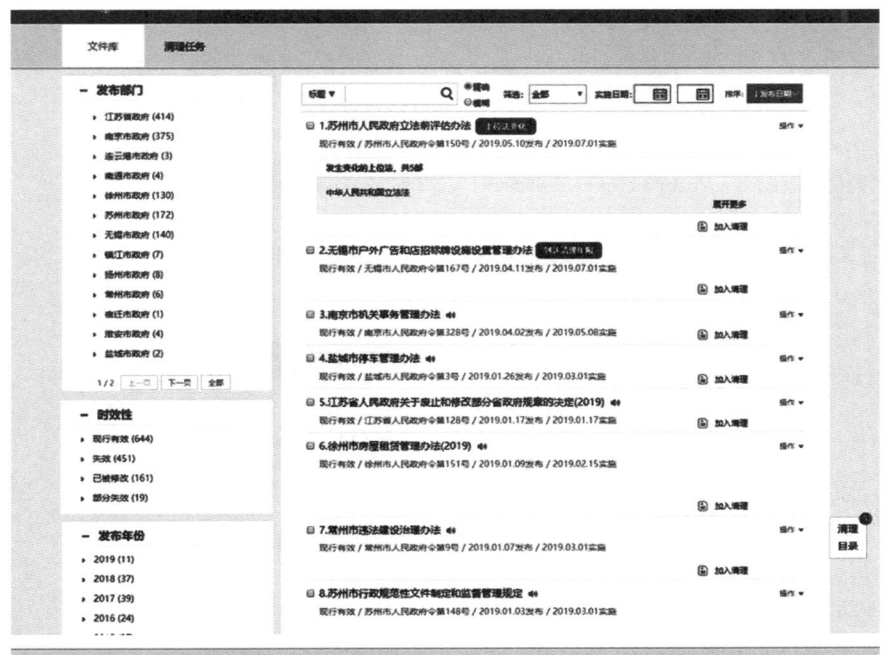

图 5-5-1　江苏省司法厅法规规章清理系统

(四)立法评估管理系统

该系统的主要功能有评估任务传达、评估资料共享、评估任务在线报送与评估档案资料管理等。

(五)意见征集管理系统

该系统可以在线发布草案征求意见公告,并选择内部机构或社会公众作为征集对象,针对条款或全文提出意见。司法厅可以收到来自不同渠道的、经系统平台汇总完成的意见建议,备案机关及备案监督机关可以依此对社会公众的评价意见进行及时的接收、确认和回应。该系统功能见图5-5-2。

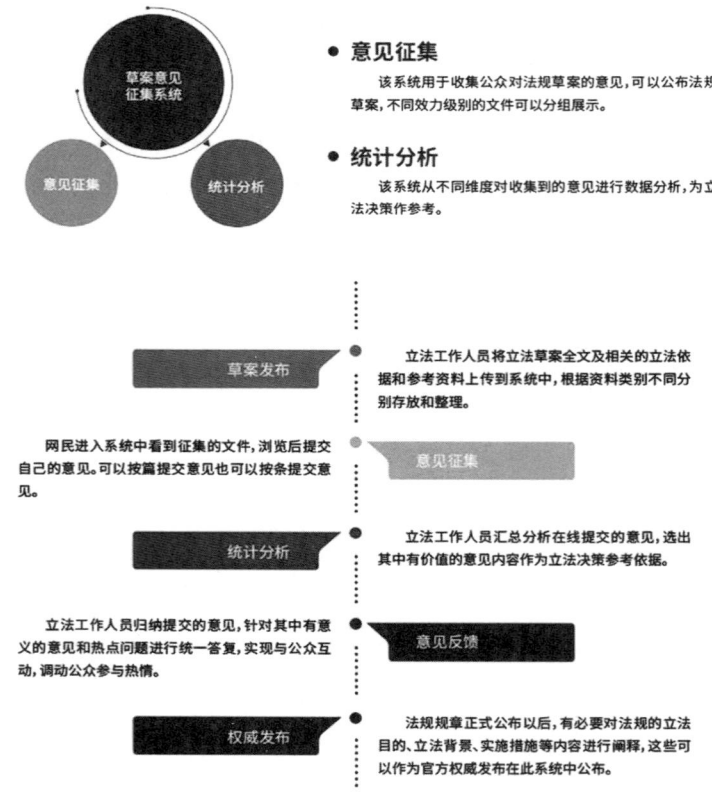

图5-5-2 江苏省司法厅意见征集管理系统的功能

(六)立法资料管理系统

该系统能够对立法过程中产生的资料进行集中规范管理、科学分类保存和资料共享。立法资料全程留痕、立法资料多维度统计分类、个人资料管理辅助是立法资料管理系统的三大功能(见图5-5-3)。

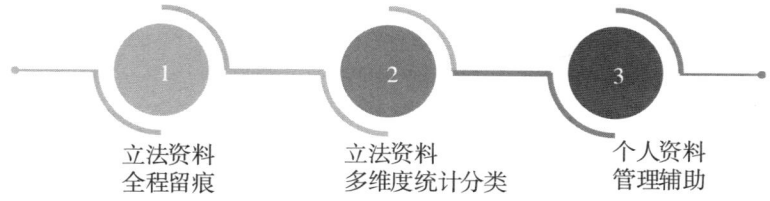

图 5-5-3　江苏省司法厅立法资料管理系统的三大功能

二、备案审查信息平台

(一)备案审查系统

该系统能够实现地方性法规、规章的报送、备案和实质审查,对动态管理整个备案审查过程,并实现对各个用户进行的全过程跟踪和反馈(见图5-5-4)。系统内包含报备系统、备案系统、审查系统3个子系统,具有审查时间预警提示、超期禁止审查、自动匹配上位法、敏感词标红、同义词推荐、归档资料储存等功能。

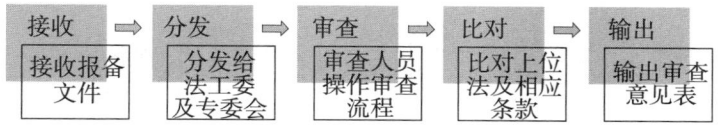

图 5-5-4　江苏省司法厅备案审查系统的工作流程

(二)合法性审核系统

该系统根据全面深化改革、全面依法治国要求和经济社会发展的需要,以及上位法和上级文件制定、修改、废止的情况及时对本地区、本部门行政规范性文件进行清理。

(本章作者:高绍林、曹琴、王一涵)

第六章 智慧警务

第一节 智慧警务概述

当前"智慧警务"已逐渐成为新一轮警务改革与发展的潮流。纵观警务信息发展,自 20 世纪 90 年代以来,信息化成为全球经济社会发展的显著特征。近年随着物联网、云计算、移动互联网的出现,一个以海量信息和数据挖掘为特征的大数据时代正在到来。在新一轮信息技术快速发展及广泛应用的背景下,人类的生产生活方式及社会管理方式正在向着"智慧"的方向转变。在此背景下,城市管理及公安机关的警务管理也正朝着"智慧城市、智慧警务"这一新的理念及形态进步。

一、智慧警务的概念

"智慧警务"是一种警务发展的新理念、新模式,其核心是公安信息化,以 5G、互联网、物联网、云计算、智能引擎、视频技术、数据挖掘、知识管理等技术为支撑,通过互联化、物联化、智能化的方式,促进公安系统各个功能模块高度集成、协调运作,实现警务信息"强度整合、高度共享、深度应用"的目标。它标志着公安信息化正在走向数字化、网络化、智能化的高度融合——智慧化。

"智慧警务"运用先进信息技术手段,全面感测、分析、整合警务运行中的各项关键信息,并能对社会各个方面、各个层次的公安需求做出明确、快速、高效、灵活的智能响应,为公安工作提供高效的警务管理手段和拓展便民服务的新空间。

对于"智慧警务"的认识和理解,要把握以下几层含义:一是"智慧警务"是以互联网、物联网、公安信息网、云计算等信息技术为支撑的,尤其是物联网、云计算等将成为植入"智慧警务"机体的智慧基因,为构建"智慧警务"打下坚实基础。二是在"智慧警务"中,借助新一代信息技术,人与物、物与物、人与人之间互联互通、相互感知、相互交流,有更强的信息共享能力。三是"智慧警务"的核心特征是基于警务数字化、感知化、互联化、智能化,实现警务运作一体化、协同化、互动化、最优化,使得警务资源高度融合、治安管控高效有力、公安服务更加便捷。四是"智慧警务"是不断创新发展的,具有更强的集中智慧发现问题、解决问题的能力。

二、智慧警务的建设背景

(一)智慧城市建设推动公安智慧警务发展

近年来,随着城市的快速扩张,出现了交通拥堵、能耗增加、环境污染、治安混乱等一系列城市问题。这不仅降低了城市居民的生活质量,也让城市公共安全面临更为严峻的挑战。2008年11月,IBM首次提出了"智慧地球"的概念,随之又提出了智慧城市的建设理念,该理念通过传感器等感知技术的深度应用,构建智慧型基础设施,使万物都充满"智慧"。IBM认为,通过"全面感知、充分整合、激励创新、协同运作",城市管理可以迈向智慧的新时代,实现高效、智能发展。随后,美国、欧盟、日本、韩国等许多发达国家和地区积极开展智慧城市建设,以"便民、惠民、利民"为出发点,将城市中的水、电、油、气、交通等公共服务资源信息通过互联网有机连接起来,实施智能化响应,为市民学习、生活、工作、医疗、公共安全等提供更便利的服务,从而提高政府城市管理效能。

受此影响,中国一些发达省、市于2010起开始在数字城市建设的基础上探索构建智慧城市,宁波、深圳、南京、上海、北京、广州等城市陆续提出智慧城市建设目标和行动方案。2012年国家发改委正式提出智慧城市的建设理念,并陆续出台了关于智慧产业、智慧城市建设等方面的政策和规划,其内容包括智慧教育、智慧交通、智慧公安、智慧旅游、智慧医疗、平安城市等。自此,智慧公安警务被列为智慧城市建设的重要内容,一些发达省、市公安机关也开始提出构建"智慧警务"的理念,探索将"社会面"管控与"社会流"管控有机结合起来,这也意味着公安警务管理正朝着新的发展理念和形态发展。

(二)公安信息化建设为智慧警务奠定基础

"智慧警务"具有透彻感知、泛在互联、高效协同、精准管控、创新应用等特征,因此,这种智慧化的警务形态需要新一代信息技术作支撑。

根据公安部的统筹安排与部署,经历了近30年的发展和积累,特别是金盾工程一期、二期的建设,公安科技信息化已经覆盖了主要警务工作领域,基本建成了横向到边、纵向到底的信息化工作体系,形成了"纵向贯通,横向集成,互联互通"的整体公安科技信息化应用格局。与此同时,公安系统还总结归纳了一系列信息化工作技战法和工作方法,建立了一整套工程管理制度,取得了科技信息化建设、应用、管理等多方面的成果,并在公安工作中发挥重大作用。这为新时期的现代智慧警务建设奠定了坚实的基础。

公安科技信息化的迅速发展为智慧警务的构建提供了技术支撑。一是感知技术的快速发展为"智慧警务"的构建奠定了坚实基础。同时,等感知技术的快速发展及广泛应用完全改变了人们常规的生产生活方式,也直接推动了智慧城市、"智慧警务"中人与人、人与物、物与物的全面感知、互联互通等核心理念的提出。二是网络技术的快速发展为"智慧警务"的诞生提供了良好载体。移动通信与互联网技术的快速发展和高度融合,为智慧城市、"智慧警务"实现互联互通、信息传输与资源共享等提供了便捷快道。三是信息应用技术的快速发展为"智慧警务"建设提供了重要支撑。云计算、分布数据处理、微电子技术、智能技术以及信息共享交互与应用平台开发技术等的快速发展与应用,为智慧城市、"智慧警务"建设所需要的信息深度计算、加工处理及应用,以及最终实现智慧城市、"智慧警务"的各项功能奠定了坚实基础。

(三)现行警务体制的"瓶颈"倒逼公安警务模式创新

我国警务体制存在一些待解决的问题,面临许多新挑战。一方面,随着我国经济的快速发展,当前社会正处于急剧转型时期,各种新旧矛盾交织,群体性事件多发,刑事案件数量也居高不下,但是基层警力长期超负荷运转与警力严重不足的矛盾十分突出;另一方面,在公安机关金盾工程的建设中,各业务警种建设了纷繁复杂的业务系统,由于过度依赖技术且受制于系统研发公司,形成了越来越多的公安信息资源孤岛,导致各警种业务系统数据不能很好地共享,不能让大数据服务于公安警务工作。公安机关的这种"信息爆炸而又情报缺乏"的局面对新时期的公安工作提出了新的挑战。为解决全国公安机关面临的警力不足、打击效能低下、公安服务不精准等方面的问题,推动公安机关进行机制体制改革,迫切需要构建现代公安警务模式。

构建现代公安警务模式离不开核心技术发展、产业体系优化升级以及人才体系建设等诸多方面。国际方面,近年来很多国家和地区陆续出台了一些关于智慧产业、智慧城市建设等方面的政策和规划,力争在新一轮发展竞争中占据制高点。国内方面,在国家政策的大力扶持下,自2010年以来,宁波、深圳、南京、上海、北京、广州等城市也陆续提出具体的智慧城市建设目标和行动方案,把智慧城市建设列入了"十二五"规划,这些政策的出台全面推动了智慧城市、"智慧警务"在中国的建设发展。特别是公安部出台相关政策和规划,大力支持"金盾工程",持续推进公安信息化进程,为构建"智慧警务"提供政策支持和经费保障。

三、智慧警务的发展历程

(一)基础信息平台建设阶段

在党的十一届三中全会精神和邓小平"科学技术是第一生产力"思想的

指导下,公安警务工作全面恢复建设,公安科技发展步入正规化轨道。1989年,公安科技第一次正式列入《国家科技中长期发展纲要》和《国家科技发展十年规划和"八五"计划纲要》。各项公安业务技术建设得到较大发展,使公安警务工作在现代化道路上前进了一大步。1991年,公安部召开全国公安科技工作会议。该次会议提出了实现公安科技现代化的战略目标。1996年,第一次全国公安科技大会在北京召开,会上提出了全面实施"科技强警"战略。公安科技队伍初具规模,部属科研单位在运行机制、组织结构、人事制度等方面进行了大胆改革,公安技术成果应用得到各级公安机关的高度重视。此外,通过寻找技贸合作、引进技术和资金、兴办合资企业等各种形式的合作与交流,我国公安技术发展的速度不断加快,同世界先进警用技术的差距逐步缩小。

在这期间,公安部门完成了公安通信、专用计算机网络、犯罪信息数据库、公安指挥信息系统等基础信息平台建设,为智慧警务发展提供了前提与基础。从20世纪80年代开始,组建形成了部、省、市,甚至县专业的通信部门,并组建了全国公安专用有线电话通信网、公安专用无线通信网和公安专用卫星通信网。到1990年,全国警用通信指挥技术系统基本形成网络,公安专用干线通信网可通达全国97%的地市和94%的县公安机关。1984年开始组建公安专用计算机网络,完成了涉外信息管理系统、人口基本信息管理系统、违法犯罪信息管理系统、公安统计信息系统以及火灾统计信息系统等的开发应用。在网上追逃、打击流窜犯罪、人口联网查询、机动车辆联网查询等公安工作中取得了显著效果。1986年全国各地公安机关陆续开展城市110报警系统的建台,安全防范技术开始面向社会、服务于公众,并于90年代得到大力推广。1994年,我国建立了全国犯罪信息中心(CCIC),并在省、直辖市建立相应的分中心,中央数据库建在公安部,省公安厅和市公安局分别建立相应的数据库,大大提高了公安机关侦破案件的能力。

(二)警务信息综合应用平台建设

从国家"九五"计划开始,公安技术进入迅速发展的新时期。2003年,中共中央《关于进一步加强和改进公安工作的决定》中作出了全面实施科技强警战略的重大决策。同年11月,第二十次全国公安会议在北京召开,全国各级公安机关全身心地投入科技强警建设中,在信息化方面实现了跨越式发展,初步实现了我国警务工作的信息化。

警务信息化对构建智慧警务机制具有积极而深远的影响,是我国智慧警务的前身与起源。1998年开始,国家正式批准公安工作信息化工程"金盾工程",建成了全国性的八大基础数据资源库,建成覆盖主要公安业务领域的60个应用系统,开发出综合查询、搜索引擎、请求服务等重要应用手段,是警务信息化的重要工程项目之一。同时,各地普遍建立了现代化的指挥中心、信息中心,110接处警、出入境管理、交通管理、刑事犯罪侦查、治安管理系统以及城市综合信息系统等业务系统,涵盖了指挥调度、刑事案件、治安防控、人口信息、车辆、驾驶员等公安主要业务领域。在此期间,各级公安机关全面实施情报信息主导警务战略,不断强化全警采集、全警录入、全警共享和全警应用,推进信息资源整合共享,有力地推动了智慧警务工作的开展。

在维护稳定、打击犯罪、行政管理、服务群众、队伍建设等各项工作中,我国完成了主要业务信息系统建设,建立了国保、刑侦综合、在逃人员、现场指纹、被盗抢汽车、禁毒、反恐、人事管理等各类信息系统。全国共有4万多个户籍派出所实现了人口管理前台办公;全国共有400多个车管所都已实现计算机流程化业务管理和全国联网应用;国内各地出入境证件办理全部实现计算机管理和按需申领护照;260多个边防口岸也全部实现计算机查验并联网运行。目前,公安网上运行的各类信息系统已达100多种、700多个,存储的各类基础数据总量数百亿条。各地区、各部门建立的信息网站总数1.6万个、网页总数3400万个。以警务信息综合应用平台为代表的全警协同的警务信息化蓬勃兴起。

公安机关与其他部门之间的信息共享工作稳步推进,进一步提高了政府部门的社会治理能力。通过"金盾工程"建设,全国公安机关基本实现了"信息化基础设施比较完备,信息应用种类比较齐全,部分公安业务工作在全国范围内实现信息化工作流程"的预期目标,建成了"基本满足当前急需的科学、规范、实用"的框架体系,公安信息化初步呈现出"纵向贯通、横向集成、互联互通"的整体应用格局。在维护稳定、打击犯罪、服务社会、队伍建设等方面发挥了积极作用,同时也为情报信息研判技术研究提供了技术支持。

(三) 智慧警务的初步探索

2010年,沿海发达省市开始进行智慧城市建设,率先提出将"智慧公安"或"智慧警务"纳入智慧城市建设,大数据、警务云、物联网等先进的信息技术逐步应用到公安实战中,提出"向科技要警力"的先进理念。浙江省公安机关开启了"智慧浙江公安"的建设,"数据大整合、大融合、大应用"。

2012年,山东省公安厅启动建设山东警务云计算中心,利用分布式计算、分布式存储、资源虚拟化等云计算技术,形成大数据、大共享格局,最大限度提升部、省、市、县(区)、派出所五级数据共享和信息联动的运转效率,实现全省17个地市、160多个县(分)局、3000多个派出所跨区域、跨部门、全警种联动协作,多信息轨迹即时联动和信息共享。这为视频监控、智能交通、情报分析、警务指挥、打防管控等提供强有力的信息化基础平台,实现全省指挥调度扁平化、信息多元化、管理动态化、协同合成化。

2013年,广东省在公安大数据战略框架下,从社会治安实际出发,从公安业务入手,找准公安业务痛点问题,具体提出八大创新警务应用和四大智慧赋能工程,促进新技术与警务机制深度融合,推动各警种、各地市公安机关进行专项规划或者制定项目实施计划。

2016年,湖南省公安厅在长沙召开的湖南公安深化警务机制改革会议上指出"要推进4+X中心"建设尽快进入实体化运作,坚持数据思维和信息共享,实现数据资源的整合、业务功能共建共享、警务流程再造,要实现"大数据+精准指挥、大数据+精准打击、大数据+精准防控、大数据+精准服务",构建智慧警务的雏形。

第二节 智慧警务的应用场景

智慧警务应用是基于社会面智能安防系统的基础数据,充分利用大数据分析、诊断与预测分析、云计算、物联网、人工智能、决策支持系统等核心技术,实现公安大数据在交通、情报、指挥、视频和部分网侦、技侦等实战中的运用。

按照业务职责,以下从智慧指挥、智慧治安、智慧侦查、智慧交管、智慧监管、智慧服务、智慧执法监督等方面介绍智慧警务的具体应用。

一、智慧指挥

智慧指挥的建设目标是构建完善的现代化公安指挥中心体系,实现智能支撑、快速反应、高效协同的应急处突指挥机制。其主要建设内容包括:一方面,充分运用互联网资源和现代移动通信技术,不断提升公安机关响应群众报警求助的水平;另一方面,适应当前形势发展需要,建设具有实战指挥能力的指挥调度平台和一体化实战平台,加强指挥中心与相关业务警种、部门的协同作战,强化各类情报线索、情况信息等资讯的高效流转和实时共享。

(一)指挥中心机构设置与职能分配

指挥中心是由原来的110接警中心转变而成的综合指挥部门,除继续承担110接处警工作外,也是公安机关的社会治安和应急处突的龙头和中枢,对外扮演与群众直接密切接触的公安窗口角色,对内承担唯一协同其他警种、下达部署指令的权威责任,是构建和谐警民关系的中心枢纽和重要纽带。

按工作性质的不同,公安指挥中心分为决策型和执行型。公安部和省公安厅根据工作性质为决策型指挥中心,主要负责情报信息汇总、重大事件处理等一般不具有接处警功能。地、市、区及县指挥中心为执行型指挥中心。

市指挥中心、区县指挥中心(合成作战平台)、派出所指挥室在接处警及重大事件处理的过程中分工明确,职责清楚,统一指挥调度。

指挥中心承担着应急指挥等工作。在突发事件处理过程中应按照国家规定进行分类和定级,根据事件类型的不同分别进行转交或处理。各类突发事件按照其性质、严重程度、可控性和影响范围等因素,从高到低划分为Ⅰ级(特别重大)、Ⅱ级(重大)、Ⅲ级(较大)、Ⅳ级(一般)4个级别。突发事件的发生随着事态演变,很可能从一个级别发展到其他级别,因此,根据事态变化要对突发事件的发展趋势提前进行评估预警,预警级别依据突发事件即将造成的危害程度、发展情况、可控性和紧迫性等因素,由高到低划分为红色(特别严重Ⅰ级)、橙色(严重Ⅱ级)、黄色(较重Ⅲ级)和蓝色(一般Ⅳ级)四个等级。

社会安全突发事件的处理应遵循事件定级及预警机制,首先明确事件的性质和级别,根据不同的预案或操作流程进行处置。城市重大应急事件处理和大型活动安保通常采用全市统一的扁平化指挥调度模式,警力资源统一调配,横向保持与交通指挥中心、市应急管理中心及其他市政部门紧密协同,纵向保持与省厅、公安部的实时信息沟通。

应急指挥体系架构按照双向垂直、统筹兼顾的原则进行部署,如图6-2-1所示。

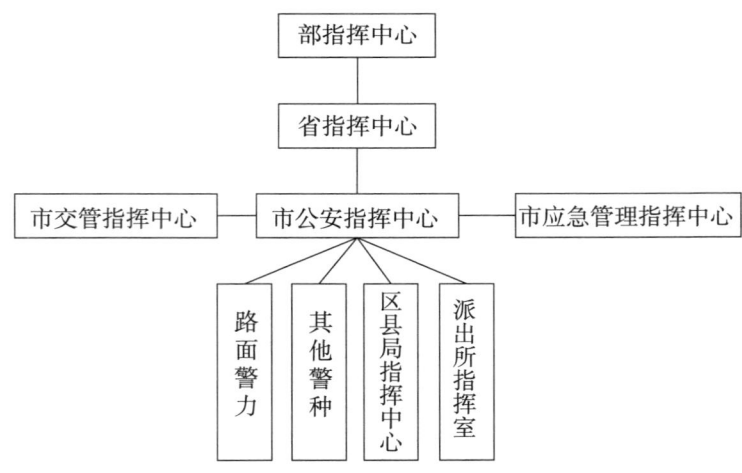

图 6-2-1 应急指挥体系架构

(二)接处警系统

接处警系统以PGIS数据为核心,公安内网为基础,通过有线和无线等方式,集道路320监控、路面治安探头、应急通信控制、警力GPS定位、短信平台等多种功能实现远程可视化的现场指挥,是接处警、指挥调度及后续处置的支撑平台。接处警综合指挥系统以整个城市为沙盘,以接处警应用这个枢纽中心,将公安、消防、交通事故等多种警情业务集中在一起管理处置,实现视情处警、多警种联合处警、统一指挥调度,最大限度地实现信息共享,最大限度地进行联合作战,为市民提供更加便捷、全面、及时的公共服务,同时也在处置各种紧急或重大灾害事故中起到了重要的策略性的保障。

接处警系统的体系结构从下到上依次是数据层、业务支撑层和应用层,另外还有标准体系、安全保障体系、运行管理保障体系以及相关的工具集和外部接口本。基于 PGIS 的接处警系统架构,如图 6-2-2 所示。

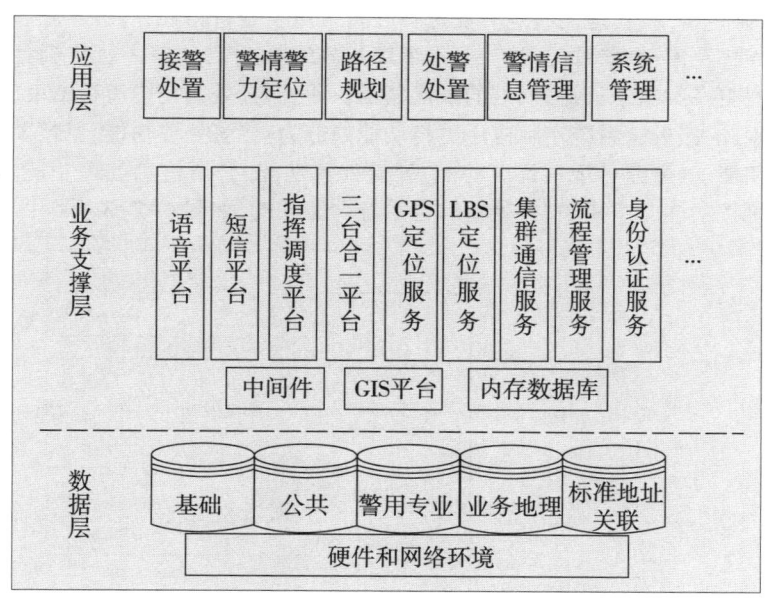

图 6-2-2 基于 PGIS 的接处警系统架构图

(1) 数据层

数据层是系统的各种应用数据库,包括基础数据库、公共信息数据库、警用专业数据库、标准地址数据库以及业务地理关联数据库等,在数据层实现对接实时路况系统数据、PGIS 平台地图数据、其他系统提供的数据。另外,数据层包含数据更新采集维护工具集。

(2) 业务支撑层

业务支撑层是系统中得以运行的软件支撑环境,包括系统提供的各种服务,如 GPS 定位服务、LBS 定位服务、集群通信服务、流程管理服务、身份认证服务等,以及相关的业务支撑平台,如语音平台、短信平台、指挥调度平台、三台合一平台等,还有相关的中间件、GIS 平台软件、内存数据库等。另外,服务层包含平台运行维护管理工具集。

(3)应用层

应用层包含处警平台各个应用,本系统主要有:接警处置、警情警力定位、路径规划、处警处置、警情信息管理、系统管理等。另外,应用层包含业务应用分析的各类工具集。

根据对接处警综合的功能性分析,系统须充分利用高度关联和共享的公安信息资源,进行路径规划。由接处警系统的接警流程可知,此系统由接警员接到群众报警发起接警流程,结合 PGIS 系统和交通实时路况信息系统的数据,确定警情后,运用特定算法选择处警人员及处警路径。其中,重特大警情由指挥专家(指挥中心主任或分管局长)负责指挥,处警人员接到处警指令后变更在勤状态,根据规划的最优路径快速处警,处警完毕流程结束。

因此,接处警系统实际应用可将功能划分为:接警处置功能、警情及警力定位功能、处警路径规划调度功能、处警处置功能、警情信息处理功能、系统管理维护功能几个模块,接处警综合系统功能结构,如图 6-2-3 所示。

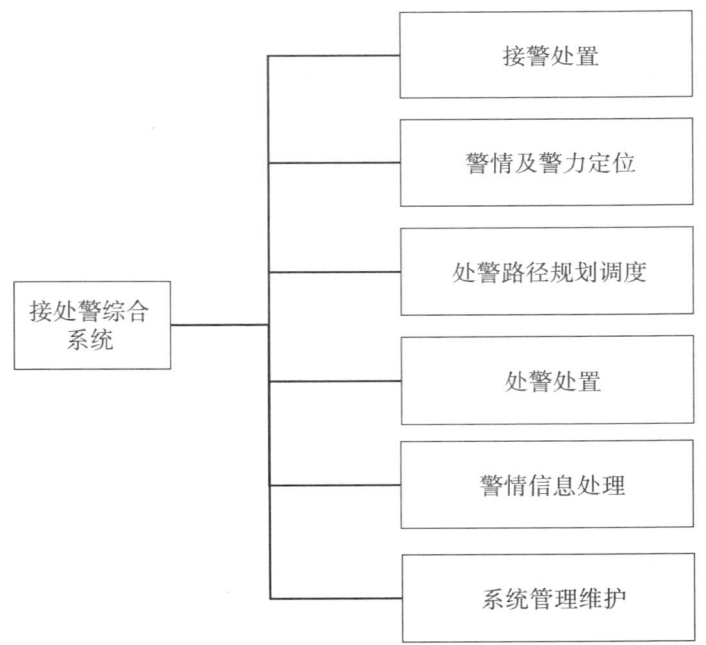

图 6-2-3 基于 PGIS 的接处警系统功能结构图

(三)指挥平台

智慧警务指挥必须有强大的技术平台来支撑,帮助指挥人员及时准确地掌握现场情况,并迅速将指挥人员的部署反馈到各个执行部门。

指挥平台需具有五大能力,分别为提供通信资源融合能力,与群众、警员实现便捷灵活、全时全域交互;提供处置力量融合能力,实现大规模、跨层级的纵横联动、协同作战;提供大数据资源融合能力,实现可视展示、全息画像、预测预警的辅助决策;提供"情指行勤治"手段融合能力,实现打防管控一体化运作,与社会治理有效衔接;提供新技术融合能力,推进警务指挥智能化演进。

立足公安指挥业务需求,按照"警情全监控,警力全掌控,数据能支撑,指挥能前移,行动有保障"的设计思路,以公安云、公安大数据建设为载体,物联网智能感知、自动识别技术为依托,将数字集群、视频会议、大数据平台、警综平台、地理信息平台、视频监控平台、智能交通平台、情报研判平台等系统进行融合,建设信息一体化运营的指挥平台,指挥平台组成,如图6-2-4所示。

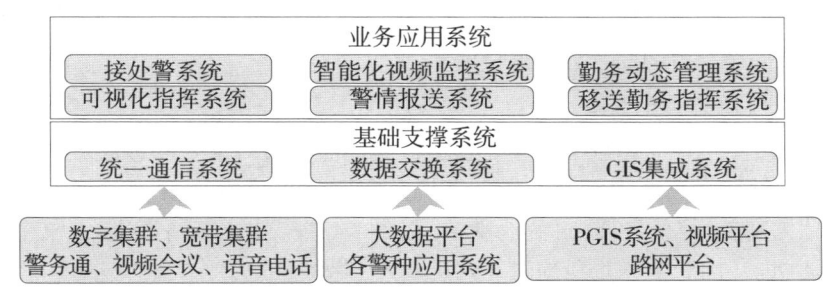

图6-2-4 指挥平台组成

统一通信系统利用语音调度网关、视频接入网关、视频会议网关实现有无线语音通信的统一调度与视频监控和视频会议的接入,为指挥中心与各类移动客户端用户之间提供多媒体融合通信,实现可视化指挥调度。

数据交换系统对内在实战指挥平台的各个系统之间提供横向的数据通道,打通实战指挥平台内部系统之间的指挥信息链条;对外提供实战指挥平台与大数据平台、警综平台等其他警种业务系统之间的数据通道,实现指挥中心与其他警种部门之间的服务协同、数据共享。

GIS集成系统基于PGIS基础地图服务,依据实战指挥平台应用系统的需求,提供地图基础服务、地图导航服务、地址查询、路径分析、警情定位、警情分布、警力定位、警力分布、卡点定位、卡点分布、防控圈设定、辖区划定、路线标注、卡点标注、区域划分、预案标绘、轨迹刻画、视频点位标注、卡口点位标注、轻量级地图服务、地图负载均衡等可视化服务功能。

二、智慧治安

随着基层社会治安治理现代化建设的快速推进,城市建设也开始迈向智慧治安模式。智慧治安是通过信息技术将各职能部门功能整合进治安防控中心,利用大数据分析应用构建社会治安管理防控模型,建立社会治安分析评估、警情动态监测预警,以及人、车、物、场所一体管控等机制,实现精准预警、精准防控、精准评估、精准排查。

在国家不断出台支持智慧警务建设的配套政策背景下,公安机关以新一代信息通信技术为核心,借助视频监控、定位追踪、图像识别,数据分析等技术优势,在治安管辖的地理区域范围及公安内部治安工作进行改造,如治安电子监测、治安"四色"预警、治安一体化管控、治安管理平台。对涉及居民安全的人、事、物、环境进行影像采集、数据处理、信息比对、安全评估,实现对城市治安动态因素的基础感知,从而达到对管辖区域内不安全因素的科学监测、预警、管控,科学合理调配城市安防资源,降低城市内人、财、物损失,维护城市安全等目的的智慧治安管理。

(一)治安电子监测

公安中的电子监测工作主要是通过监控摄像头对治安管理区域及高风险地区进行视频监控与警情动态监测。国家大力推进平安城市、"天网工程""雪亮工程"的发展,对商业街道、道路卡口、车站及车站周边、人流密集路段、重点小区、娱乐场所周边等人流量大、流动性强的地方进行技防。

无锡公安机关侦破的刑事案件,有一半以上是通过"电子眼"发现线索,循线追踪破案的。无锡公安在政府支持下,加快推进技防城建设,在全市3285平方公里的陆地上,布建了15.5万处电子监控,平均每平方公里有47处。依托物联网技术,"五个百分百"让智能化防控覆盖重点案发和安防部位、场所,34个治安卡口、查报站100%安装监控系统;新建商品房小区、安居房小区技防配套设施建成率100%;重点车辆,包括校车、出租车、客运车视频监控、GPS定位报警系统安装率100%;金融电力网络、院校、单位财会室安防达标率100%;全市事业单位、公共场所、特种行业、危化品单位100%实行信息化管理。"五个百分百"编织起一张防范天网,带来的效应是:刑事案件发案率下降;没有发生在全省、全国有影响的恶性案件;"两抢"案件已连续8年下降;2012年该市4125个小区中,有3761个小区"零发案",占比91.1%;2020年1至5月份盗窃民宅警情同比下降14.6%,盗窃单位警情下降26.5%,没有发生校园重大刑事案件。

2016年,南昌市被列为全国公共安全视频监控建设联网应用示范城市后,大胆创新和稳步推进"雪亮工程"建设,取得明显成效,为保障人民安居乐业编织一张严密的"防护网"。经过3年的建设,市区、城乡接合部、建制村已全面覆盖监控防控网络,有效提升了预警预防、打击犯罪、服务民生的能力和水平,2018年全市公众安全感达到96.1%,为近5年最高,刑事案件发案率连续3年下降。2018年,南昌市运用视频监控网络布控预警、人脸识别、轨迹分析、Wi-Fi分析等先进技术,与全省6000万人常住人口库、流动人口库、公安部18万人在逃人员库及南昌市重点人员人脸数据库进行实时比对预警,共抓获全国在逃人员456名。2018年,该市利用"雪亮工程"视频破获刑事案件8455起,抓获犯罪嫌疑人4763名,处置各类警情35420起。据不完全统计,2018年南昌市利用天网视频服务民生26720次,通过视频帮助找回的走失老人、小孩共1283名。既注重治安防范、又瞄准民生服务,使南昌市雪亮工程"成为了一项民生工程、民心工程。

(二)治安"四色"预警

在全面构建社会治安防控体系的同时,要想把有限的警力在最需要的时间投到最需要的地方去,靠过去那种机械的、不分主次的巡防或大规模、地毯式的打防模式,是不能满足当前动态治安形势要求的。鉴于此,新乡市公安局党委明确提出强化"一个理念"——情报信息主导警务理念,构建"一个平台"——数字化警务信息平台,以"基础工作信息化、信息工作基础化"带动警务运行机制的创新。在历经了一年多的论证和研发之后,"四色预警"机制正式投入运行。"四色预警"就是在对3~5年的治安情况调研的基础上得出基数,用"红、橙、黄、绿"代表治安防控能力"最差""次差""次优""优良"的四个级别,并通过公安网发布日、周、月、实时四个时间阶段的预警信息,对高发案件的时间、路段和部位、案件类型、作案手段及高危人群、串并案信息等进行研判分析,指导各级单位针对性地开展各项打防管控工作,使警力跟着警情走,实现精确打防。

"四色预警"机制实施以来,给新乡的公安工作带来了一些深层次的变化。第一,初步解决了科学用警的问题。现在基层从预警图上明白了具体发案特征,警力可以跟着警情走,动作跟着动态走,警力部署的目的性、主动性和针对性更强,基层可以灵活地"对症下药"。第二,带动了警务机制变革。实行了弹性工作制、错时工作制,科学调整了全市四级巡逻防控网络,将警力调整到"案件高发时段、防范薄弱时段、便民服务时段",提高了见警率、民警管事率和抓获现行率。第三,有效地促进了打防结合。以往公安工作的好坏,往往是以破案数字论英雄,现在对发案少、连续保持绿灯的单位,将予以物质、政治等奖励,另外配套建立了责任区刑警队的打防捆绑考评机制,将引领基层向打防均衡方面发展。第四,带动了基层民警工作主动性的提升。"四色预警"既有纵向比较,又有横向比较,既有兄弟单位之间的竞争,又有民警之间的暗赛,职责明晰,压力变大,良性竞争带来良性发展。

该机制运行以来,发案率的下降超过了10%,十类可防性案件降幅达到32%,抓获各类违法犯罪嫌疑人数与往年同期相比上升10%左右。今年春节期间,新乡市的繁华地段平原路上扒窃和"两抢"案件频发,市公安局发出了红色预警信息。辖区派出所、分局刑警队和市局反扒专业队和打击"两抢"专业队四支不同层面的作战实体把力量投向了该地段。10天时间,几十名犯罪嫌疑人被抓获,保证了春节期间群众购物的安全。据统计,自"四色预警"实施以来,十类可防性案件降幅达到32%,让犯罪分子无处遁形。

(三)治安一体化管控

物联网技术丰富了治安基础信息的采集方式,与公安部"四项建设"中提出的"基础信息化"高度契合,城域物联网就是其中的一项有益探索。依托物联网传感技术和数据处理技术,温州市公安局以物联网卡治安管控平台为核心,通过对"以卡管房、以卡管车、以卡管物""失智老人查找"等业务功能,构筑了一张基于物联网技术的公安城域物联网,实现公安机关基础工作的转型升级,走出了一条以物联网卡设备为核心的社会治安虚拟管控模式的新路子,取得了专业和社会的双重效益。

温州通过制发流动人口智能居住证(E居卡)、建设出租房E居卡智能门禁和对所有电瓶车安装射频识别防盗卡,在全市构建起"人、房、车"物联网治安管控体系。目前已在全市设立4000多处固定侦测天线基站,并配套一批车载移动基站,形成覆盖全市的电瓶车防盗追踪网。此外,电瓶车加装射频识别防盗卡受到市民欢迎,有效实现对所有电瓶车的登记备案。该方案推出不到半年,全市就有124万辆电瓶车加装了识别防盗卡。带来的效果是,全市电瓶车被盗案件应声而降,从原来日均被盗80起降到日均不足20起。

(四)治安管理平台

治安管理平台汇聚卡口防线数据和内部防控网络数据,建立社会治安防控一体化研判指挥中心。通过大数据分析研判,提供各类统计分析报表和实战分析研判模型,提高预测预警预防各类风险能力;通过可视化技术实现实时态势监测,提高联动指挥调度能力,提升服务实战水平。做到信息实时可视,风险随时掌控,辅助领导决策,信息全面追溯留痕,全面提升城市安全的社会化、信息化、一体化、机制化发展。

厦门城市公共安全管理平台对"上级数据、市级数据、基层数据"3个层面的数据进行整合,对接公安部、民政部等国家部委和省级部门下沉数据,打破市级部门数据壁垒,将分布在公安、城管、信访、水电等62个部门的512类公共信息整合在一起,汇聚了超过20亿条重点人员、重点企业、视频监控等数据信息。据厦门市公安局发布,厦门城市公共安全管理平台自去年7月底建立以来,已经协同处置8.7万余各类事件,排查出2713起安全隐患。

(五)重点区域的人群监测

重点区域人群监测系统基于大数据分析技术,通过对人群的分布和行为属性进行检测、统计分析,提供人群热力图,并针对重要客运站、公交站、重要活动区域等提供人群实时数据以及疏运措施建议,为重要客运站人群监测、公交站人群候车、城市交通综合管理、春运指挥提供决策分析支持。

重点区域人群监测可根据历年相同时间同一地点的人群流动建立模型,对聚集发展态势进行预测,对可能发生的风险进行预警。针对可能出现的问题,考虑人群规律、拥堵状态、计算机模拟以及事故案例等来确定其报警级别,结合人群疏散技术,给出人群聚集风险控制方案与疏导方略,避免惨剧发生。

三、智慧侦查

传统的侦查工作依靠人力成本,案件侦查工作需要基层民警去现场询问目击者案件发生过程、收集线索、推理作案嫌疑人、重点嫌疑人盯梢等一系列需要大量人力成本的侦查手段去办理案件,导致案件消耗人力成本较大,但案件侦破率低下,事倍功半。

现如今,公安侦查工作进入智慧侦查阶段,智慧侦查以提升侦查打击效能为目标,整合内外部资源,运用大数据、视频监控、人工智能等技术实现线索收集、案件推理、嫌疑人抓捕等案件侦破工作。当前,公安常用的侦查手段有视频图像侦查、电信诈骗侦查与网络安全侦查。

(一)视频图像侦查

视频图像侦查的关键的环节在于提取、分析与犯罪行为有关的犯罪嫌疑人的视频图像资料。公安在侦查工作中捕捉视频图像信息主要依靠的是视频监控系统。视频监控系统记录着其监控范围内的犯罪嫌疑人的各种信息,具有一定的客观性和真实性。视频图像侦查是指法定的侦查主体为查明犯罪事实、抓获犯罪嫌疑人,运用以视频技术为主的现代化信息技术及应用方法,依法获取、处理、管理、分析与案件有关的视频图像资料,从而解读和捕捉视频图像中的人、车、物、事等涉案信息,推动案件侦查的进程,进而为侦查提供线索,为破案提供证据的一种具体的侦查手段,是视频技术在侦查领域中的具体应用。作为侦查破案的三大支撑技术之一,视频图像侦查在破获系列案件、团伙案件以及高科技犯罪侦破方面优势明显。

"天网工程"是政法委、公安部联合信息产业部等相关部委共同发起建设的信息化工程,由 GIS 地图、图像采集、传输、控制、显示等设备和控制软件组成。这些设备覆盖城市内各个点,并能将音视频信息汇总传输到指挥管理中心("天网工程"管理平台),指挥管理中心运用场景分析、人脸识别,信息分类技术对信息进行筛选、储存、联动,从而实现对人与物关联的侦查工作。中国已经建成世界上最大的视频监控网,监控摄像头超过 2000 万个。自"天网工程"启动以来,各期项目建设使视频监控点位日渐增加,监控画面也实现了升级,再由标清升级改造成为现在的高清,案件侦查取证有了更好的技术手段。

2011 年,长沙市委、市政府在全市启动"天网工程"建设。近 10 年来,市委、市政府始终坚持将"天网工程"纳入重点民生项目,持续投入 10 余亿元完成了"天网工程"一、二、三期建设,建成公共区域高清监控摄像头 7 万余个,联网重点单位、场所公共视频 8.5 万余个,实现了道路交叉路口、人员密集区域、关键部位、案件高发场所、治安复杂场所视频全覆盖。完成了"天网工程"与市应急联动指挥系统和市综治系统的对接,实现了视频图像共建共享。长沙建设模式和应用效果得到了公安部和省公安厅的高度肯定,并在全国推广。依托"天网工程",长沙市公安机关不断拓展视频监控应用,在维稳安保、治安防控、侦查办案、应急救援、服务民生等方面凸显了重要作用。2019 年,长沙市公安机关采集涉案视频 16000 余起,利用人像比对抓获嫌疑人 2500 余人,依靠视频直接破案作用率达 90%以上。

(二)电信诈骗侦查

随着固定电话、手机等通信工具和现代网络技术的日益普及,我国电信用户与网民数量已经位于世界前列。不少不法分子利用网络电信隐蔽性强、取证难的特点实施网络电信犯罪,网络电信诈骗案件高发、频发,数量整体呈上升趋势,给人民群众造成了重大的经济财产损失。准确运用侦查技术及时侦破网络电信诈骗案件、严厉打击网络电信诈骗犯罪分子、挽回人民群众财产经济损失成为新形势下公安机关打击刑事犯罪任务的重中之重。在智慧侦查时代下,公安部门推出各种电信诈骗侦查的手段以打击电信诈骗。

(1)2019 年 12 月 16 日,公安部刑侦局推出的"钱盾反诈机器人"正式上线。为解决反诈骗劝阻电话辨识度不高、屡被拒接的问题,未来电信网络诈骗劝阻预警电话的来电显示将统一为"公安反诈专号"。当普通民众接到电信网络诈骗电话,公安部刑侦局钱盾反诈预警系统预警到这一信息后,"反诈机器人"会自动拨打潜在受害人的电话予以提醒,同时还有短信、闪信提醒信息,其中,闪信强制弹窗提醒,若不读闪信信息,手机就不能做其他操作。在公安反诈预警系统预警到有群众可能接到诈骗电话这一信息后,"钱盾反诈机器人"同时通过电话、短信、闪信 3 种渠道,快速向被骗群众发布预警,来电信息会显示为"公安反诈专号"。若潜在受害人在 5 分钟内既不接电话,又不处理闪信,"钱盾反诈机器人"会再次拨打电话、发送闪信,如此反复,直至潜在受害人处理提醒信息。同时,为确保这个来电显示字段不会被盗用、篡改,"公安反诈专号"还加入了技术保护措施。据工作人员介绍,"公安反诈专号"除拥有辨识度较高的专属来电显示外,民警还可以根据不同类型电信网络诈骗的话术,通过 AI 语音交互技术配置相应的劝阻提醒内容,引导潜在受害人走出诈骗圈套。数据显示,"公安反诈专号"自 2019 年 11 月 15 日在部分地区试运行以来,平均每天劝阻 3000 多人,劝阻成功率超 96%。

(2)2021 年 2 月 5 日上午,东营市公安局召开打击电信网络诈骗及侵财犯罪百日破案会战新闻发布会。发布会通报了 11 起电信网络诈骗典型案例,东营市公安局反诈中心以数据科技为支撑,2020 年共止付冻结金额达到 2.67 亿元,为群众避免损失 2.21 亿元,该市推出的"金钟罩"预警劝阻系统累计保护群众超 26 万人。

(三)网络信息侦查

网络信息侦查是通过先进的思想观念引领,形成的智慧侦查新思维。当前,大数据已经进入稳定增长时期,即低风险而高价值的创造时期。随着公安侦查工作不断变革,一点带活全盘的系统性成效不断显现,公安机关侦查部门应继续坚持以先进的思想观念引领智慧侦查。要借助大数据资源优势,让网络信息侦查成为公安侦查的"阿里""京东"。当前,以警务云平台建设和大数据整合应用为核心的"智慧公安"建设不断提速,推动了网络侦查的发展。借鉴先进地区的警务 APP 移动采集系统等新型工具,围绕人、屋、车、场、网、会等治安要素,全面采集公安基础信息、电子轨迹信息、社会单位信息等内外信息资源。对于公安机关来说,利用大数据进行侦查全面提升了打击犯罪整体效能,助推了社会治理迈向精准化和规范化。

2013 年 9 月,贵州省龙里县公安局提出依托"智慧城市"建设"智慧公安"的实施规划和技术方案,县政府同意将"智慧公安"作为"智慧龙里"的重要功能模块,并列为全县十大民生工程重点建设。龙里县公安局"智慧公安"在视频专网以共享平台为依托,通过海康威视的强有力技术支持对监控视频、350 兆集群、终端信息采集设备、车载取证系统、车辆卡口信息、电子警察过车数据信息、违停抓拍球机数据信息、GIS 地图系统、三台合一系统、社区民警信息采集、车辆人员自动结构化信息和社会资源平台信息进行整合,应用警务实战系统并利用网络大数据对于信息进行采集的优势,实现了跨警种的大数据分析挂图作战。两年来,龙里县公安局利用该系统为业务部门提供案件侦查线索 2400 余条,为群众提供救助服务 1170 余次,查处交通肇事逃逸案件 180 余起,破获刑事案件 1170 余起,直接抓获违法犯罪嫌疑人员 300 余名,其作用得到了一线民警和广大群众的广泛认可。

四、智慧交管

智慧交管是以大数据、人工智能等先进技术为依托,以实现镜头站岗、机器巡查、智能预警、智能调控,构建情报研判主导、高效扁平指挥、精准机动勤务、优质美好服务"四位一体"的现代交通管理工作新机制。

加强全天候、全时段、全视角、立体化对城区道路、国省道路、高速公路、乡村道路、小街巷的监管能力,实现自动巡检、自动运算等功能,让监控资源活起来。在智慧指挥平台支撑下,增强信号灯联控联调能力,利用所有资源,实现信号灯发现、预警、指挥疏导交通拥堵的功能。

(一) 智能交通管理系统

交通流检测、事件监测的缺失或失效,始终是各地智能交通系统建设应用难以取得持续实效的症结。宁波交警抓准这一"瓶颈",运用视频智能分析技术,在路面前端采用高清视频监控,不仅可以检测交通流量、车速等特征,多指标判别运行状态,而且实现了车辆特征识别、违法抓拍、车牌识别、高清监控等多种功能一体化。更为重要的是通过智能交通管理系统,实时监测获取了交通运行和事件的动态特征"大数据",为智能化应用夯实了基础,为路面及时响应控制、中心平台分析研判和警务实战提供了智慧支撑。

宁波交警坚持以路面失管、信息不畅、效率不高等问题为导向,以智能化、信息化为牵引,大力建设"鹰眼"智能交通管理系统,以提升基础信息化、警务实战化水平。宁波交警建设的"鹰眼"系统理念超前,比传统的视频监控等手段更先进。该系统具备以下 3 个明显的技术特点:一是设备覆盖率高。宁波全市建成高清采集设备 4700 多套,其中中心城区 1897 套,覆盖 95%以上信号灯控制路口。同时,各县(市)区灯控路口覆盖率达到 85%以上,全市国省道沿线平均达到每 5 公里一套,基本实现全覆盖、零盲点。二是采集精度高。"鹰眼"系统集电子警察、信息采集、智能卡口、高清监控等多种功能于一身。"鹰眼"系统每天采集过车数据超过 3500 万条,采集精度比传统设备有了极大提高。据测试,该系统白天的流量检测精度大于 97%,夜间大于 92%,大大高于国标对视频采集系统大于 85%的精度要求。三是配套设施齐全。"鹰眼"系统以智能高清视频综合信息采集系统为基础平台,配套开发了卡口、视频查询、交通拥堵指数、大数据分析等平台,有力提升了警务实战化水平。

自 2015 年 8 月宁波交警情报中心运作以来,得益于"鹰眼"系统快速准确的布控能力,已侦破车辆涉牌违法案件累计 2246 起。2015 年 9 月下旬,宁波出现一批假牌出租车,宁波交警判断有团伙交通违法嫌疑。随后,宁波交警依托"鹰眼"智能交通管理系统,通过对这些车辆近两个月上万条的出行轨迹跟踪和大数据挖掘研判,成功查扣"浙 BT4821"等 17 辆交通违法出租车,拘留团伙涉案人员 12 名。2016 年,有效抓拍重点交通违法 160 余万起,中心城区的交通事故比 2013 年下降 35%。

(二)多车道合流自适应控制系统

大中城市快速路、主干道高峰期间流量剧增、短时集聚快、并线交织冲突加剧拥堵等现象,始终是各地交管部门面临的客观难题。重庆交警主动作为,因地制宜、攻坚研究的快速路多车道合流自适应控制系统,利用多车道汇入自适应技术,实时监测车流量和拥堵排队长度,利用信号控制,实现分方向、分车道的车辆交替控制放行,精细化控制车流的进入和驶出,减少交通事故的发生,提高车道利用率和通行能力。为破解难题探索了有效解决方案。试点应用成效也表明,该系统优化路口交通组织与提高信号控制的智能化程度,可以明显缓解交通拥堵。

重庆交巡警自主研发的多车道汇入自适应控制技术于 2017 年 4 月被列为工作亮点在全国进行推广,统计数据显示,袁家岗立交多车道汇入自适应控制试运行 1 个月,效果显现:各方向排队长度明显缩短,事故数量大幅下降。袁家岗立交及其周边的"堵塞百慕大三角"现象已基本消失,大公馆方向、谢家湾正街方向拥堵长度分别由最长时的 2 公里、1 公里缩减至 500 余米、400 余米,轻微交通事故同比下降约 52%。

(三)视频智能解析报警平台

在城区高峰时段,交通事故是引发交通拥堵的突出因素。如何提前预警交通事故,一直是各地交警研究的重点。2019 年,即墨公安交警大队联合华为与海信,在全国首创研发推出视频智能解析平台。该平台实现交通事故警情自动检测预警,自动判断事故类型并在事故发生后 30 秒内自动报警。视频智能解析检测准确率达 80%以上,现场处置效率显著提高。

面对道路交通管理新形势,即墨公安交警大队聚焦大数据发展和前沿技术,创新"数据互通、业务贯通、系统协同"的智慧交通运行架构,搭建"一心一网多单元"的集成实战指挥平台,推动流程全部"上云":"一心"即大数据中心,运用大数据技术搭建智能管控平台,自动化汇总分析交通基础数据;

"一网"即绘制全区交通电子路图,将"人、车、路、环境、监管"各要素一图展示、依图管理;"多单元"即在大数据中心开辟多个专项应用模块,配置专业化服务调度功能,推动交警"情、指、勤、督、服"五大核心业务的全流程再造、全要素提升、全场景展现,不断提升现代化的交通治理能力。

(四)自适应交通信号灯

南宁交警借力出行大数据,优化信号控制系统。南宁交警部门运用高德交通大数据、滴滴平台,准确列出可以监测预警的若干异常交通运行状态,准确掌握和描述"画像"以及各时段交通特征规律;科学采用监测预警、数据研判+工程师优化、人工智慧干预的方式,务实助力了信号控制策略优化和路网交通均衡疏堵。

2021年3月份,南宁交警部门已在市内多个路口启动实施了自适应控制方案。根据检测器测得的交通流数据来改变信号显示时间;对自适应控制的表述为:根据交通流的状况,在线实时地自动调整信号控制参数以适应交通流变化的控制方式。逐步实现路口信号灯配时智能化,减少绿灯损失时间,降低通行延误,增强出行体验感。据滴滴平台数据显示,东葛路的5个路口实施了动态绿波协调优化后,全天平均停车次数减少26.7%,双向平均行程时间减少31.5%;第三方高德平台数据显示,高峰平均拥堵指数降低约16.1%,优化效果良好。[①]

五、智慧监狱

监狱监管改造活动本质上是监狱民警对罪犯的生活、学习、生产进行的管理活动,"智慧监管"是基于物联网、大数据、人工智能、移动互联网等现代技术的综合集成而形成的一种未来监所信息化新形态,其核心理念就是用人的智慧和科学技术来智慧地规划、管理监所,高效地配置、调度监所人力、设备、信息等所有资源。

智慧监狱就是现代智慧技术应用于监狱综合发展目标中的形态与样态,将监狱作为相对独立于社会的系统,充分运用物联网和互联网等信息通信技术,全面整合该系统中环境、资源、物流、人流、信息流,以实现监狱信息化发展的全面智慧化。当前,智慧监狱系统的建设内容主要包括智慧门禁系统、智慧人员识别定位系统、智慧监控系统、罪犯狱内危险评估工具等四个方面。

---

① 《你每天要过的红绿灯,竟然蕴藏南宁交警的这项"黑科技"》,载南宁新闻网(http://mp.weixin.qq.com/s/kzgaTT4xuyop7vQz1xbbqq),最后访问日期:2022年11月5日。

(一)智慧门禁系统

监狱门禁系统的功能是对出入监狱大门口的人员、车辆以及其他物品进行严格地识别管理,从而防止罪犯从大门脱逃和违禁品进入狱内。

基于物联网的智慧门禁在监狱大门配置生物识别认证设备,对进出监狱的监狱民警、内部工作人员、外来人员进行"刷卡+人脸识别+指纹识别"等多重身份认证,对数据库里没有录入的人脸第一时间进行识别取证,联动报警,从根本上防止尾随监狱民警出监事件产生。同时,对出入监狱的车辆车牌进行识别比对,对车上物品进行远红外热成像,将分析图像及数据第一时间传送到指挥中心,可以有效防止罪犯跟车出狱及违禁品非法流入。

浙江省某监狱为了防止罪犯通过人行通道混出监狱,在人行通道 A 门武警验证处、进出辊闸处、人行 B 门处安装了人脸比对系统。为防止罪犯藏匿于车辆通过车行通道进行逃脱,在车行通道安装车辆底盘扫描系统的基础上,还安装了超宽带雷达生命检测系统。利用高清网络摄像机的入侵侦测功能,在围墙周界画出虚拟框框,只要有移动物体进入该区域,指挥中心就会收到报警和联动图像。

江苏监狱牢固树立问题导向、实战导向、效能导向,建立集人防、物防、技防、联防于一体的全要素网格化安防模式,努力构建立体感知、精准预警、快速响应、整体联动的智慧安防格局。监狱大门历来是安全防范的重点。江苏省某监狱大门内侧的人行通道、车行通道及会见通道分别安装有 8 台高清摄像头,人员出监要通过"人像抓拍比对系统"检查,并自动与监狱智能管理大平台中服刑人员数据库比对,脸部相似度超过 70%,系统会自动报警、闭合门禁。车辆进监,必须经过车辆管理系统核查、车辆抓拍、生命探测、车辆底盘扫描成像等检查,加装 GPS 定位终端,由监狱驾驶员代驾,并按规定线路行驶至封闭装卸区停靠。出监前,监狱要通过电子点名系统统计监内服刑人员数量,核定无误并经指挥中心确认后,车辆方可离开。利用高清摄像头捕捉影像、人脸比对系统检查比对,极大地提升了门禁系统的安全性;通过车辆管理系统核查、车辆抓拍、生命探测、车辆底盘扫描成像等检查过程,极大地减少了车辆进监可能存在的风险。

(二)智慧人员识别定位系统

智慧人员识别定位系统是让监狱服刑人员佩戴带有传感器电子标签或电子腕表,通过 RFID 射频识别技术读取电子标签或电子腕表获取的位置、身体状态等各项数据,通过物联网与监狱指挥中心内电脑屏幕联结。这样系统就可以获得犯罪人员的移动速度、具体位置以及生命体征等,从而实现了对所有服刑人员的全面监控,防止罪犯越狱出逃,对罪犯聚众斗殴等恶性事件提前预判。在服刑人员活动范围利用红外线发射器划定服刑人员活动区域,并且给每个服刑人员佩戴 RFID 电子标签,一旦服刑人员私自跨越未经允许区域,损坏电子标签导致信号消失时,系统都会立即读取电子标签内的罪犯个人信息及最后位置,并且将数据报警给指挥中心。

吉林省监狱以智能设备为核心的物联网通过信息传感设备,按照约定的协议,把电子脚扣与互联网连接起来,进行信息交换和通信,以实现智能化识别、定位、跟踪、监控和管理,并利用先进的定位技术建立多功能监狱人员定位系统,采取为犯人佩戴能够发生定位信号的电子脚扣,监狱警察佩戴定位标签的形式,对监狱内的罪犯、监狱警察进行实时定位。通过人员位置信息与监狱现有的监控系统视频互动,即时对监狱内的状况作合规性检查,将可能发生的违规事件消灭在萌芽状态,有效地防止越狱、狱内斗殴等恶性事件的发生,为监狱建立一整套完整的、立体的、主动化的人员安全防范管理体系。

(三)智慧监控系统

智慧监控系统是通过物联网技术把高清摄像球机和电脑联结起来,再利用视频智能分析技术对画面进行实时处理,实现了监控管理方式由被动到主动的转变。通过 24 小时不间断地对监狱活动广场、监舍等重点区域进行无死角监测,自动发现监控画面中的异常情况,第一时间联动报警,从而能够更加有效地协助监狱民警发现危机,提升应急突发事件响应效率。

常见的异常情况包括:入侵监测。在摄像头监控的视野中,当有一个移动物体(人或车辆)在警戒范围内移动时,警报被触发,移动目标被标记;人员徘徊监测。在摄像头监控视野中,如果人员或车辆在某个区域长时间徘徊逗留,将自动触发报警,徘徊人员或车辆被标记;打架斗殴监测。在摄像头监控视野中,当出现人员聚集、打架斗殴情况,智能分析系统对该行为进行分析预判,自动触发报警,通知指挥中心值班民警及时处理问题,防止事态扩大。

吉林省建设的新监狱,采用了网络化的技术手段,以解决功能单一的问题,智能分析功能是视频监控的发展方向。引入视频智能分析已经是智慧监狱的标准配置。当某一罪犯单独长时间在一个场所内逗留,长方形边框将其锁定后,超过设置时间后触发报警,警员接警后立即到现场处置。吉林省监狱现阶段能够实现的视频智能分析包括罪犯的群体性分析、单独行为分析、长时间静止或快速运动变化的行为分析、吵闹的分析等。该监狱初步实现了视频监控的智能分析,起到对各种行为分析预判、及时发现问题及时出警解决的作用。①

---

① 刘保民、宋洪祥等:《江苏监狱罪犯狱内危险评估工具(J3C)的研发与应用》,载《犯罪与改造研究》2017 年第 2 期。

(四)罪犯狱内危险评估工具

J3C 是江苏省自主研发的罪犯狱内危险评估工具,其中 J 代表江苏监狱,3C 代表:计算(Compute)、推断(Calculate)、结论(Conclusion)。它通过实时自动从监狱智能管理大平台中抓取可能影响罪犯危险动态变化的所有数据,自动实现数据汇聚、计算、分析、研判、预警与显示。该工具将罪犯评估数据划分为基本维度、心理维度、社会维度、改造事件等 85 项因子。根据从平台获得的各种因子进行综合分析评判,将罪犯危险等级划分为 3 个级别,即低度危险(3级)、中度危险(2级)、高度危险(1级)。系统能够全方位快速准确甄别罪犯危险等级和类别,帮助监狱民警快速精准判别罪犯危险性,促进监狱安全防控和罪犯教育管理科学化水平的提升。

J3C 工具 2015 年 6 月在南京女子监狱试点使用,2016 年 4 月在江苏省全省监狱系统全面推广应用。截至 2016 年 11 月 1 日,全省通过 J3C 工具共排摸高度危险罪犯 5367 人,占全省在押犯总数的 7.4%;中度危险罪犯 22101 人,占总数的 30.7%。

J3C 作为罪犯狱内危险评估工具促进了监管工作智慧化。第一,J3C 提高了工作效率,减轻了民警负担。运用该工具监狱民警只需花 20% 的精力,就可以掌控 80% 的重要狱情,提高了监狱的工作效率。第二,它提高了预警实时性与评估精准度,该工具可以将系统实时采集的异常数据,基于工具运算规则开展数据匹配分析,实现智能分级预警。尤其是对那些表面看上去改造效果平稳,但内心可能潜藏危险因素的罪犯,开展科学、全面、及时的排摸,对关联事件及时分析处理,及时有效地排查出危险罪犯,最大限度地提示危险人群。第三,提高了狱管工作的操作便捷性。90% 以上相关数据是通过接口从智慧大平台各项业务模块中获取,剩下不到 10% 数据源是由监狱民警利用工具,通过选择点击匹配选项,动态完成数据信息的录入工作。过程尽量减少机械的文字录入,工作时间缩短一半以上,极大提高了工作效率。

六、智慧服务

智慧服务是通过整合各种警务民生服务,由线下搬到线上,建成一体化的互联网+警务民生服务平台。平台充分依托互联网资源和服务优势,形成线上线下相融合的公共服务模式,有效地汇聚各警种各地市服务资源,促进民生警务基础设施集约建设、服务全面触达、审批移动化协同,使群众办事便捷度显著提升;规划统筹统一的办事流程与标准,开设民生警务网上办事门户,全面公开警务服务事项,通过"一站式"办理,逐步实现"数据多跑路、群众少跑腿"的效果,大幅提升警务服务智慧化水平,让企业和群众办事更方便、更快捷、更有效率。

(一)高效办证业务服务

智慧服务目的在于简化办事流程,提高办事效率,为群众提供便利。高效办证业务作为广大群众需求较大的事项,运用智慧服务为办证业务赋能能更加高效地为群众服务。

1. 厦门市金海社区"金海e站"24小时贴心服务

为最大限度地满足辖区居民、游客日常申领和办理证件的需求,潘涂派出所不断推进智慧化进程,在金海社区警务室配备具有二代身份证自助受理服务终端、e政务便民服务站以及出入境自助办证一体机的"金海e站",让办证人员无须出社区便可享受便捷服务,不仅惠及辖区居民,也惠及酒店和游客。辖区酒店日常工作中,常遇到客人们需要开具临时身份证明,酒店前台便会引导他们到"金海e站"办理。从2019年8月30日正式设立以来,截至2021年4月25日,该站点共为居民、游客办理证件近6000件。

2. 江西省全天候悦城智慧警务室

为补齐公安业务窗口服务短板,节约警力,缩短民众办事时间,2020年9月29日,江西省启用首个全天候智慧警务室——悦城智慧警务室。市民只需携带居民身份证即可实现公安户政、交管、出入境、治安和监管等5大类29项业务的一门式、一站式、24小时自助办理。

智慧警务室目前办理最多的就是驾驶证年检换证业务,已经办理了52起。智慧警务室使用的智能机最大的特点就是可以当场制证和打证,所有数据全部由公安部门整合,驾驶证年检换证、遗失换领都可当场办证。一些特种行业许可证申领则需先在手机上填写信息,公安部门审核后会通知市民,市民再来警务室就可当场打证。警务室辐射了周围5平方公里2万多居民,警务自助区24小时开放,不受节假日影响,市民补办居民身份证、处理交通违章问题、进行港澳台通行证签注等都可前来办理,2个月来共办理了150余项业务。

自从悦城智慧警务室启用后,九龙湖区域居民到红谷滩交警大队办理交管业务者明显下降。这既减轻了交警大队的压力,也缩短了其他市民办理业务的等候时间。

(二)扶老助幼服务

1. 厦门市公安局潘涂派出所社区警务室开辟节假日"临时托儿所"

数据显示,2021年春节长假与清明小长假期间,在同安滨海旅游浪漫线沿线共有51万人次客流,发生105名未成年人与家属走失事件,其中绝大部分是7岁以下的儿童。综合对"五一"假期滨海旅游浪漫线游客数量的预测,派出所提前行动,在金海社区警务室设置了一个临时托儿所。一方面可以安抚走失儿童慌乱的情绪,另一方面可适当为值班的民警、辅警减负。

潘涂派出所在增加动态巡防的同时,充分利用无人机,与地面形成无死角呼应,针对靠近海边等公共视频难以企及的地方,运用无人机在空中进行查找和呼叫,应对节假日期间滨海旅游浪漫线的未成年人走失问题。截至2021年5月2日,潘涂派出所共救助走失儿童280人,帮助受伤群众12人,找回财物46件。

2. 江西省全天候智慧警务室帮助弱势群体

悦城智慧警务室的宣教室分为VR宣教区和综治中心两部分,为市民提供防火、防恐、防诈骗、应急逃生等全方位、一站式的安全教育体验和红色文化VR体验。通过互动设备、实物与文字相结合的模式,让市民在互动体验的同时,能够学习到非常实用的生活技巧和妙招。绿地悦城小区是南昌市首批智慧平安小区,小区12783名业主的人员、车辆和房屋数据全部在这个智慧平台内,可以有效地管控违法现象。平台不仅能预防犯罪,还能帮助弱势群体,小区内70岁以上的老人只要两天没有在监控区域出现,平台会自动提示,工作人员就会立即上门核查老人的真实状况;有儿童单独出现在小区进出口,平台也会发出提示,工作人员会第一时间通知物业现场核实,以免发生意外。随着新科技的运用,智慧平安小区从第一代"留影、留痕、留号"模式逐步发展到以大数据为支撑的第二代智慧分析研判、智慧预警预测、智慧精准服务的"VR智慧平安小区"模式。

智慧警务室要在健全社警联动一体机制上发挥重要作用,须公安部门充分调动单位、社会团体等参与警务室的日常综合治理,定期召开警民恳谈、联席共商会议,共同开展矛盾联调、人口联管、治安联治等活动,实行网内联防、网间联动,强化参与社会治安安全管理责任,形成社会联动的局面,助推社会治理现代化工作。

(三)高速公路安全服务

湖北省高速智能交通治安防控平台于2019年9月投入运行,包括35个指挥中心、984套路面监测、17个环省检查站,联网交通、气象、地图等20类数据,研发大数据研判、指挥调度、社会服务等10大系统。该平台具有高风险智能感知、重点车智慧监管、全路面动态管控等多项实用功能,融合人、车、路、轨迹等日均4000万条数据,实现对疲劳驾驶、异常车速、非法营运等40类异常事件智能检测,日均精准预警3800余次。平台还着力加强重点车智慧监管,接入"两客一危"、货运云平台等系统,对疲劳驾驶、违法停车等智能监测,引导"两客一危"自助报备和抽查监管10.2万台次。另外,平台依托全域覆盖的视频监控,可智能监测雨雪团雾和交通违法隐患,实现10分钟一次网上巡逻,动态管控车流,实时提示风险。

湖北省高速智能交通治安防控平台创新实现警单与地图对接,事故、施工、团雾等8类风险同步发布至高德、百度地图,对后方来车实时预警2.6万余条。群众在高速报警时,平台通过移动基站、地图等数据交换,智能定位报警位置,快速精准派警3.2万余次,大大降低"二次事故"风险。此外,通过平台向地图实时推送事故、拥堵、管制等信息,智能引导出行220余万次、动态限速4200余段次,实现智能诱导出行。借助平台,交通部门实现了出行路线预先算、前方路况实时知、报警求助及时援。

湖北省自投入运行高速智能交通治安防控平台以来,已智能推送风险预警211万条,查控刑事治安案件206起,高速公路死亡人数下降22.6%。"五一"假期,针对0—6时易引发较大事故的异常车速、非法营运、疲劳驾驶等三大风险点,平台5天内研判提醒车辆3458台,有力提升高速公路安全服务水平。①

(四)反诈宣传服务

福建省厦门市金海社区自2021年以来潘涂派出所充分调动各种资源,以"人工+智能"的方式构筑反诈宣防矩阵,通过应用微信平台推送反诈宣传知识,号召全民答题,提升防诈警惕。4月14日,辖区的一位蔡女士称自己刚接到一个电话,对方自称是武汉一派出所的民警,告知她所办理的银行卡涉案,让她配合调查将钱转到指定安全账户。蔡女士想起"之前在做派出所推送的"防诈知识线上答题"中看到过此类型的诈骗,感觉对方应该是骗子,便索性来派出所核实。接待的民警明确告知,这就是典型的冒充公检法办案骗局。随后,蔡女士拉黑了对方的联系方式。今年以来派出所成功劝阻险遭电信网络诈骗的群众11人次,成功帮群众挽损近28万元。

七、智慧执法监督

公安执法监督,是指法律授权的机关、公民和社会组织对公安机关及人民警察依法履行职责、行使职权和遵守纪律情况所实施的监察和督促。智慧执法监督,就是按照寓监督于服务的理念,以信息化打造全程监督、智能监督、重点监督的精准化监督新体系。

智慧执法监督主要包括3个方面的工作:一是建立全警情、全要素、全流程监督体系,对执法工作全流程、全要素进行全时空、精准化、精细化的记录、监督和管理;二是实行三色预警网上考评,实现监督全智能;三是创新涉案财

---

① 《湖北投入运行高速智能交通治安防控平台》,载中国新闻网(https//baijiahao.baidu.com/s?b/=16990771175919780860nfr=spiderdfor=pc.),最后访问日期:2022年11月5日。

物管理模式,提升办案效率,减少涉案财物违法违纪问题。

(一)智慧执法监督体系

智慧执法监督体系旨在实行全警情、全要素、全流程监督,实现监督全覆盖。立足全程监督原则,在网上全部记载和全程流转所有警情信息,做到一个端口录入、一条通道流转、一个闭环处置;建设现场执法视音频管理系统,实现省级现场执法视音频数据的集中管理、数据共享、统一应用和业务数据的智能关联,为业务系统提供视音频数据统计、检索、调阅、下载等服务;完善网上办案全程留痕制度,做到案件信息网上记载、案件审核审批网上进行、执法办案问题网上预警、执法办案质量网上评估考核、执法办案情况网上统计、执法档案和案件卷宗网上生成。

天津市和山东省以实现智慧监督为目标,着力建立全警情、全要素、全流程监督系统。

1. 天津市着力打造智慧执法监督平台

2014年年底,天津市委、市政府贯彻落实中央决策部署,决定尝试利用信息化科技手段加强政府法制监督工作,由天津市政府法制办公室组织相关部门,建成覆盖全部执法部门、涵盖各类职权、记录执法全过程的执法监督平台。

天津市执法监督平台的建立,一是实现了执法主体全覆盖,全面覆盖了天津市市级执法部门;同时实现了执法行为全覆盖,完成了检查、处罚、强制等执法行为的全面覆盖,实现了对执法行为的全警情监督。二是重点执法流程个性化。执法监督平台根据相关法律,设计完成了基本执法流程,同时,围绕天津市街道(乡镇)综合执法、市场监管等重点执法领域,建立个性化执法流程,实现对各执法领域执法全过程的监督。三是促进数据共享融合,执法监督平台作为全市统一的执法监督数据资源中心,向全国执法综合管理监督信息系统推送执法数据的同时,与政府信息资源共享交换平台实现数据共享,为天津市市场主体信用信息公示系统、"信用天津"平台和"互联网+监管"平台提供执法信息,实现全要素监督。经过实践,天津执法监督平台取得了成效。2015年至2017年,天津市执法部门的平均履职率每年以5%的增幅逐年提高。2017年,全市16个区的平均履职率为91.76%,市级部门平均履职率达96.22%。

2. 山东省建立智慧执法监督平台

山东省大力推进执法信息化、智能化建设,研发移动审批警务APP、行政案件快速办理、电子签名、智能笔录、电子指纹等智能辅助功能,实现全省一体化的执法智能服务;研发执法管理智能分析功能,实现执法活动动态感知,执法数据实时统计分析,做到问题早发现、早防范。

(二)"三色预警"自动考评体系

"精准滴灌式"三色预警网上考评系统是在执法监督平台中研发执法质量自动考评模块,并将该模块嵌入刑事案件和行政案件执法质量考评标准,把执法监督平台打造成全天候的法制监督员,对案件办理进行全方位、全过程、全要素实质性监督。

系统自动考评模式实现对全部警情、案件全覆盖的24小时不间断地自动考评,对发现的执法问题实行即时点对点的"蓝黄红"三色预警。其中,蓝色预警意味着期限将至,应及时办理;黄色预警表示期限超过,应及时整改纠错;红色预警则表明期限超过一定时间,须给予扣分处罚。

浙江省温州市以智慧执法监督为着力点,创新建立"三色预警图"推进统计执法工作,河南省实行"三色预警"网上考评对执法工作进行自动考评。

1. 温州市局创新建立"三色预警图"推进统计执法工作

温州市以打造全省统计执法最严城市为目标,充分运用数据赋能,绘制让统计执法工作情况立体呈现的"三色图",在统计执法工作领域进一步实现数字化、形象化、精密化管理,进一步发挥统计法治的监督保障职能。

温州市通过总分结合,立体展现统计执法工作全貌。温州统计执法"三色预警图"分为执法检查、统计诚信和日常监管等3个子模块,按月分别生成7项具体指标的"三色图",形成"一图总揽、三域分析"的"1+3+7"整体架构,多维度、立体式展现全市统计执法监管的总体情况。"预警图"通过对子模块的各项指标进行排位赋分,并按照得分高低,进行风险等级赋色,形成绿-黄-红"三色图",每月统一发布,动态更新管理。

将数据指标纳入统计执法"三色预警图",由各地统计执法监督机构牵头负责,并与各业务科室紧密对接,实现执法与日常监管数据互联互通、实时"碰撞",根据指标体系和排名赋分,按月全市通报,集成展示"三色图"及相关图表数据,更加全面反映全市各地统计执法监管工作的开展情况,构建更立体、更精准的统计执法监管等级"画像"。

2. 河南省对网上督察实行三色预警

河南省公安厅将对省辖各市公安局实行网上督察红、黄、蓝三色预警制度,即当月某市局问题超过当月全省问题总量10%时予以蓝色预警;超过15%时予以黄色预警,对该局下达《督察通知书》,并跟踪整改问责;超过20%时予以红色预警,对该局下达《督察建议书》,责令立即整改问责。

(三)智慧涉案财物管理模式

智慧涉案财物管理模式立足重点监督原则,紧紧抓住涉案财物管理处置这个违法违纪易发多发、乱堆乱放、职责不清的重点领域,建立实物静止、手续流转的跨部门涉案财物管理新机制,建设涉案财物跨部门管理平台,实现"公检法财"等部门在涉案财物管理工作中的制度、流程、标准、平台、保管等五方面的统一,打造出一条封闭、完整、连续、畅通的涉案财物闭环处置链。刑事诉讼涉案财物数据跨部门自动流转,实现一个系统录入、自动实时推送、多维远程使用,提升办案效率,减少涉案财物处置的违法违纪问题。

深圳市公安局宝安分局针对国内刑事科学技术中物证保管存在的诸多问题,严格执行物证管理的规范要求,并结合多年从事物证管理的业务专家之经验,吸纳华南理工大学旗下广州赛宸信息有限公司技术优势,借助现代物联网、RFID 射频技术、自动化技术、网络通信技术、大数据技术等先进技术,建设涉案财物管理中心,创新建立"跨部门五统一涉案财物新机制"。

"跨部门五统一涉案财物新机制"总体采用中心库集中管理,暂存库(派出所、扣车场等)分库管理的二级架构。通过涉案财物管理平台建设,实现涉案财物管理公共仓(公检法"公共仓")相关档案资料与检察院、法院等跨部门共用。该机制针对涉案财物管理中的关键环节,形成"扣押、流转、入库、保管、使用、出库、移交、处置"的八大闭环。创新各环节,破除各环节"瓶颈",填补了涉案财物管理的诸多漏洞,充分发挥了保障能力。同时,平台保持了较强的系统扩展能力,为后续业务的变化和发展提供技术基础。2018年,宝安区刑事涉案财物管理中心已试运行。

公安工作的现代化建设,是坚持全面依法治国,以及推进国家治理体系和治理能力现代化的重要一环。公安执法是公安工作的基本内容,而执法监督是实现严格规范公正文明执法的重要保障,是坚持全面依法治国的重要组成部分。现代信息科技发展日新月异,为推进公安"智慧法制"建设提供了现实基础和客观条件,探索利用以大数据、云计算、物联网等为代表的现代信息科技,推进公安"智慧执法监督"建设具有重要意义。

第三节　智慧警务的未来展望

2018 年 1 月 24 日在京召开的全国公安厅局长会议上,时任公安部党委书记、部长赵克志指出,要充分运用大数据等新技术手段,积极构建以大数据智能应用为核心的智慧警务新模式,着力提高预测预警能力、精确打击能力和动态管理能力,不断提升公安工作智能化水平。基于此,本书从以下 4 个方面来分析智慧警务建设的定位与发展方向。

一、引领科技创新,深化应用服务

从近年的警务发展历程来看,5G、云计算、AI、大数据以及物联网等新兴的信息与通信技术(Information and Communications Technology,ICT)正深刻地影响着警务建设和运营,基于 ICT 的警务建设是大势所趋。可以预见在不远的将来,各类 ICT 将在智慧新警务建设中获得更大规模的应用,以解决传统警务工作中诸如数据共享效率低、智能化分析欠缺、审批流程多等问题。

未来智慧警务建设发展将加大前端采集,打造全维感知系统。进一步加强公安前端采集设备的建设,增强前端数据采集获取能力,构建全维感知系统,保证公安大数据中心数据的鲜活、实时、真实。加强与政府其他部门和社会服务单位的协调合作,着手实现数据共享。在安全框架范围内,保证数据的质量,共享公安内部与政府其他部门数据,促进业务系统功能的整合。将数据按照公安部的标准进行数据清洗、标准化等处理,在最大范围内构建公安大数据平台。提炼基层一线民警工作经验,建立全面实战模型的算法库,实现精准打击、精准防控、精准指挥、精准服务以及精准反恐。

提升警务智能化,优化后台分析。加强视频监控建设,进一步合理布局公安视频监控点位,优化和完善视频图像侦查与取证功能,提升视频数据融合处理能力,构建完备的智能视频监控后台,迅速提升社会管控能力。加强对互联网城域网出口数据包解析能力建设,实时分析电脑、手机等终端设备的数据,挖掘上网行为、活动轨迹、生活习惯以及木马病毒分布等信息。融合多源数据库,推动一体化侦查,进一步加大对网侦、技侦、刑侦、图侦的手段和数据资源深度融合力度,拓展数据对应关系,以"人"为核心构建电子档案,提高互联网安全的态势感知能力,搭建全方位、一体化的公安侦查平台,减少审批程序和公文流转环节,提高工作效率,高效侦破案件。

二、实现警务信息化,加大建设管理

以网络化、数字化为载体的信息化警务特征日益显现,人、事、物之间的互动能力显著增强。警务工作的功能不断增多,智能化程度逐步提高,一定程度上解决了传统警务工作效率低、精度低且消耗大量人力、物力在烦琐的日常行政和信息采集工作上的缺陷。智慧警务以公安信息化为基础,面对信息化社会的快节奏,需要注重信息数据采集与分析,实现警务数据的高效利用,并且要全面整合共享数据信息,便利警务工作尽早融入智慧城市建设发展,实现城市安全运行状态的全面感知和动态监控,为精准、快速、高效地开展警务工作提供技术支撑。警务工作满足公安工作的需要,可以智慧化地运行,并给决策者提供解决方案,对公安工作的未来发展起到促进作用,最终走上科技兴警、科技强警的道路。

智慧警务建设的根本出发点就是要解决热点、难点和重点问题。从当地经济、社会热点领域切入,提振公安信息化应用的信心,提高民警对科技信息化的接受度,用智慧警务的大思维来解决实际问题,充分利用高科技手段来辅助解决相应问题,才能实现智慧警务的良性发展,优化公安机关的管理措施,提高工作效率,更好地服务社会。

要加强公安信息化专业人才队伍建设,为深入实施智慧警务提供强有力的智力支撑。建立适应智慧警务建设的人才管理制度,着力打破体制界限,聚焦公安当前科技信息化前沿方向和关键领域,加快引进和培养信息化领军人才。既要致力于培养一支基于公安信息化的跨警种、跨部门、跨领域的警务领导与指挥人才队伍,更要建设一支精通现代信息技术和数据分析技术的警务数据处理专家队伍。尤其是各级公安领导决策者必须强化信息意识,掌握信息技术,通过大数据处理辅助决策。要建立健全信息化专家咨询制度,加强与普通高等院校、公安院校、公安科技企业的合作,为警务工作全方位、多层次培养智慧警务建设与技术侦查人才,不断提升公安科技应用与创新的能力。

三、顺应实战需求,提升警务效能

要在智慧警务工作现有基础上进一步提升其科学化、精细化程度。不同区域的特有实战需求决定建设方式的多元化,这种多元化方式的最终目的是保障总体效果。不同层级公安机关应结合本区域需求进行科学评估,多向基层取经、多听基层声音、多虑基层感受,精准建设本区域内的智慧警务。公安工作要充分考虑各区域实战特征,明确服务标准体系,全面掌握本区域群众对于公安行政职能需求的多样性和典型性,逐步完善服务标准,最终形成良好的、有自身区域特色的智慧警务。

我国当前正处于强国建设的关键期,可控与不可控、确定与不确定、可预料与不可预料的风险大量存在,维护国家安全稳定是确保社会经济健康发展、人民生活安定幸福的根本基石。随着信息技术跨越式发展,基于互联网、高科技的新型犯罪形式层出不穷,应对传统人力型治安的技术规避方法也越来越多、防不胜防,传统警务工作方法已难以有效适应新型犯罪的预测预警要求,难以针对多领域、多层面、多形式、多手段的各类犯罪行为进行快速精准打击。公安系统展开智慧警务建设,就是以智能化为着眼点,紧紧围绕自身职能任务,运用先进信息技术整合自身信息资源,统筹各分支业务应用系统,将城市安全领域的不同模块高度集成、协调运作,从感知、整合、筛选、分析、研判、指挥、处置等各个环节,提升应对信息时代安全风险的能力,达到快速、精准、全面、智能地预防打击犯罪的效果。公安系统建立以情报信息为引领、以指挥中心为龙头、以行动为着力点的情指行一体化合成作战体系,确保快速预警、快速研判、快速处置,有效防范、化解、管控影响公共安全和社会治安稳定的突出问题。

四、建立联动机制,加强顶层设计

联动机制是指各部门在发生某一事件之后协调快速共同作出反应,并形成最终的决策,在最短的时间内解决问题的机制。信息化时代,警务活动中的人、事、物关联性显著提高,单纯依靠传统的单向、单线、单点、单人业务模式,已经难以满足新时代公安机关业务需求。

建立智慧警务共享平台,对快速联动机制有更高层次的要求,协同处理某一个问题,会保证相关信息数据的准确性、实效性,更快地发挥智慧警务的平台作用,及时有效地打击犯罪,预防犯罪。这个快速联动协调的运行机制,需要各部门之间相互沟通,权力统一,并在发生相关警情时由统一联合的总指挥协调各部门之间高效配合,这样才能够做到智慧警务的最优化。此外,还可通过智慧警务建设将警务工作与人民群众紧密联系在一起,促进警务工作更公开透明、方便快捷、整体联动,有利于提高社会公共安全管理能力,打造适应市民需求、时代需要的创新公安服务。

在建设智慧警务过程中需要科学统筹推进,加强顶层设计,实现警务建设和考核任务的高度统一,促进公安科技信息化项目建设任务落实和目标实现。在智慧警务项目建设需最大限度地使各功能模块形成逻辑独立,实现各项警务应用随着业务功能需求的变更可以进行灵活配置、组装和重新整合。智慧警务项目建设成果可以随着公安发展适应需求变化,避免建完即遭淘汰。智慧警务建设是一项长期的过程,经费投入巨大,需要对各类项目需求做好科学论证与分析,有序逐步推进。经济发达地区要全面契合社会变革需求和政府改革需要。经济落后地区要争取成为政府行政服务的排头兵,总体上满足公安行政服务职能优化的技术条件,不断缩小与经济发达地区的公安行政服务水平的差距,最终在同一省级行政区划内实现一体化、科学化,建立稳固向上的警民关系,构建良好的社会治安环境。

(本章作者:林艳)

第七章 智慧法院

第一节 智慧法院的历史进程

一、初步认识智慧法院

党的十八大以来,以习近平同志为核心的党中央高度重视网络安全和信息化工作,对推动网络强国、数字中国和智慧社会建设作出了一系列战略部署,为人民法院加强智慧法院建设指明了前进方向。

2016年3月,最高人民法院院长周强在第十二届全国人民代表大会第四次会议上代表最高人民法院作工作报告,报告提出要加快"智慧法院"建设。同年,智慧法院建设先后列入《国家信息化发展战略纲要》和《"十三五"国家信息化规划》。

2017年5月,最高人民法院院长周强提出了智慧法院的定义:智慧法院是依托现代人工智能,围绕司法为民、公正司法,坚持司法规律、体制改革与技术变革相融合,以高度信息化的方式支持司法审判、诉讼服务和司法管理,实现全业务网上办理、全流程依法公开、全方位智能服务的人民法院组织、建设、运行和管理形态。①

2019年10月,世界银行发布《全球营商环境报告2020》,中国在全球190个经济体中,中国的司法工作机制的"司法程序质量"排名第1,充分体现了智慧法院建设的重要成就。

2021年3月,"加快建设智慧法院"列入《中华人民共和国国民经济和社会发展第十四个五年规划和2035年远景目标纲要》。同年4月,《法治蓝皮书·中国法院信息化发展报告No.5(2021)》认为,中国法院信息化建设已然处于世界领先地位。

"十三五"期间,中国法院信息化已经向全世界法院树立起了网络覆盖最全、数据存量最大、业务支持最多、公开力度最强、协同范围最广、智能服务最新的样板,为信息时代的世界法治文明提供了中国方案,贡献了中国智慧。

---

① 《智慧法院怎样让司法更聪明》,载澎湃新闻(https://m.thepaper.cn/baijiahao_739183),最后访问日期:2022年11月5日。

面向"十四五",人民法院将打造人民法院信息化4.0版,建设司法数据中台、智慧法院大脑、构建中国特色、世界领先的互联网司法模式,创造更高水平的数字正义。

二、智慧法院的发展历史

智慧法院的发展历史,就是人民法院信息化建设的发展历史。从技术演变的角度,可以将该段历史划分为四个阶段:计算机中心化、网络中心化、数据中心化和知识中心化,这几个阶段是既各有特征、又相互重叠的递进阶段。

从20世纪80年代中期开始至本世纪初,我国法院信息系统主要呈现出计算机中心化的特征。1980年代中后期,部分法院开始探索使用计算机。此时计算机主要用于文字输入,由专门打字员使用,代替法官手写文书。1996年以后,计算机和应用软件开始在法院普及。1990年代末期,最高人民法院和经济发达地区法院普遍实现全院配置电脑。2003年,全国法院基本实现审判信息、人事信息管理计算机化。从2006年开始,各地法院逐步推进卷宗电子化的工作,直到2016年,这一工作已基本完成。

从20世纪初至2010年代中期,我国法院信息系统主要呈现出网络中心化的特征。1994年,江苏省南京市中级人民法院尝试建设计算机网络,开地方法院网络建设实践之先河。2016年11月24日,随着西藏林芝地区察瓦龙乡人民法庭接入法院专网,全国所有法院和派出法庭全部接入法院专网,全国法院干警实现"一张网"办公、办案、学习和交流。这充分体现了网络中心化信息系统的巨大优势。

从2010年代中期开始,我国法院信息系统主要呈现出数据中心化的特征。2013年,最高人民法院建成"人民法院数据集中管理平台",开启了数据化时代。2015年最高人民法院提出推进信息化转型升级,建设以数据为中心的人民法院信息化3.0版,这标志着全国法院信息系统全面迈入数据中心化阶段。2016年年底,全国法院司法统计实现自动生成。

在2016年,我国法院的卷宗电子化、网络一体化和数据资源化已基本实现,并开始步入审判智能化阶段。2017年3月,最高人民法院发布《关于加快建设智慧法院的意见》,并会同有关部门将"智慧法庭"建设写入国家人工智能发展规划。这一时期,智能语音识别、文书自动生成、类案推送等智能化办案手段出现并逐渐走向成熟。

三、智慧法院的主要特征

智慧法院建设既是时代需求,更是客观需要,是实现审判体系和审判能力现代化的必由之路。其实,智慧法院不仅是信息技术的司法应用,而且是人民司法事业中事关全局、事关根本、事关长远的一项基础工程。推进智慧法院建设是时代所需,是顺应时代发展潮流的必然选择;推进智慧法院建设是国情所唤,是提升司法公信力的重大举措;推进智慧法院建设是人民所拥,是提升人民群众获得感的有效手段;推进智慧法院建设是政策所导,是深化人民法院司法改革的重要支撑。

智慧法院以网络化、阳光化和智能化为主要特征,这三个基本特征体现为全业务网上办理、全流程依法公开、全方位智能服务。全业务网上办理,就是从审判执行、审判管理、司法政务、纪检监察,到司法公开、诉讼服务、法治宣传等各个业务领域,都要提供网上办理方式。全流程依法公开,就是法院的立案、庭审、执行、听证、文书等审判执行各个流程都要整体化、立体化地向社会公开。全方位智能服务,就是要面向法官、诉讼参与人、社会公众和政务部门,努力运用先进信息技术手段提供智能化服务。智慧法院的三个基本特征是相互促进、有机融合的关系。其中,全业务网上办理,凸显了人民法院方便群众诉讼的决心,是智慧法院的基础性工作;全流程依法公开,凸显了人民法院推进司法公开的决心,是对全国法院的要求和对全国人民的承诺,是智慧法院的外在要求;全方位智能服务,凸显了人民法院工作的先进性和时代感,是智慧法院的内在要求。是否达到"全业务、全流程、全方位",将是评价智慧法院的基本标准和主要依据。

四、智慧法院的亮点

(一)大数据的实时汇聚

人民法院审理的案件信息覆盖民事、商事、刑事、行政等领域,是经济社会发展和人民群众生产生活的"晴雨表""风向标",也被誉为是大数据时代的司法"富矿"。目前,人民法院大数据管理和服务平台积累了审判执行、司法人事、司法研究、司法政务、信息化管理、外部数据六大类数据,累计汇聚2亿多个案件,6亿多份文书,1亿多份电子卷宗等,并以日均7~8万件案件的速度递增,每5分钟实时自动地汇聚到大数据管理和服务平台。大数据管理和服务平台具有数据汇聚实时自动、数据质量高度可信、数据服务全面可用等特征,其为进一步提高人民法院大数据开发和应用水平提供了坚实基础。这些案件数据都能够下钻到具体案件详情,包括审理阶段、收案和立案信息、当事人、诉讼费及承担情况、案件审理情况等详细内容。以数据为依据,用数据说话,可以更加深入地分析和洞察全国法院的审判执行态势。

(二)人工智能的广泛应用

人民法院审判执行的工作本质就是寻找事实、适用法律,对于大量信息进行收集、处理、归纳和应用是司法人员的普遍作业方式,掌握的信息越充分,对于事实的认定就越准确,法律适用也越公允。我国法院借助网上审理、智能辅助等信息系统,大力推动案例分析应用、庭审语音识别、裁判文书辅助生成、法律法条和相似案例智能推送、量刑推荐、审判偏离预警等司法大数据和人工智能手段辅助法官办案改变了传统的案件审理模式,提高了审判效率,这也给世界各国和地区同行留下了深刻印象。人工智能在我国司法改革和实践中的应用深刻地改变了传统的司法观念和工作方式,人们比任何时期都更接近高效、透明、便民的司法,感受到司法带来的公平、正义、便捷、高效。

(三)互联网技术的广泛应用

中国法院在互联网上的应用,集中在两大方面:一是在线诉讼,主要是提供互联网或移动互联网上的调解、立案、缴费、庭审、送达等,它的集中表现形式就是互联网法院;二是司法公开,它最具代表性的是"四大公开平台"。

最高人民法院建成的中国审判流程信息公开网、中国庭审公开网、中国裁判文书网和中国执行信息公开网,被称为中国法院"四大公开平台",实现了对全国法院审判案件的流程节点信息、庭审公开信息、裁判文书信息、执行流程节点信息向案件当事人及社会公众公开,满足了人民群众及时了解案件办理流程和环节、案件裁判过程和结果及执行办理的节点和状态的愿望,构建了以"公开为原则,不公开为例外"的监督管理机制和体系,进而实现了以公开促公正,促进了司法公正,提升了司法公信力。

世界首家互联网法院于2017年在浙江省杭州市挂牌成立。随后,北京互联网法院、广州互联网法院相继成立。互联网法院能够实现起诉、调解、立案、举证、庭审、宣判等诉讼环节全程网络化、无纸化、数字化,当事人通过"填填选选"电子操作参与诉讼,享受"零在途时间""零差旅费用"的便捷司法服务,让当事人"一次不用跑"就能完成整个诉讼。促进司法活动和诉讼方式从时间线单一、场景封闭、参与方固定的传统模式,向时间线开放、场景灵活、多方参与交互的线上司法模式转型。三家互联网法院的设立开辟了互联网时代司法发展的全新路径,标志着我国互联网司法探索实践正式制度化、系统化。

随着移动互联技术的蓬勃发展,人民法院以智能手机和社交软件为载体,打造出了更为高效、便捷、低成本的司法新名片——移动微法院。移动微法院是能够让公众基于广大网民普遍使用的微信平台,利用"打开微信打官司"的微信小程序,提供全国统一的界面入口,线上与线下有机衔接,支持网上立案、在线调解、在线送达、在线庭审、网上缴费等核心功能,实现了民商事一、二审案件全流程在线流转,切实减轻了当事人的诉讼负担,致力于让法院真正实现"24小时不打烊"。

第二节　智慧法院典型应用场景

一、智慧审判

为了缓解司法改革后"案多人少"的压力，减少法官重复性、事务性的工作，破解同案不同判的司法难题，我国法院开始应用服务于法官和诉讼参与人的智能化审判平台，积极推进"智慧审判"的运行与发展。

（一）专业性智慧审判系统

专业性智慧审判系统不仅涉民事案件，还涉及刑事案件、行政等各类案件，有助于提高办案效率和审判质量，是司法实践中一项有力之举。

1.民事案件审判智能辅助系统

民事类案件审判智能辅助系统是人民法院切实贯彻以人民为中心的发展思想，为提高民事类案件审判效率升级打造的智能化平台，实现了将离婚纠纷、物业服务合同纠纷、产品责任纠纷、机动车交通事故责任纠纷、医疗损害责任纠纷、劳动争议、劳务合同纠纷、民间借贷纠纷、房屋买卖合同纠纷、金融借款合同纠纷等重复劳动多的民事类案件审判的智能专审辅助，有力地促进法院审判体系和审判能力现代化。民事类案件智审判能辅助系统适用的案件范围小，但功能更多更完善，尤其是通过人工梳理要素和智能化技术的结合，其类案推送更精准，智能生成文书的可用性也更高。这类平台主要有以下六大核心功能。

一是要素智能采集。依托图文识别和自然语义分析技术，在信息采集的各个节点，能够实现案件信息智能识别和自动回填。例如，在扫描上传起诉材料后，智能系统会自动识别案件基本信息、当事人、诉讼请求等信息项并回填到案件管理系统，从而帮助法官又快又准填录案件信息，节省工作量。

二是证据规则指引。在平台上申请立案时，平台会根据案由分类，自动提醒当事人提交必要的证据。庭审时，提醒法官就关键证据主持双方质证。

三是庭审智能引导。庭审中，每案生成庭审提纲，通过信息要素化、规范化，引导法官确认各项要素。没有确认的关键要素，平台自动提醒承办法官。

四是案例精准推送。通过人工智能技术与案件要素的结合，根据自动提取或庭审确认的要素，自动推送最相似的案例供法官参考，即通过要素化提升案例推送的精准度与可用度。

五是文书自动生成。依据智能提取和审理阶段逐一确认的要素，按照设定的裁判文书模板，参考法官已办案件和推送的精准案例，自动实现裁判文书制作及纠错，帮助法官又快又规范地制作裁判文书。所生成的文书可用性高,可以当庭制作送达,提高审判效率。

六是案件批量处理。实现集团案件的批量处理,包括格式文书、裁判文书的批量生成、批量审批、批量签章、批量送达等,减少法官重复劳动。

2. 刑事案件审判智能辅助系统

刑事案件审判智能辅助办案系统主要是运用图文识别、自然语言理解、智能语音识别、司法实体识别、实体关系分析、司法要素自动提取等人工智能技术,通过制定统一适用的证据标准指引、证据规则指引,并依托互联网、大数据、云计算等技术,为办案人员收集固定证据提供指引,并对证据进行校验、把关、提示、监督,确保侦查、审查起诉的案件事实证据经得起法律检验,确保刑事办案过程全程可视、全程留痕、全程监督,减少司法任意性,防范冤假错案产生。以上海高级人民法院研发的"刑事案件智能辅助办案系统"为例,该系统有 26 项功能,88 项子功能,这些功能包括法律文书自动生成、电子卷宗移送(一键传输)、要素式讯问指引、类案推送、量刑参考等。通过综合应用这些功能,办案质量和效率得到了极大的提高。该系统具有以下三项功能:

一是证据标准指引、证据规则指引功能。通过制定证据标准和证据规则指引,为办案人员提供了"看得见、摸得着、可操作"的标准化、数据化指引,减少了司法任意性,解决了公检法三机关证据标准适用不统一等突出问题。通过证据标准和证据规则的指引,办案人员可在刑事立案、勘查、取证、制作笔录以及案卷时,对所做工作一目了然。

二是证据校验、证据链和全案证据审查判断功能。证据校验功能能及时发现证据中存在的瑕疵和证据之间的矛盾,及时提示给办案人员,由办案人员决定是否补正或者作出说明。证据链和全案证据审查判断功能将办案证据事后审查变为事前指引、事中把关,系统可以从办案开始至审判结束,对办案流程中的每一个环节的证据适时进行校验、提示、把关、监督,克服了办案人员个人判断的差异性、局限性、主观性,提高了对证据审查判断的科学性、精准性、全面性,防止了"起点错、跟着错、错到底",防范冤假错案,保证司法公正。

三是网络平台联动功能,该系统在上海市公检法之间建立专网,系统的中心服务器设置在上海市高级人民法院,同时连通了公检法三机关的办案平台,以实现办案资源互联互通、信息共享。

截至 2018 年 12 月,部署应用此系统的上海全市法院已实现了"三个 100%"的工作目标:证据标准指引覆盖常涉罪名达到 100%、全市常涉罪名案件录入系统达到 100%、一线办案干警运用系统办案达到 100%。上海市常涉罪名的刑事案件办理已实现立案、侦查、报捕、起诉、审判均在此系统内运行。

刑事智能辅助办案系统,有效地防范了冤假错案的产生,创造了更高水平的社会主义司法文明。

3. 行政案件审判智能辅助系统

该平台适用于新型审判团队的智能合议系统,可以实现案件审判全程无纸化、电子卷宗等合议庭成员同步阅看、合议笔录自动分角色语音转写、合议庭成员网上签批等事项,提高了合议质量和效率;此外,该平台还能多维度分析行政案件司法大数据,解构裁判文书,提取相关信息,丰富司法统计内容,校准司法统计数据,增强司法统计的客观性、准确性、全面性。其在全国行政信息化平台上线运行过程中,取得了好的成效。

通过运行智慧合议系统,案件评议工作得到改进,与传统的合议方式相比,评记录速度显著提高,合议笔录内容更加全面、翔实,极大地提高了合议案件的质量和效率。

通过运行裁判文书及案例检索系统,其与行政案件强制制度相关联,有效提高了行政案件裁判文书的质量,提高了典型案例的发掘效率。

通过运行行政信息公开智能审理系统,对案件卷宗材料进行智能化的解析、信息录入、规则判断,大大提高了案件的处理效率。

通过运行行政大数据系统,要求下级法院上报数据的局面彻底改变,并通过针对行政案件数据的深度智能分析,实现了向法官提供关联案件查询、案件走势预测分析等服务,多维度实现可视化管理。业绩评价数据自动生成系统也明显减少了填报统计数据的工作量,增强了工作考核的科学性,提高了考核结果的接受度。这充分满足了司法责任制的最核心需求,为司法改革中人员的分类管理提供了有效的手段,有利于破解全国法院管理和考核工作最亟待解决的问题。

4. 金融案件审判智能辅助系统

由于近年来金融借款和民间借贷案件数量猛增,而此类案件的特点相对明显,金融案件审判智能系统在一般民事办案平台的基础上,结合金融借款和民间借贷纠纷的特点,有助于辅助法官快速办理案件。

以浙江省为例,金融借款和民间借贷案件是浙江民事诉讼领域数量最多的两类案件,年均收案 20 万件(2018 年数据)左右(其中金融借款 6 万件、民间借贷 14 万件),约占民商事一审案件的 1/3。案件总标的额约为 2000 亿元,占民商事一审案件标的额的 44%。2019 年,浙江省高级人民法院以金融借款纠纷为主攻方向,在金融机构的支持下,首创以"人机共融、智审速判"为主要特征的金融智审模式,并将相应的案件智能审判辅助平台命名为"凤凰金融智审"平台。其可高度智能化模仿法官办案,实现人机速审、精准秒判。该平台具有如下四项功能:

一是感知理解功能。金融智审能够"看懂"起诉状、证据材料等,抓取信息、分析案件、认定证据,能够"听懂"庭审中各方发言,智能庭审笔录,协助法官主持并自主推进庭审流程。

二是思维推理功能。金融智审能够运用知识图谱,在庭审过程中自主分析并实时概括案件争议焦点,从而智能预测裁判结果、计算裁判数额等。

三是决策行动功能。金融智审能够按照案件节点,自动推进审查立案、分案排期、电子归档等工作,无需人工操作。

四是协作互动功能。金融智审能够将思维推理的过程和结果全面展现给法官,法官发现某环节有误可直接修改。系统会据此实时改变后续推理和预判结果,并自我学习迭代,如果法官的判断偏离类案裁判,金融智审会向法官提示风险。

金融智审通过实时生成证据链、实时推送事实性发问、自动定位证据、庭审视频锚点自动对应、同步制作裁判文书等方式,为案件裁判提供了全流程伴随式的智能辅助,达到"即诉即办、即审即判",提升了审判质效。金融智审平台给传统的金融案件审理工作带来革命性变化,一方面提升了金融案件效率,进一步实现"简案快审,繁案精审";另一方面运用客观算法保证了裁判公平。

(二) 智能审判辅助类系统

2019年12月,最高人民法院发布的《中国法院的互联网司法》白皮书指出,在人工智能领域,各地法院积极开发各类智能化审判辅助系统,不同程度地实现了裁判风险偏离度预警、案件繁简甄别分流、案件智能画像、庭审自动巡查、法条及类案精准推送、自动生成文书、文书瑕疵自动纠错等功能,这些系统成为法官办案和群众诉讼的有力辅助。

1. 裁判文书智能生成系统

裁判文书智能生成系统是一款面向法官的法律文书写作及资源共享的智能化辅助工具。它以最高人民法院颁布的裁判文书样式、法律法规和相关司法解释为基础,实现了民事、行政案件的一审、二审裁判文书的生成并结合不同法院的实际情况,支持模板的定制研发。它是利用自然语言处理、机器学习等技术手段对电子文件进行识别、解析,并将解析成果应用到模板中的智能文书辅助写作系统。

该系统根据用户选中生成案件所需的前置文书后,自动判断案件的类型与审级,依据对前置文书的解析结果和案件的类型、审级,自动匹配对应的文书模板。系统支持用户自己选择生成裁判文书的类型,包括判决书与裁定书两种;支持用户根据具体情况确定文书模板的"适用情形"。此外,系统自动选择推荐的内容均允许用户修改调整。

系统运用自然语言处理 NLP、机器学习等技术手段,对前置文书进行智能解析,并将解析结果填充到相应的文书模板中,并区分显示模板内容和解析填充部分内容。一方面支持对模板及填充文字部分的编辑,另一方面也支持对裁判文书的核心部分的知识推荐和辅助生成。

(1) 生成事实认定。系统支持在裁判文书的事实认定部分向用户推送类案的事实认定段落、或者推送类案事实认定的分类及对应的书写模式,用户可以在此基础上进行调整,从而辅助法官书写裁判文书。

(2) 生成法官判理。系统一方面运用知识图谱的成果,实现了对法官判理部分的推荐和生成;另一方面也可以向用户推荐类案的"本院认为"段落描述。系统向用户推荐类案的争议焦点、裁判规则和适用法律,用户可以实现多个争议焦点的切换、查看、应用,也可以添加多个争议焦点。用户可以选定某争议焦点下的某一裁判规则,并对适用法条进行选择。系统根据用户的选择形成法官判理部分,用户仅须简单地调整即可生成适合本案的法官判理部分。同时,系统也提供相似文书"本院认为"段落展示。选中某段类案的"本院认为"后,将全部文字返回到文书生成区域特定位置。支持多次添加其他案件的本院认为部分的描述。

(3) 生成判决主文。系统支持生成判决主文部分,并且根据案件事实,系统还会自动将相关理由的表达、法条及判项的模板嵌入文书,文书初稿便完整呈现,法官再加上文书说理和判决部分,一份完整的裁判文书就完成了。

2. 裁判文书智能纠错系统

裁判文书智能纠错系统是通过计算机自主学习,拆解案件法律要素,在人工辅助下,建立规则和搭建数据模块,形成系统智能识别法律实体性错误的纠错能力。该系统通过对常见民商案件裁判文书上百万篇进行要素分析,提炼多个文书质量要素,建立了质量分析模型。大数据算法可帮助法官避免经验主义错误在裁判中出现。

系统能够纠正的实体性错误包括判决未响应诉讼请求、说理部分有遗漏、遗漏事实查明、证据材料未见表述等方面,并第一时间提示法官。该系统不仅仅停留于查找文书的字面词字等形式或格式方面的差错,而是通过大数据、自然语义分析、机器学习等技术手段,指出判决书中的诉讼请求、引用条文和判决主文等实质性差错。

该系统重点对覆盖面广、影响面大的民商事案件进行法律实体性分析,文书的瑕疵率明显下降。以上海市法院系统运用该系统为例,截至2021年2月1日,上海市全市法院共分析裁判文书 664019 篇,瑕疵占比 30.25%,2021 年同比 2020 年瑕疵占比降低 12.65%。

3. 类案智能推送系统

类案推送作为智能司法系统的一项重要技术，对推动司法领域智慧化的建设有着极其重要的作用。司法体制改革后，法官有了更大的自主判断权和自由裁量权，裁判尺度不统一、类案不同判、量刑不规范等问题随之出现。类案推送技术通过发现案情相类似的裁判文书作为法官判案参考，以实现司法过程中类案类判的目标，维护司法公信力。因此，类案推送的研究具有很高的意义和价值，极具应用前景。

为继续深化司法责任制综合配套改革、全面落实司法责任制，最高人民法院于7月27日印发了《关于统一法律适用加强类案检索的指导意见（试行）》，要求各级人民法院积极推进类案检索工作。2018年12月，最高法院又印发《关于进一步全面落实司法责任制的实施意见》，其中要求，各级人民法院应当在完善类案参考、裁判指引等工作机制基础上，建立类案及关联案件强制检索机制，确保类案裁判标准统一、法律适用统一。那么如何判断与识别是否为类案呢？实施意见中明确提到了从"基本事实""争议焦点"及"法律适用"3个方面进行区分。

针对类案强制检索的要求，各级法院纷纷开始运用进行"类案智能推送""类案检索平台"等，此类平台汇聚了刑事、民事、行政、执行案例的大数据，实现系统判定类案自动推送，或者由案例关键词检索、高级检索、智能检索等功能，精准定位法官、检察官、律师、当事人等用户的类案检索内容。系统结合了自然语言处理、机器学习等前沿人工智能技术，通过大数据+法律专家提供规则精准分析案情、人工要素标注+机器自动学习处理千万级案例大数据、大数据匹配锁定同案类案精准关联等多种方式，切实解决类案检索过程中的案情分析难、提炼要素难、匹配准度差等问题。

最高人民法院明确承办法官在审理案件时，应当依托办案平台、档案系统、中国裁判文书网、法信、智审等系统，对最高人民法院已经审结或正在审理的类案与关联案件进行全面检索，制作检索报告，并分情形作出处理。加强法院信息化建设的最新举措，进一步加强司法大数据和人工智能在审判执行工作中的应用。

中国司法大数据研究院研发的类案智能推送系统，实现了类案快速查询和智能推送。这一系统有以下两个特征：一是从案件性质、案情特征、争议焦点、法律适用等4个方面，覆盖1330个全部案由，通过机器自动学习构建出超过10万个维度的特征体系；二是在精准度方面可以做到全案由文书数据整体搜索推送准确率达到63.7%，民事、刑事Top10类型的准确率达到85.5%，其中以文检索全案由整体准确率达61.6%，热门类型案由整体准确率达81.8%。

4. 裁判风险偏离度预警系统

裁判文书作为司法活动的最终产品,其中的事实认定及法律适用是否正确关乎个案中当事人的权利能否实现。随着司法公开程度的不断提升,同案能否同判成为当事人及社会公众所重点关注的问题。对此,智慧法院利用大数据及人工智能技术,搭建了裁判风险偏离度预警系统。

裁判风险偏离度预警系统通过对海量裁判文书的特征进行智能情节提取智能学习并判决结果,建立起具体案件裁判模型。该模型可根据案件的情节特征和案件复杂度从案例库中自动匹配类似案例集合,并据此计算出类案判决结果,为法官裁判提供参考;同时,对于同案匹配度较高的案件,如果与法官制作裁判文书的判决结果出现重大偏离,系统可以自动预警以保障审判监督职权的及时行使。

例如,某法院 2016 年审理的张某故意伤害案,裁判风险偏离度预警系统会在"判决依据"中显示"被害人伤残鉴定报告""和解或谅解书"等判决依据,并给出相应的量刑建议,"免予刑事处罚"。而在"偏离度"一栏,系统会提示当前判决结果与同类历史案件判决结果的偏离度。在张某案中,系统显示的偏离度为 0,即本案免予刑事处罚的结果与同类历史案件判决比较接近。

在裁判案件时,有自由裁量权的法官,会综合考虑案情进行裁量,系统的偏离度只是为法官判案提供参考,并非强制要求。系统结果精确程度也会随着系统的不断完善而改进,但过高的偏离度不仅会提醒法官,也会提醒法院领导和案件管理部门注意,确保裁量合理。在模拟裁判文书生成后,系统会为判决结果生成对应的相关法律条文,也会从案例库中精准检索相似案件推送给法官,以供参考。承办法官可以根据需要选择"最高法院案例"或"其他省份案例"。

该系统对法官的影响是革命性的,一方面,这一系统帮助法官了解在类似案件中其他法官的判断是怎样的,让法官看到自己判案是不是偏离了大多数人的选择;另一方面让他们说明这样偏离的原因,是不是加入了私人的因素。通过该系统,既尊重和规范了法官的自由裁量权,又保证了裁判尺度统一;同时,还保障法院更好履行监督管理职责,实现监督管理方式的平台化、公开化。

5. 量刑规范化智能辅助办案系统

人民法院司法改革和智慧法院建设的深入推进给量刑规范化改革带来了新的机遇。量刑规范化改革经过多年的试行,已经积累了非常丰富的量刑数据和数以万计的典型案例。这些数据为利用大数据、人工智能来辅助法官量刑创造了必要条件。

量刑规范化智能辅助办案系统涵盖了 23 个常见罪名和罚金刑、缓刑的适用,具有智能识别提取犯罪事实和量刑情节,自动推送关联法条和类案,自动依据历史量刑数据推荐量刑,自动生成程序性法律文书和框架性裁判文书,以及多维数据统计等功能。系统还能通过深度学习,不断提高提取案件事实情节、推荐法条及类案的准确性,提高裁判文书生成的质量,从而大幅度地减轻法官量刑办案的工作量,有效地缓解了法院办案压力大的矛盾,减少了同案不同判情况的发生,助力司法改革成效明显。该系统具有以下几个显著特点:

一是高度智能。该系统能与原有审判管理系统无缝对接,智能提取审判管理系统当中的案件信息,智能导入起诉书、辩护词、一审的审理报告、裁判文书等案件相关前置法律文书,并进行综合智能解构分析,智能识别并提取案件基本信息、量刑事实和情节等案件要素。这些案件要素可被自动地运用于后续的量刑以及程序性法律文书、裁判文书的生成。系统还可根据法官使用习惯及数据积累,不断提升智能识别提取案件要素的准确性。

二是便捷实用。该系统有强大的智能算法、法律法规库、量刑规范化实施细则、类案库、历史案件库做支撑。其前台的操作十分简便,几乎不用法官输入,只需对系统提取的事实、情节等进行确认或微调即可。系统根据案件的情况,结合历史数据和量刑规范化实施细则,自动推荐量刑起点及刑罚调节量。在确定量刑事实情节、量刑起点、刑罚调节量、拟宣告刑及宣告刑的过程中,每一步都能自动推荐最为密切关联的法条和量刑实施细则,并自动按照量刑的公式进行计算。

三是整体集成。该系统模拟法官办案的全过程,将其中几个主要环节如审文书、定事实、查法条、找类案、定刑期等融合在一个闭合的系统中,并与原有审判管理系统无缝对接,做到数据共享、信息互通,方便法官尽可能地在一个系统中完成办案工作。其能够实现的功能几乎涵盖一个量刑规范案件审理的全流程。

该系统以数据为导向,其重点在于数据的收集、导入、分析、提取、标注等方面。例如,该系统强调对本案数据、类案数据、全国数据、历史数据、其他相关系统如审判流程管理系统数据等各种数据进行结构化处理,并将数据处理的最终结果运用于办案的各个环节,从而实现智能推荐量刑、智能生成法律文书等相关功能;同时,该系统智能提取的事实、情节是否完整、正确,要由法官确认。系统推荐的法条及类案是否准确,是否具有参考价值要由法官自己把握。系统基于历史数据、其他案件的数据推荐的量刑,是否符合本案的实际情况,达到罪刑相适应的标准,要由法官最终进行确定。该系统在海南 15 家法院试运行以来,法官办理量刑规范化案件的时间减少约 50%,制作裁判文书的时间缩短约70%,制作程序性法律文书的时间减少近90%。

(三)智能审判支持类系统

1. 全流程无纸化办案系统

全流程无纸化办案系统以电子卷宗同步生成及深度应用为基础,以纸质卷宗智能中间库为关键,以辅助事务集约化管理和人员分类管理为保障,聚合应用了智能标注编目系统、司法辅助集约化管理系统、语音智能转写系统、电子质证随讲随翻系统、文书智能生成系统等多个系统。

全流程无纸化办案系统实现审判全程无纸化、透明化,构建以法官为中心、司法辅助工作集约化管理的审判新模式,确保法官专注审判核心事务,优化审判管理,强化审判监督,提升办案质效。使法院审判工作实现了审判流程标准化、诉讼服务智能化、辅助管理集约化、人员配置科学化、审判管理规范化,带来了审判观念、工作流程和人员管理模式的重大变革。

一是促进电子卷宗高质量完成。依托现有智能编目、智慧法庭、左看右写等科技平台实现所有法官办案过程"无纸化"。该功能倒逼法官将办案过程中产生的纸质材料及时同步扫描,同时将纸质材料的编目、质检等辅助性事务实现服务外包,形成电子卷宗同步生成、编目准确,所有证据材料的友好可视。

二是改革审判团队模式。这一系统要求将法官助理、书记员从原审判团队中剥离出来,成立司法辅助集约化中心,把程序性事务交由专人队伍进行"集约化"运作。该功能既避免纸质卷宗的外部流转,又使程序性事务集约化,从而让法官专注于开庭、撰写文书等审判核心事务,大大缩短了案件的审理时限。

三是优化审判管理方式。集约化中心工作人员未完成交办程序性事务的,法官可以随时通过系统进行催促督办。当这些程序性错误事务已完成时,系统也会及时通知法官,全程留痕,督促法官及时启动案件的下一个流程。法官不及时启动的,系统会及时通知庭长介入管理。该功能改变了以往院庭长管理法官,法官管理书记员的单向模式,实现了法官和集约中心的相互协作和监督,同时也避免了拖延办案情况的发生,有效地防范了一定的风险。

为深入推进电子卷宗随案同步生成和深度应用工作,2018年4月,江苏昆山人民法院在智慧审判苏州模式的基础上,以辖区千灯法庭为试点,打造从立案、审理、裁判到结案归档等各环节全流程网上办理的无纸化办案模式"苏州模式——千灯方案",此模式为可复制、易推广的全流程无纸化办案信息化建设积累了经验。

2. 电子卷宗智能应用系统

2016年司法改革进一步向纵深发展,其中,"司法统计与案件流程管理信息系统并轨"和"电子卷宗随案同步生成及深度利用"无疑对人民法院的信息化工作提出了前所未有的高要求。为落实最高人民法院提出的电子卷宗"随案同步生成"要求,河北省高级人民法院于2016年7月研发了电子卷宗智能审判辅助系统,简称智审系统。该系统以帮助法官实现"随扫随用"为目标,助力"随案同步生成电子卷宗"工作的深入落实,该系统包括以下内容:

一是案件基本信息表"数据回填"。当裁判文书制定完毕时,法官可以一键回传至"案件流程管理系统"进入审批程序,减少人工录入的内容,提高案件流程管理系统数据的准确性,同时"数据回填"功能也为"司法统计与案件流程管理系统并轨"工作提供了有力的技术支撑。

二是检索关联案件。智审系统支持在河北全省范围内,以及智审支持数据库所收纳的全国公开案件范围内查找特定当事人的关联案件。该功能有助于防范虚假诉讼,避免同案不同判,并为集中送达提供便利。

三是司法大数据分析功能。司法大数据对于法官办案、院领导科学决策管理有着重要的支撑作用。法官在受理案件后,可在智审系统数据库中获取相关指导性参考案例、本院及上级法院案件、其他法院类似案件,以及直接相关的法律法规和法律文献等信息。除此之外,该系统还可根据法官的选择,展示具体情节下的特定案件的大数据分析。

智审系统的开发和应用缩短了法官文书撰写时间、减少了录入性工作,极大地提高了法官的办案效率和质量。同时,该系统个性化推送案例、新修法律及专著文献的功能有利于法官主动学习、时时"补课",有效地提升了审判质效。

3. 智能语音识别系统

智能语音识别系统是专门针对法院工作场景开发,主要为庭审、调解、合议、听证、审判委员会讨论、制作文书、文书校对、12368诉讼服务热线等环节提供语音转写的服务。该系统一方面使书记员记录负担显著减轻,有更多精力和时间从事其他辅助工作;另一方面,使法官的庭审注意力更加集中、庭审节奏更加紧凑、庭审活动更加规范,审判质效也得到全面提升,有利于司法审判更加公开、透明和公正。2016年9月13日上午,浙江省高级人民法院审理一起故意杀人的刑事案件。在庭审中,庭审记录全部、快速、准确地显示在屏幕之上,至此,"法院智能语音识别系统"在法院系统全面推广。

智能语音识别系统配合现有的高清数字法庭系统、庭审录音备份系统和"审务云",形成了"视频+音频+文字"的智能记录体系,该系统包括如下3项优势：

一是智能化识别系统。该系统具备语音自主学习能力,以机器学习代替人工训练,可以自动学习历史案件数据,结合不同法官和诉讼参与人的语音资料进行有针对性的学习。即使是带有一定口音的普通话,经过机器的反复学习和模型训练,也可持续提高识别率。系统还提供了一体机的技术架构,实现将单路语音数据转成文字,进行流式转写,迟延不超过500毫秒。在转写过程中,系统还能进行自动纠错。法官和书记员还可对识别出的文字进行实时修改和标注,系统会自动匹配标注部分的录音。

二是最大化发挥已有设备的作用,语音智能识别系统能够最大限度地利用数字法庭的现有设备,比如麦克风、语音采集主机、语音分频器以及显示设备,确保数字法庭设备的高效利用。同时,语音识别系统与审判系统、数字法庭管理平台实行无缝对接,可从审判系统、数字法庭平台自动导入案件立案、开庭排期等信息,以便于提高关键字词的识别率。在庭审结束后识别生成的庭审笔录也可同步存储到审判系统,方便法官查阅、利用。

三是大数据挖掘。语音经识别转化为文字后,经断句、分词和结构化等大数据处理,还可进行高频词分析、内容检索、争议焦点归纳、法官庭审习惯分析、当事人画像、案件预判、知识挖掘等大数据利用,这将更好地服务法官办案、服务审判管理、服务人民群众。

智能语音识别系统除"转写"功能之外,还有着其他为保障笔录完整和规范的功能。庭审笔录是法官审理案件的重要依据,一份完整的、规范的庭审笔录,不仅仅是为还原庭审过程,记录当事人所述,更重要的还要体现其专业性。庭审智能识别系统保障了庭审记录的客观完整性,因书记员效率导致庭审被打断的问题基本消除,法庭调查、法庭辩论等环节整体的流畅度也得到了提升。

4. 司法区块链平台

随着信息技术的不断推进,世界已进入数字化时代。数字化在政治、经济、生活等方方面面都发挥着重要作用。2018年最高人民法院《关于互联网法院审理案件若干问题的规定》首次承认了由区块链存证的电子证据的可采性,这是区块链技术应用于司法领域的重要一步。2019年5月,最高人民法院信息中心完成最高法院司法链平台建设工作,同年在全国法院上线试运行。2020年最高人民法院工作报告强调要推动区块链等技术的深度应用。2021年5月18日最高人民法院第1838次审判委员会通过的《人民法院在线诉讼规则》(法释〔2021〕12号)第16条明确规定:"当事人作为证据提交的电子数据系通过区块链技术存储,并经技术核验一致的,人民法院可以认定该电子数据上链后未经篡改,但有相反证据足以推翻的除外。"

司法区块链存证产品共有两种模式：一种是公有链，即链上各个节点均可自由加入和退出网络，并参加链上数据的读写；另一种是联盟链，其各个节点通常有与之对应的实体机构组织，加入与退出网络需经授权。为了推进全国法院基于最高人民法院司法链平台开展创新应用工作，最高人民法院在全国法院中选取一批法院开展司法链试点创新应用，吉林省高级人民法院作为首批司法链试点法院，充分发挥了先行先试的作用。该地法院共完成10个业务应用场景的建设推广工作，形成"一平台，两网络，多场景"的"吉林司法链生态圈"。全国司法链试点法院建设完成一批具有推广价值的司法链应用场景，适合在全国法院进行宣介推广。

目前，在区块链的司法应用中，司法存证是主要应用场景。这一应用可以解决金融、知识产权、电商、交易平台等遇到的存证难、取证难、认定难的问题。如今，吉林、山东、北京、杭州、广州、郑州、成都等多地均已搭建电子证据平台技术区块链运用。其中，北京互联网法院的"天平链"以及杭州互联网法院的"司法区块链"均能够在司法存证领域利用区块链可追溯、不可更改、时间戳等特性，实现电子数据的生成、存储、传播和使用的全流程可信。

二、智慧执行

"执行难"一直是困扰法院执行工作的一大课题，更是社会普遍关注的热点问题。多年来，各级法院都在努力解决这一难题。"执行难"的原因是多方面的，既有法院内部的问题，也有法院外部的问题。要从根本上解决这一问题，不仅需要法院和法官们的努力，改革法院执行工作，创新执行工作机制，更需要相关协助执行部门的支持与配合，整合社会各界力量，通过"综合治理"与信息化手段从根本上解决"执行难"的问题。

(一)全国法院执行案件流程节点管理系统

2016年，最高人民法院研发上线全国法院执行案件流程信息管理系统，实现了全国法院全覆盖、执行干警全覆盖、执行案件信息全覆盖，为8类执行案件设置37个关键节点，规范业务流程、执行主体、财产管理、文书样式和结案管理，将网络查控、执行公开等相关业务集成到系统中，为执行办案全程留痕、全程公开、全程监督，实现案件办理规范化、一体化和智能化创造了良好基础。

全国法院执行案件流程节点管理系统以现行有效法律规定为依托，采用分级部署的方式，统一软硬件配置标准，提供技术咨询和疑难问题解决方案，供全国各级法院各自安装调试及运行维护，全国四级法院统一使用，不仅实现了本级法院有效管理，同时供全国上下级法院之间监督管理、案件联动,实现跨辖区案件异地和委托执行跟踪、查询与管理。

该系统在业务操作层面简单便捷,能够减少法官的工作量,提高法官的工作效率。在案件管理层面以案件管理为中心,对关键数据项自动提取分析,为领导决策提供支撑。通过与其他业务系统相互关联,完成多渠道的立案系统、网络查控系统、财产评估拍卖系统、信息公开系统、事项委托督办、失信惩戒等业务平台对接,有效地杜绝了案件体外循环、全面优化传统查控查人找物办案方式,快速推进财产处置,高效公正执行标的,联动失信被执行人名单采集、推送、司法公开,威慑惩戒失信人员。依托执行办案平台,实现了全国法院执行数据归集,完成了由结果监督向过程监督的转变,为各级法院科学、准确判断案件质效,加强案件管理创造了条件。

(二)执行智能辅助办案系统

执行智能辅助办案系统是由基层法院执行系统推进落实的一项执行工作流程化办案模式改革。以河北省保定市中级人民法院为例,2020年7月,保定市中级人民法院与"两高一部"课题组积极合作,依托"全流程管控的精细化执行技术及装备研究"国家重点研发项目,推动执行智能辅助办案系统正式上线。

执行智能辅助办案系统打造了"十个自动化"+"线下集约"+"政法协同"+"无纸化"的智慧执行模式。所谓"十个自化",即全案文书自动生成、全案信息自动回填、执行措施自动发起、终本案件自动核查、当事人自动关联、执行线索自动推送、执行过程自动公开、执行风险自动预警、执行节点自动提醒和违规行为自动冻结。

该系统包括三个方面的内容:一是依托执行集约化智能辅助办案系统,利用人工智能技术,紧紧围绕执行标准作业流程,极大提升了执行工作的规范化、智能化水平,为一线法官减负、提效。二是依托执行全流程管控系统,构建执行规范性识别规则库,对执行办案流程全数据进行实时监控,对执行节点风险进行自动预警,对严重违规行为直接进行督办管控,提升精细化管理水平。三是依托终本智能核查系统,对终本案件进行"结构化数据+电子卷宗文书"双重校验,利用区块链技术,将终本案件的办理全过程进行自动上链存证实现固化防篡改,确保终本办案过程可信赖,可证明。

执行智能辅助办案系统以科学、智能、精细的系统设置,全面提升了执行办案的智能化水平,并在提升执行办案透明度,加强执行过程风险预警和腐败预防、提高执行管理的精细化等方面作出了有益的尝试。

(三)全国法院网络执行查控系统

解决"执行难"的核心是解决"被执行人难找"和"被执行人财产难查"两

大问题。传统模式下的线下查人找物,执行干警须耗费大量的时间和精力奔赴现场,对被执行人的财产线索进行拉网式查找,成效甚微且效率较低。2015年,全国法院执行网络查控系统正式运行,以全国法院执行案件信息管理系统的数据库为网络基础,将全国上下四级法院之间的执行网络纵向互联与各中央国家机关、商业银行总行网络横向对接,实现从基层法庭到最高法院所有的执行人员都可以通过网络对债务人身份和财产信息在全国范围内进行查询。

全国法院执行网络查控系统具有案件管理、网络查控、远程指挥、信息公开、信用惩戒、监督管理、决策分析等多种功能。各级法院执行人员通过法院内网就可以实现对被执行人在全国范围内的财产进行查控。执行人员在案件系统中将债务人财产查控请求发送到最高人民法院的数据库,由最高人民法院向执行联动单位转送请求。待执行联动单位在信息库中协助完成查询、查封、冻结、扣划等事项后,再通过网络执行查控系统,将查控结果数据及文档反馈给最高人民法院和发起查控请求的执行法院及承办人。

最高人民法院与全国各级法院与中国人民银行等10多个部门和3200家银行业金融机构建立起了网络执行查控系统。截至2020年12月底,全国法院通过网络查控系统累计查控案件9000.99万件,累计冻结资金13219.58亿元,查询房屋、土地等不动产信息18950.07万条,车辆11964.50万辆,证券13899.58亿股,渔船和船舶369.03万艘,网络资金561.71亿元,对进一步震慑"老赖"和保障申请执行人的合法权益,有力破解"执行难"问题起到了积极作用。①

(四)失信被执行人惩戒系统

失信被执行人联合惩戒工作是人民法院执行工作的重要内容。近年来,最高人民法院持续推进失信联合惩戒工作,不断加大失信曝光和惩戒力度,让失信被执行人"一处失信,处处受限"。为进一步震慑失信被执行人,有力推动执行工作的开展,促进和助力社会信用体系的建设工作,各地法院纷纷建设失信曝光平台,并依托平台扩大失信曝光范围,宣传惩戒失信行为的效果,助力解决"执行难"问题。

最高人民法院与国家发展和改革委员会等60家单位签署文件,采取11类37大项150项惩戒措施,对失信被执行人的任职、出行、购房、投资、招投标等进行限制。截至2020年12月底,正在发布中的失信被执行人案件共633万例。累计限制购买飞机票7002万人次。限制购买高铁动车票683万

---

① 《2020年全国法院接收网上立案1080万件》,载人民资讯(http://baijiahao.baidu.com/s?id=1709110793142461629&wfr=spider&fon=pc),最后访问日期:2022年11月5日。

人次。

在最高人民法院建立的失信惩戒体系下,各地法院主动联合惩戒。例如,2015年12月,江西省高级人民法院在全国首创的"法媒银"共建"失信被执行人曝光台"正式上线运行。"法媒银"是一个固定、统一、权威的信息化平台,涵盖法院、媒体、银行三方。通过不同的权限设置,该平台能够实现银行自主推送、法院监督管理、网站信息发布的功能,充分发挥了各自的主动性、能动性和资源优势,形成了最大的合力。"法媒银"具有以下3个功能:

一是免费查询功能。"法媒银"平台通过网站、手机客户端等方式免费向公众开放查询功能。平台数据自动生成,实时更新,能够及时反映案件的动态变化。在被执行人履行义务后,在平台上将自动屏蔽该被执行人信息,从而保障曝光信息的准确性和时效性。

二是举报监督功能,如举报"老赖"栏目,公众可通过该栏目举报"老赖"的财产线索和高消费行为,从而发动社会力量参与打击"老赖"。平台还设置"在线监督"栏目,群众若发现有消极执行、执行不规范的行为,可以在线监督。

三是联合限制功能。平台通过最高人民法院失信惩戒系统和江西省公共信用信息平台,分别向中央和省级执行联动单位推送被执行人信息,通过联合各部门,各行业力量,限制被执行人乘坐飞机、高铁等消费行为,使其在融资授信行业准入投资置业担任重要职位,优惠政策享受以及荣誉考评等多方面受到限制。

"法媒银"平台有效地实现了法院、媒体、金融机构之间的协同和联动,改变了过去联合惩戒失信被执行人时,各主体各自为战,联而不动的局面,加大了对失信违法行为的惩戒力度,有效地破解了"执行难"的问题。

(五)人民法院网络司法拍卖平台

网络司法拍卖是指人民法院依法通过互联网拍卖平台,以网络电子竞价方式公开处置财产的行为。最高人民法院于2016年11月25日确定将淘宝网、京东网、人民法院诉讼资产网、公拍网及中拍网5家平台纳入网络司法拍卖名单库。法院在京东网、人民法院诉讼资产网、公拍网及中拍网拍卖,无须完成注册手续即可直接发布信息,进行拍卖。不过,法院若要在淘宝网拍卖,则需要向淘宝提交注册资料,完成注册后方可开展网络拍卖工作。保证金的管理、竞买人管理、竞拍流程等程序全部在互联网之上完成。网络司法拍卖平台一方面依托各地法院的执行系统,简化了网络司法拍卖中标的物信息和拍卖信息的登记流程;另一方面也能整合网络服务提供者等优势互联网资源,充分发挥网络司法拍卖具有的"一免、二高、三充分"优势。

网络司法拍卖改革,让竞买人异地参拍成为现实,能够实现执行当事人利益的最大化。拍卖过程公开透明,可以从机制上保障司法廉洁。拍卖程序从拍品上传、竞拍到成交,全部在淘宝网上公开,竞拍过程由系统自动控制并实时显示,可以彻底隔离人为因素,从机制上筑牢廉洁防线。截至2020年底,全国法院累计上拍标的物153.7万件,上拍271.3万件次,涉及74.5万案件,标的物成交率63.6%,共有290万人参加拍卖,成交额1.422万亿元,节省佣金439.5亿元。这在一定程度上减轻了法院面临的"案多人少"的矛盾压力,提高了网络司法拍卖的专业化程度和司法拍卖效率。

三、智慧服务

为了实现"让信息多跑腿,让群众少走路",全国法院打造了诉讼服务一体化体系,这一体系包括诉讼服务网站、12368智能服务热线、网上预约立案、诉讼风险预判、多元调解平台、移动终端智能服务APP等。这些服务可以让当事人足不出户即可化解矛盾纠纷,完成诉讼全部进程;同时,最高人民法院自2006年起陆续颁布了若干关于司法公开的司法解释政策文件,提出要依托现代信息技术,打造阳光司法工程,全面推进审判流程信息、庭审信息、裁判文书信息、执行信息全要素信息公开,增进人民群众对司法的理解、信赖和监督,有效地保障人民群众在每一个司法案件中的合法权益,更好地弘扬法治精神。

(一)诉讼服务和多元调解

1.智慧诉讼服务中心

为贯彻落实最高人民法院一站式多元解纷和诉讼服务体系的建设要求,全国各级法院对诉服中心进行提档升级,通过VR技术、3D建模实景还原了诉服大厅场景和各项功能点位,为当事人提供全新的沉浸式诉讼体验。各级法院还借助信息化手段,不断拓展诉讼服务的广度、深度和即时互动性,进一步提升人民群众的便捷性和获得感,缩短了人民群众与司法的距离感。以北京市第三中级人民法院为例,该院结合最高人民法院发布的《关于加快建设智慧法院的意见》,借助智慧法院建设的契机,利用AI与大数据的技术能力设计了智慧诉讼服务中心项目,通过运用现代科技思维和手段分析问题、解决问题,切实发挥高新技术对法院工作的重要推动和保障作用,智慧服务中心主要做以下4项工作:

一是利用物联网技术,构建万物互联互通生态。北京市第三中级人民法院大力应用物联网技术和人脸识别技术,铺设各类智能硬件。其中,人脸识别智能闸机是该院自助登记分流系统的重要组成部分。来院人员可根据人员类别、办理事由等自主选择人工登记窗口、自助登记闸机、自助登记终端等途径实现登记分流,缓解登记人流压力,节省流通时间。经由自助登记分流系统后台数据校验后可通过人脸识别方式进入院内。

二是建设 VR 实景网上诉讼服务中心,打造"互联网+"诉讼服务体系。群众可通过北京市三中院的官方网站、微信小程序登录 VR 全景线上诉讼服务大厅,身临其境地体验各项诉讼业务。后期可以实现各项诉讼业务——从诉前风险评估、案例咨询、调解和解,到诉中查询咨询、登记立案、速裁快审、联系法官、材料收转,再到诉后判后答疑、信访接待的线上办理,为不同需求的当事人提供优质高效的诉讼服务,让司法服务惠及人民群众。

三是应用智慧信息发布屏,不断提升司法公开工作水平。利用最新一代智慧信息发布屏,采用统一后台集中管理,实现对法院内不同区域屏幕设备进行分组管理,不同分组设备可同时显示不同的信息播报,并支持对指定设备或分组自主设定信息播放时间和频率。

四是利用机器人运送卷宗,减轻非审判性事务给办案人员带来的负担。法院的卷宗运送环节耗时费力,办案人员每天大量时间浪费在这类非审判性事务工作上,此类重复性劳动完全可以采用机器人取代,这样使得办案人员宝贵的精力用于更好地服务群众工作上来,北京市三中院利用室内 AI 运送机器人完美解决了这一问题,该机器人能够自动往返于立案窗口和材料收转窗口之间。

智慧法院建设的飞速发展,反映了人民法院"努力让人民群众在每一个司法案件中感受到公平正义"的价值追求。

2. 12368 诉讼服务热线

公正司法离不开便捷高效的诉讼服务。在全面深化司法体制改革的宏大背景下,为主动回应群众新期待,提升司法服务质效,让人民群众更加真切地感受到我国司法的人文关怀,最高人民法院开通了 12368 诉讼服务热线,作为连接人民群众与人民法院的桥梁和纽带,12368 平台为社会公众参与诉讼活动提供服务和方便。这既是司法便民的新举措,又是深化司法公开、自觉接受监督的新途径。

12368 热线可提供如下六种服务:一是诉讼咨询。热线可以向当事人和社会公众提供诉讼程序性咨询以及法院事务性信息的解答。九大类知识库内容以及数十万条知识问答为 12368 热线答复提供了法律专业知识的支持。二是联系法官。帮助当事人及其代理人、辩护人通过派发网络工单的方式联系案件承办法官。三是案件查询。帮助当事人及其代理人、辩护人查询案件流程及承办法官等可公开的案件信息。四是投诉举报。接受当事人的涉诉信访诉求和社会公众的投诉、举报,并通过派发网络工单的方式,转交相关法院和部门答复处理。五是意见建议。接受社会公众对法院工作提出的意见建议,接受社会监督,不断提升北京法院办案工作水平。六是督办。12368热线专设工作人员对上述联系法官、投诉举报、意见建议等工单进行审核和督办,确保人民群众反映的问题能够得到及时回复。

近年来,随着司法体制改革的不断推进以及人民群众的司法需求不断多元化,12368诉讼服务热线也呈现出一定的特点和变化规律,产生了实际的应用效果。一是坚持需求导向,力争让群众诉讼更加便捷。作为法院为民服务的平台,12368诉讼服务热线建设始终坚持需求导向,主动回应人民群众对法院工作的关切、期待,集约司法资源,着力消除诉讼障碍,切实做到了让当事人打得通电话、找得到法官、说得清情况、等得到回复,人民群众普遍反映诉讼确实更便捷了。二是展现司法自信,司法过程更加公开。司法过程公开不仅是阳光司法的内在要求,也是司法自信的体现。自12368诉讼服务热线开通以来,诉讼当事人通过12368诉讼服务热线、网络和移动终端的人工查询和自助查询渠道查询案件信息和法院相关信息,这做到了全程留痕、全程可视、全程可查、全程规范,使得诉讼过程更加公开透明。随着12368诉讼服务热线的发展完善,司法公开也从信息公开向功能公开延伸,诉讼当事人可以全程网上跟踪案件审理,律师也可以在平台上进行网上阅卷、网上申请延期开庭、申请诉讼保全、申请调查令等,司法公开程度大幅提升,这充分保障人民群众的知情权、参与权、监督权和表达权,切实提高了司法公信力。三是畅通监督渠道,让司法行为更加规范。12368诉讼服务热线既是方便群众诉讼的载体,也是监督司法活动、规范司法言行的重要抓手。12368诉讼服务热线的开通有效促进了法院干警工作理念的更新及工作作风和行为规范的改进。法院干警在"把方便留给群众,把困难留给自己"的诉讼服务理念的引领下,司法为民意识更强,服务更加主动,工作更加积极,司法言行更加规范,切实做到了"对群众急需急盼的事零懈怠"。四是贯彻为民司法,让人民群众更加满意。12368诉讼服务热线解决了诉讼当事人的实际问题,消除了人民群众反映较为集中的诉讼障碍,极大地方便了人民群众参与诉讼。

随着人工智能、大数据、云计算等新技术的不断涌现,人民群众对12368诉讼服务热线的发展和完善提出了更高的要求。人民法院将以12368平台为契机,继续坚持需求导向,积极运用互联网思维,进一步提升平台的规范化运行,充分发挥平台功能,推动12368平台向全天候、全方位、零距离、无障碍、智能化深度发展,努力让人民群众在每一次诉讼服务中感受到获得感。

3. 多元调解服务

为了给人民群众提供全时空、跨地域、全流程的在线解纷服务,让群众足不出户就能享有途径更多样、方式更快捷、成本更低廉、结果有保障的一站式在线解纷服务,2018年2月,最高人民法院上线运行人民法院调解平台。人民法院调解平台,是集合法院的审判调解资源和全社会的纠纷化解资源,以便更好完成纠纷调解工作;能够打通线下线上多种渠道,灵活组织开展调解;可以实现在线制作调解协议和在线司法确认,提高调解效率;对调解不成功的案件,法官引导当事人在线申请立案。

人民法院调解平台以"大数据"思维为主线,按需导向,多元共治,集在线咨询协商、中立评估、诉前调解、诉中调解、在线仲裁、在线诉讼等功能为一体,使在线纠纷的受理、分流、化解、反馈等环节实现信息数据全覆盖,打通线上线下调解渠道,为当事人提供绿色便捷的网络调解平台,实现了以低成本、高效率化解群众纠纷,同时也起到预防控制纠纷的作用。

截至2020年年底,全国3502家法院全部完成与调解平台的对接,平台入驻调解组织32937个,调解员165333人。2018年、2019年、2020年在线音视频调解数量分别为2917件、16649件、1011181件,累计调解案件超过1360万件,每件案件的平均调解时长为23.33天。2020年人民法院调解平台新增调解成功案件519.88万件,调解成功率达65.04%。在疫情防控期间,各级人民法院通过人民法院调解平台为当事人提供不见面、一站式的"云"上解纷服务,2020年2月至4月新增音视频调解量是2019年全年的3.5倍。这实现了纠纷"终端"与诉讼"前端"的无缝对接,让大量纠纷通过前端防控体系止于未发、化于萌芽。

人民法院调解平台,作为互联网+"枫桥经验"的创新举措,通过运用现代信息技术,打破区域、部门和层级信息壁垒,将有关部门参与社会治理、化解矛盾纠纷的职能协同起来,将调解组织和调解人员等各类解纷资源集成起来,将协商、评估、调解、诉讼等解纷方式对接起来,将委派调解、司法确认、立案、速裁快审等流程贯通起来,重塑解纷格局,形成纵横联动、开放融合、集约高效的纠纷解决网络,最大限度地提升了解纷效能,更好地满足人民群众多层次、多样化的解纷需求。

4. 诉讼风险评估系统

发生矛盾纠纷后该不该起诉,风险有多大,费用大概要花多少?实践中,有些纠纷当事人无法客观评估自己的诉讼成本,造成"盲目诉讼",劳神不说,还会耗费钱财。如何事前预测风险、降低盲目诉讼概率,为应对这些问题,诉讼风险评估系统应运而生。

当群众到法院进行法律咨询或申请立案时,法官可以通过法律释明的形式,让群众提前了解法律、预知风险,与群众细算风险、亲情、信誉、时间、经济"五笔账"。通过细算这"五笔账",指引群众对诉讼风险进行评估,引导群众冷静、理智地分析解决问题,从而使群众有妥当的心理预期。

基于这样的原理分析,不少法院引进了诉讼风险评估系统,该系统很大程度上可以替代或者辅助法官进行风险的评估。在诉讼风险评估设备上,当事人只需将身份证轻轻一刷,即可进入诉服一体机界面,选择"诉讼风险评估"后,系统会以选择诉讼案件的常用案由为入口,以提问的形式让当事人根据自身实际情况选择答案。系统将根据选择的答案,从风险、时间、经济、感情等几方面进行风险评估,并自动生成诉讼风险评估报告,供当事人输出打印带走。利用信息、大数据先进技术帮助群众算好诉讼风险账,这能避免当事人"盲目诉讼",还可减轻法院的诉讼压力。

智能诉讼风险评估,可以帮助当事人识别和避免常见的法律风险,对诉讼维权的方式形成更加清醒的认识,从而做出理性选择。这也能促进法院过滤机制的形成,鼓励当事人选择非诉渠道解决矛盾纠纷,使部分案件在诉前就得到疏导、分流和化解。

5. 远程庭审服务

远程庭审系统,是指"通过计算机及网络技术建立的声音、视频图像传输通道及终端设备等,让人民法院的审判人员与当事人、诉讼参与人分别在法庭及远程审理点同步完成提审被告人、接待当事人、开庭审理、开庭宣判等审判活动"的系统。2007年上海市第一中级人民法院最早利用网络音频系统将与之相距80公里的原审法庭(金山区人民法院刑事法庭)"合二为一",不到半个小时便完成整个庭审过程。

远程庭审系统通过政法专网实现音视频传输,法庭、检察院、看守所各端配置相应设备,远程开庭结束后犯人确认笔录,确认笔录无误后可实时签名和指纹录入,系统会将这些信息回传至法院。数字法庭内的案件审理人员、检察院公诉人员可以实时对身在异地的被告进行讯问或开庭审理,大大减少了司法资源损耗。

远程庭审系统实现了法院、检察院、看守所、狱内法庭乃至移动终端等不同系统之间的互联互通、跨界融合。经测试,此系统应用于刑事案件审理效果显著,不仅减免了庭审各方奔波往来的时间,也大大降低了押解及庭审中的安保风险,同时缩短了刑事案件办理周期,降低了诉讼成本,节约了司法资源。

6. 互联网法院

近些年来,作为中国"电子商务之都"的浙江省杭州市长期牢牢占据着我国电商发展的第一梯队的位置,全国85%的网络零售、70%的跨境电子商务、60%的企业间电商交易都依托浙江省的电商平台完成。在电商迅猛发展的同时,相关纠纷也井喷式增长,仅杭州市中级人民法院受理的电子商务案件,就从2013年的600件,跃升至2016年的10000多件;随着直播、短视频等传播形式不断出现,新型知识产权纠纷纷至沓来。① 涉网纠纷用传统的诉讼方式去解决,存在成本高、周期长、程序繁琐等问题,而采取"网上纠纷网上审"的方式,能有效地克服传统诉讼方式的不足,为民众提供更优质的司法服务。

互联网法院通过打造全业务网上办理、全流程依法公开、全方位智能服务的诉讼平台,让当事人"一次不用跑"就能完成整个诉讼,实现起诉、调解、立案、举证、庭审、宣判等诉讼环节全程网络化、无纸化、数字化。当事人通过"填填选选"的电子操作即可参与诉讼,享受"零在途时间""零差旅费用"的便捷司法服务。这促进了司法活动和诉讼方式从时间线单一、场景封闭、参与方固定的传统模式,向时间线开放、场景灵活、多方参与交互的线上司法模式转型。

互联网法院平台建设实现从满足当事人体验转向服务法官办案并重。搭建并完善网上诉讼平台、在线调解平台、电子证据平台、网上执行平台、审判大数据平台六大平台的搭建与完善,有效破解"立案难""送达难""执行难"三大传统司法难题;互联网法院注重技术应用从辅助办案转向推动社会治理并重。信息技术应用大显身手的场景从司法审判拓展到社会治理,借助司法区块链实现案件事实再现,推进网络空间共治共享机制和社会诚信体系的建设。"零接触"的司法服务模式,在新冠肺炎疫情期间成为国家治理效能提升的新引擎。以杭州互联网法院为例,其上线全国首个电子证据平台和司法区块链平台,创新了在线存证方式,有效地缓解电子证据取证难、存证难、认证难的问题,这使得案件事实得以客观再现,促进纠纷得以快速化解;通过打造网络行为"自愿签约—自动履行—履行不能智能立案—智能审判—智能执行"全流程闭环,构建互联网时代下新的契约签署及履行形态,推进网络社会诚信体系建设,目前平台链上数据已逾 50.67 亿条并率先完成与最高人民法院区块链的对接互通。

北京作为全国科创中心、文化中心,近年来文创产业迅猛发展,版权纠纷数量快速增加。北京互联网法院在推动构建版权纠纷多元治理上全面发力,联合北京市版权局推动建设"双标统一""双链对接""双驱促市"的版权共治体系,这举措预计将减少 50%的图片类版权纠纷。北京互联网法院打造的行政与司法协同治理模式,属全国首创。北京互联网法院用一年左右的时间深入 10 余家版权监管机构和行业协会、30 余家图片公司和互联网企业问需问策,最终形成 7000 余字的图片类著作权案件调研报告,归纳出 60 余条

---

① 《杭州互联网法院前身:系电子商务网上法庭,开庭平均用半小时》,载澎湃新闻(www.thepaper.cn/newsPetail_forward_1720700),最后访问日期:2022 年 11 月 5 日。

法院审理版权争议的规则。①

广州互联网法院作为粤港澳大湾区唯一一家互联网法院,其勇于创新,勇作互联网治理能力现代化的"试验田"。该院推出全国首个互联网司法信用报告制度,让信用"活"起来;设立了全国首个5G智慧司法便民诉讼服务设施"E法亭",让市民从此拥有了家门口的"微法庭"。该院更是在全国率先推出互联网司法信用报告制度,首创绿、蓝、黄、红、黑"五色信用"评价体系;上线"网通法链"智慧信用生态系统,依托司法区块链打造了可信电子证据平台和司法信用共治平台,通过建立智能信用信息评价机制,为互联网纠纷诉源治理贡献"广州方案"。

中国设立的三家互联网法院开辟了互联网时代司法发展的全新路径,标志着我国互联网司法探索实践正式制度化、系统化。

7. 移动微法院

移动微法院较早于2017年出现于浙江省余姚市人民法院,经过宁波市县两级法院近1年试点,2018年9月,最高人民法院宣布成立全国联合项目组,在"宁波移动微法院"的基础上,研发更为成熟的产品,向全国法院推广。② 根据最高人民法院的部署,该系统于2019年3月被推广到北京、上海等12个省(区、市)辖区法院,由"浙江移动微法院"上升为"中国移动微法院"。其因方便、高效、公信等特点受到群众和企业的广泛欢迎,随即全国3500多个法院全部部署应用了移动微法院。截至2020年年底,全国法院运用"中国移动微法院"办理案件超过220万件,平台总访问量达5.22亿人次,超过214万名诉讼参与人体验了"中国移动微法院"的便捷与高效。

移动微法院可在民商事、行政、刑事自诉、执行等案件(约占法院收案总量90%)中实现在线立案、送达、证据交换、调解、开庭、执行等。实践证明,通过移动微法院办事、办案,开启了移动电子诉讼的新模式。这不仅是技术上的创新,而且伴随着诉讼规则的重塑和办案流程的再造,将有力推动诉讼机制与司法制度实现重大变革。

新冠肺炎疫情期间,全国法院依托"中国移动微法院"平台,有效保障了人民群众参与诉讼活动。该系统通过证件人脸识别、证照比对、实名手机号码关联等方式在线完成当事人身份认证,确保各方诉讼参与人身份真实性。2021年2月3日,山东省青岛市中级人民法院对一起跨境网上立案申请予以立案,这是全国首次通过"中国移动微法院"提供跨境网上立案服务。使用

---

① 潘剑锋:《联第网法院构造网络社会共论生态圈》,载人民资讯(https://baijiahao.baidc.com/s? id=1680156425381765586&wfr_spider&for=pa),最后访问日期:2022年11月5日。

② 最高人民法院:《移动互联网大发展催生移动微法》,载澎湃新闻(www. https://m.thepaper. cn/baijiahao_4376221),最后访问日期:2022年11月5日。

跨境网上立案功能,当事人可以申请委托代理视频见证。视频见证由法官在线发起,法官、跨境诉讼当事人和律师三方同时视频在线,在法官的视频见证下,当事人和律师签署委托代理文件,无需再办理公证、认证、转递手续。

(二)司法公开

最高人民法院自 2006 年起颁布了若干关于司法公开的司法解释政策文件,提出要依托现代信息技术,打造阳光司法工程,全面推进审判流程信息、庭审信息、裁判文书信息、执行信息全要素信息公开,增进人民群众对司法的理解、信赖和监督,有效保障人民群众在每一个司法案件中的合法权益,更好地弘扬法治精神。为贯彻落实关于司法公开的政策文件精神,最高人民法院组织建设了中国审判流程信息公开网、中国庭审公开网、中国裁判文书网、中国执行信息公开网,实现了对全国法院审判案件的流程节点信息、庭审公开信息、裁判文书信息、执行流程节点信息向案件当事人及社会公众公开,满足人民群众及时了解案件办理流程和环节,案件裁判过程和结果,以及执行办理的节点和状态的需求。同时司法公开体制也注重个人隐私信息的屏蔽和消隐,秉持"公开为原则,不公开为例外"的原则来构建监督管理机制和体系,进而实现以公开促公正,提升司法公信力。

1. 四大公开平台

(1)中国审判流程信息公开网。审判流程公开是方便人民群众参与诉讼、保障当事人诉讼权利的重要途径。各级人民法院积极推进审判流程信息公开,通过网站、短信、微信等多种渠道向当事人及其诉讼代理人推送案件流程信息,并在公开内容和公开渠道上不断拓展、深化。2018 年 9 月开始,中国审判流程信息公开网实现了全国四级法院审判流程信息的统一、自动、规范公开,从根本上改变了以往当事人千方百计找关系打听案件审理和进展情况的局面。2018 年 9 月至 2020 年 12 月,全国所有法院实现了审判流程信息统一自动公开;中国审判流程信息公开网公开信息项 24.9 亿项,页面访问量 4.08 亿次。①

(2)中国庭审公开网。2016 年 9 月,中国庭审公开网正式上线。在这个平台上,民事、行政案件原告、被告的诉讼行为,刑事案件中的侦查、公诉行为以及被告、律师的辩解辩护意见,都与审判活动一起,不仅能够接受法庭内外的监督和评判,还成为一堂生动的法治宣传课,最为直观、生动地向全社会传播中国法庭的司法形象。2016 年 9 月至 2020 年 12 月,全国 3500 余家法院全部接入中国庭审公开网,累计直播庭审 1138.64 万件,访问量超过 335.92

---

① 《中国庭审公开网公开庭审突破 1000 万场》,载新华网(https://baijiahao.baidu.com/s?id=1685153025913662889&wfr=spider&for=pc.),最后访问日期:2022 年 1 月 5 日。

亿次。

(3) 中国裁判文书网。裁判文书公开彰显了中国法院公正司法的决心和自信,该网站也已经成为中国法治文明的重要窗口,并受到国际国内广泛关注。最高人民法院不断优化中国裁判文书网的功能和性能,旨在提升用户访问体验,强化系统安全保障,以此打造中国司法公开的标志。截至2020年11月,中国裁判文书网文书总量1.37亿篇,访问总量972.16亿次。①

(4) 中国执行信息公开网。执行信息公开是实现执行公正、提高执行威慑力的重要途径。在失信被执行人、执行案件信息公开的基础上,最高人民法院进一步扩大公开范围,将全国法院终本案件信息、网络司法拍卖信息、执行案款领取公告信息进行了公开。

2. 其他公开平台

除四大公开平台外,中国司法案例网,全国企业破产重整案件信息网,全国法院减刑假释、暂予监外执行信息网,各级法院诉讼服务网和12368诉讼服务热线等也都是面向社会公众的司法公开渠道,并成为人民法院全流程审判执行要素依法公开的重要补充。

在地方法院层面,司法公开的范围也越来越广。一是部分地方法院着力打造司法公开的统一平台,使当事人获取司法信息更加便利。如浙江省高级人民法院的浙江公开网集合了全省法院的裁判文书、审判流程、执行信息等大量信息,使得司法公开信息"一网打尽"。二是完善庭审公开制度。一些法院在建立庭审公告公开的基础上,公开了旁听规则、旁听席位信息,并建立了旁听预约制度。对于依法应当公开审理,且受社会关注的案件,会在已有条件范围内,优先安排与申请旁听者数量相适应的法庭开庭。三是数据信息公开。一些法院还注重司法运行相关数据的公开,有的法院在其门户网站上专门设立了财务公开栏目,公开法院的预决算、"三公"经费、涉案款物、诉讼费收退等财务信息。同时,还设专栏公开法院的工作报告、工作总结、白皮书以及收结案情况等数据。

四、智慧管理

我国各级人民法院始终坚持以需求为导向,以服务为目标,坚持开放和共享。各级法院充分运用现代化信息技术,推进智慧司法的管理与决策,并通过法院之间的网络互联互通和数据共联共享,实现一键业务交流、信息共享,促进法院有效司法管理。通过可视化大数据集中管理平台,实现司法数据的可视化管理,辅助各级法院培训教育、司法改革、科学决策。通过司法大

---

① 数据来源:参见中国裁判文书网。

数据评估审判工作运行态势,挖掘经济社会发展的苗头性、倾向性问题,服务司法决策和社会治理。

智慧管理的实现主要依赖于体制机制的完善与技术设备的支持,具体包括审判信息资源库、质效型运维体系中枢以及"四类敏感案件"监督系统。

(一)审判信息资源库

近年来,最高人民法院大力推动人民法院大数据管理和服务平台的建设。2014年,人民法院大数据管理和服务平台正式上线,据有关统计,截止到2021年1月,人民法院大数据管理服务平台已经汇聚了全国法院2.27亿件案件信息,①成为全世界最大的审判信息资源库。

一些走在信息化建设前列的法院率先依托大数据库,建立起了针对案件审判态势、风险防控、金融审判、执行工作等大数据进行专项分析的平台。大数据管理服务平台包括三个方面,一是统一的数据汇聚标准。平台需完成数据统一共享交换和服务管理,实现跨部门、跨层级、跨网系间的各应用系统间的对接。二是基于统一的共享交换平台汇聚的数据,以及一整套审判执行、司法管理、人民群众等服务生态。三是对整个大数据管理和服务平台的数据资源、数据质量、数据全生命周期等全方位管理。

人民法院大数据管理和服务平台的建设,先后经历了全国法院全覆盖、案件数据全覆盖、统计信息全覆盖三个阶段。针对全国法院办案系统不统一、数据标准不健全、不少尚未接入法院专网等突出问题,平台通过原型系统拓展、关键技术攻关、现场排忧解难、特殊情况特办等方式,在不到一年的时间内,2015年6月,就实现了全国四级法院与平台的联通,基本形成一张覆盖全国3500多个法院、1万余个派出法庭的"数据大网"。

当前,平台每5分钟动态更新全国3502家法院的案件信息,每日新增7—8万件案件,已累计汇聚全国法院2.27亿件案件信息。同时,平台可以随时自动生成全国法院审判态势,实现了司法统计历史上报表数量最多、一次性服务单位最多、生成效率最快等"三个之最",实现了司法统计乃至于政务统计领域中的革命性跨越。

(二)质效型运维体系中枢

为切实全面掌控信息化运行质效,着力解决法院信息化管理机制与业务信息化发展存在的不平衡问题,也为进一步提高运维服务的保障水平,最高人民法院信息中心于2015年开展质效运维体系建设。经过几年的经验积累和不断发展,最终形成了"三位一体"质效型运维体系,其中可视化运维管理

---

① 参见最高人民法院大数据管理服务平台。

平台是该体系运转的中枢。

可视化质效型运维平台以业务服务效能为核心,实现了基础设施、应用系统、数据资源和信息安全等要素的动态监控、故障预防和效能评估等功能,能够保障业务系统高质量运行,全面提升了运维质效,并通过自动化、智能化的运维工具在一定程度上节省了运维成本。平台有统一的质效指标评价体系、数据字典、资产编码等数据标准体系,且具备分级部署条件,可以向下级法院部署实施,同时能够与下级法院平台实现数据对接,规避了已经完成建设的不同平台数据接入的问题,为了解全国法院信息化建设与运行状况提供参考。可视化质效运维管理平台的建成运行,实现了最高人民法院对业务系统全过程的规范化、网络化和智能化管理。

可视化质效运维管理平台已覆盖最高人民法院外部专网、法院专网、互联网、移动专网和涉密内网五大网系,并完成了对基础设施(主机设备、网络设备、存储设备)的全面梳理并将其纳入平台进行实时监控。运维人员利用可视化质效运维管理平台进行日常监控,出现告警及时通知厂商处理,降低故障影响;将最高法院所有应用系统纳入监控范围,对响应时间等运行指标检测,及时反馈厂商调整优化,保障系统稳定运行的同时提升用户体验;数据及安全监控率也已经达 90% 以上。最高人民法院打破了被动式、救火式的传统运维模式,完成了从只重质量到质效双提升的运维模式转变。自质效运维落地以来,基础设施和应用设施故障率及用户投诉数量明显减低,干警满意度有了大幅度提升。截至目前,质效运维体系监控并处理系统预警千余起,出台质效运维报告 35 篇,用户集中投诉事件量明显减少,成效显著。有效地为"智慧法院"建设保驾护航,为信息化建设与管理决策提供支撑。

(三)"四类敏感案件"监督系统

随着网络时代和信息社会的到来,信息技术已经普遍地应用于各级人民法院办公办案、审判管理、人事管理、后勤管理等各项工作中,这对我国的案件诉讼类型、诉讼理论、实践与审判管理提出了前所未有的机遇和挑战。司法改革后,在落实"让审理者裁判、由裁判者负责"要求过程中,院、庭长与承办法官之间的矛盾日渐突出。一方面法官与院、庭长之间如何做到"放权不放任,监督不缺位,到位不越位"成为了新的问题。另一方面,"智慧法院"建设提高了法院案件受理、审判、执行、监督等环节的信息化水平,让信息化实实在在地成为了人民法院组织、管理和建设的运行载体。借助信息化手段,也能让院、庭长监管更加刚性,让监管更加透明,从而更有利于促进审判体系、审判能力、审判管理现代化。例如,2017 年,宜宾市中级人民法院根据最高人民法院《关于完善人民法院司法责任制的若干意见》等规定,搭建了具有"四梁八柱"性质的审判监督管理工作制度框架,并组织研发了涉众涉稳、疑难复杂、类案冲突、违法审判等"四类敏感"案件监管系统。系统依托大数据分析技术,对数字化数据进行清洗,按须挖掘信息背后的数据。同时,该系统采取柱状图、饼状图、折线图等各种可视形式对各类监管案件的数量分布、启动主体、监管事由、审理时限、案件监管比例等数据情况进行直观展示,并可向院、庭长、审管办提供预测辅助性分析,监管情况模拟判断,以实现决策支撑功能,产生了良好的实用效果。"四类敏感"案件监管系统发挥了如下4个方面的作用：

一是实现了"四类敏感"案件监管从理念倡导到现实操作的转变。平台的应用,使全院全员全程监管中"四类敏感"案件监管变成了可能,同时,深化了各监管主体的管理意识,使审判团队的自律管理,院、庭长的主责管理,审管办的专责管理,综合部门的协同管理变得看得见、摸得着。2019年,宜宾市中级人民法院纳入"四类敏感"监管案件3446件,占全市法院受理案件数的4.75%,其中,群体性纠纷案件居多,重大疑难复杂案件次之,其他类型较少。①

二是实现了对审判行权从随意化、行政化、碎片化到清单化、组织化、平台化的转变。通过后台管理,严格控制访问权限、使用权限,实现对全院案件监管过程中各自所行使的公共权力严格的权限设置。个人权限、部门权限、审管权限、庭长权限、分管院长权限、院长权限,在系统中均以清单勾选的形式对行权主体按其责任设置不同的操作权限,以便严格区分权力边界,让院、庭长与承办人,承办人与审管办,审管办与院庭长之间监管职责边界更加清晰,有效地杜绝随意性操作。该系统简化了逐级审批的流程,改变了过去院、庭长以个人名义监督指导个案的做法。同时,通过与数字会议系统(专业法官会议、审委会会议)的融合,实现对纳入监管案件实体部分监管的组织化行权。

三是实现了对"四类敏感"案件监管从粗放式到精准化的转变。系统的应用,让案件的监管都在"二维表"+"控制"的环境下运行,依托系统的各大功能有效解决了以前采用台账方式不能对案件进行深度管理、管理数据也不能及时进行统计、审判系统与管理系统数据脱节的问题。审判管理部门可以方便地根据系统监管数据,分类查询,倒查数据到具体个案,及时有效地按月跟踪、统计、分析"四类敏感"案件监管的各类情况,并利用可视化工具实时掌控案件监管情况,预测态势。在精准化管理下,宜宾市中级人民法院及辖区各基层法院未发生因院、庭长管理疏漏而导致的群体性纠纷,对"敏感案

---

① 《智慧法院四川省宜宾中院"四类"敏感"案件监督管理系统应用与探索"》,载搜狐网(www.sohu.com/a/420778795_100014118.),最后访问日期:2022年11月5日。

件"把控也更加精准、更加及时。同时,平台的提示、静默管理功能也更好协助监察部门对法官的违法审判行为进行监察,强化了廉政风险的防控,有效地提升了法院的公信力。

四是实现了审判质效从稳中有进到突破提升的转变。2019年宜宾全市法院受理各类案件72474件,同比上升13.75%;结案68733件,同比上升22.26%;员额法官人均结案194.16件,同比上升26.34件。[①] 在案件数不断增长的情况下,通过监督管理系统的使用,实现了在提高审判效率的同时,确保了审判质量。案件平均审理时间为50.34天,同比缩短0.35天;一审服判息诉率、生效案件复发改率等质量考核指标均进入全省一流水平。被监管案件取得了社会效果、法律效果和政治效果的有机统一。其中,有11件案例先后列为最高法院长江流域环境资源审判典型案例、审判案例要览、全省法院十大典型案例、参考性案例以及环境资源审判、产权司法保护、惩治脱贫攻坚领域职务犯罪等典型案例。

信息化有效支持了法院的各项工作,提高了司法为民、公正司法的水平。这一管理系统以服务审判管理为目标,借助大数据、人工智能技术,让审判管理更加科学、精准,实现了管理模式从微观到宏观、从个案到类案、从事后到全程,以及司法权责从分离到统一、重点案件管理从随意性到规范化的全方位转变。

第三节 智慧法院的未来展望

"十三五"时期,在最高人民法院的大力推动和地方各级党委、政府的大力支持下,全国法院共同努力完成了以数据为中心的人民法院信息化3.0版建设,智慧法院建设取得丰硕成果。

"十四五"时期,人工智能、大数据、区块链、5G等现代信息技术将得到更加广泛的应用,VR、增强现实、虚拟现实、虚拟空间、6G、超算、星空互联网的发展,这对经济社会将带来无法预估的影响。科技发展日新月异,智慧法院的建设永无止境。在未来审判执行工作方式上,还会出现颠覆性的变化,智慧化、数字化是未来的发展趋势。人民法院正进入更加便捷、透明、高效的"智慧时代"。尽管人工智能发展进入新高潮,但目前仍然处于弱人工智能阶段,距离"很好用"还有相当距离。智慧法院的发展既有法律问题,也有技术问题,其面临着语言歧义、数据瓶颈、算法"黑箱"等方面的挑战。

---

① 《宜宾中院工作报告获高票通过》,载宜宾长安网(www. yibinpeace. gov. cn/mrtt/20200520/2236422. html),最后访问日期:2022年11月5日。

解决技术问题的最好办法是使用技术。只有在使用过程中,我们才能及时发现问题,有效解决问题。人民法院要趋利避害,在司法领域,让人工智能做其能做又能做好的事务。智慧法院并不是简单地将传统司法从线下流程搬到线上,而是再造审判流程,推动诉讼程序重构、司法模式变革和诉讼规则完善。审判空间由当事人的对席变为对屏,审理时间变集中举证质证为异步举证质证。传统审判方式以及一些规则已经发生变革。

面向"十四五",人民法院的智慧服务、智慧审判、智慧执行、智慧管理都面临新任务新挑战,我们必须坚持问题导向、需求导向,着力补齐短板,有针对性地改进工作。在2020年的全国法院第七次网络安全和信息化工作会议上,周强院长强调,要紧紧抓住新一轮科技革命机遇,坚持司法改革和科技变革双轮驱动,全面提升智慧法院建设水平。要按照由简单平台到复杂大脑,由单一平台到复合平台的思路推进,将普通应用和共性能力资源区别开来,有效整合各方面资源,加快建设步伐,推动构建以最高人民法院为总枢纽、以高级人民法院为分支的分布式智慧法院大脑体系架构。

"十四五"时期,全国法院的目标是建设人民法院信息化4.0版,具体目标是:面向司法人员、诉讼参与人、社会公众和其他部门提供全新的智能化、一体化、协同化、泛在化和自主化的智慧法院服务,并创新审判模式,优化诉讼流程,助推司法改革,为更加客观寻找事实、更加精准适用法律提供坚强的科技支撑。实现这一目标,最主要的是建设智慧法院大脑,增强数据收集、管理、分析、应用能力,最重要的是抓住数据这个关键,形成数据驱动。在数据收集上要更加精细,进一步优化完善应用系统,全面收集数据,在互联互通的基础上强化各系统之间的深度融合,让数据自由流动、充分共享,在应用系统间产生化学反应。在数据处理上要更加精确,把数据生产者和收集者之间的数据流动方向由单向输送变为双向互动,通过及时、有效的信息反馈,提高数据的准确性和可信度。在数据应用上要更加精准,通过数据把画像画得更准,在法院管理、类案推送、裁判结果预测等数据的深度应用上实现新突破,让人工智能、信息系统更好地实现纠纷的高效处理。

(本章作者:黄国栋)

第八章　智慧检务

第一节　智慧检务的历史进程

一、智慧检务的顶层设计：从信息化到智能化

(一)智慧检务的四大阶段

智慧检务,是检察机关依托信息科技手段,在遵循司法工作规律和检察权运行规律的基础上,实现从科技保障到科技支撑再到科技引领,从而实现检察工作全局性变革的战略转型。这也是影响深远的检察工作方式和管理方式的重大革命。① 检察机关的信息化应用发展历程可以划分为四个阶段：数字检务、网络检务、信息检务和智慧检务。② 以最高人民检察院统一研发部署办案系统为标志,信息化应用已经逐步覆盖了检察业务的各个领域,充分体现了"把司法体制改革和现代科技应用结合起来"的指示精神。

(二)智慧检务的体系及内容

检察机关的智慧检务呈现"一主多辅"的格局,即以统一业务应用系统为主干,以司法大数据运用为基础,以其他智慧检务应用和检察信息化软件为辅助。③

1. 电子检务工程及其核心平台

最高人民检察院《"十三五"时期科技强检规划纲要》中就提出要建成覆盖全国四级检察机关,涵盖司法办案、检察办公、队伍管理、检务保障、检察决策支持、检务公开和服务在内的电子检务工程"六大平台",积极探索推广大数据应用。其中最为核心的平台是 2014 年起在全国检察机关推行的,集办案、管理、统计为一体的统一业务应用系统。

---

① 参见王治国等：《首席大检察官详解智慧检务内涵》,载《检察日报》,2017 年 9 月 27 日第 3 版。
② 参见孙谦：《推进检察工作与新科技深度融合,有效提升办案质量效率和司法公信力》,载《人民检察》,2017 年第 19 期。
③ 参见赵志刚：《检察智能化建设的战略转型和发展趋势》,载《中国法律评论》2018 年第 2 期。

2. 司法大数据运用

司法大数据在检察工作中的运用主要集中在司法办案和管理决策两个方面。在司法办案方面,通过嵌入统一业务系统的司法办案知识库,实现智慧辅助功能,解决"案多人少"的突出矛盾。各地检察机关也已普遍应用办案智能辅助系统,辅助开展检察工作,解决标准不一、司法任意性等问题。在管理决策方面主要把海量的检察办案信息数据进行汇聚,利用大数据技术构建立体的司法办案评价体系。

3. 信息感知体系

《"十三五"时期检察工作发展规划纲要》指出,要建立检察信息感知体系,进一步提升检察机关的信息收集利用能力,并整合各类信息资源,逐步实现检察机关与其他政法部门、行政管理部门之间信息资源交换共享。当前,统一业务应用系统已经汇集案件数据、检务保障、队伍管理、检察办公等信息数据。四级互联互通的远程视频接访讯问系统也已建成,视频资源得到进一步整合。另外,各级检察机关通过建设案件信息共享平台,推进了与其他部门的信息共享。

4. 网络传输体系

《"十三五"时期检察工作发展规划纲要》要求构建高效的网络传输体系,强化基础网络建设,优化网络结构,提升网络传输质量,在网络层面实现上下贯通和内外交换。[①] 目前,检察内网已覆盖全国四级检察院,分支网络已覆盖大部分驻监狱、看守所检察室。同时,依托电子检务工程,各级检察机关积极开展基础网络建设和改造,网络传输速率、质量持续提升。在保密要求方面,检察机关统一软件 2.0 系统,将常规案件办理迁入工作网,密级定为工作秘密;特殊案件办理继续保留在统一软件 1.5 系统。

5. 运行管理体系

《"十三五"时期检察工作发展规划纲要》提出如下任务:优化科技强检管理体系;建立检察科技部门与业务部门之间的协同机制,将检察技术工作全面纳入司法办案流程;加强信息技术支撑体系建设,构建"前期预警、中期处理、后期反馈"的三段式运维保障模式;建立检察技术信息化标准规范体系,制定完善相关标准和规范。

6. 司法信息公开体系

2014 年,人民检察院案件信息公开网上线运行。司法信息公开内容包括"案件程序性信息查询""辩护与代理""重要案件信息发布""法律文书公

---

① 《"十三五"时期检察工作发展规划纲要》,载最高人民检察院网站(https://www.spp.gov.cn/ztk/2016/sswjcgzghfzgy/index.shtml),最后访问日期:2022 年 11 月 5 日。

开"4个部分。

第二节 智慧检务的应用场景

一、检察统一业务应用系统2.0的创新价值

针对上文所述的诸多问题，检察机关也在不断反思、推陈出新。从具体举措来看，统一业务应用系统的迭代是其中最重要的一项工作。智慧检务的建设布局也形成了以统一业务应用系统为主干、以一定智能化的智慧检务辅助应用(Smart Procuratorate Auxiliary Applications, SPAAs)和其他检察信息化软件为辅助的"一主多辅"的格局。

如果以检察机关内设机构改革为"分水岭"的话，改革前的智慧检务匹配的是旧的办案模式和业务流程，而改革后的智慧检务相应地就需要适应以"四大检察""十大业务"为代表的检察业务新职能和新格局。因此，以流程办案、智能辅助、数据应用和知识服务为框架的全新智能化办案系统建设也就迫在眉睫。2018年7月，张军检察长主持召开会议，听取最高人民检察院案件管理办公室、技术信息中心关于统一业务应用系统工作情况的报告，决定启动统一业务应用系统2.0的建设。

根据最高人民检察院的部署，建设统一业务应用系统2.0版采取"两步走"的方案。第一步是在2018年年底前完成统一业务应用系统工作网版部署工作，目前此项工作已基本完成。第二步是采用集中会战模式，完成统一业务应用系统2.0的研发和部署。在全国检察机关统一业务应用系统2.0版上线后，贵州等第一批试点地区检察人员表示，该系统的业务设计更加科学化，在轮案、分案、并案、撤案、送案、超期预警、7日回复3月答复预警，以及民事行政案件扣除审限、中止办理等方面的业务设计更加贴合司法体制改革后检察官的办案需求。[1]

二、智慧检务的典型应用

从实践层面来看，以2017年最高人民检察院确认全国若干"智慧公诉试点单位"为分界线——在此之前，智慧检务建设更加注重顶层设计和创新探索，在此之后，智慧检务建设更加侧重业务场景和功能价值。以智慧公诉试

---

[1] 参见《全国检察机关统一业务应用系统2.0版上线试点运行啦》，载天眼新闻(https://baijiahao.baidu.com/s? id=1654804085018380023&wfr=spider&for=pc)，最后访问日期：2020年1月4日。

点建设带动的智慧出庭、智慧量刑、类案检索、"三远一网"等场景化应用,形成了一些有代表性的应用成果。

(一)虚拟视觉示证

2018年3月1日上午,在北京市第一中级人民法院审理的一起故意杀人案中,北京市检察院第一分院使用了其研发的"出庭示证可视化系统",进行证据展示。让目击证人带上VR眼镜,"身临其境"地还原杀人现场情况。用3D和VR等高科技进行证据展示,系全国首次。①

近年来,示证辅助工具又经历了从幻灯机投影到PPT软件播放,再到专业化示证系统应用的演变过程。PPT软件并不是为法庭示证专门开发的,其在作为法庭示证的辅助工具时存在天然的弱点。例如,证据照片必须逐张插入,费时费力;插入的照片清晰度下降,不能保证法庭上的高清展示,不能根据庭审需要对证据照片进行调整和批注等。专业可视化系统则借助了先进的信息化科技手段,以更为便捷、直观的方式展示各种证据材料的原貌。

检察官使用电子卷宗系统快速导入卷宗,然后使用出庭系统的标记功能进行高亮、画线等操作,加入示证方案,实现审查与出庭准备同步化;公诉人根据庭审需求自由灵活示证,使用"飞屏"技术,选择实时投屏或者非实时投屏。同时,可以对于不适于投屏的内容进行遮蔽,满足出庭的规范性要求和业务需求;针对视频证据,公诉人可以在视频中进行逐帧的圈点、选中放大等标注操作,呈现目击证人、现场场景、行为人轨迹等内容,这增强了指控和证明能力。

专业可视化系统增强了出庭示证的事实还原能力。传统的现场勘验图是2D(二维平面)的,而VR示证则具备实现3D(三维立体)的现场重建能力,这从根本上解决了传统出庭靠语言还原现场的状况,向着全息化的事实重建能力发展进步。

对于VR来讲,实际上仍然是平面图像,VR形成的仍然只是增加了全景拼接和景深,形成了三维效果。首先,定义映射模型,想要把素材图片粘贴到怎样的立体图形上,选择不同的映射模型会对全景图的拼接效果造成影响。其次,根据输入图像,提取特征点,对特征进行匹配,得到输入图像之间的映射关系。拼接图像是自动化完成的,自动拼图是一种特征匹配的技术。再次,根据映射关系进行图像的Warp变换,对齐图像通过投射矩阵把参考图像上某点转成坐标,计算得到目标图像。然后优化图像,包括利用颜色调整来消除图像间的色差,和采用图像融合来消除拼缝。由于拍摄角度和拍摄光

---

① 参见《北京一中院庭审:证人戴HTCVIVE还原真相》,载搜狐网(https://www.sohu.com/a/226893338_104421),最后访问日期:2020年1月4日。

线,输入图像之间可能存在色差,所以需要技术处理,实现色彩迁移。最后一步是拼接融合、消除拼缝。具体流程参见图8-2-1。

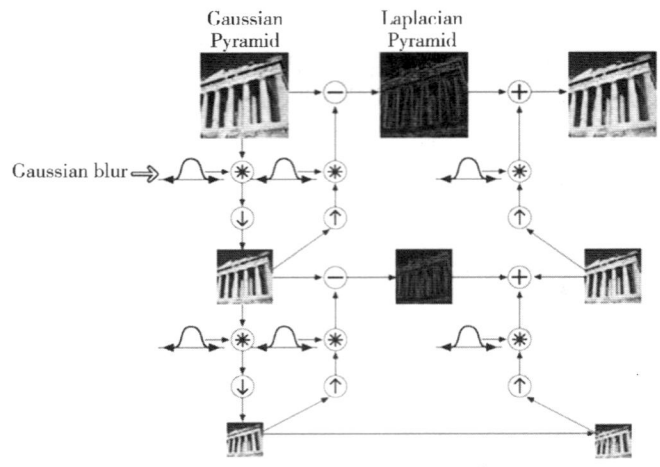

图 8-2-1　VR 三维构建流程

(二) 同案检索功能

类案同判,也称同案同判、类案类判,通常指法官在处理类似的案件时,应当作出相同或类似的判决,与本院或上级法院类似判决的裁判尺度相对一致。人工智能可以通过对类案裁判文书进行大数据挖掘,仔细、深入分析类案的具体结构和要素,实现自动提取情节特征和智能学习逻辑规则,从而通过算法建立起案件裁判模型。因此,数据化和智能化地辅助法官作出相同或类似的判决具有一定的应用空间和发展前景。

2015 年 9 月,最高人民法院印发《关于完善人民法院司法责任制的若干意见》,要求人民法院应当通过类案参考的方式统一裁判尺度。2019 年 10 月,出台《进一步加强最高人民法院审判监督管理工作的意见(试行)》,要求全面推行"类案及关联案件强制检索"制度。为解决裁判尺度不统一、同案不同判的问题,还需通过加强技术实现类案检索制度的完善建设。

就业务逻辑而言,同案检索的应用基础是法律要素目录树。典型的例如人民法院出版社推出的法信数据库,该数据库按照法律规定层级和法律概念体系,构建了名为"法信码"的知识索引与导航体系(见图 8-2-2)。归属于同一概念问题节点的案例,可以认为属于针对该问题的同案。这种逻辑结构比较类似于知识图谱技术(Knowledge Graph),但由于目录树结构无法避免知识的重复,因此,它与典型的知识图谱仍然存在区别。

（法信数据库截图）

图 8-2-2　法信大纲①

就技术层面而言，同案检索的应用基础是 Elasticsearch 数据库，简写 ES。ES 有别于传统的非结构化数据库是一个高扩展、开源的全文检索和分析引擎，它可以准实时地快速存储、搜索、分析海量的数据。全文检索是指计算机索引程序通过扫描文章中的每一个词，对每一个词建立一个索引，指明该词在文章中出现的次数和位置。当用户查询时，检索程序就根据事先建立的索引进行查找，并将查找的结果反馈给用户的检索方式。这个过程类似于通过字典中的检索字表查字的过程。全文搜索搜索引擎数据库中的基础数据仍然存储于结构化数据库之中，反而方便进行存储加工和管理。ES 数据库可以叠加各种算法，来优化检索效果，例如，叠加词向量算法，实现模糊检索的功能；再如，通过记录和统计用户检索词，可以对检索词进行预测；等等。

（三）量刑辅助功能

2013 年 2 月 23 日，习近平总书记指出："我们要依法公正对待人民群众的诉求，努力让人民群众在每一个司法案件中都能感受到公平正义，决不能让不公正的审判伤害人民群众感情，损害人民群众利益。"2010 年 2 月 23 日，最高人民检察院发布了《人民检察院开展量刑建议工作的指导意见（试行）》，全国检察机关开始进行量刑建议工作，并期待逐步提高量刑建议的规范化水平，不断积累量刑建议工作的经验。

2018 年修改后的《刑事诉讼法》规定："对于认罪认罚案件，人民法院依法作出判决时，人民法院一般应当采纳人民检察院指控的罪名和量刑建议。"

---

① 图片来源：https://www.faain.cn/keyword/keywordTreeModelZero.aspx，最后访问日期：2022 年 9 月 14 日。

2019年"两高三部"联合发布的《关于适用认罪认罚从宽制度的指导意见》第八条第33款进一步规定:"办理认罪认罚案件,人民检察院一般应当提出确定刑量刑建议",在法律规范层面对量刑建议的具体内容与法律效果进行了充分确立。检察机关对于量刑建议的提出还存在以下问题:一是量刑建议不能给出确定的刑期,且量刑建议的方式在各地存在较大差异。二是量刑建议精准化与法官自由裁量权存在矛盾,量刑主导权存在争议。三是检察官提出量刑建议的能力和经验仍有待提升。

为了解决上述问题,检察机关一直在努力开展量刑智能化的探索。较为有代表性的技术路线包括两种:第一种是统计路线,即以历史相似案件的判决作为在办案件的参考,如广东省广州市南沙区人民检察院的"智能量刑辅助系统"①。第二种是专家系统路线,把量刑规范化指导意见所确认的规则转化为量刑计算的公式。输入对应情节后,系统自动在后台计算量刑结果。见表8-2-1。

目前检察机关量刑辅助工具,已经形成了以规则计算为主,以参考案件为辅的成熟模式,现已推广至全国检察机关。

(四)文书辅助工具

检察文书是检察机关行使检察职权中使用的法律文书。检察机关在开展法律监督工作中的每一个环节和步骤所做的工作,都需要制作相应性质和一定数量的检察文书。检察文书质量必须满足严格的要求,这对检察文书的排版和校对工作提出了更高的标准。传统的文书排版由人工进行格式调整,由于使用的文档编辑软件、版本不同,文书格式常常出现不符合规范的情况。校对工作通常也是由人工逐行、逐字地检查错误,由于文书量大、案情复杂、文书过长等原因,人工校对也难以避免出现错别字、法律引用错误、罪名书写错误等常见的低级错误未能被查出。

此外,最高人民检察院于2014年发布《人民检察院案件信息公开工作规定》,对公开哪些法律文书,法律文书的版式标准和技术处理做出了具体要求。依靠人工方式进行版式调整和内容屏蔽处理的工作量过大与有限的办案资源之间的矛盾日益突出。

文书辅助工具主要包含三个功能:

一是文书纠错。从文书结构完整性来说,不同的文书有不同的结构性段落和内容规范性要求,如被告人信息,要求写明姓名、性别、出生年月日、公民身份号码、民族、文化程度、职业或者工作单位及职务、是否系人大代表或政

---

① 董柳:《2019全国政法智能化建设十大创新案例揭晓》,载(https://news.ycwb.com/2019-06/12/content_30277645.htm),最后访问日期:2022年11月5日。

表 8-2-1　规范化量刑系统后台规则示例

组名	页面显示情节	要素	法条	是否乘算	0从轻,1	最小值	最大值	最低	最高	预设值
	1xqj		ft_content		is_add	low	high	low	hig	preset
未成年人	已满十四周岁不满十六	未成年人	对于未成年人犯罪,应当综合考虑未成年人对犯罪的认识能力		0	30%	60%			45%
未成年人	已满十六周岁不满十八	未成年人	对于未成年人犯罪,应当综合考虑未成年人对犯罪的认识能力		0	10%	60%			39%
未成年人	曾受严重家暴力等	未成年人	对于未成年人犯罪,应当综合考虑未成年人对犯罪的认识能力		0	0%	10%且整			5%
未成年人	符合缓刑条件	未成年人	对于未成年人犯罪,应当综合考虑未成年人对犯罪的认识能力		宣告缓刑					
老年人犯	65周岁以上不满75周岁		对于六十五周岁以上的老年人实施犯罪行为		0	0	20%			10%
老年人犯	75周岁以上的老年人	过失	对于六十五周岁以上的老年人实施犯罪行为		0	0	30%			15%
限制行为能力的精神病人犯罪	限制刑事责任能力	精神状态鉴定条件:限制刑事责任能力	对于限制刑事责任能力的精神病人,综合考虑犯罪性质、精神疾病的严重程度以及犯罪时精神障碍影响辨认控制能力等情况,可以减少基准刑的40%以下。精神障碍严重影响行为能力的,可以减少基准刑的20～40%;影响较小的,可以减少基准刑的20%以下		0	0	40%			20%

(续表)

组名	页面显示情节	要素	法条	是否乘算/	0从轻,1	最小值	最大值	最	预设值
限制行为能力的精神病人犯罪	精神障碍严重影响行为能力的精神病人犯罪	精神状态：限制刑事责任能力	对于限制刑事责任能力的精神病人,综合考虑犯罪性质、精神疾病的严重程度影响辨认控制能力以及犯罪时精神障碍影响严重程度准用的40%以下。可以减少基准刑的20~40%;影响较小的,可以减少基准刑的20%以下		0	20%	40%		30%
限制行为能力的精神病人犯罪	精神障碍影响较小的精神病人犯罪	精神状态：限制刑事责任能力	对于限制刑事责任能力的精神病人,综合考虑犯罪性质、精神疾病的严重程度影响辨认控制能力以及犯罪时精神障碍影响严重程度准用的40%以下。可以减少基准刑的20~40%;影响较小的,可以减少基准刑的20%以下		0	0	20%		10%

协委员、户籍地、住址、曾受到刑事处罚以及与本案定罪量刑相关的行政处罚的情况和因本案采取强制措施的情况等。此外，文书要正确引用法规，写明法规名称和条款。相应地，文书工具纠错功能能够检查出文书中存在的错别字、断行和标点、数字、日期、符号、书写重复等错误，也能够对法言法语以及汉语语法问题进行错误检查，并对有错误的地方进行提示，并能够在文书原文中精准定位，同时给出修改建议。文书工具通过与统一业务应用系统2.0对接，获取统一业务应用系统中的案卡信息，实现对文书信息和案卡信息的一致性比对，并对不一致的地方进行提示。

二是文书排版。叙事类文书是检察机关最主要的文书，且叙事类文书格式要求较为明确，因此，文书排版需求主要针对叙事式文书，系统应支持最新版本的全部叙事类检察文书。不同文书格式要求不同，文书的首部、正文、尾部、附件应遵循明确的排版样式标准，必须严格依照标准进行自动排版。字体、数字、段落、标点等容易不符合要求，肉眼难以发现，也要能够自动判断，页面也要能够自适应调整。从日常情况来看，有些排版问题肉眼无法识别，需要系统自动判断是哪类文书，并根据对应文书模板要求对当前文书进行排版，排版之后直接保存到统一业务应用系统2.0，无须检察官更多操作。

三是文书屏蔽。根据最高人民检察院2014年发布的《人民检察院案件信息公开工作规定》，各级人民检察院秉承"以公开为原则，不公开为例外"，除涉密案件、未成年人犯罪案件和可能会严重影响诉讼进程的敏感等不宜公开案件外，对人民法院所做的生效裁判案件的起诉书、抗诉书以及不起诉决定书等对外公开案件信息和法律文书进行公开。因此，文书屏蔽系统应对按照《人民检察院案件信息公开工作规定》所规定的不公开范围内的法律文书实现自动屏蔽，屏蔽的信息项范围也应当符合最高人民检察院《公开法律文书的板式标准和技术处理工作原则（试行）》及相关法律的规定，且为了便于操作，给承办人减轻负担，系统须支持一键屏蔽等便捷操作。

文书辅助工具的核心是文书规则，其包括内容与格式规则。该工具涉及的常用技术是JSON（JavaScript Object Notation，见图8-2-3），即对象简谱。这是一种轻量级的数据交换格式。它采用完全独立于编程语言的文本格式来存储和表示数据。简洁和清晰的层次结构使得JSON成为理想的数据交换语言。该语言易于阅读和编写，也易于机器解析和生成，能够有效地提升传输效率。

如图所示，文书规则（包括内容规则、语法规则和格式规则）以JSON的格式进行存储。通过应用系统的前端界面实现文书纠错、生成、排版、屏蔽等功能。

（五）羁押风险评估

人民检察院在审查逮捕和审查起诉时，可以依法决定对犯罪嫌疑人、被

```
{
    "name": "中国",
    "province": [{
        "name": "黑龙江",
        "cities": {
            "city": ["哈尔滨","大庆"]
        }
    }, {
        "name": "广东",
        "cities": {
            "city": ["广州","深圳","珠海"]
        }
    }, {
        "name": "台湾",
        "cities": {
            "city": ["台北","高雄"]
        }
    }, {
        "name": "新疆",
        "cities": {
            "city": ["乌鲁木齐"]
        }
    }]
}
```

图 8-2-3　JSON 格式

告人采取强制措施或者变更已经采取的强制措施。2012 年《刑事诉讼法》规定了羁押风险评估审查制度,该制度赋予检察机关在行使完审查逮捕的权限后,在法院作出判决之前,对被捕的犯罪嫌疑人、被告人的人身自由状态进行法律监督。在法院决定是否给予被告人缓刑判决时,同样需要考虑被告人的社会风险。因此,风险评估贯穿于整个刑事诉讼过程,包括强制措施、是否缓刑等环节,以便功能全流程动态地把握被告人的社会风险情况,辅助办案人审查并作出决定。

关于刑事案件的庭前羁押状况,不论是学界还是主管部门都不断有评价与反思,学者对此产生现象的原因则早有系统归纳,包括:未决羁押的恣意化、羁押的惩罚化、比例性原则的违法、羁押适用的非司法化、羁押救济的虚无化。就连检察机关自己也承认"中国逮捕制度从总体上存在"难进难出"的问题,即逮捕条件苛刻,决定和批准程序比较复杂,一旦逮捕便很难在判决前被保释。"这一问题已困扰我国司法近 20 年,一直到现在都没有得到妥当地解决。

《刑事诉讼法》第 81 条规定了案前羁押的要件。该条规定了关于逮捕的"三要件",可被视为法释义的基本条款,对其他条文的理解应当围绕该基本法条、成为其有益的补充。当前实践中过度强调逮捕的证据条件,对刑罚要件认定过于宽松,起不到排除的作用,而对社会危害性条件的重视不足。而社会危险性的评估,恰恰应当是决定犯罪嫌疑人是否羁押的关键要件。这正是本智能系统着力解决的业务问题。

羁押必要性审查系统以落实"智慧检务"为契机,尝试将社会风险评估与大数据、云计算等现代科技相融合,从而打破信息壁垒,提高羁押风险评估的客观性,促进审查标准的一致性。该系统可以从公开和非公开数据中,分析在司法改革、认罪认罚从宽这一背景下的办案人员、管理人员、犯罪嫌疑人、被告人、被害人等多角色对审前羁押的社会风险评估以及传统的羁押社会风险审查方式,并针对当前检察业务和信息化建设现状设计出一套系统的解决方案。

羁押风险评估系统是以推动审查标准规范化和审查尺度统一性为目的的应用集成。它以法律知识图谱为核心,通过自然语言处理和机器学习,对统一系统业务数据和裁判文书进行深入挖掘,并结合羁押风险评估审查环节中的人身风险性评估、再犯罪评估等多维度的相关内容重点进行解析,进而为用户提供智能辅助。

在面向承办人的功能设计上,羁押社会风险评估系统方案采用了"5+1"的业务功能架构设计,即5个风险评估模型加1个风险控制措施模型,力求从多个维度对犯罪嫌疑人、被告人的风险进行评估,避免单一维度可能造成的过大误差。这5个模型包括犯罪危害程度模型、历史羁押概率模型、重新犯罪风险模型、取保失败风险模型和法定规则风险模型。

羁押风险评估系统的审查逻辑是一个完整的线性的过程:对接统一系统获得案件和当事人信息—适用多模型从不同维度对风险进行评估—量化分析风险控制措施—专业化风险评估量表。每个个案的量刑完成后,管理层和上级院能查看不同地域的审查均衡情况,可依据偏离预警提示对个案进行监督管理。

(六)证据辅助审查

人民检察院在案件办理过程中,会对案件视听证据材料的证据能力进行审查,并根据视听证据材料所反映的内容,结合证据材料的客观性、关联性、合法性来判断证据材料的证据资格。

人民检察院对案件证据材料的审查需要对大量证据材料进行查阅、摘录和分析,以便确定证据的证明内容、证明力大小,并分析其对于定罪、量刑的影响。在此过程中,承办检察官还需要对案件的视听资料进行审查。视听资料由于时间过长、缺少快速播放的机制、重点内容不突出等性质,也导致视听资料的查阅时间较长、重点内容全靠手动记录等工作困难,证据材料的审查消耗较大的人力。因此,智能化的辅助审查手段越来越受到承办人的期待。

在此背景之下,智能视听证据审查系统有效地提高了承办人审查案件音视频材料所需要的时间,减轻了承办人的审查压力。该系统能够针对侦查办案行为、侦查办案流程、音视频文件质量及内容三大方面进行智能识别与分析,提取关键内容,并将分析识别结果展现给承办人,辅助承办人快速了解案件音视频文件内容,辅助承办人对音视频文件的证据效力做出甄别和预判,为承办人出庭前的准备工作提供技术支持,提升承办人办案效率。

(1) 智能视听证据审查系统主要有三大亮点:

①快速检索,精准查阅。智能视听证据审查系统辅助于传统的承办人对视听证据的审查工作,能够利用智能分析技术对视听证据材料进行分析,提取其中的关键内容点,快速将对话内容转译成文本内容,并与视频的时间轴对应。转译内容支持快速检索,方便承办人对视听证据的内容快速定位查阅。

②智能巡查,内容甄别。智能视听证据审查系统对审查调查案件的视听证据材料进行审查,并监督视听证据是否符合法律规范,讯问的流程中是否出现逼供,诱供等不合法行为,同时对卷宗证据内容合法性,真实性予以印证。

③辅助办案,提高效率。智能视听证据审查系统辅助承办人进行质证提纲的梳理,并截视听证据的关键内容,方便出庭证据的展示,减少观看证据材料所用的时间,简单高效地提高办案效率。

(2) 智能视听证据审查系统在功能上可以实现以下6个功能:

①视频巡查功能。利用视频分析识别技术,对视频中的实体内容及视频质量进行巡查,揭示相应的违规要素,与视频播放进度条结合可快速定位相应的巡查结果,快速展现巡查结果内容,方便承办人快速查阅视频文件。

②音频识别转译功能。实现对案件视频中对话内容进行语音识别,自动转译成文字内容;转译内容与视频关联同步,视频播放时,转译内容自动播放;支持拖拽转译内容与视频关联播放,通过拖拽视频转译内容可以自动跳转到视频相应时间;根据识别转译内容提供文字检索以及视频定位的功能。

③原始电子卷宗关联展现功能。该系统可关联讯问笔录,从而可以通过案名或者案号方式查询到案件的相关电子卷宗并选择对应笔录文件。在视听证据审查系统的右侧会显示选择后的笔录;可在系统的右侧进行原始笔录预览,与案件讯问视频、语音转译后的笔录内容同屏预览,并支持分页预览。

④视频内容智能检索功能。在搜索栏输入关键词后点击搜索按钮,系统会弹出结果。结果中会将相关内容列出,并提示结果数量,同时将关键词及同类结果在显示框中标红显示。当承办人点击其中一条结果后,自动跳转到相应笔录处,视频会同时跳转,并自动播放。此外,内容检索中可以将提示结果的位置在视频上进行打点。鼠标移至结果或打点处,二者联动高亮显示。

⑤语音笔录编辑功能。系统能够将语音转译内容中不准确的词语进行编辑。当承办人点击编辑按钮后,系统会显示编辑内容窗口,将原句内容进

行提取显示。在修改后点击保存,会显示保存后的内容。

⑥辅助办案应用功能。系统支持对重点内容视频截取,方便组委会案件案情讨论,同时支持辅助生成审查报告,对视频审查结果进行总结记录。此外还可以对审查结果进行分类,以便清晰展现审查结果,同时还能保存转译内容,方便与笔录内容进行对比。

三、数据生态的构建与应用体系

(一)整体架构

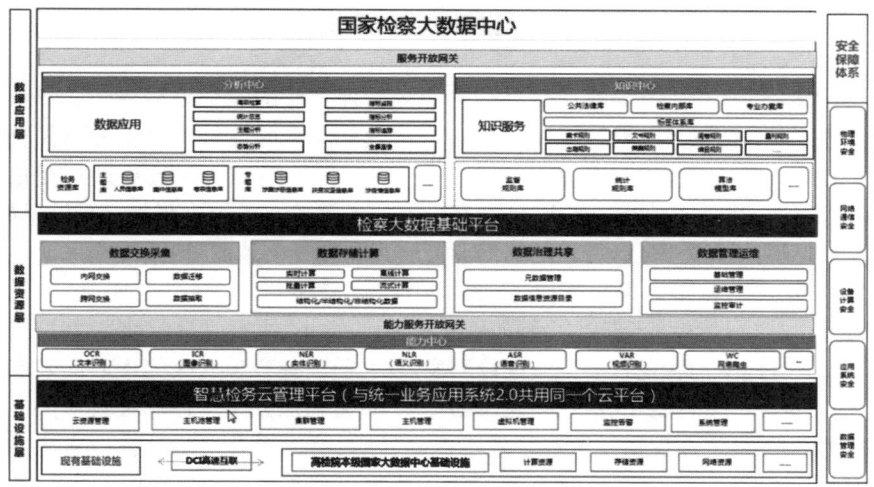

图 8-2-4　国家检察大数据中心

智慧检务总体分为三大应用体系和三层系统架构。三大应用体系包括辅助工具、数据应用、知识服务三个部分。三层系统架构包括基础设置层、数据资源层和数据应用层(见图 8-2-4)。辅助工具在前文中已有充分的介绍,在此不再赘述。

(二)数据应用

数据是第五大生产要素,构建集约化的数据能力体系是实现检察信息化的基石。检察数据是检务活动的信息记录,在服务司法办案、服务管理决策、服务司法为民等方面具有广泛的应用场景。党中央、国务院高度重视数据资源的挖掘和应用,明确提出要全面推进我国大数据的发展和应用,加快建设数据强国,并印发《促进大数据发展行动纲要》。

最高人民检察院《"十三五"时期检察工作发展规划纲要》提出,要建立检察信息感知体系,进一步提升检察机关的信息收集利用能力,整合各类信息资源,打造由数据驱动的智慧检务。《全国检察机关智慧检务行动指南(2018-2020年)》再次明确,应深度利用统一业务应用系统2.0案件数据,整合各类数据资源,建立智能数据生态环境,助力提升检察机关司法办案的法律效果、政治效果和社会效果。检答网、12309中国检察网、检察听证网、民事检察专家咨询网等一批实用智能的数据系统逐步投入应用。总体而言,检察机关初步实现了数据的"收集、保存、管理",但是数据资源的潜力尚未得到完全开发。若能结合检察官的实际需求对这些数据进行处理分析,则可以极大地提升其应用价值。下面主要叙述其在数据检索、追踪分析、专题业务领域的应用方式。

1. 数据检索

案件数据检索是检察业务办理和业务管理工作的一个重要环节。业务人员根据其需求,按照特定的检索条件,从数量庞大的案件中将所需案件查找出来。通过对检索结果的研究和分析,使案件办理不再是被动地接受信息,而是可以充分利用信息化手段,在全方位了解案情后作出研判,精准引导检察业务,提高办案效率,达到辅助业务研判和领导决策的目的。

2018年,张军检察长提出"智慧检务建设要聚焦科学化、智能化、人性化",并对"智慧检务"进行了全面和深刻地诠释。[①] 其中,"科学化",就是要符合新时代中国特色社会主义建设和发展的规律,体现以人民为中心的发展思想,满足国家智能化、信息化建设的要求,符合司法办案规律和检察机关办案规律,并最终体现在办案质量效率提高、办案能力提升上。数据检索应用在不同的检察业务场景下具有不同的功能需求和关注点,理解业务场景,紧贴办案人员真实需求,致力于办案质效提高、办案能力提升,是践行"科学化"这一智慧检务建设理念的应有之义,更是做好数据检索应用的关键。

在刑事检察业务场景中,检察官具有大量刑事案件指标统计的工作需求。比如,自《刑法修正案(八)》规定"醉驾入刑"以来,此类案件大幅增长,一些地区醉驾案件数量已跃居刑事案件首位,给司法机关带来了较大的办案压力,也成为社会关注的热点。为了深入研究各地危险驾驶罪中"醉驾案件"办理的主要问题和具体情况,检察官和决策者需要了解醉驾案件一些细节数据。例如,醉驾案件当中犯罪嫌疑人醉酒的程度。此时,传统的结构化案卡项信息查询不能很好地满足此类研究的统计需求,且人工手动统计既费时又费力。在此场景下,检索应用需借助卷宗文书信息挖掘技术,实现此

[①] 姜洪:《张军:智慧检务建设要聚焦科学化智能化人性化》,载中华人民共和国最高检察院官网(www.spp.gov.cn/spp/tt/201806/t20180604_380720.shtml.),最后访问日期:2022年11月5日。

类数值型信息项的高效快速检索,减轻办案人员的工作压力。

在民事检察业务场景中,检察机关作为国家的法律监督机关,对民事诉讼活动实行法律监督。民事诉讼类案监督,是民事检察监督的高级形态。在统一法律适用、实现同案同判方面,相较于传统的个案监督模式,其具有明显的优势。最高人民检察院高度重视民事诉讼类案监督,将"探索民事类案监督工作机制"作为检察改革工作的重要一环。检察官关注的重点之一是如何切实提高民事案件监督的精准度与权威性,这就要求检索应用具有丰富的可检索信息项并具备检索结果的统计分析能力,从而借助案件数据检索为类案监督提供数据支撑。例如,在案件可检索信息项层面,系统应实现按承办单位、承办人、案由、当事人、监督结果、抗诉依据、是否改判等各字段进行查询分析,并支持全文关键词检索;在检索结果统计分析层面,检索系统应支持对同一当事人、同类案由、同一法院案件进行数据分析,给类案监督提供数据支撑。此外,系统应具备检索结果的可视化展示功能,方便办案人员直观地了解某一类案、某一法院的整体情况。

在行政检察业务场景中,检察机关既要维护司法公正,又要监督和促进依法行政。做实行政检察既是适应新时代人民群众新需求的必然选择,也是全面履行法律监督职能、实现"四大检察"全面协调充分发展的重要一环。首先,行政检察业务活动主要包含一般裁判结果监督、对审判人员违法行为监督以及执行监督三部分内容。根据实际的业务情况,生效裁判监督案件占绝大部分,其余两类案件则相对较少。检索应用需支持对裁判文书、行政抗诉书、检察建议书等众多文书类型的检索。其次,检索功能一般应用于内勤人员及主管领导,系统应具备根据人员角色进行权限配置的功能。最后,检索系统除具备常规检索的能力外,应支持对案情摘要的关键字进行模糊检索、标签化检索等。

在公益诉讼场景中,办案人员面临着众多新类型案件的办理,业务领域的专业性往往较强,如在生态环境和资源保护、食品药品安全等领域具有众多专业术语,具有较高学习成本,系统应具备智能推荐和关键词联想功能。例如,在环境公益诉讼业务场景下,针对大气污染的污染物名称,当办案人员输入"硫化氢"这一关键词时,系统应自动提示其关联词,如一氧化碳、二氧化氮、碳氢化合物等,帮助检察官丰富和调整检索关键词,提高检索效率。

2. 追踪分析

(1)从业务办案的角度,追踪式分析主要针对案件质效和办案标准的分析。追踪式分析可以解决目前案件比的算法问题,将"概算法"升级为"跟踪法",解决概算法的模糊性和静态性问题。追踪式分析可以满足精细管理的支撑需求,从办案效率跟办案质量的角度来看,可以辅助监测特定制度的运行情况、特定办案组织的业务情况和特定类型案件的办理情况,更好地支撑对于目标特征案件(优秀案件、瑕疵案件)的追溯分析。

追踪式分析还可以支撑实体性结论的分析。比如,对于不起诉案件、缓刑案件等采取从宽处理措施案件进行追踪式分析,可以发现其中的规律性及其差异,辅助检察业务人员形成业务规律的判断。各类检察业务工作对于跟踪式分析功能都存在需求,比较突出的像案管部门的流程监控,控告申诉部门的接访,各业务部门对本部门管辖案件的跟踪监督等。追踪式分析可以支撑程序性措施尤其是强制措施的决定和变更,实现少捕、慎捕的刑事政策目标。

(2)从犯罪控制与社会治理角度,更加侧重于犯罪人、嫌疑人、被告人的全流程追踪。犯罪人追踪分析,主要是应用不同诉讼阶段的数据,对于犯罪人进行职业生涯分析,找到犯罪预防和社会治理的规律性。例如,通过数据分析,找出与重新犯罪相关的成因,形成重新犯罪成因的分析模型,结合当事人的具体情况,分析当事人重新犯罪的可能成因,并提供针对性的改造矫正建议。

在政法协同的大背景下,检察机关可以通过匹配罪犯身份信息,抽取该罪犯在检察机关办案环节保存的各类相关数据,并通过大数据融合分析技术,探索研究全样本、多类型违法犯罪行为,进行数据分析,获取数据分析价值。追踪式分析不仅对于普通刑事案件的办理,对于未成年人检察、执行检察和综合检察业务也具有非常重要的工具价值。

3. 专题分析

首先,检察机关对于数据的统计流程烦琐、周期较长。例如,某市检察机关对于鼓励性、限制性指标的收集和统计还依赖于传统的人工方式,过程过于烦琐,各业务部门检察官办案单元需要自行对指标数据进行整理,并将每月统计的结果上报至业务部门负责人。经过审核后,业务部门负责人将统计结果上报到院内检管部统计岗,检管部统计岗还需经过人工计算,将鼓励性、限制性指标项数据及比率统一汇总,最终上报至市人民检察院。整个流程由各级负责人逐级上报、人工完成,每月检察官统计、业务部门汇总都需要数日才可完成,检管部统计岗需要一周甚至更长时间才可完成计算及汇总工作。

其次,检察机关的数据可用性差。例如,某市检察机关对于鼓励性、限制性指标的收集、统计工作,无法通过可视化方式,多维度灵活地查看统计结果,不利于决策。另外,数据真实性无法验证。例如,某市检察机关对于鼓励性、限制性指标的收集和统计工作,各分院、区县院上报的大多数鼓励性、限制性指标均由检察官办案单元自行整理,缺乏依据,数据可靠性差,无法验证各分院、区县院人工上报指标数据和比率的真实性。因此,检察机关需要建立专题分析模型,减少繁琐的统计流程,降低人工统计周期,增加数据的可用性,提高检察工作的效率。

(三)知识服务

司法领域是高度知识密集和智力密集的领域,一线办案人员所掌握的法律知识和司法实务经验的多寡,直接决定了案件办理的质量和效率。检察机关要提高工作质量和水平,必须有强大的知识武装和智力支持。案多人少的情况下,检察工作人员需要在工作中始终保持快速、高效的学习状态,保持知识更新,尽可能地掌握不同类别、海量庞杂的知识信息,仅仅依靠个人自身的知识储备和纸质书籍,难以应对层出不穷的新类型案件或者疑难复杂问题,需要有效的信息化、智能化手段的支持。

但是,目前检察机关知识服务依然存在一系列的痛点和难点,知识需求仍未被很好地满足。现有的知识内容资源,无论从数量上还是质量上,均尚无法有效地满足实务办案需求,主要表现在现有资源与检察业务的贴合度不高、高价值密度的优质资源稀缺两个方面。具体来说,目前检察机关的知识资源主要集中在常规的法律法规、裁判文书案例、期刊论文等方面,缺少对检察机关内部产生的实务经验、办案指引、标准规范、专题研究、检务问答等相关成果的积累,导致未能充分利用检察人员的智慧,未能从检察工作角度归纳、提炼知识点,检察业务针对性不强,特色不鲜明。随着依法治国快速推进,人民检察院各项事业蓬勃发展,刑事检察、民事检察、行政检察、公益诉讼等各类案件也不断面临新情况、新问题,亟须进行专项研究和解决。随着社会各界对检察工作的关注加大,对司法案例查阅和参照的需求日益增多。根据十八届四中全会"加强和规范司法解释和案例指导,统一法律适用标准"的总体要求,为了更好地发挥案例研究统一司法尺度的作用,检察机关需要建立权威、规范和高效的检察案例研究、报送、审核和发布机制,通过汇集、调动业务研究力量和数据技术资源,有效推进案例体系建设,产出优质的检察案例成果,为检察办案、法律监督和司法裁判提供权威、有力的支撑。

检察相关知识服务存在一定程度的建设分散、知识闲置的现象,用户统一获取和参阅不便,亟须进行相关知识资源整合。具体来说,检察机关目前采购和建设了多类别的法律知识服务应用,包括法规、案例、期刊文章、检务问答、专业知识库等相关内容,但入口分散,且相互关联跳转不便。同时,全国各级人民检察院对内部资源的电子化处理也存在较大的差异,对不同种类知识内容的电子化程度也不尽相同,很多检察院内部下发的办案指导规范、卷宗资料等数据尚处于无电子化阶段和半电子化阶段,无法直接被信息化系统汇集利用,亦难以为办案人提供知识辅助。更进一步来说,上述知识内容资源,也未能得到有效的整合,如针对特定的法律问题所涉及的各类案例、法规、观点、规范缺乏一获取、比对和关联的渠道,检察官为了查阅常常需要来回切换登陆,效率低,效果差。

检察机关尚未建立科学、全面、动态的检察知识分类分级体系,知识管理水平不高,知识资源覆盖不全,业务融合支撑不足。检察业务目前构建了"四大检察,十类业务"的总体框架,各类业务的开展如火如荼,这一方面产生了海量的业务问题,需要更多的知识予以支撑;另一方面也生产了许多知识经验成果。随着上述业务问题和业务知识的持续积累,知识内容的分类、知识内容的评价、知识内容的逻辑关系等,都需要以体系化、全局性思维进行统筹管理,提升知识内容的广度和深度,提升知识利用率和复用度,提升知识内容质量与标准。

现有知识服务的智能化、精细化、个性化水平还有提升空间,用户体验也需要进一步优化。知识服务并非孤立存在,其核心价值在于与业务工作相融合,与用户需求相匹配。现有知识服务已实现了一定的智能化,如与流程办案相结合,并基于个案信息实现类案智能推送。为了进一步提升用户体验和应用成效,系统需要进一步升级,构建面向全国检察机关,覆盖各项检察工作,实现检察智慧与人工智能相结合的一站式、开放性、智能型知识服务平台;构建统一知识服务门户、智能知识检索引擎,实现对各类公共知识库和内部知识资源的一体化集成对接,帮助司法办案人员进行一站式、即时性检索和查阅所需信息。同时,系统需要通过与统一业务应用系统2.0对接,实现与业务办案场景的深度融合,实现伴随式知识服务体验。系统需要以检察工作人员为中心,以用户问题和需求为导向,通过自然语言理解、法律知识图谱和用户画像分析技术,实现对用户问题和意图的深度理解,确保为用户提供精准的、个性化的知识内容和知识服务,达到"千人千面、所思即所得"的效果。系统还需要以应用成效为依据,对知识服务系统的运行情况、应用效果和业务价值进行跟踪、统计和分析,为持续优化提升知识服务的规划和应用水平提供依据。

第三节　智慧检务的未来展望

检察技术工作积极追求在司法业务领域内对科学技术的引入和应用,转换一个视角来看,检察机关也是孕育先进应用技术的优质土壤。先进的科学技术,需要与检察工作紧密结合,才能够真正成为"检察领域的科学技术",形成对于检察行业乃至法治事业的支撑和改造,发挥出重要的社会效益和工具价值。

一、智慧检务"三化"要求

智慧检务是检察系统为实现让人民群众在每一个案件中感受到公平正义,在新时代需要提交的一份特殊答卷。这份答卷借力于大数据、人工智能等科技伟力,旨在通过司法领域的科技创新实现公平正义,发展检察事业、法治事业。这份特殊的答卷是有别于司法领域中体制机制创新的新思维、新渠道、新举措。这是时代的必然选择,反映了检察系统的孜孜探索。

智慧检务的实质,是用信息技术改变传统方式无法解决或者解决不好的检察工作问题。智慧检务发展得好不好,取决于信息技术与检察工作深度融合的程度。因此,智慧检务的发展要转变思路、顺势而为,为提升检察工作的现代化水平而服务。最高人民检察院张军检察长提出智慧检务建设要遵循"科学化、人性化、智能化"原则,强调要完善智慧检务统筹管理、综合保障、发展创新机制,①这就是对新时期检察工作信息化的重要指导思想,其具体内涵是:

(一)科学化是智慧检务的基础

智慧检务的科学化体现在办案质量效率提高、办案能力提升上,智慧检务是要用好智能手段,而不是依赖智能手段。如果过度依赖智能手段机械办案,检察官就会变成办案机器,办案能力不升反降。

(二)智能化是智慧检务的核心

智能化离不开对科学规律的运用,离不开对智慧检务内在规律的总结和深度挖掘。要把自然科学的形式逻辑和社会科学辩证逻辑结合起来,把办案人员的需求、经验与软件程序设计深度融合起来,把各地已经开发出的工具模式整合起来,从而发挥出事半功倍的效果。办案人员在应用智慧检务工具办案的时候也要融入自己的政治智慧和法律智慧。

(三)人性化的要求是以人为本

智慧检务平台界面要友好,要让全体检察官会用、喜欢用;要寓监督于服务,贯彻"我为你提供帮助、我为你服务"的理念,监督也要友好;要与公安、法院、司法行政机关实现互联互通,同时向社会公开;要成为开放、可持续、发展着的系统。全国检察机关要在统一平台上进行智慧检务的开发运用,各地创新成果可以为今后升级提供参考。智慧检务建设离不开队伍、人才、机制

---

① 参见《张军检察长在检察机关智能辅助办案系统建设工作座谈会上强调智慧检务建设要聚焦科学化智能化人性化》,载正义网(http://news.jcrb.com/jxsw/201806/t20180604_1873289.html),最后访问日期:2018 年 6 月 4 日。

的保障,要研究设立智慧检务研究机构、依托最高检相关职能部门,由专人开展研究工作,同时吸收检察业务、检察技术都精通的、能提出科学需求的检察业务人才参与。同时,智慧检务建设要与检察机关内设机构改革统一协调起来。①

二、智慧检务的科技创新内蕴

根据党中央对科技创新工作的整体部署,2020年是我国进入创新型国家行列的重要时间节点;智慧检务建设,是推进国家治理体系和治理能力现代化的重要举措,也是科技创新理念在检察改革中的一项重要实践。

(一)智慧检务对检察技术理念的新要求

一是科技思维的更新。检察技术工作应当积极地打破检察信息化的封闭内循环,学习和汲取各个学科和行业的先进科学技术经验。譬如,从质效管理的角度,工业生产"一火成型"理念对我们具有较大的启发意义,它提供了将"质量-效率"作为指标结合体进行控制的管理方式,打破了质量与效率无法兼顾的局限性思维;但是,与此同时,提出以压缩流程为基础的质效控制方式,也对实践能力、流程设计、作业条件提出严格的要求。在智慧检务中具有代表性的"案-件比"指标的落地,这无疑是这种体系性理念的贯彻。"案-件比"作为核心指标,必须要以案件、流程的标准化为前提,必须基于有效的数据采集系统、分析系统,必须要依赖全体检察官高质量、高水准的业务能力;同时,"案-件比"指标本身,也需要与检察业务工作建立良性的互动关系。

二是服务理念的转变。新时代检察工作的重要任务,是通过提升办案质量和办案效率,为人民群众提供更优质的法治产品、检察产品。传统的信息化建设,对于检察产品的支撑常常是间接的、不完整的,信息化建设主要服务的是案件管理工作。新时代检察技术工作,需要对于检察工作的案件办理、业务管理、社会治理三个维度提供支撑。实现检察技术理念从"服务信息化建设"向"服务案件办理、服务业务管理、服务社会治理"的转变,促进检察技术成为检察机关的重要生产力。

三是技术生态的思考。检察技术工作,积极追求对科学技术的引入和应用;转换一个视角来看,检察机关也是孕育先进应用技术的优质土壤。先进的科学技术,需要与检察工作紧密结合,才能够真正成为"检察领域的科学技

---

① 参见《张军检察长在检察机关智能辅助办案系统建设工作座谈会上强调智慧检务建设要聚焦科学化智能化人性化》,载正义网(http://news.jcrb.com/jxsw/201806/t20180604_1873289.html),最后访问日期:2018年6月4日。

术",形成对于检察行业乃至法治事业的支撑和改造,发挥出重要的社会效益和工具价值。在行业技术生态的构建过程中,要坚持以检察工作实际需求为核心,坚持以检察实践应用成效作为检验技术成果的重要标准,避免无效建设。

(二)智慧检务对检察数据技术的新要求

智慧检务对检索数据技术的新要求体现在数据处理的全过程,主要包括数据获取、处理、分析。

一是数据获取方面。智能化的基础是数据化,即按照确定的数据分析框架,采集相关数据,为数据分析提供素材和依据。这一过程的首要环节是需要形成分析框架,对相关业务进行分析,找到对应的数据项,建立专门的分析主题库。在这一阶段,不仅要关注各数据项的业务内涵、逻辑关系,还需要关注数据获取的时间间隔、可校验性等内容,从而满足应用系统对数据完整性和及时性的要求。

二是数据处理方面。数据处理的主要内容包括数据清洗、数据转化、数据抽取、数据合并、数据计算等处理方法。一般的数据都需要进行一定的处理才能用于后续的数据分析工作,即使清洁数据也需要先进行一定的处理或者转换。数据处理是数据分析和应用系统开发的基础工作,其要求技术人员对于业务场景、数据结构具有深入而准确的理解,尤其要求能够理解数据与业务之间的联系。

三是数据分析方面。数据分析使用分析方法及工具,对采集来并经过处理的数据进行分析,提取有价值的信息,形成有效结论。数据分析包括描述分析和相对复杂的建模分析。描述分析是最基本的分析统计方法,包括数据描述和指标统计。数据描述是用来对数据的基本情况进行刻画,例如数据总数、时间跨度、数据来源等,从而实现对于业务规律的基础观测。指标统计分析实际情况的数据指标,可粗略分为变化、分布、对比和预测四大类,从而比较不同区域、时间的办案情况,对于发展的趋势进行预测等。

(三)智慧检务对检察应用系统的新要求

一是科学性要求。这包括系统设计的科学性、系统开发的科学性、系统验证的科学性等。以案件质量评价指标体系为例,不同的指标之间,可能存在着尚未发现的关联。正因为数据型系统的设计和开发具有很强的特殊性和复杂性,系统设计、开发和验证需要秉持严谨的科学方法。举例而言,"案-件比"的理想要求是接近于 1∶1,但是在目前阶段,囿于业务发展水平、技术手段等限制条件,特殊类型案件(例如涉众型案件、口供为主要证据案件)的案件比可能难以在短期内满足 1∶1 的要求。在这种情况下,对于不同类型案件,可能需要分组建立模型,或建立多个常模的分析方法,以便实现对于案件办理的合理评价。在开发和验证的过程中,还会遇到很多的科学问题,包括如何分析指标间关系、如何评价指标应用的效果等。

二是功能性要求。以"案-件比跟踪测算法"为例,这一算法需要全流程追踪式分析的支撑。常规的办案统计工作,主要以静态的指标为主,数据分析也以表格、柱状图、饼状图、折线图为常见样式。但是,在全流程追踪式分析的场景下需要的是动态化和全生命周期的分析。横向参考其他行业的经验,这种功能经常出现在一些流程化生产行业或者供应链行业,因此不能简单照抄。具体应用要紧密结合检察工作场景。从案件质效的角度看,追踪式分析可以支撑对于特定特征案件(优秀案件、瑕疵案件)的追溯分析,还可以辅助监测特定制度的运行情况、特定办案组织的工作情况等。通过追踪式分析,解决目前案件比的测算问题,将"概算法"升级为"跟踪法",解决概算法的模糊性,仅仅是功能性要求的一个例子,实践中还有更多的要求亟待响应和满足。

三是易用性要求。近一个时期,一线检察人员对信息化系统的易用性要求显得愈发突出。部分应用系统在开发的过程中,还是囿于传统的信息化工作理念:一方面,没有把实际工作需求和业务场景作为核心问题来考虑,导致信息化系统对检察人员造成了不必要的负担;另一方面,没有对系统间关系、数据关系进行科学的设计和充分调研,使先后建设的系统之间衔接不足导致系统之间出现了"叠床架屋"的冗余现象。

三、智慧检务与社会治理的结合

(一)国家重点研发计划与社会治理重点任务

2018年起,科技部公示的国家重点研发计划重点专项的立项清单,聚焦检察机关社会治理职能的重点课题不断涌现。例如,2019年3.3课题——面向办案的检察机关法律监督知识融合与智能交互的研究,内容就包括研究基于知识深度应用的辅助评估决策技术,开展知识融合与智能交互管理平台应用示范。其具体包括构建犯罪危害性评估模型、人身危险性评估模型、再犯罪风险评估模型、羁押必要性评估模型等不少于4种的分析模型;构建基于知识融合的刑事案件辅助评估决策系统。

就课题的价值而言,"羁押必要性审查"是检察机关的法定职能,但在司法实践中,这一职能偏向于经验化、流程化。对于这种基础职能的国家级科研课题支持,在一定程度上说明了国家层面对于检察机关社会治理职能的挖掘与支持。这不仅是智慧检务的重要课题,更是"检察再出发"的重要机遇,将智慧检务的历史价值和战略意义提升到新的高度。

(二)社会治理与智慧检务发展的历史任务

社会治理体系庞杂,以羁押必要性为例。我国在 2012 年修订刑诉法时,明确规定了羁押风险评估审查制度。该制度赋予检察机关在履行完审查逮捕的权限后,在法院作出判决之前,对被捕的犯罪嫌疑人、被告人的人身自由状态进行法律监督。在法院作出判决是否给予被告人缓刑时,同样需要考虑被告人的社会风险。因此,风险评估贯穿于整个刑事诉讼过程,包括庭前强制措施、是否缓刑等环节,功能全流程动态地把握被告人的社会风险情况,辅助办案人审查并作出决定。

该制度的实施具有多方面的积极意义,首先从刑事司法的角度,该制度扩大了检察机关法律监督的范围,有利于提高刑事司法活动的公正性;体现了宽严相济的刑事政策,客观上使被羁押人员的人身自由状态处于变化之中,这有助于降低居高不下的羁押率,纠正"超期羁押""一捕到底、实报实销"等不合理司法现象;其次从保护人权的角度,该制度给予被羁押人员一项人身自由救济权;最后,从国家治理的角度,该制度有利于节约司法成本,提高司法效率。

为评估犯罪嫌疑人的社会危险性,通观各国经验,包括两种做法:

一是设计风险评估指数,成为决定是否给予庭前羁押的指标。思路大致为设计不同维度的和社会危险性相关的要素,赋予不同的权重组合成一个计算公式,从而给出一个最终的危险性评分。该方法存在的问题是,只有偏离平均值的相对水平而缺乏衡量高低的绝对警戒线,这对犯罪嫌疑人是一种实质的不平等,犯罪嫌疑人不应当承担比普通人更高的配合国家防范社会危险的个人义务。

二是构建数据的模型,预测被告人的社会风险。其中又分为通用领域的模型,和单独针对某一具体类型案件的模型,比如家庭暴力类的犯罪保释风险预测系统和羁押风险评估。

对于羁押风险评估这一重大问题,可能需要多种数据建模的支持,涉及从法定规则风险模型,历史羁押概率模型,取保失败风险模型,犯罪危害程度模型,重新犯罪风险模型五个维度对羁押必要性进行评估,并给出综合风险指数和风险点提示。

一是法定规则风险模型。法定规则风险是指根据《刑事诉讼法》《人民检察院刑事诉讼规则》《人民检察院办理羁押必要性审查条件规定(试行)》及其《最高人民检察院刑事执行检察厅关于贯彻执行〈人民检察院办理羁押必要性审查案件规定(试行)〉的指导意见》的规定,应当适用或者不适用取保候审、监视居住的情形。相比于其他四个模型,法定规则风险模型具有"一票否决"的作用。对于法律或其他规范性文件中规定的不适用取保候审或者监视居住的案件,无论其他模型的评估风险指数高低,都不会推荐取保候审或监视居住。

二是历史羁押概率模型。这种模型通过对本地和全国的公开裁判文书,统一系统结构化数据进行分析,运用机器学习的方法获得历史羁押概率模型。该模型的功能在于识别,本地区的历史案件对于相似的犯罪嫌疑人或者被告人中采取了何种刑事强制措施。相似性评估主要参考的指标项包括,犯罪嫌疑人或者被告人的性别,年龄,户籍所在地,工作,学历,是否流窜作案,其所涉嫌的罪名,可能受到的刑罚处罚等。该模型的预测准确率可达85%以上。

三是犯罪危害程度模型。根据犯罪嫌疑人、被告人涉嫌犯罪的罪名、情节,结合本地历史案件数据,得到量刑结果预测,并结合当地刑事政策,将量刑结果转化为犯罪危害程度指数,作为本模型的结果。

四是重新犯罪风险模型。本模型能够根据历史刑事案件文书,分析累犯、惯犯、职业犯的特征指标,并形成模型体系,并据此模型评估被告人、犯罪嫌疑人重新犯罪的可能性。

五是取保失败风险模型。本模型中定义的取保失败风险,是指对于决定采取取保候审的被告人、犯罪嫌疑人,发生未按时到庭,取保期间发生新的犯罪或者取保期间违反取保候审的禁止性规定的风险。

此外,系统还会评估风险控制措施,这是指对于决定采取取保候审或者监视居住的犯罪嫌疑人、被告人,综合考量各常用措施对于减少风险的控制作用,达到控制风险和降低司法成本之间的平衡。

从现实的羁押状况及学界对其揭示来看,检察机关在降低羁押率上始终不遗余力,比如,通过司法解释详列可取保的案件类型和社会危险性的具体内涵(具体指的是《人民检察院刑事诉讼规则》83条等具体的司法解释,对取保候审等非羁押的刑事强制措施的条件细化、情形的举例)。但主管部门始终面临两难抉择,即如何保证刑事追诉的顺利开展又能保障犯罪嫌疑人的人身自由。主管单位对犯罪嫌疑人采取羁押替代性措施的一个重要条件是,要确信嫌疑人在取保后不会因为再犯罪造成社会危害、不至于因违反取保规定(比如逃跑、干预证人作证等)而影响刑事诉讼程序的正常开展。检察机关同时又是追诉机关,要为非羁押时的一切风险承担责任,包括为案件无法及时办结、造成社会危险被问责等最后兜底。

既然是真实办案场景使用的导向,办案人最希望了解每一个决定可能带来的后续影响,刑事政策的制定者则希望看到实际地降低了羁押的总数。因此,系统提供给办案人的辅助建议就不能单纯只是一个羁押还是释放的二元建议而应当是在给出取保建议后,还能给出取保风险程度及过往类似案例的结果。同时,调研中我们也发现不同地区、不同案由中的庭前羁押程度不尽相同,因此这还是一个结构性的局部矛盾,还要结合不同地区的现有尺度设计可供调节的"阀门",为刑事政策的决策者提供宽严尺度的调节器。

无疑,将智慧检务与社会治理进行结合具有极大的挑战性,这需要整合系统内外多学科、多部门的力量来解决检察机关乃至整个社会治理过程中存在的问题。这种发展的新形势,一方面能够充分体现智慧检务的发展水平,另一方面也是检察机关创新发展的新机遇。

(本章作者:缪存孟、刘品新、汪承昊、陈焰)

第九章　智慧律师

在法律领域,人工智能在行政执法、司法、学术研究和法律实务等领域得到了广泛应用。智慧法院、智慧检务、智慧执法已经高度融入审判、检察、执法的各个环节。

在律师行业,人工智能也正在法律科技创新的浪潮下加速发展。在人工智能技术的加持下,智慧律师也已经在律师业务中得以应用,并逐渐改变律师提供法律服务的工作方式。

第一节　概述

人工智能是通过机器来模拟人类认知能力的技术。[1] 20 世纪 50 年代是人工智能的"萌芽阶段",1955 年在美国达特茅斯大学的学术会议上,美国学者约翰·麦卡锡和马文·明斯基首次提出人工智能的概念,当时的想法即让机器模仿人类大脑的思考方式进行工作。在这一时期,计算机在使用"推理和搜索"来解决特定问题方面取得了较大进展,但对于复杂的现实问题却束手无策。[2]

20 世纪 80 年代,人工智能进入"专家系统"阶段,即,将人类专家的经验固定下来,将知识以代码的形式输入,让机器模拟专家思考方式。然而,人工定义的方式有很多局限性,一方面,在复杂的应用场景下建立完备系统本身是一个昂贵耗时的过程,另一方面,很多基于自然输入的应用如语音和图像识别,很难以人工方式定义其规则。而且专家系统的局限非常明显,在这一阶段,尽管计算机可以将专家的复杂经验复制下来,为使用者提供前任经验的指引、参考。但整个系统其实并不具备自主获取信息和应对复杂场景的能力。

20 世纪 90 年代,人工智能进入"自主学习"阶段。在海量数据的基础上,通过"机器学习"的方式,从已知数据中去学习数据中蕴含的规律或判断规则成为主流方法。让机器模拟人脑神经网络,开始进行训练,让机器学习

---

[1] 参照汤晓鸥、陈玉琨:《人工智能基础》,华东师范大学出版社 2018 年版。
[2] 参照日松尾丰:《人工智能狂潮》,机械工业出版社 2016 年版。

事物的抽象化特征后,再进行输出并且不断检验,进行校正,从而让机器真正获得人的思维能力。

一、人工智能与律师行业发展

人工智能技术与法律的结合几乎是与人工智能技术本身的发展同步进行的。1970 年,Buchanan 和 Headrick 发表了《关于人工智能和法律推理若干问题的考察》一文,正式拉开了学界对法律推理人工智能进行研究的序幕。此后,人工智能和法律结合的探索经历了一个从理论到产品,从专家系统思维到大数据、机器学习演变的过程。2016 年 5 月,美国律所 Baker & Hostetler 宣布正式启用人工智能机器人 ROSS,用以负责协助处理企业破产相关事务。这是全世界第一个使用人工智能开展法律事务的大型律所,自此,"人工智能技术对律师行业会产生怎样的影响"成为法律人热议的话题。与此同时,协助律师尽职调查、合同审核等业务的法律科技公司相继成立并推出相应产品,这些产品在律师行业中获得了实际应用。

我国在人工智能和法律方面的探索一直走在世界的前列,在 20 世纪 80 年代就有论文指出,电子计算机已经被人们视为科学技术现代化的一个重要标志,法律工作和法学研究需要顺应科学技术的发展。可以说,计算机技术在法律方面的运用正是这种现代化的标志。[①] 近十年以来,互联网、大数据和人工智能算法的发展让智慧律师变成一种可能。

中国的律师资源并不充足,律师资源供给与需求之间的失衡,催生了律师行业中人工智能法律产品的创新和发展,智能配单、类案检索、法律翻译、尽职调查这样的人工智能法律服务产品,开始出现在律师真正的工作场景中。

二、智慧律师对法律服务的影响

人工智能在律师行业的广泛应用需要解决两个关键问题。第一个就是将传统"人工的"服务变得标准化、流程化、自动化,第一个将传统需要"律师智能"的作业部分用模拟的算法进行仿真。理解人工智能对律师业务的实际帮助,其前提需要对律师从事法律服务进行分类。从人工智能的发展历程中可以看出,技术对于行业的改造是一个从简单到复杂的过程。按照法律服务的复杂程度把人工智能对律师影响的程度进行分类,能够更加清楚地理解人

---

① 参见龚祥瑞、李克强:《法律工作的计算机化》,载《法学杂志》1983 年第 3 期。

工智能在律师服务中的具体场景和深度。①

以下表格根据法律服务的复杂程度对律师的服务类型进行分类整理：

表 9-1-1　律师的服务类型

主要特征/ 服务类型	专家型	经验型	程序型
服务类型	为客户进行精密诊断	依靠以往经验解决问题	严格按照程序流程
项目难度	大	中	低
专业程度	需要大量高水平法律专家	高专业水平专家+初级专家	大量使用准专业人员
业务类型	案件事实复杂，法律关系综合的疑难商事诉讼，交易结构复杂的并购等。	劳动争议、婚姻家事、民间借贷等高频纠纷。	合同审核、尽职调查、交通事故处理等程序型事宜。

在程序型业务中，因为对法律知识的要求程度并不高，并且，案件处理，涉及的更多是流程性的事宜，很多环节仅仅是对于客观信息的审阅、比对和分析，如合同起草、合同审核、尽职调查等。因为具有相对固定的程序，人工智能技术首先在此类业务场景中开始了探索。在这样的业务类型中，替代性法律服务商（Alternative Legal Service Providers，ASLP）成为传统律师事务所外的新型组织，四大会计师事务所的法律部门和法律科技公司成为传统律师服务的补充力量。

在经验型业务中，因为案件的进展和结果往往基于过去经验的积累，如果这些经验能够被数字化，也就意味着问题和答案之间能够迅速进行匹配，如在婚姻家事纠纷中，如何界定夫妻共同财产；在民间借贷中，多高的利率能够得到法律的支持；在劳动争议中，"用人单位是否能够裁撤处于孕期中的员工"等问题，往往有着明确的法律规定和类案裁判观点。因此，有过相应案件处理经验的律师往往就能较快地给出一个初步方案。而人工智能技术可以通过类案检索、智能问答产品对问题进更加高效的处理，节省律师的检索时间。

在专家型业务中，人工智能技术往往只能起到辅助性的工具作用，如在复杂的商事案件中，律师不仅要对复杂的争议主体进行分析，对海量的材料进行分类，还要和当事人多次沟通，并在开庭前对可能适用的法律进行反复

---

① 参见〔美〕大卫·美斯特：《专业服务公司的管理》，吴卫军、郭蓉译，机械工业出版社2018年版。

斟酌。对于一些新型案件法律适用往往没有现成的参考材料,故而需要根据法学理论作出判断。在并购等复杂非诉案件中,律师不仅要根据材料进行交易结构的设计,还要和证券公司、会计师事务所进行沟通,这些都是现阶段人工智能技术难以达到的。所以,人工智能技术师只能在此类业务的部分环节中起到一定的辅助作用。

第二节 国外智慧律师发展情况

早期的人工智能的思路沿用的是专家系统模式,即让机器仿照人类专家来解决法律问题。而当下的主流思路在于尝试通过分析大量法律素材来进行预测,如 Lex Machina 系统自称能比诉讼律师更准确地判断美国专利诉讼的成功概率。

在将人工智能和律师业务进行结合的探索中,英国、美国走在了前列。因为英美法系的特殊性,英美在人工智能法律产品的创新上首先以尽职调查、合同审核等业务类型作为切入点,见表9-2-1。

以下为国外法律人工智能公司的业务领域及其标志性成果:

表9-2-1 国外法律人工智能公司的业务领域及其标志性成果

公司名称	所属国家	业务领域	标志成果
ROSS	美国	智能检索	ROSS 可以通过阅读各项法律法规、收集证据、做出推论,从而给出与证据高度相关的答案。但是,因为2020年牵涉与汤森路透集团的纠纷,ROSS 暂时停止运营。
LegalZoom	美国	合同起草	主要服务领域为交互式法律文件、订阅法律计划和注册代理服务。在交互式法律文件服务中,客户输入相关个性化信息,系统即能智能生成相应法律文件。2021年6月29日在纽交所上市。
Kira	美国	尽职调查	尽职调查引擎服务使用机器学习技术自动从合同中搜寻和提取在并购调查中需要关注的信息。通过对不同信息段进行标签,可以形成超过1000种可选择的条款模板,并自动生成标准调查报告。该公司最新成果为 Kira Systems 发布的"问答系统"。客户输入合同审核的相关问题,就能够获得基于自然语言识别技术的答复。

（续表）

公司名称	所属国家	业务领域	标志成果
eBrevia	美国	尽职调查	使用自然语言处理和机器学习技术，从法律合同和其他文档中提取相关数据，用以指导律师进行案件分析、尽职调查和起草合同。律师将文件扫描成文档后，该软件可以将其转换为可搜索的文本，然后根据律师列出的需求，将提取的文档汇总成报告。系统可以在不到一分钟的时间内分析50多个文档，而且比人工分析的准确性高10%。
DoNotPay	美国	法律咨询	在线帮助用户进行交通罚单申诉。用户只需要访问其网站，发消息进行交流，平台就可以利用用户提供的信息形成一份文件，用于罚单申诉。它在纽约、伦敦和西雅图，已经成功完成了超过20万个罚单申诉，申诉的成功率是60%。
Premonition	美国	案件预测	通过数据挖掘，系统能够可视化地呈现每名律师的办理案件总数、案由分布、诉讼标的区间、案件平均处理效率和案件胜诉率。可以根据客户需求形成不同的信息画像：在公司当事人画像中可视化呈现公司的诉讼历史、案件类型、案件胜诉率等。在法官画像中呈现不同诉讼请求在不同法院、法官审理过程中被支持的比例；在专家证人与仲裁员画像中则呈现不同专家证人出庭证言的采纳情况以及不同仲裁员的偏好。
COMPAS	美国	刑期预测	Northpointe公司设计的一款风险需求评估工具，在进行入监决策、管理囚犯和规划惩治时能够被用来提供决策支持。能够通过数据计算分析出审前再犯风险、一般再犯风险和暴力再犯风险。
LawGeex	以色列	合同审核	2018年，LawGeex与20名律师比赛审查5项保密协议（NDA），并确定30个法律问题，包括仲裁、关系保密和赔偿。AI的准确率达到了95%，并在26秒内完成了任务，而人类律师平均需要92分钟，且准确率没有高过AI。
ThoughtRiver	英国	合同审核	该系统集中于合同分析，可以为每份合同提供四类分析，分别是条款审查结果、风险状况统计、整体分析报告以及自助式训练。其中，自助式训练可以由用户进行反馈和标注，帮助搭建知识图谱。

在技术发展和产品运用的过程中可以看出,人工智能在律所中的应用主要集中于业务量较多的大型律所人工智能,更多在海量资源的尽职调查检索中起到辅助作用。因为,人工智能前期投入很高,并且需要对于高质量的数据进行分析,所以在探索的过程中也遇到了非常多的挑战,如法律人工智能科技公司 RossIntelligence 因为受到汤森路透法律信息集团及万律的著作权侵权及合同诉讼影响,于 2021 年 1 月 31 日停止运营。但与此同时,新的法律服务模式平台在人工智能技术的加持下展现出更高的效率,并逐步获得市场的认可。2021 年 6 月 29 日,成立近 20 年的 LegalZoom 在纽交所上市,市值达到 71 亿美元,人工智能技术正不断助力法律服务模式的创新发展。

从国外法律人工智能公司既有的产品探索中可以看出,诸如尽职调查等需要大量人力来予以处理的程序型业务,正在被人工智能技术所取代。对于一些较为简单的经验型法律服务如合同审核,机器的效率已经远超人类律师。产品在不断迭代的过程中,对于初级的法律服务,智慧律师正在不断替代律师助理(Paralegal)和初级律师(Junior Associate)的工作。未来,人工智能技术会逐渐将业务领域延伸到诸如复杂案件预测等服务领域中,律师的工作方式和法律服务市场的格局将会发生根本性的变化。

第三节 我国智慧律师的发展现状

我国人工智能法律服务产品起步较晚,但是更新迭代速度较快,继法小淘在 2016 年发布之后,2017 年国内首台法律援助机器人"龙华小法"开始试运行,2019 年国内首个类脑法律机器人大牛亮相智博会。人工智能机器人几乎保持了每年一换代的发展速度。[①]

人工智能技术在律师的实务应用中也得到了发展,从律师获取案源中的信息配单,到进行诉讼准备时通过检索进行案件预判,再到尽职调查、合同审核、合同写作等,人工智能技术从各个方面展开对律师一线业务的协同和提效。

以下表格按照国内法律人工智能公司主要产品的应用领域和主要成果进行分类整理:

---

① 参见上海市法学会、浙江清华三角研究院、华东政法大学、上海政法学院编:《2020 世界人工智能法治蓝皮书》,上海人民出版社 2020 年版。

表 9-3-1　国内法律人工智能公司

公司名称	产品名称	应用领域	标志成果
无讼	法小淘	信息配单	2016 年,无讼发布法小淘法律人工智能机器人,通过法小淘,法律服务的需求者可以精确地找到不同地域对于不同专业擅长的律师。同样,专业律师也能够根据自己所在地域和擅长的领域,找到相应的案源。
秘塔	秘塔翻译	法律翻译	通过运用自然语义分析算法,吸收了亿级的专业法律英语语料,能够实现专业法律文件的实时翻译,翻译速度为 6 万字/1 分钟。
	秘塔写作猫	文书写作	通过 NLP 模型及数亿大规模语料训练,能够帮助法律人在日常写作中进行纠错,保证了文件表述的严谨性。
幂律	Mebox	知识管理	Mebox 利用训练标签分类模型,从文件中提取出关键知识维度,如行业分类(医疗、房地产)、文档类型(诉状、意见书)、专业分类(民法、刑法),自动进行标签分组,辅助律师进行材料整理。
	MeCheck	合同审核	对于经常出现、规律性强的法律风险点,MeCheck 能够通过语义理解,实现精准匹配,并给出答案。利用上传功能,可以自动识别合同风险,对风险点进行标识和提示。
理脉	BRMS	数据分析	通过综合测评、风险管理、案例检索、律师检索、法官检索五大模块,BRMS 可以呈现企业与行业涉诉特征及常见风险,监控特定企业法律风险信息,满足用户企业诉讼管理、企业风险监控管理、商业决策参考、竞争对手涉诉情况及行业诉讼情况调查等需求。
云中子	云中子律服	尽职调查	云中子律服可以对于企业的各项信息进行收集和整理。这些信息涵盖公司事项、股东、对外投资及分支机构等信息,还可以一键生成符合律师文本规范的结构化企业报告。
案牍智能	案牍智能尽调平台	尽职调查	案牍智能尽调平台为资本市场从业者尤其是非诉律师提供文本智能写作、文件信息抽取、审核、纠错等服务,代替人工快速完成基础的、重复性的工作。

(续表)

公司名称	产品名称	应用领域	标志成果
艾特律宝	律宝法律智慧平台	裁判溯源	通过律宝法律智慧平台,律师团队可以对海量的案件材料进行分类,平台能够对案件的文书法官进行溯源,并对对方律师、当事人历史裁判文书的方向进行判断,分析争议焦点和法条适用要点。
博维创远	小包公智能法律平台	刑期预测	小包公智能量刑预测系统将理论量刑预测和实证刑期分析进行结合,能够实现量刑规范化表格的输出,并且能够预测罚金刑数额、数罪并罚结果并可以在认罪认罚从宽政策下实现量刑协商。
法狗狗	刑事机器人	刑期预测	刑事机器人支持财产安全、人身安全、交通安全、公共安全、职务犯罪、毒品相关等法律咨询服务。通过对大数据进行分析,为律师提供刑期预测、缓期概率预测,以及可供参考的法律法规等;还能从"降低刑期"与"争取缓刑"的维度,为律师提供深度分析服务。通过对3000万份判决文书的分析,提供必要的数据分析支撑。
真源翰青	PECO	侵权检索	PECO通过检索、数据分析、形成报告,从线上线下侵权检索、知名度检索等方式,帮助律师筛选出关于工商查处、刑事打击、不正当竞争相关数据,并对驳回复审、异议、无效、赔偿数额等进行判定。

不难看出,在过去十年间,致力于为律师工作提供辅助的科技类创业公司层出不穷,这使得法律科技类产品在律师工作中得到了广泛的应用。在律师工作中的各个场景几乎都能看到人工智能的身影。比如,法律信息已经由被动检索向主动智能推送进行发展,计算机也能够对裁判文书等进行智能分析,合同审核、尽职调查、法律翻译等工作的效率在人工智能产品的辅助下也得到了提升。

第四节 智慧律师在律师业务中的实际应用

人工智能技术在律师行业能够产生多大的影响力取决于技术对律师业务的涉入深度。在业务机会的获取和行业合作上,信息配单已经能够在客户与律师之间、律师与律师之间形成更加智能精确的对接匹配。在诉讼业务的场景中,诉讼律师可以通过类案推送获取更多的相似案件的文书信息,以便形成案件代理的思路,对于批量的类型合同,人工智能可以实现精确审查,极大解放了人力。在知产侵权案件中,通过侵权检索,知识产权从业律师在证据整理中能够掌握更多的动态数据并时时固定,为庭审展示提供更多的有力支持。而在刑事案件代理服务中,通过刑期预测刑事律师能给当事人及家属更多的预期,在辩护策略上能够获得更多有针对性的参考。在非诉业务中,涉外律师可以通过法律翻译工具更高效地完成不同语言之间的转化。在资本市场等需要尽职调查的业务中,律师可以通过智能尽调平台尽量减少人为消耗,从而实现对于海量信息的高效阅读分析。

一、信息配单

根据司法部发布的《全面深化司法行政改革纲要(2018—2022)》(以下简称《深化司法行政改革纲要》),到 2022 年,全国律师总数将达到 62 万人,每万人拥有律师数达到 4.2 名。即便如此,中国法律服务市场中依然存在着明显的供给与需求的失衡。一方面大量的当事人找不到合适的律师;另一方面律师往往找不到合适的案源。因为,信息之间的不对称,在很多跨地域案件中,律师寻求同行协作也非常困难。如果能够通过人工智能达到智能精准匹配的效果,就可以极大提高律师服务的效率,让律师将更多时间投入到办案本身中来。

人工智能在客户与律师之间、律师与律师之间搭建了一个沟通的桥梁,即,通过 O2O 的模式(即线上和线下相结合),将律师信息、用户需求、律师接单整合成一套运转模式。它通过语音识别技术,可以将客户用语音输入的语言转化成文字,然后通过通用分词器将文字中所含有的词汇进行切分和分类。通过人工法律专家的辅助校对,系统开始在内部逐渐形成法律专业词库,分词技术在迭代中也开始更加高效识别法律专业词汇。机器在逐渐掌握法律人专业词汇的基础上,就可以对裁判文书中关于案由、管辖法院、代理人的相关信息进行识别并定位。通过信息的加工,人工智能可以分析代理律师、律所所在地、律师以往办理案件的所在法院、办理案件的案由进行分析,给律师进行数据"画像"。

在这样的技术支持下,当律师之间需要进行异地查档等简单服务时,可以通过如法小淘这样的服务平台进行线上发单。通过智能匹配,有相关需求的律师进行接单即可以在线下完成服务。同样,需要案件合作的当事人或律师在平台上发布需求,通过智能平台的对接,律师也可以通过智能匹配定向找到相应的案源。通过分词技术,人工智能逐渐能够读懂裁判文书,从其中提炼出律师的客观信息,并且能够更快地解析客户自然语言中的法律需求,从而实现律师与律师之间、客户与律师之间的信息匹配。

二、类案推送

法律适用趋于统一是现代司法的基本价值追求,也是法治社会对司法活动的必然要求。2020年7月15日,最高人民法院发布《关于统一法律适用加强类案检索的指导意见》,2020年9月14日,最高人民法院发布《关于完善统一法律适用标准工作机制的意见》。这些制度和文件的陆续颁布表现出了司法机关对于类案检索技术和方法的重视。对于从事诉讼业务来的律师说,更多地了解与所代理案件相类似的案件的裁判思路,不仅可以给被代理人就未来可能的裁判结果一个合理的预期,同样也能为制定诉讼策略提供重要参考。

类案检索的操作模式包括主动检索和智能推送。主动检索的模式需要人工在一定的数据库中使用关键词、法条。输入的关键词越多,检索出来的案件越精确。智能推送则是根据用户使用关键词的含义并结合用户的检索历史,向用户推荐关键词,帮助用户选择到更优的检索词,提高检索效率。[①] 主动检索是通过用户给出的关键词进行精准定位,智能推送则是根据用户行为进行精确画像,通过建立案件数据和用户行为之间的关联实现更加主动的类案推送,这两种操作模式都需要人工智能技术的支持。

由最高人民法院立项、人民法院出版社承建的"法信"将大数据、机器学习技术与专业法律知识图谱相结合,先后推出了类案检索、同案智推等相应功能。律师在"法信"中既可以直接输入相应的关键词进行检索,也可以按照民事、刑事、行政、执行的模块选择其项下相关争议案由、罪名、行政行为等模块进行主动查询。在对应类案分析的数据时,不仅能够看到案由、案情特征和争议焦点,还可以通过其效力来源定向筛选出"两高"指导性案例、典型案例和省高级人民法院发布的参考性案例。通过不断缩小范围,从而在类案中选择出更加具有参考价值的相应文书。

威科先行在人工智能搜索技术上也进行了律师实务场景的探索。为了更好地对裁判文书的资料进行解析,威科先行将技术架构分成底层架构、人工智能中台和应用层;在底层架构中,盛科先行搭建了机器学习框架和知识图谱平台;在人工智能中台中,如将服务、算法引擎和管理工具进行了部署,将其作为整个平台的重要支撑,通过文书挖掘、文书结构化、图谱构建、要素识别等方式对案例进行深入解析;在应用层,通过人工智能中台的服务最终输出的研究结果,以检索报告、知识管理和类案智推的形式进行呈现。

在操作过程中,律师可以自设标签,并从中台中调取相关数据,进行筛选

---

① 参见齐晓丹等:《类案检索方法指引》,法律出版社2020年版。

定位,从而自动生成检索报告。如果律师对这样的检索报告的结果不满意,还可以在已形成的报告的基础上进行编辑并形成满足自己需求的个性化报告。

类案检索是人工智能技术在律师业务实践中使用相对高频并且逐渐成熟的工具,诉讼律师既可以将类案检索报告作为与客户谈判的呈报文件,增加客户对于律师的信任,也可以让律师对于案件走向预测和代理思路的整理将更有针对性,从而提高了工作效率。

三、合同审核

合同审核是律师的高频业务,人工智能能够提高合同审核的效率,实现律师作业从传统人工到智能审核的转变。设计人工智能合同审核产品需要了解律师审核合同的方法,然后让计算机模仿其思维,在此基础上不断学习优化,达到智能审核的目标。

律师审查合同时会进行形式和实质两方面的审查。形式审查需要检查文字是否准确,格式是否规范,表述是否严谨。实质审查是指对合同主体资格、履约能力、条款效力、违约金条款等合同实体内容进行审查。人工智能结合形式审查和实质审查的工作流程,并且完成分类建库、条款拆分、对比匹配和知识积累四个过程,实现更精确的合同审查。

分类建库是人工智能对合同进行分类的前提,合同的种类繁多,仅《民法典》合同编就规定了20种典型合同,并且同一类型合同中不同行业、不同企业等合同条款又有相应的差异。对合同进行合理分类是人工智能进行合同审核的第一步。在此基础上,还需要进一步完善审核清单库、标准范本库、风险规则库的建设。其次,按照章节段落、关键词等对合同中的相应条款进行拆分,让系统能够了解到哪些位置是合同主体、哪些位置是权利义务规定、哪些位置是对应的违约条款等,方便人工智能进行定位和识别。在完成分类建库和条款拆分之后,系统可以对拟审核合同和相应范本进行比较,找到不同点从而给出风险提示。在初期对比中,人工智能会有较高的错误率,因此需要在此阶段不断地用人工干预的方式调整机器的准确度,从而在知识积累中完成人工智能合同审核水平的提升。

幂律的 MeCheck 在人工智能合同审核上做出了探索,产品的用户界面与 word 文档在线编辑器一致,用户一键导入合同后,系统可以在 1 分钟内实现对于上百种风险点的排查,并给出风险提示、修改建议和相关法条推荐。北大英华的"法宝智能合同分析系统"能够对拟审查合同条款与标准条款进行对比分析,从而补充其中的缺失条款并进行风险提示。道本科技的"智合同"则能对合同内容进行动态识别,并能提取名称、相对方、金额、类别等50

余项关键要素并进行审核。

律师使用人工智能合同审核工具能够在短时间内对合同风险形成初步判断,对于重复性高、规则性强的标准化合同审核,智能审核更能够提高效率,减少相应的工作投入时间。

四、侵权检索

互联网技术在加速信息传播的同时,也给知识产权侵权带来了很多通道,从网页端到APP,从电商、社交媒体、搜索引擎付费广告、应用商店,到视频网站、短视频,再到现在流行的微商、直播带货,侵权的形式和类型层出不穷。

2020年11月11日,第三次修订的《著作权法》公布,其所规定的开放式条款扩大了作品保护的类型,加大了"惩罚性赔偿"的力度。这除给被侵权人带来了更多的救济渠道外,也给从事知识产权业务的律师带来了更多的机会。在传统的知识产权维权中,律师需要用手工搜索的方式从互联网上进行侵权证据的查询和固定。例如,真源翰青推出的PECO以知识产权网络信息检索这个律师的高频需求为切入点,为律师提供侵权检索的证据收集服务。PECO可以全面收集网络常用平台上关于某一品牌、产品和主体的信息,通过算法优化排序和智能筛选,优先展示重要信息,帮助律师形成用户侵权的证据链条。在商标侵权中,PECO可以通过对滥用关键词、假冒产品、小电商非授权使用等行为进行定位。在专利侵权中,PECO可以对产品图片进行检索,查询外观专利侵权的情况。在著作权侵权中,PECO可以通过对影视盗播、游戏周边等行为和载体进行固定,用"软件+常用侵权关键词"的检索方法,实现对于如"微软破解版"这样侵权信息源的收集。在此过程中,平台可以自动实现批量网页的截图,并且可以实现电子公证,实现对于侵权证据的保存和固定。

通过人工智能技术的知产侵权信息检索,律师一方面可以针对某一特定侵权对象找到其全方位痕迹,在诉讼案件证据整理中通过蛛丝马迹形成完成的证据清单,另一方面,律师可以通过主动检索的方式了解到被侵权客户,成为律师获得新案源的新方法。对于老客户PECO则可以通过数据报告体现律师在证据收集方面的工作价值,提升老客户的忠诚度和续约率。

五、刑期预测

对案件进行精准高效的预测是法律人工智能产品的发展方向,案件预测相关产品的研发主要有两种模式。一种是"数据统计分析"模式,即根据律师拟定的案件处理情况进行关键词描述和分类,从而对类似案件判决进行统计分析,通过对比对照的方式发现其中的重合点,从而推测拟定起诉案件的裁判方向,达到相应的预测效果。另一种是"规则模型内嵌"模式,即让机器理解法律规则的处理思路,并将案件信息与规则思路进行对比,进而判断案件的发展方向。

鉴于法律知识图谱和自然语言处理技术发展的局限性,目前案件预测工具主要使用于刑事案件的刑期预测中。在刑事案件中也包括,当事人及其家属关注的问题除了有罪与无罪,也非常关注可能判处的刑期。在量刑理论中,有罪与否不仅需要经过客体、客观方面、主体、主观方面的"四要件"匹配,更需要将量刑起点、基准刑、从重从宽情节进行综合讨论。在具体适用法律的过程中,律师还需要参考刑事法律、立法解释、司法解释以及量刑指导实施细则。在之前的律师代理中,刑期的长短预测往往来自于经验,在刑事案件的代理中,利用数据和规则的方式作出更加精确的预测,人工智能技术提供了更加准确的可能性。

法狗狗刑事机器人将刑事问题总结为财产安全、人身安全、交通安全、公共安全、职务犯罪、毒品犯罪等多个模块,律师输入已经掌握的基本案件信息,系统即可以通过对于刑事裁判文书的分析,输出刑期预测、缓刑概率预测等数据,并且在律师的深入检索中提供"降低刑期""争取缓刑"的建议。

小包公智能量刑系统利用人工智能技术,结合"数据统计分析"和"规则模型内嵌"两种模式,实现"一套操作,两套结果"的操作效果。其一方面通过实时刑期展示以及法律依据,呈现量刑规范化表格;另一方面又通过实证系统,以实际裁判大数据案件的可视化分析进行验证。在此基础上,小包公系统还能够在刑期预测基础上估算罚金刑数额、数罪并罚结果,并可以根据认罪认罚从宽制度的要求,按照侦查阶段、审查起诉阶段、一审审判、二审审判四个环节进行精细化分类,从而为控辩双方提供量刑协商可视化、可量化的操作工具。

刑期预测是案件预判中适用频率最高的类型,其中运用到的统计思维和规则思维未来可以为民商事案件预判算法中提供借鉴,这不仅可以成为律师进行案件评估时的重要参考,也能够成为精细化法律服务的有力辅助材料。

六、法律翻译

《深化司法行政改革纲要》明确指出:"大力发展涉外法律服务业,建立涉外律师人才库,选拔不同业务领域符合标准的律师进入人才库。到2022年,培养1200名高素质涉外律师人才。"涉外律师一方面需要了解其他国家的法律规定,另一方面也要了解对应国家的语言和在此语言框架下的"法言法语"。

在涉外业务中遇到的首要问题是语言翻译。以法律英语为例,法律英语本身的很多词汇来自于古罗马法、很多表述是古拉丁语的用法,并且时常有长难句,与日常语言应用有巨大的区别。

谷歌和类似的搜索引擎都提供了在线翻译工具,能够对语句和段落进行翻译,但是对于法律英语文件来说,几页乃至于几十页的批量翻译工作才是法律人的工作常态。秘塔翻译通过人工智能算法帮助律师对大量内容的文件进行初审,节约了律师的时间。在诉讼律师需要对海量英文证据进行初审时,可以用内置 OCR 技术对于 PDF 文档的文字信息进行识别,文件的脚注和表格都能够按照原格式进行保留。在用秘塔翻译对文件进行初步汉化后,律师通过迅速扫读定位到证据信息的关键位置,极大节省了审阅文件的时间。如涉外律师进行非诉业务写作时,在秘塔翻译的工作平台界面上,可以看到无论是"中译英"还是"英译中"都可以在左右两边一一对应,方便律师可以准确进行校正和修改。在工作界面中,可以看到"术语定义"的按钮,律师可以提前输入固定用法和客户的惯用法。人工智能技术即能对整体文件进行上下文的统一识别,因为所有的工作都是线上进行的。在获得用户许可的基础上,系统会对用户行为进行分析,将已有的算法迭代升级,从而不断提升翻译的准确度。

在未来多语种的法律服务中,通过人工智能翻译精度的升级,人工智能可以更好地帮助律师解决"语言关",从而使得律师可以开展更多涉外业务,开拓崭新的服务市场,进而真正实现中国律师法律服务走出去。

七、尽职调查

2020 年 5 月 18 日,中共中央、国务院发布《关于新时代加快完善社会主义市场经济体制的意见》。意见指出,要加快建立规范、透明、开放、有活力、有韧性的资本市场,加强资本市场基础制度建设,推动以信息披露为核心的股票发行注册制改革,完善强制退市和主动退市制度,提高上市公司质量,强化投资者保护。证监会也在不断完善相关制度,努力提高拟上市公司及上市公司的信息披露质量。2021 年 2 月 5 日,证监会发布了《监管规则适用指引——关于申请首发上市企业股东信息披露》,监管层进一步从严收紧对于上市项目股东信息的披露要求,要求中介机构对企业股东进行全面穿透核查。在这样的背景下,股东穿透核查、关联交易披露等工作成为律师工作的重中之重。市场对律所等中介机构的尽职调查深度提出了更高的要求。

尽职调查是大多数投融资业务都会涉及的基础工作。在并购重组、上市等非诉业务中,律师需要对标的企业的客观事实和法律状态进行全面调查、分析并指出其法律风险。在传统的律师服务中，律师除访谈公司、要求股东、董监高填写调查问卷及走访客户外，还需要通过网络的公开信息核查信息的真实性，这就意味着律师需要在海量信息中做出筛选和分类。传统人工核查低效且容易遗漏重要信息。而在这样的工作场景下，人工智能技术能够通过算法提高律师审阅信息的效率，从而减少专业律师在此方面耗费的时间。

案腋法律尽调平台可以根据项目工作的具体需求，通过分类分析网络海量数据，一键生成包含公司事项、股东情况、对外投资及分支机构、诉讼合规、业务经营与资质证照、主要资产和知识产权等情况的尽调报告。在上市项目中，平台可以根据监管机构的反馈意见、中介机构的内核意见以及项目组的具体需求进行迭代，最终通过单级、多级、层级和树状列表的方式呈现核查报告。在此基础上平台自动生成穿透核查底稿。通过律师定向选择国家企业信用公示系统、企查查、天眼查、启信宝的企业工商信息源，平台可以在股东穿透核查报告的基础上建立每个主体的底稿文件夹，并自动编号和命名。当然，在尽职调查服务中，由于人工智能的技术需要一个不断更迭的过程，所有的尽职调查服务基本上是以平台出具标准化初稿、专家进行咨询复审、律师参与编辑的形式来进行操作的。经过这样的程序，平台可以形成一份更加扎实的文件。

理脉推出的 Lebra 智能尽调助手也同样在人工智能尽职调查领域做出了探索。在股东穿透核查中，律师可以对境内股东信息无限穿透核查，自主编辑特定节点的公司股东数据，并能够根据项目的具体需求自定义穿透终止层数。针对尽职调查时寻找信息源进行反复核对的工作重复耗时，人工智能技术在 200 家信息查询网站的基础上，对尽调数据进行抓取、整合对比、清洗去重，并以此形成基础版本尽职调查报告。

除了以上的实际使用场景，很多法律科技公司还在如文书写作、知识智能管理等律师执业场景进行探索，很多通用型智能工具也能给律师进行业务落地提供数据支持，如通过企查查等工商查询工具，律师可以帮助债权人了解到包括被执行人的财产线索，如资本、股权、动产、不动产、商业往来资产、对外债权等，通过财产线索找到被执行人的资产和资金流动线索，从而进行锁定等方式，帮助被代理人破解催款收账等难题。

人工智能在律师业务的推广适用已经形成趋势，更多的律师从业者投入到了人工智能和律师业务结合的创业中。律师不仅是新技术的受益者，同时也是最好的产品经理。随着技术的迭代升级，人工智能产品会应用到更多的律师工作场景中，并逐渐服务于律师执业的全流程。

第五节　智慧律师的未来发展

人工智能的发展对传统职业产生了巨大的冲击,无人驾驶、自动客服、工业机器人已经开始逐渐替代很多流程化、程序性强的工作岗位。然而,律师的成长是一个漫长的过程,从法学院的学术训练、法律资格考试的严格筛选,再到通过实习考核、开始执业。律师不仅要进行不间断的知识学习,更要培养自己的沟通能力。律师因为需要长时间的知识学习和应用实践,在中间又有大量与人进行沟通交流的场景,其服务形式复杂,所以,律师工作难以进行标准化。人工智能技术在短时间内不会完全替代律师的工作,在相当一段时间内人工智能更多是以协作助手的身份参与到律师的工作中。

在中国律师行业的发展中,随着移动互联网的全领域应用,律师更多的业务在线上进行,更多的数据得以留存,这些海量的数据已经成为律师执业的重要资源。尽管在行业发展中律所和律师的信息化建设已然成为行业共识,可是人工智能技术对于律师行业的根本性改进尚需在充分数据的基础上更进一步,需要依托更加优化的算法从而形成判断和预测。

通过人工智能产品在律师业务中的应用可以看出,无论是信息配单、类案推送、侵权检索、刑期预测、法律翻译还是尽职调查,人工智能技术在和具体律师业务结合的提升上还有很大的空间。未来人工智能技术要想更进一步提高在律师行业中的影响,需要在情绪算法、数据质量和对接司法资源等方向上重点着力。

一、增设情绪算法

律师业务是一个与人沟通的业务,无论是在与当事人的沟通还是与法官的沟通之中,人在情绪上的变动都是影响律师进行策略判断的重要因素。法律服务是服务于人的行业,需要法理和情理的结合,如果想让人工智能更加接近于法律人的思维,不仅需要其掌握法律知识,更需要其理解人的情感。而想要使人工智能技术具备人类律师的磋商技巧与引导对话功能,则人工智能技术至少需要在"情绪识别"与"安抚问答"两个方面实现技术突破。英特尔的 RealSense 3D 摄像头等开启了对于客户面部表情微捕捉的尝试。安抚功能牵涉到机器深度学习以及不同语种资料库的建立,国内外尚未建立起一个成熟的模型。[1]

---

[1] 参见上海市法学会、浙江清华三角研究院、华东政法大学、上海政法学院编:《2020 世界人工智能法治蓝皮书》,上海人民出版社 2020 年版。

目前智慧律师的主要产品都是专用人工智能产品,即针对于特定的业务和使用场景进行设计的产品。但是,智慧律师要处理实际生活中的问题,需要用更多的生活常识处理更多的全局性问题。庭审过程中的法官、检察官、律师甚至是当事人的情绪变化会对裁判结果产生一定影响。这些其实都是智慧律师产品需要的考量因素。原有专用人工智能产品不能满足现有的需求,需要用人工智能技术对各种生活问题的判断进行调整,并且用大量的样本进行训练,形成判断能力。

二、提高数据质量

人工智能进行机器学习的前提是要有高质量的数据学习材料,这里需要解决两个问题:一是海量的数据资源;二是对数据资源进行标注。

智慧律师的发展需要高质量的数据作为分析的样本。第一个问题的解决取决于中国裁判文书网、庭审公开网以及更多的法律数据库进行开放。第二个问题的解决取决于怎样更好让机器识别数据。机器对数据进行识别的前提是对数据进行标注。数据标注是一个数量浩繁的系统工程,需要对文本进行通篇阅读,掌握案件整个脉络。根据自然语言处理技术(Natural Language Processing,NLP)数据标注规则,在建构系统时对文本进行文字处理,找到争议焦点,构建出语义关系,才能让人工智能理解案件语义。

因为法律规则具有复杂性,所以很难找到一整套的方法论,"一揽子"解决标注问题。仅以《刑法》中483个罪名及424个民事案由为例,每个数据的标注都意味着巨大的工作量。这样巨大的工作量通过几个公司或单位进行承包,显然很难完成。律师本身不仅是数据的用户,更对数据的组成有一线的了解。如果在行业中能够形成一套统一的标注规则,让律师以"知识众包"的方式与几十万律师同行一起编辑,激发律师的积极性,甚至可以作为其专业作品,这可能是未来的可行之策。

三、对接司法资源

律师的执业工作从来不是与世隔绝的,需要与法院、检察院等司法机关进行沟通,在《深化司法行政改革纲要》中已经明确将开展"数字法治、智慧司法"信息化体系建设作为未来的工作重点。在未来律师行业的人工智能化建设过程中,自然也不可能只形成服务于律师本身的"数据孤岛",而是应当与检、法等系统打通。只有在信息互通的状态下,才能形成统一高效的数据通道,从而使律师与司法机关更好地进行沟通,从而实现整个法律职业共同体的效率提升。

未来已来,人工智能技术已经不再是实验室中的产品和想象中的理念,各种形态的法律人工智能产品正在不断通过迭代变得越来越聪明,潜移默化包括法官、检察官、律师在内的法律职业共同体的工作。在线争端解决机制(Online Dispute Resolution,ODR)也已经更多用于争议解决中。对于智慧律师来说,从法律状态改善、纠纷避免、纠纷控制再到纠纷解决,①用更加智能的方式帮助律师逐渐在真正触达司法的过程中解决问题,甚至在"无讼"的状态中高效解决纠纷。

由于人工智能技术会进一步将之前单纯由人工完成的工作逐渐交由机器来解决,这就意味着律师在成长和发展中要不断思考如何增加自己的独特竞争力,从而实现职业生涯的可持续发展。执业律师如果能够抓住这一波技术进步的时代红利,将会弯道超车,实现跨越式发展。智慧律师对法律服务行业的影响将从具体业务、协作方式逐渐升级到法律服务模式的改进,进而对整个法律服务行业未来的发展产生根本性影响。

(本章作者:赵润众)

---

① 参见〔英〕理查德·萨斯坎德:《线上法院与未来司法》,北京大学出版社2021年版。

第十章 法律科技

第一节 法律科技的概述

一、法律科技的概念

从字面意义上来看,法律科技(LawTech)是法律与科技相互融合的产物。在应用的视角下,法律科技是指通过云计算、互联网、大数据、人工智能、区块链等科技手段为法律行业提供创新性支持的产品或服务,其最终目的在于通过科技的应用提升法律服务的效率与质量。随着科技的进步及法律服务需求的变化,在"技术驱动法律"这一创新理念下,法律科技的内涵与外延都在不断完善与拓展。

在科技与法律的融合过程中,不同种类及应用于不同场景的法律科技产品不断涌现。法律科技产品在重塑法律服务市场的同时,也不断颠覆着人们对法律科技这一概念的认知。这一概念的内涵从最初旨在进行法律信息分类、筛选、加工的数据库产品逐渐演化为能够与法律实务场景及工作流程相融合的智能工具,如这些工具自动生成法律文本、智能回答法律问题、进行电子存证等。随着人工智能的发展,法律科技产品也会更加深入地介入法律实务工作。尽管如此,这一概念里所携带的自动化、数字化、智能化基因依然是影响与重塑法律行业的重要元素。基于面对司法系统的法律科技产品已经在前文进行过论述,本章的内容将主要聚焦于面向公共法律服务市场的法律科技产品。

二、法律科技的发展历程

法律科技的发展最早始于20世纪90年代,无论是在理论研究层面还是在实践应用层面,法律科技的发展现已颇具成效。在理论研究层面,国外法学院校在较早时期便开始注重法律科技的教学与研究及相关课程的研发。在美国,包括斯坦福大学、哈佛大学、哥伦比亚大学等著名高校在内的近50家法学院开设了法律科技相关课程。这些院校的法学院通过设立研究中心、开设专业课程、提供在职培训、支持实践项目等形式参与法律科技创新,积极培养具有"法律+科技"的复合型人才,最终反哺到法律科技的实践工作之中。在实践层面,经过近二十年的发展,法律科技在 2015 年前后达到了高峰。以法律科技公司的创设数量为例,全球法律科技公司的新设数量在 2015 年达到了 232 家。从 2016 年至今,法律科技公司的新设数量开始呈逐年下降趋势。2020 年,法律科技公司的新设数量回落至 5 家。不过,这并不意味着法律科技行业开始下滑,而是在历经爆发式增长后,法律科技行业进入成熟和平稳发展阶段。法律科技产品与法律实务场景的融合度逐渐提升,商业模式也愈发成熟。尤其是在 2019 年,人工智能、区块链等技术在法律检索、合同管理、电子取证等产品中的应用进一步促进了二者的深度融合,也充分推动了法律科技产品在实务工作中的落地。

全球的法律科技产品主要由法律科技公司、律师事务所与替代性法律服务机构三类主体完成,这三类主体在关注点、商业模式、发展特点等方面均有其个性,这与其主体定位、发展需求等因素紧密相关。

法律科技公司的关注点在于"端到端综合解决方案的融合",即通过整合上下游资源,形成满足客户需求的解决方案。法律科技公司本身具有成熟的商业发展战略、强大的管理和技术团队以及充裕的资金投入。他们往往会通过收购的方式充分整合法律科技发展所需的资源,开发出具有竞争力的法律科技产品。在全球范围内,代表性的法律科技公司主要有 Wolters Kluwer、LexisNexis、Thomson Reuters 等,通过资源整合与技术应用,这些法律科技公司陆续研发出了非常成熟的产品。并取得了卓有成效的市场效应,见表 10-1-1。

表 10-1-1　全球顶级法律科技公司法律科技代表性产品表

序号	公司名称	产品名称	产品功能
1	Wolters Kluwer	CLM Matrix	合同生命周期管理
2	Thomson Reuters	HightQ	法律服务协作
3	LexisNexis	Knowable	针对可重复任务的法律文书进行审查与分析
4	Clio	Scrive	基于区块链技术的电子签名服务
5	LOD	Lexvoco	针对企业法务提供法律在线咨询

律师事务所参与法律科技创新的目的在于获取差异化服务的竞争优势,全球领先的律师事务所均不同程度地参与了法律科技创新,并将法律科技产品运用到了其业务实践中。律所参与法律科技的优势在于长期以来的法律服务经验积淀,其对法律服务市场的需求与痛点有着更精准的把握。特

别在英国和美国,律师事务所参与法律科技创新的积极性、创新度均领先于其他国家。尤其在英国,Linklaters、Clifford Chance、Mishcon de Reya 等全球领先律师事务所代表性法律科技产品,见图表 10-1-2。

表 10-1-2　全球领先律师事务所代表性法律科技产品列表

序号	律所名称	法律科技产品	产品功能
1	Linklaters	Re:link	法律服务协作
2	Clifford Chance	CompareNow	文本比较,帮助律师将电子邮件和其他文档中的文本与即时标记进行比较
3	Mishcon deReya	Courtdesk	分析法庭相关报告
		Donna	运用人工智能提升合同审查效果
		Solomotic	分析诉讼内容预测庭审判决结果
		Index	协助律师维护客户关系
4	Lander & Roger、YBF Ventures	TA Law	提升获得电子简报的效率
		Mitimes	律师工作计时
		Scaleup Josef	通过机器人帮助律师自动化部分日常工作,包括起草文件、与客户对话并提供法律指导和建议等
		Anika Legal	免费法律咨询平台
5	Allen &Overy	Avvoka	合同文本自动生成
		Corlytics	风险情报检测与自动分析系统
		Legatics	简化传统法律流程的智能化法律交易管理平台

替代性法律服务机构主要是指包括法律服务外包提供商、"四大"会计师事务所、合约律师平台、在线法律服务提供商在内的法律服务提供商。其参与法律科技创新的主要目的,一方面在于通过减少重复性的人工劳动来降低运营成本,另一方面在于实现服务流程的标准化与专业性。代表性机构主要有 PwC、Deloitte、Exigent 等,此类机构凭借其成熟的专业服务模式及强大的知识管理能力,在法律科技创新领域取得了极大的成就,全球替代法律服务机构法律科技代表性产品表,见表 10-1-3。相较而言,替代性法律服务机构对法律科技的参与更为积极主动,并能够更加敏锐地感受到客户的需求。

表 10-1-3　全球替代法律服务机构法律科技代表性产品表

序号	机构名称	法律科技产品	产品功能
1	PwC	Cognitiv+	利用 AI 技术从法律合同中自动提取观点
		Capnovum	智能化合规管理
2	Deloitte	Define	文本起草工具
		CourtQuant	诉讼人工智能预测平台
		Avvoka	合同自动化平台
		Juralia	法律实务和工作流可视化工具
3	Exigent	NEXL	法律服务协作

综上，法律科技领域呈现出主体多元化、产品类型多样化的发展趋势，法律与科技的交叉融合给法律人的工作方式带来了根本性改变。可以预见未来法律科技的创新度与普及率将持续增加。无论需求端还是供给端，法律科技产品的应用度将逐步提升。

第二节　法律科技在中国的发展阶段

近年来，互联网科技发生了革命性的创新与变化，以科技与法律相互融合的不同形态为标准进行划分，中国的法律科技可以分为三个阶段。了解这三个阶段的划分标准及代表性产品，对于把握中国法律科技的发展全貌有着重要意义。

在分阶段介绍之初，需要特别指出的是，中国法律科技的三个阶段之间并非完全割裂的，而是相互递进、彼此交融的，如第三阶段的法律科技产品可能建立于第一阶段的产品模型之上。在当下，三个阶段的法律科技产品也是以共存互补的形式共同参与到法律服务市场中的。下文将对法律科技的三个发展阶段分别予以介绍。

一、第一阶段："法律+信息化"

"法律+信息化"指的是中国法律科技在 2005 年前的发展阶段。这一阶段的法律科技产品以信息化建设为主，其产品原理是在法律信息收录的基础上对信息进行分类、归档及其他形式的加工与整理。

在这一阶段，法律工作者已经开始摒弃传统的纸质办公模式，信息化被纳入法律工作之中。该阶段法律科技产品的主要价值在于提供法律信息的线上收录、分类整理及快速输出。这里的法律信息既包括法律法规、裁判文书与实务文章,也包括法律工作者本身的客户信息、案件文书、工作日志等内容。以法律、法规为例,中国是成文法国家,法律、法规的收集与整理对于律师工作有着重要的作用。早先的法律、法规主要散落在各类纸质文件或发文部门的官方网站中。对于需要频繁使用法律、法规的法律工作者而言,法规的查询与准确性校对是一项难度极大、耗时较多的工作。在法律与信息化融合的过程中,线上法律信息数据库不仅能对法律、法规进行全面收录与分类,并能对法规的时效性、效力级别、主题分类、发布日期等进行标识与整理,大大提升了信息查询的效率与准确性。同时,检索技术的应用也为使用者快速获取目标法律、法规提供了便捷途径。

相较于后来的两个阶段,该阶段的法律科技产品在科技应用上较为单一,其主要特点仅仅在于实现了信息的分类与标准化呈现。但是,在法律信息的价值挖掘及互联互通方面,该阶段的法律科技产品缺乏更宏观、更深入、更顶层的设计,这也为法律科技的下一步发展提供了空间与可能。

1985年,北大英华科技有限公司和北京大学法制信息中心共同研发出了一款命名为"北大法宝"的法律数据库产品。该产品通过对法律法规、裁判文书、法学期刊等法律信息进行标准化整理与分类呈现,成为了该阶段中国法律科技的代表性产品。

二、第二阶段:"法律+互联网"

"法律+互联网"指的是中国法律科技在2005年至2015年的发展阶段。互联网的持续发展为信息资源的互联互通创造了更多可能性,法律行业的传统交易方式也开始受到冲击。在这一阶段,法律与互联网的融合主要表现在,法律的供方与需方通过互联网平台实现了跨时空对接。在这一模式中,传统的法律服务实现了线上商品化交易,"法律电商"类科技产品开始出现。一方面,法律电商类产品试图将法律服务进行标准化包装;另一方面,该类产品以在线售卖的方式提供法律咨询服务,并利用互联网打破了传统法律服务面对面的模式。对于律师而言,互联网的使用拓宽了其服务的地域空间,越来越多的律师开始通过互联网进行自我推广以期寻求新的业务机会。成立于2008年的易法通便是这一阶段的代表产品。一方面,该产品将传统的于线下进行的合同与规章制度相关法律服务进行在线销售。另一方面,该产品以互联网平台为载体,结合线下自有律师服务团队和全国各地的联盟律师,搭建了企业与律师线上交互,线下服务的新型实时在线法律服务模式。此外,成立于同一时期的华律网本着互联互通的产品思维,搭建了以"问律师""找律师"为核心功能的互动法律服务平台,实现了用户与律师之间的在线联通,成为了这一阶段法律产品的典型代表。

尽管这一类法律科技产品对传统的法律交易模式带来了冲击,但其在落地的过程中遇到了一定的麻烦。相较于大众消费产品,法律服务的需求频次较低,产品标准化较难,人们对线上专业服务的信任度不高等问题,均成为限制法律电商类产品发展的重要因素。

三、第三阶段:"法律+智能化"

"法律+智能化"指的是法律科技在2015年后的发展阶段。2015年前后,法律科技突破了"法律+信息化"与"法律+互联网"的单纯模式,大数据、人工智能、区块链、云计算等新型技术的兴起及广泛应用为法律科技打开了新的突破口。阿里巴巴、腾讯、百度等大型互联网科技公司也开始在法律科技领域进行产业布局,如阿里达摩院依托其先进的技术,在合同周期管理、案例结果预测、类案检索等方面进行了积极实践。与此同时,越来越多的法律科技公司开始将科技应用深入到法律服务的专业场景之中,尝试用技术手段来解决法律服务中存在的实务问题。

相较于信息化与互联网时代的产品,这一阶段的法律科技产品不止步于信息整合与供需资源互联,而是试图满足法律工作的流程与场景需求,替代既往由人工来完成的工作。大数据与人工智能技术被广泛运用于案例分析、文本审查、尽职调查、实务咨询等标准化程度较高的重复性法律工作中。

基于这一思路,公共法律服务市场出现了越来越多的法律科技产品。这些产品突破了分类及整合的特性,将人类特有的"分析与思考"融入法律产品设计之中。具体而言,这一阶段出现的法律科技产品不仅能够有效进行法律数据的挖掘与整合,而且能够完成法律风险识别与提示等既往由人工完成的工作。更重要的,是这一阶段的法律科技产品能将法律服务中既往成熟的工作方法、运作管理、文档要素固化为相应的程序,并通过软件的形式融入实务工作中,提升法律工作的效率。

在这一阶段,科技为法律赋能的理念不断凸显。在这一理念引导下,法律科技产品实现了新的突破,如,理脉本着"法律,看得见"的产品理念,以大数据为切入点,专注研发数据提取、标签及分类规则,利用语义分析、机器学习、人工智能技术深度挖掘来整理法律与商业领域的碎片化数据,并进行自动化识别、分类与专业分析。通过这样的数据挖掘与分析,理脉替代了以往的人工数据整理工作。再如,机器人在对合同进行条款拆分及风险点规律性的整合基础上,进行合同的场景化定制及条款风险的智能审核与提示,替代了以往由人工来完成的合同起草及审核的工作。

第三节 法律科技的应用场景

在法律科技日趋成熟及市场认可度持续提升的背景下,资本对法律科技的青睐愈发提升,中国的法律科技公司不断涌现。在法律科技发展的不同阶段,致力于开发不同产品的法律科技公司相继诞生,可谓"百花齐放,百家争鸣"。尤其是在 2015 年前后,法律科技公司的数量出现大幅增长,这也从侧面反映法律科技的突破与发展。尽管在经历了迅速增长阶段之后,法律科技公司的增长速度逐渐回落。但在经过市场的校验后,法律科技公司对法律科技市场的判断也有了更为成熟理性的视角。

各家公司基于其技术优势,相继推出品类繁多的法律科技产品。以法律信息库产品为代表的法律科技公司有北大英华科技有限公司、威科亚太信息技术有限公司、律商联讯、法信等;以智能合同产品类法律科技产品为代表的公司有法大大网络科技有限公司、法天使科技有限公司等;以法律大数据分析为代表的公司有聚法科技有限公司、理脉等。上述仅是诸多法律科技公司中具有一定阶段代表性的公司,在法律科技迅速发展的背景下,致力于不同实务场景应用的法律科技产品相继诞生。通过对这些法律科技产品进行横向分类的介绍,更便于我们了解国内法律科技产品发展的全貌。

尽管法律科技在不同发展阶段有着不同的产品,但后一阶段的产品并没有完全取代前阶段产品。在当前,三个不同阶段的法律科技产品处于共存发展且逐渐相互融合的状态。为更清晰地表述法律科技产品的样态,本章节将就纷繁多样的法律科技产品进行类型划分。当然,类型的划分只是相对的,法律科技产品在当下出现了相互交叉与融合的趋势,以更充分地满足法律服务市场的多元需求。

一、法律信息检索类产品

检索是法律从业者需要具备的基本专业技能。法律法规、裁判文书等法律信息庞杂繁多,法律工作者需要通过检索定位到目标信息。在法律与科技的融合趋势中,这一刚性的市场需求催生了多款数据库产品。一般而言,法律检索的主要目标是法律法规、裁判文书、行政处罚等基础法律信息。信息的全面性、精准性以及检索效率是法律检索类产品追求的目标。这类产品的功能主要在于信息的收录、整合及输出。计算机信息技术的发展为该类产品的发展提供了载体。尽管政府信息及裁判文书的全面公开对这类产品造成了一定影响,但是内容的专业整合及智能化检索为这类产品的发展提供了强劲动力,法律科技进步所带来的自动化也进一步提升了法律信息的使用价值,产品的顶层设计也处于不断构建中。

随着官方信息公开度的提升与信息化技术的进步,案例库、法规库等信息数据库的搭建已经非常完善。基于法律检索的现实需求,这一类产品较其他产品有着更高的市场占有率。以下是该类型法律科技的代表性产品。

1. 北大法宝

北大法宝是北大英华科技有限公司推出的法律信息数据库产品,主要提供包括法律法规、司法案例、行政处罚、检察文书、法学期刊在内的法律信息检索服务(其首页见图10-3-1)。在法律法规层面,北大法宝收录了自1949年起至今的法律法规,并根据法规的效力划分为中央法规、地方法规、立法资料、立法计划、中外条约、外国法规、香港地区法规、澳门地区法规、台湾地区法规、法律动态等几类子栏目。此外,"法宝联想"这一功能也使法律法规与数据库内其他信息实现了互联互通。在案例层面,北大法宝在对案例进行收录的同时,还提供了包括提炼核心术语、争议焦点、案例要旨等要目加工在内的案例加工。对法学期刊的整理与收录是北大法宝的产品特色,它在实务与学术研究的层面满足了学术研究者的检索需求。

图10-3-1 北大法宝①

2. 威科先行法律信息库

威科先行法律信息库是由荷兰威科集团(WoltersKluwer)旗下公司北京威科亚太信息技术有限公司研发的一款综合性、实务型法律信息数据库(其首页见图10-3-2)。目前,数据库下设法律法规、裁判文书、行政处罚、检察文书、实务指南、专业文章、专题、文书模板及实务模块等多个栏目。同时,威科先行法律信息库完善了检索技术,可以通过高级检索功能与多维度信息加工来激活数量庞杂的法律法规和裁判文书等法律信息。用户可以通过间隔

---

① 图片来源:https://www.pkulaw.com,最后访问日期:2022年9月14日。

搜索、同句搜索、同段搜索等功能更精准地定位目标案例,对裁判结果进行预判。此外,威科先行法律信息库还推出了境外投资、反垄断合规、反商业贿赂、劳动法实务、网络安全合规、税法合规、金融合规实务、并购与重组、环保合规、国企合规、知识产权等不同实务领域的模块化产品,能够充分满足不同法律领域的信息检索及内容查询需求。

图 10-3-2　威科先行法律信息库①

3. 律商网

律商网是励讯集团(RELX Group PLC)旗下公司律商联讯推出的一款综合性法律信息服务产品。该产品在法律法规、裁判文书、专业文章等信息收集的基础上,在其基础信息数据库之外,律商联讯根据不同实务领域的需求搭建了不同领域的法律信息实务类产品,具体包括公司法、合规、并购、境外投资、知识产权、资本市场、劳动法等领域,并在不同领域实践指引中提供文书模板、实务指南、合规工具等多品类的实务内容。此外,丰富的文书模板及在线合同编辑功能是该产品的一大特色。

4. 无讼案例

无讼案例无讼网络科技(北京)有限公司研发而成,是一款致力于案例智能化检索的数据库工具(其首页见图 10-3-3)。在对大量的裁判文书进行收录的基础上,无讼案例通过提供精确、易用的案例检索工具实现了对案例

---

① 图片来源:https://law4.wkinfo.com.cn,最后访问日期:2022 年 9 月 14 日。

数据的智能化运用。同时，无讼案例根据关键词对纷杂的裁判文书进行了类别化整理，用户可以通过关键词对类案进行快速的定位。总体而言，该产品对案例进行了结构性与精细化的激活与应用，在案例信息整合基础上挖掘了案例数据的价值，完善了案例检索的顶层设计。

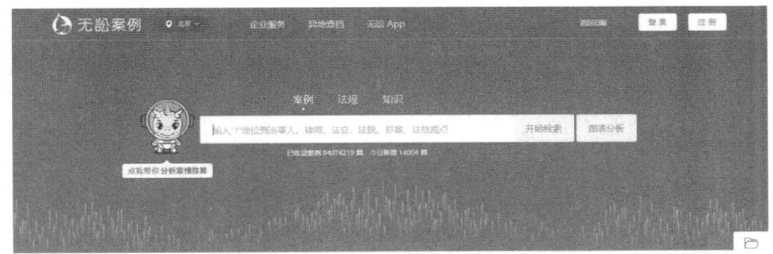

图 10-3-3　无讼案例①

5. 小包公智能类案检索系统

小包公智能类案检索系统是基于类案法理，利用机器深度学习和自然语言分析等人工智能技术研发的一款类案检索系统。该系统基于关键词检索、法条关联案件检索、案例关联检索等方法，将类案分为推荐类案、权威类案、普通类案，根据检索条件，在机器深度学习的基础上，综合考虑案例效力层级、审判程序、产生时间等，构建最优类案匹配算法，继而实现类案的精准命中。

二、智能合同类产品

对于法律工作者而言，合同的起草、审查及管理也是一项非常重要的工作。在既往的实践里，这些工作均由人工来完成。实际上，经过长期的经验积累，合同的起草及风险管理已经成为一项有章可循的工作，而人工智能与自然语言识别技术的落地也为合同相关工作的智能化提供了可能。在这一背景下，智能合同类法律科技产品在当下备受欢迎。

目前，智能合同类产品主要应用于合同的起草审查与管理两大方面。对于合同起草来说，一方面，法律科技将法律实务工作积累的合同起草经验转化为程序流程与规则，并通过场景识别技术为使用者提供智能化的文本条款；另一方面，法律科技产品将合同审查中存在有规律的风险点进行底层图谱铺设，进而对合同风险点进行智能化识别与提示。在合同管理方面，法律科技不同于既往由人工完成的归档、整理及进度跟踪的工作，它可以通过智

---

① 图片来源:https://www.itslaw.com/home,最后访问日期:2022 年 9 月 14 日。

能化管理实现合同管理的电子化,极大地提升合同管理的精准度。与此同时,电子签章技术也被引入到智能合同产品中,提高了合同签署的便捷度。以下是该类型法律科技的代表性产品。

1. 合通机器人

合通机器人是一款集合同定制与条款审核为一体的智能合同工具。在合同起草环节,在既往纸质合同时代的条款元素积累的基础上,该工具筛选出使用频率最高的合同文本进行要素抽取,再建立起业务场景和合同文本之间的对应关系,搭建了合同底层图谱。用户通过回答工具设定的问题,即可在图谱中找到最相似的合同文本,得到一份接近其需求的合同文本。在合同审核层面,合通机器人能够站在用户的角度识别相应的风险,并将风险点按照重要性进行高、中、低的排序,并提出相关实务建议。当然,这一审核功能依然建立在已经搭建的底层图谱上。对于一些个性化的需求,该产品尚不能满足全部需求。但在提升合同起草与审核层面,合通机器人能极大地提升了法律实务工作效率。

2. 法天使

法天使(北京)科技有限公司研发的法天使是一款在对大量合同文本进行收录整理的基础上进行合同数据深挖的工具。其特色在于把合同文本嵌入了 Word 文本当中,使用者可以不离开 Word 便获取到需要的合同文书,实现了合同文书与办公软件的流畅对接。此外,法天使还通过信息之间的智能联通将合同条款与相关知识点智能关联起来,并阐明合同及条款背后的设计意图。同时,法天使针对合同起草中涉及的计算问题开发了智能计算器,能够一站式解决合同起草中所遇到的问题。

3. 法大大

法大大是深圳法大大网络科技有限公司推出的法律科技产品,该产品是一款为企业及个人提供在线电子合同缔约、证据托管的开放式 SaaS 服务平台。首先,该产品使用了电子签名技术,通过"实名认证+数字证书"的方式,确保签署者身份真实。其次,该产品为用户提供合同检索、归档、下载等电子化管理功能。最后,该产品接入区块链 BaaS 平台,能为用户提供完整的电子合同证据链。通过上述三个阶段的电子化处理,法大大突破了既往的纸质合同模式,实现了合同的电子化管理。同时,法大大与行业进行了结合,以提供差异化的电子合同解决方案,体现了法律科技对行业需求的识别与满足。

4. MeCheck

MeCheck 是北京幂律智能科技有限责任公司推出的一款智能合同审查产品,其旨在提供智能、便捷的合同审查辅助服务。该产品目前主要有合同审查、合同分析、履约监管、合同监管等功能,用户将合同文本一键导入后,该产品便可以完成对目标合同的快速解读与智能审核,并定位合同文本中存在的风险点。这一工作原理搭建在自然语言处理技术、数据训练和知识图谱构建的基础之上。

三、"大数据+可视化"类产品

人们对于数据的分析与运用由来已久,信息科技的飞速发展与人类活动中留存的数据为大数据的深度挖掘提供了可能,这种可能性也被法律行业所识别并予以充分运用。如自法律信息化建设开展以来,尤其是裁判文书实现上网公开以来,许多法律工作者希望对数量庞杂的案例进行深度挖掘,将其中有章可循的关键信息进行整合输出,以期得出有价值的结论,从而对案例胜败进行预判。如针对"企业搬迁,能否以客观情形发生重大变化为由解除劳动合同",大数据可以通过分析大量裁判文书从而得出各地法院的裁判倾向。在此基础上,法律科技公司进一步地将大数据的分析结果与可视化结合起来,实现了"大数据+可视化"的融合模式。可视化工具以简洁、清晰、友好的方式呈现了法律大数据的分析结果。在这一领域中,通过对大量裁判文书进行分析,并以图表形式进行案例走向预测,成为了"大数据+可视化"的典型应用场景。以下是该类型法律科技产品的代表性产品。

1. 聚法案例

聚法案例的研发者是聚法科技(长春)有限公司,该产品在对裁判文书进行分析整理的基础上,提供了数据可视化分析的案例搜索引擎。在用户进行任意关键字搜索后,聚法案例通过视图的形式直观展示法院层级、案件性质、审理程序、文书性质、审判年份、审判月份、省份和律所等数据分析内容(见图10-3-4)。该产品的原理在于,机器通过对信息有规律的位置及呈现形式进行提取之后,对每个裁判文书进行了标签化处理,通过对标签数量的计算最终输出图形化的数据呈现。

2. 理脉

理脉所秉承的产品理念是"法律,看得见"。这是一款致力于在数据分析的基础上进行法律研究分析,并将分析结果可视化的工具。具体而言,该产品在对海量法律和商业数据进行收集、清洗和标签化的基础上,将数据分析结果进行图表化输出。例如,根据某银行特殊资产管理部对诉讼分析数据与律师分析的需求,该产品可借助"大数据+可视化"的分析技术,提供以下服务:一是通过对相应数据进行分析,帮助银行追踪和监控不良资产;二是并基于专业知识和量化指标选择外部律师,通过历史案件数据分析预测结果,优化诉辩策略并提高胜算;三是将上述分析结果以图表形式进行可视化

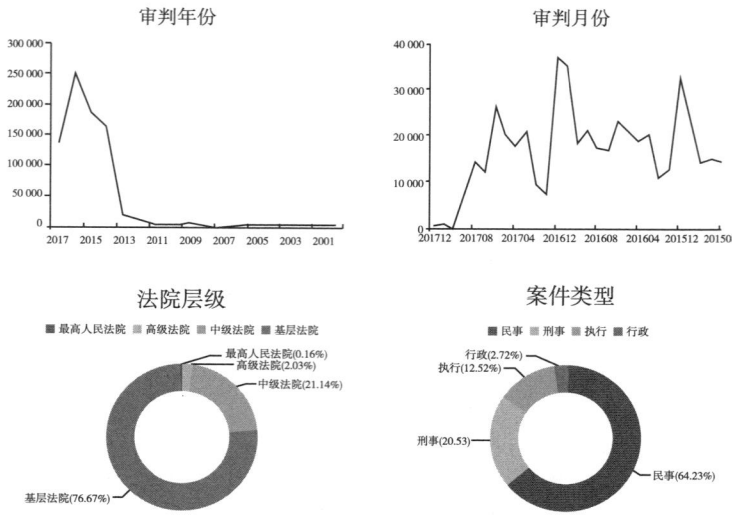

图 10-3-4 聚法案例的可视化图表

输出,让分析结果更直观。

四、智能法务合规系统类产品

在企业的合规运营中,法务承担了重要的角色。其不仅要承担企业内部的合规管理工作,同时也要承担企业涉诉事务的处理。一方面,企业法务需要承担大量的管理性工作。流程化和标准化的要求为法律科技产品提供了应用空间。另一方面,企业法务的工作天然地要求其承担准备合同条款、降低合规风险、处理企业涉诉的法律职能。法律科技在检索、大数据+可视化、文本审核等场景下的应用无疑能够满足法务的相关需要。基于上述两个方面的需求,智能法务合规产品应运而生。以下是该类型法律科技产品的代表性产品。

1. 北大英华智慧法务管理平台

智慧法务产品是北大英华科技有限公司针对企业法务推出的法律科技产品,为企业提供以合同管理为核心,包括纠纷案件、规章制度、授权委托、法律风险、合规审查等模块的法务管理服务。该产品将法律知识库、行业案例数据等大数据与法务管理过程有机融合,满足了企业法务在不同场景下的工作需求。该产品的框架体系由支撑层、应用层和表现层三部分组成。支撑层包括企业内部数据库、外部知识库及一系列智能化应用,通过法务知识数据和人工智能技术手段为平台赋能;应用层包括合同管理、纠纷案件、规章制度、授权委托、知识产权、普法培训、外聘律师、重大决策等十余个功能模块,全面涵盖了企业法务管理的各项工作;表现层则通过大数据可视化分析图表、智能交互等方式,提供一目了然的数据查询路径。

2. 小包公企业合规智能法务系统

小包公企业合规智能法务系统旨在为企业提供合同全生命周期管理的法律科技 SaaS 服务的系统。该系统提供智能合同库、全自动风险审查、执行风险提示、纠纷诉讼智能辅助等功能,为企业法务提供了对内管理与对外诉讼两个方面的服务。其中,智能合同库在提供合同模板的同时,提供自动生成不同场景下的合同文本、实时合同条款分析、内外部合同编辑协作、合同执行中风险提示、合同执行证据上传区块链等功能;诉讼智能辅助系统主要提供证据管理及分析、胜诉率分析、智能类案检索与法规检索、自动生成诉讼文书、一键提交法院仲裁委等便捷性功能。

五、协同办公类产品

在律师团队或法务团队内部,一项工作的完成往往需要若干人的参与以及多方面文档的汇集处理,法律风险的处置与法律事务的完成需要分别与不同的节点及不同的角色相互对应。鉴于此,法律科技理念下的协同办公软件力图通过对法律实务流程的总结,将既往的实务流程及人员之间的协助以智能化软件的形式固定下来。同时,这一类的法律科技产品将实务中所需的文档及相关法律工具(如法律信息数据库等)进行了嵌入,便于用户在使用过程中流畅获得所需的工具。这类法律科技产品已经在律所得到了广泛的应用,与其他类型的法律科技产品融合度也较高,其效用已经得到市场的验证。以下是该类型法律科技产品的代表性产品。

1. 华宇元典

以帮助法律人更聪明地工作为宗旨,北京华宇元典信息服务有限公司推出了一款针对律师的智能工作平台。该平台提供案件创建管理,项目创建管理,任务管理,日历,文档,在办案件和项目的进度跟踪、文书模板,法律知识检索,问题研判,知识管理等功能。通过这些功能之间的智能整合与相互联动,律师团队的工作完全可以实现线上的协同进行,极大地降低了沟通成本,提升了工作效率。

2. Alpha

Alpha 是新橙科技有限公司针对律师研发的一款律所管理及协同办公软件。该工具主要提供以下 3 种功能:一是以可视化的方式展示每个案件的进展和效益,推进标准业务流程高效运行。二是以大数据方式关联客户所有动态信息,深度挖掘客户需求和价值,提升客户的个性化体验,便于律师快捷高效地进行管理客户。三是支持律师在本地和云端同步共享文档,自动生成和审查法律文件,极大地提高文件管理及处理效率。通过上述 3 个功能的联动,Alpha 能够让律师对案件进行线上管理和团队协调,搭建起了律师团队的云沟通平台。此外,Alpha 将律师工作中常用的工具(如法律数据库、可视化工具、文本审核工具)嵌入到该软件中,以综合化服务形式提升工具的效能。

3. 法蝉

法蝉是一款智能化律师工作平台,其研发主体是成都斯沃茨科技有限公司。该平台融合人工智能和法律专业知识数据,聚合了律师在平时工作中多种常用工具,提升了律师的案件管理效率。同时,该平台的特色在于能充分配套律师办案专业知识数据,结合法律大数据和高效检索的技术运用,帮助律师分析案件并生成数据报告,以制定办案和诉讼策略。

4. 律谷

律谷是上海律谷信息科技有限公司研发的一款意在为律所进行电子化管理与运维的软件。针对律师的管理流程,其所开发的工具主要聚焦两类服务:一是以流程管理作为切入点,将律师事务所及其分支机构的各种业务环节进行全面整合,提供便捷灵活的业务管理体验,同时,提供知识文库共享、业务合作、培训与活动、各类会议决议、精准资讯简报等功能,为法律服务网络提供集成化的管理平台;二是针对律所管理中重复性的作业,该软件将业务操作流程转换为可以确保一项任务从头到尾依循标准进行的自动检核表,在每个业务进程环节加注标准文件、格式文件、风险检核信息、法律法规、业务指引、培训视频,同时让项目团队成员能够在线进行任务指派管理、进程反馈、文件共享、日志管理,实现项目远程协作运营。

5. 无讼天工系统

无讼天工系统是一款智能化的、针对律师的案件管理平台,其研发主体是无讼网络科技(北京)有限公司。该系统对天同律师事务所多年的商事诉讼经验与工作理念进行了智能转化,其工具的意图在于对律师团队纷杂多样的诉讼案件进行清晰化管理。一方面,该系统提供的智能分类工作台可对案件进行要点信息呈现,同时对所有案件按照办案阶段进行分类呈现。另一方面,该系统提供办案流程的标准化管理,通过节点化的智能管理,高效地推动案件的管理。此外,在案件流程管理中,该系统具备交互功能,能够让律师团队之间及律师与客户之间进行案件协调与沟通。

六、法律智能问答类产品

问与答是传统法律服务中常见的场景,即客户提出问题后,律师根据问题予以专业解答。在自然语言识别及法律信息标准化整合的协同推进下,法律智能问答的产品应运而生。法律智能问答类产品的搭建需要前台与后台的协同作业。在后台,该类工具需要积累丰富且大量的法律内容资源。在前台,该类工具需要将法律知识体系和专业索引词表进行对应。通过将自然语言处理、机器学习等人工智能技术进行深度融合,该类系统能够具备交互式专业问答和检索式专业问答的智能匹配功能。用户在输入问题或者关键词后,工具可以对之进行识别与判断,并为提供匹配的答案。

需要指出的,是基于法律问题的个性化及复杂性,当前的法律智能问答类产品服务对象主要为个人用户,且主要集中于劳动法、婚姻家庭、民间借贷、交通事故等有规律性的高频问题层面。鉴于客户的付费意愿及付费能力所限,这类产品尚未呈现较好的市场收益。以下是该类型法律科技产品的代表性产品。

1. 法咚咚

"法咚咚"是京东基于语音识别技术,运用人工智能算法,借助微信小程序搭建的一款法律智能问答产品。该工具可以对用户提出的法律问题进行智能分析,并力求精准地回答用户的问题。此外,该工具拥有特别的知识拓展功能,在回答问题的同时可以向用户推送问题相关的法律知识。同时,该工具具有自主学习的功能,可以通过不断学习形成更完备的知识库,以不断丰富其底层知识图谱,提升其回答问题的精准度。

2. 法信(智答版)

法信(智答版)是一款面向法律职业群体提供的专业法律智能问答服务的平台(见图10-3-5)。该工具的底层数据基础是"法信"平台的知识资源和知识体系。法信(智答版)运用了专业索引词表、自然语言处理技术、意图识别模型、机器学习等技术,在传统法律数据关键词查找、知识体系检索和大数据维度匹配的技术方法之外,以专业问答匹配为切入点,提供了一款拥有交互专业问答与检索专业问答两种功能的智能化问答工具。

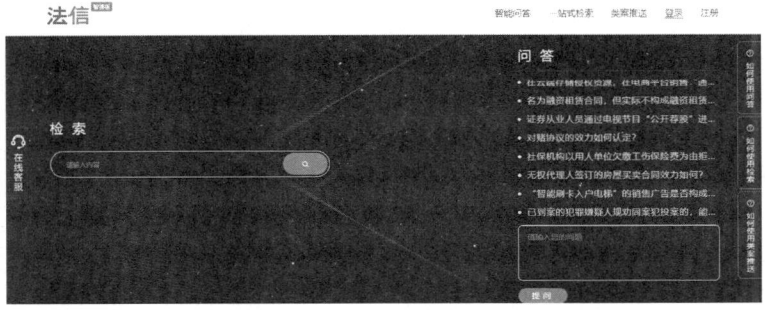

图 10-3-5　法信智答版①

———————
① 图片来源:http://www.faxin.cn/index.aspx,最后访问日期:2022年9月14日。

3. 律蛙

律蛙是成都律蛙科技有限公司研发的一款致力于为用户提供智能化法律咨询的产品。其主要特点在于能够模仿律师与当事人进行多轮对话。律蛙目前提供婚姻家庭、交通事故、劳动纠纷、民间借贷、工伤赔偿、合同纠纷、知识产权、刑事诉讼、房产纠纷、侵权纠纷、征地拆迁、医疗纠纷12个法律领域的法律咨询服务。在操作层面,该产品可以通过关键字输入或点选的方式,帮助用户理清已发生的事实,并予以咨询结果的反馈。

七、法律机器人

在法律科技的大背景下,"法律机器人"的概念屡被提及。一般而言,法律机器人是在充分运用人工智能技术的基础上研发而成,能以机器人的形式提供综合性法律服务的法律科技产品。相较于其他法律科技产品而言,法律机器人的主要特性在于能够集多类法律科技产品的功能为一体,通过类脑模型的产品设定提供场景化法律服务。

法律机器人的主要特征在于通过模拟人脑思考模式输出结果,注重与需求端的交互性,因此要求较高的人工智能技术。当前的法律机器人主要停留在较低的发展阶段,主要应用于一些规则程式化较为明确的问题场景中。对于比较复杂的法律问题,法律机器人尚不是最优的解决路径,以下是具有代表性的法律机器人产品。

1. 法狗狗

法狗狗是法狗狗(深圳)科技有限公司推出的智能机器产品。基于知识图谱(Knowledge Graph)、大数据等方面的技术支持,法狗狗为不同领域的法律用户提供了全站式自然语言处理解决方案。当前已经形成了智能咨询、合同智能比对、合同智能预审、文书一键生成、类案分析报告、合规体检等工具化法律机器人的产品体系。

2. "大牛"法律机器人

以人工智能类脑模型为核心搭建的"大牛"法律机器人(见图10-3-6)融合了区块链、知识图谱、语音识别、大数据等技术。这系统包括智能终端(机器人、手机APP、调解员办公平板)、云端(大数据中台)和管理端(数字可视化大屏)。通过一问一答的方式进行多轮交互式问答,"大牛"法律机器人可以为提问者出具基本的法律意见。目前,"大牛"法律机器人主要应用在公益性法律服务场合中。

图10-3-6 "大牛"法律机器人①

八、法律电商类产品

随着"互联网+"时代的来临以及O2O浪潮的兴起,电子商务也开始不断拓展其应用边界,法律服务市场的电商类产品也由此产生。在法律电商的产品模式下,交易双方突破了既往的面对面沟通模式,能够借助电子交互平台实现法律服务的在线交易。这一模式克服了传统法律服务供需双方信息不对称、收费透明度低、交易成本高、地域限制大的缺点,为双方搭建了快捷且标准化程度较高的交易平台,实现了法律服务的在线商品化运营。

当前,法律电商产品主要针对的是一些简单的、典型化的法律需求。疑难复杂的服务需求以及个性化特点突出的服务需求,尚不能通过法律电商的形式予以满足。这是因为,一方面,律师及律师团队会在线上提供服务与传统模式之间进行比价权衡,往往更容易得到其青睐;另一方面,基于法律专业性与个性化需求突出的特征,以大型企业为主的企业端用户尚难接受这样的法律服务方式。企业用户依然愿意选择与信任的律师面对面地沟通解决问题。也正因为如此,当下的法律电商所服务的对象主要在个人及中小企业,市场效益尚没有得到全面凸显。以下是该类型法律科技产品的代表性

---

① 图片来源:《"重庆智造"法律机器人来了将和全国海选的3位律师进行人机大战》,载上游新闻(http://baijiahao.baidu.com/s?id=1643017542723737446&wfr=spider&for=pc),最后访问日期:2022年11月5日。

产品。

1. 赢了网

赢了网隶属于上海法和信息科技有限公司,该平台希望通过将法律与互联网结合,基于竞标模式确保优质服务,并以代管服务费用等方式保障用户权益。赢了网首创律师竞标模式,有诉讼需求的用户在赢了网提交案件的基本信息后,网站的法律顾问会进行预判,然后通过大数据将案件匹配给相应的专业律师。律师根据用户提交的信息给出法律意见,并进行报价。用户在收到数个法律意见和报价后,可以根据需求挑选出适合自己的律师,进入委托程序,并在线支付律师委托费。

2. 华律网

华律网隶属于成都华律网络服务有限公司,旨在为律师与法律服务对象之间搭建一个综合性的交互平台(见图10-3-7)。对于律师端而言,华律网为律师、律师团队和律师事务所提供一个电子化的网络营销推广服务平台,该平台提供了律师排行与推荐服务,帮助律师获得当事人的信任与委托。对于法律服务对象而言,华律网提供了普通大众向律师咨询的机会,当事人可以突破时间与地域的限制,通过电子平台寻求律师服务。

图10-3-7 华律网①

九、其他类型的产品

除了上述几类典型类别的法律科技产品,为了满足法律服务不同场景下的各类需求,法律科技也在其他场景下得到运用。当然,在已趋成熟的产品类型之外,科技与法律的持续融合还将带来品类更加丰富的产品类型。

---

① 图片来源:https://www.66law.cn/lawy,最后访问日期:2022年9月14日。

1. 秘塔翻译

秘塔翻译是上海秘塔网络科技有限公司专为法律文书翻译打造的智能翻译机器人。该工具在对法律翻译的特点与规则进行标准化整合的基础上,为用户提供快捷的机器翻译服务。用户在上传 Word、PDF、Excel 等类型的法律文书后,该工具可以通过句式识别快速进行翻译。

2. 广告审核宝

广告审核宝是一款智能广告审核工具,其研发主体为北京威科亚太信息技术有限公司(见图10-3-8)。用户在将广告文案以文字、图片及网页的形式上传后,工具通过文案扫描即可揭示广告违禁词,并附有风险等级、处罚依据、处罚范围、相关引证案例等合规信息。该工具依托底层词库的搭建与人工智能技术的应用,将既往由人工完成的广告审核工作进行机器化转换。

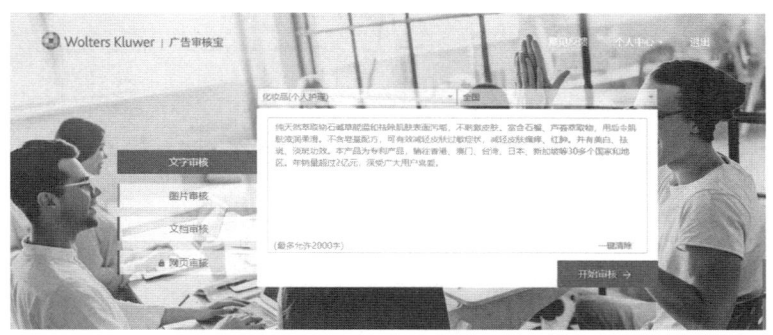

图 10-3-8 广告审核宝①

3. 小包公智能量刑预测系统

小包公智能量刑预测系统基于理论量刑预测与实际刑期预测"双系统"的相互验证,致力于为用户提供精准的量刑预测报告(见图10-3-9)。其输出的量刑规范化表格会显示计算过程和法律依据,为量刑协商提供参考。该系统主要包括以下几种功能:根据案件的事实和情节快速预测可能的刑期、罚金数额,可否适用缓刑,以及数罪并罚的可能性;提供罪名的量刑说理过程;支持手动或上传文书智能提取、分析案件的定罪量刑情节;智能提供适用于该案的法律依据;智能提供以往同地区、同类案件的判决结果;一键快速生成定罪量刑分析报告。

---

① 图片来源:https://bao.wkinfo.com.cn,最后访问日期:2022年9月14日。

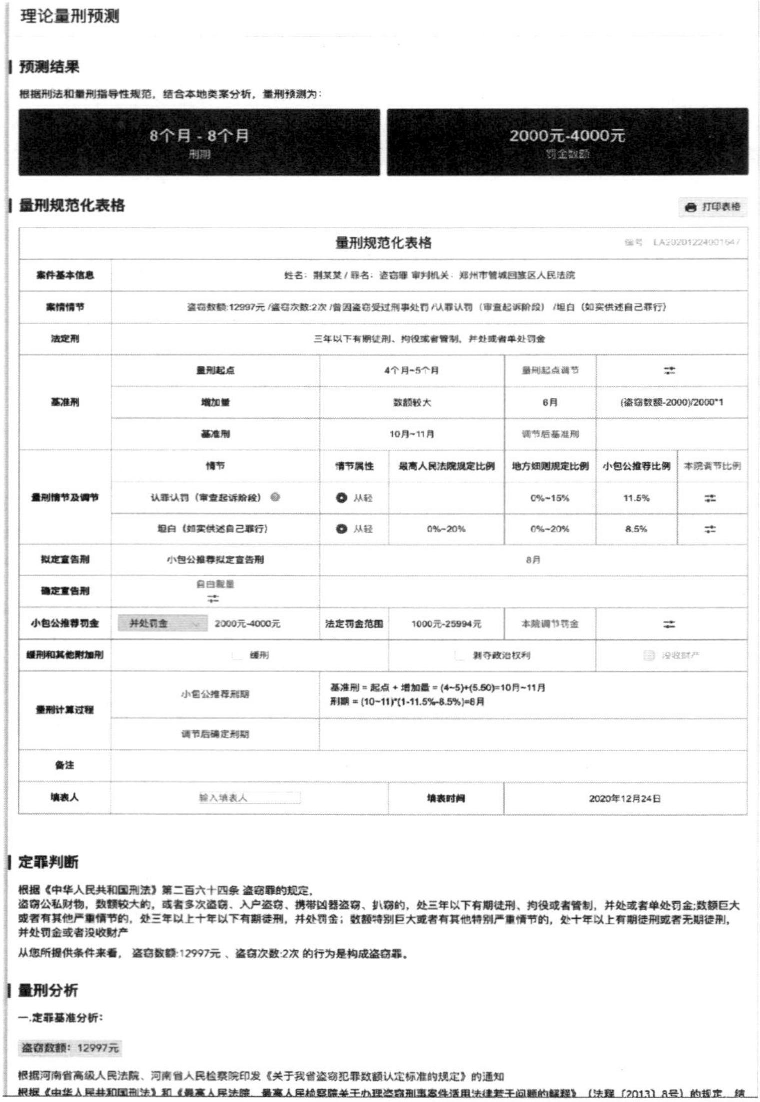

理论量刑预测

预测结果

根据刑法和量刑指导性规范，结合本地类案分析，量刑预测为：

8个月 - 8个月
刑期

2000元-4000元
罚金数额

量刑规范化表格

打印表格

量刑规范化表格　　编号 LA20201224001647

案件基本信息	姓名：荆某某 / 罪名：盗窃罪 审判机关：郑州市管城回族区人民法院					
案情情节	盗窃数额:12997元 /盗窃次数:2次 /曾因盗窃受过刑事处罚 /认罪认罚（审查起诉阶段）/坦白（如实供述自己罪行）					
法定刑	三年以下有期徒刑、拘役或者管制，并处或者单处罚金					
基准刑	量刑起点	4个月~5个月		量刑起点调节		
	增加量	数额较大		6月	(盗窃数额-2000)/2000*1	
	基准刑	10月~11月		调节后基准刑		
量刑情节及调节	情节	情节属性	最高人民法院规定比例	地方细则规定比例	小包公推荐比例	本院调节比例
	认罪认罚（审查起诉阶段）	从轻		0%~15%	11.5%	
	坦白（如实供述自己罪行）	从轻	0%~20%	0%~20%	8.5%	
拟定宣告刑	小包公推荐拟定宣告刑	8月				
确定宣告刑	自由裁量					
小包公推荐罚金	并处罚金 2000元-4000元	法定罚金范围	1000元-25994元	本院调节罚金		
缓刑和其他附加刑	缓刑		剥夺政治权利		没收财产	
量刑计算过程	小包公推荐刑期	基准刑 = 起点 + 增加量 = (4~5)+(5.50)=10月~11月 刑期 = (10~11)*(1-11.5%-8.5%)=8月				
	调节后确定刑期					
备注						
填表人	输入填表人		填表时间	2020年12月24日		

定罪判断

根据《中华人民共和国刑法》第二百六十四条 盗窃罪的规定，

盗窃公私财物，数额较大的，或者多次盗窃、入户盗窃、携带凶器盗窃、扒窃的，处三年以下有期徒刑、拘役或者管制，并处或者单处罚金;数额巨大或者有其他严重情节的，处三年以上十年以下有期徒刑，并处罚金；数额特别巨大或者有其他特别严重情节的，处十年以上有期徒刑或者无期徒刑，并处罚金或者没收财产

从您所提供条件来看， 盗窃数额:12997元 、盗窃次数:2次 的行为是构成盗窃罪。

量刑分析

一.定罪基准分析：

盗窃数额：12997元

根据河南省高级人民法院、河南省人民检察院印发《关于我省盗窃犯罪数额认定标准的规定》的通知

根据《中华人民共和国刑法》和《最高人民法院、最高人民检察院关于办理盗窃刑事案件适用法律若干问题的解释》（法释〔2013〕8号）的规定，结

图 10-3-9　小报告定罪量刑分析报告

第四节　法律科技对中国法律市场的影响

尽管法律科技在中国起步较晚，但基于互联网科技在中国的飞速发展及

中国法律公共服务市场的庞大需求,法律科技在中国的发展也非常迅速。尤其是 2015 年以来,法律科技产品被广泛应用于法律实务工作中,法律服务市场的供方和需方均受到了深刻影响。此外,法律科技市场的兴起也对投身法律专业的人带来职业选择上的机遇与挑战。

一、法律科技对律所的影响

法律科技的持续发展,对传统的法律服务产生不可逆转的影响。作为公共法律服务领域最为活跃的主体,顺势而为,积极主动地迎合法律科技带来的变化,成为国内律所的选择。具体而言,这一影响主要体现在以下几个方面。

首先,许多律所主动求变,研发律所内部的法律科技产品。法律科技产品尽管搭建于科技之上,但其最终的目标是解决需方的专业法律问题。在专业性与法律服务的客户需求上,律所无疑有着不可比拟的竞争优势。在法律科技这一潮流影响下,许多律所将多年的法律服务经验,转化成为标准化与流程化的法律服务产品。法律科技的落地帮助律所将标准化与流程化的服务性项目转化为智能产品,继而提升律所的服务质量与效率。据统计,近年来,国内各大律所纷纷开始开展法律科技创新项目,且开发出品类多样的法律科技产品,见表 10-4-1。

表 10-4-1　国内律师研发的典型性法律科技产品列表

律所名称	法律科技产品	产品特性
金杜律师事务所	理脉	法律数据的价值挖掘
君合律师事务所	律携	法律行业交流的智能平台
汉坤律师事务所	简法帮	在线生成法律文书
天同律师事务所	无讼案例	案例智能检索
瀛和律师事务所	法大大	为企业及个人提供在线电子合同缔约、证据托管的开放式 SaaS 服务
盈科律师事务所	律生活	提供专业化、标准化、个性化、优质化的法律生活服务平台

在效用上,律所开发的法律科技产品旨在帮助律所分流一些重复性的繁琐工作,以提升律所服务客户的效率。同时,法律科技产品可以进一步提升律所服务的科技含量,如为客户提供某地区某一类案件的胜败诉比率,进而提升客户对律所服务的信任度。

其次，法律科技的应用要求律所需要不断调整其运营模式。在《法律人的明天会怎样？——法律职业的未来》一书中，作者提到："如果技术会剧烈改变信息和社会的各个角落，但法律工作却偏偏能超然在外，这肯定是说不通的。"尽管许多人曾经对这一判断持有怀疑态度，但事实证明，在法律科技及其产品的冲击下，律所及律师都跳出了传统的服务形态，开始调整其服务模式。①

一方面，在过往的时代，基于法律信息不透明与整理难度大的原因，如何获取到有价值的信息便成为一道难题。在某种程度上，在传统的法律服务市场，律所可以通过知识的垄断来实现收费目的。但在法律科技产品的冲击下，法律信息的公开与透明已经成为趋势。在当下，律所和律师已经不再是普通公众获取法律服务的唯一渠道。普通公众可以借助市面上的法律科技产品快捷地获得目标法律信息、专业咨询甚至法律文本。普通公众与法律服务之间的界限被打破，这将迫使律所及律师提升服务内容，转变服务形式。依靠法律信息资源来实现收费的服务形式将逐渐被抛弃，公共法律服务市场的竞争力将持续向复合性、专业性程度更高的领域集中。

另一方面，法律服务中的多项内容都将逐渐被机器所替代，如法律检索、文书撰写、基础问题的咨询等以往包含在律师服务中的内容都将不断由机器代为提供。法律服务对象对服务提供者的需求也出现了变化，既往低效的、碎片化的服务方式已经不能满足其需求。例如，一个企业的法务部会要求获得某一类案件在不同地区的胜败诉比率，这一需求便需要通过大数据分析技术予以实现；又如一个有着大量诉讼案件处理需求的企业需要通过在线平台实现与办案律师的对接与协调，这一需求就需要通过电子化的协同软件予以满足。如果律所的服务不能与客户不断更新的需求流畅对接，便不能满足服务对象的要求，从这个角度来讲，法律科技与法律专业服务未来会逐渐融为一体。律所在提供服务时，也需要将二者整合为一个整体，提供法律项目管理式的服务，方能满足客户需求，提升服务质量。有人断言，没有利用法律科技的或不适应法律科技所带来改变的律师事务所，都有可能面临企业客户的流失，客户将选择更具前瞻性的法律实践。② 在最坏的情况下，它们可能会破产，被提供法律科技产品和服务的供应商取而代之。

最后，律所的组织模式将发生变化。在既往的模式里，律所的主要构成元素是律师及合伙人。随着法律科技与法律实务场景的结合日趋深入，以及

---

① 〔英〕理查德·萨斯坎德：《法律人的明天会怎样？——法律职业的未来》（第二版），何广越译，北京大学出版社2019年版。

② 元甲法律咨询：《律师事务所再不能忽视法律科技了！》，载搜狐网（www.sohu.com/a/453808803_562739?_trans_=000019_wzwza），最后访问日期：2022年11月5日。

法律服务对科技的依赖程度日趋提高,律所的组织形式可能发生革命性的变化。除律师之外,数据工程师之类的技术人员也将成为律所的重要组成部分。这些技术工作人员将与律师团队进行协同工作,以满足客户的需求。具体而言,律师服务中可以被标准化、结构化的工作将由技术性工具来提供,而律师只需要完成更顶层及专业性的部分。这一变化并非设想,而是已经开始出现在许多律所的实际组织模式中。只是在今后的律所发展中,这种变化所带来的两类组织的融合趋势将会更加明显。此外,当前律所采用的是金字塔形组织模式,即在一个高层合伙人下设多个律师或助理。法律科技带来的影响,便是既往由律师助理或初级律师完成的工作,将由智能化工具取代。金字塔形的组织模式将会受到挑战,传统组织里的律师助理或初级律师将会减少,项目管理或技术组成人员将会加入到组织中来。

二、法律科技对公司法务的影响

面对业务愈发精细化的客观情况,企业法务部门主动引进、适用法律科技产品已经成为现代法务工作的必然趋势。公司法务作为公共法律服务市场需方的重要构成部分,法律科技的发展对法务的工作流程及工作内容均产生了革新性的影响。

首先,法律科技的应用将法务工作进行节点化、流程化的分解,以机器介入的形式取代了其重复性与标准化的工作内容。典型场景如合同的审核。如在既往的经验中,合同审核是法务的一项重要工作,而智能合同机器人可以通过对规律性风险点以及合同中存在的风险进行快速识别。在一家交易模式较为固定的企业,机器甚至可以通过不断学习掌握该交易模式下的合同审查要点,并以法律语言表达出来,这可以大大节省法务的工作时间。法务只需要在需要人为识别与判断的场景下介入,即可完成合同的审核工作,从而将精力集中到专业需求强的层面上。

其次,法务的一部分工作内容会转换为需求的整合与提供。相较于传统的法务,法律科技时代,企业法务除了完成专业性工作,还需要结合本企业或本部门的工作需求,将需求整合成能被机器所识别的规则,进而便于法律科技介入其工作场景中,为其提供流程化或专业化的问题解决方案。换言之,法律科技的发展将对法务的工作内容提出新的要求,法务不仅要具备基本的法律专业能力,完成专业性的实务工作,还需要具备产品经理的思维,能将法律科技产品整合到整个工作流程中。

最后,法律科技产品的应用已经成为未来法务部门的必然趋势。当前,法律科技产品已经实现了在大型集团公司法务部门的落地与应用。例如,华润集团已经打造出一体化的集团型企业智慧法务管理系统,该系统融入不同行业法务的管理特点,打通企业内部相对分散的风险管理、合同管理、纠纷管理、知识产权管理、律师律所管理等相关工作,并实现对相对方、法律专业人员库、知识库的管理,建立了统一的法律事务管理平台。值得一提的,是新冠肺炎疫情重塑了企业法务部门的工作方式。在远程办公普遍化的情形下,工作流程实现了线下到线上的转移,法务团队更需要积极使用科技工具,将人力从繁杂枯燥的事务中解放出来,去应对复杂多变的风险与问题。据汤森路透发布的《2021 企业法律部门状态报告》显示,30%的受访法务团队在过去 1 年中增加了科技经费,44%的团队则采购了新的技术工具。而法务团队的这一举措是为了应对"疫情下法律预算的冻结或削减,以及不断攀升的工作量"①。

三、法律科技对法律职业的影响

对于投身于法律职业的人而言,法律科技的发展既带来了新的职业选择,也带来了新的挑战。一方面,在从事传统的律师、法务等职业外,法律从业者有了新的职业选择,典型职业如法律产品经理。从事该职业的人基于对法律工作场景的观察,通过与技术人员的沟通,研发出满足法律工作需求的法律科技产品。换言之,法律产品经理成为沟通法律与科技之间的桥梁,将法律的基因引入科技之中,成为链接法律科技与法律服务对象的重要连接点。另一方面,基于法律科技产品的广泛应用及对标准化、重复性工作的替代,律师助理或初级律师的职位将在某种程度上被取代,给法律从业者的职业选择带来新的挑战。

第五节 总结与展望

法律科技是一个持续发展的概念。截至目前,这一概念已经经历了从"信息化"再到"联通化"再到"智能化"的发展。网络化、数字化和智能化的深度交融成为当今时代不可逆转的趋势,法律与科技的交融也将持续加深。人工智能、大数据、区块链、云计算等新技术的落地也给公共法律服务市场的变革带来新的契机,甚至有专家认为未来 15 年内人工智能和机器人将成为法律系统的主要进入点,主导法律实践。②

---

① 胡阳潇潇:《亚洲法律杂志》专访梅臻:法律科技赋能企业合规》,载腾讯网(http://newqq.com/rain/a/20210507AOAF1200),最后访问时期:2022 年 11 月 5 日。
② See Michael Cross, Role of Artifical Intelligence in Law, https://www.raconteur.net/business/time-for-technology-to-take-over, last access:Nor. 5, 2022.

对于中国的法律服务市场而言,尽管在科技的强力推动下,法律科技取得飞速发展。但不可否认的,是中国的法律科技依然处于刚刚起步的阶段,智能化水平依然较低。相较于律师服务而言,法律科技的效用依然体现在简单、大规模重复性的工作上,其智能化程度依然不足,其主要的服务对象还集中在个人端(C端)。企业端(B端)作为公共法律服务的主要需求方,针对其的法律科技产品有待创新与完善。从产品层面来看,其与法律工作的融合程度及智能化程度都有极大的提升空间。就市场潜力而言,法律科技产品市场发掘程度依然存在极大的可能性。因此,法律科技在中国的发展尚有一大片待发掘的蓝海。

(本章作者:冯晓肖)

3 / 第三编
法律人工智能的原理

INTRODUCTION TO AI IN LAW

第十一章　中文语言的法律人工智能原理
第十二章　英文语言的法律人工智能原理
第十三章　法律人工智能的应用场景
第十四章　法律人工智能的技术"瓶颈"

第十一章　中文语言的法律人工智能原理

第一节　文本表示和文本相似

自然语言处理(NLP)领域中文本表示通常是 NLP 的第一步,也是各类任务的基石。文本表示的过程是将文本的内容向量化的过程,通俗来讲就是让计算机以数字化的形式表示人类自然语言的过程。经过表示后的文本可以很容易地利用各种度量方式来度量文本之间的相似度,这个过程就是文本的相似性度量。在法律人工智能领域,各类法律文本的数字化表示涉及文本表示,案件相似度对比则与文本相似相关。本节围绕文本表示和文本相似进行阐述与介绍,两者可以被认为是上下游的关系。

一、字词的表示

在自然语言处理领域中,组成文本的基本单位是字与词,字词的表示可以被视为文本表示的基础。广义上的文本表示包含字词表示,我们这里讨论的文本指的是句子以及篇章的形式。文本中词汇的表示可以分为离散表示和分布式表示两种形式。

（一）离散表示

文本经过分词工具的处理后会生成词汇的序列,把所有的词汇放在一起并去重后就组成当前语料库的词表,其中语料库可以理解为是需要处理的文本的集合。离散表示中最经典的就是独热编码(One-Hot)表示方法。该方法会针对每个词汇生成一个词表大小的全 0 向量,仅在该词出现的下标位置,值置为 1。例如：

词表(Vocab)= ｛人民法院,依法,独立,行使,审判权｝
词汇"审判权"的 One-Hot 表示为:[0, 0, 0, 0, 1]
词汇"人民法院"的 One-Hot 表示为:[1, 0, 0, 0, 0]

One-Hot 表示方法的优点在于:简单、有效。但是缺点也较为明显:词汇与词汇之间存在语义鸿沟(词汇之间存在语义鸿沟是由于在 One-Hot 表示方法中,每两个词汇之间无论语义是否相近,其相似度均相等,因此,无法准确度量词汇之间的相似性)。并且,当语料中的词汇数量大幅增加时,向量的维度也会增加,因此这种表示方法会带来大量的空间浪费与高稀疏性。

(二) 分布表示

由于离散表示方法所带来的问题,研究人员开始考虑是否可以利用低维空间来表示高维空间的数据,并且利用"类似"二进制的思想可以在较小的空间中表示多个数(如 4 位二进制码可以表示 16 个数)。如果每位数值都是浮点型的,则数据表示的范围可以从 2^n 上升到 ∞。

Word2Vec[1]就是 NLP 领域较为经典的分布式表示方法。这个方法是 2013 年 Google 受到神经语言模型 NNLM[2] 的启发而提出的词向量模型,在 NLP 领域拥有里程碑式的意义。后期的 ELMo、[3]BERT、[4]GPT 的诞生都受到词向量的影响。Word2Vec 旨在解决 One-Hot 表示方法的语义鸿沟以及稀疏性的缺陷,提出了词向量的训练方式,即利用上下文来表示词汇的含义。这样训练得到的词向量就能够含有语义的特征。相较于 One-Hot,Word2Vec 具有以下四点优势:

(1) 词向量的维度可以人为设定。

(2) 不需要标注数据即可训练。

(3) 词向量之间可以利用适当的度量方式进行相似度计算。

(4) 训练得到的词向量,语义相似的词汇在空间上也相近,并且具有较好的推理能力。

在利用 Word2Vec 方法表示词汇之后,先前离散词表示的例子可能会变成如下情况:

词表(Vocab) = {人民法院,依法,独立,行使,审判权}

词汇"审判权"的词向量表示为:[0.546, 1.253, 0.142, 0.954, 2.035, …]

词汇"人民法院"的词向量表示为:[3.012, 0.506, 1.953, 0.127, 0.035, …]

经过训练之后的词向量,语义上相近的词汇在空间上也相近。虽然在两个例子中并不能看出分布式表示的维度与离散表示的维度之间的差异,但这是由于语料库中的词汇只有 5 个,所以,One-Hot 的表示方法的向量维度为

---

[1] Tomas Mikolov, et al, Efficient Estimation of Word Representations in Vector Space, https://arxiv.org/abs/1301.3781(2013), last access:Jun. 28, 2020.

[2] Yoshua Bengio et al, A Neural Probabilistic Language Model, *Journal of Machine Learning Research*, Vol.3:6, p.1137-1155 (2003).

[3] Matthew E. Peters, et al, Deep contextualized word representations, https://arxiv.org/abs/1802.05365(2018), last access:Jun. 28, 2020.

[4] Jacob Devlin, et al, Bert:Pre-training of Deep Bidirectional Transformers for Language Understanding, https://arxiv.org/pdf/1810.04805.pdf(2018), last access:Jun. 28, 2020.

5。在实际情况下,语料中词汇的数量往往是以万为单位计算的。在这样的情况下,Word2Vec 可以人为设定的词向量维度为 100,但是 One-Hot 方法的词向量长度就仅仅是词表长度。

二、文本的表示

在 NLP 的各项任务中,首先需要完成的是生成文本的表示,文本表示的好坏对下游任务的效果会产生相应的影响。也就是说,如何将文书或者是文书中的句子向量化,而向量化的好坏直接影响了如案由分类、关键信息抽取甚至相似案例推荐的效果。文本表示可以分为两大类:无监督的表示方法和有监督的表示方法。通俗地讲,无监督的文本表示方法是通用的文本表示方法,也是 NLP 任务流程中的一个环节;而有监督的文本表示方法是与任务相关联的文本表示方法,可以被理解为任务训练中的副产品。当然,大部分的文本表示也是基于字词表示的结果来进行的。

(一)无监督文本表示方法

总体来说,无监督的文本表示方法是利用字词表示的向量对文本进行的进一步表示。或许可以形象地理解为,"文本的表示 = 一系列字词表示向量 + 组合与处理的方法"。无监督的文本表示方法包括了词袋模型和基于词向量的表示方法,两者区别在于是否使用语义向量。我们以如下的例子作为基本样例做后续的讲解:

句子 1:原告/公司/坐落/于/北京

句子 2:公司/今年/的/业绩/比/去年/的/好

词表(Vocab)= {原告,公司,坐落,于,北京,今年,的,业绩,比,去年,好}

词汇出现的次数 = {1,2,1,1,1,1,2,1,1,1,1}

1. 词袋模型

词袋模型,顾名思义是将一个句子中的词汇装到一个袋子里进行文本表示。简单来说,它就是一个个相互独立的词的列表。作为 NLP 领域内比较经典的文本表示的思想,词袋模型有很多不同的表示方法,如 BooleanVector、CountVector、TF-IDF 以及 N-gram 等。

(1)BooleanVector

BooleanVector 中文表示为布尔向量,这个向量的大小与词表大小相同,文本中出现的词汇在词表中的索引对应到布尔向量中的位置值为 1,未出现的词汇对应的位置值为 0。它是基于布尔值(出现即 1,未出现即 0)与 One-Hot 的思想而形成的。用一个例子进行直观表示,则句子 2 的表示结果如下:

BooleanVector("公司/今年/的/业绩/比/去年/的/好")
= [0, 0, 0, 0, 0, 1, 1, 1, 1, 1, 1]

BooleanVector 的文本表示方法比较简单,但却存在着很大的问题。如果一个词在文本中出现多次,则其结果会和出现单次的文本表示结果一致,也就是说,如果一个句子是句子 2 本身,而另一个句子是句子 2 的两倍复制:"公司/今年/的/业绩/比/去年/的/好/公司/今年/的/业绩/比/去年/的/好",则最终表示的文本向量一致。

(2) CountVector

CountVector 表示方法改善了 BooleanVector 的缺陷,改进的方法是用词汇在句子中出现的次数来代替布尔值。句子 2 可以表示为如下的向量:

CountVector("公司/今年/的/业绩/比/去年/的/好")
= [0, 0, 0, 0, 0, 1, 1, 2, 1, 1, 1]

可以看出句子 2 在"的"字出现的位置被置为了 2,这是由于"的"字本身在句子中出现了两次。如果同样有一个新的句子是:"公司/今年/的/业绩/比/去年/的/好/公司/今年/的/业绩/比/去年/的/好",则这个句子的 CountVector 表示为:[0, 0, 0, 0, 0, 2, 2, 4, 2, 2, 2],这里可以明显看出 CountVector 与 BooleanVector 的区别。

(3) TF-IDF

TF-IDF[①](term frequency-inverse document frequency)翻译为词频-逆文本频率。在 BooleanVector 和 CountVector 的文本表示方法中,每个词汇的重要性都是一样的,这显然不符合常识。一些常见词汇的重要性相对来说应该是较低的,如"的""是"这样的词。所以,利用 TF-IDF 算法在语料中计算一下每个词汇在当前文本中的权值,将其作为文本向量的分量更为合理。TF-IDF 的计算方法如下:

$$TF\text{-}IDF(word_i) = TF(word_i) \times IDF(word_i)$$
$$= \frac{count(word_i)}{\sum_i^n count(word_i)} \times log\left(\frac{N}{N(word_i)}\right)$$

其中,TF 代表了该词汇 $word_i$ 在文本中的频率,在展开式中分子部分为当前文本中该词汇 $word_i$ 出现的次数,分母为当前文本中所有词汇出现的次数之和,也就是当前文本的总词数(不去重)。IDF 代表了逆文档频率,展开式中的 N 代表语料中有多少文本,$N(word_i)$ 表示语料中包含该词汇的文本数量。

[①] Bruno Trstenjak, Sasa Mikac & Dzenana Donko, KNN with TF-IDF based Framework for Text Categorization, *Procedia Engineering*, Vol. 69, p. 1356-1364 (2014)

TF 揭示一个词语在一个文本中的频率越高则越重要,IDF 揭示一个词语出现在其他文本中的次数越多越不重要。换句话说,TF 值越高,说明这个词在当前文本中的出现次数越高,则可能较为重要。IDF 值越高,则当前词语在其他文本中出现的次数越低,证明这个词语很有辨识度,出现该词大概率就是在当前文本中;反之,则相反。

(4) N-gram

不过,上述的表示方式均没有考虑到词序的不同。也就是说"原告/公司/坐落/于/北京"和"北京/公司/原告/于/坐落"两个句子在文本的表示向量上是一致的。然而,词序的不同也会导致文本含义的不同,但同样的向量却不能体现这一文本的差异,所以 N-gram 的表示方式在一定程度上考虑了文本词序的这一特征。以 Bi-gram 为例,句子 1 和句子 2 的词表就会有所变化:

Bi-gram 词表

原告,公司:1

公司,坐落:2

坐落,于:3

于,北京:4

公司,今年:5

今年,的:6

的,业绩:7

业绩,比:8

比,去年:9

去年,的:10

的,好:11

上述词表中,左侧为 2-gram 项,右侧为向量的下标,最终的句子 1 和句子 2 可以表示为如下的向量:

Bi-gram("原告/公司/坐落/于/北京") = [1,1,1,1,0,0,0,0,0,0,0]

Bi-gram("公司/今年/的/业绩/比/去年/的/好") = [0,0,0,0,1,1,1,1,1,1,1]

词袋模型作为 NLP 领域中最经典的文本表示方式,它的思想和实现相对简单,但是也有很多的不足:不能表示词序信息。文本向量随着词表的增大而变大。不能很好地反映文本的语义。

2. 基于词向量的表示方法

虽然 One-Hot 和 TF-IDF 的表示方式都被称为词向量,但是,我们这里讨论的基于词向量的表示方式是围绕分布式词表示进行的,也就是利用

Word2Vec、GloVe① 和 fastText② 等词向量对文本进行表示。词向量可以根据任务或者资源的不同随意选择,但文本表示的方法是通用的。分布式表示与离散表示的最大区别,在于分布式表示本身具有语义的特征,而离散表示本身揭示的是统计学特征。

首先我们根据语料库训练词向量,也就是针对文本中的每个词汇,我们均对它进行向量表示。在获取文本的向量表示时,可以将文本中出现的词汇进行求和、求平均以及加权求和等方式获取最后的结果。

求和与求平均的方式相对简单,此处不再赘述。至于如何进行加权求和,则需针对任务的需求进行。常见的方式为 TF-IDF 加权的文本表示。

$$Sentence\ Vector(s) = \sum_{i}^{n}(TF\text{-}IDF(word_i) \times Word2Vec(word_i))$$

其中 $word_i \in s$

上述为对 TF-IDF 加权的 Word2Vec 的表示,其中 s 是需要表示为向量的文本,$word_i$ 是文本中的每个词汇。$TF\text{-}IDF(word_i)$ 代表针对 $word_i$ 求对应的 TF-IDF 值,$Word2Vec(word_i)$ 代表对应词汇的词向量。

TF-IDF 值代表了当前词汇在文本中的重要程度,Word2Vec 词向量表示了词汇的本身含义。每个词汇的 TF-IDF 值与其本身的 Word2Vec 词向量的每位进行相乘得到加权后的词向量,对文本中所有的词汇进行同样的操作,最终对当前文本中所有的加权词向量求平均值就得到了 TF-IDF 加权 Word2Vec 的文本表示的结果。

一般情况下,加权之后的文本向量要优于直接求和或求平均的方式。此外,类似的加权方式还有 SIF 算法,当然也可以用 Doc2Vec 的方式直接求取对应文本的文档向量。

由于向量的维度是可控的,所以基于词向量的文本表示方式,不会造成维度灾难和数据稀疏的问题,同时也较好反映出文本的语义,现在被广泛使用。

(二)有监督文本表示方法

无监督的文本表示方法和有监督的文本表示方法的最主要区别,在于是否需要训练模型以及优化目标来实现某项任务。很明显,无监督的文本表示方法是将训练好的词向量进行进一步的处理,并没有搭建任何模型。

有监督的文本表示可以从某一项任务模型的隐层向量中提取出来被认

---

① Jeffrey Pennington, Richard Socher & Christopher D. Manning, Glove: Global Vectors for Word Representation, *Empirical Methods in Natural Language Processing*, p. 1532-1543(2014).

② Armand Joulin ,et al. Bag of Tricks for Efficient Text Classification, https://arxiv.org/abs/1607.01759 (2016), last access: Jun. 28, 2020.

为是对应文本的表示向量。例如,文本分类模型 TextCNN[1],根据模型不断地迭代,最终取得较好的效果,可以将模型的池化层拼接后的结果输出作为文本的表示向量。基于翻译任务的 Seq2Seq 模型,亦可以将 RNN 最后一个时间步的输出作为表征文本的向量。根据这种思想可以将很多模型中的隐层输出的向量视为文本向量。

近年来,较为流行的 BERT、GPT 和 ALBERT[2] 等模型均是依据训练神经语言模型得到句向量的表示。这些模型均利用了大量的文本数据并经过较长时间的训练,由此得到的向量能够尽可能地表征文本自身的语义特征。

无监督的文本表示方式与有监督的文本表示方法各有优劣。无监督的文本表示方法的优点,在于其不需要人工标注的语料,可移植性较强。监督的文本表示方法的优点在于其语义含义与任务的相关性较强。

在使用文本的表示方式时,需要根据上下游任务的特点,以及现有的资源和数据的规模等多种特性来选择一种较为合适的文本表示方式。

三、文本相似

文本相似一般是指某一文本 doc1 与另一文本 doc2 的相似程度,在法律人工智能领域中多用于相似案例的推荐,以及相似文书的推荐,即利用已知的文书找到最相似的文书。一般可以从两个方面去考察两个文本之间的相似程度:字面相似(形似)和语义相似(神似)。当然,这两种相似性不能够被完全割裂开来,只不过可以认为字面相似的文本不一定语义相似,语义相似的文本不一定字面相似。

由于字面相似和语义相似均属于文本相似的范畴且为并列关系,所以下文将针对这两类度量方式分别做更详细的介绍。

(一)字面相似

字面相似是指文本的字词本身是否相似两个文本"长得"越像,其本身含义也越相近。常用的判定方法有:编辑距离、最长公共子序列、最长公共子串、Jaccard(杰卡德)相似度。

1. 编辑距离

编辑距离是一个经典的字符串动态规划算法,用于计算两个字符串(A 和 B)之间变动最小的操作次数。其中,每一次插入、替换和删除都算作一次

---

[1] Yoon Kim, Convolutional Neural Networks for Sentence Classification, https://arxiv.org/abs/1408.5882 (2014), last access: Jun. 28, 2020.

[2] Zhenzhong Lan, et al. ALBERT: A Lite BERT for Self-supervised Learning of Language Representations, https://arxiv.org/abs/1909.11942, last access: Jun. 28, 2020.

操作。我们可以直观地理解编辑距离就是字符串 A 变为字符串 B 最少的编辑次数。

将字符串 A 与 B 视为文本 doc1 和 doc2 就能够刻画两个文本之间的相似程度。如下例子可以说明这个问题：

句子 1：犯罪嫌疑人王某入室盗窃

句子 2：犯罪嫌疑人王某

句子 3：犯罪嫌疑人李某入室盗窃

句子 4：犯罪嫌疑人王某某入室盗窃罪名成立

其中句子 1 与句子 2 的编辑距离为 4，句子 1 与句子 3 的编辑距离为 1，句子 1 与句子 4 的编辑距离为 5。

2. 最长公共子序列和最长公共子串

这两个算法类似，但是有一个区别之处：子序列与子串的定义不同。用例子说明如下：

若句子为"犯罪嫌疑人王某"，则"犯罪嫌疑人"既是子串又是子序列；"犯人王"是子序列不是子串。从例子中我们可知，子串必是子序列，子序列不一定是子串。两者唯一的区分点就在于是否连续。

如何求解最长公共子串和最长公共子序列同样也是较为经典的字符串动态规划算法。可以认为，最长公共子串（子序列）的长度越长，表明两个文本越相似。

3. Jaccard（杰卡德）相似度

Jaccard 相似度的计算用到了集合论中的交集并集的相关概念，即认为 Jaccard 相似度可以计算两个集合的相似程度，当然在文本中也适用，用一个例子来说明：

犯罪嫌疑人王某==>犯罪/嫌疑人/王某

犯罪嫌疑人李某==>犯罪/嫌疑人/李某

所有词汇的集合：

word_set = {犯罪,嫌疑人,王某,李某}

两个句子中相同的词汇集合：

same_set = {犯罪,嫌疑人}

$$Jaccard\_similarity = \frac{len(same\_set)}{len(word\_set)} = \frac{2}{4} = 0.5$$

把这个问题抽象出来可以给出 Jaccard 相似度的定义：

给定两个集合 A、B，Jaccard 系数（相似度）定义为 A 与 B 交集大小与并集大小的比值，公式如下：

$$J(A,B) = \frac{|A \cap B|}{|A \cup B|} = \frac{|A \cap B|}{|A|+|B|-|A \cap B|}$$

Jaccard 值越大说明文本相似度越高。

(二)语义相似

语义相似与字面相似不同,其在设计的最初就是考虑如何利用具有语义的文本表示方法进行语义相似度的计算。所以,在文本表示的时候,通过选择含有词向量的表示方法,可以体现文本的语义信息。常见的计算方法包括:欧氏距离、余弦相似度、词移距离和 DSSM。

1. 欧式距离和余弦相似度

欧氏距离可以理解为在欧式空间中两个点之间连线的距离,而余弦相似度代表两个向量方向重合的趋势程度。两个向量作为例子进行具体的阐述:

vec1 = [x_1, x_2, x_3, ..., x_n]
vec2 = [y_1, y_2, y_3, ..., y_n]

具体的计算公式如下:

$$Euclidean\_Distance(vec1, vec2) = \sqrt{\sum_{i=1}^{n}(x_i - y_i)^2}$$

$$cosine\_similarity(vec1, vec2) = \frac{vec1 \cdot vec2}{|vec1| \times |vec2|} = \frac{\sum_{i=1}^{n}(x_i \times y_i)}{\sqrt{\sum_{i=1}^{n}x_i^2} \times \sqrt{\sum_{i=1}^{n}y_i^2}}$$

欧氏距离越小则说明两个文本的差异越小,余弦相似度越接近 1 则说明两个文本的差异越小;反之,则相反。

2. 词移距离(WMD)

顾名思义,词移距离(Word Mover's Distance,WMD)①就是词汇移动的距离。与各种距离一样,当词移距离越大时,两个文本的相似度越小。

计算两篇文档的词移距离,需要将两篇文档的所有词向量挑选出来,并计算将其中 1 篇文档的每个词汇移动到另一篇的每个词汇位置上的距离(欧氏距离),最后将所有的距离进行加权求和得到最终词移距离的结果。

其中利用 doc1 和 doc2 代表两篇文档,$word_{1i}$ 和 $word_{2j}$ 分别代表文档 1 和文档 2 中的词汇。计算的方法如下:

$$WMD(doc1, doc2) = \sum_{i,j=0}^{n,m} T_{ij} \times euclidean\_distance(word_{1i}, word_{2j})$$

其中 T_{ij} 代表 $word_{1i}$ 和 $word_{2j}$ 计算的距离权重,$euclidean\_distance(word_{1i}, word_{2j})$ 代表计算两个词汇的欧式距离,采用欧氏距离是由于其本身就可以代表空间中的移动距离。

---

① Georgios-Ioannis Brokos, Prodromos Malakasiotis & Ion Androutsopoulos, Using Centroids of Word Embeddings and Word Mover's Distance for Biomedical Document Retrieval in Question Answering, https://arxiv.org/abs/1608.03905, last access: Jun. 28, 2020.

3. DSSM

DSSM(Deep Structured Semantic Models)①是文本相似度计算的一种监督学习方法,可以利用已有的标注数据来训练语义相似度模型。这个模型可以预测两个句子的语义相似度,同时也可生成句子的低维语义向量的表达。DSSM 本质上是利用神经网络进行的文本相似性预测,采用了带有标注的数据进行网络参数的训练,最终得到一个可用的预测模型。

DSSM 的模型结构示意图如图 11-1-1 所示,从下往上分别是输入层、表示层、匹配层和匹配得分层。整个过程是由输入两个文本到模型中,经过一系列的处理最终产生这两个文本的相似性的分数。

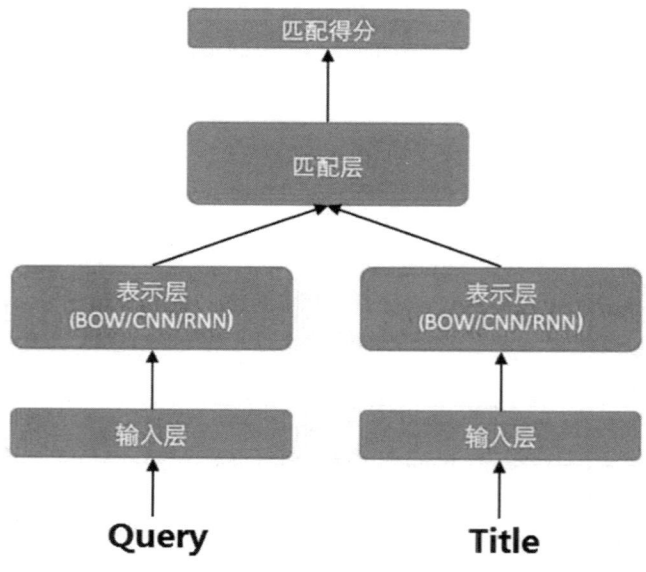

图 11-1-1　DSSM 示意图②

由于 DSSM 本身是监督的表示方法,所以在有标注语料和相关领域的任务中表现得比无监督的好。但是由于 DNN 作为 DSSM 的基础网络并且对于文本的表示采用的是词袋模型,所以对于文本的表达损失了词序信息。CNN-DSSM 和 LSTM-DSSM 的出现在一定程度上改进与缓解了这个问题。

---

① Po-Sen Huang, et al, Learning Deep Structured Semantic Models for Web Search Using Clickthrough data, *ACM international conference on Information & Knowledge Management*(22), 2333-2338.(2013)

② 图片来源:https://img-blog.csdnimg.cn/20200628181322220.png,最后访问日期:2022年9月14日。

文本相似在 NLP 领域作为一个基础性任务,解决的方法有很多,除了上述的字面相似和语义相似,以及各类的无监督的表示方法和监督的表示方法。现在有一些更大更强的模型比如 ELMo、BERT 和 GPT 等,它们可以更好表达文本本身的含义,对于相似性的度量直接或间接起到了正向作用。

第二节 信息抽取

信息抽取①指的是在自由文本中抽取有用的、与任务相关的数据的过程,本质上是将非结构化数据转为结构化数据的操作。在 NLP 领域中,信息抽取是一个基础而且重要的任务,能够为 NLP 其他高层任务提供基础性的功能支持,因此广泛应用于知识图谱、智能客服、机器翻译和阅读理解等任务之中。在法律人工智能领域,文书的处理都离不开信息抽取。

信息抽取领域具体包含三类任务,分别是命名实体识别、②关系抽取③和事件抽取④。针对文书中的人名进行抽取就属于实体识别的范畴;文书中人物关系的提取,就利用了关系抽取;从大段文字中精简地提取事件信息就涉及了事件抽取。三类任务的技术各不相同,但相互之间也有着联系。本书接下来分别针对这三类任务做进一步介绍。

一、命名实体识别

命名实体识别(Named Entity Recognition,NER)也称为实体识别,其任务是从自由文本中抽取专有名词。这类词汇通常是:人名、地名、机构名、时间、日期和数字等。当然,根据任务的不同以及领域的差异,命名实体识别所要抽取的内容也不一致。概括来说,实体识别是在非结构化数据中抽取任务所需的信息,从而形成结构化的数据。在法律相关的领域,实体识别多用于抽取法律法规、人名、地名、机构名等。

命名实体识别是 NLP 领域与信息抽取领域最基础的任务,广泛应用于构建知识图谱、智能客服和机器翻译系统等领域,此外,命名实体识别作为关系抽取与事件抽取的上游任务,其效果的好坏直接影响这些任务与系统的结果与性能。以下的示例可以说明实体识别任务:

---

① 李保利、陈立忠、俞士汶:《信息抽取研究综述》,载《计算机工程与应用》2003 年第 10 期。
② 俞鸿魁、张华平、刘群等:《基于层叠隐马尔可夫模型的中文命名实体识别》,载《通信学报》2006 年第 2 期。
③ 徐健:《实体关系抽取的技术方法综述》,载《现代图书情报技术》2008 年第 8 期。
④ 赵妍妍、秦兵、车万翔等:《中文事件抽取技术研究》,载《中文信息学报》2008 年第 1 期。

句子:犯罪嫌疑人王某于 2018 年 6 月 10 日在花园小区进行入室盗窃。
实体:
人名:王某
时间:2018 年 6 月 10 日
地点:花园小区

通过命名实体识别我们可以将预先定义好的实体类别的实体信息抽取出来。上述例子中我们定义了三个实体类别——人名、时间和地名。

命名实体识别可被视为一种序列标注任务,根据输入字词的不同将其转化为对应的标签。"BIO"标注策略便是其中的一种,B 代表实体的第一个字词,I 代表实体从第二个开始的字词,O 代表非实体的字词。具体的标注可以见如下的例子:

句子	犯	罪	嫌	疑	人	王	某	于	…
标签	O	O	O	O	O	B-PER	I-PER	O	…

(一)命名实体识别的分类

命名实体识别的方法大致分为如下三类:

第一类是基于特征模板和规则的方法。[1] 依靠有经验的语言学家设计命名实体的识别规则,同时构建与实体相应的词库,在文本中识别特定的实体。不过,这种方法多数情况下缺乏泛化性,模板与规则的设计也并非完全正确,并且人工成本十分昂贵。

第二类是基于传统的统计机器学习的方法。研究中,常用的方法有:隐马尔科夫模型(HMM)、最大熵马尔科夫模型(MEMM)、条件随机场模型(CRF)和支持向量机(SVM)等。这些方法相较于模板与规则的方式,在领域移植性和准确性上都有较好的表现,但仍然需投入大量人工。

第三类是基于深度学习的方法。主要采用循环神经网络(RNN)和基于卷积神经网络(CNN)及其变种。深度神经网络具有较好的表征能力和模型泛化能力,减少了大量的特征识别工程并且取得了较好的成绩。

(二)命名实体识别法的模型

现在主流的命名实体识别模型是 BiLSTM-CRF[2] 模型。模型的结构如图 11-2-1 所示。

---

[1] 李楠、郑荣延、吉元朋等:《基于启发式规则的中文化学物质命名识别研究》,载《现代图书情报技术》2010 年第 5 期。

[2] Zhiheng Huang, Wei Xu & Kai Yu, Bidirectional LSTM - CRF Models for Sequence Tagging, https://arxiv.org/abs/1508.01991, last access: Jun. 28, 2020.

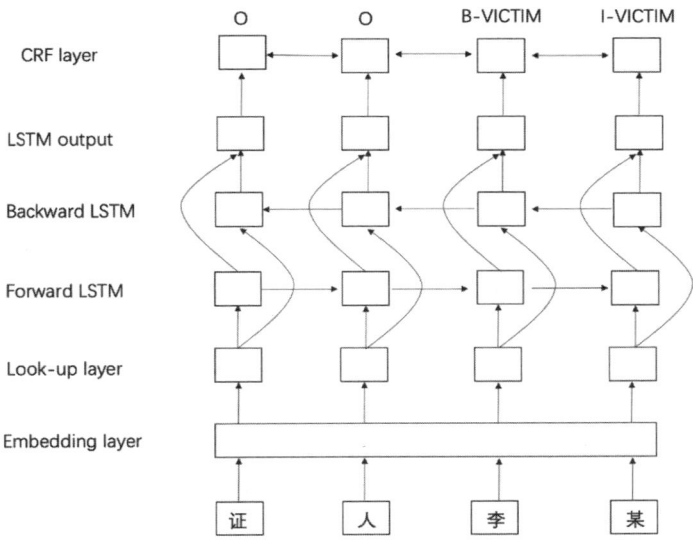

图 11-2-1　BiLSTM-CRF 模型架构图①

模型可以分为 3 个主要部分。第一部分是 embedding 层,用于对输入的字词进行表示;第二部分为 BiLSTM 层,可以根据输入的上下文情况提取特征;第三部分是 CRF 层,即针对提取的特征进行最后的预测与约束。整个模型输入序列是字词的序列,输出是关于"BIO"的标注序列。可以认为 BiLSTM 是 CRF 层的特征提取器。

二、关系抽取

关系抽取(Relation Extraction,RE)作为信息抽取中的另一项基础任务,同样也是构建知识图谱、智能问答等程序过程中的关键技术。关系抽取在 1998 年的第七届消息理解大会(Message Understanding Conference,MUC)中被首次提出。关系抽取旨在从大规模的非结构化或半结构化的自然语言语料中发现和识别两个实体之间的语义关系。关系抽取技术在法律领域可用于人物之间的关系抽取、人与罪名之间的关系抽取。

关系抽取可被认为是在已知实体和文本的情况下,抽取出对应的关系,这些关系是事先定义好的。因此,可以认为关系抽取就是一种分类任

---

① 图片来源:Zhiheng Huang, Wei Xu & Kai Yu, *Bidirectional LSTM-CRF Models for Sequence Tagging*, arxiv. org, https://arxiv.org/abs/1508.01991。

务,举例表示:

文本:被告人邓某涉嫌危险驾驶罪。
实体1:邓某
实体2:危险驾驶罪
关系:犯罪

早期研究人员在关系抽取过程中采用人工编写语法语义规则与模板的方法。这类方法在识别和抽取过程中拥有较高的准确度,但由于规则对识别的情况的限定,所以,泛化性较低。

为了提高识别效率,同时提升模型与算法的泛化性,研究人员关注更多的是基于机器学习的关系抽取方法。其可以利用文本中的各类特征,如句法特征、依存关系、词法特征等将关系抽取问题建模为分类问题。此外,其可以根据人在关系抽取任务中的参与度进一步地将不同的方法划分为:监督学习的方法、半监督学习的方法和无监督学习的方法。由于在具有学习资料的条件下,无监督学习的方法与半监督学习的方法无法充分发挥语料的全部作用,因此,一般情况下都是采用监督学习的方法来实现模型的训练。

基于机器学习的方法往往需要做一定的特征工程,不同的策略与分类模型采用不同的特征集合。在处理任务中,传统的机器学习方法最常用到的就是支持向量机模型(Support Vector Machine,SVM)和最大熵模型(Maximum Entropy,ME)。基于特征工程的抽取方法由于需要大量的人工特征所以效果提升很有限,其"瓶颈"在于人工特征的选择与构造。而利用核函数的关系抽取方法不同于特征工程的方法,其重点考量语料本身的结构信息避免了直接构建离散的高维度特征向量,在后期研究人员更关注于采用核函数的方法。

无论是基于特征工程还是基于核函数的机器学习关系抽取方法,相较于规则与模板,其泛化性和准确性有所提高。不过,这类方法人为参与的过程较多。随着深度学习的发展,越来越多的研究者采用了特征工程较少甚至是无特征工程的深度学习的方法。相较于经典的关系抽取方法,深度学习的关系抽取方法的主要优势在于深度学习神经网络模型可以自动地学习句子特征,无需烦琐复杂的特征工程。

利用深度学习解决关系抽取任务,有两种思路:流水线学习和联合学习。流水线学习方法是指在实体识别已经完成的基础上直接对实体关系进行抽取;联合学习方法主要是基于神经网络的端到端模型,同时完成实体的识别和实体间关系的抽取。本节针对流水线的关系抽取做进一步介绍。

PCNN[1]是现在主流的关系抽取模型,其可以利用实体对的相对位置信息抽取文本中关于实体对的关系语义,最后通过分类得到最接近的关系。模型结构如图11-2-2所示。

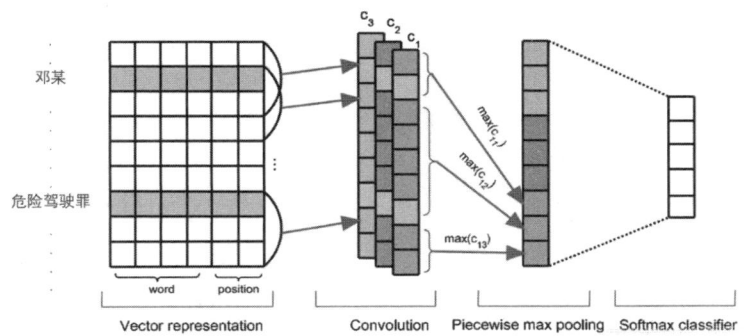

图11-2-2 PCNN模型架构图[2]

PCNN的主要结构是卷积神经网络以及改进后的池化层,其本质与TextCNN文本分类很类似。除在模型的输入端采用词向量特征外,该系统还使用了相对位置编码的特征。PCNN模型从左到右依次经过Embedding层、卷积层、池化层和输出层(Softmax分类层)。

在处理法律领域的关系抽取任务时,可以利用PCNN模型,根据输入的文本以及文本中所包含的相关信息,抽取实体对之间的关系。在一个关系抽取任务中,关系的种类已经给出,并有相关的标注数据用于神经网络参数的学习。

三、事件抽取

事件作为信息的一种表现形式,其定义为特定的人、物在特定时间和特定地点相互作用的客观事实。在法律领域中,大多数的文书内容都会描述事件,或至少描述时间、地点、人物等信息。

事件抽取作为信息抽取领域的重要组成部分,可以被认为是实体识别和关系抽取等过程的下游任务。事件抽取是将事件的主体与关键信息从自由文本中抽取出来的过程,即从非结构化的数据中提取出事件信息组成结构化

---

[1] Yankai Lin et al. Neural Relation Extraction with Selective Attention over Instances, Annual Meeting of the Association for Computational Linguistics (54), 2124-2133(2016).

[2] 图片来源:Yankai Lin et al. Neural Relation Extraction with Selective Attention over Instances, Annual Meeting of the Association for Computational Linguistics (54), 2124-2133(2016).

列表的过程。一般情况下事件抽取可以是句子级别的抽取,也可以是篇章级别的抽取。关于事件抽取相关的概念与术语如下:

(1)事件描述。描述事件的文本,其中包含触发词相关的元素,即要抽取的自由文本。

(2)事件触发。表述事件的文本中最能代表事件的词汇,多为名词和动词。

(3)事件元素。事件的关键信息,结构化后事件表述内容,一般意义上包括实体和属性值等内容。

(4)元素角色。表达事件元素与事件本身语义关系,可以被认为是对应槽值的属性名称。

(5)事件类型。依事件本身所属类型的分类,将事件的表述或者是事件本身的语义关系归纳为预先定义好的某一类。ACE2005 定义了 8 种事件类型和 33 种子类型。其中,大多数事件抽取均采用 33 种事件类型。事件识别是基于词的 34 类(33 类事件类型+None)多元分类任务。下述的例子是对事件抽取的直观解释:

本质是数据规范化的过程,即从非结构的自由文本转变为结构化的事件列表的过程。

句子:犯罪嫌疑人张某,于 2020 年 2 月 20 日晚 8 时左右在花园小区 20 号楼 1 单元 502 室进行入室盗窃,窃取了业主的现金 5000 元,一部苹果电脑和两部华为手机。

事件类型:入室盗窃

时间:2020 年 2 月 20 日晚 8 时左右

地点:花园小区 20 号楼 1 单元 502 室

人物:张某

损失:现金 5000 元、1 部苹果电脑、两部华为手机

根据事件抽取任务的特点,可以将事件抽取划分为多个子任务:识别事件触发词;识别事件类型;抽取事件元素;判断事件元素的角色。上述的 4 个子任务以流水线的形式完成事件抽取,其中部分子任务可以相互联合。事件触发词的识别与事件元素的抽取本质上是属于实体识别的任务范畴,事件类型的判断与事件元素角色的判断可以被视为分类任务。

之所以事件抽取的任务复杂,是由于事件抽取任务包含了许多子任务,其中关键词之间的语义关系也相对较多。命名实体识别和关系抽取可谓事件抽取的上游任务与基础技术。

与其他的信息抽取技术相同,早期的事件抽取都是基于人工构造的模板以及人工编写的规则,利用语法分析树、正则表达式、句法和语义约束相关的

特征进行事件的识别与抽取。基于模板匹配的方法在事件抽取的任务中具有较大的局限性,虽然由人工设计的模板可以较为精确地抽取出事件的各种信息,但是在泛化性方面表现较差。随着统计机器学习的发展以及相关的人工标注语料的出现,在事件抽取的任务中开始采用了更多的学习的方法,如针对分类问题使用 SVM 等模型,针对序列标注的问题采用 HMM 与 CRF 模型。整个事件抽取任务模型的训练方式可以分为流水线形式和联合学习方式。相对于启发式规则,基于统计学习的方式能够拥有较好的泛化能力与模型的移植能力,并且可以降低领域专家以及其他人工的参与。

机器学习在处理事件抽取任务时需要大量的特征工程,但效果却往往有限;而深度学习的方法则可以避免大量的人工特征,利用较大的参数拟合任务的输入与输出,在提升模型的整体准确度的同时也可以提升模型的泛化能力。其中最为主流的模型是 DMCNN 模型。① 这个模型采用动态多池化卷积获取句子中不同位置的信息,从而利于模型理解文本特征,实现事件信息抽取。具体的模型如图 11-2-3 所示。

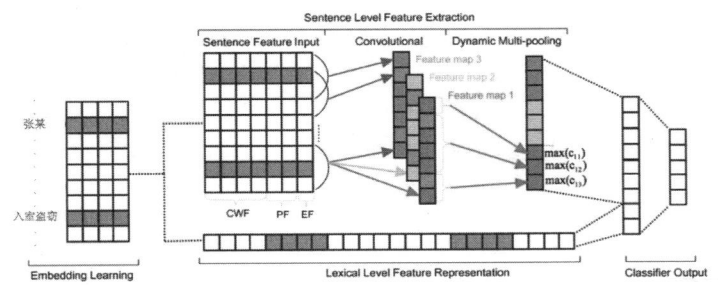

图 11-2-3　DMCNN 模型架构图②

DMCNN 的处理逻辑和思想与 PCNN 相类似,该模型将事件抽取看作两个阶段的多分类任务。首先利用触发词分类判断句子中的触发词以及位置,其次利用元素分类进行元素角色的分类。DMCNN 主要采用了词汇上下文特征、位置特征和事件类型特征等方法。

信息抽取作为 NLP 领域中的重要环节,在法律人工智能领域有着重要的作用,如文书中的人名识别就利用了命名实体识别的技术,人物之间的关

---

① Yubo Chen, et al. Event Extraction via Dynamic Multi-Pooling Convolutional Neural Networks, International Joint Conference on Natural Language Processing (7), 167-176(2015).
② 图片来源:Yubo Chen, et al. Event Extraction via Dynamic Multi-Pooling Convolutional Neural Networks, International Joint Conference on Natural Language Processing (7), 167-176 (2015).

系识别则涉及关系抽取的内容,而从文书中抽取事件要素梳理事件的信息属于事件抽取的范畴。虽然信息抽取中的各种技术已经具备较高的水平,但是,由于在法律领域中的标注数据仍然很少并且数据的标注标准的不统一,这导致了相关任务的推进较为困难。

第三节　文本分类

一、综述

文本分类作为自然语言处理中的一个经典任务,在法律人工智能领域发挥着重要作用。例如,在法律文书的智能化处理过程中,文本分类可以实现案由分类、罪名预测、法条推荐、刑期预测、要素识别等功能。具体而言,就是根据法律文书中的案情和事实描述部分,预测被告人被判的罪名、涉及的相关法条、被告人的刑期长短等,从而辅助法官、律师等专业法律人更加高效地进行决策。在这些具体的任务中,输入的文本序列一般为法律文书中的文本序列,类别标签则对应不同任务中需要预测的罪名类别、法条条款、刑期、关键要素等。

简而言之,文本分类是给定一段文本序列,通过自然语言处理技术推断出预先定义好的类别标签。文本分类的问题一般被描述如下:

输入:

文本序列 $\{X_1\ X_2\ X_3\cdots X_n\}$

一组类别 $C=\{c_1,c_2,\cdots,c_J\}$

输出:

预测的分类 $c\in C$

根据标签类别的个数,文本分类任务可分为二分类、多分类和多标签分类。二分类较为简单,只有正负两个类别。多分类即普通的分类任务,一个样本只属于多个类别中的一个,不同的类别之间是互斥的,比如,刑期预测任务就是一个多分类的问题。在多标签分类中,一个样本可以属于多个类别,不同的类别之间具有一定的关联,不是互斥的。比如,法律文书中的关键要素识别,一段描述中可能包含多个要素,这类问题就属于多标签分类。在自然语言处理中,通常使用有监督的机器学习来解决文本分类问题,简单的处理流程描述如下:

输入:

文本序列 X

一组类别 $C=\{c_1,c_2,\cdots,c_n\}$

已标注的训练集（X_1, c_1），....，（X_m, c_m）

输出：

一个分类模型 $\gamma: X \to c$

在法律文本智能处理的过程中,通常会把具体的问题转化为文本分类任务。对于一个现成的文本分类任务,首先需要确认文本的分类体系和分类问题类型,然后构建一个与任务对应的文本分类数据集。数据集中的每条数据由文本序列和对应的标签类别组成。一般会把数据按照一定的比例切分为训练集、验证集和测试集。训练集的作用是拟合模型,通过设置训练时分类器的参数训练分类模型;验证集的作用是对训练集训练出的多个模型进行评价,选出效果最佳的模型;测试集使用由训练集和验证集得出的最优模型来衡量该最优模型的性能和分类能力。

文本分类的评价指标,会根据不同分类类型而有所区别。二分类常用到正确率(Accuracy)、精确率(Precision)、召回率(Recall)和 F1-score 等指标。精确率和召回率可以全面评估模型的有效性,F1-score 是二者的加权调和平均。多分类也会使用微平均(Micro-Averaged-F1)、宏平均(Macro-Averaged-F1)等指标;在多标签分类中除了以上的评价指标,还会考虑到计算样本集合之间差异性的汉明损失(Hamming Loss)和 Jaccard 相似系数。

二、技术方法

文本分类的处理过程中涉及大量技术,具体步骤包括文本预处理、文本表示、特征提取和模型选择。以是否选择深度学习模型为标准,可以将文本分类模型分为两大类:基于传统机器学习的文本分类和基于深度学习的文本分类。本节将对文本分类的处理过程进行介绍。

(一)文本预处理

文本的预处理主要包括对文本序列的分词、去停用词、归一化等内容。在中文信息中,一般认为词是最小的语义单元。一般而言,大部分的中文 NLP 任务都会进行中文分词。所谓分词,就是把文本按词切分为一个个的语义单元。文本序列中一些副词、形容词以及连接词,由于对分类结果没有影响,因此可以提前去掉,这些词被统称为停用词。文本中出现的数字、时间和特殊符号等,虽然它们代表不同的含义,但在一些分类任务中,为了减少特征的维度,通常会进行字词级别的归一化,即把这些特殊字符按类别归一为统一的标签。

(二)文本表示和特征提取

文本表示和特征提取,即把文本表示成可被计算机处理的向量。在文本分类过程中,通常会根据数据集的规模和选择的分类器模型,来选择合适的文本表示和特征提取方法。最简单的文本表示方式就是把所有的字组成一个字典,然后用 One-hot 方式表示每个字,用词和句子中的每个字的向量之和来表示句子。但这种方法具有一定的局限性,它忽视了字本身的顺序且无法表达出频次信息和重要度信息。在基于传统机器学习的文本分类中,一般采用 TF-IDF 提取不同词之间的 N-gram 信息作为文本特征,然后将提取到的文本特征输入到传统的机器学习分类器中进行训练。但是,当数据集合比较大的时候,就会出现数据稀疏和维度爆炸的问题。这时候就需要做一些特征的降维处理,如低频 N-gram 过滤、LDA 降维、PCA 降维等。

文本的离散表示存在着数据稀疏、向量维度过高、字词之间的关系无法度量的问题,但这只适用于浅层的机器学习模型,而不适用于深度学习模型。Word2vec[①] 词向量是由谷歌 2013 年开发的一种词表示方法,也被称为词嵌入。该模型通过浅层神经网络对无标注的文本语料库进行训练,使用低维连续空间中的向量对词进行表示,从而捕获更深层次的语义信息,更适合深度学习模型。

(三) 模型选择

在选择模型时,通常需要具体分析文本分类任务中不同数据类别的分布、数据量的大小以及不同类别的数据特征的明显程度。当数据量不足的时候,特征选取就非常重要。特征差别不大的时候,各种模型的效果通常没有太大的差异。

1. 机器学习模型

文本选择和特征提取已经把需要分类的文本序列转化为具有一定语义表达能力的特征向量。不同的模型实际上是对特征向量进行不同的计算,传统机器学习常用分类算法包括下面 4 种。

(1) 朴素贝叶斯分类器

朴素贝叶斯法(Naïve Bayes)是基于贝叶斯定理与特征条件独立假设的分类方法,属于统计学分类方法。简单来说,朴素贝叶斯分类器假设在给定样本类别的条件下,样本的每个特征与其他特征均不相关,它的主要思想是利用贝叶斯公式,将具有"某特征的条件下属于某类的概率"P(y/x)转换成需要计算"属于某类的条件下具有某特征"的概率 P(x/y),即利用可以通过训练集数据分布计算得到的特征项和类别的联合概率来计算文本的类别概

---

① T. Mikolov, *Distributed Representations of Words and Phrases and their Compositionality. Advances in Neural Information Processing Systems*, Massachusetts Insititude of Technologypress. 26: 3111-3119, (2013)

率。其中 x 代表特征向量中的某个特征,y 表示数据类别。朴素贝叶斯法使用简单,学习与预测的效率均较高,在文本分类领域中有着广泛的应用。

$$P(y/x) = \frac{P(x/y)P(y)}{p(x)}$$

(2)支持向量机分类器

支持向量机 SVM(Support Vector Machine)是一种经典的监督学习分类算法。它的基本思路是在由特征向量组成的特征空间上找到最佳的分离超平面在这样的平面中不同样本类别的间隔最大。SVM 通过训练集学习得到分离超平面和分类决策函数的参数,然后选择与超平面最近的不同类别的样本点作为支持向量,在保证样本的正确分类的基础上,最大化支持向量之间的距离边际,最后得到最优的分类平面。

(3)K-近邻算法

K-近邻算法,简称 KNN(k-Nearest Neighbor)。这是一个基于统计的分类算法。其主要思路是,选取与待分类数据最相似的 K 个训练数据,通过对这 K 个数据的其结果或者类别标签取平均、取众数等方法得到待分类数据的标签。简而言之,其就是在训练集中找到离它最近的 K 个相似文本,并根据这些文本的类别标签来确认测试数据的类别。

(4)决策树模型

决策树是一种树型结构的预测模型,它将文本分类转化为一个自上向下分层判别的过程。树的根节点是整个数据集合空间,每个分节点是对属性特征的测试,该节点将数据集合空间分割成两个或多个,每个叶子节点是每一个类别标签的分割数据。从根节点到叶子节点的一条路径就形成了对数据的类别预测。决策树的建树算法有很多种,如 ID3、C4.5、CART 等,这些算法均采用自上向下的贪婪算法。

在文本分类的过程中,如果多个分类器的预测结果差别较大,该模型通常会选择聚合多个分类器,以提高分类准确率,这被称为集成学习。这种方法利用不同分类器的优势,取长补短,最后综合多个分类器的预测结果。集成学习也可以用于设定组合多个分类器的目标函数,通过训练习得最佳组合参数。

2.深度学习模型

基于深度学习的文本分类方法,主要有以 CNN、RNN 为基础的神经网络模型,注意力机制以及语言预训练模型 Bert 等。本节将对这些典型的模型进行简要的介绍。①

---

① Text Classification: text classification methods in NLP with deep learning, https://github.com/brightmart/text_classification, last access: Jun. 28, 2020.

(1) CNN

卷积神经网络 CNN[1] 文本分类可以利用词与词之间的顺序信息。CNN 模型把原始文本作为输入,不需要人工进行特征提取。TextCNN 模型架构如图 11-3-1 所示,可将句子中的每个单词使用 K 维向量来表示,如此句子就可被表示为一个 N∗K 的矩阵,以此作为 CNN 的输入。此外,使用不同的过滤器进行卷积操作得到特征图,之后对特征图使用最大池化操作,把特征图向量中最大的值提取出来,组成一个一维向量。经过全连接层输出,加上 Dropout 层防止过拟合。在多分类时,通常使用 Softmax 层进行多分类,Softmax 函数可以将神经网络的输出映射到(0,1)区间内,可以将这个值看作一个类别分布概率向量,取概率值最大的类别作为最终预测结果。在解决多标签分类问题时,通常在全连接后加上 Sigmoid 层输出类别概率,通过设定阈值取相应的标签类别。

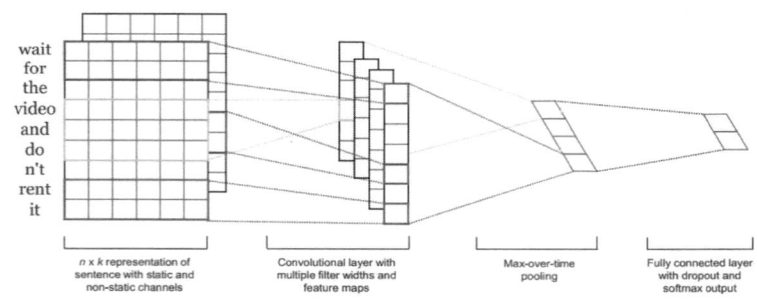

图 11-3-1　TextCNN 模型结构图[2]

(2) RNN

在 NLP 中,更常用的是递归神经网络 RNN(Recurrent Neural Network)模型[3]。相比于 CNN,它能够更好地处理序列信息。用于文本分类的 RNN 网络结构,如图 11-3-2 所示,每个词 X 经嵌入之后,每经过一个时间序列就可以得到一个隐藏向量 h。将最后一个词的隐藏向量输入到 Softmax 层,可以得到一个类别分布概率向量。概率值最大的类别即为最终预测结果。梯度消失是原生 RNN 中一个很大的问题,也就是后面时间的节点对于前面时间

---

[1] Kim Y. Convolutional neural networks for sentence classification, https://arxiv.org/pdf/1408.5882, last access: Jun. 28, 2020.

[2] 图片来源:Kim Y. Convolutional neural networks for sentence classification, https://arxiv.org/pdf/1408.5882, (2014),最后访问日期:2020 年 6 月 28 日。

[3] Liu P, Qiu X, Huang X. Recurrent neural network for text classification with multi-task learning, https://arxiv.org/pdf/1605.05101.pdf (2016), last access: Jun. 28, 2020.

的节点感知力下降,针对这个问题可以考虑使用基于 RNN 的变体 LSTM[①] 来更好地捕获序列信息。

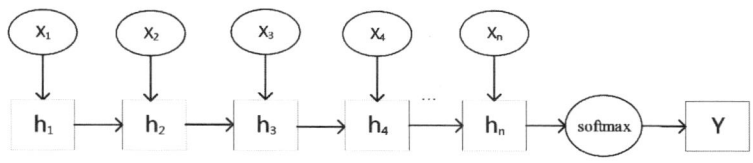

图 11-3-2　RNN 模型结构图[②]

(3) Attention

Attention,中文翻译为"注意力机制",其最初应用于图像领域。研究者认为,由于人在观察物体时会更关注重要的部分,所以,机器也应当和人一样,注意物体或者文本中更重要的部分。在自然语言处理中,注意力机制的核心思路是计算一句话中的每个词与这句话中所有词的相互关系。这些词与词之间的相互关系能够在一定程度上反映一句话中不同词之间的关联性以及重要程度。再利用这些相互关系来调整每个词的权重,就可以获得每个词新的表达。这个新的表达不但蕴涵了该词本身,还蕴涵了其他词与这个词的关系,因此,和单纯的词向量相比,这是一个更加全面的表达。Yang[③] 提出了用词向量来表示句子向量,再由句子向量表示文档向量,并且在词层次和句子层次分别引入层次化注意力模型(Hierarchical Attention Networks,HAN),这取得了较好的效果。

(4) Bert

Bert[④] 是谷歌于 2018 年提出的一种语言预训练模型,在 33 亿语料文本的基础上训练语言模型,再分别在不同的下游任务中对其进行微调。这样的模型在不同的自然语言处理任务中均取得了目前为止最好的结果。Bert 模型使用 Transformer 构成了双向语言模型在训练过程中提出了遮挡机制和下一句预测机制,用微调的方式根据不同的下游任务对下层网络进行调整。在

[①]　S. Hochreiter, J. Schmidhuber, Long short-term memory. Neural computation, 9(8): 1735-1780, (1997).

[②]　图片来源:Liu P, Qiu X, Huang X. Recurrent neural network for text classification with multi-task learning, https://arxiv.org/pdf/1605.05101.pdf P (2016),最后访问日期:2020 年 6 月 28 日。

[③]　Yang Z, Yang D, Dyer C, et al. Hierarchical attention networks for document classification [C]//Proceedings of the 2016 Conference of the North American Chapter of the Association for Computational Linguistics: Human Language Technologies. 1480-1489, (2016).

[④]　J. Jacob Devlin, et al, Bert: Pre-training of Deep Bidirectional Transformers for Language Understanding, https://arxiv.org/pdf/1810.04805.pdf (2018), last access: Jun. 28, 2020.

法律领域文本分类的具体任务中,首先基于大规模法律领域语料对 Bert 模型进行预训练,然后根据具体的分类任务调整模型输出。文本分类的 Bert 模型结构如图 11-3-3 所示,首先将法律序列文本按字切分输入到模型中,然后取 Bert 模型输出的隐藏向量,通过全连接和 Softmax 层进行分类,得到一个类别分布概率向量,取概率值最大的类别作为最终预测结果。

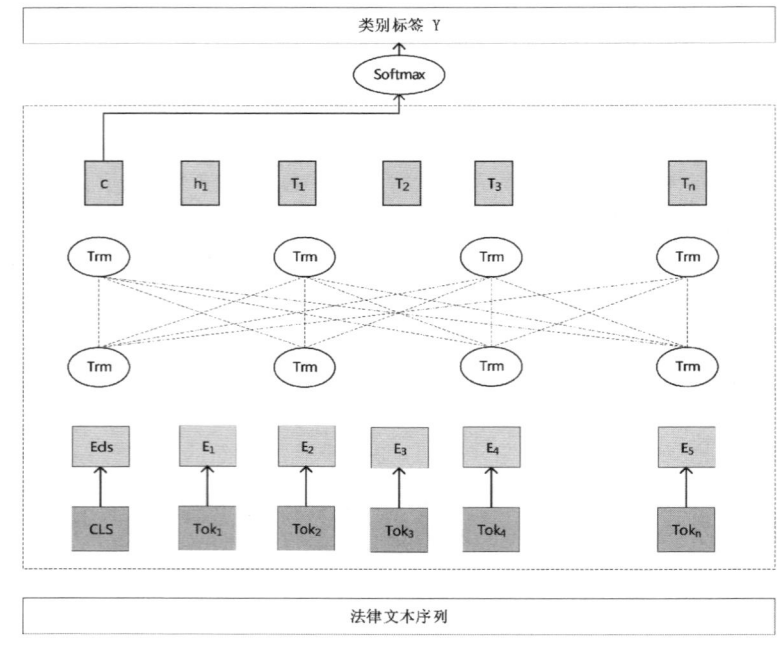

图 11-3-3　Bert 文本分类结构图[1]

传统机器学习的文本分类方法主要依赖于特征的提取和选择。这种方法对序列特征进行捕捉的能力弱,难以捕捉深层次的文本特征信息。而且,在法律领域,相比于其他任务,文本分类更容易获取大量标注数据。深度学习方法可以基于大量标注数据进行预训练,从而得到对文本序列的更深层次的特征表示,代替传统机器学习方法中的手动获取文本特征的过程,然后通过卷积、点乘、非线性函数、矩阵相乘等操作得到高度编码的语义向量,所以,在法律领域的文本分类任务中深度学习相较于传统的机器学习方法效果更佳。相比于深度学习方法,传统机器学习的文本分类方法的优势是对数据

---

[1]　图片来源:Jacob Devlin, et al, Bert: Pre-training of Deep Bidirectional Transformers for Language Understanding, https://arxiv.org/pdf/1810.04805.pdf(2018),最后访问日期:2020 年 6 月 28 日。

量的要求不高，且计算过程较为简单，推理时间较短，对硬件环境的要求较低。

(四)文本分类实战

本节将以一个法律领域内文本分类的具体例子来对整个文本分类的处理流程进行说明。该任务的主要目的是识别裁判文书中不同段落的段落类型，通过输入裁判文书中的段落文本，来输出具体的段落类型。根据具体的应用场景，段落类型又可被分为四种，分别是原告诉称段、被告辩称段、案情事实段和其他段。本任务使用已构建好的段落类型分类数据集，其中包括近1万条来自各类案由的数据，每条数据由一段裁判文书中的文本序列和对应的段落标签组成。为了对模型进行评估，需要对数据集按照8∶2的比例随机划分为训练集和测试集。

按照上文介绍的文本分类的处理流程，首先需要对训练集和测试集的数据进行预处理，这一过程包括分词、去停用词和归一化。如果对训练数据进行观察，可以发现不同类型的段落描述中通常包含一些特有的关键词信息。如果采用传统机器学习方法，可以在特征提取的过程中加入这些关键词信息。为了保证模型识别段落的准确性和速度，故选择深度学习模型 CNN 作为分类模型，使用预训练的 word2vec 模型对文本进行表示，通过 word2vec 将文本转换为 300 维的向量，代替了人工提取特征的过程。然后对我们选用的 CNN 模型进行必要的参数设置，就可以将训练数据输入到模型中进行训练。由于本任务是一个多分类模型，所以，在 CNN 之后选择 Softmax 层进行分类，在模型训练拟合之后，将测试集中的数据输入到模型中，然后，对比输出的类别标签和测试集中对应的正确标签，统计模型识别的准确率等评价指标。如果准确率不理想则考虑调整模型参数和训练轮次，重新进行模型的训练和评估，直到模型达到理想的效果。

三、难点与技术"瓶颈"

类别不均衡是文本分类中的最常见的问题。在真实场景的大部分文本分类任务中，各类别样本数据都是不均衡的，在法律领域也是如此。训练数据中样本数量最多的类别与样本数量最少的类别可能分属不同的数量级。样本类别通常处于欠拟合状态，因此模型对这一类别的输出概率也会较低。解决这一问题的方法主要包括数据采样、回译以及基于语言模型的数据增强等。数据采样就是将小类别数据进行复制、随机词替换后再加入到数据集中。回译，即通过翻译模型把语种一的文本数据翻译为语种二，再翻译为语种一。另外，如果有必要也可以再从语种二翻译为语种三，然后再回译为语种一。基于语言模型的数据增强是一种通过文本生成技术增加训练数据的方法,即通过已有的小样本数据生成更多的相似数据加入训练集中来提高模型对小样本数据的识别能力。IBM 的技术团队提出的 LAMBDA[①] 的文本增强技术就是一种典型的基于语言模型的数据增强方法。

第四节　知识图谱

自谷歌于 2012 年提出知识图谱(Knowledge Graph)概念以来,知识图谱技术发展极为迅速,在搜索、推荐、医疗、电商等众多领域内都得到了广泛的应用,成为了知识表示和知识计算的基础。

知识图谱一般分为通用领域知识图谱和垂直领域知识图谱。谷歌知识图谱包含科技、娱乐、体育、文化等多领域知识,属于通用领域知识图谱;法律知识图谱是由众多法律要素组成的知识库,属于垂直领域知识图谱。

本节将从知识图谱基本概念出发,分别介绍知识图谱的表示、构建、存储、查询、应用等内容,最后介绍知识图谱在法律领域内的应用。

一、知识图谱的基本概念

"知识图谱"一词最初特指谷歌为支撑其语义搜索而建立的知识库,其本质是包含概念(Concept)、实例(Instance)及其语义关系的一种大规模语义网络,是一种知识表示形式,如图 11-4-1 所示。

知识图谱源于 20 世纪 70 年代的专家系统与知识工程。传统的专家系统与知识工程最大的特点是需要领域专家参与,并把领域专家的专业知识形式化,转换成计算机能够处理的形式。由于严重依赖人工参与,传统知识工程的应用领域也较为封闭。随着互联网的快速发展,以及数据规模和计算能力不断加强,基于语义的知识挖掘孕育了新一代的知识工程——知识图谱,其内涵也远远超出了传统语义网络的范畴,在更多的场景下,知识图谱已经成为大数据知识工程相关技术体系的代称。[②]

人非常容易理解知识图谱的基本概念,但是,对于只能存储和处理 0、1 数字,不具备抽象、归纳、推理、联想等"高阶"能力的计算机来说,其表示和计算非常困难。

---

① Anaby Tavor, Ateret, et al. Not Enough Data? Deep Learning to the Rescue! Proceedings of the AAAI Conference on Artificial Intelligence 34105:7383-7390.
② 参见肖仰华:《知识图谱——概念与技术》,电子工业出版社 2020 年版。

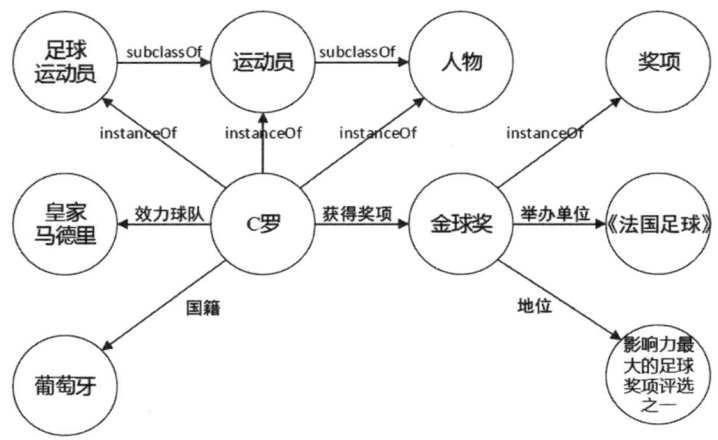

图 11-4-1　知识图谱示例①

二、知识图谱的表示

目前最常用的知识图谱表发端于数学领域的图论,图(Graph)主要包含两个组成部分——节点(Vertex)和边(Edge)。多个节点和边可以连接形成一个图。知识图谱中的概念、实例一般用图的"节点"来表示,如图 13-4-6 中的"足球运动员""运动员"都表示概念,"C 罗"表示一个具体的足球运动员的实例;概念之间的关系与概念的属性用图的"边"来表示,如图 13-4-6 中的"SubclassOf(子类或子概念)",表示"足球运动员"是"运动员"的子类或者称为子概念、下位概念。"效力球队"这条边表达了"C 罗"和"皇家马德里"之间的关系。"C 罗"是"足球运动员"和"运动员"的实例。这其中包含着一层简单的推理关系:"C 罗"是"足球运动员"的话,因此"C 罗"同样是一名"运动员"。

一般知识图谱可用 RDF② 三元组来描述。一个三元组包括三个元素,分别是主体(Subject)、谓词(Predicate)以及客体(Object)。当一个三元组描述某个资源的属性时,三个元素也被称为主体、属性(Property)及属性值(Value)。比如,三元组〈中国,首都,北京〉用来描述中国的首都是北京这一事实。大量三元组组合起来就形成了大规模知识图谱数据集。

---

① 图片来源:肖仰华:《知识图谱——概念与技术》,电子工业出版社 2020 年版。
② RDF(Resource Description Framework,资源描述框架)是万维网联盟(W3C)为满足互联网时代数据交换制定的一种通用的数据描述标准。

基于图的知识图谱表示沿袭了专家系统、语义网络等符号表示方法,这种符号表示在计算机处理中主要通过字符串匹配来进行识别,一旦出现错别字,比如,OCR 文字识别软件把"C 罗"识别成了"G 罗",那计算机程序就无法把这个字符串涵摄到"足球运动员"或者"运动员"这个概念之下,这是符号表示的主要缺点。符号表示的另一个主要特点是计算或推理是确定的,只存在是或否、真或假等两种状态,而无法表示不确定性。随着 20 世纪 90 年代统计方法、机器学习成为人工智能领域的主流方法,越来越多研究将概率和数值表示方法引入到传统的符号计算中。

数值表示则有标量、向量、张量等表示方法。比如,向量表示,可以把"C 罗"用一个二维向量[0.1, -0.3]来表示,直观理解就是平面直角坐标系中的一个点,由于现实世界概念、实例、关系的数量巨大,二维向量区分度不足,实际的向量表示往往多达上百维。向量表示的核心是确定某一个概念在各个维度上的数值,这也是目前深度学习与传统机器学习的主要区别。深度学习首先将词向量各个维度的数值随机初始化为任意数值,其次,通过在大规模文本上词的不同的上下文训练来影响词向量表示的数值变化,最后通过有序调整词向量的数值使整个训练网络趋于稳定,实现对词向量表示的自动计算。知识图谱的向量表示不光涉及概念、实例,还涉及它们之间的关系,也就是图谱的结构。不过,这种关系在自然语言文本中的表达并不直观,计算难度较大。

近几年,随着深度学习的广泛应用,如何将知识图谱作为外部知识引入到深度学习模型中已经成为一个关键的技术问题。其主要难点在于,如何将符号化的知识图谱的概念、实体和关系与数值化、向量化的深度学习表示进行融合。基本的处理方法是把知识图谱中的节点和边转换为低维向量表示,如何得到最优化的向量表示一般称为知识图谱的表示学习。

比较典型的模型是基于翻译思想的 TransE(基于翻译的分布式表示)模型,①它将知识库中的三元组 $<h,r,t>$ 看成头实体 h 到尾实体 t 用关系 r 进行的翻译。在向量计算中有 $h+r \approx t$。图 11-4-2 用二维向量表示的三元组〈中国,首都,北京〉在平面上的空间关系。

其他典型的知识图谱学习模型还包括 TransH、TransR、TransD 等,相关研究也是近几年知识图谱研究的热点领域。②

---

① Antoine Bordes, Usnier, Nicolas, Translating Embeddings for Modeling Multi - relational Data, Proceedings of the 26th International Conference on Neural Information Processing Systems, p. 2787-2795(2013).
② 刘知远、孙茂松、林衍凯、谢若冰:《知识表示学习研究进展》,载《计算机研究与发展》2016 年 02 期。

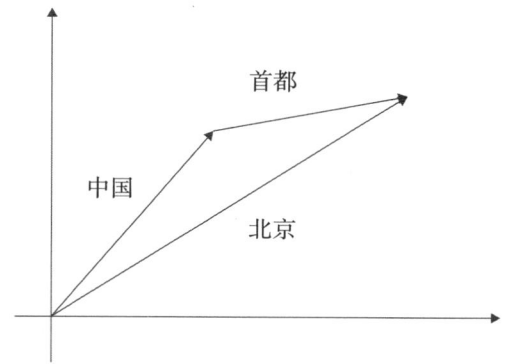

图 11-4-2　TransE 模型中实体与关系的向量表示

三、知识图谱构建

知识图谱中的知识由实体、概念关系以及属性等表达,知识图谱的构建也就是在一定的计算框架下将这些元素填充进去,存储到诸如图数据库或者 RDF 描述的三元组中。如图 13-4-6 所示的知识图谱中,下两层描述了真实世界中的一些事实,最上层则是对真实世界中实体和关系的一种抽象。可见,知识图谱的构建包含事实知识的构建和抽象概念体系的构建。

由于目前计算机并不具备对概念进行归纳、总结和抽象的能力,所以,知识图谱上层的抽象概念体系往往通过一些自动化方法进行初步筛选,再由领域专家进行确认。

随着科学技术向纵深发展领域专家的知识很多时候也具有一定的局限性,因此,通过自动化手段从大规模的文本中发现新术语(一般称为"术语识别")也成为一项重要的研究。这种发现并非基于对文本和概念的认知,而是基于大规模文本表述的统计量,对词或短语的重要性的估计,其中比较著名的两种特征是词或短语的单元性(Unithood)和术语性(Termhood)[①]。单元性是指词组组分之间结合的紧密程度,而术语性则是指词组和专业领域概念之间的关系,用以表示词组的领域相关性。比如,TF-IDF 方法(术语频率与逆文档频率)认为如果某个词或短语在一篇文章中出现的频率高,而在其他文章中很少出现,则认为此词或者短语具有很好的区分度。而 C-Value、NC-Value 方法考虑了短语嵌套、上下文等信息,是主要基于术语性的统计方法。

---

① N. A. Astrakhantsev, D. G. Fedorenko & D. Y. Turdakov, Methods for Automatic Term Recognition in Domain-specific Text Collections: A Survey. *Programming and Computer Software* 41 (6), p. 336-349.

这两种特征在知识点提取中通常会被混合使用。这一类统计方法抽取的领域概念存在大量的噪声,准确率还达不到完全自动化的程度,同时,抽取的概念大多为名词短语,并不能很好地覆盖概念之间的关系。

另外,传统的基于序列标注的方法、文本分类,以及目前研究较多的基于深度学习的实体识别、关系抽取等信息抽取算法,也被广泛应用于知识图谱的实体、概念和关系抽取。这些方法前文有较详细的介绍,这里不再赘述。

四、知识图谱的存储与查询

(一)存储

前文提到的三元组、图表示是对知识图谱的抽象数据表示,要在计算机中应用,还需要选择合适的存储结构进行存储。目前主要的存储方式是关系数据库和图数据库。比如可以将三元组表示的知识图谱,存储在包含"主体""谓词""客体"三列的数据库表中。对于此类数据库,可以用 SQL 语句进行查询。为了提高查询效率,数据库系统设计了一些辅助查询的方式。比如,Virtuoso 的方法是建立索引;Jena 则通过对实体类型分类、聚类建立属性表;SW-Store 直接按谓词进行分表,为每一个谓词建立一个单独的关系表;Hexastore 和 RDF-3x 则设计了一种基于全索引的存储方式。

图表示的图谱主要有两种存储模式:邻接表和邻接矩阵。邻接表就是讲每个实体对应一个列表,以存储该实体的相关信息。邻接矩阵则是在计算机中维护多个 $n \times n$ 的矩阵,其中 n 为图谱中节点数量。每个矩阵对应一个谓词,每一行或每一列对应一个实体节点。若矩阵中某一个位置为1,则表示其对应的行、列的实体包含这个邻接矩阵对应的谓词关系。由于邻接矩阵的表示较为稀疏,因此实际应用中一般会采用压缩的表示方法,其中比较有代表性的是 BitMat 数据库。

Neo4j 是目前最受欢迎的图数据库之一,它对图存储进行了多种优化,有着较高的读取效率。随着图谱规模的扩大,单服务器的图存储已无法满足性能要求。

(二)查询

知识图谱常用的查询语言是 SPARQL(SPARQL Protocol and RDF Query Language),其是由 W3C 提出的 RDF 知识图谱标准查询语言。通过图匹配来实现。SPARQL 本身是一种查询语言,其实现方法既可以基于关系型数据库,也可以基于图数据库。SPARQL 查询的一个重要特性是可以使用知识图谱推理功能。比如,两个三元组分别是〈北京大学, rdf:type 大学〉〈大学, rdfs:subClassOf, 组织机构〉,那么,可以推理出一条新的三元组:〈北京大学，rdf:type，组织机构〉。SPAQL 查询是通过在知识图谱上进行子图查询的方式执行的。在此基础上，还能依据语义的相似性或结构的相似性进行更复杂的近似子图查询，从而获得更丰富的查询结果。

五、知识图谱的应用

计算机处理语言的困难，主要是由于计算机本身没有常识知识。人类通过不断接触周围的世界基于人本身内在的生理和心理能力对知识进行存储和处理，但是其运作机制还不是很清楚。计算机也需要一种知识存储和计算的机制才能辅助理解语言。知识图谱是对常识知识、领域知识的一种建模，即通过对人脑认知过程中的概念、实例、关系、属性、层级、网络进行抽象的方式，来模拟人脑提供知识的过程。

首先，知识图谱能够辅助语言认知。比如，"苹果"一词在不同的语境中可能表示一种水果，可能表示美国苹果公司，或者 iPhone 手机。计算机在面对"我喜欢吃苹果"这样一个句子的时候，无法判断"苹果"一词的含义。而在提供知识图谱情况下，可以通过定义其中的一些特性来辅助功能的实现。比如，水果有"可以吃"的属性，而公司或手机没有"可以吃"这一属性来判断句子中的"苹果"究竟表示什么概念，消除其中的语义歧义，甚至利用图谱中概念相关的子图提供更丰富的语义认知。

其次，知识图谱能够辅助搜索与推荐。搜索与推荐已经成为互联网时代两类重要的信息服务。传统的搜索和推荐大都基于用户的历史行为来提供个性化的服务。但实际上用户的行为往往具有一定的动机。如果不考虑这一动机，简单套用统计信息将无法有效地提供个性化服务。而知识图谱有助于完善对用户的画像，能发掘用户与搜索结果、购买物品之间的语义关联，能为搜索和推荐提供可解释性。谷歌搜索最初应用知识图谱时除提供网页搜索结果外，还提供图谱中其他的信息，如，搜"姚明"会同时提供姚明的知识卡片、身高、体重、出生年月、参加过的赛事、等。在推荐方面，如电影推荐，如果用户看过电影《教父》，那可以根据图谱中《教父》的主演、电影类型等关联属性为用户推荐相关的电影。

最后，知识图谱能够应用于对话和问答系统。问答系统是人工智能的一个重要应用，功能在于让计算机回答人提出的自然语言问题，这一应用是提供信息和知识的最直接、最理想的方式。近几年，问答系统在工业界得到了广泛的应用，如苹果公司的 Siri、微软小冰、亚马逊的智能音箱 Alexa 等。知识图谱能够为问答系统提供丰富的常识知识和领域知识，能够使问答系统具备初步的推理能力。通过将用户问题进行自然语言理解，识别用户意图和语义槽，转换为知识图谱的查询，能够从知识图谱中直接获得用户希望的答案,这比基于关键词的搜索方式提供信息更有针对性,用户体验也更好。

六、知识图谱在法律领域的应用

法律领域本身包含了对行业知识的分类,我国的法律分刑法、民法、行政法等,大分类下又分为不同的案由,每个案由有不同的案情要素,不同的案情要素对最终的判决有不同的影响,这符合知识图谱对概念进行分层、分类的设计。

法律知识图谱是机器进行法律知识推理的基础,它将法律规定、法律文书、证据材料及其他法律资料中的法律知识点以一定的法律逻辑连接在一起形成概念框架。概念框架上的每一个知识实体或概念又分别与法律法规、司法经验、案例、证据材料等相连接,可以建立起法律概念、法律法规、事实、证据之间的动态关联关系,如图 11-4-3 所示。

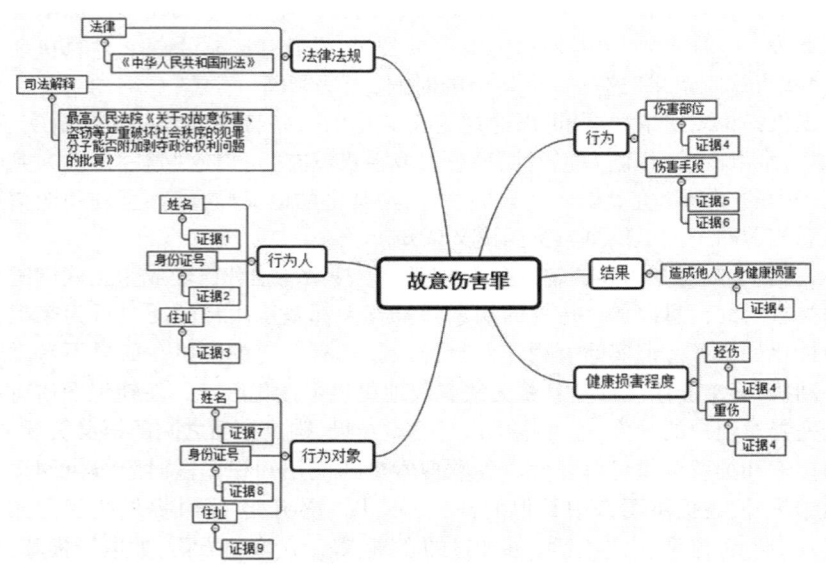

图 11-4-3　法律知识图谱示例①

法律领域知识图谱与通用知识图谱存在一定的差别,其表示和计算也更为复杂。在图 11-4-1 中,概念、实例和关系都较为简单。概念一般是一类实例的抽象,比如"运动员",或者加限定词表示更小范围的一类实例,比如"足球运动员"。人们能够简单地把这种抽象和现实世界的实体与行为对应起来。在法律领域,既包含较为简单的概念,也包含与法律事实相关的复杂

---

① 图片来源:北京华宇元典信息服务有限公司内部资料。

概念。以"离婚纠纷"为例,可定义的案情相关法律要素多达几十种,部分要素表述相对简单,比如"共同债务""房屋""车辆"等,部分要素则较为复杂,比如"因感情不和分居满两年""夫妻未共同生育子女""男方在女方终止妊娠后 6 个月内提出离婚"。这些复杂的要素可能包含多个实体概念及限定关系和相关关系,在图谱结构表示中涉及多个节点和边,因此,计算和匹配比传统知识图谱更困难。

当然法律领域也可以沿用一般知识图谱中的细粒度概念表示,通过概念关系的组合来表示法律要素概念,这种表示能够更精确地识别案情事实、梳理案情相关事件的脉络。但是法律案情涉及社会生活的方方面面,细粒度的概念识别实际上是一个开放域的实体识别和关系抽取,在自然语言处理领域是一个较难的研究内容,目前细粒度在法律领域知识图谱的研究和应用较少。

国内在法律领域内应用自然语言处理、深度学习等技术的时间较短,研究和应用尚处于初始阶段。在知识图谱领域,目前国内研究主要关注的是基于语义的法律要素自动识别和基于知识图谱的类案匹配等应用。法律知识图谱的要素定义一般根据法律条文、司法解释等的内容,并由法律专家归纳总结。但由于在实际的法律文书中表达多种多样,识别较为困难,比如"离婚纠纷"中涉及"共同债务"的不同表述:"夫妻共同债务 46000 元""原告主张分割的债务有:2003 年农村信用社借款 150000 元",后一种表述表达的"共同债务"含义更隐晦,识别也更困难。近几年,基于深度学习、尤其基于超大规模语料的预训练语言模型如 Bert、XLNet 等,要素识别获得了更丰富的语言知识,从而能够从不同的表述中提取相近的语义信息,比传统机器学习的准确率更高。在 2019 年"中国法研杯"司法人工智能挑战赛中,"要素识别"赛道的测试准确率达到 75% 左右。随着相关研究的推进,准确率会越来越高。

法律知识图谱中的案情要素是法官进行判案的依据,结果可以满足案情摘要、可解释性的类案推送以及相关知识推荐等司法领域的实际业务需求。类案匹配根据的是案情相似性,在自然语言处理中通常会用文本相似性来处理这一类问题。目前在文本相似研究中,句子级别的文本相似研究较多。段落、篇章级别的相似性也会采用同句子相似性类似的模型,但由于需要压缩大量信息,因此判断的准确率受到较大的影响。裁判文书篇幅较长,对同一事实有多样化的文字表述,如口语化的、书面化的表述,或者简略的、详细的陈述,这对文本相似模型提出了很大的挑战。基于要素的相似性来判断方法能把相似度评判的指标集中到凝练的法律事实,相似的要素越多,则两个案件的事实就更为相似。例如,在故意伤害罪中,持械是影响定罪量刑的要素,但在案件中具体的表述可能是拿砍刀、抢起棍棒、掏出匕首、携带枪支等。把不同的表述关联到同样的要素事实,对于判断案例相似性而言非常重要。

七、小结

知识图谱是计算机领域对人类知识的一种建模,它为计算机进行语义理解提供背景知识,具有广阔的发展前景。知识图谱研究领域中还有很多问题有待解决,如,与深度学习的分布式表示的融合、自动化构建中的识别准确率问题、图表示的搜索效率问题以及推理问题等。在法律领域的应用也需要处理法律要素所含复杂概念的表示和计算等问题。知识图谱在法律领域的研究和应用正处于快速发展时期,在未来会得到越来越广泛的应用。

第五节　阅读理解

一、简介

机器阅读理解(Machine Reading Comprehension,MRC)主要是指由机器根据给定的上下文来回答相关的问题,用来测试机器对自然语言的理解程度。这项研究可以开始于20世纪70年代。早期的 MRC 系统受限于小规模数据集和基于规则的方法,效果不佳,无法应用于实际。自 2015 年以来,这种情况发生了变化,这可以归因于两个驱动力:一方面,基于深度学习算法的 MRC 在捕获上下文信息方面具有巨大的优势,大大优于传统的基于规则的方法。另一方面,多样化的大型基准数据集,如 CNN/Daily Mail[1] 使得利用深层神经网络结构解决 MRC 任务并进行评估成为可能。

MRC 可以表述为一个监督学习的问题:给定一组训练实例 $(p_i,q_i,a_i)n_{i=1}$,目标是学习一个预测器 f,它以一段文章 p 和一个相应的问题 q 为输入,以答案 a 作为输出,即:$f:(p,q) \to a$。例如,给定一段文章 p:经审理查明,龚 x6 所有的苏 A×××号奥迪牌轿车在人保公司处投保了机动车损失保险。对应的问题 q 为龚 x6 在原告处投了什么保险? 答案 a 为"机动车损失保险"。

二、任务类型与数据集

根据上述定义,我们可以知道机器能够根据给定的文本去回答相关的问题。根据答案的不同类型,我们大致可以将 MRC 分为 4 种任务类型[2]分别是

---

[1] Karl Moritz Hermann et al, Teaching Machines to Read and Comprehend, *Advances in Neural Information Processing Systems* 28,1693-1701(2015).

[2] Boyu Qiu, et al, A Survey on Neural Machine Reading Comprehension, https://arxiv.org/pdf/1906.03824.pdf(2019), last access: Jun. 28, 2020.

完形填空类型、多项选择类型、范围预测类型和自由形式回答类型。前文已经提及目前 MRC 的实现是基于深度学习算法,而深度学习算法是一种数据驱动的算法,需要大量的数据来训练深度学习模型。为了能测试深度学习模型的性能,对于不同的任务类型就需要使用不同的数据集来对深度学习模型进行测试。在探索机器阅读理解的过程中,构建高质量、大规模的数据集与优化模型同样重要,因此数据集就起到了为深度学习模型提供训练数据和测试数据的功能。

(一)完形填空类型(Cloze Style)

这种类型的阅读理解任务首先会从文章中删除一些词或者实体来设置问题,问题包含一个占位符(Placeholder)。之后机器需要基于文本来决定哪些词或者实体是最合适的选项,这一过程要求机器理解上下文和词汇的用法。较为具有代表性的数据集为 CNN/Daily Mail,作者从 CNN 和 Daily Mail 中提取了一定数量的文章,提取其中关键句子的实体,并将其替换为占位符,让机器去预测该位置上正确答案是什么。

(二)多项选择类型(Multiple Choice)

这种类型的阅读理解任务,要机器在特定的文章中,能够在给定的 K 个(通常是 4 个)假设选项中找到一个正确答案。正确的答案可以是一个单词、一个短语或者是一句话。这种类型的任务也跟我们考试时做过的阅读理解题类似。相比其他数据集,这种类型的数据集比较容易构建,具有代表性的数据集为 RACE[①]。

(三)范围预测类型(Span Prediction)

这种类型的阅读理解任务要求机器在文章中找到正确答案,并且答案必须是文本范围的内容,这种类型也被称为抽取型问题解答。这与我们实际的应用场景是比较契合的。例如,我们在搜索引擎输入一个问题,搜索引擎会在相关文章中查找答案,并直接将答案反馈给用户。具有代表性的数据集为 SQuAD2.0,该数据集需要机器去阅读相关文章并回答对应的问题,答案一般都会在原文中出现,但是,有些问题没有答案,所以机器需要避免回答这些问题。

(四)自由形式回答类型(Free-Form Answer)

该类型的阅读理解任务允许答案呈现为任何形式的文本(即任意长度的单词序列)。与之前的类型相比,机器在回答这类问题时还需要在多段文本中进行推理并总结答案,因此具有较大的难度。但这种任务类型灵活性最

---

① Guokun Lai, et al, Race: Large-scale Reading Comprehension Dataset From Examinations, Inproceeding of the 2017 Conference on Emprical Method in Natural Language Processing, pp. 785-794.

高,也最接近我们所希望机器能拥有的能力。百度推出的 DuReader[①] 数据集,文章和问题均来自百度搜索和百度知道,比较贴合我们真正的使用场景。

三、评估指标

我们已经定义了 4 种不同类别的阅读理解任务,接下来我们讨论它们的评估指标。

对于多项选择题或完形填空题,评估准确性非常简单:系统给出正确率即可。

对于范围预测任务,我们需要将预测的答案与正确答案进行比较。通常我们会使用两种评估指标,即精确匹配和部分匹配(F1 得分)：

精确匹配(Exact match,EM)是指如果预测的答案等于正确答案,则精确匹配将分配满分 1.0 分,否则将分配 0.0 分。用部分匹配,即 F1 得分(F1 score)计算预测答案和正确答案之间的平均单词重叠。预测答案和正确答案被看作一堆 token,需要先计算预测答案的精确率(Precision)和召回率(Recall),那么,token-level 的 F1 得分计算如下:

$$F1 = \frac{2 \times Precision \times Recall}{Precision + Recall}$$

在评估中所有标点符号都被忽略。在英文材料中,a,an,以及 the 也会被忽略。

为了使评估更可靠,收集每个问题的多个正确答案也很常见。因此,如果想得到一个精确的匹配分数只需要匹配任意一个正确答案即可,而 F1 分数是计算所有正确答案的最大值,然后对所有问题求平均值。

最后,对于自由形式的阅读理解任务,目前还没有理想的评价标准。一种常见的方法是使用在自然语言生成(Natural Language Generation,NLG)任务中使用的标准评估指标,如机器翻译或摘要,包括 BLEU、METEOR 和 ROUGE。

四、模型

介绍完 MRC 不同的任务类型,接下来我们将讨论如何通过基于深度学习的 MRC 模型去解决这些任务。首先,我们将介绍一个通用的模型结构。在预训练语言模型之前,大部分 MRC 模型都会基于此结构进行修改、优化从而获得更好的表现。然后,我们将简单介绍基于大规模预训练语言模型的

---

① Wei He, et al, Dureader: A Chinese Machine Reading Comprehension Dataset from Real-World Applications, *https://arxiv.org/pdf/1711.05073.pdf*(2017), *last access*: *Jun.* 28, 2020.

MRC 模型,该模型也是目前发展的趋势,模型表现甚至超过了人类。

(一)通用模型结构

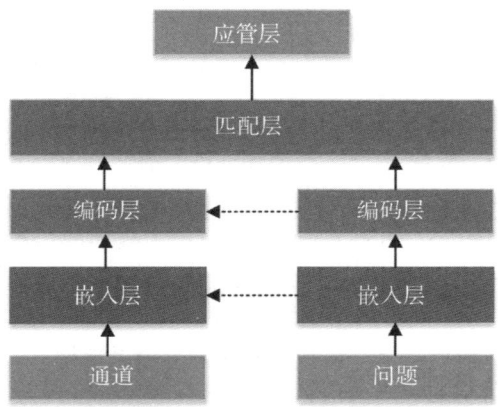

图 11-5-1　通用模型结构①

如图 11-5-1 所示,首先,文章和问题通过嵌入层(Embed Layer)被表示成词向量(Word Vector)。然后,词向量通过编码层(Encoder Layer)被编码成用来表示上下文语义信息的词向量。接着词向量将通过 Match Layer(匹配层)。在这一过程中,匹配层(Match Layer)会捕获文章和问题之间的相关信息,即让机器去关注与问题最相关的文章部分,以获得文章的问题感知表示。最后,答案层(Answer Layer)会基于匹配层生成的文章的向量表示来预测答案。根据问题的不同类型,系统会有不同的实现方法。

对于完形填空(Cloze Style)类型的问题,一般会计算每一个候选答案与文章之间的相关性,并选择相关性最高的选项作为答案。对于多项选择(Multiple Choice)类型的问题,处理方法与完形填空(Cloze Style)类型的问题相似,在候选答案中选择与文章最相关的选项。对于范围预测(Span Prediction)类型的问题,则需要预测答案在文章中的位置。指针网络(Pointer Networks)②是此类任务较为合适的解决手段。其有两种方法,一种是预测答案的全部词,另外一种是预测答案在文章中的开头和结尾。自由形式回答(Free-Form)类型的问题是最难的,因为答案的类型没有限制。目前是主流

---

① 图片来源:Boyu Qiu, et al, A Survey on Neural Machine Reading Comprehension, https://arxiv.org/pdf/1906.03824.pdf(2019),p. 3,最后访问日期:2020 年 6 月 28 日。
② Oriol Vinyals, Meire Fortunato & Navdeep Jaitly, Pointer Networks, *Advances in Neural Information Processing Systems* 28,2692-2700(2015)。

的方法一般是使用序列到序列(Sequence-to-Sequence)模型来生成答案。

(二) 预训练语言模型

像上述模型结构所体现的,通过获取文章的上下文信息能显著提升模型的性能,但是人类在做阅读理解的时候需要用到大量背景知识,这些知识有时候并没有出现在文章中,如,当文章中提到某人在中国政法大学上学,那么人们就会知道这个人在北京上学,将中国政法大学与北京联系起来,然而机器并不会知道这些背景知识。最近,基于大规模预训练的语言模型从一定程度上解决了这个问题,并且在 MRC 任务上获得了很好的表现,甚至超过了人类。

目前,预训练语言模型的做法通常是使用大规模的语料(通常是维基百科等数据),并使用 Transformer 对模型进行无监督训练。这样模型就能学到大规模语料中的背景知识。在使用预训练语言模型的时可以针对不同的下游任务对模型进行微调。这样既使用到预训练语言模型的背景知识,又使用到有标注的训练语料的上下文信息,使性能有了突破性提升。比较有代表性的模型是 BERT①,见图 11-5-2 所示。

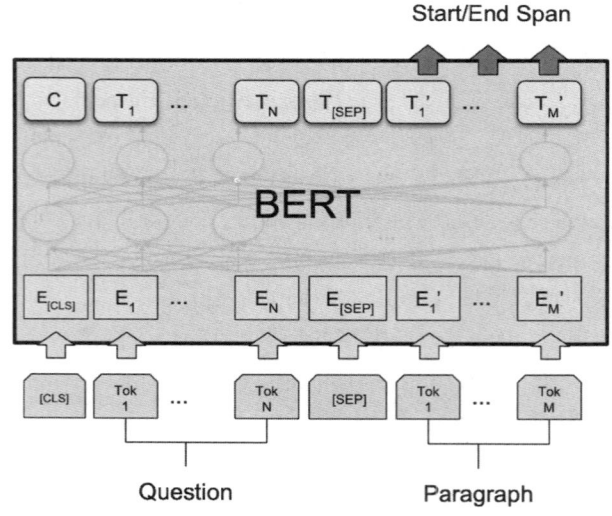

图 11-5-2　BERT 微调②

---

① Jacob Devlin, et al, Bert: Pre-training of Deep Bidirectional Transformers for Language Understanding, https://arxiv.org/pdf/1810.04805.pdf(2018). last access: Jun. 28, 2020.
② 图片来源:Jacob Devlin, et al, Bert: Pre-training of Deep Bidirectional Transformers for Language Understanding, https://arxiv.org/pdf/1810.04805.pdf(2018),最后访问日期:2020 年 6 月 28 日。

在使用 BERT 进行 MRC 任务时,微调起来很简单,只需要将文章和问题输入进 BERT,然后 BERT 内部会将输入进行编码、计算等操作,最终输出相应答案。

五、应用

MRC 的应用主要有两个方向:一个是会话问答(Conversational Question Answering),即要求机器理解一篇文章,去回答相应的问题;另一个是开放域问答(Open-domain Question Answering),机器需要在没有给定文章的情况下回答问题,需要用到检索和 MRC 技术。我们这里主要讨论如何将 MRC 应用到法律领域。

(一)相关比赛

针对 MRC 任务,业界也有不少相关的比赛,在这里我们简单介绍一下 2019 年"法研杯"比赛中的 MRC 赛题,这是一个关于法律 MRC 任务的比赛。

2019 年"法研杯"是首次针对中文裁判文书进行阅读理解的比赛。数据主要来源于裁判文书网公开的裁判文书,主要是刑事和民事一审裁判文书。裁判文书中有丰富的案件信息,如时间、地点、人物关系等,通过机器智能化地阅读裁判文书,可以更快速、便捷地辅助法官、律师以及普通大众获取所需信息。答案类型属于之前介绍过的范围预测类型(Span Prediction),另外,还增加了不能回答的问题(UNK)和答案为是否(YES/NO)类型的问题。

比赛的评估指标为宏平均(macro-average F1),即对于每个问题,需要与 N 个标准回答计算得到 N 个 F1,并取最大值作为其 F1 值。整个数据集的 F1 值为所有数据 F1 的平均值。例如,给定一篇文章:"经审理查明,原、被告于 2010 年 11 月 5 日登记结婚,婚生子王凯翔(现改名为那 8)于 2012 年 2 月 10 日出生。2013 年 1 月 14 日,经本院主持调解,双方当事人就抚养权自愿达成如下协议:婚生子王凯翔由葛 x1 抚养,王 0 从 2013 年 1 月起每月承担抚养费 10000 元至王凯翔独立生活之日止。2012 年 9 月 22 日,原告王 0 与他人孕育一男孩后离婚。原、被告双方均已重组家庭,现原、被告双方都有稳定的工作收入,原告王 0 之妻没有固定收入来源,孕育两个男孩,居住于原告王 0 父母房屋,被告葛 x1 之夫有收入来源,带有一女,家 xxx 住 xxx,现就读于准格尔旗民族幼儿园。以上事实由原、被告陈述及原告出示的工资收入及存款证明,葛 x1、那 8(王凯翔)常住人口登记卡、出生医学证明在案予以证实。"

在阅读这篇文章后,机器需要回答以下问题:双方约定王 0 每月支付多少抚养费?我们可以在原文中找到答案是 10000 元。原、被告双方是否均已重新组成家庭?原文中也说明了原、被告均已重组家庭,所以答案是 YES。王凯翔是否有意愿同原告王 O 一起生活?在原文中并没有提到相关的信息,所以这个问题就是不能回答的问题,答案是 UNK。总之,本次比赛需要机器尽可能多地回答正确各种类型的问题,这样才能得到高分。

笔者参加了本次的比赛,在与参赛选手交流的过程中,笔者发现大家使用的全是 BERT 模型,可见预训练语言模型在 MRC 中已经占据了主导地位。

(二)法律领域应用

我们可以再举一个例子,从另一个角度来说明 MRC 是如何帮助法律工作者提高工作效率的。例如,将 MRC 应用到问答系统,当然一个法律领域的问答系统不光是使用了 MRC 技术,还使用到了检索、语义表示、文本分类、自然语言推理等技术。搭建一个问答系统首先需要大量的法律数据,其中包括法律文书和法条等。先使用这些数据进行模型训练,让机器去理解法律数据,之后再搭建系统。用户在使用过程中,可以直接与机器进行对话,例如可以询问一些法条,也可以进行法律咨询,甚至还可以要求机器对案情进行分析。

以上提到的 MRC 在法律领域的应用仅仅是笔者的展望和业界的一些尝试,目前 MRC 仍然存在不少有待解决的问题,例如模型的推理能力、模型的可解释性等等,我们在下一部分将会重点介绍这些问题与挑战。

六、当前问题与挑战

(一)阅读理解模型的常识推理能力

当前阅读理解模型主要关注回答事实类问题(Factoid Questions),问题答案往往能直接在原文中找到。然而,如何基于常识和背景知识进行推理以获得答案仍旧是一个巨大的挑战。为了促进进一步的发展,若干数据集如 Commonsense QA[1] 和 Cosmos QA[2] 被相继提出。在这些数据集中,机器需要结合常识知识来回答诸如"我可以站在河上的什么地方看水流淌而不湿身?"。因此,对于机器而云,这样的任务更具挑战性。

---

[1] Alon Talmor, et al, Commonsense QA: A Question Answering Challenge Targeting Commonsense Knowledge, https://arxiv.org/pdf/1811.00937.pdf(2018), last access: Jun. 28, 2020.

[2] lifu Huang, et al, Cosmos QA: Machine Reading Comprehension with Contextual Commonsense Reasoning, https://arxiv.org/pdf/1909.00277.pdf(2019), last access: Jun. 28, 2020.

(二)阅读理解模型的可解释性

当前的阅读理解模型往往是一个大的黑盒(black-box)神经网络,存在的问题是模型可解释性较差。一个好的阅读理解系统应该不仅能提供最终答案,还要能提供做出该预测背后的逻辑。因此,如何推进阅读理解模型的可解释性也是未来很有前景的一个研究方向。

(三)开放域问答系统的实时性

构建一个快速响应的开放域问答系统对于线上应用的线上部署工作至关重要。然而,由于开放域问答需要经历检索-阅读的流水线过程,且需要为每个问题—文档样例重新编码,所以这些系统面临实时性方面的严峻挑战。虽然当前有工作通过预先构建问题—无关的段落来节约运算开销,然而这些方法普遍会导致不同程度的性能下降。因此,如何令开放域问答系统达到实时响应同时保持模型性能也是一个重要的研究方向。

(四)跨语种机器阅读理解

虽然当前机器的阅读理解能力取得了较大的提高,但是这样的进展都是以英语语料为基础的。而其他语种因为缺乏足够的语料而进展缓慢。因此,如何利用源语言如英语来辅助目标语言如中文的训练是一个亟待探索的方向。

第六节 搜索与推荐

法律搜索引擎和推荐系统已经逐渐成为法律从业人员的必备工具之一,那么,其背后的技术是怎么样的呢?这一节我们探讨相关技术问题。

一、法律搜索引擎

法律搜索系统是搜索引擎在法律行业领域的应用,其主要技术路线和通用搜索引擎是相同的,但又有其自身特点。下面的介绍以通用搜索与推荐技术为主,并阐述法律领域的相应特点。

(一)架构

搜索引擎由很多技术模块构成,每个模块负责整体功能的一部分,彼此之间相互配合形成了完善的整体架构。图11-6-1是一个通用的搜索引擎架构示意图:

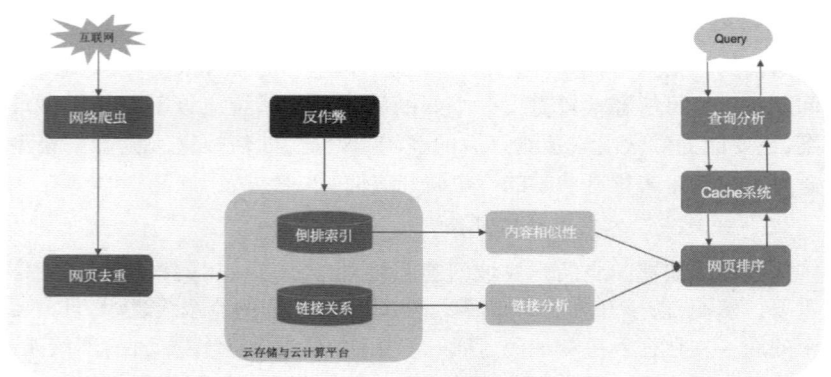

图 11-6-1　搜索引擎架构①

(二) 网络爬虫技术

网络爬虫(crawler)又被称作机器人(robot),核心目的是获取互联网上的信息,一般被定义为一个在网络上检索且自动跟踪文件的超文本结构并循环检索被参照的所有文件的软件。机器人利用网页(HTML 文档)中的超文本(超文本是使用超链接的一种方法,其是将各种不同空间中的文字信息组织在一起而形成的网状文本)链接遍历 WWW(World Wide Web:万维网),通过 URL(Uniform Resource Locator:统一资源定位符)引用从一个 HTML 文档爬行到另一个 HTML 文档。网络机器人收集到的信息可有多种用途,如建立索引、HTML 文件合法性验证、URL 链接点验证与确认、监控与获取更新信息、站点镜像等。

为了记录机器人在网上爬行的访问轨迹,系统会建立一个 URL 列表。该文档(网页)使用超文本格式,指向其他文档的 URL 是隐藏在文档中,需要从中分析提取 URL,分析文档之间的关系。爬取的文档用于生成索引数据库。所有 WWW 的搜索程序都有如下的工作步骤:

(1) 机器人从起始 URL 列表中取出 URL 并从网上读取其指向的内容;

(2) 从每一个文档中提取某些信息(如关键字)放入索引数据库中;

(3) 从文档中提取指向其他文档的 URL,并加入到 URL 列表中;

(4) 重复上述 3 个步骤,直到再没有新的 URL 出现或超出了时间或磁盘空间限制。

爬行算法一般有深度优先和广度优先两种基本的爬行策略。机器人

---

① 图片来源:《搜索引擎网页去重算法分析》,载 http://www.a55.com.cn/a/6586.html,最后访问日期:2022 年 11 月 8 日。

根据 URL 列表存取的方式来决定爬行策略：先进先出,则形成广度优先爬行。当起始列表包含大量的 WWW 服务器地址时,广度优先搜索将产生一个很好的初始结果,但很难深入到服务器中去;先进后出,则形成深度优先爬行。这一策略能产生较好的文档分布效果,更容易发现文档的结构,即找到最大数目的交叉引用。同时,也可以采用遍历爬行的方法,就是直接将 32 位的 IP 地址变化,逐个搜索整个 Internet(但是,这个不适用于法律搜索引擎,因为这样无效的爬取太多)。目前法律搜索引擎主要爬取的源网站是中国裁判文书网(http://wenshu.court.gov.cn/),爬取策略一般采用广度优先。

(三) 索引技术

索引技术是搜索引擎的核心技术之一。搜索引擎要对收集到的信息进行整理、分类和索引以生成索引库,而中文搜索引擎的核心是分词技术。分词技术利用一定的规则和词库,切分出一个句子中的词,为自动索引做好准备。

索引器生成从关键词到 URL 的关系索引表,索引表一般使用某种形式的倒排表(inverted list)。倒排表是实现"关键词-文档矩阵"的一种具体存储形式。倒排表根据关键词词典快速获取包含这个关键词的文档列表。倒排表主要由两个部分组成:"关键词词典"和"倒排文件",即由索引项查找相应的文档。索引表也要记录索引项在文档中出现的位置,以便检索器计算索引项之间的相邻关系或接近关系,并以特定的数据结构存储在硬盘上。

法律搜索除针对关键词建立倒排索引外,还要对法律领域特有的元素建立索引。例如,法律要素、案由、案号、律师等。这样用户就可以针对这些法律元素进行检索。又如,输入"案由:股东知情权纠纷"是对一个案由的检索,元典智库(htttp:// www.chineselaw.com)就支持这样的检索。

(四) 检索技术

有了索引建成的倒排索引的基础,检索器就可以使用它来对被索引的网页和用户的输入进行匹配,即检索。

检索器的主要功能是根据用户输入的关键词在索引器形成的倒排表中进行检索,同时进行页面与检索之间的相关度评价,对将要输出的结果进行排序,并实现某种用户相关性反馈机制。

通过搜索引擎获得的检索结果往往成百上千,为了得到有用的信息,常用的方法是根据网页的重要性或相关性给网页评级,并进行相关性排序。这里存在两个衡量相关性的常见指标:相关度和能见度。相关度是指搜索关键字在文档中出现的频次,频次越高,该文档的相关程度越高;能见度是指该网页入口超级链接的数目的多少,能见度方法是基于这样的观点:一个网页被其他网页引用得越多,则该网页就越有价值。一个网页越被重要的网页所引用,则该网页的重要程度也就越高。结果处理技术可归纳为:

(1)按关键词方式排定次序。如果一个页面包含的关键词越多,搜索目标的相关性就越好。

(2)按页面被访问度排序。在这种方法中,搜索引擎会记录它所搜索到的页面被访问的频率。人们访问较多的页面通常会包含比较多的信息,或者有其他吸引人的长处。由于大部分搜索引擎的用户群体不具有专业的检索知识,所以这种方案也比较适合一般搜索引擎使用。

(3)二次检索。为了进一步净化(refine)结果,可以按照一定的条件对搜索结果进行优化。例如,可以对初始结果进行再选择类别、使用相关词等方法进行二次搜索。

二、法律推荐系统

用户除通过搜索引擎获取信息外,还可以通过推荐系统来获取信息。

推荐系统是根据用户的信息需求、兴趣等,将用户感兴趣的信息、产品等推荐给用户的个性化信息推荐系统。和搜索引擎相比,推荐系统通过研究用户的兴趣偏好来进行个性化计算,由系统发现用户的兴趣点,从而引导用户发现自己的信息需求。一个好的推荐系统不仅能为用户提供个性化的服务,还能和用户之间建立起密切的关系,让用户对推荐产生依赖。

推荐系统现已广泛应用于很多领域,其中最典型并具有良好发展和广泛应用前景的领域就是电子商务领域。此外,学术界对推荐系统的研究热度也一直很高,并使之逐步形成了一门独立的学科。目前,推荐系统也已经应用到了法律领域,我们将其称为法律推荐系统。其实现和搜索引擎有很大的关系。

(一)定义

推荐系统有3个重要的模块:用户建模模块、推荐对象建模模块和推荐算法模块。通用的推荐系统模型流程,如图11-6-2所示。推荐系统将用户模型中的兴趣需求信息和推荐对象模型中的特征信息进行匹配,同时使用相应的推荐算法进行计算筛选,从而找到用户可能感兴趣的推荐对象,并推荐给用户。

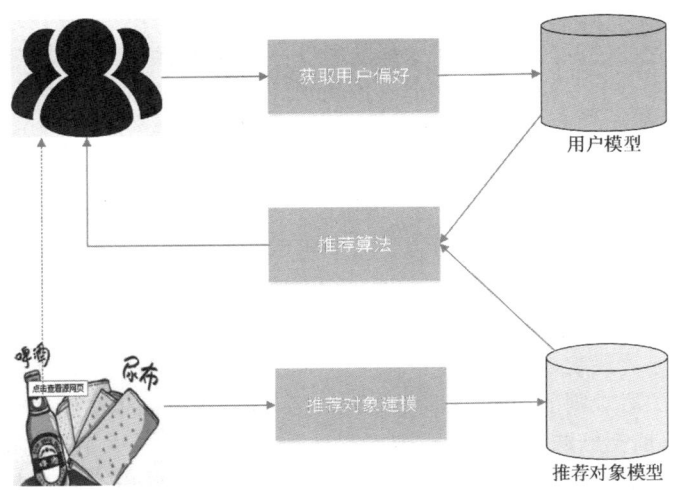

图 11-6-2 推荐系统模型①

(二) 主要推荐方法

1. 基于内容推荐

基于内容的推荐(Content-based Recommendation)是信息过滤技术的延续与发展。它可以基于项目的内容信息做出推荐,而不需要依据用户对项目的评价。因此,这一推荐方式更多地需要用机器学习的方法从关于内容的特征描述事例中得到用户的兴趣资料。在基于内容的推荐系统中,项目或对象由相关特征的属性来定义。系统基于用户评价对象的特征来学习用户的兴趣,考察用户资料与待预测项目之间的匹配程度。用户的资料模型取决于所用学习方法,常用的方法有决策树、神经网络和基于向量的表示方法等。基于内容的用户资料则需要有用户的历史数据,用户资料模型可能随着用户的偏好改变而发生变化。

2. 协同过滤推荐

协同过滤推荐技术(Collaborative Filtering Recommendation)是推荐系统中应用最早且最为成功的技术之一。它一般采用最近邻技术,即利用用户的历史喜好信息来计算用户之间的距离,然后利用目标用户的最近邻用户对商品评价的加权评价值来预测目标用户对特定商品的喜好程度。系统会根据这一喜好程度来对目标用户进行推荐。协同过滤的最大优点是对推荐对象

---

① 图片来源:《个性化推荐系统》,载 t. zouKanKan. com/wisteria68-p-13474790. html,最后访问日期:2022 年 11 月 5 日。

没有特殊的要求,能处理非结构化的复杂对象,如音乐、电影等信息。

协同过滤的原理首先基于这样的假设:为用户找到他真正感兴趣的内容的好方法是找到与此用户有相似兴趣的其他用户,然后将他们感兴趣的内容推荐给此用户。其基本思想非常易于理解。在日常生活中,我们往往会根据好朋友的推荐来进行一些选择。协同过滤正是在电子商务推荐系统中运用了这一思想,基于其他用户对某一内容的评价向目标用户进行推荐。

协同过滤的推荐系统可以说是基于用户的角度来进行相应推荐的,而且是自动的,即用户获得的推荐是系统从购买模式或浏览行为等隐式获得的,不需要用户主动地找到适合自己兴趣的推荐信息。

3. 基于关联规则推荐

基于关联规则的推荐(Association Rule-based Recommendation)是以关联规则为基础,把已购商品作为规则推荐对象的推荐方式。关联规则挖掘可以发现不同商品在销售过程中的相关性,这一技术在零售业已经得到了成功的应用。关联规则是指通过交易数据库统计"购买了商品集 X 的交易"中"同时购买了商品集 Y"的交易比例。其直观的意义在于分析用户购买商品 X 同时购买商品 Y 的消费心理和消费习惯,从而合理设计销售策略。比如,很多购买牛奶的用户会同时购买面包,此时可以根据这一分析结论进行商品推荐。

"发现关联规则"是算法的初始点、关键点和疑难点。虽然可以离线进行,但它仍是算法中最耗时的环节。此外,商品名称的同义性问题也是关联规则的一个难点。商品名称的同义性会增加关联的难度。

4. 基于知识推荐

基于知识的推荐(Knowledge-based Recommendation)在某种程度上可以被视为一种推理(Inference)技术它并不是建立在用户需要和偏好的基础上来进行推荐的。基于知识的推荐会因其所采用的功能知识不同而产生不同的效果。效用知识(Functional Knowledge)是一种关于一个项目如何满足某一特定用户的知识,它能解释需要和推荐的关系,基于此,用户资料可以是任何能支持推理的知识结构,它可以是用户已经规范化的查询,也可以是一个更详细的用户需要的表示。① 有了效用知识,就可以依据它向用户推荐物品了。

5. 组合推荐

由于不同推荐方法都有其优缺点,因此在实践中经常会采用组合推荐的方法(Hybrid Recommendation)。目前,研究和应用最多的是内容推荐和

---

① 参见李晓昀、余颖:《推荐技术的研究与探讨》,载《计算机时代》2009 年第 11 期。

协同过滤推荐的组合。其做法是分别用基于内容的方法和协同过滤推荐方法产生一个推荐预测结果,然后用某种方法组合得到的结果。尽管理论上有很多种推荐组合方法,但这些方法在解决某一具体问题中并不见得都有效,组合推荐一个最重要原则就是组合后能够避免或弥补各自推荐技术的弱点。

三、搜索与推荐的区别与联系

搜索和推荐相互作用,又各有所用。从信息获取的角度来看,搜索和推荐是用户获取信息的两种主要手段。无论在互联网上,还是在线下的场景里,搜索和推荐这两种方式都大量并存,那么推荐系统和搜索引擎这两个系统到底有什么关系?区别和相似的地方有哪些?我们对两者的关系进行了阐述,分析了异同。

(一)主动或被动:搜索引擎和推荐系统的选择

搜索是一个主动行为,并且用户有着明确的需求。在搜索引擎提供的结果里,用户也能通过浏览和点击来明确地判断自己的需求是否得到了满足。然而,在推荐系统中,用户接受信息是被动的,用户的需求也并不明确。以"逛"商场为例,在用户进入商场的时候,如果需求不明确,这个时候需要推荐系统,为客户推荐优质的商品或合适的内容等;但如果用户已经非常明确自身需求,直接去找对应的店铺就行,这时就是搜索了。

(二)个性化程度的高低

搜索引擎虽然也可以有一定程度的个性化,但是整体上个性化空间是比较小的。因为当用户的需求非常明确时,搜索结果的好坏通常没有太多个性化的差异。例如搜"天气",搜索引擎可以将用户所在地区的信息作补足,给出当地天气的结果,但是个性化补足后给出的结果也是明确了的。

相比之下,推荐系统的个性化空间要大得多。以"推荐好看的电影"为例,一百个用户有一百种偏好,并没有一个"标准"的答案。推荐系统可以根据每位用户历史观看和评分记录等信息生成一个对当前用户最有价值的推荐结果,这也是推荐系统的独特魅力所在。

(三)快速满足和持续服务

开发过搜索引擎的朋友都知道,评价搜索结果质量的一个重要考量指标是帮用户尽快地找到需要的结果并点击离开。在设计搜索排序算法时,需要想办法让最精准的匹配结果排在最前面。往往搜索引擎的前三条结果聚集了绝大多数的用户点击。简单来说,"好"的搜索算法应该能够让用户更加高效地获取信息。

但是推荐恰恰相反,推荐算法和被推荐的内容(商品、新闻等)往往是紧密结合在一起的,用户获取推荐结果的过程可以是持续的、长期的,衡量推荐系统是否足够好,往往要依据是否能让用户停留更多的时间(例如多购买几样商品、多阅读几篇新闻等),对用户兴趣的挖掘越深入,算法就越"懂"用户,那么推荐的成功率越高,用户也越乐意购买产品。

(四)推荐系统满足文字难以表述的需求

目前主流的搜索引擎仍然是以文字构成查询(Query),主要原因在于文字能简洁、直接地表达人们的需求,搜索引擎抓取和索引的绝大部分内容也是以文字方式组织的。

故而,用户输入的搜索查询词也大多比较短小。仅包含5个或5个以内元素(Term)的查询词占总查询量的98%以上。(如查询"工程挂靠",包含"工程"和"挂靠"两个元素)

另外,用户存在着大量比较难用精练的文字来组织的需求,例如,查找"离我比较近且价格在100元以内的川菜馆""和我正在看的这条同款式的但是价格更优惠的裙子"等需求。

一方面几乎没有用户愿意输入这么多字来找结果,另一方面搜索引擎对语义的理解目前还无法做到足够深入。所以在满足这些需求的时候,通过推荐系统设置的功能(如页面上设置的"相关推荐""猜你喜欢"等模块),加上与用户的交互(如筛选、排序、点击等),推荐系统可以不断积累和挖掘用户偏好,并最大限度满足这些难以用文字表述的需求。

推荐引擎又被人们形象地称为"无声的搜索"。用户不用主动输入查询词来搜索,推荐引擎可以通过分析用户的历史行为、当前的上下文场景,自动生成复杂的查询条件,进行计算,从而给出推荐结果。

(五)搜索和推荐的相互交融

搜索和推荐虽然有很多差异,但两者也存在着不少共同之处。搜索和推荐的本质,都是匹配(Match)。搜索系统关注的是需求(Query)和结果(Document)之间相匹配,推荐系统关注的是用户(User)和商品(Item)之间相匹配。其背后涉及的都是对象的语义表示,尤其是最近几年搜索和推荐已经向深度学习形成的语义模型靠拢,其中最主流的模型就是 BERT 类各种语义编码模型。如元典智库(htttp:// www.chineselaw.com)的搜索结果排序就采用了 Bert 语义编码[1]来改进排序效果。近年来,搜索引擎逐步融合了推荐系统的结果,如百度搜索右侧的"相关推荐"、底部的"相关搜索词"等,都使用了推

---

[1] Nils Reimers, Iryna Gurevych, Sentence - BERT: Sentence Embeddings using Siamese BERT-Networks, https://arxiv.org/abs/1908.10084, last access: Jun. 28, 2020.

荐系统的产品思路和运算方法。在另一些平台型电商网站中,由于结果数量巨大,且相关性并没有明显差异,因而对搜索结果的个性化排序有一定的运作空间,这里融合运用的个性化推荐技术也对促进交易量有良好的帮助。

推荐系统也大量地运用了搜索引擎的技术。搜索引擎解决运算性能的一个重要的数据结构是倒排索引技术(Inverted Index),而在推荐系统中,一类重要算法是基于内容的推荐(Content-based Recommendation),其中大量运用了倒排索引、查询、结果归并等方法。另外,两种系统都采用了点击反馈(Click Feedback)等算法。需要说明的是,在法律界目前常用的类案推荐中,其技术实现更多的是搜索方面的,而不是推荐系统方面的。这里面涉及的一些元素是法律相关的,如华宇元典提出的法律要素概念,东南大学王禄生[1]提及的案件情节等,这些是类案推荐的法律相关元素。

四、下一代法律搜索与推荐展望

下一代法律搜索与推荐系统将面向多源大数据平台,通过自动获取法律领域的高质量知识结构,将法律信息结构化。将从不同数据源处自动抽取的知识和已有的法律知识图谱进行融合处理,从而构建基于图模型的法律领域知识结构。进而,根据用户查询中获取的实体,从法律知识库中抽取大量的实体及实体间关系,寻找实体之间的连接路径,并融合用户查询历史、点击内容等信息,准确理解不同社会角色的查询意图,将用户的查询意图向量化表示后,利用探索式信息检索技术模型,将文档子图向量与查询意图向量计算匹配,根据相关程度返回搜索结果,发展新颖的多模态(包括文本、语音、视频、图像等形式)数据融合方法,将多源司法信息搜索结果的融合展示。同时,结合深度神经网络、知识图谱、用户点击等信息为其推荐相应的司法信息,最终,实现从传统低效单一的搜索引擎到能够满足不同社会角色的司法信息需求的探索式搜索引擎的跨越。

在司法信息系统的交互场景下,采集用户多样化行为的轨迹数据,司法信息系统用户角色类型的多样性,并对普通公众、司法当事人、法律工作者等用户的行为模式进行分析并一一建模,从而发现用户的信息需求,刻画用户的个性化兴趣。

首先,利用法律领域知识图谱,在知识层面上刻画用户的兴趣和信息需求,提出知识级别的兴趣模型;此外,针对推荐场景下缺少用户显式需求查询的问题,利用自动推理技术,从用户的知识兴趣出发,根据法律知识之间的因

---

[1] 参见王禄生:《司法大数据与人工智能开发的技术障碍》,载《中国法律评论》2018年第2期。

果关系拓展用户潜在的信息需求；最后，结合用户角色和所处的特定案件审理阶段等信息，实现时间感知、角色依赖的司法信息推理式推荐。

笔者认为，下一代的法律搜索与推荐服务可能会以一个私人法律助手的身份出现。它会和你进行对话，随时跟踪你的需求。你和它之间的沟通方式不再是冷冰冰的输入框，可能是语音、手势等其他方式。

（本章作者：翟晨浩、章毓文、石崇德、陈猛、黄晓宏）

第十二章 英文语言的法律人工智能原理

第一节 法律人工智能技术导论

CMLR(Computational Models of Legal Reasoning)是一种利用人类法律论证过程的关键特质分析情况并回答法律问题、预测结果或提出法律意见的计算机程序。值得注意的是,学界讨论中的"CMLR"更多的是一种理念上的构想而并不是一种具体的技术工作,可以被认为是法律人工智能技术中的重要子集。CMLR 这不仅是法律论证、法律意见、预测结果等法律工作中最重要的部分,也是事实上最能够由人工智能完成的部分。具体而言,技术人员的主要研究方向在以下3点:(1)如何用计算机语言表述蕴藏在案例、法律规定、习惯中的法律规则;(2)如何区分简单案件和复杂案件;(3)如何用科学的方式回答法律问题。

目前的研究"瓶颈"在于文字分析(test analysis)的不足。早期的研究主要局限于以手动输入的方式将法律规则输入程序之中,但是随着信息获取技术(information retrieval)、问题回答技术(question answering)和推理发掘技术(argument mining)的发展,它们与机器学习一道提供的文字分析工具是未来法律人工智能发展的重要方向。借助这些技术,法律人工智能系统将帮助人们解答法律问题、预测判决结果,甚至可以通过一定的算法解释其预测的结果。[1]

一、现有的法律人工智能技术范式

目前"法律人工智能"是一种将人工智能运用于解决法律问题的技术的合称,其背后存在两种技术角度上的方法论。只有在这种方法论或技术范式的指引下,人工智能的具体操作才得以可能。目前的法律人工智能技术范式主要包括法律专家系统(Legal Expert Systems)范式和论证提取和认知计算技术(Argument Retrieval and Cognitive Computing)范式。[2]

---

[1] See Charu C. Aggarwal, *Mining Text Data*, Springer Science & Business Media, 2012, p. 66.
[2] See Kevin D. Ashley, *Artificial Intelligence and Legal Analytics: New Tools for Law Practice in the Digital Age*, Cambridge University Press, 2017.

(一)法律专家系统(Legal Expert Systems)范式

法律专家系统是指使用人工智能来模拟人类专家在法律领域的决策能力的、利用规则库或知识库和推理机来积累、参考和生成法律领域内特定主题的专家知识的系统。①

法律专家系统范式背后的理念,在于人们可以将法律规则塑造成一个基于计算机的规范系统或体系。当人们将事实根据这一"体系"输入计算机后,法律建议就会像计算器给出答数一样从另一端出来。② 也就是说,法律专家系统的建构包含以下两个步骤:① 将法律解释为某种形式主义,并将其转化为某种形式;② 请一组专家列出相关的法律规则,然后由非专家将其塑造成特定的形式,并将其添入原本的用户界面中。

但是这种理念存在一些固有的问题。首先,任何有效的法律专家系统与传统的机械审查方式(如使用核对表、在构成要件后打钩等)不会有太大的区别。其次,任何将法律规则转化为一定的可被计算机理解的"形式"(form),首先都意味着法律规则可以被转化为另一种语言,但这可能吗?至少在 Stamper 对现行法律和既有判决的研究中,各种修辞手法和语义的混淆使得目前的法律体系在语言的角度上混乱不堪。③ 也正因为如此,虽然 20 世纪 80 年代的法律界对法律专家系统非常支持,然而到 2000 年,尽管还有一些人仍然相信我们可以生产出将法律规范和律师在无数案件中积累的技巧封装在 CPU 中的系统④,但大多数人已经放弃了"法律专家系统"一词⑤。

无论其目前是否有生命力,"法律专家系统"在很长的一段时间内是法律人工智能系统的先驱者。其尖端产品包括:(1) ASHSD-II 是一个混合了判例法和实定法的法律专家系统,该系统融合了英国法律下婚姻财产纠纷领域的基于规则和基于案例的推理模型⑥;(2) CHIRON 同样是混合的法律专家系统,该系统融合了基于规则和基于案例的推理模型以支持美国税法和税

---

① See Riohard E. Susskind, Expert Systems in Law: A Jurisprudential Approach to Artificial Intelligence and Legal Reasoning. *Modern Law Review* 49(2): 172.
② See Rorald Stamper, et al., Expert Systems-Lawyers Beware!, Quorum Books, 1988.
③ 同上注。
④ Philip Leith, The Rise and Fall of the Legal Expert System. *International Review of Law, Computers & Technology* 3 (2016): 95.
⑤ Riohard E. Susskind, Expert Systems in Law: A Jurisprudential Approach to Artificial Intelligence and Legal Reasoning. *Modern Law Review* 49(2): 172.
⑥ Kamalendu Pal, John A. Campbell, An Application of Rule-Based and Case-Based Reasoning Within a Single Legal Knowledge-Based System. *The DATA BASE for Advances in Information System* 28 (4): 49.

法下的税务规划活动①;(3)JUDGE 是一个基于规则的法律专家系统,处理与谋杀、袭击和过失杀人有关的刑事法律领域的判决②;(4)The Latent Damage Project 是一个基于规则的法律专家系统,它处理 1986 年《英国潜在损害法》规定的侵权、合同和产品责任法领域的时效期限。③

(二)论证提取和认知计算技术(Argument Retrieval and Cognitive Computing)范式

如果说法律专家系统因为"理想跟不上现实"而被淘汰,那么,基于论证获取和认知计算技术的产品可以说是理想面对现实的妥协。这样的妥协确实使现有技术的利用变得更加广泛,也在很多领域取得了广泛的赞誉,但是,将其应用到法律领域似乎存在一定的问题。

1. 论证提取范式

论证提取是基于论证文本并根据论证的结构,将其中的说理部分提取出来。这一技术的基础是"概念提取技术"。早在 20 世纪 80 年代,这样的技术已经被构想出来并且在法律界广泛使用:(它是)一种在广泛的领域中处理事实的组织检索的系统……它应该能够自动理解自然语言的文本,并输入数据库和查询系统……以这样的方式可以将项目的概念内容或含义用于检索……如果类别是由概念指定的,并且自然语言分析器可以将文本解析为概念的表示形式,那么就可以根据新项目的概念表示(或含义)进行推断,以决定它们属于哪个类别。④

在这个意义上,这种技术可以在广泛的文本中快速定位与当下问题有关的部分⑤,获取事实信息中关键的细节,甚至可以搜索与当下的问题有关的前人的论述。

2. 认知计算技术范式

"认知计算"没有固定的定义,但大体上用来指称一种利用计算机模型来模拟人类在复杂情况下的思维过程的范式。其与 IBM 的认知计算机系统

---

① Kathryn E. Sanders, Representing and Reasoning About Open-textured Predicates. ICAIL '91: Proceedings of the 3rd international conference on artificial intelligence and law. ICAIL. pp. 140-141.
② James Popple, A Pragmatic Legal Expert System, p. 51.
③ R. E. Susskind, The Latent Damage System: a Jurisprudential Analysis. ICAIL '89: Proceedings of the 2nd International Conference on Artificial Intelligence and Law. ICAIL. pp. 23-32.
④ Michael L. Mauldin, Conceptual Information Retrieval: A Case Study in Adaptive Partial Parsing. Vol. 152. Springer Science & Business Media, 2012.
⑤ R. Winkels, D. Bosscher, A. Boer, R. Hoekstra, Extended Conceptual Retrieval, Legal Knowledge and Information Systems, 2000, p. 88.

Watson密切相关。① Watson系统利用并理解大数据,并将其转化为解决当下问题的专门知识,进而模仿并超越人类的学习过程以解决各类问题。这一系统已经被广泛地运用于医学、专利、基因学、化学和药理学之中。②

认知计算范式的特点于:(1)它们可能会随着信息的变化、目标和需求的发展而学习;(2)它们可以很容易地与用户交互,进而帮助用户可以轻松地定义他们的需求并输入计算机中;(3)如果问题陈述不明确或不完整,它们可以通过提问或寻找额外的源输入来帮助定义问题。此时,它们可以"记住"流程中以前的思考流程,并返回在该时间点适合特定应用程序的信息。③ 简而言之,机器将利用其分析能力、百科全书式的记忆力、强大的计算能力的优势;人类将提供专业知识、判断力、直觉、同理心、道德指南针和人类创造力的协助。④

二、论证提取范式的应用

如上所述,论证提取范式的客体是一个主张或观点,如"我们应该放弃化石燃料"。对此,我们总有一些理由支持或者反对。比如"燃烧矿物燃料是全球变暖的一个原因"或"穷人买不起替代燃料"⑤。从信息检索的角度来看,我们要怎么把我们能想到的"一些理由"变得更多一些。一方面,如果我支持这一观点,那么,我可以从过往的文献中找到为什么别人支持这一观点;另一方面,如果我不支持这一观点,我也至少可以提前思考一下应当如何面对那些反对化石燃料的观点。

Debater系统在面对一个简单的问题时可以(1)通过搜索维基百科、法律评论文章等方式,并以句子为单位进行结构分析,发现前人对这一问题的论述;(2)通过不同资源可信度的排序以及同类理由的合并等方式,给出更为系统的论证。⑥ 比如,面对"应不应当允许未成年人玩暴力电子游戏"的问题,Debater可以在其数据库中首先定位出 *Video Software Dealers Assoc. v.*

---

① Dr. John E. Kelly Ⅲ, Computing, Cognition and the Future of Knowing, *IBM Research*: *Cognitive Computing*, IBM Corporation, Retrieved February 9, 2016.
② Ying Chen PhD, Elenee Argentinis JD, IBM Watson: How Cognitive Computing Can Be Applied to Big Data Challenges in Life Sciences Research, *Clinical therapeutics* 38.4 (2016): 688-701.
③ See https://en.wikipedia.org/wiki/Cognitive_computing.
④ John E. Kelly Ⅲ, Steve Hamm, *Smart Machines: IBM's Watson and the Era of Cognitive Computing*, Columbia University Press, 2013.
⑤ A. Peldszus, M. Stede, From Argument Diagrams to Argumentation Mining in Texts: A Survey. Int. J. Cogn. Inform. Nat. Intell. 7(1), 1-31 (2013).
⑥ Kevin D. Ashley, *Artificial Intelligence and Legal Analytics: New Tools for Law Practice in the Digital Age*, Cambridge University Press, 2017.

Schwarzenegger, 556 F. 3d 950 (9th Cir. 2009)这个数据源头,并且对判决文本进行逐步分析来考察法院为什么认为未成年人应当享有类似的自由,而加州政府又提出了什么样的反对意见。在这个基础上,Debater 可以提供一个较为系统的论证。

这一技术也被用于提取繁杂的合同文本中的特定条款。比如,责任条款的表述方式繁多,关键字搜索的方式并不能快速定位一个复杂合同中的责任条款。相比之下,这一技术可以学习不同的表述方式并加以识别。[1]

2020 年,Dumani L. 等人发表了 A Framework for Argument Retrieval。其中,她们基于 TF-IDF(一种向量空间的构造模式[2])的思想,提出了一个原则性的前提概率排序框架,即给定一个检索请求,首先在语料库中识别出高度相似的"论点",然后对其前提进行聚类和排序,同时,考虑到请求的聚类和查询的立场和前提。所以,也正是这一较为创新的排序方式,它的实际性相比 2017 年的 BM25F 系统[3]更强。[4]

三、认知计算范式的应用

如上所述,认知计算本质上是一种机器学习的过程,即学习如何完成传统上由人们完成的任务,其重点是在数据中寻找模式、测试数据、发现/提供结果。其突出特点在于可以帮助我们处理很多数据并生成其本身的数据处理方法。然而,人类在什么时候介入这种认知计算?目前的计算方法达到了何种程度?这两个问题值得我们进一步探索。

(一)认知计算中"人"的地位

人工智能的核心是教计算机如何"像人类一样学习、推理、感知、推断、交流和决策。"其最初的目标被称为机器学习,即机器(计算机)开始用最少的编程来做出决策。机器学习算法(即解决特定问题的指令集)允许计算机自己确定规则,而不是依靠手动编写规则来解释数据。除了机器学习,人工智能还有一个更大的目标,即深度学习。[5] 深度学习会使用更先进的算法来执

---

[1] See D. A. Ferrucci, Introduction to "This is Watson", IBM Journal of Research and Development, 56(3/4), p. 15.

[2] See G. Salton, A. Wong, C. S. Yang, *A Vector Space Model for Automatic Indexing*, Commun. ACM 18(11), 613-620 (1975).

[3] H. Wachsmuth, et al., Building an Argument Search Engine for the Web. In: Proceedings of the 4th Workshop on Argument Mining (ArgMining@ EMNLP), pp. 49-59 (2017).

[4] L. Dumani, P. J. Neumann, R. Schenkel, A Framework for Argument Retrieval, *Advances in Information Retrieval*, pp. 431-445(2020).

[5] 这个过程类似于:通过创建一组训练数据来教计算机确定某些文献中的单词与特定类别之间的关系。随着时间的推移,人类与计算机交互以纠正错误,并且在深度学习的情况下,系统通过传播进行自我纠正。最终,所有这些输入组合起来工作,直到计算机以可接受的精度学习任务为止。

行更抽象的任务,如识别图像、完成尽职调查、作出决策。

从其与法律交汇的角度上来看,人工智能收集信息、分析并尝试理解信息、基于这种理解做出决策的方式其实是与律师相同的。① 正如律师们所接触的案件越多,他们的实务经验也就越丰富。所以,这种模式中"人"类律师的学习路径被自动化复刻到机器学习的过程中去了;在比较简单的任务中,人工智能完全可以达到人类的精细化程度。

(二) 认知计算范式的应用

以认知计算范式为基础的 Watson 是 IBM 在 2014 年的新技术。该系统可以通过问题/回答式的不断训练,从中总结出方法论的信息,并将其用于回答很多问题。比如,在美国电视问答节目 Jeopardy 中,Watson 就超过了这个节目的常驻嘉宾和诸多挑战者。Watson 可以采取在线服务的形式,包含大量结构化和非结构化法律材料(分析哪些是主要和次要的来源,以及法律分析),这些材料可以理解以自然语言向其提出的法律问题,可以分析和分类这些问题中固有的事实模式,进而得出结论并提供法律建议。

甘德(Gardner)教授在 1987 年提出了 ACP 系统构想,该构想也颇有潜力。这一系统的初衷是用来解决类似一年级合同法考试或者法律资格考试等的简单问题。比如,在面对简单的合同成立判断的问题上,AGP 系统吸收对这类要约承诺问题的描述,由程序员以逻辑语言输入;使用增强型过渡网络(ATN)来分析此类问题并输出对合同的分析。② ATN 是一种用于分析涉及一系列事件的图形结构,这些事件由一系列状态(如要约、承诺、合同成立、无效的承诺等)以及从一个状态到下一个状态的可能转换(如由有效的承诺到合同成立)组成;并且,利用各种法律规则(如要约和承诺的成立条件、承诺与合同成立的关系规则等)给这些状态之间提供法律链接。1995 年,这种系统被日本学者用于解决基于《联合国国际货物销售合同公约》的法律问题。③

正如哈特和富勒承认的④,法律问题中存在一些简单的问题和复杂的问题。而基于认知计算范式的技术通过对比现有的事实(如一个错综的不动产买卖过程)与典型的例子(如一房二卖的典型结构),得出两种实施的相似

---

① See https://legal.thomsonreuters.com/en/insights/articles/ai-and-its-impact-on-legal-technology.

② A. Gardner, *Overview of an Artificial Intelligence Approach to Legal Reasoning*, Computer Power and Legal Reasoning, 1985, p. 247.

③ H. Yoshino, *The Systematization of Legal Meta-Inference*, in Proceedings of the 5th International Conference on Artificial Intelligence and Law 1995 May 24.

④ L. L. Fuller, Positivism and Fidelity to Law: A Reply to Professor Hart, *Harvard Law Review*, 1958 Feb., pp. 630-72.

度,并进而判断这一问题是简单问题还是复杂的问题。对此,AGP 能够充分地分离简单问题和复杂问题,从而给出答案。

第二节 法律论证建构模型

按照 Ashley 给出的划分,法律论证结构模型包括法律条文模型、基于案例的法律推理建模和预测法律结果的模型。本节在此基础上对一些细节应用做出一些简要的介绍。

一、法律条文模型

许多法律规则都体现在法律条文中。一般而言,由于规则可以以逻辑的方式被表达,因此对法律条文建模似乎应当很容易。不过,法律条文本身往往非常模糊的,甚至有一些特定的例外是需要特别关注的。因此,建立一个法律条文模型并非那么简单,对法律条文的法律推理是十分重要的。

(一)法律条文模型面对的困境

随着法律条文日渐复杂,法条的含义和应用日渐困难。即使法律领域的专家也无法断定面对某一具体事实时可能需要动用哪些条款,以及那些条款应当如何解释。

法律条文内涵的复杂性来源于语言上的复杂性(semantic ambiguity)和逻辑上的复杂性(syntactic ambiguity)。例如,《民法典》第 149 条规定:"第三人实施欺诈行为,使一方在违背真实意思的情况下实施的民事法律行为,对方知道或者应当知道该欺诈行为的,受欺诈方有权请求人民法院或者仲裁机构予以撤销。"

但是何为"欺诈"? 何为"真实意思"? 这一欺诈的构造与《民法典》第 148 条规定中的"欺诈"可否作出统一理解?

逻辑上的复杂性更难以理解:法律条文看似严谨的逻辑背后可能存在着逻辑问题——法条缺少逻辑关联词(如"如果""除非"等);同时,逻辑上的例外也存在诸多形式。[1]

(二)法律条文模型的应用

如何解决上述困难? Prolog(第一种声明性编程语言)的方式是"以毒攻毒"。换句话说,法条是宣誓性的(比如,《民法典》第 181 条"因正当防卫造

---

[1] LE. Allen, CR. Engholm, Normalized Legal Drafting and The Query Method, *Journal of Legal Educoation*, 1977, No.29, p. 380.

成损害的,不承担民事责任")而不是程序性的。如果两个版本使用相同的范式,那么从符号、法律或法规到代码的翻译过程就不会那么困难。比如,这一系统的发明者 Bob Kowalski 在 The British Nationality Act as a Logic Program 中就将《英国国籍法》编程为一种 Prolog 语言的程序。

简而言之,Prolog 以规范化的自然语言为基础,并能够提供如下功能:①让一个规范化的法条变得更容易理解;②让规范化的法条能够在程序系统上运行。只要人们根据现有的事实确定其中某些条件的真伪或者提供一些事实细节(比如要约发送的时间、承诺的地点等),程序就可以自动对于某些法律问题(如合同是否成立)给出法律意见。

2016 年以来,Neota Logic 应用已经运用这一基础在其混合推理平台为法律、合规和政策问题提供一定的答案。当然,这一应用结合了专家系统、按需自然语言处理(NLP)和机器学习,远超 40 年前的 Prolog 系统。

二、基于案例的法律推理建模

基于案例的推理(Case-Based Reasoning,CBR)是一种基于过去的实际经验或经历的推理,其最初起源于认知科学和人工智能领域。这一推理通过检索存储的"案例"中类似的情节来解决新的问题。基于案例的法律类比推理则在此基础上,通过一定的技术方法表示与案例事实有关的知识,通过评估在先案例和新案例在案件事实和适用法律上的相似性,得出推理结果。基于案例的法律类比推理模型有三种基本的方法:一是原型与变形(prototypes and deformations),二是维度和法律要素(dimensions and legal factors),三是基于范例的解释(exemplar-based explanations,EBE)。[1] 在相关模型中,法律概念作为标示案件相似性的"标签",决定了新案例是否能够在既往案例的基础上进行类似的演绎推理。[2] 由于模型必须从法律角度决定是否以同样的方式处理案件,代表案件相似性或区别的法律概念应当以程序可以处理、分析和操作的形式被表示。

(一)原型和变形

"原型和变形"技术来源于 Thorne McCarty 于 1981 年提出的 Taxman 程序,该程序以公司税法为实验问题域,发展出了关于法律概念的结构和动态

---

[1] Kevin D. Ashley, *Artificial Intelligence and Legal Analytics*: *New Tools for Law Practice in the Digital Age*. Cambridge University Press,2017,p. 74.
[2] Edward H. Levi, An Introduction to Legal Reasoning, *The Cambridge Law Journal*, Volumell. Issuel. 1981 pp.126-128.

的理论。① 但由于当时可用的知识表示语言的表现能力不够,导致原型中的核心概念难以获得充分的表示,因此,并未得到充分实施。

1995 年,索恩·麦卡蒂(Thorne McCarty)对前述系统进行升级,开发出 Taxman Ⅱ 系统。② 该系统将法律概念通过"原型和变形"技术进行内涵表示和外延补充,从而将法律概念表示为 3 种结构:"(1)用以提供必要条件的不变量(invariant component);(2)提供充分条件的一组范例(exemplar);(3)表明范例之间各类关系的一系列转换(transformation)。"③ 其中,范例指的是代表正面(positive)或反面(negative)法律概念的先例或理论,也即"原型";转换是使原型可以根据其组成概念与当前案例进行比较的映射(mapping),也即"变形"。

概括而言,该程序检索理论模型,将当前案例与正面的原型联系起来,并与负面原型相区分。不变属性(invariant property)是案件进行类似判定的基础。如果程序无法找到不变属性,便会构建选项空间(space of options),通过选择并应用映射来构建更为复杂的选项。该程序面对的困难主要是难以将论点与类似的正面案例建立连接,并与负面案例相区分。此外,为了在复杂案件中寻找不变属性,通常需要在人为构建的附属概念中建立映射,这一过程极为复杂,该程序也未能在 Eisner v. Macomber④ 案以外的领域得到适用。

(二)维度和法律要素(Dimensions and Legal Factors)

法律要素(legal factors)是用以增强或削弱一方论点的与事实相关的知识,通常由人类专家决定哪些要素会对案件结果产生影响。⑤ 维度(dimensions)则是作为记录程序欲处理信息的通用框架,对上述法律要素进行具体的表示。⑥ 法律要素和维度模型最早源于 Kevin D. Ashley 开发的针对商业秘密案件的 Hypo 程序⑦。在此基础上,相继开发出针对美国税法案例的 CARARET 程序和针对商业秘密案件的 CATO 程序。该模型提供了一个更简单、更具扩展性的方案来表示法律概念和案例,使系统更容易链接到数据库中的

---

① L. Thorne Melarty, N. S. Sridharan, The Representation of an Evolving System of Legal Concepts: II. Phototypes and Deformations, in Proceedings of the 7th IJCAI, pp. 246-253, (1981).

② L. Thorne McCarty, An implementation of Eisner v. Macomber, Proceedings of the 5th International Conference on Artificial Intelligence and Law, pp. 276-286 (1995).

③ 同上注。

④ Eisner v. Macomber, 252 U. S. 189 (1920).

⑤ Kevin D. Ashley, Modeling Legal Arguments: Reasoning with Cases and Hypotheticals, MIT Press, 1990, p. 27.

⑥ V. J. Wise, Modeling Legal Argument: Reasoning with Cases and Hypotheticals, Harvard Journal of Law & Technology, 5(1), 245 (1991).

⑦ K. D. Ashley, E. L. Rissland, A Case-based Approach to Modeling Legal Expertise, IEEE Expert 3(3), pp. 70-77 (1988).

案例文本以用于认知计算。

1. Hypo 程序①

Hypo 程序最早由 Kevin D. Ashley 开发,其通过引用以前的案例来生成法律论点,用于侵犯商业秘密案的论证。

Hypo 程序从法条和相关法律评论中整理了 13 个关于侵犯商业秘密的维度,并将每个法律要素中的信息实例化(instantiate)为一个焦点位置(focal slot),在满足先决条件(如商业秘密的确已披露给他人)的情况下,代表该法律要素的幅度(magnitude)(如商业秘密披露给他人的数量),便构成一个维度。不过,上述焦点位置仅是为了方便对特定情形的讨论,不能用于定量分析。Hypo 程序也无法表示不同法律要素的权重。

(1)为了将当前案例与相似案件的维度进行类比与区分,Hypo 程序会通过三层论证方式展开:

①输入案件情况(current fact situation, cfs),先代表原告,与支持原告的案例进行类比以寻找共同的法律要素。

②代表被告,将引用案件与 cfs 区分开;并引用支持被告的反例(counter-example),即与引用案例基于相似或相同的理由但结果相反的案例——寻找 cfs 中包括的有利于原告但与引用案例不同的因素,以及 cfs 中不包括但引用案例中包括的有利于被告的因素。

③代表原告,结合 cfs 论证该反例不应适用于本案的原因,并提出增强原告论点的假设事实(如有)。

(2)在上述基础上,通过比较维度集合的包含关系,Hypo 程序把反例分为下列 3 类:

①压倒性反例(trumping counterexample)。引用案例与 cfs 的共享要素是反例与 cfs 共享要素的子集。此时应以该反例为准。

②中间反例(as-on-point counterexample):反例和引用案例与 cfs 的共享要素相同。此时将削弱该因素对原告的支持

③边界反例(boundary counterexample):反例和 cfs 与引用案例有一个共享要素,但引用案例中要素幅度更大。此时也将削弱该维度对原告的支持。

Hypo 程序所用方法的主要缺陷,在于仅通过共享维度的数量来比较案例,会忽略法律要素之间的语义和层级差异。这限制了 Hypo 程序的推广和应用。

---

① Kevin D. Ashley, *Modeling Legal Arguments: Reasoning with Cases and Hypotheticals*, MIT Press, 1990, p. 27.

2. CABARET 程序①

瑞西朗(Rissland)和史克拉(Skalak)于 1991 年开发的 CABARET 是第一个混合范式(CBR-RBR)程序,其是将 Hypo 式的 CBR 与基于规则的推理(rule-based reasoning, RBR)结合而成的程序。② 该程序最初适用于依据美国《国内税收法典》处理家庭办公室所得税扣除的情形。

CARARET 程序通过维度来表示固定的事实模式,用以论证法律规则中的谓词③构成与否。它整合了两种模型:一是基于规则的推理(rule-based reasoning, RBR),代表了美国国家税务局相关法律规定及其中间法律概念。在给定问题场景时,RBR 从事实前推(forward-chain)以确认其论证目标,并从目标后推(backward-chain)方面以需要呈现的事实;二是基于案例的推理(case-based reasoning, CBR),在给定问题场景和法律术语的情况下,CBR 模型确定适用哪些维度,检索由这些维度索引的案例。

为了整合上述两种模型,CARARET 通过议程机制,使用一组启发式规则(heuristic rules)来分析当前状态,选择性调用 RBR 或 CBR 模型,生成相应论证。其中启发式规则主要包括:④

(1) *Try other*:如果 CBR 失败,则切换到 RBR;反之,亦然。

(2) *Sanity check*:使用 CBR 测试 RBR 结论;反之,亦然。

(3) *RBR Near-miss*:如果缺少一个要素,使用 CBR 来寻找缺少的要素。

CARARET 程序拓展了法律要素维度模型在商业秘密法之外的领域的应用空间,并展示了如何将基于维度和法律要素方法应用于法律规则中的概念推理。

3. CATO 程序⑤

Aleven 开发的 CATO 程序是在 Hypo 程序的基础上设计开发而成的,其旨在帮助初学法律的学生掌握利用案例进行论证的基本技能。CATO 还开发了利用背景知识来支持基于案例的推理中的相似性评估的新技术。利用其背景知识,CATO 可以将案例进行特征化(characterize),以论证两个案例的

---

① E. L. Rissland, D. B. Skalak, CABARET: Rule Interpretation in a Hybrid Architecture, *International Journal of Man-Machine Studies*, 34(6), pp. 839-887 (1991).

② D. B. Skalak, E. L. Rissland, Arguments and Cases: An Inevitable Intertwining, *Artificial Intelligence and Law: An International Journal*, 1(1), pp. 3-48 (1992).

③ 在计算用语中,谓词是用来刻画事和物之间的某种关系表现的词。

④ E. L. Rissland, D. B. Skalak, *CABARET: Rule Interpretation in a Hybrid Architecture*. International Journal of Man-Machine Studies, 34(6), pp. 839-887 (1991).

⑤ Vincent Aleven, Using Background Knowledge in Case-Based Legal Reasoning: a Computational Model and an Intelligent Learning Environment, *Artificial Intelligence*, 2003.

相似或不同。①

具体而言，CATO 使用二进制要素（要素适用/不适用于案件具体场景）替换维度，从而引入了要素层级（factor hierarchy）对法律要素进行整合。CATO 程序从法律角度表明要素的重要性，并根据重要性将要素分为不同层级；之后从案件之间的区别要素出发，寻找上层要素并进行平行比较，在其他案例中寻找强化或降低区别的重要要素，生成强调或淡化区别的论点。② 除此之外，CATO 也可用于预测案件结果[见本章第二节三（一）]。

(三) 基于范例的解释（Exemplar-based Explanations, EBE）

第三类知识表示技术是由卡尔·布朗汀（Karl Branting）开发的 GREBE 技术（Generator of Recursive Exemplar-Based Explanations 程序）。它通过构建语义网（semantic nets）比较案件的相似性，与正面案例类比并与负面案例区分，从而生成相应的法律论证结果。③ 与维度和法律模型不同的是，EBE 技术通过使用的语义网能够更好地反映自然语言文本和法律文书之间的关联，挖掘论证层次，这符合真实案例的需求。

GREBE 的顶层组件包括解释生成器、备忘录生成器，以及规则和案例知识库。当解释生成器收到一个新的案例和关于该案例的命题时，它试图通过反推使用规则和先例组分的任意组合构建对命题的解释（以及对命题的否定）。如果成功的话，解释生成器会输出对命题（及其否定）的解释。备忘录生成器通过对这些解释的强度进行启发式评估来排序，然后使用模板库生成解释的自然语言文本。

其中，语义网是由表示概念（包括法律概念和事实）的节点（node）和表示概念之间关系的线组成的图。GREBE 使用判定性事实（criterial facts, 即案件中法官认为对支持性法条中特定中间法律概念是否被满足具有关键性的事实）来表示法院对先例的解释。它首先基于法律规则构建支撑某一论点的理论模型，提取所有正面或负面案例，根据案件标准事实匹配的比例来比较案件的相似性。若比较结果超过一定数值，则系统会作出相似化判定。为了寻找最优解释结构，布朗汀设计了一系列最佳搜索算法（A * best-first search algorithm），将解释路径中的不匹配标准事实降到最低，在此路径之下通过类

---

① Vincent Aleven, Using Background Knowledge in Case-Based Legal Reasoning: a Computational Model and an Intelligent Learning Environment, *Artificial Intelligence*, 2003.

② Vincent Aleven, *Teaching Case-based Argumentation through a Model and Examples*. Ph. D. thesis, University of Pittsburgh, 1997.

③ L. Karl Branting, Building Explanations From Rules and Structured Cases, *International Journal of Man-Machine Studies*, 1991, pp. 797-837; L. Karl Branting, Reasoning with Rules and Precedents, *Kluwer*, 1999, pp. 8-28.

比构建论证。

运用上述方法,GREBE 能用自然语言文本进行相当复杂精妙的法律论证。在 Branting 开展的一项实验中,GREBE 生成的论证得分比法学生要高。① 这说明 GREBE 能够更好地进行自然语言文本输出。然而,GREBE 在案例之间映射事实和关系时,必须通过程序(非文本)案例表示语言的深道,并以结构和语义上兼容的方式将其表达出来,否则,难以进行结构上的映射。为解决这一问题,Branting 采用了一些技术来满足案例表示一致性的需求。GREBE 使用部分匹配改进策略来放松结构映射约束,以便匹配不相同但语义相似的标准事实。②

(四)基于案例的目的论推理模型

早期的 CBR 模型,包括上述 Hypo、CATO、CABARET 和 GREBE,都是从法律规则和文本本身出发进行推理的。它们并没有将法律规则的目的和价值考虑在内。目的论推理建模则将法律规则背后价值和目的纳入模型之中,同时在具体事实背景下表明基本价值和目的对判决的影响。

基于案例的目的论推理模型最初是作为一种基础论证方式由普拉肯(Prakken)和萨特(Sartor)提出,这一模型可以将先例用两种冲突的规则表示③:

(1)本案中所有有利于原告的要素都存在的情况下,原告胜诉;

(2)所有有利于被告的案件要素都存在的情况下,原告败诉。

在此基础上,Bench-Capon 和 Sartor 发展出了新的模型,将案例表示为与价值相关的一组要素(factors)。在支持胜诉方时,要素被解释为形式规则(rules of the form);当要素指向不同的冲突规则时,形式规则无法适用,此时可以通过将偏好(preference)分配给要素相关的规则(factor-related rules)来解决规则冲突。每一要素都有其内在价值,先例的结果揭示了案例中存在的要素偏好,要素集合之间的偏好揭示了对应价值集合之间的偏好。关联的偏好规则会提升或降低某些价值集合的优先级,并形成一个抽象的价值排序。在决定新案例时,理论构造函数会根据其要素构造解释、预测和解释案件的结果,并与先例的价值顺序相符合。

---

① L. Karl Branting, Building Explanations from Rules and Structured Cases, *International Journal of Man-Machine Studies* v.34, P797 (1991); L. Karl Branting, Reasoning with Rules and Precedents, *Kluwer*, v.34, pp.8-28 (1999).

② L. Karl Branting, Building Explanations from Rules and Structured Cases, *International Journal of Man-Machine Studies* v.34, P797 (1991).

③ Henry Prakken and Giovanni Sartor, Modelling Reasoning with Precedents in a Formal Dialogue Game, *Artificial Intelligence and Law*, pp.231-287 (1998).

不过,将目的论要素有效整合到法律推理模型中的任务对所有 CBR 模型来说仍然是一个挑战。解决这一问题需要更好地理解法律从业人员在决策时如何看待价值和原则。有时需要引入任意的首选项/偏好(preference),但该首选项/偏好未必受先例支持;系统可以产生多种替代理论,但需要进行评估;价值排序的设定依赖于案件的特定事实,将先例中的价值直接适用于当前案例未必合适;同时,也没有考虑到法官在法律概念的适用中如何使用价值,以及价值如何与案件理论联系在一起。此外,基于案例的法律推理认知计算目前仍存在许多设计约束,如知识表示技术对案例文本的链接、以计算方式对案件相似性进行评估、对先例规则目的和价值的提取等技术目前尚不成熟,导致前述模型/程序目前的适用领域仍十分有限。①

三、预测法律结果的模型

在法律推理模型实践的基础上,通过 CBR 模型或机器学习算法,计算机程序还可以基于以特征和结果集合表示的案例数据库来预测法律结果。机器学习技术通过统计、使用特征频率信息来"学习"案例特征与目标结果之间的对应关系;目前,CBR 技术多用于比较案例和解释预测。

(一)基于案例论证的预测

基于案例论证的预测主要包括基于自动法律预测的近邻算法、监督机器学习方法以及基于价值的预测。接下来便从以下三个方面展开论述。

1. 基于自动法律预测的近邻算法

此类预测模式的早期版本以自动法律预测的近邻算法为其基础。1974年,预测涉及资本增值税问题税务案件的 Mackaay 程序就已经被设计出来。② 该程序基于 64 个加拿大资本增值税案例,每一案例均以 46 个相关二元(True or False)特征表示。通过程序输入人为划分的新案例特征值列表,使用 k 近邻(k nearest neighbor,k-NN)算法,确定 k 值后得出与新案例特征"最近"的数个现有案例,并根据案例结果的多数输出预测结果。但这一方法难以保证预测结果的准确性。系统可能会因为邻近的个别案例属于例外或映射错误而导致结果误差。

近邻算法并不提供解释或法律论证。后续发展的基于案例论证的预测方法,可以将当前案例与先前案例进行比较,生成与最相似案例相同的预测

---

① Kevin D. Ashley, *Artificial Intelligence and Legal Analytics: New Tools for Law Practice in the Digital Age*. Cambridge University Press, 2017, p. 110.
② Bruce M. McLaren, Extensionally Defining Principles and Cases in Ethics: an AI Model, *Artificial Intelligence* 2003, Volume 150, Issues 1-2, pp. 145-181.

结果。这一方法不仅可以生成对预测结果的解释和证明,也可以根据解释对预测结果进行检验。

2. 使用 CATO 程序预测

正如上文所介绍,CATO 程序不仅可以预测案件①,还可基于最相近的案例提供解释(参见"节二基本案例的法律推理建模"部分的 CATO 程序)。该程序使用简单算法:

(1)对给定的问题,使用给定的相关性标准(relevance criterion)检索案例(依据模型相关性级别的不同,共有 7 类相关性标准)。

(2)如有相关案例,且结果相同,预测该方胜诉;否则,放弃(abstain)。

通过包含 184 个商业秘密案例的数据库对该程序进行评估,结果表示,除去 11%的放弃比例,该程序使用最佳预测方法(NoSignDist/BUC,基于无明显区别的可引用案例进行预测)进行预测的准确率为 88%。② 这说明 CATO 程序的预测效果已经相当可观。

3. 基于问题的预测(Issue-based Prediction,IBP)

2009 年艾希礼(Ashley)等人开发出基于问题的预测(IBP)程序,这一程序在 CATO 的基础上应用假设检验算法,使用同样的法律要素并改善了 CATO 的预测结果。③ 具体而言,IBP 采用了不同的领域模型(domain model)④,即语义上相关联的商业秘密问题(issue)图表,用以阐述法律要素之间的关联关系,并且为案件提供索引。⑤

IBP 预测算法的运作方式如图 12-2-1 所示。⑥

Ashley 等人还通过 LOO(leave-one-out)交叉验证实验对 IBP 的预测准确率进行评估。⑦ 实验使用包括 186 个商业秘密判决的数据库,其中 IBP 预测的准确率(91.8%)最高,高于 CATO、近邻算法和机器学习算法。

---

① Vincent Aleven, Using Background Knowledge in Case-Based Legal Reasoning: a Computational Model and an Intelligent Learning Environment, *Artificial Intelligence*, pp. 183-237 (2003).
② 同上注。
③ Kevin D. Ashley and Stefanie Brüninghaus, Automatically Classifying Case Texts and Predicting Outcomes, *Artificial Intelligence and Law*, Vol. 17. Issue 2. p. 125(2009).
④ 专注于分析问题领域本身,发掘重要的业务领域概念,并建立业务领域概念之间的关系。
⑤ Kevin D. Ashley and Stefanie Brüninghaus, Computer Models for Legal Prediction, *Jurimetrics* 46, 2006, p. 309.
⑥ Vincent Aleven, Using Background Knowledge in Case-Based Legal Reasoning: a Computational Model and an Intelligent Learning Environment, *Artificial Intelligence*, Vol. 150, Issue 1-2. pp. 183-237(2003).
⑦ 同上注。

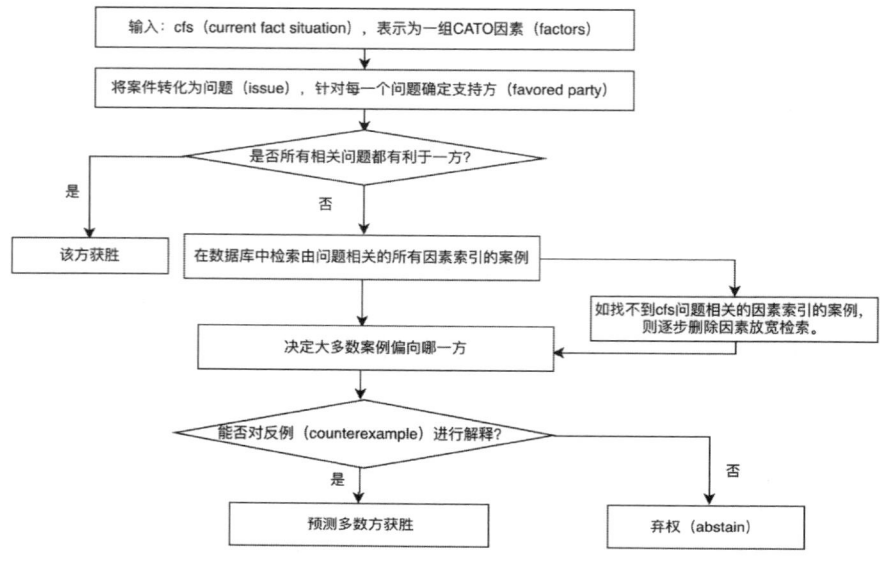

图 12-2-1 IBP 程序流程图

(二)监督机器学习方法

1. 决策树

决策树(也称分类树)是监督学习算法的一种。监督机器学习可以从标记的训练数据中推断分类模型(classification model)(或功能),并由此对新案例进行分类。对于给定的分类器(classifier)和一组训练数据(即已通过问题分类的先例),决策树可以明确学习问题和结果之间的对应关系;每个问题都是一个测试,如果某个特定特征小于阈值,则进入一分支,否则,进入另一分支;在输入新案例的数据后,问题依次进行,解决直到问题结束或满足其他终止条件,得出预测结果。但是,机器学习算法推断出的规则不一定反映明确的法律或专业知识,数据中的因果关系很可能具有偶然性,因而其推理依据未必具有合理性。

2. 美国最高法院判决结果预测

美国最高法院的判例在美国法律体系中具有重要地位,不同法官的政治倾向对其判决结果具有较强的影响。卡茨(Katz)等人通过监督机器学习技术设计程序,对美国最高法院(Supreme Court of the United States, SCOTUS)每位大法官的投票进行预测,继而预测整体投票结果。① SCOTUS 数据库记录了先例中的案件基本信息(案件来源、下级法院、上诉人和被上诉人等)、法官和法院背景信息(法官性别、提名总统、是否为首席法官、出生年份等)和倾向(SCOTUS 历史倾向、下级法院倾向、法官个人倾向等)等特征。针对每个法官,"学习"后的程序通过输入一系列特征值,输出二进制结果——法官会/不会推翻下级法院的判决,继而通过相应规则将所有法官的预测整合为对案件整体的预测。为了防止模型对数据的过度拟合②,程序使用决策树的随机森林(Random Forests of Decision Trees, RFDT)策略,由此产生大量决策树并在随机森林中平均,保证资料来源的多样性。

Katz 还采用 k 折交叉验证(k-fold cross validation)评估该程序的预测效果。数据被划分为 k 个子集或"折(fold)"。在每一轮中,其中一个子集作为测试集合,其余 k-1 个子集作为训练集训练 ML 模型,得到预测结果。k 轮预测结果的平均值即为预测精度。经评估,机器学习方法正确预测了 60 年内 69.7%的案件结果和 70.9%的法官个人结果。③ 相比之下,人类法律专家仅正确预测了 59%的案件结果和 67.9%的法官个人结果。④ 上述结果说明,在案件结果方面,SCOTUS 能够更好地预测美国最高法院的判决结果。

3. 基于诉讼参与者及其行为的预测

Lex Machina 和斯坦福大学的研究人员采用并拓展了 SCOTUS 预测方法,在以 8 年内全部知识产权诉讼结果的基础上,基于预测专利侵权案件的结果。⑤ 先前案例通过全部诉讼参与者在案件中的行为来呈现。其中,参与者包括诉讼双方、代理律师及所属律所、法官等。研究者采用了统计关系学习模型,基于上述特征函数进行预测,其中最佳模型的预测准确率为 64%。

该模型在预测专利侵权案件时并未考虑任何与案件法律属性有关的特征,如专利强度和专利的相似程度。研究者认为,这可能是由于诉讼参与者及其行为特征与案件的法律属性间接相关。上述特征容易从语料库中提

---

① Daniel M. Katz, Michael J. Bommarito Ⅱ, Josh Blackman, Predicting the Behavior of the Supreme Court of the United States: A General Approach, http://papers.ssrn.com/s013/papers.cfm?abstroct_id=2463244, last access: Nov. 5, 2022.
② 指机器学习模型中有过多额外项,导致其拟合的是数据中的随机变量而非真实模式。
③ Daniel M. Katz, Michael J. Bommarito Ⅱ, Josh Blackman, Predicting the Behavior of the Supreme Court of the United States: A General Approach, http://papers.ssrn.com/s013/papers.com/abstract_id=2463244, last access: Nov. 5, 2022.
④ 同上注。
⑤ Mihai Surdeanu, Ramesh Nallapati, George Gregory, Joshua Walker, Christopher D. Manning, Risk Analysis for Intellectual Property Litigation, *Proceedings of the 13th International Conference on Artificial Intelligence and Law*, 2011.

取,因此,这一研究结果可能有助于程序通过文本分析来捕捉案件的法律特征。

(三)基于价值的预测

2004 年,本兹·卡彭(Bench-Capon)等人在目的论推理模型的基础上开发出了 AGATHA(ArGument Agent for THeory Automation)程序。根据从先例中归纳出的反映冲突价值和冲突要素之间的偏好规则,这一程序可以自动构建理论进行预测。① 由于该方法可能会生成多种理论,AGATHA 通过使用启发式搜索算法(A * heuristic search algorithm)②来构建最佳理论。该理论采用的评估依据主要为理论的简洁程度、解释力、代表理论的层数、完成程度等因素。AGATHA 预测的准确性和 IBP 相当。不过,尽管 AGATHA 包含了价值偏好,但尚不清楚其所产生的结果对法律工作者而言是否有意义。

不过,目前司法预测程序中,与预测相关的特征(或要素)均由人类指定,尚无法实现自动化。然而,在多大程度上可以在案例文本中自动识别已指定的特征,这一问题也极大地制约了预测程序的发展。

四、法律论证的计算模型

在过去的几十年里,人工智能和法律研究领域中有许多人致力于开发综合性的法律论证计算模型(CMLAs)。本部分将整合前面几节中介绍的一些法律推理的计算模型并集成到 CMLAs 中,而其他的论证模型将被设计用来保留论证的结构,以便使实践者更直观地访问和研究。

本部分将用一些直观可扩展的例子对一些已经应用到法律论证中的论证模型进行说明。同时,还将讨论一些论证模型如何计算赢家和输家,证明标准在某些模型中的作用以及整合概率推理的前景等问题。

(一)卡内基论证模式

卡内基论证模式包括论证框架、论证可接受性标准、论证标准和论证方案。论证框架中论证的概念包含前提、结论和例外的结构,该框架还指定了所表示的论证的各个方面,以及模型中参数冲突的意义。对于论证过程的每

---

① Alison Chorley and Trevor Bench-Capon, AGATHA: Automation of the Construction of Theories in Case Law Domains, *Legal Knowledge and Information Systems*. *Jurix* 2004: *The Seventeenth Annual Conference*, Amsterdam: IOS Press, pp. 89-98 (2004); Trevor Bench-Capon and Giovanni Sartor, A Model of Legal Reasoning with Cases Incorporating Theories and Values, *Artificial Intelligence* 150, pp. 97-143 (2005).

② 启发式搜索就是在状态空间中的搜索对每一个搜索的位置进行评估,得到最好的位置,再从这个位置进行搜索直到目标。此处使用的 A * heuristic search algorithm 与上文中的 A * best-first search algorithm 原理类似。

个阶段,论证框架都定义了一个决策过程,以测试存在争议的命题或论证是否存在争议根据可接受性标准。

一些常见的法律论证模式包括针对法律规则的辩论、类比过去的案件或潜在的价值。同时,存在反驳这些论点的论证方案,比如区分一个先例或引用一个反例。作为模板,参数格式在计算模型中起着重要的作用。

在论证方案中可以包括关键问题以帮助评估一个论证方案是否以及如何适用于一个特定的案例。每种论证模式都有自己的关键问题,这些关键问题关系到方案前提的可接受性,其他问题指出可能不适用该计划的例外情况。

在法律论证过程方面,卡内基模式在建立前提的同时,逐步构建法律论证结构。在任何给定的阶段,该模型评估一个命题是否可接受给定的论点中的其他命题和一组假设。在确定论证的状态时,该模型可以应用法律证明标准计算近似值,如证据的优势。在每个阶段,该模型还会搜索使不可接受的陈述可接受或可接受的陈述不可接受的新论点;后者是相反的论点。

(二)CMLAs 实际应用的扩展示例

卡内基以一种直觉上吸引人的方式构造了论证图,代表了法律论证的结构。图表区分了支持命题和反驳命题的命题和论证。基于这个原因,卡内基的论点框架被称为二分论。此外,其可以为命题 p 和反对 p 的否定论点,提出论据。

在卡内基论证模式框架内,当一个论点相矛盾时(前者被称为削弱论证),争论可以通过反驳、破坏和削弱来互相攻击。削弱论证是那些攻击另一个论证的适用性的论证。

1. 家庭法为例的实际应用

汤姆·戈登和道格·沃尔顿提供了一个经典的例子,说明一种结构化的法律辩论涉及一套规则,这些规则大致源自德国的家庭法法规。

2. 用可推翻的法律规则进行辩论

在论证的计算模型中,法律规则被建模为可失败的推理规则,从规则中得出法律推论的论证方案也是可失败的。卡内基用这种可推翻的推理规则来推理和构造论点,并把它所提出的论点用图表的方法表示出来。

用可失败的法律规则表示,程序可以找到失败的假设、例外或排除,阻止前一个论证的假定结论。此外,与经典的逻辑演绎不同,卡内基的法律规则和论据是可以被推翻的,它可以支持正、反两方面的论点。

3. 结合案例和规则进行辩论

计算论证模型还有功能是将法律从业者应用的不同类型的论证整合到一个框架中主要功能。除可推翻性规则的演绎论证外,与过去案例类比的论证,或基于法律规则下的价值和目的的论证,都可以通过论证方案来形式化,并通过批判性问题整合到一个论证模型中。

卡内基模式可以提出所有这些论点。它说明了人工智能和法律如何在计算论证模型上运转,可以将我们在前几节中看到的基于规则和基于案例的法律推理模型集成在一起。该论证模型还将配备论证方案,以应对来自共同法律因素的论证,包括区分案例、淡化和强调区别以及引用反例。

(三)如何计算 CMLAs 的赢家和输家

上述法律论证的计算模型的目标是将一个关于案件事实、适用法律和潜在价值的论证模型结合起来,并在一定范围内确定胜诉和败诉的可能性。在实践中,关于案例事实、适用的法律规则、潜在的价值,也许还有程序问题的争论,需要一个层次结构予以论证。每个层次的论证都有自己论证方案,确定论证的可接受性的程序、论证的标准,以及基于不同论证之间的偏好、不同的可接受性的概念。然而,为了解决关于事实或价值的冲突,程序需要"变元"。也就是说,它会突然上升到事实冲突解决的水平,并调用解决事实争端的论证方案。

(四)法律论证计算模型的实用性

就目前而言,这些论证方案在法律上是切合实际的,但它们的应用则具有特点。

第一,不同案件的法庭,对法规效用应用可能因法律体系的不同而不同,而这些论证方案可以解决这个问题。第二,一般没有对 CMLAs 进行实证评估,但是现在已经证实至少有两种方法来评估产生法律争论的程序。第三,尽管大多数证明标准都有熟悉的法律名称,但 CMLA 对这些标准的实施似乎与这些标准的法律版本并不十分一致。如下文所述,"证据的优势"等法律证明标准是指难以通过计算建模的概念。

1. 证明标准在 CMLA 中的作用

证明标准是法律争论中常见的,其在论证的计算模型中也扮演着重要的角色。一个陈述的可接受性取决于它的证明标准,一个陈述的证明标准是否被满足取决于支持和反对的论点是否站得住脚,一个论证是否站得住脚取决于它的前提是否成立,它的前提是否成立取决于前提的陈述是否被接受,等。

卡内基的版本保留了法律标准的相对严格水平(即>辩证有效性>证据优势>证据浅层),即"如果一个陈述满足一个证明标准,它也将满足所有较弱的证明标准"。

2. 将概率推理集成到 CMLA 中

CMLA 可以被视为一种规划法律论证的工具。诉讼当事人可以利用这个工具来预测可能的争论结果。诉讼人可以通过添加所有事实的、法律的、规范的和程序上的论点,观察模型预测的结果,并测试预测对输入论点和假设的各种变化的敏感性。考虑到诉讼的不确定性,如果诉讼律师能够对特定论点成功的可能性做出最好的评估,这一目标可能会更可行。

在规划一个法律论证时,将这些不确定性的推理整合到计算论证模型中是很有用的。但这一集成模式至少存在以下两个问题:

(1)如何最好地组织集成。(2)"概率从何而来?"

(五)基于价值判断的论证预测模型

Grabmair 研发了 VJAP 模型,该模型可被用于生成考虑到潜在法律规则价值的论证和预测。它已经在一个计算机程序中实施了辩论方案,该程序能够根据辩论结果来预测案件结果。该程序与 Hypo、CATO 和 IBP 程序的应用领域相同。

1. VJAP 域模型

在构建 VJAP 域模型时,Grabmair 采用了 IBP 程序中的域模型,VJAP 域模型中的问题和子问题及其逻辑联系涉及 ILCs 和定义商业秘密盗用索赔的法律规则。

VJAP 程序使用它的一组参数方案为每个案例构建一个参数图,并基于变元图对案例的结果进行预测。它根据从论点图中计算出的置信度来预测案件的结果,并提供证明其预测正确的文本法律论据。计算方法如下:

(1)与每个因素对原告或被告有利的每个价值的影响相关的权重。

(2)论点的前提可以建立的可靠程度,而这种可靠程度又取决于支持和反对这些前提的论点的力量。

为了评估 VJAP 项目,Grabmair 使用了 121 个商业秘密案例的数据库(原告 74 个,被告 47 个)。在评价中,VJAP-timeline 模型在 LOO(84.3%)和交叉验证条件下(82.1%)的预测性能优于完整的 VJAP 模型[①]。VJAP 时间轴是第一个基于案例的法律推理或论据的计算模型,它将论据限制在"考虑到案例数据集的时间顺序,在时间上是可信的",这是法律实践中的一个现实约束。

2. 证据法律论证的计算模型

证据性法律论证是指在审判或听证中,鉴定人在决定一方是否提供了有说服力的证据,该证据能以证明某一法律规则的事实要求得到满足时所考虑的论证。这与法官实践中,在决定法律规则或概念的含义,或解决相互冲突的裁决的法律含义时所考虑的各种法律论据是不同的。

[①] Grabmair, 2016, p. 80.

在Hypo、CATO、CABARET、GREBE、理论构建和VJAP模型中,论证方案和模型主要集中在后者(以人工智能和法律领域的研究人员已经开发了相关证据法律论证模型和相关论证方案的正式模型)。

3.法律论证的计算模型

VJAP和DLF等计算性论证模型可能成为法条文本和人类寻求的答案之间的桥梁,在确定这一作用究竟是什么时,需要考虑以下几个问题:

(1)一个模型能使一个程序为用户所依赖的问题提供答案吗？或者,这个模型会帮助像Watson或Debater这样的系统识别出带有相关答案的文本,并根据用户的需求对提取的信息进行裁剪吗？换句话说,论证模式究竟是文本与答案之间的桥梁,还是一条直接而充分的路径,值得我们进一步探索。

(2)对用户类似问题的答案存在于法规和相关案例的法条文本中。信息如何从文本以一种可以用来回答问题的形式进入计算机程序？

(3)程序如何理解用户的问题并收集背景信息？

对于第一个问题,作者提出了三种解决方法:

第一种是专家系统或BNA方法。在规则中手动表示知识,规则的条件捕获各种事实,这些事实可能会导致不同的结论,即存在支持的义务。在可能的反向链接指导下,规则引擎将查询可能的事实。

第二种方法是使用法律论证的计算模型。知识可以用可撤销的法律规则手工表示,这些规则的关键问题确定了或有事项。给定任何法律结论和适当的论证方案,该系统搜索并识别利用可撤销法律结论所依赖的偶然性的可能反论点。

第三种方法是Watson/辩手式方法。这种方法取决于系统理解用户查询的能力,以及相关文本的一些法律语义。现在我们假设前者可以解决,而重点是后者。

关于第二个问题,信息如何从文本进入计算机程序,Watson/Debater方法相对于其他两种方法有相当大的优势,即避免手工知识表示。假设文档存在,它可以找到一个与主题pro或相关的文档欺诈,其实现的能力并不依赖于某个知识工程师在每一点上都预见到了一个可推翻的法律规则的关键问题。

关于第三个问题,程序如何理解用户的问题并收集背景信息？这是一个重大的技术挑战,它要求系统理解用户提出的问题及问题的上下文。

五、法条文本分析

本体是"给定域中对象的属性和关系概念化的显式、形式化和通用规范"。换句话说,存在论使领域中的概念显式,这样程序就可以使用它们进行推理。

本体论框架指定了基本概念,还可以将本体扩展为创建领域本体的权利,即指定给定领域(如契约形成)的对象、谓词和关系。本体的作用是为计算机程序中可以处理的知识提供概念词汇表,作为扩展到合同形成的领域本体,它有一个结论的基础,即该场景处理的是"要约和承诺是特定的个人",而不是"要约和承诺是普通的公众",通过这种方式,本体论对概念和关系做出了明确的假设,这样程序就可以在一定程度上用它们进行推理,它们还可以将查询扩展到法律信息检索系统。

(一)样本法条本体

法条本体论有两个范例:e-Court 本体论和基于 van Kralingen 框架的本体论。这两个法条本体论反映了本体论在知识表示中扮演的各种角色,以及设计本体论的两种不同方法。

1. e-Court 本体

阿姆斯特丹大学的一个团队开发了电子法庭本体。作为一个欧洲项目的一部分,其用于对存档的法律文件进行语义索引,这些文件包括刑事诉讼中的证词和听证的音频/视频记录。本体为以元数据(即关于数据的数据)的形式描述文档及其内容提供了一个结构化的词汇表。元数据包括关于文档的非语义信息、一些描述文档内容的语义信息、刑事诉讼法的主题以及表明所涉及的犯罪类型的关键字。元数据标记组织在一个索引中,用户可以浏览该索引来查找文档。用户还可以将标记作为语义约束包含在针对文档的查询中,IR 系统可以将基于本体中的链接的用户查询扩展到语义标签的包含类。

本体论规范了关于法律概念的知识表示,这种标准化包括对各种类型或之间关系的约束概念。鉴于法律本体论这种使用以计算机程序可以应用的方式表示知识的功能(这一部分有具体示例),人们可以研究它在构建法律应用程序方面的有用性。本体定义对象的类,指定它们可能的特性和属性,对特性值强制约束,并指定对象之间的关系。通过使用框架和插槽,可以创建类的实例并填充知识库。这不仅可以支持概念信息检索(如 e-Court 本体),还可以支持一些推理。

2. 构建法条本体

法律本体传统上是手工构建的,但 NLP 和 ML 提供了越来越多的自动化帮助。本体论需要反映人类专家的知识,关于哪些概念和关系应该包括在内,以使一个系统能够执行其最终任务。然而,自动化方法可以根据统计分析来识别语料库中明显重要的概念和关系,并且自动化可以标记候选概念和关系,供专家考虑。专家可以决定是否包含候选对象,并可以重新标记节点和弧,以将其包含到本体中。

本体论的设计是为了支持欧盟成员国之间的立法起草和关注消费者保护领域的工作。其目的是对涉及消费者保护的各种规范条款进行分类,以及描述涉及英语和意大利语两种语言的消费者保护的概念词汇。

在词汇层,术语由几种类型的语言关系连接:下位词、对等词和模糊词。然后,系统使用统计方法来识别更显著的术语单位。进而,系统根据名词短语的内部结构,将选择的术语收集成上下义词或模糊义词。最后一步是细化本体层和词汇层,并在这两层之间增量地链接概念。

(二)相关本体论支持

1. 对法定推理的本体论支持

在 DALOS 中,文档是多语言的,通过统计分析和人工专家确认相结合,跨语言的等价性被半自动地识别出来。DALOS 方法旨在通过创建消费者保护条款的类型分类来支持立法工作。其他本体帮助律师、企业雇主和公民查找或应用法规规定。

本体论可以理解为运用"形式逻辑将概念类关系从规范规则映射到它们所适用的主题",法定本体论以逻辑术语表示法定概念及其相关约束的含义。设想的程序将半自动化地构建存在论,重点关注与有限的监管领域相关的少量法律后果。

如何建立这样一个法定的本体论,设想的项目将提供一个法规术语和概念的词典,这些术语和概念来自于对法规文本的自动分析。学科本体也需要构建,主题内容本体还包含表示特定类的模式实例,其目标是,通过关注诸如工程兼容软件之类的主题,直接从软件行业来源添加主题本体中的许多概念和关系实例。一旦规范图、法规本体论和主题本体论就位,作者设想该系统可以指导软件开发人员设计兼容的软件。通过使用文本中的自动化 IE 技术,可以更容易地从法规中构建本体,并为业务规则构建知识表示系统。

2. 法律论证的本体论支持

本部分的扩展思维实验说明了本体论应该提供的特征,以便在一个非常有限的领域内表示这种推理,这部分的具体例子的重点是强调知识表达的复杂性,使计算机能够构建即使是相对受限但现实的法律论据。

(1)法律论证本体论的目标应用

首先本体论考虑的目标是教育应用程序。这部分用具体示例进行了分析,教育软件开发人员可以设计一个程序来生成一个对话以作为智能辅导系统的一部分。在线财产法课程或 MOOC 可能会包含这种游戏化的课堂、苏格拉底式的法律对话,学生和教师可以在课堂上进行辩论并做出回应。让学生参与选择论证步骤,既可以教授实体法,也可以教授一年级学生阅读和理解法律案例手册所需的各种法律论证技能。

(2)论证微观世界的本体论

这部分提供了一个法律论证本体论,它可以满足这些设计目标并支持这样一个论证对话框。对属性感兴趣的微观世界的本体需要指定与集合中事物类型对应的概念和关系列表,以及指定其组件、特性(插槽)和插槽填充器的框架,这包括代理案件、法律因素、法律测试、ILCs,以及基础法律政策/值。

在代理案件和法律因素部分,微观世界中的案例用案例框架表示。案例框架还指定了一些特征,这些特征的值对于比较财产利益的法律因素非常重要。程序不能像人类那样理解这些差异,也不能以一种合理的方式操作它们,除非信息被表示出来,并且程序被指示在适当的时候去哪里寻找相关的信息。如果开发人员希望程序足够"智能"来执行这种比较或强制执行这种语义约束,那么他需要将它们构建到系统中,而本体就是这么做的。

在代表法条测试部分,本体论需要代表法条以讨论法条应该是什么?本体论将通过 ILCs 的含义和所提测试的通用性来支持这种推理。ILC 框架具有用于指定概念的参数将接受哪些值的插槽,以及作为限制参数范围的案例框架的比较特性。本体将使用特定框架定义提议的法律规则或测试。测试框架需要插槽来表示这些逻辑规则、先行 ILCs 和结果,有了这些本体组件,就可以表示先前提出的小组测试。这将足以对示例对话进行建模。

在代表法条政策和论证方案部分,微观世界包含了一些政策或价值,这些政策和价值、案例、因素或 ILCs 之间的概念联系使程序能够进行类比、区分、提出假设和修改建议的测试,并生成特定对话的参数模式。通过使用适当的信息填充框架,参数方案将能够遵循概念链接、检索对象和得出推论。这些因素都与政策和价值观有关,由于政策和价值观的关系,这些因素的异同在法律上是相关的。

总而言之,微观世界本体论是一种尝试,在这个扩展的思维实验中,将所有的概念和关系运作化,以产生对话和其他类似的对话。这包括实体法律领域的概念和关系,以及至少一些现实世界中的机制。数据库将实例化案例、因素、原则和策略,并通过本体框架将它们相互关联。

(3)通过本体论支持实现法律论证自动化的限制

倡导者提出一种测试,通过演绎推理来解释过去的结果,并在当前的事实中得出期望的结果。但是,拟议的试验必须经过解释。怀疑论者提出假设,以探索规则的国际法委员会的意义,并评估其与过去的决定和原则是否相符。

首先,法条本体论非常普遍,还有许多关于不同法律主题的案例手册。

这会导致一些重叠,一些本体框架可以重用,但不是所有的都可以重用,其余的必须手动调整以适应每个新域。另外,强调了本体是为特定目的而设计的。其结果是在法律本体论中,应该具体规定什么或具体到什么程度的问题上,几乎没有一致的意见。

其次,仔细阅读本体论框架可以清楚地看到,这种知识表示既复杂又笨拙,一个特别的挑战,是使程序能够区分类比从那些肤浅的、类似的更深层次。然而,在更深的层次上,这些情况是非常不同的,它们涉及不同的法律要求。

这种表示法的缺点是忽视细节。尽管这种基于本体论支持的模式驱动搜索所产生的论点对于教学课程来说已经足够成熟了,但它们并不完全符合麦卡锡法官在波波夫案中提出的测试方案。麦卡锡法官测试的复杂性证明了人类智力活动所特有的创造性。考虑到设计这样一个本体论和在数据库中实例化结构化对象的过程,很大程度上是手工的,并且需要专家预先知道这些信息如何可能被用于目标类型的论证,这一挑战尤其巨大。

(三)文本分析的类型系统

法律本体包含实体法律概念和表示规则的信息,它们的重点是代表法律知识,以改进法律信息检索,并促进的法定规则和概念进行推理,以及用于其他任务,包括法律论证的教学应用。然而,我们需要的是一个法律本体论,它将支持计算机识别法律论证和文本中与论证相关的信息。一个程序可以在某种程度上利用这些信息进行推理并搜索先前案例中的论证。

1. 定义类型系统

类型系统是自然语言文本处理框架的一个元素,类型系统按层次结构组织,并协调注释器之间的交流。类型系统作为文本分析的一种本体论,能够定义文档中可能出现的各种注释、概念和关系。

2. 类型系统示例:DeepQA

由 UIMA 开发并在 IBM 的 Watson 中使用的 DeepQA 系统包含一个正式的类型系统,这一系统包括注释类型和本体概念。DeepQA 基于这样一个假设,即"答案类型"的实例可以被识别并从"危险边缘"的文本中提取出来。这一类型是 DeepQA 特有的,旨在揭示更多的语义信息,以识别候选文本,并将它们与"危险边缘"的 LAT 进行匹配的问题。

在实践中,DeepQA 使用了大量的评分算法来确定一个候选答案是否属于 LAT 的一个实例。这些算法通常使用它们自己的类型系统,这些系统基于答案中提到的概念之间的关系来识别不同类型的特征。不同类型的特征提供了不同数量的证据,这表明问题和候选答案是否匹配取决于问题的类型。

3. 合法的 LUIMA 类型系统

LUIMA 已经应用于疫苗损伤领域和法律决定，并且它正被计划应用到其他法律领域。

在案例中根据句子在法律论证中的作用进行标注，可以提高信息检索的效率。系统用户寻找信息的目标，句子角色可能使其中一些句子比其他的更相关。在涉及法律证据论证的案件中，LUIMA 类型系统层次结构中的句子级类型和更高一级的公式化类型在法律领域中是相当普遍的。

通过结合实体法律概念的本体论、与法律论证相关的概念、规范领域的概念以及 UIMA 和 LUIMA 类型系统中的提及内容，概念信息检索成为可能。系统可以使用这些带注释的类型作为对检索到的文档进行排序（和重新排序）的指南，并据此自动汇总相关段落。

在麦卡锡法官的波波夫案的判决背景下，人工智能和法律研究存在 3 个相互对立的潜在目标：

（1）在波波夫案的判决中产生类似的争论，最终以麦卡锡法官的三部分测试告终，并基于先前案件的分析来证明其合理性。

（2）生成微观世界对话中所示类似的参数。

（3）通过自动检索、（重新）排序和汇总过去的相关参数和测试，帮助人们生成自己的参数和测试。

第一个目标是人工智能和法律中很多工作的重点，但它非常困难，过于依赖手工的知识表示。在 NLP 方法得到极大改进之前，这些知识表示可能不会与自然语言文本相连接。

第二个目标是可行的，然而，微观世界的方法也依赖于手工制作的知识表示，而这些知识表示不容易连接到文本。

第三个目标是本部分的特色，详细解释了 LUIMA 注释如何支持概念上的法律 IR。在实行这个方法以前，它将有利于读者了解更多关于法律 IR 是如何工作的，如何从法条文本中提取信息，特别是如何从法律和法律案件文本中提取信息。

第三节 法律信息检索系统

如果希望法律论证建模发挥更广泛的作用，如让法律类应用程序实现认知计算，我们可以借助法律信息检索（legal information retrieval）中的一些方法。信息检索，是从大量数据中根据有待满足的特定要求找到相关的非结构化的材料（通常是文本）的过程。正如前文所提到的，目前各类法律机构都拥有内容丰富的法律文本库和相应的文本库管理及查询方法，这些系统大多拥有较快的检索速度,可以根据关联性高低次序呈现检索结果,提供案件内容概述。本节的第一部分首先介绍传统法律信息检索系统的主要技术,以及一些目前已被整合在法律信息检索系统中的法律人工智能技术;后半部分则探讨如何在不影响检索系统自身运行的前提下通过加入新的技术实现更多功能,如,捕捉法律相关性,识别和利用法律文本在语义层面的重要信息,并在法律相关性层面比较案例、进行法律论证或预测法律结果。

一、法律信息检索系统技术概论

法律信息检索系统技术的目的在于更加高效、便捷地检索所需的法律信息内容,主要包括系统的工作原理和度量相关性的方法。

(一)法律信息检索系统相关技术

1. 法律信息检索系统的工作原理

法律信息检索系统在工作时,首先接受用户的查询(query),从索引数据库中检索文件,衡量这些文件对查询内容的响应(responsiveness)程度并对文件进行排序,最终输出一个供用户查看的文件顺序列表。用户在使用系统时,可以输入关键词、句子、案件名、引注等内容的自然语言作为查询内容。在收到查询后,法律信息检索系统会删去部分无意义的词汇,识别词汇以外的其余特征,并使用倒排索引从数据库中检索满足特定要求的文件。[①]

2. 法律信息检索中度量相关性的方法

本部分通过明确法律信息检索中主要的度量相关性的方法,包括 Boolean 相关性度量法、向量相关性度量法和相关性概率模型。

(1) Boolean 相关性度量法

Boolean 法中,查询时会提供一系列逻辑标准。这一检索标准要求检索出的文件中包含给定的特定表达或其相近表达。例如,在 Westlaw 检索系统中,如果希望检索关于"防止曾被竞争公司雇用的员工泄露商业秘密"(preventing the disclosure of trade secrets by employees formerly employed by a competing company)所涉及的法律问题时,可以输入:" trade secret"/s disclos! /s prevent / s employe!。其中,"/s""/p""/k"分别表示要求在同一句子、同一段落或 k 个单词的范围内进行匹配;双引号表示进行短语搜索(连续词);

[①] Howard Turtle, Text Retrieval in the Legal World, *Artificial Intelligence and Law* 5, p. 18 (1995). 具体而言,该工作流程包括:删去部分词汇,包括停用词(stop words)、常见词(如:冠词、连词等)和词尾(如加在动词后的进行式词尾"ing"、第三人称词尾"es");识别词汇以外的其余特征,比如对条文的引用、宪法条款、先前判例、关键的词组以及特殊的索引概念;数出剩下的词汇和其他特征在文本中出现的次数;用倒排索引法从数据库中检索符合条件的文件,即检索出编入索引的文本中包括了查询问题中出现的任何一个特征的文本。

感叹号表示系统会包括所有含有这一词根的词语(如 disclose，discloses，disclosed，disclosure 等)。① 随后，这一相关性度量方法会依据 Boolean 标准被满足的程度对文件进行排序。②

(2)向量空间相关性度量法

这一方法会将问题和文件用词袋(bag of words)来表示。词袋中的词并不按句子中的原始顺序出现，而是依照特定的字母顺序排列，并用检索词向量来代表。③ 检索词向量是根据文本中包含的单词、引用、索引概念、其他特征来表示句子或文件的。④

对于每个向量来说，在代表其不具备的表达(term)的方向上，坐标为 0，而在其具备的表达的方向上，坐标为 tf/idf。其中"tf"(词频，term frequency)为相应表达在相关文件中出现的频次，"idf"(逆文本频率指数，inverse document frequency)为该表达在整个文本库中出现的频次，tf/idf 则可以表示某一表达的类别区分能力。这一度量方法的优点是可以轻松计算向量空间的相似性，即计算出两个向量之间的夹角，角度越小，两个向量所代表的文本之间的相似度就越高(见图 12-3-1)。

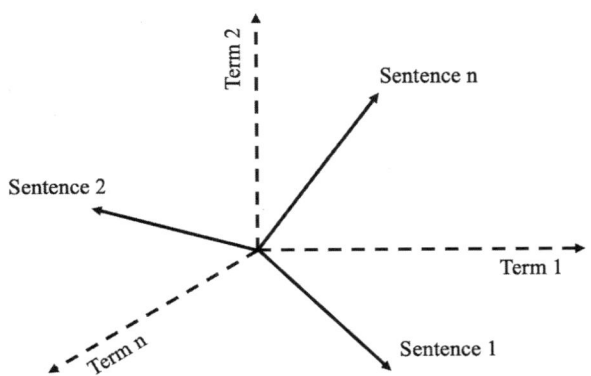

图 12-3-1　向量空间相关性度量法

---

① C. D. Manning, P. Raghavan and H. Schutze, *Introduction to Information Retrieval*, Cambridge University Press (2008), https://nlp.stanford.edu/IR-book/, last access: Nov. 5, 2022.
② Howard Turtle, Text Retrieval in the Legal World, *Artificial Intelligence and Law* 5, p. 24 (1995).
③ 同上书，p. 26。
④ 如示意图所示，空间中有多个 Sentence X 的向量表示句子，在此基础上会有多个 Term X 的向量表示文件。

(3) 相关性的概率模型

贝式网络是一个表示概率因果关系的图模式,其中的每一个节点都表示了一个事件及一个代表该事件是否发生的变量。贝式网络被应用于各事件存在因果关系但人们对究竟发生了什么事件的认知并不全面的情景中——在这些情景中,我们需要用概率来描述事件。人们可以通过给定的状态来计算一个事件发生的概率,而这个给定的状态则包括了关于其前导事件变量的信息。

针对一个法律信息检索系统而言,贝式网络模型是指通过这个模型,可计算出用户所需信息是否被某一文件所满足的概率,而信息检索系统会根据这一概率的大小来对文件进行排序使得所展示的文件由相关度从高到低排序。

3. 评价法律信息检索系统表现的方法①

评价信息检索系统的有效性所参考的两个主要指标为准确率(precision)和召回率(recall)。其中:

准确率 =(相关的文件中被检索出的数量)/(所有被检索出的文件的数量)

召回率 =(相关的文件中被检索出的数量)/(所有相关的文件的数量)

具体而言,所有文件可被下列表格表示为四类:

表 12-3-1　评价信息检索系统检索示意图

检索状态	相关的	不相关的
被检索出的	真实的正样本(TP)	错误的正样本(FP)
未被检索出的	错误的负样本(FN)	正确的负样本(TN)

因此,准确率可被表示为 $P = TP / (TP + FP)$,召回率可被表示为 $R = TP / (TP + FN)$

(二)法律信息检索系统存在的主要问题

在法律领域,用户通常需要通过信息检索系统检索到与特定查询内容相关的所有信息,以做出正确的判断。然而,事实证明,上述如 Boolean 等在全文本法律文件上常用的检索方法的平均召回率低至 20%,即平均需要被检索

---

① C.D. Manning, P. Raghavan and H. Schutze, *Introduction to Information Retrieval*, Cambridge University Press (2008), https://nlp.stanford.edu/IR-book/. Last access: Nov. 5, 2022.

到的每 5 个文件中,仅有一个文件能够被成功检索到。① 这可能导致用户在检索时遗漏重要的先例。由于在很多司法辖区内,法律工作者都有义务在合理范围内了解有关的全部法律文件,低召回率可能会严重影响到用户的工作质量。② 法律信息检索系统之所以在应用过程中遇到了诸多问题,主要是由于法律文本的特殊性。

首先,法律文本包括大量开放性含义的术语,并且这些术语的含义可能会随着时间发生变化。在英美法系国家中,这一问题尤为严重,因为每一个生效判决都可以对某个单词或短语含义进行不同的解释。③

其次,法律文本中经常使用多义词,甚至在同一个文档中出现的同一词语在不同段落中的含义也会有所不同。例如,在欧盟立法中,"worker"一词具有 4 种不同的含义:任何工人、雇主雇用的任何人、在船上从事职业的任何人、在有关成员国受国家就业法和国家管理保护的作为雇员的任何人。此外,它还可能以它的通用含义出现在文本中,即在特定职业上工作的人。④ 尽管这些术语的含义看似相似,但是正确的信息检索必须要区分不同的含义,以检索出正确结果。

另外,即使检索系统克服了法律文本固有的语言问题,它仍然需要确定每个结果的"相关性"。⑤ 例如,上级法院做出的判决,可能比下级法院做出的判决更"相关",但如果上级法院仅对某一话题进行了少量的讨论(如某一话题在该案例中是次要考虑的因素),那么,下级法院作出的判决也可能比上级法院更"相关"。同时,用户进行检索的意图也会影响结果对他们的价值。例如,在用户试图就特定的法律解释提出辩驳观点时,他可能发现一个基层法院的判决中充分的说理会比上级法院中笼统的概括更有价值,他也可能会希望检索到来自不同法律领域、不同司法辖区的类似立场。

在大量的可用案例中,克服上述这些问题是非常困难的。目前法律信息检索系统在努力通过各种方法增加相关文档的数量(提高召回率)并减少无关文档的数量(提高准确率)来提高法律检索的效率。但是,如果检索标准不够严格,将会有大量文件与之相符,但这些文件中会有很多文件并不是"相

---

① David C. Blair, M. E. Maron, An Evaluation of Retrieval Effectiveness for a Full-Text Document-Retrieval System, *Communications of the* ACM 28 (3), pp. 289-299 (1985).
② 同上注。
③ M. Saravanan et al., Improving Legal Information Retrieval Using an Ontological Framework, *Artificial Intelligence and Law* 17 (2), pp. 101-124 (2007).
④ W. Peters et al., The Structuring of Legal Knowledge in LOIS, *Artificial Intelligence and Law* 15 (2), pp. 117-135 (2007).
⑤ K. T. Maxwell, B. Schafer, Concept and Context in Legal Information Retrieval. *Frontiers in Artificial Intelligence and Applications* 189, pp. 63-72 (2008).

关"的,这将会导致准确率的下降;同理,如果检索系统的标准过于严格,那么,在准确率提高的同时就会导致召回率下降。这一"代价"往往难以避免。过去的研究也表明,大量企图提高召回率的办法没有把召回率提高到用户期望的数值,同时还牺牲了准确率,因此并不令人满意。① 不过,随着技术的发展,目前出现了一些可以在一定范围内同时提高准确率和召回率的方法,本节后文中将予以介绍。

(三)通过法律人工智能技术改良法律信息检索系统

法律信息检索系统相较法律论证计算模型(CMLA)而言具备许多优点。比如,信息检索系统可以自动处理法院不断生成的新判决,新案例并将其添加到数据库中,CMLA 则仍然需要人工处理。

然而,CMLA 也具有法律信息检索系统所不具备的优点。比如,法律信息检索系统无法捕捉到很多相关性因素,无法筛选出在法律上重要的信息,甚至无法判断特定诉讼中获胜的是哪一方。因此法律信息检索系统也就无法根据现有信息预测其他案件的结果或进行法律论证。相反,CMLA 则可以实现这些功能,从而能够避免前文中提到的传统法律信息检索系统存在的缺陷。

因此,目前一个较好的改良法律信息检索系统的思路即是通过新技术将 IR 系统和 CMLA 系统的优点进行整合。一个可能的方法是通过法律人工智能技术将法律层面的知识添加到法律信息检索系统之中,从而提高该系统的表现。

1. 通过法律实体论进行扩展查询

我们可以根据搜索问题中的表述,寻找法律本体(legal ontology)②,进而通过近义词、关联表达等进行扩展查询(query expansion)。扩展查询,是为了提高信息检索召回率,将原来查找句增加新的关键字重新查找。例如,针对关于"动物福利(animal welfare)"的查询,检索系统会收集本体中相关联的表达、词组和子术语,如物种保护、畜牧业、动物运输、屠宰等;会收集相关联的概念和定义,即放弃的动物治疗费用和收入中超出根据相关法律规定制定的强制性标准的部分;同时,还会收集检索词在不同语言中的表达,即"animal

---

① Daniel P. Dabney, *Statistical Modeling of Relevance Judgments for Probabilistic Retrieval of American Case Law*, University of California, 1993.

② Wikipedia (accessed May 14, 2020), https://en.wikipedia.org/wiki/Ontology:近年来,人工智能相关领域的学者开始将本体论的观念用在知识表达上,即将由本体论中的基本元素:概念及概念间的关联,作为描述真实世界的知识模型。

welfare"一词在德文、法文、西班牙文等语言中的对应表述,从而进行扩展查询。① 研究表明,应用了扩展查找的检索系统拥有更高的准确率和召回率。②

2. 整合法律信息检索系统和人工智能与法律相关性方法

在 SPIRE 方法中,用户可以输入一组能代表一个新问题的法律要素,此后程序会从一个完整的法律信息检索系统中检索共享这些要素(factors)的案例,并标出其中与这些要素相关的文章。

SPIRE 通过使用如 Hypo 或 CATO 这样的 CMLR 从法律信息检索系统检索案例。具体而言,SPIRE 由两个回路组成:外回路从完整文本的法律信息检索系统中查找案例,并从中提取裁判观点;而内回路从检索到的观点中识别与相关要素有关的段落(即针对每个要素,研究者会从案例中手动提取共3—14 段关于法院表明其如何考虑这些要素的摘录)。SPIRE 还具备反馈机制,用户可以在这一机制中对检索到的文件的相关性进行人工反馈。

这个系统展现了法律人工智能系统(如 CATO)和完整文本的法律信息检索系统联用的可能,以及半自动地更新 CMLR 中基于要素的案例库的可能。

3. 应用引文网络增强法律信息检索相关性检验

SCALIR 是一个通过考虑引文链接(citation link)来对相关性进行判断的项目。③ 其为用户提供了一个交互式图形界面,用户可以在其中将其希望查找的术语标记为初始节点。系统会在语料库中显示与输入内容相关的案例和术语,其中与输入术语内容最相关的节点会显示在中心,而相关性较低的节点则显示在边缘。用户可通过点击显示的节点来表明其对该节点的兴趣,而系统可通过这一相关性反馈机制相应地对检索结果进行扩展和修剪。

4. 监测概念变化④

法律概念可能随着法庭在新事实情景中对其的应用而发生改变。目前,有一些方法可以自动地发现这些概念的改变。例如,在 Rissland 等人设计的"监测破产案中某一概念是否发生变化"的程序中,该程序首先用多个特征向量代表每个案例,并在机器学习算法中录入每个案例的向量,由此输出一个决策树(每个节点表示一个影响结果的要素是否被满

---

① E. Schweighofer, A. Geist, Legal Query Expansion Using Ontologies and Relevance Feedback, *Computer Science LOAIT* (2007).

② M. Saravanan, B. Ravindran and S. Raman, Improving Legal Information Retrieval Using an Ontological Framework, *Artificial Intelligence and Law*, pp. 101-124 (2009).

③ D.E. Rose, R.K. Belew, A Connectionist and Symbolic Hybrid for Improving Legal Research, *International Journal of Man-Machine Studies*, Jul 1 (1991), pp. 1-33.

④ Edwina L. Rissland, M. Timur Friedman, Detecting Change in Legal Concepts, *Proceedings of the 5th International Conference on Artificial Intelligence and Law*, pp. 127-36.

足)。此后,通过度量决策树的结构不稳定性(structural-instability)检测其是否发生结构性变化(如节点的总数、各节点的数值是否发生变化等),并通过检验多次更新后的新决策树是否能更准确地预测结果来判断关于法律概念发生了变化的假设是否正确。

综上所述,以上多种方法通过整合部分法律人工智能方法,优化了法律信息检索系统,但仍有一些问题没有被解决。例如,系统仍然不能捕捉到句子在法律论述中的角色,从而无法用其角色来支持概念性的法律信息检索,而后者是实现排序检索案例、标出最相关段落、预测案例结果、生成法律论证等功能的前提。因此,需要引入机器学习方法对法律信息检索系统进行进一步优化。

二、法律信息检索与机器学习

(一)将机器学习用于法律文本

机器学习算法(ML algorithms)能够识别数据模式,总结模型中的各个模式,并用这些模型来预测未来的结果或为未来的文本加标签。模型能够捕捉所观察特征和结果特征之间联系的模式。将机器学习用于法律文本库的过程,即让文本库变成一个可以适用机器学习模型的向量空间模型(Vector Space Model)的过程。基于法律文本的机器学习的目标是对文本进行分类或作出预测,如实现将不同的法条归入不同的部门法、将案件中陈述事实和进行法律判断的句子进行归类等功能。应用这一算法的具体过程包括三步:第一步收集并处理原始数据,即自然语言法律文本;第二步将原始数据通过一些语言学处理方法来进行标记(tokenize)、规范(normalize)和注释(annotate);[1]第三步在文本被标记、规范、注释后,用一个特征向量代表它,并用向量在各空间内的数值来代表其在文本中的各个特征。在生成特征向量后,可将这些向量分为训练组和检验组,用训练组训练模型,随后用检验组检验模型的表现。

---

[1] 其中,第二步"规范"可具体分为三小步,即(1)规范:包括将单词变化为小写、让单词只保留无形式变化的词根部分等减少形式差异性的过程。(2)标记:将用连字符连接的、有引号等其他标点符号的词转化为标准的形式;删除停用词(stop words),即那些高频出现但是所表达的含义较少的词汇。应当注意的是,法律文本有时需要特殊的标记规则,如在选择停用词时,尽管如"and""any""not"等英文词汇在一般的文本中可以直接删除,但这些词在法律文本中可能表达着重要信息,不可随意删除。(3)注释:即加入注释信息以消除文本中含义相同的词可能产生的歧义,并对词汇在句子结构中的语法作用进行注释。见 Peter D. Turney and Patrick Pantel, From Frequency to Meaning: Vector Space Models of Semantics, *The Journal of Artificial Intelligence Research*, pp. 141-188 (2010)。

(二)不同法律情境中的机器学习

通过考察不同法律情境中的机器学习情况,能更加具体地分析机器学习可能遇到的不同问题,将有助于推荐算法的高效运算。

1. 将机器学习应用于电子披露(E-discovery)

电子披露是机器学习应用于法律文本的一个常见情境。同时,电子披露是在审判前对电子存储的信息进行收集、交换和分析的过程。其主要的挑战是诉讼律师往往面对多种多样的诉讼文件,其中不乏企业内部大量的电子邮件,而他们需要根据这些文件做出尽可能准确的相关性假设(relevance hypothesis),即一个针对所需文本主要内容的抽象描述,以提取出满足这一假设的"相关文件"。[1]因此,随着新的事实和信息的产生,原、被告经常需要对假设进行相应调整。相关性假设可能非常具体,如其会详细地指明相关的文件是关于何主体间的交流、发生在什么时间、达到了什么程度、发生的原因等表达。[2]

但是,当诉讼律师运用普通的信息检索系统时,系统不会明确地将这些假设公式化。律师们经常花费大量时间和精力阅读电子披露中的文件,而且,由于信息检索系统的不足,其中的很多文件还不属于文件。因此,为了提高电子披露过程的效率,我们需要引入机器学习技术。

(1)预测性编码

电子披露领域中的机器学习通常为预测性编码(predictive coding),它能够自动完成文件审阅。这一过程中,诉讼律师首先从一组文件中识别出可能相关的文件,对其进行手动编码。此时会形成两种类型的样本:训练集(training set),即一个由人工审阅者编码为"相关"或"不相关"的若干随机文件组成的集合,机器学习算法据此"学习"出如何判断未来文档是否"相关";控制集(control set),即另一个由人工审阅者编码的随机文件样本的集合,独立于训练集存在,被用于衡量机器学习算法的有效性。在形成训练集和控制集后,就可以训练电脑让其能够自动识别相似文件。在自动编码过程中,机器学习技术被用于预测能够识别相关文件的程序将被如何编写,因此被称作预测性编码。机器学习系统能够从种子样本中提取一个预测模型,从而识别

---

[1] Christopher Hogan, Robert S. Bauer and Dan Brassil, Automation of Legal Sensemaking in E-Discovery, *Artificial Intelligence and Law*, p. 446 (2010).

[2] Kevin D. Ashley and Will Bridewell, Emerging AI & Law Approaches to Automating Analysis and Retrieval of Electronically Stored Information in Discovery Proceedings, *Artificial Intelligence and Law*, pp. 311-320 (2010).

更多的相关文件,并提交给人工审阅者,由其确认文件归类的准确性。[1] 根据人工审阅者反馈,机器学习系统会随时更新分类模型,并不断重复这一迭代步骤,直至没有被检测过的文件集中不再存在相关文件。

然而,人们对于预测性编码的应用也存在一些担忧。预测性编码依赖于高度复杂的算法来确定文件相关性,而并非依靠人为判断,因此一些批评者将并不透明的内部过程描述为"黑匣子"。[2] 对于律师来说,很难拥有足以了解这一技术的工作方式和编码决策方式的专业知识,但是往往是文件分类器的机器学习模型越准确,就反而越不容易被解释。同时,由于用于机器学习的文件数量过大,通过人工评估其有效性并不现实。此外,预测性编码会影响到辩护策略。[3] 当关键词检索是电子披露阶段律师的主要方法时,律师主要就检索文件时所用的术语(terms)和问题与对方进行谈判,以让双方就可发现的证据的范围达成共识。由于预测性编码运用了机器学习算法,包括了除"术语"以外的内容,具有更多的不确定性,因此可能导致更多的争议,并让谈判过程变得更为复杂。[4]

即便如此,仍然不可否认法律信息检索系统在运用了机器学习方法后获得了更高的准确度和召回率,并因此降低了成本,为电子披露过程带来了便利。[5] 因此,电子披露在近几年来得到了迅速发展,其先后于 2012 年、2015 年和 2016 年被美国、爱尔兰和英国的法院所认可。[6]

(2)非监督式机器学习

非监督式机器学习与通常使用人为标记(label)数据的监督式学习相反,它是在没有预先存在的标签且最低程度内需要人工监督的情况下,在数据中找到先前未检测到的模式的机器学习方法。非监督机器学习最常见的方法为文件聚类算法(clustering algorithms)。这一算法在没有关于哪些标签是正确的前提信息的情况下,根据文件内容和元数据来推断文件的分类,此

---

[1] Douglas W. Oard and William Webber, Information Retrieval for E-Discovery, *Information Retrieval*, Vol. 7, pp. 99-237 (2013); Caroline Privault, Jacki O'Neill, Victor Ciriza and Jean-Michel Renders, A New Tangible User Interface for Machine Learning Document Review,*Artificial Intelligence and Law*, pp. 459-479 (2010).

[2] Predictive Coding: AI & Machine Learning in Discovery (accessed Dec. 23, 2020), https://www.logikcull.com/guide/predictive-coding, Last access: Nov. 5,2022.

[3] Edward Sohn, Top Ten Concepts to Understand about Predictive Coding (accessed May 14, 2020), https://www.acc.com/resource-library/top-ten-concepts-understand-about-predictive-coding, last access: Nov. 5, 2022.

[4] 同上注。

[5] Douglas W. Oard and William Webber, Information Retrieval for E-Discovery, *Information Retrieval*, Vol. 7, pp. 199-203 (2013)

[6] A Brief History of Technology Assisted Review, *Law Technology Today* (2015). TAR Case Law Primer Public Comment Version, *Sedona Conference*, August 2016.

后再让人类判断每一组内文件所具有的共同特征和其所适用的标签。① 在应用非监督性模型时,用户有时会提前表明其希望文件被分成几组,但不会提供关于具体类别或标签的信息。

聚类技术在为监督性学习方法选择种子集时起着重要作用。当人类专家为非监督性机器学习模型分出的群组分配了标签后,系统会转入监督式学习来帮助人类根据标签对新的文件进行归类。在电子披露领域,这一方法尤其重要,因为,由非监督式学习进入监督式学习的连续过程可以帮助团队应对电子披露中随诉讼进程而不断出现的新文件。②

2. 将机器学习应用于法律案件

(1) 在 History Project 中应用机器学习

Westlaw 的历史项目(History Project)是一个典型的将机器学习应用于法律信息检索库,从法律案例结合中提取有用信息的例子。它可以识别那些在判决先例中影响了法庭意见的语言,并将其联系起来。它甚至可以识别到与当前案例(instant case)处在一个上诉链中的案件——很多情况下,判决书中都并不会充分指明其先前案例(prior cases),因为在当下案例的判决书写就时,其先前案例可能还未公开。③

历史项目的结构包括 3 个部分:信息提取、信息检索和决策制定。首先,它会计算各表达在所有文件中出现的频率。这一频率越低,其在案件中出现时就越具有可识别性。随后数据库中 7000000 个案例会根据最具有识别性的 8 种表达被编入索引。此后,系统会进行信息提取,即在遇到新的案件时,可以运用 citator 数据库来检索可能属于本案例之先前案例的候选案例。④ 系统会处理判决书及其页眉,从中提取历史语言、双方姓名、法院、日期、案卷号等,现有案例标题会被处理并提取出索引词。随后进行信息检索,即根据提取出来的信息向数据库提交问题来检索候选案例,问题通常是最具辨识度的索引词和关于案件日期和法院的信息相结合的产物(如管辖信

---

① Douglas W. Oard and William Webber, Information Retrieval for E-Discovery, *Information Retrieval*, Vol. 7, p. 139 (2013); Caroline Privault, Jacki O'Neill, Victor Ciriza and Jean-Michel Renders, A New Tangible User Interface for Machine Learning Document Review, *Artificial Intelligence and Law*, p. 464 (2010).

② Caroline Privault, Jacki O'Neill, Victor Ciriza and Jean-Michel Renders, A New Tangible User Interface for Machine Learning Document Review, *Artificial Intelligence and Law*, p. 464 (2010).

③ Peter Jackson, Khalid Al-Kofahi, Alex Tyrrell and Arun Vachher, Information Extraction from Case Law and Retrieval of Prior Cases, *Artificial Intelligence* Vol. 150, pp. 239-290 (2003).

④ 在法律研究中,citator 是法律资料的引文索引,在拥有一个关于法律意见的引用时,citator 让研究人员能够找到引用这一原始文件的新文件,从而重建案件和法规的司法历史。History Project 的目标则是帮助维护 citatory 数据库。

息、所在地、巡回法院编号等)。候选信息中的当事人信息会被提取出来与现有案件相对比,同时系统会按照当事人的相似性检索出候选案例并展示给用户。最后,在决策制定阶段,系统运用机器学习来决定哪些候选案例是现有案例的真正的先前案例。

历史项目的一个核心问题是如何能用最佳的方式表示各个案例,这里可以使用具有 8 个特征的特征向量以表示一个案例是否是真正的先前案例。这些特征具体包括:标题相似性、历史语言、案卷号匹配度、上诉检测、先例概率、引用案例、标题信息权重和 AP1 检索。

(2)机器学习算法:支持矢量机

支持矢量机(Support Vector Machines,SVM)是用统计标准来区分一个类别中正样本和负样本的算法。需要注意的是,一个统计性的机器学习算法固然比决策树等模型更有效,但它更难被人们直观地解读。SVM 在矢量空间中的正样本和负样本之间确定了一个界限(boundary),其满足各个样本该界限的距离最远。① 这一界限是一个几何实体,其特性根据向量空间的维度数量决定。若向量空间是一条线,则界限为一个点;若为一个平面,则界限为一条线;若为三维空间,界限为一个面;在三维以上空间,界限为一个超平面(hyperplane)。根据 SVM 所"学习"到的超平面,预测一个新的案件的标签即为一个判断表示新案件的向量会落于超平面的哪一侧的过程。

历史项目 SVM 可在候选案例中,依据属于先前案例的可能性对当前案例进行排序。研究者用随机抽取出的案例训练 SVM;针对每个现有案例,都会有一百余个先前候选案例被预先选出。这些案例其随后会被用一个八维空间中的特征向量所表示。需要强调的是,在监督性及其学习中,团队会提前知道哪个候选案例是实际上的先前案例。② 尽管 SVM 一般被用于案例分类,但在历史项目中,团队则将 SVM 用于对候选的先前案例进行排序,根据的标准是其到模型学习到的界限的距离。③ 这一排序表和相应的距离数值会紧接着被录入到提高系统召回率的决策模型中。

(3)关于案件结构的机器学习

运用与历史项目 SVM 类似的方法,可以从案件中提取出其他方面的信息,以提高法律信息检索的能力。其中一类有用的信息为法律文件的结构信

---

① William S. Noble, What is a Support Vector Machine?, *Nature Biotechnology*, pp. 1565–1567 (2006). (两类案例间可能可以画出很多界限,而我们要选取的是满足各个样本到这一界面距离最短的界面;理想情况下,所有候选案件中的正样本会分布在这一界限的一侧,负样本会分布在另一侧。)

② Peter Jackson, Khalid Al-Kofahi, Alex Tyrrell and Arun Vachher, Information Extraction from Case Law and Retrieval of Prior Cases, *Artificial Intelligence* vol. 150, p. 284 (2003).

③ 同上注, p. 285。

息。例如,机器学习可以用于区分一个案例中的事实部分或法律探讨部分(legal discussion)。以 Lexis Nexis 为例,其机器学习算法可以学习如何识别案件中的某一段话是属于事实还是探讨、或者两者皆是,抑或两者皆非。

实现这一目标需要将文段用若干特征向量来表示,如相对的段落位置、引用案例或法条的数量、使用动词过去式的数量、信号词的数量。人类可以直观地确定这些特征向量可以用于对案件结构进行分类,但至于其在分类时分别应被给予怎样的权重则未知,因此,需要应用机器学习技术,学习在对训练集进行分类时这些特征应有的权重,并在此后用此权重来对新的文段进行归类。

3. 将机器学习应用于法律条文

法条分析是决定哪些法条可被适用、如何适用及其适用效果的过程。在进行这一分析前,需要首先找出与当前法律问题相关的法条,而这一过程目前已可以通过现有的法律信息检索系统较好实现。律师通过假设可能与法律问题相关的且可能出现在法条中的特定词语进行检索,并在结果中挑出最佳的候选条文。然而,法律信息检索系统几乎无法协助律师挑出最佳的候选条文,也无法帮助其修正假设和检索词,以捕获用于区分法律条文是否相关的更多特征。可是,这些功能对于法条分析是非常重要的。

目前具备迭代机制的机器学习程序可以在法律信息检索工具搜索到候选条文后,让用户为机器学习分类器提供反馈,进而分类器可以自己更新模型。[1] 在这样的模型中,相关性判断类似于人类专家和机器学习条文分类模型之间的一种对话,用户可以使用一个图形用户界面来标出与法律问题相关的条文。[2] 根据用户的要求,分类模型会学习用户作出分类的新条文的特征及其权重,本节后文将进一步介绍基于法条文本的机器学习模型。

(三)应用认知学习的法律应用程序

在应用法律信息检索系统时,用户总会有一个关于"相关"文件的假设。对比应用机器学习技术前后的法律信息检索系统可以发现,普通的信息检索系统只能够通过关键词检索和自然语言提问帮助用户完成初步检索和排序,但用户仍须自己阅读文件并从中挑选出真正相关的文件,并由用户根据检索结果完善假设,这是耗时耗力的。在应用机器学习技术后,系统可以根据认知计算完成智能活动,即可以根据用户标注为相关的文件自行改善用户

---

[1] J. Šavelka, G. Trivedi, Kevin D. Ashley, Applying an Interactive Machine Learning Approach to Statutory Analysis, *Proceedings of the 28th Annual Conference on Legal Knowledge and Information Systems* (*JURIX*' 15), IOS Press, 2015, p. 101.

[2] 同上注。

的假设。当用户对部分文件是否相关进行判断后,这个系统能够生成一个包含了这些判断的模型,并将这一模型应用于对新的文件的归类过程。除标记文件相关性以外,用户还可以对一个文件是否"相关"进行解释,也可以根据信息检索系统得出的结果来修正"相关性假设",而信息检索系统也能够理解人们的相关性假设,并将其运用于文件检索中,不断完善系统。

三、基于法条文本的模型:从法条文本中提取信息

从法条文本中自动提取信息,作为法律人工智能应用的一大措施,有助于推动"人工智能+法律"的应用与发展。

(一)自动提取技术的发展与意义

在过去的20年里,研究机构推出了许多用于自然语言处理和机器学习的高质量开源软件包,研究人员和开发人员可以用 Java、Python 和 R 等语言快速编写应用程序,而这些语言可以搭载在综合性的、经过良好测试的数据库上,比如 Stanford NLP、OpenNLP、NLTK、spaCy、scikit-learn 和 Weka。对大多数领域来说,研究速度提高了,应用程序开发成本降低了。然而,这些程序在法律领域中得到的关注要少得多。

法律是一个由语言、逻辑和概念关系驱动的领域,其本身就适合于计算和分析。[①] 然而经验证明,自然语言处理和机器学习在法律上的应用并没有像人们所希望的那样广泛和富有成效。在学术和商业领域应用的一个主要障碍是缺乏允许用户将真实的、非结构化的法律文档转换为结构化数据对象的工具。"人工智能与法律"的目标是使这项任务更加简单,无论是对法律、法规,还是对法院意见、案情摘要进行分析。

(二)自动提取的基础技术

"人工智能与法律"长期以来一直致力于从电子法律、法规文本中自动提取有关规则要求的信息。法律文本分析是应用自然语言处理(NLP)、机器学习(ML)和其他方法从法律案件判决、合同或法规的文本档案中自动提取意义或语义的计算技术。[②] 通过识别法律文本中与论点相关的和其他语义信息,新的应用程序可以通过将文档结构、概念和论点角色与用户寻求解决的问题的各个方面相匹配,从而提高法律信息检索的能力。最终,提取的信

[①] J. B. Ruhl, D. M. Katz and M. J. Bommarito, Harnessing Legal Complexity, *Science* Vol. 355, pp. 1377–1378(2017).

[②] Michael Simon, Alvin F. Lindsay, Loly Sosa and Paige Comparato, Lola v. Skadden and the Automation of the Legal Profession, *Yale Journal of Law and Technology*, vol. 20. pp. 234–310 (2018).

息可以连接人工智能(AI)直接与法律文本的法律推理和论证模式,以预测和解释案件的结果。

机器学习(ML)、网络图和问答(QA)是3种基本的法律文本分析技术。机器学习指的是使用统计手段从数据中归纳或学习模型的计算机程序,这些数据可以对文件进行分类或预测一个新案件的结果。预测编码技术已经将机器学习从文本引入律师事务所。① 网络图描绘了对象之间的关系,可以使法律信息检索变得更加智能。② QA 系统搜索大量的文本集合,找到直接回答用户问题的文本或部分文本。其中,机器学习得到的运用最为广泛。它已经被应用于预测美国最高法院(SCOTUS)的裁决结果,且准确预测了 60 年期间 70%的案件结果和 71%的司法投票结果。③ 这个项目将机器学习决策树———一个极其随意决策树状图,运用于标记了各种特征的最高法院案件中。标记的信息包括案件的特征(包括案件信息)、当时法官和法院的背景以及历史趋势、法官性别、任命的总统、最高法院和下级法院的整体历史趋势、法官个人在最高法院的趋势以及趋势的差异。④

(三)提取类型之一:功能信息

从法规中提取功能信息对于概念信息的检索非常有用,这些功能信息一旦被提取出来,就可以应用到 XML 注释系统中。在这个系统(通过功能信息)了解一些相关法律概念后,就可以进一步被用来辅助概念检索;一旦这样的功能信息被合并到法律法规的本体索引中,用户就可以检索相关的规定。

1. 提取工具

为了从法规中提取功能信息,Francesconi 等人构建了两个工具:xmLegesClassifier 和 xmLegesExtractor。⑤ 分类器(classifier)输入的是法规文本,输出的是一组预测的功能类型;提取器(extractor)输入的是法规文本和预测的类型,输出的是与该文本特定语义角色相关的法律文本片段。整体而言,xmLegesClassifier 预测了法律文本的功能类型之后,它将信息传递给 xmLegesExtractor;然后 xmLegesExtractor 通过"知识驱动(knowledge-engineered,KE)"文

---

① Robert Dale, Law and Word Order: NLP in Legal Tech, *Natural Language Engineering*, Vol. 25, pp. 211-217 (2019).

② Paul Zhang et al., Knowledge Network Based on Legal Issues, *Network Analysis in Law*, 11 (2), p. 21 (2014).

③ Daniel M. Katz, Michael J. Bommarito II and Josh Blackman, A General Approach for Predicting the Behavior of the Supreme Court of the United States, *Plos One*, 11(01), pp. 23-25(2016).

④ Daniel M. Katz, Michael J. Bommarito II and Josh Blackman, Predicting the Behavior of the Supreme Court of the United States: A General Approach, *Arxiv Org*, 22 (01), p. 6(2014).

⑤ Enrico Francesconi, Simonetta Montemagni, Wim Peters and Daniela Tiscornia, *Semantic Processing of Legal Texts*, Springer-Verlag, p. 76(2010).

本分类规则和自然语言处理(NLP)来提取与每种类型的条款相关联的特定功能信息。同时,该项目使用"机器学习(Machine Learning, ML)"和 KE 作为补充,ML 提取了更抽象的功能类型,如义务;KE 提取了更具体的内容,如义务对象。①

2. 提取规则

输入根据分类器提供的原始法律文本段落和预测的功能类型后,提取器将输出文本片段。这类文本片段被称为词法单元(lexical units),每单元代表着特定功能类型中的不同角色。图 12-3-2 是提取器提取过程的示意图,词法单元分别代表着不同的角色,如"控制者""通知"和"保证人"。

> 输入:意大利隐私法的法律规定:"控制者如欲处理本法适用范围内的个人资料,必须通知'保证人'"
> 类型:义务
> 输出:系统提取功能信息
> 特征:
> 命令发出者:"控制者"
> 行为:"通知"
> 命令对象:"保证人"

图 12-3-2 提取器提取过程

提取过程包括两个步骤:句法预处理和词汇单位识别。在句法预处理中,提取器提取文本段落并将文本流分解成单词、短语、符号或其他元素(标记)。同时,提取器将日期、缩略语和多词形式的表达方式标准化或规范化,亦即,"法律化(lemmatize)"文本。系统还会使用意大利法律词典将相同单词的不同形式组合在一起,标记 POS,并对文本进行浅层分析,使之成"块(chunks)";在词汇单位识别中,它识别与特定条款类型相关的参数或元素的所有词汇单位,专门针对每种具体规定类型制定的规则语法,使系统能够识别与该类型的监管特征相对应的"块"。

(四)提取类型之二:逻辑规则

"合规(regulatory compliance)"在涉及产品、系统设计的行业非常重要。在土木、电气和环境等工程的大多数领域,法律、法规规范着产品设计,而各

---

① Emile de Maat, Kai Krabben and Radboud Winkels, Machine Learning Versus Knowledge Based Classification of Legal Texts, *Frontiers in Artificial Intelligence and Applications*, Vol. 223, pp. 87-96.

地区之间的规定差别很大。而产品工程师和系统设计师可能并不知道法律法规的要求,法律工作人员又可能不了解技术,因而无法预见法规方面的影响。诸如此类的考虑使研究人员试图从法规文本中自动提取规则,这样就可以自动应用这些规则来检验所提出的设计是否合规。

1. 提取素材

进行合规的一个重要内容是比较不同司法管辖区内类似主题的法规内容。以美国为例,许多工业、商业机构跨越各州边界,保险、医疗保健、计算机安全和隐私监管等领域受多个州的法律管辖。因此,制定跨司法管辖区的合规计划,需要提取大量不同司法管辖区的法律法规素材。不少研究已试图通过 ML 提取法条素材①。

2. 提取限制

从法规文本中提取逻辑规则是法律推理自动化的一个重要目标,但单靠自然语言工具不足以完成任务。例如,对于"供应商必须为消费者提供监视投诉进展的手段"这一条款,语义表示标识了个人、事件、关系和时间关系,确定了情态"必须",但没有指明义务的承担者,没有确定情态动词的范围,也没有反映条款一般适用于供应商的情况。

为了能够成功从法律文本中自动提取逻辑规则,有必要将重点放在一个狭义的法律领域,并确定该领域特有的逻辑结构,以作为规则的模板。在给定一个新的法律段落时,第一个分类器识别其逻辑部分,第二个分类器选择适用的逻辑模板,最后系统根据模板组合逻辑规则。

四、基于案例的法律推理建模:从案例文本中提取信息

案例文本中的重要信息是与论点相关的,这些信息包括法律规则(抽象的规则陈述或结合案件事实的具体应用)、案件判决、事实认定,或论点中的命题、前提、结论以及根据给定的前提得出相关的逻辑框架等。② 提取这些与案件论点相关的信息有助于检索概念性的法律信息。

(一)提取论点信息的三类建模方式

如前所述,与论点相关的重要案例文本信息多种多样,针对不同类型的论点也存在不同的研究项目,这些项目主要有三:一是 Mochales 和 Moens 建立的系统,它能识别在论证中起作用的句子,将它们标记为前提或结论,并从案例文本中提取论证的结构;二是 SMILE 系统,它能提取实质性的法律因

---

① Grabmair, 2014; Savelka and Ashley, 2015.

② Chris Reed and Glenn Rowe, Araucaria: Software for Argument Analysis, Diagramming and Representation, *International Journal on Artificial Intelligence Tools*, 13(04), pp. 961-979.

素,即强化或削弱一方法律主张的特定事实模式;三是 LUIMA 系统,它能提取案件中引用的法律规则及其对事实的应用的论据相关信息。

(二)Mochales 和 Moens 建模与命题

Mochales 和 Moens 的研究项目着眼于命题(preposition or claim),他们认为,"论点是一组命题(preposition),除了最多有一个是结论,(并且)遵循一个推理方案外,其他的命题都是前提"。

1. ML 将句子分类为命题、前提和结论

研究人员应用 ML 自动地将句子归类为论点中的命题(或非论点中的命题),将论点性命题归类为前提或结论。他们使用的语料库是《南洋杉语料库》,这一语料库包含同等数量的论点性命题和非论点性命题共计 3798 个句子,欧洲人权法院的 47 份法律文件,其中包括 2571 项判决。3 名注释员花了 1 年多时间对《欧洲人权公约》文集中的论点进行注释,1 名法官负责解决不同意见。

2. 通过文本特征检测论点

为了提取与论点相关的信息,Mochales 和 Moens 将句子表示为特征向量以检测论点:(1)每个单词、单词对、连续单词对;(2)包括某些副词、动词和情态动词(表示许可或义务的动词,如"可以""必须""应当"和"应该");(3)某些标点符号模式,某些表示论证的关键字,例如,"但是""因此"和"因为";(4)解析树的深度和子句的数量(用以衡量句子的复杂度),以及(5)某些文本统计信息,包括句子长度、平均单词长度和标点符号数量。

为了将论点命题分类为前提或结论,研究人员使用了一组丰富的特征来表示句子:(1)句子相对于阈值的长度和文档中的位置;(2)主要动词时态和类型;(3)前句和后句的类别;(4)对句子进行预处理,将其分类为论点式或非论点式;(5)出现在句子和周围句子中的修辞模式类型——支持、反对、结论,其他或无;(6)议论性句子的类型,如"见""作必要的修改""已经得出这个结论""通过多数";(7)该句子是否引用法律条文或包含法律定义;(8)判决主体的类型,如申请人、被告、法院或其他。

3. 运用统计学习算法

Mochales 和 Moens 将句子表示为特征向量后,应用了 3 种常用的文本分类统计学习算法,即朴素贝叶斯分类(Naive Bayes Classifier)、最大熵分类器(maximum entropy classifier)和支持向量机(Support Vector Machine,SVM)。[①] 前两种算法被应用于预测一个句子是否属于一个议论性命题,在计算概率的过程

---

① Raquel Mochales and Marie-Francine Moens, Argumentation Mining, *Artificial Intelligence and Law*, 19(1), pp.1-22.

中,它们都会对与特征向量中的每个特征相关联的参数或权重进行估计,但方法并不相同。

对于一个计算机程序来说,要使它能够用关于案例的论据进行推理或预测结果,就需要提取更多种类的信息。除在法律案件意见中标出前提、结论和逻辑框架外,还需要注释实质性特征,如加强或削弱法律论点的因素,以及可用于预测案件结果的因素。

(三)SMILE 建模与法律因素

SMILE 充当了连接自然语言所描述的问题和 IBP 预测案件结果的计算模型之间的"桥梁"。它基于一组涉及描述性因素的示例摘要训练集(training sets),来学习如何识别法律因素,如输入涉及"商业秘密法"问题的文本描述,SMILE 将其表示为一个因素列表,并将该列表输入给 IBP,IBP 反过来根据 SMILE 的输入预测结果,并对预测进行解释。

1. SMILE 学习的三类表示法

SMILE 采用了一套人工分类的案例文本训练集,这些文本不是法律意见书的全文,而是案件摘要。为完成这套训练集,研究人员专门聘请了法律专业的学生人工摘取所有于法官而言重要的案件事实。在构建 SMILE 的过程中,研究人员需要解决的一个重要问题,即怎样的表示(representation)才是 SMILE 应当从文本中学习到的好的表示。

为包含更多的语义和句法信息,研究人员选择了三类表示法,分别是 BOW 表示法、角色替换(Roles-Replaced, RR)表示法和命题模式(Propositional Patterns, ProP)表示法。BOW 表示法最简单,这一表示法将句子表示为特征向量,而这些向量只是句子中的单词。角色替换表示法与 BOW 表示法类似但存在一个重要的区别,就是当事人名字和产品相关信息被更通用的术语替换,如"原告""被告"或"信息"。命题模式表示法识别"谁做了什么"。具体而言,命题模式表示法能识别出四种句法关系:主语-动词,动词-宾语,动词-介词短语和动词-形容词。然后,与角色替换表示法一样,该方法将其中主体的或产品的信息用"原告""被告"或"信息"进行替换。

2. SMILE 的效果

SMILE+IBP 是第一个能够预测法律案件结果的"人工智能与法律"程序。SMILE 分析法律案件事实的文本描述,IBP 使用基于案例的推理和法律问题的逻辑模型预测案件的结果。

(四)LUIMA 建模与法律规则及案件事实

LUIMA 系统从法律案例文本中提取法律规则,并进行结合案件事实的规则应用。根据命题在论证中所起的作用对案例文本进行全面注释,并基于注释进行检索，LUIMA 胜过于依赖文本匹配和法律信息检索技术的系统。至于 LUIMA 是如何起作用的，它可以是陈述决定一个问题的法律规则，或者陈述一个事实的发现，该事实的发现支持一个结论，即法律规则的一个条件在特定情况下得到满足。

1. LUIMA 的三类句子注释类型

LUIMA 是一类有级别的系统，最高一级的句子注释是由较低一级形成的，而句子注释类型主要包括 3 种：(1) 法律规则句 (Legal Rule Sentence)。此种句法只抽象地陈述法律规则，而不将其应用于特定案件事实；(2) 基于证据的结论句 (Evidence Based Finding Sentence)。此种句法表明特定案件中的证据是否证明某一规则的条件得到了满足；(3) 引用句 (Citation Sentence)，权威文件的引用，包括法院判决、法规、规章、政府文件、条约，学术著作或证据文件。

2. 通过黄金标准案例检验 LUIMA 系统

为了评估 LUIMA 系统，研究人员从 V/IP 语料库中选取了 10 个源案例作为"黄金标准案例 (Gold Standard Cases)"。为保证这些案例注释过程的可靠性和准确性，一个受过法律和句子层次类型系统训练的学生研究员先在每个判决上做标记；然后，再由一名受过类似训练的法律系学生审阅最初的注释，最后由一位法学教授审查并认证它们为黄金标准注释。[①] 而 LUIMA-Annotate 则运用两种方法对案例文本进行注释，一是基于规则 (Rule-based) 的子句注释，这一规则是人为设计的子句标注方法；二是基于 ML 的注释，通过 ML 算法从一组人工注释的例子中自动构造相应内容。

当输入一个文档时，系统会识别一个句子的结束位置和另一个句子的开始位置。第一步，是在基于规则的注释器中 (Rule-Based Mention & Formulation Annotator) 拆分句子。句子拆分对于人力来说是一项容易的任务，但对于计算机来说却并非如此。法律文件中模糊的标点符号给自动分句器带来了挑战。例如，法律文件中的缩略语和引文使用的句号（"."）不是用来表示句子的结尾，一个句子拆分器可能会错误地将它们解释为结束一个句子，并且这将使后续 ML 的效率降低，因此研究人员增加了一个模块来处理句号的特殊用法。此外，研究人员还通过朴素贝叶斯分类等 ML 算法，评估 LUIMA 注释的精准度等指标。

---

① Vern R. Walker, Nathaniel Carie, Courtney C. DeWitt and Eric Lesh, A Framework for the Extraction and Modeling of Fact-Finding Reasoning from Legal Decisions: Lessons from The Vaccine/Injury Project Corpus, *Artificial Intelligence and Law*, 19(4), pp.291-331.

第四节 论证结构与信息采集的结合:认知计算

一、认知计算中的概念法律信息检索

(一)概念法律信息检索的介绍

主流的法律信息检索系统如 Lexis Nexis 和 WestlawNext 已经实现了一定程度的概念法律信息检索。Lexis Nexis 基于从判例法数据库中挖掘出的"法律问题"网络,为案例提供了一个切入口。每个问题都对应一个可以引用案例的命题。WN 的复杂的重新排序功能考虑了基于专家生成的注释和引用网络的概念信息。这两个法律信息检索应用都使用机器学习来改进相关性评估,应用范围包括自动提取案例处理历史和学习与法律主题相关的特征权重。

不过,这些信息检索系统检索仅能完成文本匹配功能,而不会将法律文本的内在逻辑考虑在内。法律是存在内在逻辑的系统,而非简单的文本组合。因此,一个更加高效的法律系统需要考虑法律的逻辑,或者说文本与文本之间的关联。

本书介绍的 LUIMA 架构法律非结构化信息管理架构采用了自动化文档概念标记和从法律案例文本中提取信息的技术,并将这些技术集成为一个用于检索概念法律信息的系统。该系统包括自动子句级标注、基于多语言标记的句子标注、基于全文信息检索系统的基本检索、基于多语言标记的检索文档重新链接等模块。通过对带有参数信息的文档进行语义注释,并基于这些注释检索文档,可以使得该系统超越目前依赖文本匹配和当前法律信息检索技术的系统。

LUMIA 架构是基于 UMIA(非结构化信息管理架构)开发的适用于法律信息管理的系统架构,其中 UMIA 是分析大量非结构化信息以便发现与最终用户相关的知识的软件系统。一个采用 UIMA 系统的程序可能会提取纯文本并标识实体,如人员,地点,组织;或关系,如工作对象或所在地。UIMA 使应用程序可以被分解为组件,如"语言识别" =>"特定于语言的细分" =>"句子边界检测" =>"实体检测(人员/地点名称等)"。每个组件实现由框架定义的接口,并通过 XML 描述符文件提供自描述元数据。框架管理这些组件以及它们之间的数据流。组件是用 Java 或 C ++编写的;组件之间流动的数据旨在实现这些语言之间的有效映射。UIMA 还提供了将组件包装为网络服务的功能,并且可以通过在网络节点的群集上复制处理管道来扩展到

非常大的容量。

为了在法律信息检索中使用与论据相关的信息，LUIMA 系统的体系结构将文本注释组件 LUIMA Annotate 与信息检索系统相连接。信息检索系统由 LUIMA-Search 和 LUIMA-Rerank 组成。

LUIMA Annotate 组件可以从 WestLaw、Gold Standard 等数据库读取标注文本，并且可以基于 UIMA 注释器进行文本的自动标注以及子句级标注。

LUIMA-Search 和 LUIMA-Rerank 是信息检索系统最重要的组成部分。LUIMA-Search 将给定查询中的字段项与数据库索引中的字段项进行比较，并检索响应查询约束的所有语句。LUIMA-Search 查询将所有指定的条件按照逻辑或术语连接起来。LUIMA-Search 将检索到的文档传递给 LUIMA-Rerank 组件。LUIMA-Rerank 组件的重要作用是学习如何对文档进行重新排序，以最大限度地满足用户的查询要求。LUIMA-Rerank 利用法律专家提供的训练"集"不断学习，从"真实"排名中学习这组特征的权重。

LUIMA 的评估表明，在文档中自动注释 LUIMA 类型（疫苗、伤害、因果关系和句子类型）将其用于索引和查询，可以获得比目前基于文本匹配系统更好的链接、检索性能。比如，在对疫苗损害索赔领域的一组文件进行自动注释后，这一系统可以与论证相关的信息为中心，从自然语言的法律文件到检索结果。

（二）构建法律论证检索/认知计算系统（LARCCS）

构建 LARCCS 的计划是根据构建 LUIMA 和人工智能和法律研究人员从案例文本中提取与论点相关的信息的经验，并将这些技术与现有的法律推理和论证的计算模型相结合而形成的。

LUIMA 提供了现有的法律信息检索系统与 LARCCS 相连接的前景和指南，LUIMA 的注释和重新链接技术可以应用于更传统的法律信息检索的文档。因此，原则上，法律文件的智能语义分析技术可以在不破坏信息检索数据库和索引的情况下提高信息系统的性能。

开发 LARCCS 的意义何在呢？开发用于法律论证的认知计算系统的目标是支持用户通过查询来表达他们的信息需求。普通的法律信息检索系统可以根据查询词检索资料，但是它们不理解与论证相关的概念和约束条件。一个仅仅基于文本的搜索引擎会简单地将这些信息作为附加的、常见的关键字，而不是作为法律概念来指定与论点相关的信息。而 LARCCS 可以将关键词作为法律逻辑和法律内在逻辑的一个部分，并将关键词嵌入法律网络之中进行检索。

不过，这样智能的法律检索与分析程序也面临着一系列挑战。

LARCCS 面临的第一个挑战是法律文件的标注问题。为了检索、排序和总结法律文件,LARCCS 语义分析系统需要一个扩展类型系统,在更大的范围内添加法律文档结构和法律论证结构。法院在论证的过程中会考虑一系列的问题和子问题。法院通常会提出问题,考虑与该问题有关的论据,并得出结论。现有的类型系统还不支持对法律论证过程进行标注。

假设我们已经扩展了一个类型系统来支持更广泛的参数模式、文档结构和声明特定类型的标注,那么,开发一个 LARCCS 原型的第二个挑战涉及根据这些新类型自动注释法律文档的可能性。概念性法律信息检索中的句子可以用多种与论证相关的文档结构类型来标注。一个机器学习算法可能可以检测到这些信号连接的重要性,但仍然存在挑战。

开发支持概念法律信息检索的 LARCCS 原型的第三个挑战是设计一种方法,以方便和可靠的方式引出用户的论证需求。一个法律应用程序需要提供一个易于使用的接口来指定更复杂的查询,然后该程序可以扩展成指定与参数相关的约束的结构化查询。

为了使概念信息检索系统能够处理查询,查询的形式需要与文档在数据库中建立索引的方式相匹配。它包含字段及其内容的规范,必须手动构造。虽然自然语言文本是用户构建查询最方便的方式,但是依赖于用简单英语表达的更复杂查询的自然语言处理还不是一个可行的选择。

二、认知计算法律应用

(一)介绍

如前所述,如果法律推理、论证和预测模型法律知识表示框架能够在案例文本中被自动注释,那么,一个法律应用程序还可以用来支持认知计算。

简单地讲,认知计算(Cognitive Computing)是借助认知科学理论构建算法,模拟人的认知过程。这一过程能使机器具备某种类似人类的认知智能。2013 年,以 IBM Watson 为代表的认知计算系统具备了自主学习的能力,并且能够按照用户提供的关键词从自然语言内容中进行搜索,认知计算应用便由此拉开帷幕。IBM 指出,认知计算是根据神经网络和深度学习来构建的,其不仅可以处理结构化的数据,而且可以通过学习实现识别自然语言、图像、视频等,从而建立起一种自行解决复杂问题的计算系统。认知计算最明显的特征和优势在于其具备自我学习能力和计算能力。

提出和测试这样的法律假设是一种典型的认知计算活动,在这种活动中,用户和计算机可以相互协作,各自进行最擅长的智能活动。用户知道在法律上重要的假设,计算机帮助他们根据案例来构建和检验这些假设。类型系统注释将使概念性法律信息系统能够检索与假设相关的案例示例,根据用户的需要生成摘要,构造论点,并进行解释预测。简单说,计算机可以帮助用户进行论证。

(二) 市场中新的法律应用程序

1. ROSS

在最新的法律应用中,最有趣的一种是 Ross。它是 IBM Watson 基于云计算研发的法律问答服务。① 它可以接受用简单的英语提出的问题,并根据立法、判例法和其他来源提供答案。基于对用户自然语言问题的理解,如"破产的公司还能做生意吗?",Ross 能够提供一个答案,并同时给出相关的引用和建议阅读的相关主题,还提供了相关变化的规律。

2. Lex Machina Lexis

Nexis 最近收购了 Lex Machina,后者是一家就专利和其他知识产权案件提供法律预测服务的机构。② 它基于从大量知识产权案例中提取的参与者和行为特征的分析进行法律预测。

显然,Lex Machina 的创建者想要容纳更多关于案件的重要信息。但目前尚不清楚目前的版本是否包括与案件的实质相关的特征,以及在何种程度上包括这些特征。

3. Ravel

由斯坦福法学院毕业生创办的 Ravel 和哈佛法学院图书馆共同致力于大部分美国案例法的扫描,并使案例文本以数字格式与 Ravel 的视觉地图一起,以图形方式描绘一个案例如何引用另一个案例与法律概念的关系。③

(三) 衔接法律文本和计算模型

市场上新的法律应用程序引入了对认知计算非常重要的创新工具和用户界面。例如,Ravel 可以按照时间顺序和法庭等级结构来构建引文网络。目前,Ravel 还计划将法规纳入其引文网络,这将使这些网络更加有用。

新的法律应用程序还包括机器学习和法律后果预测。Ross 使用机器学习来提升在回答问题时所返回材料的相关性的可信度。Lex Machina 根据从判决文本中提取的特征来预测法律问题的结果。Ross 和 Lex Machina 都利用过去的司法决策来帮助用户预测法官的决定。

如果一个法律应用程序能够在论证或预测法律结果时考虑到从案例文本中提取的实质性特征,那么,这个领域就向前迈出了一大步。实质性特

---

① Ross, Your Brand New Super Intelligent Attorney, www.blog.rossintelligence.com, last access: Jul. 2, 2020.

② Lex Machina, Legal Analytics by Lex Machina, https://lexmachina.com, last access: Jul. 1, 2020.

③ Ravel, https://home.ravellaw.com, Last access: May 21, 2020.

征,是指程序可以提出符合法律的论证和反论证,而非仅仅提供相关的材料。计算机可以利用从法律文本中提取的信息来帮助人们调查和回答法律问题,预测案件的结果,提供解释,并提出支持和反对法律结论的论点。Lex Machina、Ross 和 Ravel 使用的组合语料库和从文本中提取信息的技术还未能实现这一步。如下所述,法律推理的计算模型可以提供帮助。

认知计算在法律应用中的目标是提供一种大规模定制化的法律咨询,努力实现一种智能的人机协作。那么,这是一种什么样的协作以及如何实现这种协作?一种方法或许是可行的——不去提取产生的规则,而是向用户提供相关的例子或者反例用以支持和引导用户进行论证。计算机的作用是提供给用户最为相关的材料。举例而言,当律师考虑一个事实情景所提出的各种法律问题时,他们可能会考虑每一个问题的潜在论点和反驳点,并对哪一方可能成功做出假设。律师们本能地既考虑支持达成特定结果的理由,也考虑反对达成特定结果的理由。这些原因包括律师已经证明或相信自己能够证明的有利事实,以及对手已经证明或可能证明的不利事实。因此,律师可以认为,当某些条件有利于特定结论时,即使其他条件有利于相反的结论,一方仍应获胜。

应用程序可以让用户参与一个反复的过程,以明确的措辞和通过选择案例来证实或反驳当前的假设。计算机不会输出"答案",但会输出初步结论,总结支持或反对相关假设的依据。它将基于这些依据构建关于假设的论证,包括列出看起来满足查询和确认假设的例子,并指出明显的反例来反驳假设。最终,用户阅读程序所选择的示例和反例,从而选择与假设最相关的实质性文件。此外,应用程序会对相关文档进行抽象和总结,明确它们与查询或假设的关系。

认知计算将帮助人类用户明确他们的假设,并通过在概念约束方面指定查询来对语料库进行测试——人类和计算机的合作将更加富有成效。

伴随机遇的是挑战,这些挑战包括人工注释、设计新的接口(以引出和处理用户的法律假设)、并帮助他们评估结果。注释要求在接口设计、流程工程和人工劳动方面的深入研究。在具体操作中,在多大程度上可以跨法律领域合理地扩展这种资源密集型工作,还犹未可知。

律所、数据库、公司法务部门、政府机构可以共同投资定制相关的类型系统。在这一背景下,构建更方便的计算机注释环境,培养机器学习数据模型,并将它们应用于 AR 技术的分析和预测,可能在"不久"的将来实现。

(本章作者:华立成、杨润润、李婕、李峥、徐梦瑶、黄致韬)

第十三章 法律人工智能的应用场景

第一节 法律检索

毋庸置疑,法律检索作为法律人最核心、高频的工作场景和工作内容之一,其与技术的融合,特别是与人工智能技术的融合,是一个必然的选择,也将长期演进和发展下去。

基于此,本节从对法律检索的理解、法律检索的需求和场景、法律检索工具的应用现状及未来发展展望这三个方面进行全面阐述,力求为基于人工智能技术的法律检索相关产品的规划、研发和应用提供一些有益借鉴。

一、对法律检索的理解

法律检索,英文称为"Legal Research",又称"法律文献检索""法律研究"。按照目前主流和权威的解释,一般是指"查找和收集有关某一法律问题的法律根据",或指为"法律检索目的,而有效地编排和整理关于某一法律问题的法律根据方面的研究"。[①]

上述定义相对清晰地界定了法律检索的内涵和外延,但从实践操作、通俗理解和技术的视角来看,上述定义也相对狭窄。下文将从法律人工智能视角来观察和理解法律检索,进一步对法律检索本身进行扩张解释、延展分析和要素解构,理清"为什么要做法律检索""谁需要做法律检索""法律检索的对象有哪些""法律检索的具体方式是什么"这些关键问题。

(一)为什么要做法律检索

无论从司法实务还是理论研究来看,法律检索都是基于某一特定的问题而发起,其目标在于通过法律检索这一手段,获得该问题在法律层面的答案,进而真正解决问题,满足个人学习研究、实务处理的需要。

因此,法律检索中的问题有哪些类型,具体表现形式是什么,需要特别关注。唯有清晰、准确地定义问题、提出问题,才可能真正有效地处理问题、解决问题。而这正是运用人工智能赋能法律检索要解决的关键问题之一。

---

① 参见薛波主编:《元照英美法词典》,北京大学出版社2003年第1版。

(二)谁需要做法律检索

法律检索是法律职业共同体进行学习和实践的必修技能之一。同时,法律规范对经济和社会生活的方方面面都产生了影响并与其全面融合,社会公众、企业、政府和相关组织都会不可避免地发生与法律相关的行为,引发与法律相关的需求和问题。所以在某些情况下,这些主体也需进行法律检索。

因此,针对不同的用户群体,提炼共性需求,同时做好差异化的产品设计,至关重要。

(三)法律检索的对象有哪些

律检索的对象首先是相关的法律规范。从广义上来看,法律规范既包括法律、行政法规、地方性法规、司法解释、部门规章、国际条约等不同效力的规范性内容,也包括与法律实务相关的各类案例、知识经验、研究成果等。

基于实务工作的需要,法律检索的对象也日益泛化和扩展,逐步涵盖了诸如企业工商信息、知识产权信息、行业领域知识、行业资讯动态等诸多内容。

基于法律行业的业务特征和严谨性要求,上述检索内容主要以文本信息和数据方式呈现,明显具有数据庞杂和分散的特点。同时,数据与内容的"权威性""准确性""即时性"以及"内容版权",也是用户对法律检索产品是否认可的关键所在。

(四)法律检索的具体方式是什么

法律检索是一个相当复杂、繁琐的系统工程,涉及查找、收集、编排、整理、研判等一系列业务。传统上,上述工作一般由个体独立完成,基本上完全由用户自主掌控。但随着信息技术的逐步引入,便捷的检索工具已成为法律检索中必不可少的组成部分。与之相关联,检索工具需要具备良好的用户交互能力,减少用户对机器或技术的学习、适应成本,确保真正帮助用户高效地获取、加工和分析信息,提升检索的质量和效率。

二、法律检索的需求和场景

(一)场景与需求概述

如前所述,本书将按相对泛化的理解,对法律检索进行全方位的需求与场景分析,见表13-1-1。

表 13-1-1　法律检索的需求和场景

场景类别	场景细分	检索问题	主要群体	检索对象	检索方式
学习了解	基于兴趣的查阅浏览	以某个具体的主体、事件、案由罪名或者法律为主,例如涉法的热点舆情事件	一般公众等非法律人士	相关法条、案例、资讯动态、相关解读以及延展阅读,如主体背景、法律比较和沿革等,内容相对宽泛,专业度要求低	以百度等通用搜索引擎查询为主,也可能通过微信或者某些面向公众的法律网站查询
学习了解	基于学业或者个人研究目的的学习	围绕特定的主题、概念,或者基于某个具体理论研究或者实务案件中的问题	法学学生、学者、法律实务从业人员;也可能涉及跨学科的其他专业从业人员	特定的行业领域知识;法规、案例本身;围绕具体问题的相关观点和研究成果,包括实证研究、比较分析等	通过学术文献研究、专项网站或者渠道了解为主,也会涉及通用搜索引擎
业务办理	基于案件问题分析需求的知识检索	个案在事实认定、法律适用的具体疑难争点问题	法官、检察官、律师等实务人员	法律法规、案例文书、专家观点、规范文件和特定行业领域知识	以检索相关法律数据库、专业书籍、学术文献研究为主
业务办理	基于个案办理中的辅助参考	案件案由、关键词、相关主体等	法官、检察官、律师等实务人员	相关文书、法规、主体背景信息或者相关分析结果	以检索相关法律数据库,以及其他专项网站或者工具为主

（1）就检索目的而言,法律检索主要服务于学习了解、业务办理两大类场景,两类场景存在一定的区别,也有很多相似之处。其中,学习了解场景涉及的群体更为广泛,需求的多样性和问题的开放性程度较高,以及检索内容的关联性、全面性要求也较高。而业务办理场景涉及的群体主要为法律实务

人员,需求呈现聚焦性,检索问题相对具体明确,对检索内容的精准性、专业性要求较高。

(2)就检索的用户群体而言,可以概括地分为专业从业人员、观察学习人员、非法律人员三大类,第一类可细分为以法官、检察官、律师为代表的实务人员和以法律学者为代表的教学研究人员,第二类可细分为以法学生为代表的行业新入人员和以法律科技、法律媒体从业者为代表的关联行业从业人员,第三类可细分为以普通当事人为代表的法律服务需求人员和以公众为代表的非专业兴趣人员。相应地,三类人员在法律检索频度和深度上的需求递减,在法律检索广度上的需求递增。例如,对法官、律师等实务人员来说,存在如下4个典型场景:

1. 在诉讼中,针对新类型案件、陌生领域案件或者疑难复杂案件,需对其中的具体问题进行研判。法官在案件审理过程中,面对"个案的事实认定与法律适用"问题,如案件事实复杂,涉及特定的行业领域知识,或法律适用较为模糊甚至出现法律空白,需要其依据专业的法律知识和审判经验,特别是对相关法律规范或者法律概念的具体理解,基于控辩双方的证据,确定具有法律意义的案件事实和争议焦点,进而将其涵摄于法律规范之下,最终进行法律适用,作出裁判结论。

与之相似,诉讼律师也会基于其所代理案件的具体证据和事实、当事人的诉求和利益,在诉讼前和诉讼中,对其中的具体争点进行相应的法律分析,并最终确定相应的诉讼策略,完成相应的诉讼代理或者辩护。

2. 基于个人知识储备、业务精进的需要,开展主动的业务研究。法官、律师作为专业的法律人,需要进行持续的业务知识学习和更新,通过有效的知识积累,丰富知识储备,提升业务能力。同时基于个人发展和工作所需,对相关案例等主动开展实证研究、发表相关论文。

3. 律师或者律所基于业务拓展、竞争分析的需要,进行客户、项目和竞争对手分析。律所和律师为提供诉讼法律服务和非诉法律服务的主体,有必要对涉及的具体业务领域进行一定的选择,从而发掘相关的市场机会和项目线索,了解目标客户的问题和需求,制定有效的竞争策略和服务方案,如检索和分析法律服务招投标情况、竞争律所律师情况、相关行业发展趋势和法律服务需求等,并在此基础上做好相应的知识储备、业务研究,为后续提供高质量的服务奠定基础。

4. 开展尽职调查或者提供法律咨询服务时,律师需进行全面的信息收集和分析。实践中,律师基于客户的委托,或者出于拓展客户的目的,需要主动开展相关的尽职调查或者完成相关的法律咨询,因此对各类主体信息、行业政策规定、法律资料和数据等信息有着较为强烈的检索需求。与之相关,律师与当事人沟通案件时,基于前述工作,还需要制作相应的检索报告或者方案。

又如,对学者而言,在教学和研究中,需要持续跟进行业动态、学术进展和热点事件,进而结合法律理论展开研讨,基于文献检索、案例实证、比较分析等方式产出相关研究成果。同时,针对相关热点案件、法律问题发表观点,提供一些专家咨询意见。

(3) 就检索内容而言,可分为如下 5 类:

一是相关的法条内容,包括法律法规、司法解释、部门规章及内部文件等。其中,对人大立法的解读、内部的规范文件、涉及特定行业的部门规章及地方性法规往往对案件的办理有很强的指导、借鉴意义。同时,法律法规的效力层级、时效性、适用范围等也是用户关心的重点。

二是类案相关的参考案例和裁判文书。包括最高法、最高检的公报案例、指导案例以及本地案例等案例的裁判文书,如中国裁判文书网公开的法律文书。从参考意义来看,上述几类案例的优先级依次降低。

三是理论、观点、资讯内容,包括司法政策、相关学术观点、研究成果、文献信息、行业动态等。

四是特定行业的知识,如全新领域或者行业的专业术语、行业规范、政策要求等。特别是在知产、商事相关案件中,涉及大量的非法律领域的知识。

五是相关主体的信息,如涉诉企业、当事人背景情况,律师或者其他相关主体的信息。此类信息律师群体关注较多。

就检索方式而言,对实务人员的调研反馈发现,用户的检索分为两种情况:一种为针对某个主题或者具体问题,用户尝试通过检索,一次性穷尽获取各类信息,以供参阅。典型的如律师用户,其在查询法条时,如未找到有效条文,则会进一步查询已失效的法条;如未找到对某证据或者情节的明确规定,则会查询已有案例中的相关认定和裁判情况,甚至查询特定法院、法官的相关意见和观点情况,乃至新闻报道中曾接受采访的专家观点。除查找对案件有利的法条、案例外,也会分析对案件不利的法条、案例。另一种为针对与特定问题相关的内容,开展专项检索,并作深度的研判分析。从手段上来说,其属于综合运用法律检索数据库、图书馆文献查阅、百度等通用搜索引擎的方式,并存在来回切换使用的情况。

(二) 法律检索的具体过程和需求

一个完整、标准的法律检索,其基本流程应包括 4 个部分:检索问题的准备,检索动作的发起和工具选择,检索结果的筛选与加工,检索记录及检索成果提交。

以下将基于此流程,进一步细化分析相关需求,并总结法律检索工具所需解决的痛点和难点问题。

1. 检索问题的准备

准备检索问题是法律检索的起点,也是最为重要的一项工作。好的开始是成功的一半。用户遇到一个特定的问题后,在发起法律检索前,需要将问题予以描述、提炼和总结,并以某种形式进行输出和表达。

通过调研和观察用户发现,由于具有较强的法律专业性,加之长期训练养成的检索习惯,目前用户在检索时,常常会将问题进行一定的提炼,检索问题的表达形式,基本以"案由、法条、案情关键词及其组合"的内容呈现。对于一些相对复杂的检索需求,用户在检索时,也会基于检索数据库或者相关网站的功能设计,输入一些技术化的高级检索表达式。同时,我们观察到,当事人、公众等用户检索时,存在部分以自然化的"问题描述"或者"案情描述"方式表达的情况。

基于上述情况可以发现,检索问题的准备其实存在不少值得反思和优化的部分:

当用户内心的原始问题转化为要表达的检索条件时,是否会因为对问题的描述、提炼、总结而导致信息失真,或者发生信息衰减的情况;具象的自然事实与抽象的法律概念在语言表述上存在巨大的鸿沟,如何跨越这一障碍;用户检索的目的和预期具有复杂性,如何通过有限的问题表述实现准确把握?

在尝试解答上述问题之前,需要进一步厘清并分析"检索的问题可以分为几类"和"用户问题背后的检索意图可能是什么"这两个前提性问题。

结合用户调研的结果,法律检索的问题及其意图具体可分为如下两类:

第一类是直接获取具体、明确的信息或知识。具体又包括:精准查找某一具体信息,如《刑法》第 280 条的内容、北京华宇元典信息服务有限公司的法定代表人、海淀区人民法院立案的具体要求;获取一个定性判断结论,如家人绑着去派出所投案是否属于自首;和基于特定事实预测后果,如酒驾导致车祸一死两伤会被判处几年。

总体来说,用户针对案件、法律、事实或者其他具体的问题,希望找到与之直接相关的知识乃至答案性的结论。因此检索结果应当精准,且相对具有唯一性。

第二类是间接查找某一类相关信息或知识。具体又包括:附条件的专项内容查询,如查阅盗窃虚拟货币的相关案例;与某个主题或者概念相关的内容查询,如涉及未成年子女和股权分割的离婚纠纷。

此时,用户想要找到一批与条件相关的内容,并且希望相关度高的匹配内容能够得到优先展示,方便其进行查看和自主选择。

需要说明的是,上述的问题并不必然指向某一特定的信息或知识类别。很多情况下,用户希望可以全面、系统地了解、剖析和比较不同的结果和内容,最终做出理性的决策。

因此,法律人工智能技术需要重点从以下几个方面予以突破。

首先,需要尽可能地降低对用户提问的要求,包括尽可能支持多样化的法律检索的表达和输入方式,支持对用户提问的辅助、修正和建议。

其次,需要强化对用户问题中出现的法律概念的认知,并与用户有效地交互,提升问题表达的精准度和全面性。

由于法律业务的专业性和法律概念的抽象性,专业人员提取检索问题的关键词后再次输入,是一种有效降低法律检索语义理解难度的方式,但也需要通过法律知识图谱和语义理解技术来进一步促进检索效果的提升。

最后,需要对用户检索意图进行研究和预测,有效把握用户的检索目的、预期,从而匹配真正有价值的内容,给予用户有效的解答,如图13-1-1所示。

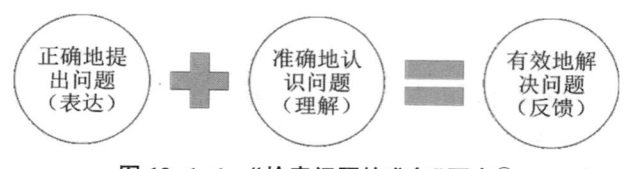

图13-1-1 "检索问题的准备"要点①

2. 检索动作发起和工具选择

检索问题确定后,用户将利用各类检索数据库或者检索工具发起具体检索。目前来看,实践中已有较多可供用户选择使用的网站或者产品,如北大法宝、法信、威科先行、中国裁判文书网、政府部门官方网站等。

由此产生一个重要的问题,即用户有限的时间和注意力被耗损在访问不同的数据库、切换不同的工具和查阅不同的内容上,有些用户甚至无法找到所需的内容。因此,为用户提供统一、便捷的法律检索入口,整合大量庞杂分散的数据、知识和工具,满足用户一站式获取法条、案例、观点、企业等各类优质资源的需求,是法律检索亟待解决的一大核心问题。

从法律检索的发展历程来看,也有必要从传统的数据库专项检索,向统一、开放的智能搜索引擎演进。

用户多样化、个性化、专业化的知识需求日益增多。以律师为例,其日常检索涉及的信息源多达几十乃至上百个,其中既有一般性的资讯需求、法规

---

① 图片来源:北京华宇元典信息服务有限公司内部资料。

和案例需求,也有获取各类新型智能工具、数据报告、课程培训、内部自有知识的需求。概而言之,用户对知识的广度和深度要求越来越高,高频和低频需求并存,外部与内部资源兼需。因此,只有构建法律行业的垂直搜索引擎,才能真正实现对大量知识内容和资源的整合,让散落在不同地方的和不同生产者手中的资源充分发挥其价值,如图13-1-2所示。

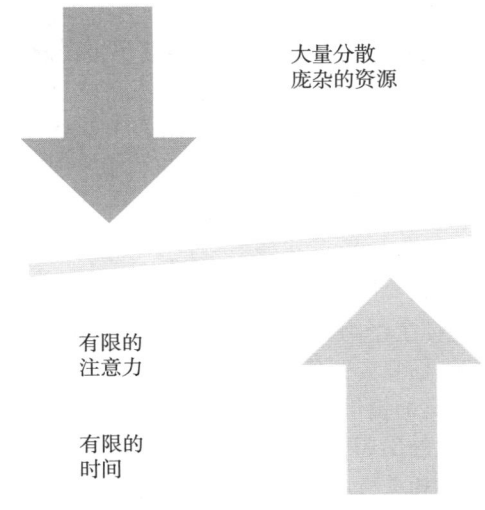

图 13-1-2　法律检索供需图①

3. 检索结果的筛选与加工

法律检索经常面临的一大困境,是法律检索结果中,存在太多冗杂、无用、干扰的信息。用户需要花费相当大的精力,对检索的结果进行阅读、筛选、过滤。即使经过选择保留下来的内容,也存在相当大的比例未做知识化的处理,需要用户自行进行加工和分析。关于此方面的具体需求,大致可以总结如下:

一是需要增强检索匹配的精准度和结果排序的合理性,这有赖于前述检索问题准备方面的优化改进,也需要对检索内容进一步提炼加工,如针对案例,提取其案情特征、争议焦点和裁判观点等内容,从而实现精准的匹配。

二是基于人工智能技术,将各类知识全面整合关联,打通基于主体、案件、法律、法律概念等维度的各类知识。

三是提供针对特定场景的深度数据分析与研判的应用,满足用户对案情研判、证据审查、量刑分析、类案比对等方面的需求。

---

① 图片来源:北京华宇元典信息服务有限公司内部资料。

4. 检索记录及检索成果提交

法律作为知识密集型行业,存在较强的对知识管理、更新和共享的需求。但从实践来看,目前的法律检索过程,与用户的日常知识管理工作相对分离,用户的很多检索行为、检索成果无法沉淀或者未全面积累与保存。用户常常利用一些通用的知识管理工具,或者在电脑上构建个人知识管理目录,从而进行相关的知识管理,这一过程并未与法律检索工具打通。同时上述内容也无法实现自动化更新,导致很多积累逐步丧失价值。

法律检索并非单一的动作,而是一整套方法和成果的组合。因此,基于法律检索的全过程,实现对用户个性化、动态化的知识管理的辅助,将可以持续地支持用户办理案件并使其精进业务,也可以满足诸如类案检索报告生成、研讨和复用等场景的需要。

三、法律检索工具的应用现状及发展展望

法律检索工具见证了中国司法发展的进程,它同时也是互联网技术、大数据和人工智能技术、信息公开的产物。

目前法律检索工具的提供商,主要分为两类:一类为传统的法律数据库厂商;一类为法律行业的出版社,还有行业从业者创业或者孵化的项目。此外,还有法律行业或者相关行业的科技公司。

从产品形态来看,目前主要集中在以案例、法规为核心的智能检索,以观点、内容为核心的知识库,以及以数据挖掘为核心的智能分析服务3个方面。

从应用现状来看,上述产品已经在法、检、律等相关细分行业推广和应用,并取得了一定的成效。例如,以法院为例,以类案法规、案例检索和推送为代表的智能化产品已成为智慧法院的典型应用,该产品可在庭审、裁判等环节,基于在审案件的案由、要素,在办案系统、文书系统中为法官提供可参考的相似案例、文书、法规等内容。又如,基于法律检索工具,系统还可对相似案件的具体量刑情况进行全面分析,为个案量刑提供建议,并在此基础上,辅助类案检索报告的生成,为类案同判提供支撑。

为实现上述效果,自然语言理解、法律知识图谱、智能信息检索和挖掘技术已在法律检索工具中得到全面应用。在用户主动搜索时,系统可结合输入的关键词,进行智能联想提示,提示"案由""要素""案情特征""争议焦点""相似搜索",进而实现对具体案例的精准匹配。例如,当用户输入"入户盗窃"关键词时,法律检索工具可智能甄别出该关键词属于"刑事案件—盗窃罪—入户盗窃"这一要素,进而匹配实践中存在的与"入户盗窃"要素相关的各类入户盗窃情形,包括翻窗、撬门以及进入用于生活居住目的的帐篷、渔船窃取财物。由此,在一定程度上实现了自然事实与法律概念的对应,改变了

传统关键词搜索的弊端。

总体来说,当前法律检索工具已发展到一定的阶段,其技术演进和运用存在诸多特点,总体技术迭代已有较大突破,并显现一定的亮点。基于当前现状、技术趋势和业务需求,法律检索工具的后续发展需要重点关注如下 3 个方面:

首先,因为信息和知识具有专业性和限缩性,且存在较多的版权壁垒,法律检索的内容相对稀缺,检索内容的质量已成为决定产品质量和价值的关键因素。因此,需要着力加强相关内容资源的整合,构建开放的法律知识服务生态。

其次,法律检索工具目前已从传统的检索数据库演进到具备一定人工智能水平的检索工具,但相对于互联网类检索应用,检索工具的应用门槛仍然较高,体验相对较差,在搜索能力、推荐能力方面亟须加强。

最后,伴随知识图谱技术的发展,法律知识图谱本身也存在更大的发展空间,法律检索工具也将从以法律认知为核心向法律推理和知识融合演进。

第二节　法律问答

法律问答,顾名思义,泛指与法律相关的发问和回答。如果我们将问答聚焦在人工智能领域,与法律问答最直接相关的技术就是智能问答。那么,法律问答与智能问答有何异同,法律问答的逻辑及应用场景是什么,法律问答的可期未来是怎样的,是本书要回答的几大核心问题。

一、法律问答与智能问答

关于智能问答,对多数人而言,可能第一时间想到的是苹果手机智能语音助理 SIRI,或者微软的 Cortana,再或者小米的小爱音箱、百度的小度等。如果更加玄妙一些,则可能会想到可爱的虚拟歌姬洛天依,或者科幻电影中的医疗助手大白。而如果我们留心的话,其实还可以发现,在银行等机构已经推出了智能客服。

从趋势来看,智能问答技术除具有基础的语音交互能力之外,目前主要朝智能助理、情感伴侣两个方向发展,前者侧重于特定的任务处理,如在天气查询、音乐播放、任务指令等场景中实现智能回答,后者侧重于人际方面的兴趣和情感互动,如话题聊天、关心安慰等。预计上述两个方向在未来也将逐渐融合。

总体来说,智能问答技术正在加速发展,并在越来越多的场景中得到应用,法律问答即为其中之一。作为智能问答在法律垂直领域的具体应用,法

律问答将面临如下机会和挑战:

第一,法律的权威性、强制性,以及法律行业场景的相对封闭性,决定了用户对法律问答的专业性、准确性要求较高。在很多情况下,法律问答的问题相对具体明确,答案也相对具有唯一性或者有限性,如针对特定法条、案件的问答。

第二,法律行业是一个知识密集型行业,存在一定的知识沉淀和积累,且多以文本形式存在。同时,由于法律与经济和社会生活的方方面面深度融合,法律问答需要针对不同的业务领域,对相关知识内容进行专项研究。例如,针对不同类型的案件,梳理和细化问答场景和需求,并结合法律行业已积累的海量案例、法规、观点等内容,进行深度加工,为法律问答提供有力的支撑。

第三,法律行业的检索技术已经有了一定的积累。从技术领域和技术路径来看,法律问答与法律检索存在较为密切的关联,法律问答的实现,将以目前法律检索技术的升级为重要依托。

二、法律问答的逻辑及应用场景

(一)法律问答的基本逻辑和类型

法律问答的基本框架,可以概括地拆解为"人机交互""问题分析""答案获取""答案生成"四个部分,如图13-2-1所示。"人机交互"主要针对面向用户和场景设计的法律问题输入,目前属于受限场景;"问题分析"主要针对用户输入的问题的理解和分类;"答案获取"主要针对基于问题分析的结果,以专家系统和知识图谱为支撑的信息检索、自动化任务处理等;"答案生成"主要针对获取到的相关知识结果进行合并、排序,并生成最合适的答案。

以上四大部分相互关联,具体技术路线和方案须根据法律问答的具体需求进行选择。系统的复杂程度与法律问答的具体需求密切相关。

1. "人机交互"层面

从业务需求角度来看,开放式的聊天并不完全适用于法律问答这一专业细分领域,法律问答需基于受限场景进行设计。系统在设计上需对用户给予明确的指引,实行语音交互与文本交互相结合的方案,帮助用户提出问题。同时,为实现对法律问答的持续优化,系统需对用户反馈行为进行学习,提升问题分析和答案生成的精准性。

图 13-2-1　法律问答总体技术框架①

2."问题分析"层面

问题是法律问答的核心要素。基于前述的"人机交互",法律问题均以特定的自然短句的形式表达,系统需根据法律领域专项的词法、句法和语义理解(含法律概念的特殊含义)实现对问句主题或者问句关键词的提取。

结合具体的业务需求和问答实践来看,问题的类型大致可以分为如下3种:

一是知识获取型问题,即用户需要获知与问题主题或者关键词相关的案例、法规、观点等知识内容。此类问题大多明确指向某类特定的知识内容,或者与之相关的各类知识内容,偏向于搜索类问答。例如,法官或者律师提问"鱼塘是否属于宅基地",系统将"鱼塘"和"宅基地"进行提取后,智能判定其属于案件相关事实要素的定性问题,进而查找匹配的案例、观点或者相关司法解释。又如,用户提问"帮我查下新《证券法》第 50 条的内容",系统也需要能够解析出"《证券法》(2019 年修订版)""第 50 条"并进行匹配。

二是任务处理型问题,即需要将用户的问题与特定的任务相匹配,并完成相应的指令或者动作。此部分又可分为事务操作类任务、日常服务类任务、专项工作类任务等。例如,"帮我定一个明天下午 3 点的会议室""为我查收工作邮件"就属于事务操作类任务;"明天的天气怎么样""播放我和我的祖国""海淀区区号是多少"属于日常服务类任务;"把 2019 年最高法院工作报告和张明法官关于李亮案件的审理报告发到我的邮箱""给我查一下海淀区 2019 年电信诈骗类案件收案数和结案数"则属于专项工作类任务。

---

① 图片来源:北京华宇元典信息服务有限公司内部资料。

三是评估决策型问题,即用户的问题需要经过一定的沟通、补充并确认相关信息后才能给予明确的反馈。此类问题相对较难,需要用户连续输入并与其进行多轮问题。例如,当事人咨询某个离婚案件的子女抚养问题,此时就需要一步步引导用户将问题相关的案件情况进行描述和输入,最终给予相关的咨询评估。

需要说明的,是在初始提问时,系统可能无法明确具体的用户意图和问题类型,需要通过人机交互进一步锁定问题。同时,针对知识获取型问题,用户也可能存在多个意图,此时,需要引入意图识别和任务分类技术对相关任务进行的分解。

3. "答案获取"层面

基于问题获取相关答案的核心在于构建完善、高质量的知识库。结合法律问答的特征,其知识库包括如下 5 种:

一是以法律检索已积累的文本知识库为代表的案例库、法规库、观点库、资讯库及特定的主题分析结果库(如量刑、犯罪风险评估)等。

二是针对特定场景专门整理和生产的法律 FAQ 等问答数据库,典型的如诉讼指南。

三是以专家系统形式存在的基于规则的法律咨询知识库,典型的如离婚诉讼的风险评估、劳动纠纷案件的智能咨询。其典型特征是通过将法律领域的专家知识和经验固化,将用户的提问转化为可供计算机理解的问题并模拟专家决策过程,给出相关意见。

四是一些专项通用数据库,涉及的专项信息有如案件进展信息、企业信息、人员信息、邮编区号以及个人所需的天气信息、日程信息等。此类数据库目前已有相当的基础,具备较好的对接和复用条件。

五是在上述知识内容的基础上进行知识抽取、知识建模、知识融合和知识存储所形成的法律知识图谱,可实现对主体、案件、机构、法律等各类实体的属性、关系的查询和推理。知识图谱的构建是一项长期工程,目前法律行业对此已有一定的探索,但尚属初期,在知识规模、知识关联和知识推理方面,还需要大力发展。

综上,法律问答的答案获取可以以上述知识库为基础,通过"知识搜索"的方式,将问题主题或者问题关键词转化为 QUERY,或者通过数据库查询获取与该问题相关的具体结果。

此外,对于任务处理型的问题,需要运用 RPA(机器流程自动化)技术加以实现,即针对一些高重复率且流程确定的任务,依据预先设定的程序与现有应用系统进行交互,从而自动完成预期的任务。

4."答案生成"层面

在完成前述的"答案获取"后,便进入到了答案生成环节,该环节第一步系统需要对相关的候选结果进行合并、排序等处理,这就需要有一套可持续完善的排序算法模型作为支撑,综合考虑答案来源质量、答案匹配度、用户意图与用户行为范围确定相对较优的结果。

"答案生成"的第二步,是基于面向用户输出和反馈的需要,进行答案的自动生成或者答案的抽取。所谓答案抽取,是指从获取的相关结果数据或者文本中抽取出具体内容,如文本片段和结论。所谓答案生成,是指将答案按照一定的规则组装生成,以对话或者类似的方式输出。

法律问答的拟人化程度越高,问答的交互次数越多,对答案生成的要求也会越高。目前,从业务需求来看,法律问答还是以单次问答或者有限的交互为主,智能化的多轮问答和聊天暂不涉及。

(二)法律问答的具体应用场景

本小节主要结合法律问答的具体应用场景介绍前述不同的法律问答如何得以实现。

1. 面向当事人的智能法律咨询和诉讼服务

在日常工作和生活中,如下场景可能并不陌生:

通过贷款购买房屋后,房屋质量存在较大问题,导致无法正常居住,由此需要维权并前往法院立案;

物业公司对小区管理不善,业主难以正常行使权利,引发物业纠纷,调解无效;

高高兴兴买了车,但是车辆被他人撞坏,协商赔偿无果;

劳动合同未到期,却被公司强制解约,相关补偿不符合自己的心理预期,愤而起诉;

在医院看病,遇到医患纠纷,有人对医生行凶,后犯罪嫌疑人被警察抓获;

听取朋友推荐,花钱买了网络课程,结果发现上当受骗;

公司跟供应商签订了供货合同,但供应商违约,导致公司对客户违约,被迫赔偿客户损失;

两口子离婚,孩子还小,拥有多套房产,财产分割和孩子抚养问题久久不决;

有人被他人欺侮,一怒之下将他人刺伤,被公安拘留,面临刑事诉讼。

以上不一而足。这些发生在身边的事情,全部与法律相关,涉及或复杂或简单的法律关系。面对这些情形,人们时常会问,这些事情该如何处理?法律是如何规定的? 去法院起诉的具体要求是什么,流程是怎样的,需要准备什么材料? 此时,有人选择用百度查询,有人会咨询朋友和家人,也有人会寻求律师帮助,或者去法院立案大厅咨询。这其实就是一个个法律咨询或者诉讼服务中关于法律问答的具体场景。

上述应用场景,属于典型的由知识获取型问题和评估决策型问题驱动的,以专家系统和信息检索为获取答案的核心方式的法律问答类场景。

以司法部推出的中国法律服务网(12348中国法网,图13-2-2)智能法律咨询服务和相关法院或者司法局推出的智能诉服机器人等为代表,目前此类应用已经取得了一定的效果,可以支持"交通事故纠纷""劳动纠纷""婚姻家庭纠纷"等常见高发案件的咨询场景,还能满足法院对诉讼指南、基础的法律法规和案例服务需求。部分地区的厂商也在进一步扩展服务的具体内容,如基于当事人咨询的案情进行初步的裁判预测(量刑预测),并推荐相关领域的律师。

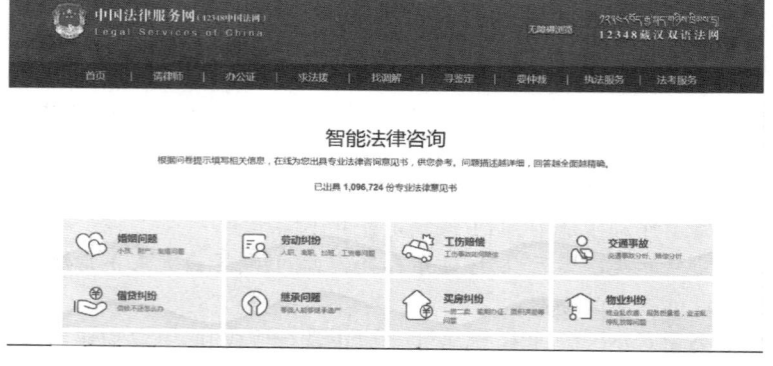

图13-2-2 中国法律服务网(12348中国法网)①

但是,此场景下的法律问答,特别是基于案情的法律咨询问答,也面临着较大的问题和挑战。法律咨询的专业壁垒很强,当前的技术发展水平及知识研究积累程度并不足以替代性地满足海量的咨询服务需求。并且,专家系统的构建和维护需要投入非常高的成本,目前的场景并不足以支撑其长期持续投入。

智能法律咨询服务的主要价值在于让当事人有一个相对便捷的获取相关基础信息的渠道,进而引导和帮助其梳理、分析案情,实现一定的纠纷分流效果,并为后续律师等专业法律服务人员的介入提供一定的支持。同时,法律问答目前也不具备替代律师等专业人员在法律服务过程中与当事人进行良性互动、建立信任并形成依赖的能力。

---

① 图片来源:中国法律服务网(https://ai.12348.gov.cn/pc/),最后访问日期:2022年6月6日。

2. 面向专业法律人群的法律问答类服务

与法律检索类服务类似,面向专业法律人群的法律问答类服务也是核心的应用场景之一。此类问答服务,重点在于利用法律人工智能技术在大数据处理、分析方面的算力和算法优势,为专业人员提供相关的信息参考和决策建议,同时尽可能提升专业人员获取和研判相关信息的效率。

实践中,目前此类服务的应用主要集中在面向智慧法院的场景以及律师业务场景。

第一,基于案件办理或者研究需要的法律检索辅助和替代。法官、律师可以将相关案情总结提炼为需做定性判断或者定量分析的法律问题,通过语音交互或者案情文本交互的方式输入系统,系统对相关问句进行词法、句法和语义分析后,对上述内容进行智能甄别,判定其所属的业务领域、案件的案由等,进而提取其中涉及的法律概念、案情特征词、争议焦点,以信息检索和知识推理给出与此最相关的结果。

此场景的典型代表为基于 IBM Watson 发展而来的"人工智能律师 ROSS"(实则为智能律师助理),以及目前各地法院推出的以类案智能检索和推荐为基础的"类案知识问答",实现对法条、案例、观点、量刑、当事人信息等各类信息的随需、即时问答。

第二,基于语音交互的智能庭审辅助。此场景是一个集成度较高的应用场景,以语音交互和系统操作相结合的方式,实现电子卷宗随案生成、科技法庭音视频应用和分析、庭审笔录辅助生成、证据指引与智能审查等系统的全面集成和对接,进而按照庭审流程的规范化要求进行相关的庭审进程控制、庭审提纲生成与案情可视化操作、庭审过程类案推荐等。

此场景的典型代表为 2019 年 9 月杭州市上城区人民法院基金小镇人民法庭在金融借款纠纷案件审理中所使用的庭审智能助理"小智"。

第三,面向特定事务性工作的智能助理。无论是法官、检察官还是律师,均面临案多人少、工作繁忙的难题。但其中存在相当大比例的重复性、机械性、流程性的事务性工作,如预定会议室、新建日程与提醒、联系当事人、申请外出用车、案件审批与签章、送达材料准备、查收邮件、文书校核等。同时,在此过程中,可能还会涉及常规的天气查询、地点查询、行程预定等。

此外,对于审判管理办公室、研究室的相关人员而言,日常工作中还涉及大量的司法统计、专题分析工作,需要基于案件及其文书信息进行相关数据、指标的统计。因此,设计专门服务于特定事务性工作的智能助理,将很大程度上为这些人士减负。同时,智能助理也可以与前述的法律检索辅助替代相结合,帮助用户在特定情况下即时获取相关信息或者知识。

三、法律问答的可期未来

面向未来,法律问答的发展需要重点从以下四个方面进行突破:

首先,需要持续丰富并积累更多面向不同法律场景和用户的专项知识、应用工具,特别是高质量、高价值的知识内容和智能工具成果。

其次,需要提高研究、构建和更新面向法律检索、推荐和问答的知识图谱的能力,并基于需求场景,开展知识推理。

再次,需要实现应用与产品的全面集成和对接,做好现有场景的深化和应用的升级,确保用户体验和应用成效。

最后,基于后续业务的需要,尝试融入更多拟人化的情感互动、心理咨询等能力,进而为法官等职业人群减负。

随着法律人工智能技术的持续深入发展,结合法律行业场景下的持续深入应用,法律问答的能力和用户体验将会越来越好,一定会为用户提供更多的帮助,促其实现更高的价值。

第三节　法律推理

一、概述

(一)法律推理的含义

推理,一般理解为"通过使用理性得出推论或结论"。在法律推理中,尤其是在采用计算机的方式实现的场景下,还有两个概念与之相关,并且十分重要。它们分别是解释和预测。解释是指对推理过程或行为的正当性进行论证,即给出原因或"显示逻辑发展的过程或关系";而预测则是指"预测未来",是基于法律推理形成的路线图发表的未来声明。

因此,若法律推理想要借助计算机的方式来实现,则有两大任务:一是以计算机可理解的方式表示推理过程,二是使计算机基于输入的条件自动输出用户需要的答案。

(二)法律推理的两种类型

若要使机器基于用户所输入的条件完成推理,计算机必然已经事先存储了推理路径的模型。就法律推理的任务场景而言,当前主要将推理模型分为两种,分别是基于规则的法律推理和基于案例的法律推理。

(1)基于规则的法律推理模型预设法律体系是一个规则体系,其中有许多的法规和条例。传统的法律规则主要是以自然语言的成文法方式表达,要构造一个计算机能够按此进行推理的模型,必须使用一定的符号梳理法律规则的体系,针对法规的命题梳理出一套逻辑严密、体系完整的推理流程图。

(2)基于案例的法律推理模型,其主要的依据是,法院在裁判未决案件时经常会参考过去相似案例的裁判结果,参考内容包含:比较未决案件和已办案件的事实相似性,借助已办案件法官的说理来阐明某些关键的法律概念等。如果可以事先对过去的历史案件进行有效组织并形成体系,就能在用户检索最为相似的案件时提供相应的辅助,并且可以获知以往类案的裁判情况,为本次裁量提供数据支撑。

(三)实现自动法律推理功能

当前既有的法律推理相关应用,主要是一种知识工程的任务,其由人工完成,不论是对法律规则还是案例的梳理,先提炼出规则或案例的法律推理路径图,再将路径图以计算机可运算、存储的方式进行表达,使计算机按照路径图提炼知识来完成法律推理的任务。这是基本的法律推理任务的技术完成过程。随着近年来自然语言处理等技术能力的提升,法律推理应用逐渐向前延伸,替代了部分原先由人工来完成的规则或案例的梳理工作。实际上法律推理与前者之间有明显的分工:自然语言处理等技术解决的是"如何产生输入条件",而狭义的"法律推理"并不涉及如何产生输入条件,它主要解决"如何完成推理"——基于输入条件得出用户希望的输出结果。

未来理想的应用模式应当是两者更为密切的联系,即结合输入条件、模型推理和结果输出,内部形成多个模型的嵌套,上一个模型的输出结果为下一个模型所用,以此来共同完成法律推理的任务。

二、基于规则的推理

法律是一个规则的体系,由于规则可以按照逻辑表达计算机可以对规则进行演绎推理。因此,理想情况下,基于法律规则的推理系统可以获得实现:用户输入事实描述,推理系统识别相关规则,确定规则的条件是否得到满足,并根据应用或不应用的规则解释答案。

(一)方法原理

使用命题逻辑组织法条内容,将法言法语所使用的语法转为逻辑的语言,并予以标注①,如图13-3-1所示。

---

① Layman E. Allen & C. Rudy Engholm, Normalized Legal Drafting and the Query Method, *Journal of Legal Education*, pp.380-412(1978).

```
If                                          If
S1. a person engages in or institutes a     S1. a person engages in or institutes a
    local telephone call, conversation, or      local telephone call, conversation, or
    conference of an anonymous nature,          conference of an anonymous nature,
and                                         and
S2. that person therein uses obscene,       S2. that person therein uses obscene,
    profane, vulgar, lewd, lascivious or        profane, vulgar, lewd, lascivious or
    indecent language, suggestions or           indecent language, suggestions or
    proposals of an obscene nature,             proposals of an obscene nature,
or                                          and
S3. that person therein uses threats of     S3. that person therein uses threats of any
    any kind whatsoever,                        kind whatsoever,
then                                        then
S4. that person has engaged in unlawful     S4. that person has engaged in unlawful
    behavior.                                   behavior.

S4 :- S1, S2.                               S4 :- S1, S2, S3.
S4 :- S1, S3.
```

图 13-3-1　使用命题逻辑组织法条内容①

以流程图的方式表述规则文本,以图 13-3-2 为例,是对逻辑语句的进一步简化和符号化,并突出了每个法条间的逻辑联系。

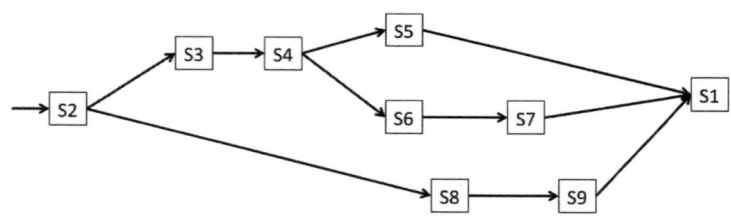

图 13-3-2　以流程图的方式表述规则文本②

通过询问用户每个实质性命题 S1、S2 和 S3 是否为真,计算机可以证明 S4 的真或假。这样,法规的逻辑推理就实现自动化了。这些标准化版本的法规的逻辑足够简单,可以用真值表手动处理③。

---

① 图片来源:K. D. Ashley, *Artificial Intelligence and Legal Analytics: New Tools for Law Practice in the Digital Age*, Cambridge University Press, 2017,p. 42。
② 同上注, p. 44。
③ Layman E. Allen and C. Rudy Engholm, Normalized Legal Drafting and the Query Method, *Journal of Legal Education*, pp. 380–412(1978)。

如果希望用符号表达更为复杂的规则,并且在用符号表达规则时包含更多元的信息,则需要借用更为复杂的逻辑上的符号语言,如 horn 语句。比如,"公园内不允许使用车辆"①,增加逻辑词后被转变为"如果 X 是车辆,S 是公园,X 在 S 中是违法的"。而在使用 horn 语句表达时,可表示为"违规(X,S):-车辆(X),公园(S),在(X,S)"。不难发现,所谓用符号表示规则,其实是简化和一般化规则,用字母、数字、标点符号等计算机方便存储、处理的内容表达法条规则的内涵。

(二)应用举例

《英国国籍法》,是确定某人的国籍和评估某人获得英国国籍的充分条件的主要规范依据。1986 年研究人员用一个名为 prolog 的脚本程序实现了上述判断国籍和条件的任务,其所使用的正是基于规则的法律推理的原理。该程序涉及了 150 条左右,用于规定英国公民身份的规则。② 这些规则首先被梳理为逻辑语句,如图 13-3-3 所示。

1-(1) A person born in the United Kingdom after commencement shall be a British Citizen if at the time of birth his father or mother is:
    (a) a British Citizen, or
    (b) settled in the United Kingdom.

This is represented in the computer as:
Rule1: X acquires British citizenship on date Y
  under sec. 1.1
    IF   X was born in the U.K.
    AND X was born on date Y
    AND Y is after or on commencement of the act
    AND X has a parent who qualified under 1.1 on date

Rule2: X has a parent who qualifies under 1.1 on date Y
    IF   X has a parent Z
    AND Z was a British citizen on date Y

Rule3: X has a parent who qualifies under 1.1 on date Y
    IF   X has a parent Z
    AND Z was settled in the U.K. on date Y.

图 13-3-3 《英国国籍法》被梳理为逻辑语句③

---

① H. L. A. Hart, Positivism and the Separation of Law and Morals, *Harvard Law Review*, pp. 593-629(1958).

② Marek J. Sergot et al. , The British Nationality Act as a Logic Program, *Communications of the ACM*, 29(5), pp. 370-386(1986).

③ 图片来源:K. D. Ashley, *Artificial Intelligence and Legal Analytics: New Tools for Law Practice in the Digital Age*, Cambridge University Press, 2017, p. 47。

后续的作业过程如下：经过梳理后的规则通过 prolog 编程语言被转为相应的编码,在程序中输入一个问题时,即要求 prolog 加以证明,例如输入某人的一些条件,输出此人是否满足获得英国国籍的条件;或者输入某人的一些条件,输出此人要获得英国国籍所缺少的条件。该工具作为较早的基于规则的法律推理工具,主要用于说服法官、提供法律援助的知识辅助等场合,以解决公民国籍身份的认定问题。该规则得以适用的背景是,国籍判断规则背后的立法目的比较明确,所涉及的法条用词含义清晰,因此较为成功地实现了法律推理的自动化。

三、基于案例的推理

(一)方法原理

基于案例的推理,顾名思义是基于案例完成法律推理的链条建构,其中的思想包括用案例理解法律概念、代表法官的某种态度以及与一系列构成要件要素对立的观点依据。上述思想联系点在于用案例透视司法实践关于法律概念、法律规则的理解,以不同的组织方法对这些不同的理解加以整理、成文。利用历史案例应对手头的案件裁判,这是判例法国家理所当然的做法,而在成文法国家的"指导案例"等制度中历史案例同样也发挥一定的作用。法院在判断先例的结论是否适用于新案件时,部分是通过将新案件的事实和先例的事实进行比较。在确定新案件是否类似于最相关的先例、是否适用该先例的观点阐释和结论时,这些任务都是由基于案例的法律推理来完成的,希望通过法院信息化的方式作出解答。

(1)用案例解释法律概念的内涵。以基于案例的法律推理方法论考察法律概念和案例的关系,它们是一对原则和例外的关系。以计算机的方式关联法律概念和相关案例,所理解的法律概念有 3 个组成部分:(1)提供必要条件的固定组成部分(概念的核心语义);(2)提供充分条件的一组案例范式;(3)各范式之间的关联关系。举个例子,比如有某个法律概念表述为"公共场所",这是原型概念,而一组案例则对其进行进一步阐释,变形为"多数人""不特定的人"等,从而成为这一概念的具体范式,在保留了概念的日常理解的同时,考虑了特定案例的情况,还对在这些案例中"公共场所"的不同理解进行了关联,即构成了理解特定法律概念的案例网络。

(2)以理论建构案例网络。这种思路下,首先从法学理论出发,探寻一套组织案例的分叉体系网络,并在计算机系统上通过该体系网络组织案例,从而形成案例和体系中具体分叉的映射关系。法律判断常常是一种是或否的判断,每一个判断可以拆解为不同的要件,典型的比如判断是否符合犯罪的构成要件要素。一次最终的结果判断需要拆解成多次的过程性判断来完成。而完成过程性判断的方式是通过将每一构成要件要素挂接支持和反对的案例,通过比较所要判断的案件和经过上述组织的案件网络,发现其中最相似的案件。

(二)应用举例

Hypo是一款典型的基于案例的法律推理系统。在用户给定输入的事实情况后,Hypo检索数据库中与经过组织的案例数据库所相互重叠的全部案例。然后,它根据与经过组织的案例数据库共享的案件的一系列法律因素(以维度表示)的重叠情况对案件进行排序。

匹配相似案件的过程可展示为要素的相似性,如图13-3-4所示。

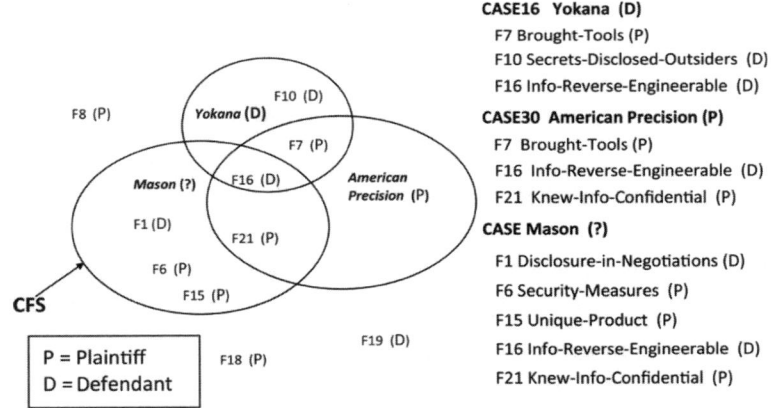

图13-3-4 匹配相似案件的过程:要素的相似性①

在检索某案件的相似案件时,是基于已经形成的案件数据库的索引关系。(如图13-3-5)

四、小结

(一)两种知识来源的融合

当前的法律推理主要有基于规则的推理和基于案例的推理两种,两者之间的主要差异在于作出判断所依据的知识来源的不同。基于规则的推理是对法律条文的知识挖掘,而基于案例的推理是从历史案例中挖掘对推理要素

---

① 图片来源:K. D. Ashley,*Artificial Intelligence and Legal Analytics*: *New Tools for Law Practice in the Digital Age*,Cambridge University Press, 2017,p. 86。

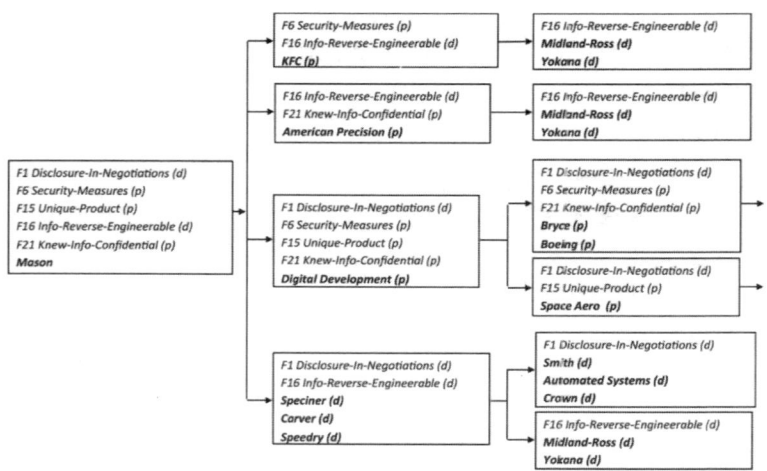

图 13-3-5　基于已经形成的案件数据库的索引关系检索相似案件①

的理解。当前更多的法律推理系统则结合了上述两种知识的来源,分别作出判断,综合利用所输出的结果。典型如 Hypo 的第一个继承者 CABARET②,集成了两个模型,一个基于规则,另一个基于案例。基于规则的组件代表了来自有关 IRS 条款及其 ILC 的法律规则;基于案例的推理模型确定了应用哪个维度,检索到的案例按这些维度索引,并生成了网络。③

(二)国内有关的尝试

上述法律推理的信息化实践,近年来在国内也有相关尝试。如华宇元典公司所开发的量刑预测系统,即为其中的典型。

该量刑系统包括规范计算量刑和知识辅助量刑两个组件,规范计算量刑基于有关规范规定和量刑细则进行计算;知识辅助量刑按照历史办案经验,参照类似案件提出量刑建议。两者的结合,实际上是基于规则的法律推理和基于案例的法律推理的结合,如图 13-3-6 所示。

(三)未来的发展

法律推理方法探索出了一条法律推理的计算机式的实现路径,但同时由于机器推理的路径过程严重依赖于人工的事先梳理,使此种方式所要求的法

---

① 图片来源:K. D. Ashley, *Artificial Intelligence and Legal Analytics: New Tools for Law Practice in the Digital Age*, Cambridge University Press, 2017, p. 87。
② Edwina L. Rissland and David B. Skalak, CABARET, Rule Interpretation in a Hybrid Architecture, *International Journal of Man-machine Studies*, pp. 839—887(1991)。
③ 参见周翔:《法律智能应用中的两种推理逻辑》,载《人工智能》2020 年第 4 期。

第十三章 法律人工智能的应用场景 429

图 13-3-6 华宇元典公司所开发的量刑预测系统

律推理过程耗费巨大人力,并且难以动态调节。解决该问题的一种方式是当前所流行使用的机器学习的方法,即通过各类算法,由机器自动拟合所输入要素和所希望输出的要素间的关系,用以替代上述由人工梳理的法律推理的路径。上述方法在实践中不断得到验证和测试,具有广阔的适用前景。

第四节 文本生成

一、文本生成的历史沿革

党的十八大以来,"创新"被习近平总书记摆在国家发展全局的核心位置。习近平总书记高度重视人工智能的发展,多次谈及人工智能的重要性,并为人工智能指明了赋能新时代的方向。① 近几年,人工智能技术的发展如火如荼,其中最具有代表性的文本生成技术更是备受关注。"微软小冰"写诗、"百度大脑"自动写作、"AI+新闻"采写新闻稿……这些惊艳的创作能力的智能文本生成机器都有日趋成熟的文本生成技术为其提供强大的技术支持。文本生成技术是 NLP 技术(Natural Language Processing,自然语言处理技术)的一个分支,早些年有学者将自然语言生成系统定义为接受非语言形式的信息作为输入,生成可读的文字表述。② 但这个定义仅能覆盖从数据到文本的生成过程,而不能覆盖其他的文本生成过程。后来,国内学者将这

---

① 《习近平主持中共中央政治局第九次集体学习并讲话》,载中国政府网(http://www.gov.cn/xinwen/2018-1013/cotent_5336251.htm),最后访问日期:2022 年 11 月 6 日。
② Reiter E., Dale R. & Feng Z., *Building Natural Language Generation Systems*, Cambridge University Press, 2000, pp. 277-280.

个概念拓展为包括文本到文本、数据到文本以及图像到文本的文本生成技术。① 随着社会智能化程度的不断提高,文本生成技术的发展也会更上一层楼。

根据 2020 年最高人民法院工作报告所述,2019 年全国法院共计新收案件 3160 万余件,结案 2905 万余件。3000 余万案件,需要制作的文书数量远不止千万篇之多。如果这些工作全部依靠人力来完成,必将耗费法官、书记员大量的时间和精力。数据显示,2019 年上半年,全国各省(区、市)法院共有 12.6 万名员额法官,新收案件总数 1488.9 万件,人均新收案件 118.4件②,2019 年全年人均办案 228 件③,每一名法官的日常工作都可谓案牍劳形、不遑启处。如果能引入人工智能技术,依靠机器来完成部分文书的制作,法官和书记员将从烦琐、重复的文书撰写中解放出来,从而有更多的时间专注于案件疑点的剖析、疑难案件的解决,法官的办案质量也必将得到质的提升,其办案效率也将大幅提高,可以达到更大限度地合理分配与利用有限的司法资源的目的。

2016 年 1 月,最高人民法院院长周强在最高人民法院信息化建设工作领导小组 2016 年第一次全体会议上首次提出建设立足于时代发展前沿的"智慧法院",并于同年将此概念纳入了《国家信息化发展战略纲要》和《"十三五"国家信息化规划》。同年 7 月,最高人民法院印发《关于全面推进人民法院电子卷宗随案同步生成和深度应用的指导意见》的通知,提出在 2017 年年底前,全国法院要全面实现电子卷宗随案同步生成和深度应用的总体目标。2018 年 1 月,最高人民法院再次下发《关于进一步加快推进电子卷宗同步生成和深度应用工作的通知》,对电子卷宗随案同步生成和深度应用、深化完善智慧法院建设提出了更新的、更高的要求。"智慧法院"建设时间轴,如图 13-4-1 所示。

2019 年 11 月,司法部召开"数字法治、智慧司法"信息化建设应用推进会,会议提出全面深化"数字法治、智慧司法"建设要聚焦全面启动依法治国信息化工作、全面发挥信息化引擎作用、全面提升大数据慧治能力、全面打造智慧司法大脑、全面深化司法行政科技创新、全面加强网络安全建设等六方

---

① 参见万小军、冯岩松、孙薇薇:《文本自动生成研究进展与趋势》,CCF2014-2015 中国计算机科学技术发展报告会会议论文。
② 参见《最高法发布 2019 年上半年审判执行工作数据,新收案件数持续增长,结案数同比大幅增加,整体运行态势稳中向好》,载最高人民法院官网(http://www.court.gov.cn/zixun-xiangqing-174372.html),最后访问日期:2020 年 5 月 27 日。
③ 参见周强:《最高人民法院工作报告》,2020 年 5 月 25 日在第十三届全国人民代表大会第三次会议上,载最高人民法院官网(http://www.court.gov.cn/zixun-xiangqing-231301.html),最后访问日期:2020 年 5 月 27 日。

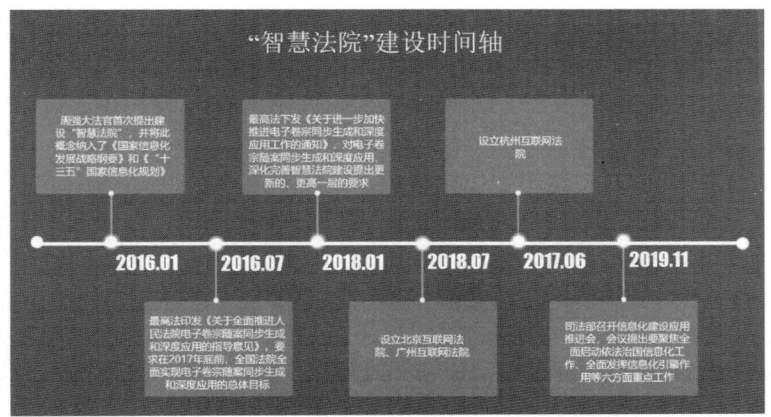

图 13-4-1 "智慧法院"建设时间轴

面重点工作。①

"智慧法院""智慧司法"建设得热火朝天,文本生成技术也随之在司法领域站稳了脚跟,开辟了一片属于自己的大舞台。如今,全国大部分法院已实现电子卷宗随案同步生成,庭前文书、裁判文书等各类文书的自动生成方兴未艾,文本生成技术为越来越多法官的日常工作提供了方便、快捷且准确的技术支持,极大地提高了法院的审判效率和审判质量。

二、文本生成应用的原理简介

我们期待未来计算机可以像人类一样写作,能够撰写高质量的自然语言文本。文本自动生成正是实现这一愿景的关键技术。按照不同的输入来源进行划分,文本自动生成可包括文本到文本的生成、意义到文本的生成、数据到文本的生成以及图像到文本的生成等。

在法律人工智能领域,由于法律行业文本性较强的特征,其主要应用的是从文本到文本的生成、数据到文本的生成以及意义到文本的生成,其技术复杂度逐渐提升。就文本生成的方法而言,主要有基于法律知识图谱等方法。②

---

① 参见《全面深化司法行政科技信息化建设——以"数字法治、智慧司法"助推国家治理体系和治理能力现代化》,载中国政府法制信息网(http://www.moj.gov.cn/Department/content/2019-11/18/619_3236024.html),最后访问日期:2020 年 5 月 27 日。

② A. Gatt and E. Krahmer, Survey of the State of the Art in Natural Language Generation: Core Tasks, Applications and Evaluation, *Journal of Artificial Intelligence Research*, 61(2018).

(一)基于法律知识图谱的文本生成

将法律规定和法律文书的结构双向解构,形成符合工作需求的法律知识图谱和文书生成基本逻辑。法院受案后将当事人提交的材料进行电子归档,形成电子卷宗。法官运用电子卷宗内容处理功能提取相关案情要素,依据这些要素,形成可以被用来生成法律文书的法律知识图谱,再结合证据智能审查所获得的案件数据,将要素信息节点配置成一份文书生成模板。再参照文书生成模板将电子卷宗中提取到的信息插入到文书模板中的相应位置,并根据法律领域内的自然语言理解(NLP)技术,自动合成相应的语言文本,最终完成一份法律文书的自动生成工作。目前,北京互联网法院的诉讼模式已实现文书的在线自动生成,有效地解决了法官撰写文书的效率问题和规范问题,保障了裁判文书撰写的高效和准确。

1. 法律知识图谱和自然语言理解技术的应用路径

(1)构建个案法律知识图谱。采用规则匹配的方法对文书进行段落类型标记。裁判文书的前一部分一般会以类结构化的形式描述当事人的基本信息,可以使用通用模板来实现案件基本信息的抽取。根据段落类型,标记提取"法院认定事实"部分的文本,将其作为案件案情文本,采用基于深度学习的信息抽取方法,实现对非结构化案情文本的关系三元组〔注:三元组是知识图谱中知识表示最基本的单位,被用来表示实体与实体间的关系或实体的某个属性的属性值是什么。比如,"这本漫画书的作者是张三"转化为三元组即为(漫画书,作者,张三)〕抽取,然后将案件基本信息与案情三元组进行实体对齐和消歧处理,最后将处理后的结果存入数据库中。

(2)构建文书组装模型。文书模板与组装服务是在文书组装工作中整理 JSON 配置文件(注:JSON 配置文件系 Java 编程语言中的一种文本格式,具有结构清晰、一目了然的特点),即对文书组装过程中需要使用的要素、标签或规则作出定义,以 JSON 语法格式进行书写。需要定义的标签一般分为两类:一是无需拼装的标签,即从前置文书或结构化数据中提取相应内容后直接生成文书,此种标签不涉及组装规则;二是需要拼装的标签,此类标签需先在前置文书或结构化数据中进行取值,提取相应内容后,再根据规则定义中所设定的拼装规则,生成最终文本。

2. 法律知识图谱和自然语言理解技术的实际应用

将法律知识图谱、自然语言理解技术以及文书组装技术构建形成文书生成服务产品,应用于各类文书撰写和生成的场景中。生成规则和模板库可以解决互联网诉讼模式下的文书规范化问题;统一文书标准可以提升互联网诉讼模式下的文书权威性;快速生成文书结构化内容和相关法律规定等必要信息可以解决互联网诉讼模式下文书制作的效率问题;信息导入和智能校对的标准化可以解决互联网诉讼模式下文书制作的瑕疵问题。

北京互联网法院电子诉讼平台的文书自动生成功能对外服务于当事人,基于大数据和人工智能分析,整理相关案情要素,支持起诉状、被告送达地址确认书、答辩状、管辖权异议申请书、反诉状等文书的自动生成,为当事人提供高效、格式化、免费的自助文书生成服务。依托知识图谱与法律认知引擎技术,自动从起诉书、答辩状等卷宗材料中提取案件要素,以类案文书为模板,自动组装、辅助文书编写,提升用户文书的编写效率。在用户的文书生成之后,提供知识辅助,提高文书质量,实现自纠自查与自我监督。

北京互联网法院基于法律知识图谱和自然语言理解技术构建了文书生成系统,辅助法官生成文书。文书模板库通过对历史文书进行分析,将文书内固定的段落、文本作为文档模板组件加以管理,形成文书模板库。系统提供默认样式模板以及法官自定义模板,如图13-4-2所示。可根据政法各部门需要的文书样式,提供案件所适用的文书模板,包括对文书模板中的内容、自动生成的字段标签以及模板格式、模板所适用的案件类型等进行自定义。系统支持用户根据个人需要自定义文书模板,同时支持以既有裁判文书为底稿模板进行修改编写。系统可根据案件类型、业务类型及案由,结合法官个人使用频次,自动推荐案件适用的文书模板,以便法官快速创建文书,如图13-4-3所示。

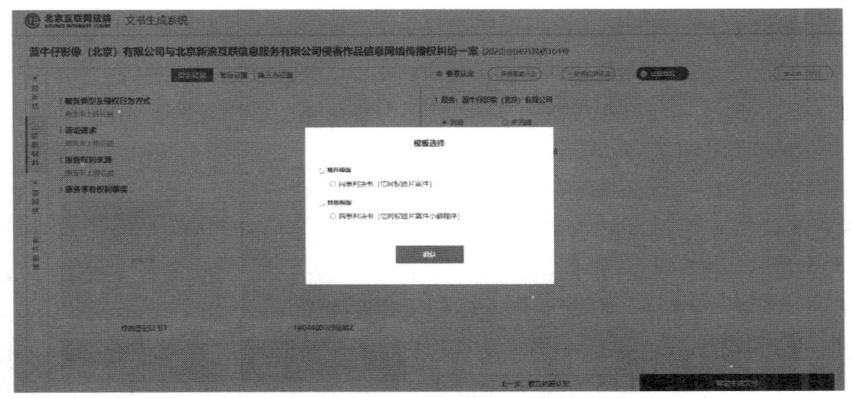

图13-4-2　基于法律知识图谱辅助法官文书生成系统①

---

① 图片来源:北京华宇元典信息服务有限公司资料"文书生成系统"产品图。

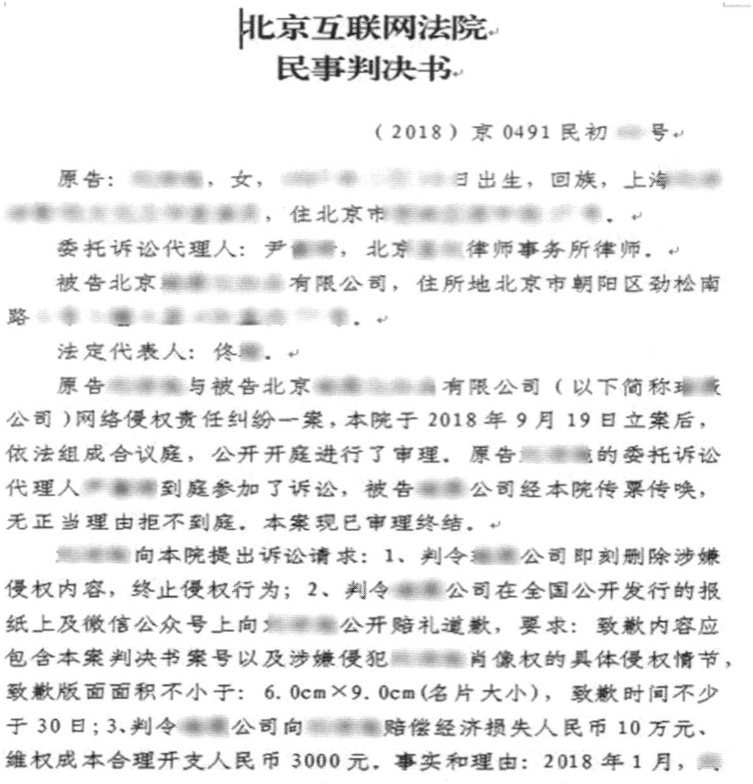

北京互联网法院
民事判决书

（2018）京 0491 民初 ▇▇ 号

原告：▇▇▇，女，▇▇▇▇▇▇▇日出生，回族，上海▇▇
▇▇▇▇▇▇▇▇▇▇▇，住北京市▇▇▇▇▇▇▇▇。

委托诉讼代理人：尹▇▇，北京▇▇律师事务所律师。

被告北京▇▇▇▇▇有限公司，住所地北京市朝阳区劲松南
路▇▇▇▇▇▇▇▇▇▇。

法定代表人：佟▇。

原告▇▇▇与被告北京▇▇▇▇▇有限公司（以下简称▇▇
公司）网络侵权责任纠纷一案，本院于2018年9月19日立案后，
依法组成合议庭，公开开庭进行了审理。原告▇▇▇的委托诉讼
代理人尹▇▇到庭参加了诉讼，被告▇▇公司经本院传票传唤，
无正当理由拒不到庭。本案现已审理终结。

▇▇▇向本院提出诉讼请求：1、判令▇▇公司即刻删除涉嫌
侵权内容，终止侵权行为；2、判令▇▇公司在全国公开发行的报
纸上及微信公众号上向▇▇▇公开赔礼道歉，要求：致歉内容应
包含本案判决书案号以及涉嫌侵犯▇▇▇肖像权的具体侵权情节，
致歉版面面积不小于：6.0cm×9.0cm(名片大小)，致歉时间不少
于30日；3、判令▇▇公司向▇▇▇赔偿经济损失人民币10万元、
维权成本合理开支人民币3000元。事实和理由：2018年1月，▇

图 13-4-3　基于法律知识图谱辅助法官文书生成后的文书效果①

针对程序性文书，其格式相对固定，生成量较大，系统可根据电子卷宗提取的信息要素、证据智能审查记录的业务信息准确地自动生成各业务环节所需要的法律文书。选择模板后，系统自动关联案件审判系统中的案件起诉书、答辩状、庭审笔录、审理报告等文书作为前置文书，以便快速复用形成裁判文书初稿，如图 13-4-4 所示。前置文书的文件格式不限于 word 文档，还支持图片、PDF 等格式的文件，可以覆盖如案件的起诉状、答辩状等多种文书类型。同时，系统支持人工调整关联的卷宗材料，确定关联的文书类型、文件数量等。系统结合案件信息及前置文书信息，自动生成裁判文书初稿，包括文书首部、当事人段、案件由来、诉讼请求及理由等内容。此外，系统自动提供"左右双屏的智能编写模式"，如图 13-4-5 所示，旨在将编写文书过程中

---

① 图片来源：北京华宇元典信息服务有限公司资料"文书生成系统"产品图。

所需的案件资料及法律资源统一推送、展示,供用户在文书编写过程中快速复制粘贴(支持拖拽复制)或比对了解。系统自动保留用户每次编写文书的记录,便于用户核验修改记录,并可恢复至任意版本。

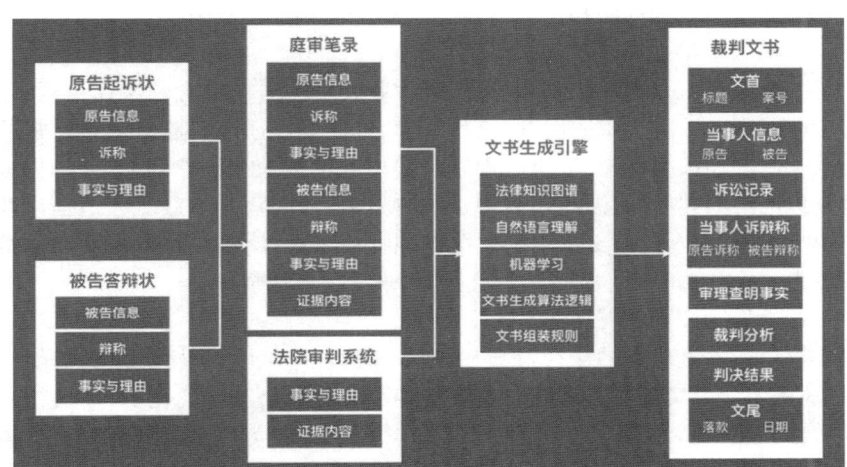

图 13-4-4　基于法律知识图谱的文书生成数据流程①

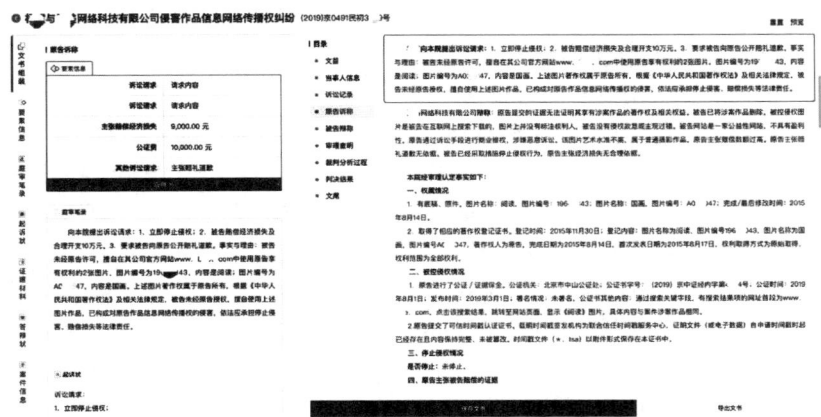

图 13-4-5　基于法律知识图谱的文书生成左看右写页面②

(二)基于机器学习的文本生成

机器学习是人工智能的核心,它模拟人类的学习方式,综合应用概率论、统计学、心理学、神经学、计算机科学等多种学科原理,通过对以往的数据和

---

① 图片来源:北京华宇元典信息服务有限公司资料"文书生成系统"流程图。
② 图片来源:北京华宇元典信息服务有限公司资料"文书生成系统"产品图。

经验不断地计算和分析,以达到自我改进、自我完善、不断发展的目的。文本生成技术建立在机器学习的基础之上,当机器通过大量的文书研习和模型训练习得法官的行文习惯、表述风格,也即学会了法学教师们所要求的"法言法语"之后,便可以辅助法官生成一篇流畅且准确的法律文书。

1. 机器对相关法律知识的学习

一般来说,一篇裁判文书中不仅包含着大量的法律概念和法律法规,还包含着对事实以及法律适用的逻辑推理。机器可以通过有监督或无监督的方式学习上述法律概念、法律法规以及法律逻辑推理等法律知识。同时,法律是以语言为载体的,因此还需要采用自然语言理解(NLP)、实体识别以及潜语义挖掘等技术,将文本中的法律知识抽取出来以供机器学习,从而使机器获得法律认知能力,提升机器在法律领域中的应用成效。

2. 机器对法官审判经验的学习

机器在学习现有的法律法规以及法律概念等知识、获得法律认知能力后,还需要学习实践中法官既往判案的经验。社会是发展变化的,而法律的滞后性决定了部分案件需要凭借法官以往的实践经验和判案经验,结合具体案情做出最合理的推断。这种带有法官判案经验的法律推理逻辑,散落在现有庞大的裁判文书体系中。

此时,让机器通过学习既往裁判文书进一步提升其法律认知能力就显得尤为重要。但是,经验是抽象的,它只能以裁判文书中法官的说理逻辑体现出来,机器需要采用自然语言理解(NLP)以及高斯分布计算模型等技术,将法官的判案经验固化,将法律逻辑转化为代码逻辑,从而使机器能够以代码的形式习得法官审判经验。由于经验具有抽象性的特点,这就要求机器在学习时需满足一定的准确率(Accuracy)和覆盖率(Recall),提升机器的识别能力,从而保证生成的裁判文书准确并且权威。

经过学习法律知识、了解法律推理逻辑、掌握裁判文书的文书规则等一系列必备环节后,机器就可以利用当前案件中的要素生成一篇充满法官判案智慧的裁判文书。

三、文本生成技术的应用

(一)现有成熟的文书生成应用场景

在司法领域内,互联网法院一定是走在科技潮流最前面的"弄潮儿",这里有目前最新颖、最具创造性和实用性的科学技术。2017年6月26日,中央全面深化改革领导小组第三十六次会议审议通过了《关于设立杭州互联网法院的方案》,决定设立杭州互联网法院,要求按照依法有序、积极稳妥、遵循司法规律、满足群众需求的要求,探索涉网案件诉讼规则,完善审理机制,提升审判效能,为维护网络安全、化解涉网纠纷、促进互联网和经济社会深度融合等提供司法保障。这是我国设立的首个互联网法院,是司法领域主动适应互联网发展趋势的一项制度创新。随后,2018 年 7 月 6 日,中央全面深化改革委员会第三次会议审议通过了《关于增设北京互联网法院、广州互联网法院的方案》,决定在北京、广州增设互联网法院,在总结推广杭州互联网法院试点经验的基础上,回应社会司法需求,科学确定管辖范围,健全完善诉讼规则,构建统一诉讼平台,推动网络空间治理法治化,这是司法领域主动适应互联网发展趋势的又一项重要举措。

北京互联网法院作为设立在首都的互联网法院,在最高人民法院、北京市高级人民法院的带领下,是极具典型性和代表性意义的一家互联网法院。截至 2019 年 8 月 8 日,即北京互联网法院成立一周年的时间节点,北京互联网法院电子诉讼平台通过文书自动生成服务共提供各类文书 117729 份,其中判决书、裁定书、调解书等文书共 4199 份,裁判文书自动生成使用率达 52.43%,开庭传票、应诉通知书等制式文书共 152618 份,自动生成率达 100%。系统自动生成/辅助生成的起诉书及其他文书共 73298 份,有效加快了案件办理进程。[①] 在北京互联网法院的互联网诉讼模式下,法律知识图谱技术支持在线自动生成文书,有效地解决了法官撰写文书的效率问题和规范问题,保障了裁判文书撰写的高效性和准确性。

(二)国内文书生成技术的应用现状

2019 年《法治蓝皮书·中国法院信息化发展报告》报告显示,截至 2019 年年初,全国越来越多的法院实现了信息化升级改造,法院信息化系统具备查询和推送法条法规、关联案件及类案信息等功能,并提供辅助生成司法文书、辅助预测裁判结果、辅助量刑等服务及其他智能庭审服务。其中,具备法条自动推送功能的法院有 2703 家,占 77.01%;能够批量生成格式化文书的法院有 1877 家,占 53.48%;能够基于大数据分析相似案件量刑幅度并提供量刑参考范围的法院有 1513 家,占 43.1%。2018 年,法院移动办公办案步入全面实践阶段。利用移动微法院、手机 APP 等移动终端,法官办案、合议、开庭不再受时间和空间的限制。[②]

2020 年年初,一场突如其来的疫情打乱了全世界的运行节奏,但"不能出门"却恰巧加快了"智慧法院"建设的步伐。时任最高人民法院副院长张

---

① 参见《北京互联网法院技术白皮书(2019)》,载北京互联网法院网(https://www.bjinternetcourt.gov.cn/cac/zw/1566024698818.html),最后访问日期:2020 年 5 月 27 日。

② 参见《报告:法院审判智能化水平提升 辅助审判作用凸显》,载中国新闻网(http://www.chinanews.com/gn/2019/03-01/8768464.shtml),最后访问日期:2020 年 6 月 30 日。

述元在 2 月 26 日举行的国新办发布会上表示:"为了及时高效办好大量的民商事案件,疫情防控期间诉讼服务不打烊,全国各级人民法院充分利用全国法院一张网这样的信息化平台和智慧法院建设成果,实行网上立案、网上开庭、网上辅助执行,提供无接触的司法保障和诉讼服务,对解决有关企业的矛盾纠纷和民商事案件非常有意义。"《2020 年最高人民法院工作报告》指出,智慧法院在疫情防控期间"大显身手",全国法院网上立案 136 万件、开庭 25 万次、调解 59 万次,电子送达 446 万次,网络查控 266 万件,司法网拍成交额 639 亿元,执行到位金额 2045 亿元。远程立案、网上审判、电子送达、智慧执行等新技术为司法系统正常运行保驾护航,为疫情防控、维护稳定等社会工作提供了坚实保障。可以看出,法院信息化已经在全国范围内生根发芽、发展壮大,其中文本生成技术也为全国民众和法官提供了越来越便捷、越来越高效的智慧司法服务。

四、文书生成技术的可期未来[①]

目前,人工智能在解构语句、判断句法方面已经有着较为成熟的技术,但对语句背后的逻辑结构及情感蕴涵的获取还比较困难。人类作者进行创作是为了表达情感、传递思想,而目前我们仅处在弱人工智能时代,现在的人工智能尚无意识、无思想、无情感,因此,现在的文本生成机器主要依靠人类的指令来完成对新表述的组建,但创作的表述中并没有传达其所想要表达的情感和思想。尤其在法律领域,相较于任何技巧性的技术以及强大的知识储备,实务经验显然更为重要。虽然实务经验与机器学习类似,主要依赖大量的学习与训练,但实务经验更重要的特质是其反馈到日常工作中的习惯和考量,譬如法官在审判过程中的自由心证,而这些特质显然是目前的人工智能尚且无法具备的。例如,在刑事案件审判过程中,人工智能技术可以通过"手持砍刀"这一表述判断出犯罪嫌疑人具有"持械"的加重情节,从而在智能裁判分析系统中通过计算按照一定比例建议增加量刑幅度,但当多个从轻或从重情节同时出现时,各个要素之间的权重需要综合考量,此时法官的自由心证则显得极为重要。因此,人工智能未来的发展方向便是:让机器能够更体系化、灵活化,更具有逻辑性地思考,不因受历史数据和编程者习惯的影响而导致偏差,可以平衡权重、主动纠偏。如此,未来的文书生成系统将更加智能,生成的裁判文书也将更为精妙,更具信服力。

今天,文本生成技术已广泛应用于新闻稿撰写、自动对话生成甚至小说、

---

① 参见周强:《2020 年最高人民法院工作报告》,载最高人民法院官网(gongbao.court.gov.cn/Details/e83007142dac825/d1e14164/e5577.html.),最后访问日期:2022 年 11 月 6 日。

诗文的写作等场景之中。然而在法律领域内,该项技术实际应用的场景尚且相当有限。目前的文本生成技术主要应用于人民法院和人民检察院的文书生成,公安机关、政府单位等其他部门的文书制作过程中尚没有使用具体的文本生成应用。公安机关每天出具的各种文书、证明不胜枚举,政府单位之间的材料流转也主要依托于各种公文。因此,文本生成技术融入公安机关、政府部门和其他单位中,为更多的文书制作者提供便利、提高效率,也将是文本生成技术未来应用的重要场景。展望未来,随着人工智能技术的不断发展,文本生成技术一定还将大有可为。

第五节 案件和主体画像

一、画像,让你更懂案件

随着大数据技术日趋成熟,"用户画像""商品画像""产品画像""资产画像"等词汇不绝于耳。那么,什么是画像? 画像,即是一种抽象出对象信息全貌的手段,可以简单理解成是基于海量的数据标签将要画像的对象区分为不同的类型,再在每种类型中抽取出典型特征并赋予其一些描述,从而形成一个画像。生活中与我们关系最密切的可能就是用户画像(User Profile),它根据用户在互联网留下的种种数据,如社会属性、生活习惯、消费行为等信息,主动或被动地收集、抽象并加工成标签化的用户模型,比如,用户的性别是男是女,籍贯是南方还是北方,收入水平在哪个层级,是否婚恋,喜好什么样的东西等。当我们打开购物平台时,平台会根据用户画像给我们推荐很有可能"剁手"的商品;当我们打开视频软件时,视频软件也会根据用户画像推荐我们可能喜欢的内容。

理解了画像的概念,在法律大数据的背景之下,什么是案件画像,什么又是主体画像,便十分通俗易懂。案件画像是一种由法律大数据和法律人工智能实现的技术,通过对海量案件信息进行实体识别和智能提取,并经过多维度组合,形成标签体系数据库,在分析具体个案时,则利用标签体系规则形成本案标签。主体画像则是对案件过程中所涉及的各方主要主体进行标签化侧写,包括但不限于案件当事人(自然人、法人、其他组织等)、法官、公诉方、律师、律所等。主体画像基于各政法部门的业务大数据,通过标签模型刻画个体和群体画像,针对分散在各系统中的核心业务群体的零散信息,通过数据挖掘的方式,从基本信息、行为信息、资产信息等各个维度以个体画像、群体画像的形态进行数据提炼,以满足多场景下对个体或群体的全量关键信息、统计分析、效果评估等不同层次的刻画需求。通过画像,能够快速掌握案件、个体或群体的特征及全貌。

二、案件画像和主体画像的构建原理

构建画像的核心工作是"贴标签",而标签是通过大量的信息分析得来的高度精炼的特征标识。构建画像可以拆解为三个大步骤:获取数据,构建逻辑和构建画像。其核心的构建逻辑,依赖于日益发展的大数据及人工智能技术。

(一)获取数据:良好的司法大数据基础

我国最高人民法院大数据集中管理平台是目前全球最大的司法数据集中平台,2014年6月大数据集中管理平台投入试运行,在此汇集了全国3500余家法院的案件信息。截至2019年年末,最高院大数据集中管理平台汇集的案件信息累计已超过1.9亿件。

在公开数据层面,2013年最高人民法院审议通过《最高人民法院裁判文书上网公布暂行办法》,并设立中国裁判文书网。裁判文书公开上网,海量数据的公开使法律数据资源化。截至2019年年末,公开上网的裁判文书已经超过9000万篇。司法公开的大力推进,产生了大量有研究及使用价值的司法数据。[①]

但是,仅仅"数据大"是远远不够的,面对庞杂的数据,如何从中提取信息才能有效利用这些数据,是法律人工智能所要解决的问题。

(二)构建逻辑:法律人工智能技术构建画像逻辑

法律人工智能的发展,建立在大数据发展良好的基础之上。如果说司法大数据是"燃料",那么,法律人工智能就是"引擎"。总体来看,当前的法律人工智能技术已经具备了帮助法律从业人员提升工作效率的能力,并且也已经取得了一定的成效。在某些具体应用节点上,法律人工智能甚至已经可以实现对人工的替代,如对一些简单法律文书或复杂文书中的部分段落等进行生成、对文书进行排版、对文书内容进行校对等。而通过提取标签构建案件画像、主体画像,可以在此基础上进一步提供更多的辅助应用,帮助用户更高效地完成工作。

1. 构建案件画像和主体画像的关键技术

案件画像需要对案件数据进行关联分析。这包括案件从产生案号开始到案结事了全过程的关联数据,从中提取到该案件的关键案情要素,构成具体的案件画像,展示案件面貌。

---

① 参见孙航:《智慧法院:勇立潮头破浪行》,载《人民法院报》2020年1月16日,第001版。

主体画像需要对涉诉主体的相关关联信息进行整合分析,通过数据挖掘的方式将分散的琐碎信息进行整合及提炼,选取合理的维度刻画相关主体画像。例如,自然人画像,可以当事人基本信息、行为信息、涉案信息、资产信息、信用信息等维度刻画出与案件相关的当事人画像。除了一般的自然人画像,还可以构建法人画像、律师画像、律所画像、法官画像等多种主体画像。主体画像可以为个体画像,如某位当事人、某位律师、某位法官,也可以为群体画像,如律师群体、法院干警群体、未成年犯罪群体等。

人工智能技术对案件及涉诉主体的相关信息进行挖掘和提炼的过程,是一个让机器认知法律的过程,重点在于使用人工智能的方法识别出代表案件核心信息的法律构成要件,其中应用的关键技术为机器的法律认知能力。通俗来说,就是需要机器能够具有理解法律概念、进行法律推理的能力。

要让机器达到"法律认知"的能力要求,首先需要对每一个可能的法律概念进行预建模,通过构建相关数据标签来帮助机器理解某一个特定的法律概念。如何完成机器学习?在法律人工智能领域,机器学习目前主要是采取监督学习的方法,基于法律知识图谱,利用大数据挖掘分析技术,将海量的法律法规、案例、裁判文书等数据中涉及的知识点进行自动识别和抽取,由法律专业人员对机器学习推荐的内容进行逐一甄别、确认,指导机器做自主、深度学习,持续迭代,以确保法律知识图谱的关联数据是全面详尽的。通俗地说,就是由法律专业人员人工标记数据提供给机器,训练机器学习,告诉机器这些数据标签的含义。举个简单的例子,通过人工标记的方式告诉机器"自首""主动投案""自动到案"这些不同的词语表述所代表的法律概念实际上是基本相同的。

对一个法律概念构建上数据标签可以让机器学习,对具有体系关联的法律概念构建标签也可以让机器学习,形成一个法律知识图谱。例如,围绕"危险驾驶罪"这个罪名,预构建一系列的数据标签,包括这个罪名的罪状、从重从轻情节等,机器便能够较好地掌握与危险驾驶罪相关的知识,从而能够更加全面地反馈用户所需要的与此相关的知识信息(如图13-5-1)。

2. 案件关系图谱

当机器掌握一个又一个的法律知识时,便可以通过标签形成案件图谱。例如,在刑法领域,其法律知识具有强逻辑性,能为刑事案件图谱的构建提供天然的底层逻辑,能够帮助机器形成规范的知识体系,反映出定罪的基本司法逻辑(见图13-5-2)。

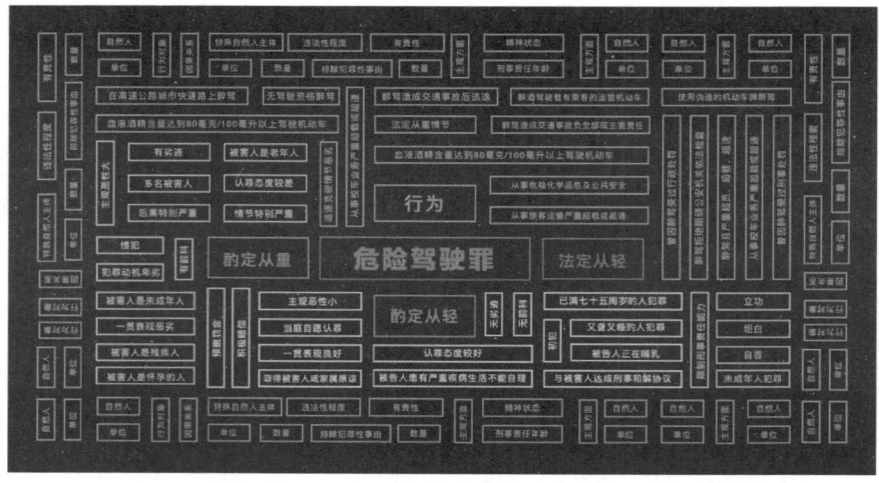

图 13-5-1 "危险驾驶罪"数据标签①

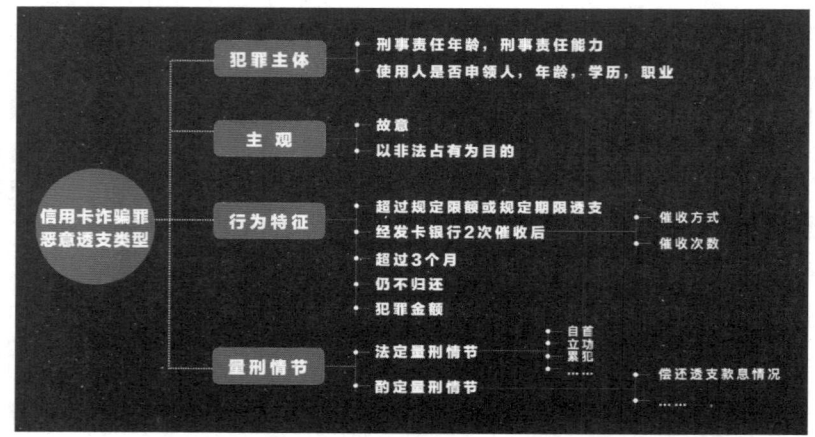

图 13-5-2 "信用卡诈骗罪恶意透支类型"案件图谱②

通过法律认知能力构建出各种案件类型的案件图谱,并在此基础上,对案件结构化数据、起诉书或证据材料等数据进行解构和分析,便可以提取到该案件涉及的案情要素,形成具体的案件画像,这样便可以辅助法官在具体的案件办理过程中获取到对案情准确的、详细的解构与分析。

---

① 图片来源:北京华宇元典信息服务有限公司资料"危险驾驶罪"数据标签。
② 图片来源:北京华宇元典信息服务有限公司资料"信用卡诈骗罪恶意透支类型"案件图谱。

案件画像通过对案件数据的多维度组合,形成自己的标签体系数据库,提供给各个应用和业务做底层数据输出。不同于纯输出案件数据服务,案件画像利用标签体系规则形成数据标签。标签体系的建立以案件种类为基础,以法律关系为架构,架构支撑则以法律事实为依据,法律事实的构建又依赖于法律概念的数据提取,如此形成多重概念组合,以支撑业务应用。

3. 主体关系图谱

法律主体画像生成的核心在于利用主体关系图谱技术对主体与案件、主体与主体等之间的关联关系进行分析及展示。法律主体关系图谱以案件为维度,以与案件有关的各方当事人为逻辑中心点,映射出本体和现实世界的相关关系。主体关系图谱的重点体现在关系逻辑的组织、展示、搜索、推理方面,即通过对关联信息的整合,建立起关系中心点与各方主体之间的联系,把经过梳理、总结的相关内容进行推送,同时还能通过信息推荐提供更深入更广阔的知识。

(1) 当事人图谱

在对接人口信息数据和企业工商信息数据后,便能实现对涉诉当事人的关联信息的整合分析,满足不同场景下对人员或者人群全量关键信息的不同层次需求。

通过当事人图谱生成的自然人个体画像,可帮助使用者利用底层数据生成标签,对个体人员从基本信息、涉案情况、关系分析、行为分析、财产情况、信用情况等各个维度进行全方位分析,实现对个体人员敏感信息的甄别,辅助理清人员关系,深入挖掘案件人员关联,定位人员活动轨迹,提升执行送法等业务活动的准确性。

(2) 律师事务所、律师图谱

律所作为法律行业的三大商业服务机构之一,一直以来缺少基于数据公开的、客观且实用性强的评价,使当事人对这类服务机构的确定多是靠就近随机选择、熟人推荐或者上网通过零碎的推广信息查找。而基于律师事务所及其律师代理案件的公开裁判文书,可以构建律所图谱,对其代理案件的类型、地域、时间等信息展开分析,结合律所的工商注册等信息,帮助当事人以真实数据和客观理由确定合适的代理律所和律师。

律师事务所图谱,是基于历史案件信息构建的。它是包含律师事务所、律师、审理机构、审理人员及当事人等主体的动态关系图谱,能够展现律师事务所的人员构成,以及其与各审理机构和审理人员在诉讼历史中所形成的关系指数。律所图谱可以包含且不限于以下内容:①律所登记信息:工商注册号、组织机构代码、统一信用代码、执业许可证号、主管机关、地址、负责人、执业状态等;②律所认证及推广信息:认证标识、简介、设立年数、律师人数、代理案件总数、主要代理案由(前三)、联系方式、最佳案例等;③律所业务分析:代理诉讼方、案件案由、代理客户、结案方式、判赔金额、法院层级(展示不同层级法院审理律所代理的案件数量)、承办法院、承办法官、对手律所、时间地域分布、裁判文书列表等等内容。据此生成的律所画像能够较为全面地展示律所业务领域及专业水平。

律师图谱也可以建立类似模型及相关数据,以律师基本信息、代理案件情况、代理当事人情况、行为分析及律师的从业信息情况为基础,生成律师画像。此画像能够全面展示律师的相关信息,精准定位律师的异常信息,同时,通过律师的代理诉讼行为挖掘律师与特定当事人、律师与特定法官之间的潜在关系。

(3)法官图谱

以裁判文书为基准,对具体法官的办案数据、特征指标、关联图谱、证据、争议焦点、裁判观点等进行各角度的分析,建立法官图谱,生成法官画像,展示法官对某种主张采纳或不采纳、认定某种法律后果/抗辩理由构成或不构成的裁判倾向,可以为院、庭领导全面了解和评估法官工作提供辅助和参考,也可以为当事人及律师了解法官裁判习惯提供参考,如图 13-5-3、图 13-5-4、表 13-5-1 所示。

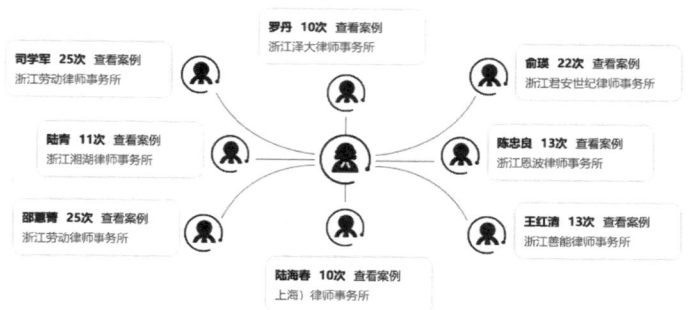

图 13-5-3　法官关联图谱:与律师的关联①

---

① 图片来源:北京华宇元典信息服务有限公司元典智库产品法官信息查询截图。

与其他法官同在合议庭次数

图 13-5-4　法官关联图谱:与其他法官的关系①

表 13-5-1　法官画像维度参考

法官画像维度参考	法官基本信息:姓名、性别、年龄、籍贯、所在法院、职位、工作年限、所在办公室联系电话
	案件总数,一审总数,二审总数,再审总数
	上诉率、未成年人比例、累犯比例、共同犯罪比例、开庭审理比例、撤诉比例、简易程序比例
	量刑分布图、上诉率图、二审改判率、二审发回重审率、撤诉率
	案例跳转、词云、案由雷达图

(4)企业关系图谱

从审判实务需求出发,企业关系图谱,如图 13-5-5 所示,可以全面收集企业权威公开信息,实现数据可视化和商业、法律关系多层次挖掘,并提供企业尽职调查实务内容的智能化分析和判断。企业关系图谱支持对法律关系进行挖掘和梳理,使商业主体间的关系不局限于投资和任职,还可包括诉讼、行政处罚、抵押、质押等其他法律关系。

以裁判文书为例,通过自然语言处理技术,提取案件的裁判结果并进行统计、下钻分析。如图 13-5-6 所示,对某企业作为应诉方的全部涉诉案件的裁判结果进行识别画像,可以看到该企业作为应诉方,大多数案件的裁判结果为驳回原告的诉讼请求或支持原告的部分诉讼请求。同时,画像支持用户专门就某种裁判结果的文书进行原文查看和分析。

---

① 图片来源:北京华宇元典信息服务有限公司元典智库产品法官信息查询截图。

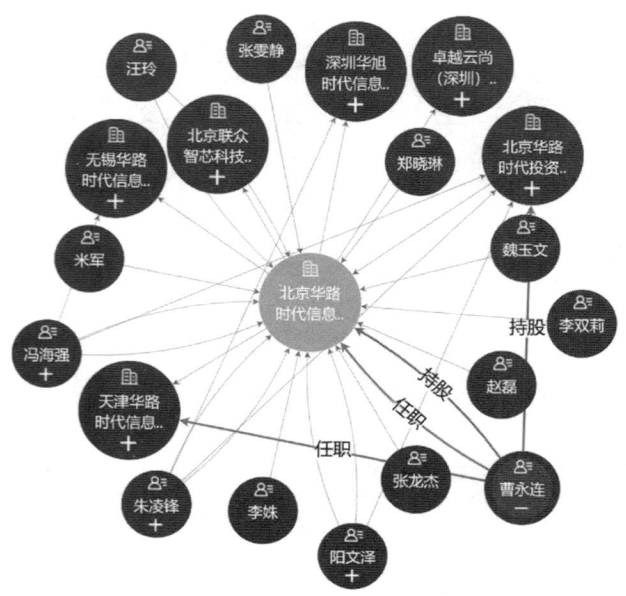

图 13-5-5　企业关系图谱①

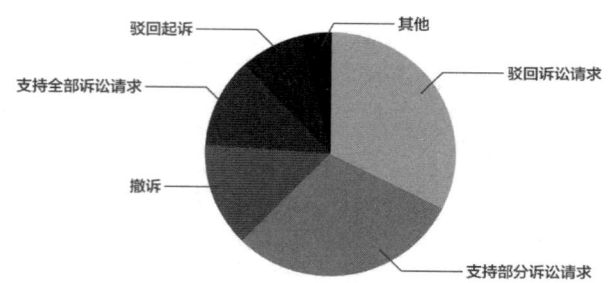

图 13-5-6　某企业作为应诉方的全部涉诉案件的裁判结果画像②

三、案件画像和主体画像的多种应用场景

当前,法律人工智能技术已经能够支撑各类案件画像及主体画像生成,我们正在探索并将持续思考,画像能够为法律人带来什么样的价值,能够

---

① 图片来源:北京华宇元典信息服务有限公司元典智库产品企业信息查询截图。
② 图片来源:北京华宇元典信息服务有限公司资料截图。

应用到哪些场景。

通过对案件要素的识别与提取生成案件画像,能够帮助相关人员快速掌握案件信息和面貌,在实务中可以有非常广泛的应用场景。不仅可以应用在为当事人提供相关诉讼服务,也可以为法官立案、审判、业务研究等多个环节提供辅助。案件画像展现案件的全景图,为当事人、法官等提供了解案件全貌的翔实数据。

主体画像的应用也十分丰富多元。例如,当事人个体画像,在立案阶段、执行阶段等案件不同阶段都可以有不同应用;又如,当事人群体画像,能够为某一类案件的共性特征提供侧写。当案件画像与主体画像相结合,可以打开更加丰富的应用视角。

(一)案件画像和主体画像辅助司法办案——以法院为例

在考量案件画像和主体画像的应用场景时,法院无疑是典型的例子。通过考察法院应用场景,可以更加直观地反映该项技术可能存在的价值。

1. 立案风险审查

在立案场景下,立案法官在案件受理过程中,需要对当事人的身份信息、重复立案、敏感案件、案件特征以及信访人员、失信风险等相关信息进行甄别。同时需要对未来可能发生的虚假诉讼、全景诉讼等情形进行前期预防和消息提醒,降低立案风险。案件画像能够在相当程度上提供此类辅助。例如,对虚假诉讼风险的甄别。基于对案件特征的提取,结合当事人和案件两个图谱的匹配,完成当事人社会关系、经济利益关系、资产状况、身份特质、信用情况、涉诉情况等维度的画像,与各类案由的虚假诉讼要素进行匹配,能够实现虚假诉讼动态甄别。

2. 融合案件画像与法官画像的均衡分案

针对人案匹配机制单一、缺乏优化的问题,知识图谱生成的法官画像和案件画像可以从对案件特征多维度分析,对法官多标签任务画像,根据法官审判历史案件特征挖掘潜在模式及审判倾向,选取标签刻画法官人物画像等角度入手,推动实现审判人员在办案数量和难度上的基本均衡与排期优化,为智能分案提供有效辅助。

3. 辅助阅卷及案件审理

在传统案件办理过程中,办案人员需要对大量案卷进行通篇浏览,从大量的案件素材中提取当事人信息、本案事实、双方观点、争议焦点、待审事实等关键信息,为后续案件审查打下基础。

通过引入案件画像及当事人画像,可以实现将文书中的案件相关信息进行智能提取、分析,以辅助法官在具体的案件办理过程中获取到对案情准确、详细地解构和分析,快速了解案情全貌,确认争议焦点,顺利开展下一步工作。

4. 类案检索与裁判规律分析

案件画像能够快速定位相似案例,提高办案人员检索类案及查看裁判规律的精度。用户通过深度挖掘案例要素信息构建类案画像,跟踪用户行为轨迹构建用户画像,通过案例主体关联用户画像与案件画像,能够实现精准的、高度个性化的案例检索推送、裁判规律分析和法律知识服务。

5. 被执行人画像

被执行人画像是一种对被执行人的财务分布情况、性格、心理行为特征等现有信息的综合描述及全面整合形成的被执行人画像。其维度视角包括但不限于:被执行人的成长过程、金融资产分布状况、实物财产分布、社会关系网络、性格、爱好及心理行为特征、财务交易网络等。通过与政府机构、各级法院以及银行金融机构等单位开展深入合作,获取被执行人房产、车辆、工商税务、在线消费、金融资产交易数据等。构建基于在线购物和消费记录、银行、基金、债券、股票交易以及其他涉案资产交易的动态数据的特征;构建分布式数据存储、查询和处理的系统,挖掘用户社会关系和交易行为特征并进行可视化展示和描述,从而以更加清晰的呈现方式帮助法院解决执行难的问题。

6. 案件评查与人员管理

法律人工智能技术可以实现高效的案件评查与人员管理功能。

首先,应用该项技术的法院可以通过提取审判业务数据并对其进行画像分析,直观地获取本院案件办理情况、长期未结案件、重大敏感案件等审判信息。

其次,法律人工智能技术还能够以法官审理案件的数据作为依据,分析法官所擅长的案件案由。除个人指标数据外,还可对比分析各庭、室工作情况,辅助审判管理办公室客观了解干警在全院中的审判情况,科学指导审判工作。

再次,法律人工智能技术的裁判规律分析所给出的量刑画像侧写,能够反映出一定范围内的量刑规律及量刑均衡度。量刑是院、庭领导及审管办人员十分关注的环节,量刑的良好把控能有效控制风险,提升审判效益,见图13-5-7 所示。

最后,法律人工智能技术可以对审判及综合行政工作等相关信息进行定量分析和定性分析,利用标签分析模型及画像推荐算法,形成法院干警画像。通过分析展示多维灵活的法官标签及有效的图形化结果,能有效地勾勒出干

第十三章 法律人工智能的应用场景 449

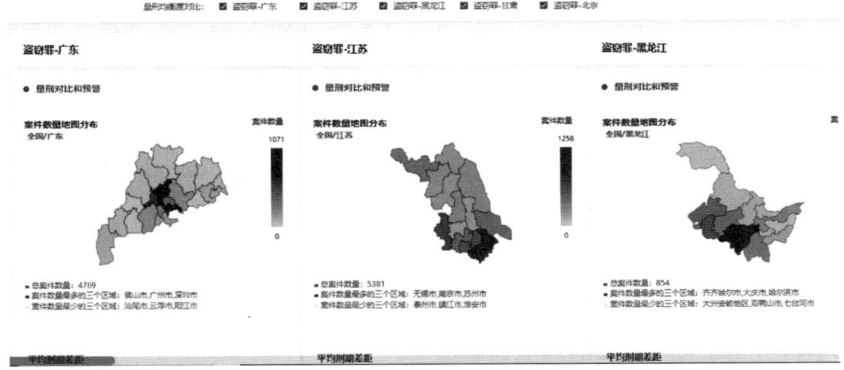

图 13-5-7 量刑画像侧写①

警个人及群体画像。通过法院人事数据形成法院干警群体画像,展示法院员额法官整体情况,从性别、年龄、法官等级、学历分布占比、擅长案件、工作量情况等多种维度,辅助院领导全方位、立体化地了解干警特性,合理应用干警资源。

7. 业务研究及裁判观点

利用案件数据还可以形成各类群体画像,如未成年犯罪群体画像、犯罪嫌疑人群体画像、社区矫正群体画像、吸毒人员群体画像等,有助于进行相关业务研究。

裁判观点分析可以看作是以法院为单位的案件画像。以全国公开裁判文书为基准,对法院及法官的办案数据、特征指标、关联图谱、证据、争议焦点、裁判观点、庭审视频等进行各角度分析。

(二)为当事人及代理人提供多样诉讼服务

基于当事人用户特征数据,实现当事人用户画像制作,可以面向用户提供个性化诉讼平台,以用户需求和问题为导向,提供精细化、个性化的诉讼服务,提升用户参与诉讼活动的效率,让当事人获得更加方便快捷的诉讼体验,提高当事人乃至全体人民群众的司法获得感。

在诉讼前,当事人可将案件的基本信息录入系统,基于对案情的认知、分析形成案件画像,根据案件要素推荐相似案例研判情况,给予当事人诉情解析、快速定位目前在办类似纠纷案件的解决情况、评估诉讼的风险,并推送已决全案视角的相似案件的审理判决内容,方便不懂法律的当事人对案件具有

① 图片来源:北京华宇元典信息服务有限公司智能量刑辅助系统产品截图。

一定了解,从而更好地配合法院的后续工作。

如果当事人可能通过案件画像发现立案内容有误,或者通过查看历史案件画像发现预期结果与历史判决相差较大,可采用其他途径解决纠纷或补充证据材料重新立案。

另外,法官画像对于当事人及代理人也具有重大意义。对于一些存在争议、案情复杂的案件,代理律师很有必要在开庭前了解审理法院、法官审理该类案件(以案由分类)的相关画像,来判断该法官的经验和实际工作情况。

(三)律师、律所画像应用

律师、律所画像应用包括相应风险防控和关系图谱,对该场景的应用,有助于分析相应发展趋势和风险预防措施。

1. 律师律所风险防控

(1)律师执业信息验证

通过分析历史诉讼数据及整合相关外部信息,律师事务所画像可对案件代理律师的身份信息、执业证件信息及其执业机构等信息的真实性进行验证和提示,以辅助预防律师信息填报错误、虚假执业、违规代理等情形。

(2)律所重复代理审查

《律师职业道德和执业纪律规范》第28条规定:"律师不得在同一案件中为双方当事人担任代理人。同一律师事务所不得代理诉讼案件的双方当事人,偏远地区只有一律师事务所的除外。"尽管各律师事务所均建立和实施利益冲突审查制度,但司法实践中常因所内审查遗漏等原因而出现律师事务所重复代理的情形。

律师事务所画像可对案件双方代理律师的执业机构自动进行对比审查,并推送审查结果,从而减少人工审查操作的时间成本并规避风险。

(3)既往处罚记录提示

基于历史诉讼数据和其他公开信息,律师事务所画像将支持收集、推送各主体被有关机关处罚的记录,并纳入律师事务所的诚信评价。在一定程度上,这将有利于法官对相关诉讼代理人或辩护人进行了解和有针对性地准备。

2. 关系图谱

由诉讼串联起的主体中,律师事务所和律师是当事人与法院之间的桥梁。律师事务所关系图谱,是基于历史案件信息构建的、包含律师事务所、律师、审理机构、审理人员及当事人等主体的动态关系图谱。图谱可实现以可视化的形式,展现律师事务所的人员构成以及其与各审理机构和人员在诉讼历史中所形成的关系指数。

律师事务所作为律师的执业机构,其数据核心实际上是所内执业律师及其代理的当事人的诉讼数据。所以,关系图谱以律师事务所为维度,取诉讼主体的合集进行分析并展示其动态画像,辅助完成案件代理律师信息真实性提示、律所重复代理审查等程序性事项;与审理机构和审理人员数据进行关联,则是辅助法院对一定时期内立案、分案工作的安全性、公平性进行管理和评价,也在一定程度上为防范审判风险提供审前参考。

通过关系图谱,可以更好地了解对方律师及法官的庭审经验等。例如,了解该法官审理对方代理律师(含所在律所)的案件的情况,案件数量的多与少。案件量多,说明对方律师比较熟悉该法官,庭审经验丰富。通过该法官与其他法官同属合议庭的次数,大概可以知道哪些法官是在同一个庭室,他们的裁判倾向和裁判口径可能会基本保持一致。

此外,对律师事务所历史代理案件的分析和展示,还能够帮助法院对其业务能力、发展趋势及诚信情况进行了解和评估,以预防律所的内部腐败行为。

(四)企业风险调查

律师或法务人员开展企业尽职调查也是一项常见且必需的业务。在商业活动中,企业在进行投融资、并购或上市时,都需要对某个企业的信用和经营状况展开调查。鉴于商业活动的灵活性、复杂性,对企业开展调查的内容和维度也不尽相同,但基于公开信息对企业进行初步调查几乎是所有律师或法务人员展开尽职调查必经的一步。

企业画像有助于了解企业的商业关系、法律关系及潜在风险。一个企业潜在的风险并不仅仅来源于自身,还包括与其有商业关系或法律关系的商业主体所面临的风险。因此,梳理目标企业与其他商业主体的商业关系或法律关系有利于发现企业面临的潜在风险。当然,商业关系与法律关系的梳理也为排查企业关联交易与同业竞争提供了依据。

企业画像有助于分析企业运营过程中存在的法律风险。企业尽职调查并非是一个单纯的信息检索和整合业务,而是对特定业务是否合规或企业经营状况的检查。因此,律师或法务人员需要通过获取的信息确认企业是否存在影响特定业务开展的风险,如在企业IPO项目中,需要排查企业是否存在被列入经营异常名录、近3年内实际控制人发生变更等问题。

第六节 证据分析指引

一、概述

举证是司法活动的中心环节,它包含两层核心活动:发现证据和提交证据。其中,发现证据是举证活动的起点,对诉讼参与人来说尤为关键。掌握证据的多寡,直接决定了当事人在诉讼中的输赢。发现证据,本质上是一种"考古"活动,它需要当事人根据自身对证明目的的判断,从过往发生的事件的物理留存中提取出与证明目的之间存在逻辑联系的部分,从而在诉讼程序中发挥作用。对普通社会主体来说,这个过程的难点,在于并不清楚哪些材料可以成为证据,未能及时固定证据导致原始材料灭失或事后难以取得;缺乏自行取证的能力和手段,如某些资料在国家机关、第三方等处保存,未能取得原件;部分证据的取得和应用必须借助于具备相应资格的鉴定机构、中介机构等提供相应的服务,代价高昂等。

信息技术的发展极大改变了社会经济组织和交易形式。在很多领域,这种转变带来了通信便利和随之而来的交易成本降低。

《欧盟网络安全法》开宗明义:"网络和信息系统以及电子通信网络和服务在社会中发挥着至关重要的作用,并已成为经济增长的支柱。信息和通信技术是支持日常社会活动的复杂系统的基础"。①

根据中国互联网络信息中心(CNNIC)发布于 2020 年 4 月 28 日的第 45 次中国互联网络发展状况统计报告,截至 2020 年 3 月,国内网民规模已达 9.04 亿人,互联网普及率达到 64.5%;数字经济规模达到 31.3 万亿元,占国内生产总值的比重达到 34.8%。②

以上内容表明,在信息社会中,人们的生活方式正在逐步转变为"电子化存在",社会中大部分主体的经济活动、社交活动都不可避免地要以网络形式进行,或者至少会在互联网上留下痕迹,也就是以数据形式存在的"电子足迹"(digital footsteps)。而电子邮件这类数据电文早就投入大规模应用,时至今日,已经成为可以交换正式文件的官方渠道。随着社会信息化程度越来越高,数据积累日渐增多,这种电子足迹中包含的历史碎片就越来越多。这意味着过往事件的物理留存正从以往的有形物体介质形式,如纸质文件,向无形的数据形式转变。

如果将一切历史留存都看作潜在的证据,这种转变对普通社会主体的举证活动带来的何种影响?这种转变实际加大了举证活动的难度,尤其是在一些复杂争议当中。数据通常都由大型商业公司或者云计算服务商、通信运营商收集和保存,社会中的普通个体则缺乏收集和保存数据的手段。能够对数据进行提取、查证和储存的第三方可信机构虽然近年来发展很快,却并不为大众所熟知。法律专业人士能够利用技术服务进行取证和采证,但他们往

---

① 何渊:《重磅首发:欧盟〈网络安全法〉全文中译本,欧盟年度最期待法律文件》,载微信公众号"数据法盟"2020 年 1 月 2 日。

② 参见刘骁:《中国网民超过 9 亿》,载人民日报海外版(http://paper.people.com.cn/rmrbhwb/html/2020-04/29/content_1984312.htm),最后访问日期:2020 年 10 月 1 日。

往缺乏技术知识,从而面临取证的壁垒和困难。

在复杂纠纷中,如某些专利争议的证据开示环节,为了确认对方是否有侵权的主观故意,需要提取对方公司电子邮件服务器上留存的全部数据进行分析。这种大规模的寻找证据活动,必须依赖法律人士和技术人士的深度合作。另外,随着信息技术的发展,各种黑、灰网络产业链冒头,其犯罪活动全过程都在网络上进行,往往涉及跨境支付、加密货币、使用恶意程序控制位置分布于不特定地点的电脑主机等,给侦查和起诉活动带来极大的困难。

面对这样的现实,法律科技、法律人工智能给我们带来了出路。

二、法律人工智能在证据领域应用的可行性讨论

(一)寻找证据模型

举证活动的实质是一种"考古"。在传统证据法学专家的眼里,这个过程的本质是一种认知活动,它的核心是对法律事实进行认知,它关注的核心范畴/内容是证据的可采性,如表 13-6-1 所示。①

表 13-6-1 当代英美证据法的基本范畴体系表

基本范畴	判断主体	判断依据
证据的实质性	法官	实体法(如民法、刑法)
证据的相关性	法官	日常经验和逻辑法则
证据的可采性	法官	证据法
证据的证明力(价值)	陪审团/法官	日常经验和逻辑法则

随着司法实践的发展,证据法学者越来越意识到,证据法作为一门学科,只关注对证明规则的研究是不够的,他们逐步将视线放到了证明过程、证明力这类问题上。证据法学者们渐渐倾向认为,运用证据证明事实的过程,也就是事实的决定者面对证据形成自由心证的过程,应当是一门科学。

在这个领域内,作出开创性工作的当属 20 世纪前半叶的美国学者威格摩尔最为著名。威格摩尔发展了一套证明表格方法,意图用直观的图示来展现裁判者如何处理证据、形成最后确定心证的复杂心智认识过程。其中,揭示了由证据到心证形成过程中的基本规律,这些基本规律可以从认识论、逻辑学和心理学等角度进行解读。② 在这里,他并不认为表格方法是不可替代

---

① 参见吴洪淇:《证据法中的跨学科研究:挑战与回应》,载《北大法律评论》2016 年第 17 卷第 1 辑。

② 参见李树真:《思考在证据"拿来"之后——威格摩尔证明表格的逻辑化倾向及启示》,载《政法论丛》2008 年第 6 期。

的,他眼中的图表方法仅仅是一个有用的工具。

图 13-6-1 是一张简化的威格摩尔图示。他在这套图示里试图表示的是,单个证据如何归属于证据体系整体,而证据体系整体又如何对应事实要件和心证过程,最终达到证明过程的终点,也就是下图中的顶点"待证事实"。单个待证事实的证明路径上还分布着策略性最终、次终和中间待证事实;待证事实对应数个要件;某个证据对单个要件的影响可能是正面的(支持性的,有助于证成),或者是负面的(有助于否定或者削弱)。由此可以看出,如果面对的是一个复杂案件,证据彼此之间存在矛盾与冲突,那么,表示证据和心证过程的图示将会极其复杂。正是因为这一点,虽然经过后来学者的简化和改革,威格摩尔图示在司法实务中并没有得到广泛的应用。①

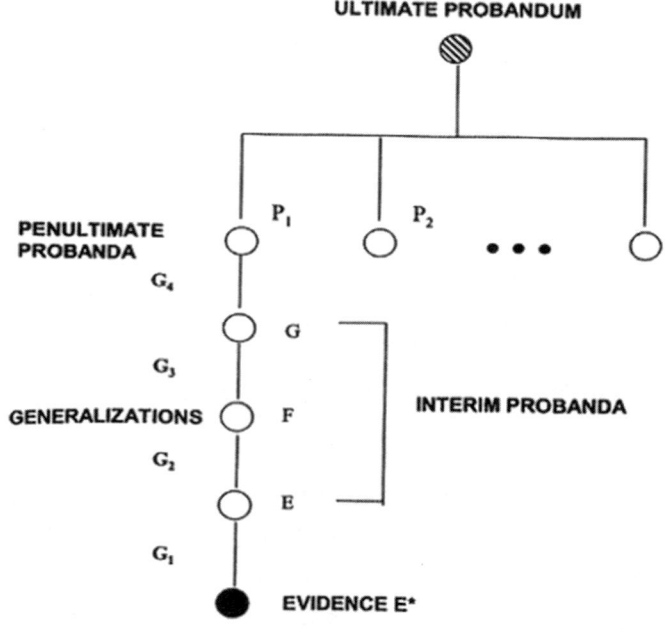

图 13-6-1　简化的威格摩尔图示②

然而,以计算机科学的视角来看,实际上威格摩尔的成果可以说是一套表示待证事实、证明要件和证据之间对应关系的知识图谱。他的探索指明了

---

① 有兴趣的读者可以参考:周红波、熊晓彪《改良版威格摩尔图示法:一种有效的证认知分析进路——兼评最高人民法院刑事指导案例第 656 号》,载《证据科学》2015 年第 5 期。作者在该文中为该指导案例绘制了一幅包含 76 个节点的威格摩尔图示。

② 图片来源:http://ebmplus.org/wigmore-charts,最后访问日期:2020 年 10 月 15 日。

法律科技在证据法领域中运用的可能路径。如果建立关于一类案件中形成争议的类型化事实(待证事实)、事实对应各要件、各要件又与证据相关联的这样一套逻辑对应体系,就有可能据此形成一套案件证据的知识图谱。虽然这意味着强大的数据处理需求和海量的专家工作量,至少威格摩尔已经证明,建立这种逻辑体系的可能性是切实存在的。完全可以从一些类型化程度较高、证据广泛电子化的案由着手,建立能够为计算机所使用的证据图谱。

(二)贝叶斯定理和证据评价体系

贝叶斯定理是由 300 年前英国的牧师及数学家贝叶斯(Thomas Bayes)提出的一种归纳推理方法。与经典的、基于估计和假设检验的统计推理方法不同,贝叶斯定理在得出结论时不仅要依据当前所观测的样本信息,还要依据过去的相关经验及知识。贝叶斯定理所展现的就是新信息、新证据如何对原有信念及判断进行修正。

如果事件 A1,A2,A3……An 互斥并且构成一个完全事件,Ai 为任意事件,则事件 A 和事件 B 的概率满足下图公式。

$$p(A|B)=\frac{p(A)p(B|A)}{p(B)}=\frac{p(A_i)p(B|A_i)}{\sum_{i=1}^{n}p(A_i)p(B|A_i)}$$

图 13-6-2 贝叶斯定理公式①

其中,p(A)是事件 A 的先验概率,是事件 B 发生前的预判概率,即事件 B 发生前对事件 A 发生概率大小的认识;p(B)是事件 B 的先验概率,是事件 A 发生前的预判概率,即事件 A 发生前对事件 B 发生概率大小的认识;p(A|B)是事件 A 的后验概率,为事件 B 发生后事件 A 的条件概率,即在新信息(B 发生)导入后对事件 A 发生可能性的修正认识;p(B|A)是事件 B 的后验概率,为事件 A 发生后 B 的条件概率,即在新信息(A 发生)导入后对 B 事件发生可能性的修正认识。②

在这里,将一个新证据代入新信息,就可以看出来,贝叶斯定理可以用来表示新证据对事实认定的影响。在单个新证据被举出之前,事实认定者(法官,或者陪审团)心目中有个对事实的先见。该证据举出之后,后验概率和先见两者之间的差值即为证据对待证事实产生的影响。换言之,贝叶斯可以用来判断和评价证据对待证事实的证明力。

---

① 张翠玲、谭铁君:《基于贝叶斯统计推理的法庭证据评价》,载《刑事技术》2018 年第 4 期。
② 同上注。

1999年英国发生的一起著名的 Sally Clark 杀婴案很好地说明了贝叶斯统计推理在法庭证据评价中的适用性。英国妇女 Sally Clark 在 1996 年、1997 年先后生育了两个儿子，但这两个儿子出生几周后都不幸死亡。医生给出的死亡诊断，是两个孩子都死于罕见病"婴儿猝死综合征"（SIDS）。警方认为，两个孩子均猝死的概率极低，怀疑是母亲 Sally 谋杀了自己的两个孩子，于是将其逮捕。在法庭上，医学专家 Meadow 作证称："家庭中 1 个婴儿突然死亡是悲剧，2 个婴儿突然死亡值得怀疑，3 个婴儿突然死亡就是谋杀，除非有证据表明并非如此"。他声称：Clark 家富裕、家长不抽烟，在这样的家庭，1 个婴儿猝死的概率是 1/8543，根据概率学中的乘法原则（Product Rule，两起相对独立事件发生的概率是单起事件发生概率的乘积），一个家庭中的两个婴儿都猝死的概率就是 1/8543×1/8543 = 1/73000000。如果没有其他原因导致两个男婴猝死，那么，母亲 Sally 杀子的概率就是 1-1/73000000 = 72999999/73000000 ≈ 100%。法庭采信了这一证言，Sally 被判终身监禁。然而，这里的关键疏漏，在于该推理的前提是不存在的。回顾上述公式可知，等式适用的前提是"各条件互斥并构成一个完全事件"，也就是只有在 P_1（两个男婴都死于 SIDS 的概率）+ P_2（Sally 杀子的概率）= 1 的情况下。换句话说，能够用 1 去减"两个男婴都死于 SIDS 的概率"得出"孩子是 Sally 杀的"的前提必须是"两个男婴猝死不可能是其他因素导致的"。而事实上，其他因素不能完全排除（比如细菌感染等）。英国皇家统计学会针对该案声明，一位母亲连续杀死自己两个亲生孩子是极其特殊的罪行，发生的概率同样极低，甚至低于两个孩子均死于 SIDS 的概率。在进行概率推断时，不能只看两个孩子均死于 SIDS 的概率有多低，还要和母亲连续杀死两个孩子的概率做比较。最后，母亲 Sally 被无罪释放，但此时她已经被监禁 3 年多。[①]

　　这个例子充分说明了先见和证据如何影响对事实的最终认定结论的。如果持有孩子死亡非 SIDS 即母亲谋杀的先见，医学家的证言即为我们传统所说的证据链上的关键一环。由此可知，如果拥有能够说明先见的数据（实际这很困难，因为很难得知事实认定者在看到证据之前的原始心理认识），根据法庭对事实的最终认定，就能够通过计算两者的差异得到一个能够对证据的证明力作出精确评价的数据模型。至少，这表明了为证据的证明力建立一个科学的评估体系，并非一条完全走不通的道路。证据法上有些问题一直争论不休，如非法证据排除规则的现实效果到底为何。而这个方法恰恰有可能为这类问题提供现实可靠的评价体系。随着裁判文书公开、庭审公开的逐

---

① 参见张翠玲、谭铁君：《基于贝叶斯统计推理的法庭证据评价》，载《刑事技术》2018 年第 4 期。

步推行,能够反映上述过程的数据会越来越多,随着数据的积累,定性分析和定量分析都可能逐步实现。

三、智能自动取证

在讨论了证据模型和对证据的证明力进行评价的科学方法之后,下一个问题是:智能自动取证是否可能?

谈到取证,可能大多数人马上会想到的是律师和律师助理埋首卷宗堆里查找可能有用的材料的场景。在语义识别、大规模 OCR 技术出现之前,这就是律师面对复杂诉讼的调查取证场景。

在数据科学家的眼里,调查取证实际就是数据收集、数据清洗的过程。虽然从法律概念到电子邮件文本的距离看似遥远,但只要有相应的知识图谱、NLP 等技术支持,机器在实现数据收集与清洗方面的效率是人类难以比拟的。2019 年的电影《黑水》曾描绘过这样一个故事:故事主角代理小镇居民起诉化工巨头杜邦化学污染,杜邦一方的代理律师面对主角证据开示的要求,给了他一屋子的卷宗。面对这样体量的数据,事件主人公花了数月时间才找到他需要的材料,而算力足够的机器完成一次抽取所需要的时间完全可能在秒级以下。以前阻碍这类应用发展的主要因素是存储和算力相比人力价格高昂,但随着云存储、分布式计算的发展,存储和算力的价格都在急剧下降,未来完全有可能降到极其低廉的水平,这类工具就人人皆可应用。但这种抽取的条件毕竟还需要人工设置与调整,它与现在自动取证还有差距。

说到机器自动取证,实际上它离我们并没有那么遥远。在某些类型化程度较高的特定纠纷中,机器自动取证所需要的各项技术已经出现。以互联网图片类知识产权侵权案件为例。选择它的原因是,从统计数据来看,这是国内 3 家互联网法院建立以来,数量占比第一的纠纷类型。从构成要件上看,这类案件类型化程度较高,其核心事实即为行为人未经授权使用权利人享有著作权的图片,权利人需要向司法机关提交的核心证据即为对方使用某一特定图片的行为。图片自动对比判断同一性技术已经相当成熟,余下需要做的就是将检索技术、网页录屏、时间戳、相关网站运营主体查询、第三方存证如区块链这些方案与对比技术结合起来,组织成一个侵权证据整体解决方案。这里并没有完全超越现有技术积累的内容。自动取证模型允许定期发动对互联网上同一图片在同一时间存在地址的嗅探,只要从中去掉权利人正常授权的白名单,余下的即为无权使用,在此基础上完成对运营主体的查询,即可作为潜在诉讼的证据使用。

当然,自动取证引擎还需要服从合法的规则,这需要引擎的设计者将禁止非法取证(比如禁止大量爬取对方数据库)、排除非法证据规则预先翻译成逻辑语言写入其中,或者在设计时仅仅允许引擎做特定范围的取证动作。

随着云存储、云计算价格的降低,可能的事实是,与人类先从逻辑上判断"哪些材料将来可能有用"从而决定"所以需要保留和储存这些材料"的模式不同,对机器来说合理的做法是:"预先存证一切数据以待将来应用"。上文已经讨论到,证据模型解决相关性问题,证据评价体系解答证明力问题,在同时具备两者的前提下,可以得出一套判断现有数据中何者需要抽取和提交的评分模型。机器所需要做的就是按照现有的规则从数据中抽取出这部分,并按照证据模型将之整理转换成能够被人类理解和应用的结构化表单等形式。区块链这种类型的技术应用,能够为存证数据提供可信度,从而补上证据的真实性这一环。

线上诉讼的铺开为自动举证引擎的大规模应用提供了可能。只要电子证据的应用规则清晰,未来也许会看到律师、司法机构通过采证引擎直接从数据的持有人(很有可能并非诉讼当事人)处获取证据的一天,也有可能看到律师通过事务所与司法机关之间的数据接口提交数据表单完成举证任务;律师在举证活动中所需要做的事可能会从今天的引导当事人回忆事件经过从而判断去何处获取证据,变成为采证引擎设计要求和规则。电子证据会展现出与今天不同的崭新面貌,纠纷解决活动的效率有可能因此得到大幅度的提高。

第七节 情节判定

一、概述

"法律情节"(Legal Circumstances)并不是一个在法学领域被明确定义的概念,"情节"一词在公法和侵权法领域使用得较多,如刑法中的定罪情节、量刑情节,行政处罚法中的违法情节,侵权法中的损害情节等。为方便阅读,本节介绍的情节判定,主要涉及刑法中定罪情节、量刑情节的判定,另外也探讨了法律情节在其他法学领域的拓展延伸。本书语境下的"法律情节"是指在由当事人之间所有客观事实所组成的集合中,与具体法律条款适用相关的特定子集。换言之,法律情节构成了法律推理三段论中的小前提,完成对法律情节的判定工作是进行法律推理、得出法律结论的前提条件。

在讨论人工智能辅助情节判定工作的具体步骤之前,首先需要回顾法官在分析个案中经历的步骤。以故意伤害案件为例:法官在办理具体案件时,首先需要了解该案在进入审判程序前各个阶段形成的程序信息,阅读控辩双方提交的起诉书、答辩状以及相关卷宗材料,特别需要注意文书中与故意伤害罪相关的定罪、量刑情节,如损害他人身体的具体方式、被害人受伤程度、被告人年龄、被告人是否有坦白、自首情节等。法官需要逐一对照控辩双方的意见以及相应的卷宗材料,依据证据,对故意伤害罪的相关情节逐一认定。法官的实体审查结束后,如有必要,可以结合案件的具体情节,查询同类案件的量刑尺度,包括个案的量刑情况及类案的综合量刑情况,用作得出裁判结论的参考。

由以上过程可以看出,在法官分析案件的过程中,法律情节作为分析线索贯穿始终。具体来说,法官对法律情节的处理包括以下3个步骤:

第一步是情节提取:以完成具体的法律推理工作为目标,在纷繁复杂的案卷中,提取出相关的法律情节。

第二步是情节关联分析:对于上一步提取出的法律情节,识别情节之间的相关性,即情节之间是否构成包含、支持、矛盾等相互关系,并将各情节与证明该情节的证据进行关联。

第三步是情节结构化:将上一步整理好的法律情节与需要进行法律推理的逻辑树进行挂接,在此基础上识别出为了完成法律推理仍然缺失的情节。必要的时候,法官还可以依照案件的具体情节,通过检索法律法规以及案例来分别补充和印证法律推理的过程和结论。

目前主流的文本检索技术和自然语言处理技术中的文本提取、主题聚类、文本摘要、实体识别等技术可以应用到法律情节判定中。在理想状态下,将情节整理的成果结合法律知识图谱,可以完成法律情节结构化,并为下一步的法律推理等工作奠定基础。

本书以法律情节处理流程为框架,简要概述,在辅助法律情节判定的各个阶段不同的人工智能技术所起到的作用,旨在回答以下问题:信息抽取技术(Information Extraction)如何应用于法律文本的信息处理中?在整个法律情节处理流程中,自然语言处理技术(Natural Language Processing)、非结构化信息管理架构(Unstructured Information Management Architecture,UIMA)和机器学习技术(Machine Learning)分别在哪个阶段起到了什么样的作用?如何采用人工的方式对法律文本中的法律情节进行标记、整理、结构化,以及这个过程能否自动化完成?

二、法律情节处理的具体步骤

法律情节处理主要包括提取关联分析以及结构三个环节,通过明确以上三个环节的内容,能更清楚、直观地了解法律情节处理情况。

(一)从法律文本中提取法律情节

对于从法律文本中提取法律情节的相关问题,Kevin D. Ashley 提出了

LUIMA 框架基于 UIMA 框架的特定法律语义提取工具集,旨在实现法律文档标记和提取工作的自动化。

以民商事领域中常见的民间借贷案件为例。法院在审理此类案件过程中,积累了大量的裁判数据,这些数据以裁判文书的文本形式存储,记载了借贷关系的认定、借贷过程的描述、双方纠纷形成等法律情节,这些都为进行民间借贷案件的法律情节判定提供了数据基础。但是,这些数据并非以结构化的形式呈现,无法直接加以分析,需要首先通过自然语言处理技术对文本中的情节信息进行特征提取、语义解析,为情节判定奠定基础。在实践中,常用的文本提取方式有:基于正则表达式的规则提取模型,基于词向量技术的各类近义词、反义词替换,文本相似度分类等,这部分的技术原理将在本书第十四章予以介绍。这里需另外说明的是,在实际工作中,这两种方式的使用并非是割裂开来的,而是相互结合使用的。在文本提取工作的初始阶段,提取工作由受过系统法学教育和正则表达式编写训练的法律知识工程师来完成,由法律知识工程师通过阅读该主题下大量的裁判文书,借助企业内部研发的正则平台,将诸如借贷类型、约定利率、归还期限等法律情节对应的文字表述按照正则表达式的形式予以提取,或者借助标签平台对文书中的法律情节进行标注。标注工作完成后,通过元典睿核法律认知引擎,使用基于词向量的文本提取技术,结合法律文本预训练模型,在其他未被标注的裁判文书中提取相关的法律情节描述部分并进行自动化标注。提取质量由法律知识工程师进行把关,必要的时候,上述"标注—提取—验证"的过程需要进行多次循环。这个阶段的工作往往需要团队分工协作来完成,分工过程可在企业内部的文书标注系统上实现。

(二)法律情节关联分析

完成法律情节的有效提取后,需要将这些情节按照情节之间的相互关系进行组合。例如针对同一事实,刑事案件中控辩双方或者民商事案件中的原被告的不同意见应当分别对应,并与双方各自提供的证据相关联。

法律文本中语义的关联关系可以使得法律情节关联问题得到更好地处理。在对文本语义进行关联分析前,首先需要解决法律文本关联关系的获取问题。

法律文本语义关联关系的获取可以归纳为三种方式:一是通过对结构化的法律专业手册进行分析,获取词汇、法律概念之间的语义关联;二是基于裁判文书结构进行分析,由于同一类案件的裁判文书大体遵循相似的结构,且用词具有明显的特定指示性,因此,在进行关联分析时,可以借助这种特定的行文结构和特定的用词来进行关联性分析;三是使用 LDA、词向量等词语向量化的表达模型,当处理的语料库本身规模较大且文本的主体内容比较集中时,这种方式可以取得不错的效果。

(三)法律情节结构化

法律情节的结构化需要围绕法律推理的逻辑展开,是法律推理的重要支撑。对于疑难复杂案件,法律逻辑论证推理的路径可以有多种,各种路径可能各有优劣,当事人需要依据自身的诉讼地位、诉求的不同加以取舍,过程非常复杂。在这个领域,目前的人工智能技术所起到的辅助作用比较有限,但对于实践中常见的简单案件,一般可以通过固定的一套或者几套逻辑推理结构解决,在这种情况下,人工智能技术可以围绕案件较为固定的逻辑推理结构,进行法律情节的结构化工作。

三、人工智能技术在法律情节处理中的应用现状

(一)人工智能技术实现情节判定的应用实例

在大数据时代背景下,法律从业者的工作方式也发生着变化。大数据背景下的智能服务已经从仅提供单纯搜集获取的信息,转变为提供自动化的知识服务。需要利用知识工程为大数据添加知识,使数据产生智慧,完成从数据到信息再到知识,最终到智能应用的转化过程,从而实现洞察大数据、提供用户关心问题的答案、为决策提供支持、改进用户体验等目标。例如,元典睿核紧跟知识工程发展的趋势,将大数据、人工智能核心技术与司法知识深度结合,建设了一个以法律知识图谱为核心,通过自然语言处理和机器学习,提供法律认知等多种知识服务的法律人工智能平台。此平台可以与不同业务场景下的智能服务应用相结合,为不同上层应用提供灵活的支撑服务,进而为用户提供法律知识智能辅助,实现对法律知识的生产、管理和输出。又如,在深度结合人工智能和法律领域业务知识的基础上,华宇元典公司构建司法知识中心的技术路线为:以知识建模理论为基础,以自然语言处理为技术手段,结合深度学习和知识图谱的最新研究成果,针对司法知识构建和知识服务真实应用场景中的关键问题,攻关司法知识建模、知识获取、知识推理和知识赋能中的核心技术,为构建司法知识中心奠定理论和技术基础。

为完成大数据向大知识的转化服务,法律情节的处理首先需要解决其所面临的科学问题和技术挑战。当前阶段的挑战主要可以概括为以下4点:

第一,司法知识建模。由于司法概念的定义边界模糊,概念间的关系错综复杂,难以给出清晰的法律含义,界定并厘清相互间的关系。例如,华宇元典公司集结大量经验丰富的法律专家和技术人员,根据司法领域的常用规则,对案件概念、人物概念、标的概念等进行建模梳理,并将相关知识一一挂接。

第二,司法数据知识加工。法律自然语言具有灵活性与歧义性,语言表达与司法知识存在词汇鸿沟和结构鸿沟,难以对文本数据实现精准理解和知识化处理。例如,华宇元典公司采用语音识别、看图说话、OCR 识别技术等将卷宗图片、证据图像、庭审音视频等非结构化数据转化为半结构化数据,结合结构化数据共同进行分析和预处理。生成的数据通过实体识别技术,包括实体属性识别和实体关系识别等实体识别技术生成人物知识图谱、审理流程要素、案件知识图谱要素等图谱,对各种图谱进一步进行知识抽取,与知识建模所得到的法律模型相挂接。

第三,司法知识融合。由于司法数据的非公开性,各部门数据不仅相互独立,并且存在冗余、异构等问题,难以形成统一的司法知识系统。例如,华宇元典公司依靠十多年在法律界的业务积累,将从多渠道收集的司法公开数据通过实体对齐、框架映射、知识验证等技术进行知识融合,形成陈述性知识、过程性知识、规则性知识存储在知识中心中供上层应用调用。

第四,情节的精准分析。由于定罪量刑的影响因素很多,华宇元典公司通过对海量大数据的分析,挖掘出其中权重较大的要素、事实等,动态运用案件事实、法律法规、域外知识、法官智慧等多方面知识来支持定罪量刑。

(二)人工智能技术实现情节判定的基础条件

由以上应用实例归纳可知,情节判定功能需要以下 4 个部分作为基础性的支撑条件。

第一部分是司法知识图谱。对司法业务中的人、事、物、法及其关系进行描述的知识系统,具有与非司法知识图谱关联的机制。具体而言,相对于其他社会领域,司法是高度规范化的活动,具有完整的包含实体知识和程序支持的体系,可以进行模式化的拆解。

第二部分是知识构建技术,包含框架建模、要素抽取、人案物关联等核心技术,支持司法知识图谱构建的自动化。第一部分的司法知识图谱,仅仅是逻辑意义上的概念图谱。要实现真正的知识建模,需要借助语义模型从文本中进行提取。常用到的是法律文本解析、法律知识推理和实体关系挖掘技术,并且其中不乏机器学习技术的支撑。

第三部分是知识计算引擎,提供情节判定、案例搜索、法规推荐、观点挖掘、文书生成等知识计算服务。这一部分主要是对第二部分的内容进行工程化处理,以分类方式对不同形态的情节判定进行归集和批量计算,实现有效的服务支撑。

第四部分是业务支撑平台,支持知识图谱的存储、管理及并发协作,以及对以司法活动为中心的司法知识中心的管理和服务。这一部分是面向用户的支撑能力,确保用户在文书制作、案卡填录、裁判尺度分析等场景中获得有效的智能化支撑。

四、情节判定辅助技术的工作流程概述

本节仍以法官办理故意伤害案件时在案件分析阶段的工作为例，概述情节判定辅助技术的工作流程。

法官在办理具体案件时，人工智能案件辅助系统可充分利用侦查、起诉、审判各个阶段形成的案件结构化信息，对控辩双方提交的起诉书、答辩状以及相关卷宗材料进行自动化全面分析，并提取故意伤害罪相关的定罪、量刑情节要素，如嫌疑人未成年、被害人轻伤、嫌疑人自首等，作为要点提示法官进行审查。借助案件情节判定功能，系统可以自动逐一对照控辩双方意见，对故意伤害罪的相关要素进行逐一认定，并将双方意见与相应的卷宗材料、证据材料相挂接。实体审查结束后，系统可自动根据确认的要素去检索、匹配历史办理案件中与本案要素最相似的故意伤害案件，并根据其审理法院级别、地域范围、要素匹配度等进行排序。法官可逐一查阅、对比，并进一步查看推荐案件与本案的相似度。在量刑阶段，法官可以查询同类案件的量刑尺度，包括个案的量刑情况及类案的综合量刑情况，作为量刑的参考。系统基于故意伤害案件的认定情况，为法官智能生成裁判文书。法官可在此基础上制作法律文书，这减轻了法官负担，进一步提高了文书的规范性。

五、当前存在的问题与未来展望

目前人工智能技术在法律情节判定领域的应用取得了一些成果，这些成果也在一定范围内成功应用于司法实践中。但是，总体来看，该领域的应用目前仍然处于初级阶段，存在着很多不足，表现在如下3个方面：

（1）法律情节提取规则的构建对人工的依赖程度较高。首先表现为需要投入相当多的人力进行模型训练和文本标注，并要求参与人工标注的法律知识工程师具备一定程度的法学知识素养，这给法律情节提取技术的进一步提高设置了不小的障碍。

（2）对固定表述的法律情节识别准确率较高，但对于情节表述存在变化又不属于简单的同义词、近义词替换的情况，识别率相对较低。

（3）在法律情节结构化的阶段，目前仅能实现对简单的、相对固定的案件推理结构进行法律情节的挂接和结构化，对于复杂案件的识别工作，目前仍然无法起到实质性的辅助。

随着裁判文书数量的增长、内容质量的提高、人工标注数据的增加，以及人工智能技术的进步，相信上述问题在可预见的未来都会得到解决。例如，与复杂法律逻辑推理相对应的法律情节结构化难题，目前可以简单地将选择注意力机制用于建立案情描述与判决结果之间的关联，能够为法律从业者提供一定的具有可解释性的辅助依据。未来，将法律推理所有可能的因果路径全部显式构建，然后利用深度学习技术学习这些推理路径的权重和参数，也许是一种比较可行的探索方向。

法律是人类社会和谐发展的基石，法律领域以人类语言作为主要工作工具，该领域包含大量复杂的专业知识，是进行人工智能和自然语言处理探索实践的绝佳场景。相信随着通用人工智能技术的进步，以及通用技术在法律领域探索的加深，法律情节判定未来定会取得更加丰硕的成果。

第八节 裁判尺度分析

一、裁判尺度分析的基本问题

（一）裁判尺度的基本内涵

裁判尺度的概念，源于1764年贝卡利亚提出的罪刑阶梯。他提出："对于无穷无尽、暗淡模糊的人类行为组合可以引用几何学的话，那么，也许很需要有一个相应的、由最强到最弱的刑罚阶梯……对明智的立法者来说，只要标出这一尺度的基本点，不打乱其次序……有了这种精确的、普遍的犯罪与刑罚的阶梯……我们就有了一把……的共同标尺。"[①]事实上，应当注意到，在原文中，贝卡利亚所使用的名词是 Scala。在意大利文中，Scala 具有尺度、规模和梯子等多个意思。

裁判活动是"以事实为依据，以法律为准绳"的司法活动。在证据事实已经形成的基础上，需要讨论裁判尺度的问题。因此，首先需要厘清裁判尺度究竟包含哪些类型化内容，究竟是定性的问题还是定量的问题？

从实然的角度来看，裁判尺度包括定性和定量两个方面的问题。定性方面，主要包括刑法的罪名、民法的案由或者请求权类型、情节是否认定等；定量方面，则是对于已经确定性质归属的行为，如何行使裁量权的问题。

以刑法领域为例。某年的司法考试案例是："张某翻墙入院，推门入室行窃，当从客厅没找到贵重可窃物品来到卧室继续行窃时，发现床上一有气无力的病老太太正躺靠在床头上凝视着自己，张某见老太太连喊话的气力都没有，故视而不见，继续作案，'盗走'其手表、金项链等饰品价值2万余元。请教：张某是构成什么犯罪？"同时这里再追加一个问题，应当如何量刑？

[①] 〔意〕切萨雷·贝卡里亚：《论犯罪与刑罚》，黄风译，中国方正出版社2004年版。

对于上述问题,裁判尺度就包含了定性和定量两个方面。定性方面,是构成何种犯罪的问题;定量方面,是确定罪名后如何在法定的量刑幅度内确定宣告刑。对于定性问题,在理论与实践中往往争议比较大,属于教义学研究的典型问题。从技术方面来讲,并没有特殊的辅助方式,一般采用知识辅助和统计辅助。例如,对于上述案例构成盗窃、抢夺还是抢劫的问题,从知识辅助的角度,可以提供、推送专家观点和指导案例;从统计辅助的角度,可以统计类案中分别以抢夺、盗窃定罪的案件数量和比例。

裁判尺度的定性分析是情节判定所解决的问题,如图13-8-1,应用机器学习技术,对"案件事实—案由"的关系数据进行机器训练,可以实现智能化判断案由或者情节。定性分析在本节不再付诸笔墨。

图13-8-1　法律知识图谱的简单示例①

裁判尺度中的定量分析具备更多的研究场景,也是本节介绍的主要内容。

(二)裁判尺度分析的基本规定

公正是法律的最高价值追求,合法、合理的裁判尺度,是公正的应有之义。

在刑法领域,裁判尺度分析的基本规定主要包括现行《刑法》和最高人民法院《关于常见犯罪的量刑指导意见》等。

现行《刑法》第5条规定:"刑罚的轻重,应当与犯罪分子所犯罪行和承担的刑事责任相适应。"最高人民法院《关于常见犯罪的量刑指导意见》明确指出,制定该指导意见的目的是"为进一步规范刑罚裁量权,落实宽严相济刑

---

① 图片来源:华宇元典AI能力介绍网站(ai9001.ailaw.cn:9001/#/index/content/panyou)。

事政策,增强量刑的公开性,实现量刑公正",并且提出了量刑的 4 条基本原则:"1. 量刑应当以事实为根据,以法律为准绳,根据犯罪的事实、性质、情节和对于社会的危害程度,决定判处的刑罚。2. 量刑既要考虑被告人所犯罪行的轻重,又要考虑被告人应负刑事责任的大小,做到罪责刑相适应,实现惩罚和预防犯罪的目的。3. 量刑应当贯彻宽严相济的刑事政策,做到该宽则宽,当严则严,宽严相济,罚当其罪,确保裁判法律效果和社会效果的统一。4. 量刑要客观、全面把握不同时期不同地区的经济社会发展和治安形势的变化,确保刑法任务的实现;对于同一地区同一时期、案情相似的案件,所判处的刑罚应当基本均衡"。

可见,裁判尺度在刑法领域至关重要。刑法领域已经形成了控制裁判尺度的比较系统性的思路。总体来讲,是基于"基本情节"(罪行、责任)+"特殊情节"(刑事政策+社会情况)+"计算规则"(规范化量刑的步骤和加减幅度)的思路。

在民商法领域,由于意思自治原则的存在,裁判尺度会受到当事人诉请的约束,如请求权类型、请求的内容范围等。但这并不意味着民商法领域不存在裁判尺度的问题。民商法领域的法律条文中同样存在关于民事裁判尺度的基本依据的明确规定。《民事诉讼法》第 7 条规定:"人民法院审理民事案件,必须以事实为根据,以法律为准绳。"

最高人民法院《关于建立法律适用分歧解决机制的实施办法》发布后,北京市高级人民法院率先出台《关于规范民事案件自由裁量权行使保障裁判尺度统一的工作意见(试行)》,明确提出:"民事审判中,法官应注重通过类案检索分析发现自由裁量权行使中存在的裁判尺度不统一问题。法官提交涉及自由裁量权行使疑难问题的案件审理报告,应包括类案检索部分。对于当事人提交的类案检索材料显示可能涉及自由裁量权行使不统一问题的,法官应认真甄别是否可作为裁判参考,无需在裁判文书中回应的,应在合议笔录或工作记录中载明"。北京高院的工作意见,不仅明确提出了统一裁判的问题,而且提供了裁判尺度分析的类案检索方法。

其他部门法同样存在裁判尺度的问题,限于篇幅不再赘述。

二、裁判尺度的需求与现实

在司法活动中,裁判尺度涉及案件事实情况的判断和法官自身的内心确信,对于裁判尺度的需求与现实,需要从实践中探索其中的规律。

(一)裁判尺度的实践需求

从司法实践中的类案检索说起。近年来随着网络信息技术的发展,类案检索愈发受到各界关注,律师也会频繁进行类案检索,以便对自己代理案件的审理结果有所把握。公众一般认为,在我国,对同一事实只能有同一的法律处理结果,包括定性结果和定量结果。对法官而言,裁判尺度、裁判标准对司法统一同样至关重要,否则,会出现"同案不同判"的局面。在信息高度发达、传播力极强的今天,自相矛盾的裁判、差异判决、同案不同判的问题,会被迅速而广泛地传播,造成司法公信力的缺失,使司法权威受到动摇。

不仅在法院内部,在不同的司法机关之间,也存在裁判尺度的问题。

量刑建议是一个典型的裁判尺度分歧场景。根据修订后的《刑事诉讼法》第166条、第201条之规定,"犯罪嫌疑人认罪认罚的,人民检察院应当就主刑、附加刑、是否适用缓刑等提出量刑建议,并随案移送认罪认罚具结书等材料","对于认罪认罚案件,人民法院依法作出判决时,一般应当采纳人民检察院指控的罪名和量刑建议"。

传统的司法工作中,检察机关的量刑建议不具有刚性的约束力,检察机关提出柔性的检察建议,一般是一个相对宽泛的幅度值。《刑事诉讼法》两次修订后,在认罪认罚案件的范围之内,检察机关量刑建议出现了确定性和约束性两个新的特点。由此,产生了法检对于量刑的分歧问题。重点应当关注的问题是:不同的司法机关,如何实现统一的裁判尺度?比如,有的法院、检察院认同,应当遵从法院的裁判尺度;但是,有的检察院认为,检察机关应当形成独立的判断,甚至是通过主导量刑建议引导法院形成更为合理的应然裁判尺度,并且解决法院判决存在的不合理问题。最终这个问题还是被归纳为实然与应然的问题。

(二)裁判尺度分析的规律透视

裁判尺度的理论和实践往往存在一定的不对称之处。以刑法为例,根据赵书鸿老师的研究,作为定量结果的刑罚科处,与刑罚理论之间就存在着不对称性。[①]

受各种刑罚目的一体化的影响,理论上一般认为:量刑是一个既要考虑报应与预防,又须权衡各种因素的复杂活动。对量刑的经验性研究却发现:在量刑实践中,刑罚裁量仅是一个以确定行为严重性为导向的、仅对有限几个变量进行笼统评价的活动。这主要体现在:刑罚裁量主要集中在法定量刑幅度内的有限区域内频繁活动,法定幅度内由此形成了特定的聚集区。同时,能够进入裁量者视野的变量范围非常有限,但这些有限的变量却决定了刑罚幅度的选择和最终适用的刑罚。以上发现,不但存在于我国量刑实践

---

① 参见赵书鸿:《论刑罚裁量的简洁化——量刑活动的经验性研究结论》,载《中外法学》2014年第6期。

中,而且从其他国家的实际量刑活动中也能得到印证。由此可见,传统量刑理论的一般认知并未在实际量刑活动中得到检验。事实上,刑罚裁量是一个以确定行为严重性为导向的,仅对有限变量进行笼统评价的过程,量刑活动呈现出简洁化的特征。

合理的尺度标准,即判决是否真正符合应然的要求,这个问题的解答从根本上决定了技术路径的选择。技术问题的核心方法论是通过"模型规则"处理"输入数据"形成"输出结果",其中的关键为规则模型部分。如果以数据来确定规则模型,则数据必须是经过检验的正确数据。如果以未筛选的数据进行分析,分析的是实然尺度;如果以经过筛选的数据进行分析,则分析的是应然尺度。基于应然与实然的区别,技术方案也有相应的调整。比如,从外部利益相关人的角度进行分析,更应当考虑实然的问题;从司法主体的角度进行分析,更应当考虑应然的问题。

三、裁判尺度分析的技术路径

裁判尺度的分析方法主要包括案例协助、基础统计、回归分析以及人工智能的方法,从以上四种方法入手能更加全面地了解裁判尺度分析的相关情况。

(一)案例辅助的方法

类案中存在着裁判尺度的具体信息。目前的代表性技术,在法律认知引擎和多元融合数据的基础上,实现对每个案件的法律事实信息的提取,建立每个案件事实与法律之间的动态关联关系,形成法律逻辑与法律知识的挖掘,进而分析类案的历史裁判规律,即实现了从数据到知识的转化。现阶段可以实现从起诉书、裁判文书、庭审笔录中提取具体案件的案情要素、场景,关联与之有关的法律主体信息、案件信息、案情相似的公开案例、指导案例、法律法规等,从不同维度去挖掘和分析数据规律。例如:针对一个刑事案件,通过 NLP 技术对案件结构化数据、起诉书或证据材料等数据进行解构和分析,可以提取到该案件所涉及的未成年人犯罪、被害人轻伤、嫌疑人自首等案情要素,通过将这些要素与知识图谱建立法律逻辑关联,找到与当前案件相关的法律法规、相似案例,实现对案件的知识辅助。简而言之,司法人员得以遵循相似案件的判决尺度,实现裁判尺度的分析和统一。

(二)基础统计的方法

至于基础统计的方法,通俗地理解,可以用来表示相似案例统计的结果:在所有案件中找到带有特定要素和裁判结果的案例,对于裁判结果进行分布统计,并且以统计结果来支持裁判尺度分析。以刑事案件为例,统计的内容主要是对某一罪名下已决案件量刑情况的整体分析,如该罪名下被判决的主刑、附加刑的分布情况,主刑各刑种的分布情况,自由刑刑期、财产刑数额的分布情况,最高刑、最低刑和刑罚的中位数等。大数据时代,知识图谱、自然语言处理等技术支撑下的大数据统计分析,还可展示该罪名下各种犯罪构成事实、量刑情节的分布情况,将个罪中的各种犯罪构成事实、量刑情节与量刑结果之间建立联系。例如,在北京高院服务于统一裁判尺度的大数据研究平台系统中,法院应用技术实现裁判尺度分析和纠偏的功能,具体如下:

类案量刑情况分析。系统收录各类型案件量刑结果,通过统计学知识计算出类案量刑均值,后续法院出具量刑指导意见或发布案例指导时可以类案量刑均值为基准,减少人为认定误差,强化量刑的规范性和通用性。

法官量刑偏差分析。法官在定罪量刑后会自动将量刑的结果与均值进行比对,计算出偏离值,系统对各法官办案的偏离值进行存储统计。法院在对法官进行考核时可以加入量刑偏离值这一要素。

民事案件的辅助。北京法院服务统一裁判尺度的大数据研究平台还与审判业务系统深度融合,在法官办案的各环节提供审判辅助和决策支持。以离婚案件为例,通过大数据分析便利法官办案,发现和分析离婚案件的主体特性、离婚原因、婚姻存续时间、涉外案件及案件地域分布等层面的规律及趋势。同时,通过对离婚纠纷类案件的分析研判,提炼出类案不同判的原因,促进法律适用统一。

(三) 回归分析的方法

回归分析(regression analysis)是以数学方法呈现变量影响关系的分析方法。一般可以理解为确定两种变量或者两种以上变量间相互影响程度、相互依赖程度的定量关系(定性问题一般为提前设定)的一种统计分析方法。回归分析要分析现象之间相关的具体形式,帮助构建变量之间的相关性。回归分析与其他的关系分析存在的差别主要是回归分析需要确定自变量与因变量,并且其最终目标是确定自变量与因变量之间的关系模型。

较有代表性的成果是中国人民大学徐菲老师进行的研究。在选取的1767份判决书中,触犯相关刑法并实判的有372份。徐菲老师首先对判决书做了一个判处刑期的分布图,从中可以看到判3年的比例占到了43.8%,此外判3年半的也有11.3%,也就是判决刑期在3年和3年半的占了一半以上。然后,根据造成网间通信中断的时间来看,用这些数据做训练,得到回归之后的函数曲线,曲线又很接近训练集中的这些点。也就是说,给出一个造成网间通信中断的时间,从曲线上找到对应的判决刑期,基本上是准确的。当然,再算出来的这个结果,不是和之前的某一个案例完全相同,而是和之前同类的多个案例的平均值更加接近。同样,对造成的财产损失、造成通信中断的用户数、造成通信中断的时间这三个因素分别对判决刑期的影响作回归建模,再对三个因素共同影响判决刑期进行建模,从公式上可以看到,函数复杂,没办法进行人工计算,计算机计算起来效率更高。计算过程需要结合行为影响了多少用户数、中断了多长时间、造成的财产损失是多少,由此可以算出判决刑期。①

(四)人工智能的方法

裁判尺度以裁判文书为载体。在技术处理的过程中,主要进行法律文本的知识抽取和情节判定,因此,主要使用自然语言技术,结合机器学习、深度学习等其他人工智能算法。相关技术在司法领域常见的应用有罪名预测、法条预测和刑期预测。刑期预测是裁判尺度分析比较关注的问题。国内有企业提出 Charge-Based 的刑期预测方法:先预测每个罪名的刑期,然后在此基础上使用启发式的方法预测总的刑期。在预测给定罪名的刑期时,采取 Deep Gating Network 网络结构对输入信息进行过滤。在预测单个罪名刑期的时候,主要的输入数据是解析后的裁判文书,以裁量情节和裁判结果分别作为自变量和因变量,使用深度神经网络的方法进行裁量情节与裁判结果之间的建模分析。② 之后,在数罪并罚的情形下,运用个罪的量刑结果,分析数罪的总和刑期。类似地,以"个罪罪名+量刑"作为自变量,以"并罚结果"作为因变量,分析其存在的相关性规律。

从本质上讲,回归分析或者深度学习的分析方法,都是一种建立关联模型的分析方法,但是二者的区别在于深度学习无法以数学方式提供演算过程,在可解释性上存在基础性的困难。

四、裁判尺度分析同技术的关系与展望

裁判尺度分析,关键是要实现法律正义的目标,做到"让人民群众在每一个案件中都感受到公平正义",但是这一目标的实现并非易事,需要使裁判能力和技术能力融合发展。

从优势互补的角度来讲,司法人员与技术人员各有优势和不足。法官的优势,包括正当性优势和创造性优势,能够代表司法的公信力,在疑难案件中实现"法官造法"。法官的劣势,则可能包括偏见性劣势和精准性劣势。一方面,法官并非机械的司法者,裁判活动代表着个人的认知能力、司法经验、感情和价值观,而不同法官的司法水平和裁判尺度必然存在区别;另一方

---

① 参见徐菲:《大数据辅助量刑如何实现? 举个"栗子"就好懂了》,载正义网(http://www.jcrb.com/gongsupindao/GSZD/201702/t20170208_1713997.html),最后访问日期:2020 年 9 月 12 日。
② 参见国双:《全球第二! 国双 NLP 论文被国际顶级会议 EMNLP 收录》,载微信公众号"国双 Gridsum"2019 年 9 月 9 日。

面,法官具有盖然性的量刑习惯,比如多数案件都是以月甚至年为量刑单位,很难体现个案的细微差别。

技术的优势与劣势则更加明显。技术可能具备精准性、中立性的优势,但是,技术同时具备非正当劣势和回溯式劣势。由于人工智能系统不具备价值判断能力,技术系统无法创造"更为科学的裁判的尺度",而只能针对历史数据进行回溯式的研究。历史数据中的裁判尺度,既不能直接等于正确,也无法充分代表新的社会实践要求。技术的辅助分析成果,也只能通过法官的司法活动来发挥参谋和辅助的作用。

裁判尺度分析的技术前景是广阔的,目前甚至基础性的需求并未得到很好的满足。据了解,对于公司对外担保的效力问题、盖假章合同的效力问题、合同约定与登记簿记载不一致的担保物权的范围问题、让与担保问题,甚至违约金如何调整、解除权行使的条件等一些常见问题,裁判尺度都没有完全实现统一。最高人民法院审委会专职委员刘贵祥认为,统一裁判尺度,要坚持同案同判思维。任何一个判决,在解决个案纠纷的同时,都具有确立普遍性规则的意义。民商事法官在审理疑难复杂和新类型案件时要进行类案检索,充分了解案件涉及的核心法律问题是否已有相应的规则。各级法院要针对实际情况,探索完善符合民商事审判实践的司法权运行监督和制约机制。① 由此看来,即使是案例辅助的初级方法,对统一司法裁判尺度也具有重要的价值。运用技术对裁判尺度进行辅助分析,既是一个技术逐步发展的过程,也是一个用户逐步接受的过程,相信在未来,更多的技术方法将在丰富的裁判场景中发挥支撑作用。

第九节 案件可视化

近年来,随着科学技术的发展,"可视化"一词逐渐被运用到各类案件的应用中。人工智能与法律结合的趋势愈发明显,案件可视化便是这一趋势的具体体现。

一、从"数据可视化"到"案件可视化"

"数据可视化"是一个近年来愈发引人注意的概念。虽然早在几个世纪之前,人们就已经开始对数据进行量化分析并为之绘制表格,但近年来科技的进步为这一领域带来了爆炸式的发展。单纯的表格形式很难阅读,读者只

---

① 参见王茜、梁书斌:《最高法:要在民商事审判中统一裁判尺度》,载新华网(http://www.xinhuanet.com/legal/2019-07/03/c_1124706864.html),最后访问日期:2020年9月12日。

能从中得到一些零散的数值,而在图表化视图中,鉴于人脑对图形的理解能力,人们能够轻易地发现一些常规统计方法难以挖掘到的趋势和模式。数据可视化能够提供丰富的信息,帮助人们更明智地制定决策,更清楚地传达理念,以更为客观的角度去审视世界。①

在法律领域,以法律关系图等形式辅助案件分析由来已久。"制作精良的图片、图表、图解、照片能够让你的案件摘要更具吸引力和说服力,法学院最好把视觉呈现纳入教学。图表能够令人信服地展示事实和法律点;图解能够解释案件的诉讼程序史;一张照片能够使你的案件摘要节省 5 页的篇幅。"②随着数据可视化的快速发展与广泛应用,法律关系与案件事实的表示方式愈发多元,也越来越多地依赖技术助益,"案件可视化"愈发受到关注。③ 例如在经典的乔丹商标案④中,再审申请人将镂空的乔丹体育注册商标形象与篮球明星乔丹的照片对比,体现出两者轮廓几乎完全重合,给法官及听众留下深刻印象,如下图 13-9-1 所示。

图 13-9-1　乔丹商标案庭审现场⑤

---

① 参见〔美〕Nathan Yau:《鲜活的数据:数据可视化指南》,向怡宁译,人民邮电出版社 2012 年版。
② Thomas G. Collins & Karen Marlett, New Tools Can Enhance Legal Writing, *New York Law Journal*, June 2003.
③ Adam L. Rosman, Visualizing the Law: Using Charts, Diagrams, and Other Images to Improve Legal Briefs, *Journal of Legal Education*. pp. 70-81(2013).
④ 参见迈克尔·杰弗里·乔丹与国家工商行政管理总局商标评审委员会商标争议行政纠纷再审案,参见最高人民法院(2016)最高法行再 27 号行政判决书。
⑤ 图片来源:中国庭审公开网。参见最高人民法院:《乔丹商标争议行政纠纷系统案件》,载中国庭审公开网(tingshen. court. gov. cn/live/100725),最后访问日期:2022 年 5 月 20 日。

"可视化"即以图像或图表的形式展示数据,这种直观的形式往往能快速传递大量信息。广义的数据可视化的核心是将数据转换为图像或图表的形式,案件可视化也是一样,不过被展示的内容是案件中的构成要件关系、主体关系、时间关系等。因而案件可视化可以从近年来蓬勃发展的数据可视化中获得启发、汲取经验,以获得更多元的呈现形式与更优的实现路径。

二、案件可视化的类型

案件可视化是一个较为宽泛的概念。为了全面了解案件可视化的内涵,可以从如下 3 个方面加以分析。

(1) 从分析对象来看,广义的案件可视化包括:对大量案件进行统计并进行可视化呈现,以发现某些规律;对单一案件的事实及法律关系进行可视化呈现,以便更高效地展现案件信息。前者更多在"法律大数据"或"裁判尺度分析"等问题下被提及,与一般意义上的数据可视化较为相似,均以统计分析为重;而后者更重视对特定案件事实的可视化呈现,属于狭义的案件可视化。本节的讨论对象仅限于狭义的案件可视化。

(2) 从分析内容来看,案件可视化可以分为自然事实可视化与法律事实可视化。法律事实是在自然事实建构的基础上,掺入了法律判断。对人类而言,将法律文本区分为自然事实可视化或法律事实可视化进行呈现,意义不大,仅在分析法律事实时多加思考或加以标注即可。但对计算机而言,法律事实可视因涉及法律判断而更具挑战性。

(3) 从呈现方式来看,案件可视化的类型颇为丰富,且仍处在不断发展之中,如以时间轴形式展现案件发展脉络,以关系图展现主体关系,以 3D 建模再现技术方案,以流程图展示法律程序,以决策树展示解决方案或法律法规等。

随着人工智能技术的发展,部分类型的案件可视化已经可以越来越多地由计算机代劳,计算机可以辅助将以文本等形式记录的部分维度的案件事实转化为直观的图像或图表。一方面,这意味着可以便捷地获得在办案件的可视化呈现,以更低的时间成本实现更好的展示效果;另一方面,将纷繁浩杂的阅读材料转换为清晰直观的可视化形式,也将极大提升主体的阅读效率。

三、人工智能与案件可视化

案件可视化——将以文本等形式记录的案件信息以图形或图像的形式呈现,对计算机而言,其本质是结构化信息的获取与呈现。在人类眼中,一段文本中可能蕴涵诸多实体与概念及其相互之间的关系;而在计算机眼中,一段文本只是一段数据,它无法知晓其中的某个字或某个词具有怎样的意义。只有针对结构化的数据,如记录着时间、地点、事实的表格,计算机才能了解数据的属性,并将各段事实按照其发生的时间顺序梳理为时间轴。因此,若要使用计算机来完成案件可视化的任务,首先要解决信息获取的问题——结构化信息的获取。

结构化信息的获取主要有两种方式:人工获取或计算机获取。人工完成信息结构化的工作,其本质是填录表格。巧妙的设计可以避免传统人工填录过程中填录形式的枯燥。比如,在阅读案件材料时,可以为特定信息"贴标签",每一类标签都可以转换为表格的表头,被贴标签的文字构成这一列中的内容,这实质上完成了填录表格的工作。而在计算机完成信息结构化工作的路径上,正则表达式、实体识别、关系抽取等自然语言处理技术可以自动完成对特定信息的提取,人工智能技术的发展将人力从繁复的工作中解放出来。

目前,人工智能技术驱动的案件可视化已经有许多的应用。从展现内容与展现形式的角度来看,主要有以下 6 种类型。

(一) 文书分段

裁判文书是人民法院代表国家行使审判权,就案件的实体和程序依法制作的、具有法律效力的文书。在中国特色案例指导制度下,案例是"活"的法律,是法律观念、法律理论、法律条文在法律实践中的交集、融汇、阐释与应用的结晶。阅读裁判文书是法律人的必修课。然而,面对 9000 余万份公开裁判文书[1],阅读冗长复杂的案情,理解裁判的精髓,获得精确特定的信息,并不总是一件令人愉悦的事情。

"文书分段"作为一种较为基础的可视化形式,为阅读裁判文书带来便利。裁判文书往往有着固定的格式与段落,如判决书具有当事人信息、诉讼记录、案件基本情况、裁判分析过程、判决结果、文尾等段落。借助正则语句捕捉制式文书的表述规则,计算机可以识别裁判文书各段落,并明显区分显示,完成简单的可视化呈现。分段显示文书有助于读者快速定位目标段落,对提高阅读效率有一定助益。

(二) 法律要素

在案件自然事实与最终的法律结论之间,尚存在一层兼具事实与法律属性的概念,可以称为法律要素,或法律事实。正如拉伦茨教授在《法学方法论》中指出,法学需要建立技术性概念,将不同样态的现象纳入一个一般概念之中,以便于法律的陈述和推理[2]法律要素正是这样一种建构性的概念,方

---

[1] 参见中国裁判文书网(http://wenshu.court.gov.cn),最后访问日期:2020 年 5 月 28 日。
[2] 参见〔德〕卡尔·拉伦茨:《法学方法论》,陈爱娥译,商务印书馆 2003 年版。

便以法律视角描述案情,并为后续的推理奠定基础。

借助自然语言处理技术,计算机可以从裁判文书的表述中识别出可能涉及的法律要素,并给出各法律要素的存在概率。在刑事裁判文书中,法律要素的识别技术已经相对成熟,能够做到精准识别出裁判文书涉及的法律要素并作可视化呈现,这为快速准确地筛选裁判文书、把握案件类型与核心内容提供帮助,将显著提高法律调研效率,降低时间成本,如图13-9-2所示。

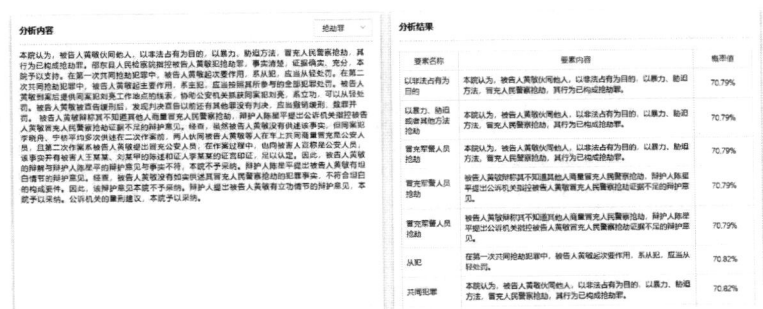

图13-9-2 人工智能驱动的案件法律要素的识别及其可视化①

(三)时间轴

在阅读案情复杂的裁判文书时,冗长的案情陈述、繁多的事实细节常常是快速获得所需信息的阻碍。有时,为了清晰地把握事实发展脉络,需要在阅读时做好笔记,将关键的时间节点与事实记录下来,通过图表辅助记忆和理解。这一工作在进行案例研究时耗时颇多。

不过,这一工作一定程度上可以由计算机代劳。借助自然语言处理技术,计算机可以识别案件事实中的时间节点以及每一时间节点所对应的事实,将其组织为时间轴。一方面,在阅读裁判文书时,可以直接阅读由计算机识别、整理的时间轴,案件基本事实的时间节点、发展脉络一目了然,对提高阅读效率有很大帮助;另一方面,在律师为庭审作准备时,亦可以由计算机从堆砌罗列的事实中提取时间与对应事实,自动调整事件发生顺序,生成时间轴,并挂接证据以辅助论证。

(四)示证导图

党的十八届四中全会提出"推进以审判为中心的刑事诉讼制度改革",其中庭审实质化作为本次改革的重点,要求"有证举在庭上,有理说在

---

① 图片来源:北京华宇元典信息服务有限公司AI能力平台截图。

庭上"。庭审是认定事实的重要环节,将案件事实及相关证据以清晰准确的形式呈现,是对诉讼当事人及其代理人的基本要求。然而在目前的司法实践中,司法人员对照纸制卷宗"照本宣科"进行宣读的情形仍然普遍存在,实质化庭审效果十分有限。在较为复杂、庭审时间较长的案件中,持续集中精力对法官而言也具有一定挑战。因而在庭审阶段,充分利用可视化呈现手段很有必要。

在刑事诉讼中,为完整构建犯罪事实并充分说明运用证据指控犯罪的内在逻辑,公诉人需要准确、清晰地出示全案证据。司法实践中,面对重大、复杂案件,公诉人往往需要通过人工绘制图表等方式,才能向法官、辩护人、被告人和庭审旁听人员清晰地说明事情的发展经过和完整的犯罪事实。不过,以当前的技术水平,已经可以对运用证据证明犯罪事实的证明逻辑作智能的可视化展示。

借助实体识别技术,计算机能够识别、提取审查报告"证据分析"部分中的证据描述信息和分析内容(如证据名称、所处页码等),并自动生成相应的示证方案,对于已严格出具审查报告的复杂案件,可极大缩短公诉人庭前准备时间。示证方案的形式可以为目录,也可以为思维导图、时间轴。在完成信息结构化的基础上,这些不同的可视化形式都可以被呈现并任意切换。

(五)主体关系图

司法实践中,常常存在诉讼主体关系较为复杂的案件。例如,在刑事案件中,可能有着多人一罪或多人多罪的情况,其中各犯罪嫌疑人或被告人所属的共犯类型、作用比例、彼此之间的相互关系等主体关系的认定均较为复杂;同样,在民商事领域中,也存在亲属关系复杂的继承案件、出资关系复杂的股权纠纷案件等。此时,若如查尔斯·莱特(Charles Wright)教授所言,"律师唯一的工具是言辞"[1],这未免对听众的记忆能力与思维能力提出极大的考验,律师也难免大费口舌。若律师采取可视化的手段对诉讼主体关系加以呈现,则可以清晰直观地展现人物关系,对进一步的事实说明与论证大有益处,如图13-9-3所示。

---

[1] See Antonin Scalia & Bryan A. Garner, *Making Your Case*: *The Art of Persuading Judges* *xix*, West Group, 2008, p. 16.

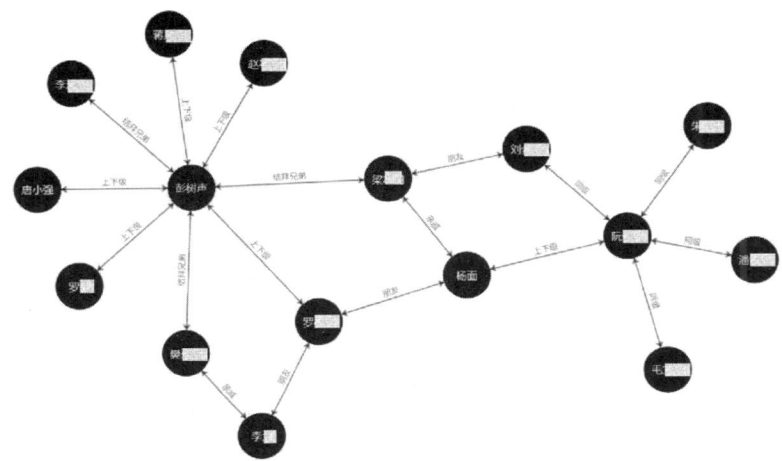

图 13-9-3　人工智能技术驱动的案件主体关系呈现及其可视化[①]

借助实体识别技术、关系抽取技术,计算机已经可以从文本中提取主体名称与主体间关系,并以图的形式加以呈现,这可以极大地缩短公诉人或律师的庭前准备时间。另外,由裁判文书等材料的案件事实生成主体关系图,对提高阅读效率也有很大帮助。

虽然目前计算机对主体关系抽取的研究多集中在浅层的文字表述层面,根据案件事实提取的实体及实体间关系多为自然事实,可以期待在未来做到更多。比如结合法律规范,基于自然事实完成初步的法律判断;或对裁判文书的裁判分析过程进行分析,进而从自然事实关系图升级为法律关系图。在传统的案例研究尤其在民商事案件的案例研究中,阅读案件事实并绘制法律关系图正是法官、律师、学者等法律职业者进行案例研究的重要辅助手段之一。王泽鉴教授指出,案例研习就是在案例之中认识法律关系、寻找请求权基础而为法之适用。[②] 作为案例的浓缩,阅读法律关系图经常会有远高于直接阅读裁判文书的效率。因此,以人工智能技术实现法律关系图的自动生成,将显著提升法律职业者筛选、阅读裁判文书的效率。

(六)审判过程可视化

延续案件可视化的思路,不妨把目光放得更远些。目前,诉讼参加人为赢得胜利,已经越来越多地采用可视化的方式陈述案件事实、示证论证,并在说服法官、驳斥诉讼对手等方面取得良好成效。那么,在庭审这一场景中,为

[①] 图片来源:北京华宇元典信息服务有限公司案件可视化系统截图。
[②] 参见王泽鉴:《民法思维:请求权基础理论体系》,北京大学出版社 2009 年版。

什么不让可视化走得更远些呢？在诉讼参加人之外，法官与其他诉讼参与人亦可借助可视化的手段展示其思维逻辑。这样，诉讼中的事实认定可以在同一可视化平台上完成，计算机可以提供的辅助就更多了。可以这样想象未来的民事审判（刑事审判类似）：

开庭之前，双方诉讼参加人整理事实，收集证据，将材料上传至可视化平台，生成各自的可视化图表；可视化平台在收到双方诉讼参加人上传的材料后，可以初步对双方的结构化信息进行比对，将一致的内容作为双方共同认可的事实，从不一致的事实中归纳庭审时的争议焦点。

庭审时，法官重点关注可视化平台归纳的争议焦点。根据已确定的争议焦点，平台可以根据结构化的事实信息生成法律关系图，由法官及双方诉讼参加人加以审查、确认及调整，并最终由法官以这一系列的可视化图表为基础作出判决。这样一来，庭审中核心的诉讼活动均可以可视化的方式呈现，信息传递的效率、庭审的效率都会有所提高。

目前的人工智能技术可能尚不足以完美、精准地完成信息提取与呈现，实践中利用计算机技术进行案件智能可视化呈现，仍然需要借助法官及诉讼参加人手动调整，予以辅助结合而实现。但人工智能，尤其机器学习的魅力正在于其"学习能力"——算法的处理效果会随着训练数据的增加而提高。基于计算机在"实践中学习"的技能，智能的可视化平台是可以期待的。

以智能的可视化平台辅助审判，其意义不仅在于提高审判效率。随着示证论证的电子化、可视化，"互联网法庭"的效果将进一步改善，极大地推进线上争议的解决效果。另外，前文述及，在计算机"眼"中，一段文本只是一段数据，它无法知晓其中的某个字或某个词具有怎样的意义。而从庭前准备阶段起以结构化的信息、可视化的方式展开诉讼，最终生成结构化的裁判文书，对于计算机处理裁判文书有着极其重大的意义。法律大数据研究需要实现质的飞跃，以更好地满足深化司法公开、展现司法文明、保障司法公正的追求。

（本章作者：张斌琦、周翔、吴帅辰、俞军强、
王嫣冉、顾佳、曹磊、汪承昊、王华东）

第十四章　法律人工智能的技术"瓶颈"

自1956年人工智能概念确立以来,人工智能发展至今已逾60年。随着所处信息环境和数据基础的深刻变革,人工智能开始迈进新一轮发展阶段,呈现出大数据、跨媒体、群体性、自主化、人机融合的新特征,从学术牵引式发展迅速转变为需求牵引式发展。相比历史上的任何时刻,现在的人工智能都更加接近于人类智能,既能为进一步掌握城市发展、生态保护、经济管理、金融风险等宏观系统提供指导,也能为设计制造、健康医疗、交通管理、能源节约等微观领域提供解决方案。

应该这么说,人工智能领域最令人兴奋的进展是在分类和预测的准确性方面取得了飞跃,而且这种与传统监督学习相关联的常规"特征工程"没有任何联系。深度学习使用大型的神经网络,它可以包含数以百万计的具有结构分层的模拟"神经元"。最常见的网络卷积神经网络和递归神经网络,这些神经网络通过数据训练和反向传播算法来学习。

虽然已经取得了许多进展,但还有更多的工作要做。关键的一步是将人工智能方法应用于具体的问题和数据。由于这些系统是经过"训练"的,而不是经过编程的,因此通常需要大量的标记数据才能准确地执行复杂的任务。但是获取大型数据集可能很困难。在某些领域,数据可能根本不可用,或是即使可用,标识工作也需要耗费大量人力资源。

此外,很难知道通过深度学习训练出来的数学模型是如何得出特定的预测、推荐或决策的。一个(人工智能)黑盒,即使是做它的本职工作,取得的效果也可能有限,特别是当预测或决定的结果直接影响社会或个人幸福时。在这种情况下,用户在使用人工智能模型时,有时需要知道运作背后的原因,如为什么算法可以从具有法律影响的事实调查结果以及具有监管影响的商业决策(如贷款审批)中给出推荐建议,以及为什么某些因素(而非其他因素)在特定情况下如此重要。

第一节　人工智能的发展"瓶颈"[①]

一、技术限制

可以从探索 5 种相互关联的技术环节入手,据此直观地感受前文所述的种种限制,并探索相应的解决方案。

(一)数据标签的限制

目前大多数人工智能模型都是通过"监督学习"进行训练的。这意味着人类必须对底层数据进行标记和分类,这可能是一个相当庞大且容易出错的任务。以汽车行业的人工智能为例,开发自动驾驶汽车技术的公司雇用了数百人来手动标注原型车的视频输入来帮助培训这些系统。与此同时,有前景的新技术正在出现,无监督或半监督的方法减少了对大型标记数据集的需要。两种有前景的技术分别是强化学习和生成式对抗网络(Generative Adversarial Networks, GANs)。

第一种技术是强化学习。这种无人监督的技术允许算法简单地通过试错来学习任务。这种技术采用的是"胡萝卜加大棒"的方法:对于算法在执行任务时的每一次尝试,如果行为成功,它都会得到"奖励"(比如更高的分数),反之则会得到"惩罚"。只要学习环境是真实世界的表示,通过重复,行为就会得到改善,在很多情况下甚至超越人类的能力。

强化学习以训练计算机玩游戏而闻名,尤其是与深度学习技术结合在一起时。例如,在 2017 年 5 月,它帮助人工智能系统 AlphaGo 在围棋比赛中击败了世界冠军柯洁。在另一个例子中,微软提供了基于强化学习和适应用户偏好的决策服务。强化学习的潜在应用跨越了许多商业领域。可能的情况包括:

(1)一个由人工智能驱动的交易组合在价值上会因为收益而获得点数,也会因为损失而失去点数;

(2)一个每次于推荐驱动的销售中获得积分的产品推荐引擎;

(3)因按时交付或减少燃料消耗而获得奖励的卡车路线软件。

强化学习还可以帮助人工智能开发以前无法想象的解决方案和策略(即使是经验丰富的从业者也可能从未考虑过这些解决方案和策略),从而超越

[①] 参见千家网:《解密制约人工智能发展的限制:数据标签、可解释性问题首当其冲》,载千家网(http://www.qianjia.com/html/2018-07/18_298520.html),最后访问日期:2022 年 11 月 5 日。

人类标记的自然和社会局限性。例如,AlphaGo Zero 系统使用一种新的强化学习方式,在从头开始学习围棋之后打败了它的前身 AlphaGo。这意味着要从完全随机的游戏开始,而不是从与人类一起玩的围棋游戏开始。

另一种技术是生成式对抗网络。在这种半监督的学习方法中,两个网络相互竞争,从而改进和完善它们对概念的理解。例如,为了识别鸟类的样子,一个网络试图区分真实的和虚假的鸟类图像,而它的对手网络则试图通过制作看起来很像鸟类的图像(但事实上并不是鸟类)来迷惑它。当这两个网络互相吻合时,每个模型对鸟类的表征就变得更加准确。

GANs 生成越来越可信的数据示例的能力可以显著减少对人类标记的数据集的需求。例如,训练一种从医学图像中识别不同类型肿瘤的算法,通常需要数百万个关于特定肿瘤类型或阶段的人类标记图像。但通过使用一种经过训练的 GANs 来生成越来越逼真的不同类型肿瘤的图像,研究人员可以获得一种肿瘤检测算法,该算法结合了一个更小的由 GANs 输出的人类标记数据集。

虽然 GANs 在精确的疾病诊断中的应用还远未实现,但是研究人员已经开始在越来越复杂的环境中使用 GANs,包括以特定艺术家的风格理解和创作艺术作品,利用卫星图像以及对地理特征的理解来创建快速发展地区的最新地图。

(二)获取大量的训练数据集的限制

已经证明,使用线性模型的简单人工智能技术在某些情况下与医学和其他领域专家的能力相接近。然而,当前机器学习浪潮需要训练数据集,这些数据集不仅要有标记,而且要足够庞大和全面。深度学习方法需要成千上万的数据记录,才能使模型在分类任务上变得相对优秀,在某些情况下,需要数以百万计的数据记录才能达到人类的水平。

其复杂之处在于,大量的数据集可能很难获得或创建(试想:利用有限的临床试验数据来更准确地预测治疗结果)。在分配的任务中,每一个微小的变化都需要利用另一个大数据集进行更多的训练。例如,教一辆自动驾驶汽车在天气不断变化的采矿地点进行导航将需要一个包含车辆可能遇到的不同环境状况的数据集。

一个有效的克服技术是一次性学习技术。它是一种可以减少对大型数据集需求的技术,允许人工智能模型在给出少量(在某些情况下甚至只有一个)真实环境演示或示例时学习一个主题。在只展示一个样本(例如一辆小货车)时,人工智能的能力更接近于人类的水平,能相对准确地识别一个类别下的多个实例。在该技术的开发过程中,数据科学家首先会在模拟的虚拟环境中对一个模型进行预先训练,这个虚拟环境呈现出一个任务的变体,或者在图像识别的情况下,显示对象的外观。然后,在展示了人工智能模型在虚拟训练中没有看到的一些真实世界的变化之后,模型将利用它的知识来找到正确的解决方案。

这种一次性的学习方式可以帮助系统扫描侵犯版权的文本,或者根据视频中显示的一个标记识别公司徽标。如今,这类应用才刚刚起步,但是它们的效用和效率优势很可能会迅速地扩大人工智能跨越多个行业的使用范围。

(三)可解释性问题的限制

人工智能系统的可解释性并不是一个新问题。但是,随着深度学习的成功采用,它也在不断发展中实现了更多样化、更先进的应用,也带来了更多的不透明性。更大及更复杂的模型导致很难用人类的语言来解释为什么会做出某种决定(而在实时做出某种决定时就更难了)。这是一些人工智能工具在可解释性有用或确实需要的应用领域的使用率仍然很低的原因之一。此外,随着人工智能应用的扩展,监管规定也可能推动行业发展,这对人工智能模型的可解释性提出了更多的、更高的需求。

有望提高模型透明度的两种新生方法是局部可解释模型-不可知解释(Local Interpretable Model-Agnostic Explanations,以下简称为 LIME)和注意力技术。LIME 尝试识别出在模型训练过程中机器最依赖且最关键的某部分输入数据,以便在开发时进行预测。这种技术每次都考虑特定的数据片段,并观察预测结果的变化,从而对代理模型进行微调并开发一种更精确的解释(例如,通过眼睛而不是通过鼻子来测试哪个器官对面部识别更重要)。注意力技术将模型在做出特定决策时最常考虑的输入数据可视化(例如,将注意力集中在嘴巴上,以确定图像是否对人类进行了描述)。

另一种已经使用了一段时间的技术是对广义相加模型(Generalized additive models,以下简称为 GAMs)的应用。通过使用单特性模型,GAMs 限制了特性之间的交互,从而使每个用户更容易进行解释。使用这些技术来揭开人工智能决策的神秘面纱,有望在很大程度上促进人工智能的应用。

可解释性对法律人工智能来说尤其重要。例如当运用人工智能给犯罪嫌疑人定罪时,必须给出相应的理由,贯彻罪刑法定的基本原则。

(四)学习的普遍性的限制

与人类的学习方式不同,人工智能模型很难将它们的经验从一种环境转移到另一种环境。实际上,模型为给定用例实现的任何东西都只适用于该用例。因此,即使用例非常相似,组织也必须反复提交资源来培训另一个模型。

应对这一挑战的一个前景可期的答案是迁移学习。在这种方法中,一个人工智能模型被训练完成一个特定的任务,然后快速地将学习成果应用到一个相似但不同的活动中。DeepMind 的研究人员还在实验中展示了迁移学习的前景,在实验中,模拟训练被转移到真正的机器人手臂上。

随着迁移学习和其他通用方法的成熟,它们可以帮助组织更快地构建新的应用程序,并使现有的应用程序具有更多样化的功能。例如,在创建一个虚拟的个人助理时,迁移学习可以将一个领域(比如音乐)的用户偏好推广到其他领域(书籍),而且用户并不局限于数字原生用户。例如,迁移学习可以使油气生产商扩大其对人工智能算法的使用,训练这些算法为其他设备(如管道和钻井平台)的油井提供预测性维护。迁移学习甚至有可能彻底改变商业智能:试想一个数据分析的人工智能工具,它可以理解如何优化航空公司的收入,然后可以根据天气或当地经济形势的变化调整其模型。

另一种方法是使用某种近似可应用于多个问题的广义结构的东西。例如,DeepMind 的 AlphaZero 在三种不同的游戏中使用了相同的结构,可以训练出一种在一天内学会国际象棋的具有广义结构的新模型,然后它就可以训练出彻底打败世界冠军的国际象棋程序。

最后,考虑到出现试图自动设计机器学习模型的元学习技术的可能性。例如,谷歌智囊团使用 AutoML(Automated Machine Learning,自动机器学习)自动设计神经网络在大规模数据中集中对图像进行分类。这些技术目前表现得和人类的设计不相上下。这是一个很有前途的发展方向,特别是在许多组织人才依旧短缺的情况下。元学习方法也有可能超越人类的能力,产生更好的结果。然而,重要的是,这些技术仍处于早期阶段。

(五)数据和算法中的偏差的限制

到目前为止,上文的讨论专注于通过在工作中已经应用的技术解决方案来克服一些限制。偏差是另一种挑战。当人类根据偏好(有意识或无意识)来选择使用哪些数据点和忽视哪些数据点时,会产生潜在的破坏性的社会影响。此外,在数据收集的过程中,如果在不同的组别观察到的行为不一致时,算法分析数据、学习和预测的方式很容易出现问题。负面影响包括错误的招聘决策、错误的科学或医学预测、扭曲的金融模型和刑事司法决策,以及在法律尺度上的不当使用。在许多情况下,这些偏见在"高级数据科学""专有数据和算法"或"客观分析"的面纱下被忽视。

在新的领域部署机器学习和人工智能算法时,可能会有更多的实例将这些潜在偏差问题纳入数据集和算法中。这种偏差一般根深蒂固,因为识别它们并采取措施解决它们需要深入掌握数据科学技术,以及对现有社会力量(包括数据收集)的更深的认识。总而言之,去偏差被证明是迄今为止最令人畏惧的人工智能技术障碍之一,当然也是最让社会担忧的障碍之一。

目前全球正在进行多项研究工作,同时也在努力进行最佳实践,以促进在学术、非营利和私营部门的研究中解决这些问题。这一切都不会进展太快,因为挑战很可能会变得更加严峻,会出现更多的问题。举例来说,考虑到许多基于学习和统计的预测方法都隐含地假设未来会像过去一样。在社会文化背景下,人们正在努力促进变革,而根据过去的行为做出决定会阻碍进步(或者更糟糕的是,抵制变革),这时人们又应该做些什么呢?许多领导人,包括商界、政界、司法界的专业人士,可能很快会被要求就有关问题给出他们的回答。

二、解决方案

要解决上述局限性以及在商业上广泛应用上述先进技术,可能还需要数年时间。但人工智能的应用范围之广令人惊叹,这表明人工智能最大的限制可能是想象力。以下是一些建议,给那些努力保持领先的从业人员,希望其至少不要落得太远。

(一)做好功课,做好验证,跟上步伐

虽然大多数从业人员不需要知道卷积神经网络和递归神经网络的区别,但是应该对当今工具的功能有一个大致的了解,对哪些方面可能会有短期进展有一个认识,以及对未来有一些展望。利用已经获得的数据科学和机器学习方面的知识,与一些人工智能专业人员交谈进行验证,并参加一两场人工智能会议来帮助你获得真正的资讯;新闻媒体可能会有所帮助,但它们也可能是炒作机器的一部分。知识渊博的从业者正在进行跟踪研究(如人工智能指数:一项基于斯坦福大学的人工智能百年研究项目),这是另一种有助于保持先进的方法。

(二)采用复杂的数据策略

人工智能算法需要帮助解开隐藏在系统生成的数据中的有价值的见解。您可以通过开发一个全面的数据策略来提供帮助,该策略不仅关注从不同系统收集数据池所需的技术,还关注数据的可用性和获取、数据标记和数据治理。虽然更新的技术承诺会减少训练人工智能算法所需的数据量,但数据饥渴的监督学习仍然是当今最流行的技术。即使是旨在最小化所需数据量的技术仍然需要一些基础数据。其中的关键就是充分了解自己的数据点以及如何利用它们。

(三)从侧面思考

迁移学习技术仍处于起步阶段,但有办法在多个领域利用人工智能制定解决方案。如果解决了大型仓库设备的预测性维护这样的问题,是否也可以将相同的解决方案应用于消费产品?一个有效的下一个产品到购买的解决方案是否可以在多个分销渠道中使用？鼓励业务单位分享知识，这些知识可能会揭示如何在公司的多个领域使用最好的人工智能解决方案。

人工智能的前景是巨大的，实现这一愿景所需的技术、工具和过程还没有完全实现。如果想要促进技术发展，并且成为一个领先的追随者，应当三思而后行。要从立竿见影的角度进行跨越是非常困难的，尤其是当目标变化得如此之快，而你又不明白人工智能现在能做什么、不能做什么时。鉴于人工智能前沿研究人员准备解决当今最棘手的一些问题，现在是时候开始了解人工智能前沿领域正在发生的事情了，这样就可以推进相关的学习、开发，甚至可能创造新的可能性。

第二节　法律人工智能的技术"瓶颈"

在法律人工智能领域，既存在人工智能技术本身的"瓶颈"，也存在跟法律智能应用相关的技术难点。

一、预训练语言模型

虽然预训练语言模型已经在很多 NLP 任务中显示出了他们强大的能力，然而由于语言的复杂性，仍存在诸多挑战。这里，研究者们给出了四个未来预训练语言模型发展方向的建议。

（一）预训练语言模型的上限

目前，预训练语言模型并没有触及其上限。大多数的预训练语言模型可通过使用更多的训练步长以及更大的数据集来提升其性能。目前 NLP 中的 SOTA（State-of-the-Art：当前最优性能的）也可通过加深模型层数实现更进一步提升。预训练语言模型的最终目的一直是对语言中通用知识内部机理的追寻。然而，这使预训练语言模型需要更深层的结构、更大的数据集以及更具有挑战性的预训练任务，这将产生更加高昂的训练成本。因此，更切实的方向是在现有的软硬件基础上，设计出更高效的模型结构、自监督预训练任务、优化器和训练技巧等，如 ELECTRA[①]就是此方向上一个很好的解决方案。

（二）面向任务的预训练和模型压缩

在实践中，不同的目标任务需要预训练语言模型具备不同功能。而预训

---

① See Kevin Clark et al., Pre-training Text Encoders as Discriminators Rather Than Generators, 26 Sept. 2019 (modified: 11 Mar 2020) ICLR 2020 Conference Blind Submission, https://openreview.net/forum?id=r1xMH1BtvB, last accessed: Nov. 5, 2022.

练语言模型与下游目标任务间的差异通常在于两个方面：模型架构与数据分发。尽管较大的预训练语言模型通常情况下会有更好的性能表现，但实际问题是如何在特定情况下使用这类较大的预训练语言模型，如针对低容量的设备以及低延迟的应用程序。而通常的解决方法是为目标任务设计特定的模型体系架构以及训练任务，或者直接从现有的预训练语言模型中提取部分信息用于目标任务。

此外，还可以使用模型压缩等技术去解决现有问题。尽管科学家在计算机视觉（Computer Vision，CV）方面对 CNN 的模型压缩技术进行了广泛的研究，但对于 NLP 的预训练语言模型来说，压缩研究只是个开始。Transformer 的全连接架构也使模型压缩非常具有挑战性。

（三）预训练语言模型的结构

对于预训练，Transformer 已经被证实是一个高效的架构。然而 Transformer 最大的局限在于其计算的复杂度（输入序列长度的平方倍）。受限于 GPU 显存大小，目前大多数预训练语言模型无法处理超过 512 个 token 的序列长度。为打破这一限制需要改进 Transformer 的结构设计，如 Transformer-XL。因此，寻找更高效的预训练语言模型架构设计对于捕捉长距上下文信息十分重要。设计深层神经网络结构十分困难，或许使用如神经结构搜索这类自动结构搜索方法不失为一种好的选择。

（四）在参数微调之上的知识迁移

微调是目前将预训练语言模型的知识转移至下游任务的主要方法，但效率却很低，每个下游任务都有特定的微调参数。改进的解决方案是修复预训练语言模型的原始参数，并为下游任务添加特定的小型微调适配模块，由此可以使用共享的预训练语言模型服务于多个下游任务。使用预训练语言模型挖掘知识可以更加灵活，其在特征提取、知识提取和数据扩充等方面体现出优势。

二、信息抽取

信息抽取，包括实体识别、关系抽取、指代消解、事件抽取等技术，是法律人工智能应用的基础。对法律文书中的当事人、时间、人际关系、案件发生的具体过程的识别，法律知识图谱的自动构建，自动问答等都需要信息抽取技术的支持。

信息抽取研究历史较长，其中实体识别技术较为成熟，应用深度学习的实体识别技术准确率达到 92%～95%，目前应用广泛。

在关系抽取方面，学术界研究较多的包括确定实体类型、关系类型的关系识别,一般采用分类方法进行处理,准确率较高,但应用方面比较受限。近几年开放域的关系抽取研究开始兴起,这一类研究不限定实体和关系的类型,相对来说难度要大很多,一般依赖浅层句法分析、依存句法分析等自然语言处理技术。但目前句法分析技术本身准确率并不高,学术界研究的英文句法分析准确率约为85%,中文句法分析准确率约80%,在实际应用中准确率更低,实用性不强。对法律领域的信息抽取来说,刑事、民事案件各包含几百个案由,每个案由下当事人涉及的人物关系、财产关系、行为动作、作案动机等关系类型数量庞大,涉及的一个标准的开放域关系抽取问题,目前还存在较大的技术"瓶颈"。

指代消解是指找到文章中指向同一个实体的各个词语,指代关系可以分为两种:回指和共指。回指是指文章中词语与上下文中的词语、短语之间的关系,指代依附于文章的语义,在不同的环境中,同一个词可能代表着不同的实体。共指是指两个词语同时指向现实世界中的同一个实体,这种关系是在脱离文章的语义的情况下存在的。回指和共指存在交叉,但不互相包含。

在指代消解中,把用于指向的词语、短语称为照应语,被指向的词语、短语称为先行词,而确定照应语的先行词的过程就是指代消解。

指代消解存在如下两种类型的困难:第一类:代词的种类过多使指代消解难度增大。在语料中,指代类型很多,包括人称代词,指示代词等,而且它们都有自己的特点,所以在进行消解时不能一概而论,必须为每一类型提出一种有效的解决方法,这增加了指代消解的难度。第二类:先行词与照应语的距离过远导致消解难度增大。在语料中,有的先行词与照应语距离很远,中间间隔好几句,这增加了指代消解的难度。

类似地,在事件抽取方面,传统方法需要依赖实体抽取、语义角色识别、句法分析等技术,识别准确率不高。近几年基于深度学习的方法相比传统方法有了较大提升,即使如此,在限定类型的事件抽取中准确率也不到80%,距离达到实用的目标仍然有一定路程。

三、文本分类

文本分类研究相对比较成熟,使用传统 SVM、基于神经网络的 CNN、BERT 等模型都能较好地处理二分类、多分类问题。但是随着分类技术向应用过程的渗透,实际应用过程中出现了越来越复杂的分类问题。比如电商领域的商品分类标签数量甚至可能达到上百万,这给文本分类提出了新的挑战。

在法律领域,法律要素识别涉及几百个案由,每个案由包含数十个特定的法律要素,同样可以视为多标签分类问题。在处理要素识别中的难点主要包括以下几个：

第一，要素分布不均衡，一个案由下某些要素可能经常出现在不同的案件中，某些要素则出现非常少，比如在"离婚纠纷"中，出现涉及财产分割要素的情形比较多，而出现军婚相关要素的情形则很少，这种样本不均衡的情况会对模型的训练产生较大的影响。

第二，要素语义较为接近，分类器区分困难，比如在"确认劳动关系纠纷"中，"存在劳动与报酬的交换关系"与"存在管理与被管理关系"在实际语言表述中比较容易混淆，但从法律的角度来看这又是两个不同的概念。

第三，需要推理的情形，比如部分案由中针对未成年人可能并不明确说明是"未成年人"，而只是标明年龄或出生年月。

当深度学习被用于文本分类的实践时，一个重要的问题是分类所依据的特征无法聚焦。传统的文本分类基于特征工程选择跟分类相关的特征，训练特征的权重，基于深度学习的文本分类一般不做区分地把所有文本输入到分类器，让分类器自己学习特征，这一方面降低了模型设计和开发的难度，显得更"智能"，另一方面也失去了对特征的控制，当输入文本内容过多时，模型自动学习到的特征并不一定与分类任务相关，影响模型的性能。

从文本的文体来看，目前应用场景中的大部分分类文本都是书面用语，属于规范文本，但是在越来越多的应用场景中语言是不那么规范的，例如起诉书，里面的口语就可能比较多。还有一些使用场景是文本较短的场景，例如庭审过程的实时识别、对证据等材料的分类。这些场景下的文本分类就不太理想，也是将来要着重研究的问题。

四、知识图谱

近几年知识图谱的应用越来越多，在电商、旅游、医疗、法律等领域都有涉及，但是在知识图谱领域也存在较多未解决的问题。

首先是知识在图谱中的展示。传统的知识表示包括图结构、谓词逻辑等等都是基于符号的，计算过程比较确定，也较为死板。知识图谱一项重要的功能是为语义计算提供背景知识，但知识图谱基于符号的表示方法与目前主流的基于分布式表示的神经网络方法并不兼容，近几年快速发展的 TransE、图神经网络已经在尝试攻破这一壁垒。

在知识图谱构建方面，正如前文所介绍，关系抽取、事件抽取方面的不足导致知识图谱自动构建仍然困难重重，需要大量人工干预。

在知识图谱的计算和推理方面，由于图结构本身的特点，图匹配本身效率并不高；另外谓词逻辑、描述逻辑等逻辑理论本身在高阶逻辑、自动推理方面与自然语言能够表示的复杂语义相比还较为初级，能实现的功能也较为简单。

最后,知识图谱涵盖领域下的相关概念、关系和实例情况,更多的还是分类形式下的静态类型知识,无法很好地进行建模和表示一些事件的动态演变。目前学术界提出了事理图谱研究,事理图谱是以"事件"为核心的新一代动态知识图谱,结构上具有抽象概念本体层和实例等多层;构成上包括静态实体图谱和动态事件逻辑图谱两部分;功能上注重描述事件及实体在时空域上的丰富逻辑事理关系(顺承、因果、反转、条件、上下位、组成等);应用上可通过抽象、泛化等技术实现类人脑的知识建模、推理与分析决策。事理图谱的研究还刚刚起步,要达到理想的研究水平还有很长的路要走。

尽管研究人员做了大量工作以解决知识表征及其相关应用面临的挑战,目前仍然有一些知识图谱领域的艰难的开放问题有待解决,但是未来也有一些前景光明的研究方向,这里主要分析以下六个方向。

(1)复杂的推理

用于知识表征和推理的数值化计算需要连续的向量空间,用以获取实体和关系的语义信息。然而,基于嵌入的方法在复杂的逻辑推理任务中有一定的局限性,但关系路径和符号逻辑这两个研究方向值得进一步探索。在知识图谱之上的循环关系路径编码、基于图神经网络的信息传递等方法,以及基于强化学习的路径发现和推理对于解决复杂推理问题是很有研究前景的。

在结合逻辑规则和嵌入方面,近期的工作将马尔科夫逻辑网络和知识图谱嵌入(Knowledge Graph Embedding,KGE)结合了起来,旨在利用逻辑规则并处理其不确定性。利用高效的嵌入实现能够获取不确定性和领域知识的概率推理,是未来一个值得注意的研究方向。

(2)统一的框架

已有多个知识图谱表征学习模型(框架)被证明是等价的。例如,Hayshi和Shimbo[1]证明了HoIE和ComplEx对于带有特定约束的链接预测任务在数学上是等价的。ANALOGY[2]为几种具有代表性的模型(包括DistMult、ComplEx,以及HoIE)给出了一个统一的视角。Wang[3]等人探索了一些双线性模型之间的联系。Chandrahas[4]等人探究了对于加法和乘法知识表征学习模型的几何理解。

---

[1] K. Hayashi & M. Shimbo, On the Equivalence of Holographic and Complex Embeddings for Link Prediction, *ACL*, 2017, pp. 554-559.

[2] H. Liu, Y. Wu & Y. Yang, Analogical Inference for Multirelational Embeddings, *ICML*, 2017, pp. 2168-2178.

[3] Y. Wang, R. Gemulla & H. Li, On Multi-Relational Link Prediction with Bilinear Models, *AAAI*, 2018, pp. 4227-4234.

[4] A. Sharma, P. Talukdar, et al., Towards Understanding the Geometry of Knowledge Graph Embeddings, *ACL*, 2018, pp. 122-131.

大多数工作分别使用不同的模型形式定义了知识获取的知识图谱补全任务和关系抽取任务。Han[1]等人将知识图谱和文本放在一起考虑,并且提出了一种联合学习框架,该框架使用了在知识图谱和文本之间共享信息的互注意力机制。不过这些工作对于知识表征和推理的统一理解的研究则较少。

然而,像图网络的统一框架那样对该问题进行统一的研究,是十分有意义的,将填补该领域研究的空白。

(3)可解释性

知识表征和注入的可解释性对于知识获取和真实世界中的应用来说是一个关键问题。在可解释性方面,研究人员已经做了一些初步的工作。ITransF[2]将稀疏向量用于知识迁移,并通过注意力的可视化技术实现可解释性。CrossE[3]通过使用基于嵌入的路径搜索来生成对于链接预测的解释,从而探索了对知识图谱的解释方法。

然而,尽管最近的一些神经网络已经拥有了令人印象深刻的性能,但是它们在透明度和可解释性方面仍存在局限性。一些方法尝试将黑盒的神经网络模型和符号推理结合起来,通过引入逻辑规则增加可解释性。

毕竟只有实现可解释性才可以说服人们相信预测结果,因此研究人员需要在增强可解释性和提升预测知识的可信度的方面做出更多的工作。

(4)可伸缩性

可伸缩性是大型知识图谱的关键问题。需要在计算效率和模型的表达能力之间作出权衡,而只有很少的工作被应用到了多于100万个实体的场景下。一些嵌入方法使用简化技术降低了计算开销(例如,通过循环相关运算简化张量的乘积)。然而,这些方法仍然难以扩展到数以百万计的实体和关系上。

类似于使用马尔科夫逻辑网络这样的概率逻辑推理是计算密集型的任务,这使该任务难以被扩展到大规模知识图谱上。最近提出的神经网络模型中的规则是由简单的暴力搜索生成的,这使得它在大规模知识图谱上不可行。例如 ExpressGNN[4](Express Graph Neural Networks),试图使用 Neu-

---

[1] X. Han, Z. Liu & M. Sun, Neural Knowledge Acquisition via Mutual Attention Between Knowledge Graph and Text, *AAAI*, 2018, pp. 4832-4839.
[2] Q. Xie, X. Ma, Z. Dai & E. Hovy, An Interpretable Knowledge Transfer Model for Knowledge Base Completion, *ACL*, 2017, pp. 950-962.
[3] W. Zhang, et al., Interaction Embeddings for Prediction and Explanation in Knowledge Graphs, *WSDM*, 2019, pp. 96-104.
[4] Y. Zhang, et al., Efficient Probabilistic Logic Reasoning with Graph Neural Networks, *ICLR*, 2020, pp. 1-20.

ralLP[①]进行高效的规则演绎,但是要处理复杂的深度架构和不断增长的知识图谱的话,还有很多研究工作有待探索。

(5)知识聚合

全局知识的聚合是基于知识的应用的核心。例如,推荐系统使用知识图谱来建模"用户-商品"的交互,而文本分类则一同将文本和知识图谱编码到语义空间中。不过,大多数现有的知识聚合方法都是基于注意力机制和图神经网络设计的。

得益于Transformers及其变体(BERT模型),自然语言处理研究社区由于大规模预训练取得了很大的进步。而最近的研究发现,使用非结构化文本构建的预训练语言模型确实可以获取到事实知识。大规模预训练是一种直接的知识注入方式。然而,以一种高效且可解释的方式重新思考知识聚合的方式也是很有意义的。

(6)自动构建和动态变化

现有的知识图谱高度依赖于手动的构建方式,这是一种开销高昂的劳动密集型任务。知识图谱在不同的认知智能领域的广泛应用,对从大规模非结构化的内容中自动构建知识图谱提出了要求。

近期的研究主要关注的,是在现有的知识图谱的监督信号下,半自动地构建知识图谱。面对多模态、异构的大规模应用,自动化的知识图谱构建仍然面临着很大的挑战。

目前,主流的研究重点关注静态的知识图谱。鲜有工作探究时序范围内的有效性,并学习时序信息以及实体的动态变化。然而,许多事实仅仅在特定的时间段内成立。

时序特性的动态知识图谱将可以解决传统知识表征和推理的局限性。

五、联邦学习(Federated Learning)

在法律人工智能领域,还有大量的案件资源涉及国家秘密、商业秘密、个人隐私等,并不适合公开,但是法院、检察院等司法机关需要使用人工智能软件对相关案件文本进行处理。

针对这个问题有两种解决的思路:(1)有没有方法不"直接"使用数据就进行智能模型的训练;(2)有没有办法利用其他领域的数据训练,再把模型迁移到新的数据上。这两种思路对应的方案分别是联邦学习和迁移学习。

联邦学习假设在不同的机构中保存数据和标签,通过联邦学习技术把数

---

① F. Yang Z. Yang & W. W. Cohen, Differentiable Learning of Logical Rules for Knowledge Base Reasoning, *NIPS*, 2017, pp. 2319-2328.

据和标签通过加密、对齐、参数共享等多种技术手段实现模型的联合训练。

(一)联邦学习系统构架

以包含两个数据拥有方(即企业 A 和 B)的场景为例介绍联邦学习的系统构架。该构架可扩展至包含多个数据拥有方的场景。假设企业 A 和 B 想联合训练一个机器学习模型,它们的业务系统分别拥有各自用户的相关数据。此外,企业 B 还拥有模型需要预测的标签数据。出于对数据隐私保护和安全的考虑,A 和 B 无法直接进行数据交换,可使用联邦学习系统建立模型。联邦学习系统构架由三部分构成,如图 14-2-1 所示。

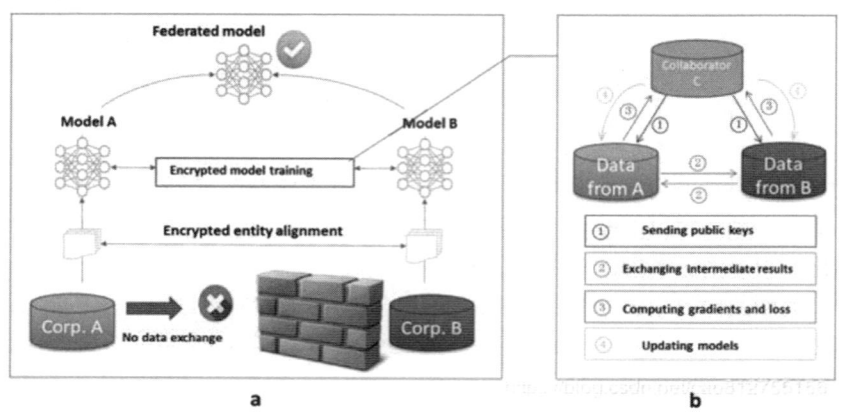

图 14-2-1　联邦学习系统架构①

第一部分:加密样本对齐。由于两家企业的用户群体并非完全重合,系统利用基于加密的用户样本对齐技术,在 A 和 B 不公开各自数据的前提下确认双方的共有用户,并且不暴露不互相重叠的用户,以便联合这些用户的特征进行建模。

第二部分:加密模型训练。在确定共有用户群体后,就可以利用这些数据训练机器学习模型。为了保证训练过程中数据的保密性,需要借助第三方协作者 C 进行加密训练。以线性回归模型为例,训练过程可分为以下 4 步,如图 14-2-2 所示。

第一步:协作者 C 把公钥分发给 A 和 B,用以对训练过程中需要交换的数据进行加密。

---

① 图片来源:草棚,《联邦学习(Federated Learning)》,载 CSDN(https://blogssdnnet/cao812755156/article:/details/89598410),最后访问日期:2022 年 1 月 5 日。

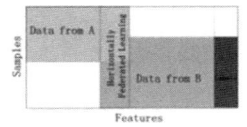 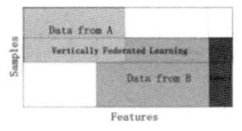 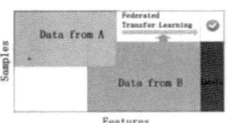

图 14-2-2　联邦学习分类①

第二步：A 和 B 之间以加密形式交互用于计算梯度的中间结果。

第三步：A 和 B 分别基于加密的梯度值进行计算，同时 B 根据其标签数据计算损失，并把结果汇总给 C。C 通过汇总结果计算总梯度值并对其解密。

第四步：C 将解密后的梯度分别回传给 A 和 B，A 和 B 根据梯度更新各自模型的参数。

迭代上述步骤直至损失函数收敛，这样就完成了整个训练过程。在样本对齐及模型训练过程中，A 和 B 各自的数据均保留在本地，且训练中的数据交互也不会导致数据隐私泄露。因此，双方在联邦学习的帮助下得以实现合作训练模型。

第三部分：效果激励。联邦学习的一大特点就是它解决了为什么不同机构要加入联邦共同建模的问题，共同建模之后模型的效果会在实际应用中表现出来，并记录在永久数据记录机制（如区块链）上。提供数据多的机构所获得的模型效果会更好，模型效果取决于数据提供方自己和他人的贡献。这些模型的效果在联邦机制上会分发给各个机构反馈，并继续激励更多机构加入这一数据联邦。

以上三部分的实施，既考虑了在多个机构间共同建模的隐私保护和效果，又考虑了以一个共识机制奖励贡献数据多的机构。所以，联邦学习是一个"闭环"的学习机制。

（二）联邦学习的优势②

联邦学习具有如下优势：

（1）数据隔离，数据不会泄露到外部，满足用户隐私保护和数据安全的

---

① 参见草棚：《联邦学习（Federated Learning）》，载 CSDN（https://img-blog.csdnimg.cn/20190509173555523.png），最后访问日期：2022 年 1 月 5 日。

② 关于联邦学习相关内容的简介，参见草棚：《联邦学习（Federated Learning）》，载 CSDN（https://blog.csdn.net/cao812755156/article/details/89598410），最后访问日期：2022 年 1 月 5 日。

需求；

（2）能够保证模型质量无损，不会出现负迁移，保证联邦模型比割裂的独立模型效果好；

（3）参与者地位对等，能够实现公平合作；

（4）能够保证参与各方在保持独立性的情况下，进行信息与模型参数的加密交换，并同时获得成长。

（三）联邦学习分类

针对不同数据集，联邦学习分为横向联邦学习（horizontal federated learning）、纵向联邦学习（vertical federated learning）与联邦迁移学习（Federated Transfer Learning，FTL）。

横向联邦学习是指，在两个数据集的用户特征重叠较多而用户重叠较少的情况下，把数据集按照横向（即用户维度）切分，并取出双方用户特征相同而用户不完全相同的那部分数据进行训练。比如，有两家不同地区的银行，它们的用户群体分别来自各自所在的地区，相互的交集很小。但是，它们的业务很相似，因此，记录的用户特征是相同的。此时，就可以使用横向联邦学习来构建联合模型。谷歌在 2016 年提出了一个针对安卓手机模型更新的数据联合建模方案：在单个用户使用安卓手机时，不断在本地更新模型参数并将参数上传到安卓云上，从而使特征维度相同的各数据拥有方建立联合模型。

纵向联邦学习是指，在两个数据集的用户重叠较多而用户特征重叠较少的情况下，把数据集按照纵向（即特征维度）切分，并取出双方用户相同而用户特征不完全相同的那部分数据进行训练。比如，有两个不同的机构，一家是某地的银行，另一家是同一个地方的电商。它们的用户群体很有可能包含该地的大部分居民，因此，用户的交集较大。但是，由于银行记录的都是用户的收支行为与信用评级，而电商则保有用户的浏览与购买历史，因此，它们的用户特征交集较小。纵向联邦学习就是将这些不同特征在加密的状态下加以聚合，以增强模型能力。目前，逻辑回归模型、树形结构模型和神经网络模型等众多机器学习模型已经逐渐被证实能够建立在此联邦学习体系之上。

联邦迁移学习是指，在两个数据集的用户与用户特征重叠都较少的情况下，不对数据进行切分，而利用迁移学习来克服数据或标签不足的方法。比如，有两个不同机构，一家是位于中国的银行，另一家是位于美国的电商。由于受地域限制，这两家机构的用户群体交集很小。同时，由于机构类型的不同，二者的数据特征也只有小部分重合。在这种情况下，要想进行有效的联邦学习，就必须引入迁移学习来解决单边数据规模小和标签样本少的问题，从而提升模型的效果。

迁移学习提出时主要是为了解决部分研究领域标注数据少、无法满足模型训练的情况,迁移学习通过在已有大规模标注数据的领域训练模型,再通过技术手段调整领域迁移后的参数变化,实现新领域上的模型应用。这个领域的研究能够解决机器学习模型在实际应用中遇到的问题,学术界也比较关注,但目前研究还不充分。

目标任务通常都缺少资源。通常可以通过组合多种不同的学习信号来提高迁移学习的性能:

(1)提高样本效率

如果存在相关的任务,可以先在相关任务上使用更多数据对模型进行微调,然后再对目标任务进行微调。这尤其有助于在数据有限的情况下执行类似任务[1],并提高了目标任务的样本效率。

(2)多任务微调

或者,也可以根据相关任务和目标任务的要求对模型进行共同微调。这个相关的任务也可以是一个无监督的辅助任务。语言建模是一个很好的选择,并且已经被证明即使没有预训练也能起到帮助。任务比率可以进行选择,逐渐减小辅助任务的比例,在训练结束时辅助任务的比例可以减小到 0。语言模型微调也已经作为一个单独步骤使用在了 ULMFiT[2] 中。最近,即便有很多个目标任务,多任务微调也可以带来收益。

(3)数据集分割

可以使用只在数据的某个子集上训练的辅助任务,而不对辅助任务微调。为此,首先要分析模型的误差,采用启发式方法自动识别训练数据中的突出子集,然后与目标任务联合训练辅助任务。

(4)半监督学习

还可以使用半监督学习方法,通过扰乱未标记的数据来使模型预测更加准确。干扰方式可以是噪声、掩蔽,也可以是数据增强。

(5)集成模型

为了提高性能,可以把经过不同超参数训练模型、不同预训练模型精细调节所得到的模型,乃至在不同任务、不同数据集的子集上训练所得到的模型集成起来。

(6)蒸馏

最后,大型模型或模型组合可能被提炼成小型单一模型。该模型也可以

---

[1] Jason Phang, Thibault Févry & Samuel R. Bowman, Sentence Encoders on STILTs: Supplementary Training on Intermediate Labeled-data Tasks.

[2] Jeremy Howard and Sebastian Ruder, Universal Language Model Fine-tuning for Text Classification.

更加简单化,也可以产生不同的归纳偏差。多任务微调也可以与提炼相结合。

六、语言学和深度学习的融合

从历史来讲,自然语言处理刚起步的时候都是基于语言学的,所以语言学对自然语言处理的发展起到了重要的奠基作用,包括基于规则的 NLP 系统对句法分析和机器翻译的重要贡献。

但这几年,可以留意到,由于大数据(带标注的数据)越来越容易获取,所以通过机器学习(统计机器学习或神经网络学习)的手段,就可以完成端到端的训练。若只看结果的话,如果有充足的数据,似乎不需要语言学的知识就能得到很好的结果,比如说基于神经网络的机器翻译就没有用到语言学的知识。这是目前大家都看到的一个趋势。

但这并不代表语言学真的没什么用处。举个例子,低资源的翻译,此时双语语料很小,用常规的机器学习建立的机器翻译系统,其翻译质量和泛化能力都非常不足。这时候可以考虑把语言学的知识融入其中,希望得到一个更好的翻译结果。从这个意义上看,在半监督学习或者低资源的自然语言任务中,语言学知识加上人类的领域知识,肯定是能发挥作用的。

但是,现在还没有一个特别好的方法把两者融合起来,也没有对语言学知识或领域知识给予充分的表达,以体现它的能力。这方面在研究上还有欠缺,但恰恰也是未来的一个研究焦点。

第三节 新方向的探索

在探索实现有的技术情况后,还应探索"人工智能+法律"的其他新方向,以便更加全面地了解人工智能技术发展的趋势。

一、张钹:"数据处理层面,语义向量空间或进一步拓宽入口"

看见了技术的"天花板",很多专家学者开始提出"小数据"的概念,然而清华大学人工智能学院院长张钹院士却不认为数据量的大小是当下的根本问题所在,他指出,传统的人工智能三要素将不能带来真正的智能。[1] "评价人工智能获得的成果,我们可以从这五件事来看:深蓝打败人类国际象棋冠军;IBM 在电视知识竞赛中打败了美国的前两个冠军;2015 年微软在 Ima-

---

[1] 参见《数据能喂养出真正的人工智能吗?》,载千家网(www.qianjia.com/html/2019-0819_346506.html.),最后访问日期:2022 年 11 月 5 日。

geNet 上做图像识别,误识率略低于人类;百度、讯飞也都宣布在单句的中文语音识别上识别准确度略低于人类和 AlphaGo 打败了李世石。前两件事归为一类,后三件事可归为另一类。大家一致认为,这五件事得以发生的三要素是:大数据、算力的提升和非常好的人工智能算法。但我认为大家忽略了一项因素,就是这所有的成果必须建立在一个合适的场景下。"①换言之,当下人工智能的发展避不开种种限制条件,因而智能的机器也只能够照章办事,没有任何灵活性,也达不到人们想要的智能,这就是当下 AI 的发展状态。

张钹院士在演讲中指出:"我们现在的人工智能基本方法有缺陷,而我们必须走向具有理解能力的 AI,这才是真正的人工智能"。

那解决办法是什么呢? 通过循序渐进,张院士在演讲中给出了思路,并指明语义向量空间这一技术方向。"首先,需要明确的是,现有的机器缺乏推理能力的原因在于他没有常识。"

张钹院士通过实验验证,常识的建立确实会极大程度地提升机器的性能。而为机器建立常识库也成为人工智能企业进一步提升系统性能的第一步。"美国在 1984 年就搞了这样一个常识库的工程,做到现在还没完全做出来。可见,要走向真正的人工智能,有理解的人工智能,是一条很漫长的路。"

但即使在建立常识库的基础上,做到有理解能力的人工智能依然不容易。想要提升智能的第二步,在张院士看来,就是将感性和知识的世界统一起来,而这将为人工智能的发展带来一次质的飞跃。"深度学习之所以能够极大地促进人工智能的发展,技术上的关键在于人们能够将获取的标量数据转变为向量,从而用到机器上。但至今为止,将行为(特征向量)和数据(符号向量)结合起来使用始终是科研的难点,而这就限制了机器变得更'智能'。"

不仅如此,从安全层面来看,纯数据驱动的系统也存在很大问题——鲁棒性很差,易受到很大的干扰。因而,在大量样本的训练下,系统仍会犯重大的错误。如商汤、旷视等头部企业也表示,即便训练出的系统模型准确率高达 99%,但在实际应用中,系统仍然会犯很多"弱智"的错误。"我们现在想出的解决办法是这样的,就是把这特征向量空间和符号向量投射到一个空间去,这个空间我们把它叫作语义向量空间。"第一,要通过 Embedding(嵌入)把符号变成向量,尽量保持语义不丢失;第二就是 Raising(提升),结合神经学科,把特征空间提升到语义空间。"只有解决这些问题,我们才能够建立

---

① 参见 GAIR《张钹院士:走向真正的人工智能 | CCF-GAIR 2018》,载雷锋网(https://www.leiphone.com/category/ai/ITM2kesxEFvkqgVS.html),最后访问日期:2022 年 11 月 6 日。

一个统一的理论。因为在过去,对感知和认知的处理方法是不同的,因而两者不在同一维度,无法统一处理。但如果我们能够将感知和认知投射到同一空间,我们就可以建立一个统一的理论框架,并在语义向量空间里解决理解问题。这是我们的目标,但是这项工作是非常艰巨。"

二、承恒达:"基本思想的颠覆,模糊计算或是未来"①

"无论是知识图谱,语义向量空间还是当下的其他深度学习训练,它们都是基于概率统计理论,而模糊逻辑不是,它是以模糊集理论为基础的。"非常大胆地,从思想层面,美国犹他州立大学计算机系终身教授承恒达给出了颠覆性的想法。

其实模糊逻辑并非全新的概念。1931年,库尔特·戈德尔(Kurt Godel)发表论文证明了形式数论(即算术逻辑)系统的"不完全性定理",模糊逻辑诞生。而在1965年,美国加州大学的 L. A. Zadeh 博士发表的关于模糊集的论文,标志着人类首次用数学理论成功描述了不确定性。"现在的计算机领域,不是 0 就是 1,而我们描述的是 0 到 1 之间的很多不确定性成分,其实,这一过程描述的是导致结果的原因。以两瓶水为例,一瓶水上标记'是纯净水的概率是 0.91',而另一瓶水上标记的是'水的纯净程度是 0.91',你会选择哪一瓶呢?显然,你会选择后者。这里的思考判断过程就是模糊逻辑,因为后者对于程度的描述本质上就是模糊的。"

目前,类似于经典逻辑体系(微积分、线性代数、生物学等衍生学科),模糊逻辑也逐步形成了自己的逻辑体系。然而再好的技术,都需要结合应用去展现它的优势。承恒达教授也是格外重视,于是他选择了乳腺癌的早期诊断研究领域。"到目前为止,我们的设计样本已经被全世界二十多个国家,五十多个团队用来使用。"

在承教授看来,现有的技术存在着非常明显的不足,需要大家沉下心来去分析问题,从而探索改进的方法。"现在大家都在模拟脑波中的电信号,但其实大脑里存在的不仅仅是电信号,还有化学反应。而很多人在做的医学图像处理,实际上只是图像处理,却不是医学图像处理,它们之间有着非常大的不同。"

---

① 参见 Lynn:《人工智能已到瓶颈! 院士"联名"反深度学习 并指出 AI 未来发展方向》,载镁客网(http://www.imzmaker.com/news/20180703/a8b7a3af22b5dc59.html),最后访问日期:2022 年 11 月 6 日。

三、马毅:"技术思路:大繁至简"①

当下,面对毫无进展的技术障碍,AI 公司的焦虑显而易见。不同于上述院士教授们给出的具体技术思路,加州大学伯克利分校电子工程与计算机系马毅教授更像是科技界的"鲁迅",他用 PPT 中一张张优质论文的演讲稿做例,只为重新唤醒大家对于 AI 的思考。

"神经网络,导入的数据有一个很小的改动,分类就会有很大的变化,这不是什么新发现,2010 年,大家就遇到这样的问题,但至今没有解决。"演讲一开始,马毅就拎出了"老生常谈",毫不留情地将一盆冷水浇到了众多对 AI 盲目乐观的人身上。

关于对技术的不正确认知,马毅也在极力地纠正。

"在人脸识别领域,要让算法具有鲁棒性(robust:强壮性),比写个 AlphaGo 要困难千倍。""都说神经网络越大越好,这简直是胡说八道。"嬉笑怒骂间,从事研究数年,马毅给出了自己的思考方向:"真正的优质算法一定是最简单的,比如迭代、递归,还有经典的 ADMM,这些简单的算法就很好,也很有用。"

四、孙茂松:"突破自然语言处理瓶颈,需大数据与富知识双轮驱动"②

就法律人工智能而言,和自然语言处理的关系最大,因此最后来看看北京智源人工智能研究院首席科学家孙茂松在自然语言方面的看法。

"今年美国国家科技理事会发布的国家人工智能八大战略中,有三项与自然语言处理有关。"近日,北京智源人工智能研究院首席科学家孙茂松表示,"自然语言处理是全球人工智能战略之关键"。然而,自然语言处理的相关技术远未成熟,许多问题亟待突破。那么,目前有哪些解决途径?

"学术领域叫自然语言,其实指的就是人类语言。自然语言处理可以说是从人工智能这个词尚未出现前,就是一个重要研究对象。"孙茂松表示。

"语言,是人独立于动物的重要特征之一。但是大家不要把自己看得太高明,更不要认为人的语言就是模板。动物的语言也很强大,其中不乏超过我们的。"孙茂松指出,比如鲸鱼的神经细胞有 370 亿个,人有 200 多亿个,本

---

① 参见 Lynn:《人工智能已到瓶颈!院士"联名"反深度学习 并指出 AI 未来发展方向》,载镁客网(http://www.imzmaker.com/news/20180703/a8b7a3af22b5dc59.html),最后访问日期:2022 年 11 月 6 日。

② 参见光明网:《突破自然语言处理瓶颈 需大数据与富知识双轮驱动》,载搜狐网(https://www.sohu.com/a/350702231_162758),最后访问日期:2022 年 11 月 6 日。

身它的神经系统就比人类发达,语言也极其丰富。而鱼在海洋光线不好的情况下,能够做很强的交流,到现在人类对其语言的理解仍十分有限。尽管动物的语言和人的语言有很大不同,但共性即是语言是两个个体之间交流的桥梁,桥梁作用就是研究的关键。

20世纪60年代,机器翻译系统就已经出现。相关部门用《圣经》中的句子进行了测试,句子直译的意思是"精神是愿意的,但是肉体是虚弱的",但用当时的机器翻译成俄文,再用俄文系统翻译成英文时,就变成"伏特加是好的,但肉却腐烂,酒喝不成了"。如今把这个英语句子用谷歌翻译系统翻译成中文,基本上语义可以保持完好,这就是显著的进步。

但现在大数据驱动下的自然语言处理遇到的"瓶颈",是一位著名机器翻译专家提出的机器翻译中"pen"的问题。"pen"有两个意思:钢笔和围栏,无论是谷歌还是微软的机器翻译,都还不能很好地根据不同语境将其译成合适的意思。孙茂松指出:"如果见过这句话的情况机器可能会翻译准确,而没见过就需要知识的积累。大数据驱动下的自然语言处理有很大局限性,即运用知识处理问题的能力几乎没有。"

五、结语

人工智能技术的发展并不会乐观,尤其是产业发展将进入一个平缓期,但是这并不意味着学术界和产业界将无事可做。正如张钹院士指出的:"我们正在通往真正AI的路上,现在走得并不远,在出发点附近。但人工智能永远在路上,大家要有思想准备,而这也就是人工智能的魅力"。[1]

法律人工智能作为人工智能的一个垂直领域,在加强自身领域知识图谱建设的基础上,基于知识图谱进行问答、搜索或者推理,建立法律领域的专家系统,将会产生巨大的落地效果。

在电影《Her》里,语音交互成为普遍的交互方式:孤独的作家西奥多,拥有由语音操控的随身计算设备,用语音撰写感人的书信安抚受伤人,还找到了机器人女友"莎曼萨"。我想,拥有一个贴心的"莎曼萨",做到知我心、懂我意,仿佛看到第二个自己,应该是很多人都会憧憬的事情。在不久的将来,可能有类似机器人女友的机器人私人律师,这大概是很多人能想到的法律人工智能的一个未来吧。

(本章作者:黄晓宏、石崇德)

---

[1] 参见交通运输信息安全:《清华张钹院士:走向真正的人工智能》,载搜狐网(https://m.sohu.com/a/291388979_100002744),最后访问日期:2022年11月6日。

4 / 第四编 法律人工智能的影响

INTRODUCTION TO AI IN LAW

第十五章 对法律职业的影响
第十六章 对司法程序的影响
第十七章 对法学研究的影响
第十八章 法律人工智能的未来

第十五章 对法律职业的影响

第一节 法律职业会消失吗

在19世纪末的英国,曾有大量的马车夫聚集街头,抗议汽车使他们丢了工作,至今已成历史。1989年上演的美国科幻电影《回到未来2》预言,到了2015年,法律系统臻于完美,律师作为一种职业已经消失,事实证明是言过其实。但是,随着人工智能(AI)技术的发展,大量职业将被机器取代,若干年以后,法律人是否会经历当年英国马车夫同样的遭遇?有学者预言,在未来15年内,机器人和人工智能将主导法律实践,并导致法律职业的"结构性坍塌"[1],并非毫无根据。

技术进步给法律职业带来的压力,敦促法律人思虑"法律人的明天会怎样"[2]。事实上,人们对技术的高速发展,总是既迷恋又恐惧。迷恋是因为科技使得人类的生活变得更加便捷和丰富。恐惧则主要来自两个方面,一是担心技术脱离人类的控制;二是更为深刻,关涉人的本质。"人是工具的制造者"通常被认为是人类区别于动物的本质所在,但本应作为工具的技术却可能反过来控制人类的生命,侵蚀人类的自主性,从而使人异化为工具。[3] 法律人对人工智能的忧虑也深深地渗透着这种恐惧。[4] 在人类社会早期,人们曾将法律事务求助于非理性的神秘力量,如独角神兽;近代以来,启蒙祛魅,理性滋长,人类开始自我立法,自我裁断。作为人类造物,人工智能如在将来取代法律职业,尽管对于传统法律职业而言未必是好消息,但无疑是人类运用理性自我规制的最后胜利。

但是,人工智能取代法律职业包含着与汽车司机取代马车夫极为不同的意涵。赶马车毕竟只是一种较低水平的劳作,科技进步的意义之一正在于把

---

[1] 黄伟文:《从独角兽到AI:人工智能应否取代法律职业?》,载《法制与社会发展》2020年第5期。
[2] 参见〔英〕理查德·萨斯坎德:《法律人的明天会怎样?——法律职业的未来》(第二版),何广越译,北京大学出版社2019年版。
[3] 参见〔美〕温德尔·瓦拉赫、〔美〕科林·艾伦:《道德机器:如何让机器人明辨是非》,王小红主译,北京大学出版社2017年版。
[4] 参见马长山:《人工智能的社会风险及其法律规制》,载《法律科学(西北政法大学学报)》2018年第6期。

人类从单调乏味的工作中解放出来,而投身于更加具有创造性和人文性的活动当中。而法律实践却是最精妙复杂的工作之一,特别是因关涉理性、情感和价值,与人类生活的意义息息相关,被视为专属于人类的特殊领域。因此,如果法律职业能被人工智能取代,那么,从独角兽到 AI 的演进,就透露出一个严肃的信号:那不仅是人类理性的最后胜利,同时也是人类文明的最后时刻。

如果把法律实践视为与生活意义相关的人类专属领域,那么,思考人工智能应否取代法律职业,最终就是思考人类应如何看待自身的地位与命运,这是一个具有终极意义的价值性和整体性问题。基于这个理解视角,本章将在第二节检视人们关于人工智能与法律职业的忧虑与争论,揭示人们所忧虑的真正问题究竟是什么。在此部分,本书将考察相关讨论的两种理论类型,即外在主义的观点和内在主义的观点。外在主义的观点属于主流观点,无论其对人工智能应否取代法律职业持肯定抑或否定态度,皆主要围绕技术是否可能以及风险可否防范这两个问题展开。个别学者关注到了内在主义的理论视角,但大体上仍处于意识萌发阶段,论证有待充实。① 第三节和第四节,分别讨论外在主义关注的两个主要问题即技术是否可能与风险可否防范,是否可以支撑人工智能取代法律职业命题之论证。第五节则回到内在主义的观点,将为内在主义提供一个初步的论证,并指出在人工智能的背景下,法律职业对人类的道德生活具有内在的、构成性的和生成性的伦理价值,因而值得严肃认真地对待。最后是一个简单的结语。

第二节 法律职业的忧虑与争议:真正的问题是什么?

一、讨论的起点

很多人都能够深切地感受到,人工智能给人类职业带来压力,与昔日因汽车的普及给马车夫带来威胁,表面上看来都是技术进步的表征,但却是性质很不相同的两件事情。如果确实存在着根本的不同,那么,这种不同是什么?又是什么因素导致了这种不同?如果不能把握这种不同以及造成不同的原因,就无法真正了解人们关于人工智能的忧虑和争议究竟是在忧虑和争议什么。因此,对这个问题的探索与回答,应当成为讨论的起点。

人事有代谢,往来成古今。职业的更新换代,好比人体的新陈代谢,本是

---

① 参见陈景辉:《人工智能的法律挑战:应该从哪里开始?》,载《比较法研究》2018 年第 5 期。

社会发展的正常现象。事实上,在当下这个时代,不断有旧的职业被淘汰,也不断有新的职业在产生。尽管新旧交替并非同步因而会在某个特定的阶段产生就业问题,但不会在全社会范围产生如此深刻的忧虑。有学者形象地描绘了这种深刻的忧虑:在人工智能面前,人类不是要被替换的马车夫,而是那些要被淘汰的马!问题的严重性正在于此,马车夫犹可升级为汽车司机,但人类不会选择升级马,而是直接淘汰了马。如果人类沦为如马一般的地位,则无疑面临着被整体淘汰的命运。

这种忧虑,伴随着人工智能技术的飞速发展和科幻作品的渲染,加上媒体的推波助澜,被得到强化。AlphaGo 战胜围棋世界冠军李世石是一个标志性的事件,其重要意义在于,该事件意味着机器战胜人类的领域,不再局限于简单的、机械的、重复性的劳动,而是已经侵入具有复杂性和创造性的人类活动之中。人工智能在越来越多的领域斩获佳绩,而人类则节节败退。这些领域素来被视为人类抵御科技发展的威胁,庇护人类维持作为万物灵长的心理优势的最后绿洲。随着这些领域的连连失守,人类不能不担心,电脑在战胜人脑之后,下一步将战胜并取代人类的心灵,从而使人类陷于被人工智能改造、控制甚至被"饲养"的危险境地。[1] 人类已经开始警惕现代化的陷阱,意识到科技的发展是一把"双刃剑"。科技的发展赋予了人类改造自然、利用自然的巨大能量,使人类得以摆脱自然的束缚,而沉溺于科技世界的自由与欢愉,但也导致了人类与自然的隔阂与疏离。一方面,人类对世界的抛弃在帮助人类登上"世界的主宰"宝座的同时,也使人类成为"丧失掉世界的人";另一方面,科技的进步使人类可以制造出完美的造物,却也反过来凸显了人类自身的缺陷与无能,在万能的机器面前成为"无用之人",从而导致"世界对人的抛弃"。[2] 人类将面对一个"不需要我们的未来"[3],终究难逃被抛弃的悲惨命运。倘若如此,人工智能发展的最终结果,便是人类自导自演的一个自杀游戏,人工智能的问题亦由此上升为一个具有存在论与伦理学意涵的终极问题。[4]

如果人工智能是一个关系到人类的存在及其意义的问题,如果法律职业被视为人类专属领域的一个典范,那么,讨论人工智能应否取代法律职业,便是反思人类生活意义的一个有效的视角。对该问题的回答,也就构成关于人

---

[1] 参见张祥龙:《人工智能与广义心学——深度学习和本心的时间含义刍议》,载《哲学动态》2018 年第 4 期。
[2] 参见路卫华:《跨学科视域下的机器智能与人——"人工智能与哲学的对话:从 AlphaGo 谈起"会议综述》,载《科学技术哲学研究》2017 年第 3 期。
[3] 参见〔美〕温德尔·瓦拉赫、〔美〕科林·艾伦:《道德机器:如何让机器人明辨是非》,王小红主译,北京大学出版社 2017 年版。
[4] 参见赵汀阳:《终极问题:智能的分叉》,载《世界哲学》2016 年第 5 期。

类生活意义这个问题的回答的一部分。基于同样的理由,讨论人工智能应否取代法律职业,就需要考虑法律职业之于人类生活意义的角色,这应当构成相关讨论的起点①,同时也是本章的一个基本判断根据。

二、问题的性质

找准了讨论的起点,才可能正确理解人工智能应否取代法律职业这个问题的性质。为了明确也为了限定本章讨论的议题,有必要对此加以详细说明。

首先,这不是一个事实性问题,而是一个价值性问题。这意味着本书的关切点,并不在于人工智能能否取代法律职业,而是应否取代。这是两个性质不同的问题,前者是事实性或描述性问题,后者是价值性或规范性问题。人们当然也关心事实性问题,对于如何突破技术的"瓶颈",研发功能更加强大的法律机器人,法律网络公司和科学家们始终充满了令人敬佩的热情。但是,无论人工智能事实上能否在未来的某天取代法律职业,都不影响对人工智能应否取代法律职业的回答。正如即便每个人的自由都得到充分实现的理想社会事实上无法达到,也并不影响人们应对此心向往之;克隆人即便不存在技术上的障碍,也不意味着在道德上是正当的。因此,尽管很多事实的背后都伫立着价值判断,如各级法院建设智慧法院的热潮多少体现对人工智能积极乐观的态度,但人工智能事实上可否取代法律职业,都不是人工智能应否取代法律职业的有效理由。

其次,这不是一个局部性问题,而是一个整体性问题。说它是一个整体性的问题,至少包含三个意思:第一,法律职业的整体性。这里所说的法律职业被取代,是指法律职业整体被取代,而不是某些法律职业被取代。因此,也就排除了有的法律职业或岗位被取代了,但又产生了新的法律职业或岗位的可能。第二,取代的整体性。取代的整体性是指人类将完全退出法律领域,彻底让位于人工智能,人类不再胜任任何法律工作,或者法律实践不再需要人类的参与。这就排除了人类法律职业的工作方式或工作内容升级换代的可能。第三,问题的整体性。基于前面两个整体性,"人工智能应否取代法律职业"所引发的这个问题本身,就是一个整体性的问题。除这个整体性的问题之外,"人工智能应否取代法律职业"还会引发其他具体的、个别性的法律问题,如如何安置失业人员,如何解决算法歧视,如何认定机器人的法律地

---

① 尤其是法哲学的讨论应当有此意识,但法理学界极少有人关注。参见陈景辉:《人工智能的法律挑战:应该从哪里开始?》,载《比较法研究》2018 年第 5 期。

位等。① 这些问题当然也相当重要,但限于本书主旨,这些问题都不在讨论的范围之内。

最后,这不是一个派生性问题,而是一个根本性问题。如前所述,本书是讨论法律职业对于人类的生存与生活意义而言,具有什么意义。这不仅是事关法律职业共同体生死存亡的大事,而且也在存在论意义上关涉对人类生命的终极伦理追问,因此,它就是一个根本性的问题。从外在的角度考虑人工智能取代法律职业的具体后果与风险,如对传统的平等、正义、自由和民主等价值观念的冲击,就属于派生性的问题,因为这些观念虽与人类生活的意义密切相关,但其价值正是从这种关联关系中派生出来的。基于派生性问题的论证,也就是对人工智能取代法律职业能否颠覆或者促进这些传统价值的论证,并不能回应人工智能是否应当取代法律职业的根本问题。

三、理论的姿态

如何看待人工智能应否取代法律职业的问题,存在着两种不同的理论姿态。一种是外在主义的理论立场,即把法律职业看作实现某种外在价值目标的工具,并以此为标准,对人工智能取代法律职业进行功利主义的利益衡量和后果评估,如果利大于弊,则认为应当取代。另一种是内在主义的理论立场,即把法律职业看作人类道德生活和道德实践的构成性部分,关涉人类的主体性和尊严,具有内在的道德价值和伦理意义。

学界既有讨论中多持外在主义的理论立场,在此理论视角下,对于人工智能应否取代法律职业的问题,存在肯定和否定两种对立的观点。

肯定性的观点主要有两种理论主张:一是法律职业冗余论;二是法律消亡论。法律职业冗余论认为,在未来世界,人工智能的能力将远超人类,在各个方面的工作都比人类更为出色,人类的职业遂成为技术的冗余,故应当被取代,法律职业亦概莫能外。例如,法律机器人的算法具有人类无法比拟的优势,它可以即时处理海量的数据并作出反应,而且永不疲倦,随时可以工作,它一天时间检索到的案例比一个律师花一辈子时间找到的信息还要多②;它掌握大量全面而准确的信息,因此,可以作出通盘的考虑,最大限度地避免遗漏和错误;它摒除了人类难以避免的各种前见和情感等非理性因素的干扰,更加理性中立和客观公正。法律消亡论可以说是法律职业冗余论的一个特殊版本,因为它事实上也主张法律职业将沦为冗余而被取代,但是它的论证方式更具釜底抽薪的效果。法律消亡论主要是通过论证法律的消亡

---

① 参见马长山:《智能互联网时代的法律变革》,载《法学研究》2018 年第 4 期。
② 参见〔以〕尤瓦尔·赫拉利:《未来简史》,林俊宏译,中信出版社 2017 年版。

来论证法律职业的消亡。其基本看法是,在未来的人工智能时代,数据为王,万物皆是数据,法律将被代码或算法取代终至消亡。所谓皮之不存毛将焉附,法律的消亡必然导致法律职业的消亡。法律消亡论与法律职业冗余论一样,都认为人工智能应当取代法律职业,就如汽车取代马车一样,是技术进化的自然结果。

否定性的观点主要也有两种理论主张,分别为技术不能论和风险失控论。技术不能论认为肯定性观点对人工智能技术发展的估计过分乐观,它认为人工智能充其量只可能在模拟的意义上具有智能,不可能拥有真正的智能,尤其是在法律实践这种规范性领域,不可能做得比人类好或者像人类一样好。例如,人工智能无法真正理解规范问题,无法进行价值权衡,也无法为裁判负责。因此,尽管人工智能将发挥越来越大的作用,人类也将对人工智能产生越来越深的依赖,但由于技术的限制,人工智能不可能实现从弱人工智能向强人工智能的突破,故只能充任人类的助手,不可能完全取代人类。风险失控论认为,即使强人工智能在技术上是可能的,但一旦出现强人工智能甚至超级人工智能,将引发不可控的重大风险,如作出严重危害人类整体安全的错误裁判,从而使人工智能取代法律职业变得不可欲。

外在主义忽视了或至少是没有深入思考法律职业对于人类生活的意义所具有的内在价值。在具体的论证方案上,无论是持肯定抑或否定的立场,外在主义的论证主要围绕着技术是否可能与风险可否防范这两个事实性论据展开,因而也无法在规范的意义上回答假如技术可能且风险可控,人工智能应否取代法律职业这一价值性问题。与此相反,内在主义则坚持把法律职业看作人类道德生活和道德实践不可分割的一部分,其关涉人类的主体性和生活意义,具有不可放弃、不可取代的伦理价值。本章接下来将在第三节和第四节分别讨论外在主义的两个关键论争,即法律职业冗余论与技术不能论的论争,以及法律消亡论与机器风险论的论争,在第五节讨论内在主义的观点,指出法律职业对人类生活所具有的丰富价值内涵。

第三节 技术的力量:作为冗余的法律职业?

一、法律职业冗余论

法律职业冗余论者对人工智能的技术进步抱持十分乐观的态度,他们相信终有一天机器人将总体超越人类,而那些认为人类拥有机器永远无法超越的特殊能力的观点,不过是人类的一厢情愿罢了。① 而随着机器的能力不断超越人类,相关领域的人类职业就将逐渐沦为科技的冗余,直至被完全取代。很难说这是一种盲目的或为时过早的乐观,因为人工智能飞速发展的事实让他们有理由相信"未来已来"。他们宣称,有的专家反复声称有些事情是计算机"永远"都无法做到的,而事实证明这里的"永远"通常都不会超过二十年。② 一个被广为引用的例子是,1997 年深蓝战胜国际象棋冠军卡斯帕罗夫之后,《纽约时报》曾引用普林斯顿大学高级研究所天体物理学家皮特·胡特(Piet Hut)的话:"计算机要在围棋上击败人类,恐怕需要一百年的时间,甚至更久。"但在 2016 年,AlphaGo 战胜围棋世界冠军李世石,胡特的悲观预测被证明是失败的③,屈指算时光,未及二十年。

在法律职业冗余论者看来,AlphaGo 战胜李世石的意义不仅在于它为技术乐观主义增添了有力的例证,更为重要的是,它意味着人工智能不仅是在单纯的体力等简单的、机械的、重复性的工作中超越人类,而且也在那些因需要运用认知、理解甚至创造等高级能力而被认为是专属于人类的独特领域,有能力与人类一较高下甚至将人类远远地抛诸身后。人工智能的发展一路高歌猛进,法律职业冗余论者发出有力的质问:一旦人工智能接手几乎一切工作,而且做得比人类更好时,那么,人类还能做什么呢?人类的职业,包括法律职业,还有什么存在的必要和理由呢?

二、冗余论的难题

当然,法律职业冗余论只是一种声音,其反对者提出质疑:人工智能要想全面超越人类,尤其是在需要认知理解、情感体验、价值评价和创新创造的领域超越人类,困难重重。在法律领域,这些困难主要体现在三个方面:第一,技术能力难题,即人工智能由于无法突破的技术障碍,无法在法律领域做得像人类一样好。第二,规范理解难题,即法律是一个需要解释并作出价值判断的规范性领域,而人工智能不具有理解能力,无法真正理解因而无法判断价值和规范性问题。第三,价值化约难题,即法律是关涉价值的行为规范,但价值与规范性问题不能还原为数据或算法,因此,人工智能无法作出妥当的法律判断。这三个方面都牵涉颇为复杂的理论面向,下文将对法律职业冗余论的支持者与反对论者围绕这三个方面而展开的论辩作仔细的检视,并

---

① 参见〔以〕尤瓦尔·赫拉利:《未来简史》,林俊宏译,中信出版社 2017 年版。
② 参见〔以〕尤瓦尔·赫拉利:《未来简史》,林俊宏译,中信出版社 2017 年版。
③ 参见〔澳〕托比·沃尔什:《人工智能会取代人类吗?》,闫佳译,北京联合出版公司 2018 年版。

指出冗余论的不足之处。

首先,讨论技术能力难题。冗余论的反对者指出,人工智能取代法律职业的技术条件无法满足,法律职业冗余论的观点是建立在机器人具有处理法律问题所需智能的假设之上,但是这个假设并不成立。尽管很难脱离人类智能的概念给智能下一个定义,但是,人工智能只是在较低层面模拟人类智能。事实上,人工智能的运算方式与人类的思考方式极少交叉①,图灵测试也并不要求人工智能具有与人类一样的智能。根据图灵测试,很多程序可以成功骗过人类而被认为是智能的,但事实上,这些程序是很愚蠢的。② 它们缺乏灵活性、创造性和变通能力,推理能力弱,鲁棒性差,无法胜任复杂的特别是创造性和无限性问题。人工智能确实在棋类游戏、知识竞赛甚至辩论比赛等领域接连创下重挫人类的辉煌战绩。但是,这些胜利都是必须建立在一个合适的应用场景之下的,需要同时满足六个条件,即拥有丰富的数据、确定性信息、完全信息、静态的、单任务和有限领域。只要任一条件不满足,人工智能都很难完成任务。③ 也就是说,人工智能无法处理信息不足、信息模糊、动态的、多任务的、意外的或突发的事件。人工智能也缺乏创造性或批判性的能力。那些电脑创作诗歌、音乐和绘画的事例,并不能证明电脑拥有创造力。因为真正的创造力并不能还原为组合和联想,而在于能够改变思路,重建规则,甚至改变问题④,这些能力都是人工智能所缺乏的,因此其并不能进行开创性的研究。⑤ 不要寄望机器人能够提出量子力学或者纯粹法学这样的理论,也不要寄望它们能够建立人民主权、意思自治或无罪推定这样的法律制度。此外,人工智能的"智能"在于运算,只能思考有限的、程序性的事情,不可能思考无限性和不确定性,不能处理无限性、不确定性和悖论性问题,也无法解决哥德尔不完全性定理和停机问题。⑥

众所周知,法律实践往往是动态的、多任务的,法律论辩唇枪舌剑,涉及方方面面,也需要根据临场情况的变化随时调整策略。即使是在信息不足或信息模糊的情况下,或者在左右矛盾、进退维谷的两难境地,无论是肯定还是否定,法律职业者都必须也有能力在有限的时间内作出确定的判断和选择。而在疑难案件、争议案件等例外情形和特殊案件中作出裁判并提供充分的论

---

① See John McCarthy, What Is Artificial Intelligence? http://www-formal.stanford.edu/jmc/, last access: Oct. 25, 2018.
② See Daniel C. Dennett, *Brainchildren: Essays on Designing Minds*, MIT Press, 1998.
③ 参见张钹:《走向真正的人工智能》,载《卫星与网络》2018 年第 6 期。
④ 参见赵汀阳:《终极问题:智能的分叉》,载《世界哲学》2016 年第 5 期。
⑤ See Stuart Russell, Q&A: The Future of Artificial Intelligence, University of Berkeley, http://people.eecs.berkeley.edu/~russell/temp/q-and-a.html, last access: Oct. 25, 2018.
⑥ 参见赵汀阳:《终极问题:智能的分叉》,载《世界哲学》2016 年第 5 期。

证,更是法官日常工作的一部分。法律实践的这些鲜明特征,使人工智能殊难胜任法律职业。所以,这也就不难理解,在当下时髦的建设"智慧法院"的热潮中,人工智能多作为一种辅助性的手段,局限于非裁判性事务或简单、明确的案件①,主要从事电子诉讼、诉讼参与人的身份认证、庭审电子化、电子诉讼档案管理等技术性的工作②。

冗余论者或许会反驳道,人工智能现在不具备取代法律职业的能力,并不意味着永远不具备。他们可能会提出,根据摩尔定律,机器运算将会越来越快,可以像人类一样思考的强人工智能甚至比人类智能更高级的超级人工智能迟早都会到来。但这个反驳是不成功的。一是因为摩尔定律不是一个物理定律,而只是一种基于经验的预测;二是因为即使人工智能在运算上具有人类无法企及的优势,也并不意味着它有能力作出恰当的法律判断,速度并不能保证真理,相反,更快的速度可能只意味着更快获得错误的答案。③ 而且,更为根本的是,即便未来的人工智能真的拥有了这种能力,也不能直接推导出应当取代法律职业这个结论。因为应否取代是一个需要作出价值判断的规范性问题,而冗余论在性质上是一种事实性论证,不能回答规范性问题。

其次,检视规范理解难题。人工智能经常被诟病为只有语法没有语义,只有数据没有意识,只有计算没有思维,只有推理没有人性。这是塞尔反对图灵的著名论断④,也是冗余论反对者的重要论据。冗余论的反对者指出,人工智能只是在模拟的意义上具有智能,这不是真正的智能。例如,机器人看上去会下棋,最近的机器人更是可以通过深度学习学会下棋,但事实上只是根据程序移动棋子而已,并不像人类那样通过学习规则和理解规则来"知道"规则⑤,它们只懂步骤而不识规则。在电脑的词汇里,只有"下一步",而没有博尔赫斯意义上作为时间分叉的"未来"⑥,因而也就没有筹备与规划。也就是说,机器人可以合法移动棋子,但它们并不是真的"会"下棋。

---

① 参见左卫民:《关于法律人工智能在中国运用前景的若干思考》,载《清华法学》2018年第2期。
② 参见蔡立东:《智慧法院建设:实施原则与制度支撑》,载《中国应用法学》2017年第2期。
③ See Stuart Russell, Q&A: The Future of Artificial Intelligence, University of Berkeley, http://people.eecs.berkeley.edu/~russell/temp/q-and-a.html, last access: Oct. 25, 2018.
④ 图灵与塞尔的争论可见 A. M. Turing, Computing Machinery and Intelligence, in Robert Epstein, Gary Roberts and Grace Beber eds., Parsing the Turing Test, Springer, Dordrecht, 2009; John R. Searle, Minds, Brains, and Programs, *Behavioral and Brain Sciences*, 1980(3), p. 417-458.
⑤ See Stuart Russell, Q&A: The Future of Artificial Intelligence, University of Berkeley, http://people.eecs.berkeley.edu/~russell/temp/q-and-a.html, last access: Oct. 25, 2018.
⑥ 参见赵汀阳:《终极问题:智能的分叉》,载《世界哲学》2016年第5期。

因为没有理解能力,便不能对概念作出解释,也不能在具体的语境中理解语义的自由切换,更不能理解多义、歧义、反讽和隐喻等语言现象,自然也不能根据理解和解释作出规范性判断。但是,法律实践却是一项解释性的事业,法律的争议往往就是关于法律概念的意义之争,而法律概念的意义也不是通过翻阅大部头词典即可回答;相反,法律毋宁说是一种实践智慧,是一门精妙的艺术。法律职业者需要区分法律条文与法律精神,在经验、细心的行动和观察的基础上,整合认识、情感和反思①,才能在案件事实曲折、人际关系复杂、掺杂人性和情感因素的场合,根据法理、常识以及对机微的洞察作出判断并拿捏分寸进行妥善处理②。人工智能如果无法理解,便不能胜任法律这项需要作出规范性解释的工作。

对于反对者的上述批评,冗余论可以采取两种回应方案:第一种方案是进行正面的回应,即主张未来的人工智能将具有真正的智能,可以认知和理解,或者主张万物有灵,机器也能思考和感受。但这种策略是很虚弱的,因为人工智能的未来只是一种预测甚至只是一种愿望,既不能证实也不能证伪;而万物有灵论更像是一种信仰,既难寻依据亦与生活常识相去甚远。第二种方案则更为有力,但不是正面的回应,试图论证机器人具有与人类一样的意识与理解能力,而是采取迂回的策略,说明智能并不依赖于人类的意识与理解,机器人虽然不能像人类那样意识和理解,但仍然可以获得意识和理解的能力。在这种观点看来,意识并非智能的构成性要素,智能是必要的,但意识可有可无,可以实现意识和智能分离的"无意识智能"。③ 那么,"无意识智能"是如何可能的呢?冗余论是通过把意识和理解都理解为一种功能性的要素来证立这个概念的。具体而言,它认为不一定需要用人类的意识和理解去定义意识和理解,就像不一定要用鸟类的飞行来定义飞行一样。只要可以像鸟类那样在天空中保持长时间的飞行,即便不具有和鸟类相同的结构,也可以认为那就是飞行。同样的道理,只要人工智能能够产生类似于人类意识一样的表现,并能够适当、适应性地对社会环境和物理环境作出反应,即便它最终不可能以与人类完全相同的方式获得意识和理解能力,也可以认为它拥有相似的能力。④ 这种观点其实是一种图灵测试,它只看结果,不问理解。只要计算机能够作出正确的事情而非错误的事情,便认为它是智能的,而所

---

① 参见〔美〕温德尔·瓦拉赫、〔美〕科林·艾伦:《道德机器:如何让机器人明辨是非》,王小红主译,北京大学出版社 2017 年版。
② 参见季卫东:《人工智能时代的司法权之变》,载《东方法学》2018 年第 1 期。
③ 参见〔以〕尤瓦尔·赫拉利:《未来简史》,林俊宏译,中信出版社 2017 年版。
④ 参见〔美〕温德尔·瓦拉赫、〔美〕科林·艾伦:《道德机器:如何让机器人明辨是非》,王小红主译,北京大学出版社 2017 年版。

谓正确的事情,是指机器可以实现预期的目标。① 据此,只要人工智能作出的法律判断能够通过图灵测试,便可认为其能够理解并适用法律,便可以取代法律职业从事相关的工作。

但是,且不说人工智能是否真的可以在法律领域通过图灵测试,即便它可以作出与人类裁判相似的决定,也依然不符合法律实践的理性本质。因为法律实践不仅仅是要作出一个适当的法律决定,而且要对这个适当性进行正当性的论证。法官不仅需要作出正确的裁判,而且要论证为何这是正确的。也就是说,他不仅需要作出裁判,而且要真正理解裁判的依据并经历一个正当化的思维过程。理解和正当化的意义在于理性化说服,即摆脱偶然性而获得对权威或必然性的服从,否则,如果只看结果而无须理解与正当性的内化,那么,假如一只章鱼或者一次掷骰子的活动能够准确预测裁判结果,就既无须律师也无须法官,任章鱼径直裁判或者掷骰子便可,但这样一来便与法律实践应当服从理性的本质要求背道而驰了。由此角度也可以看到,对意识和理解仅作功能性解释的冗余论同样缺乏对法律职业内在价值的考虑,故也未能直接回应人工智能应否取代法律职业的应然之问。

最后来看一下价值化约难题。法律实践之所以被视为人类的专属领域,主要原因之一在于法律关涉价值判断,而价值是很难化约为数据或算法的。但冗余论者们对此却信心满满,试图用数据和算法颠覆一切价值观。他们认为,不仅价值和意义,而且包括人类在内的所有生物,都是各种有机算法的组合。人的体验只是瞬间的生物反应,这些瞬间的体验不会积累成为永续的本质。② 在他们的眼中,价值和意义都只如肥皂泡一样虚幻,唯有数据与算法才是真实的。他们相信,机器人相比人类具有很多优势,如不受情感和情绪的影响,更加理性,能够计算出更多的可能性,从而作出更好的价值和道德选择。③ 因此,服从算法而不是服从内心,才是真正的明智选择。④ 换言之,人类的价值或道德判断应拱手让给人工智能,也唯有如此,才能得到真正符合人类价值或道德目标的结果。

但是,问题的关键在于,人工智能作为人造的程序系统,是如何做到把价值完全化约为算法的呢?机器人处理价值或道德性问题,可能采取两种进路,即自上而下的进路与自下而上的进路,但都会遭遇价值化约的难题。

---

① See Stuart Russell, Q&A: The Future of Artificial Intelligence, University of Berkeley, http://people.eecs.berkeley.edu/~russell/temp/q-and-a.html, last access: Oct. 25, 2018.
② 参见〔以〕尤瓦尔·赫拉利:《未来简史》,林俊宏译,中信出版社 2017 年版。
③ 参见〔美〕温德尔·瓦拉赫、〔美〕科林·艾伦:《道德机器:如何让机器人明辨是非》,王小红主译,北京大学出版社 2017 年版。
④ 参见〔以〕尤瓦尔·赫拉利:《未来简史》,林俊宏译,中信出版社 2017 年版。

自上而下的方式是一种理论驱动的方式,即理论承诺了一套全面的解决方案,如果道德原则或规范可以被清晰地陈述出来,那么,有道德的行动就转变为遵守规范的问题,机器人需要做的就是去计算它的行动是否为规则所允许。① 自上而下的进路以存在一组可以转换为算法的规则为前提,但这一组规则可能来自多元的价值观念,而它们之间是存在竞争和冲突的,应当如何解决价值冲突,如何对冲突的价值进行位阶的排序? 例如,如何调和功利主义与道义论的分歧? 这些问题的终极答案,或许只有全知全能的上帝才知道,恐怕是人工智能力所不逮的。

自下而上的进路认为价值与道德是经验长期进化的结果。因此,它不给机器人设置先天的道德原则,而是让其在模拟的经验环境中,根据其他实体的行为作出变化和调整,自动形成道德准则。② 自下而上的优势是可以动态地集成来自不同社会机制的输入信息的方式。但是,经由自下而上的进路让道德自然进化和生成,并不能保证其所产生的价值标准和道德准则是真正道德的。社会达尔文主义让"道德最高者生存",却可能会使为生存而战的残酷斗争露出"自然带血的爪牙"。③ 放任道德的自然进化可能是缺少反思性的,因而可能导致不成熟的道德判断和非道德的道德标准。④ 比如仅仅是基于情感上的不适,给厌恶血液、同性恋甚至某种肤色的人和事贴上不道德的标签。

由此可见,无论是自上而下还是自下而上的进路,道德机器人都将面临复杂的价值冲突和道德难题,无法完全化约为数据和算法。如果不同的机器人接受了不同的价值标准和道德观念,那么,它们之间也会产生难以调和的价值冲突。如果人类将价值和道德判断完全诉诸人工智能,不仅无法获得道德的生活,反而会导致道德感知能力和道德判断能力的退化,最终丧失道德主体性。法律作为人类解决价值冲突和道德争议的理性方式,本身就是道德实践的重要组成部分,其一个重要的意义恰在于希望通过服从法律的治理,明辨曲直,定分止争,安抚世俗的人生与人心。而如果通过法律的道德实践被机器取代,势必会削弱人类的道德体验和道德能力,使人生的意义变得空虚。由此,对法律职业应否被人工智能取代之问题的思考,便也切入了追问法律职业内在价值的伦理视角。

---

① 参见〔以〕尤瓦尔·赫拉利:《未来简史》,林俊宏译,中信出版社2017年版。
② 参见〔以〕尤瓦尔·赫拉利:《未来简史》,林俊宏译,中信出版社2017年版。
③ 参见〔以〕尤瓦尔·赫拉利:《未来简史》,林俊宏译,中信出版社2017年版。
④ 参见〔以〕尤瓦尔·赫拉利:《未来简史》,林俊宏译,中信出版社2017年版。

第四节 法律的未来：法律消逝而代码永存？

一、法律消亡论

法律消亡论是法律职业冗余论的一个特殊版本。它不是直接论证法律职业的消亡，而是抽掉法律职业赖以存在的根基，认为法律将被算法取代而终至消亡，法律消亡后法律职业遂成无本之木无源之水，自然应被人工智能取代。消亡论者认为法律的死亡虽然宣示了人类规范文明最后火种的熄灭，但未来并非一幅灰暗的图景。因为法律终将死亡就好像法律在公共领域取代巫术、宗教和道德一样①，是人类社会发展的自然结果，是值得拥抱的未来。

法律消亡论包含三个基本命题。第一，机器人的"深度学习"将取代法律的"深度不学习"。消亡论者认为法律最为核心的特征是"深度不学习"，体现在法律不能时刻根据外界信息、参数或标识的变化，灵活调整它的规范、原则和价值，法律调整的模式主要是针对特定当事人进行事后的规制。这是由法律的作用主要在于定分止争和化约复杂性这一功能定位决定的，但这些特征使得法律已经无法适应现代风险社会的要求。因为现代风险社会的风险是时刻变化的，其风险效应一般也不仅限于当事人，而且事后规制可能造成无可挽回的后果；②相反，人工智能的特点正在于深度学习，机器学习可以通过各种大数据、身份虚拟账户、评分系统、智能算法的技术装置帮助，形成对法律主体持续追踪认知、认证、评价、识别和反馈学习性网络。③ 人工智能不仅可以事前甚至即时性地进行反馈式的规制，以适应各种风险变化，甚至可以根据实验模拟的结果来调试和出台新的法律规则。④ 因此，为了适应风险社会的发展，深度学习的人工智能将会取代深度不学习的法律。第二，智能技术的认知功能将取代法律的规范功能。消亡论者乐观地预测，随着计算机技术的日益进步，人工智能将以不同程度改变法律的规范主义特征。第一层次是法律的信息化、流程化和自动化，如法律检索、文件自

---

① 参见余成峰：《法律的"死亡"：人工智能时代的法律功能危机》，载《华东政法大学学报》2018年第2期。
② 参见余成峰：《法律的"死亡"：人工智能时代的法律功能危机》，载《华东政法大学学报》2018年第2期。
③ 参见胡凌：《超越代码：从赛博空间到物理世界的控制/生产机制》，载《华东政法大学学报》2018年第1期。
④ 参见余成峰：《法律的"死亡"：人工智能时代的法律功能危机》，载《华东政法大学学报》2018年第2期。

动审阅、自动生成、智能法律咨询、案件结果预测等;第二层次则将实现从"不敢违法"到"不能违法"的飞跃,如通过嵌入代码技术使饮酒者根本无法开动汽车从而杜绝酒后驾驶的可能;第三层次更是上升至"不用违法"的境界,如区块链合同,其效力由技术担保,完全不给法律留下丝毫的用武之地。这种科学化、非道德化的机器规制,或将完全并直接取代法律的规范功能,规范性期望就会被认知性期望取代。① 第三,代码将取代法律。如果法律规范功能的独特性完全丧失,被机器学习取代,也就意味着法律将被代码和算法取代,法律的生命也就走到了尽头。② 如果连法律都死亡了,法律职业便更无从谈起,所以,法律死亡的前景也就是法律职业死亡的前景。

  法律消亡论的论调混淆了一些关键概念,因而也模糊了一些重要问题。首先,法律消亡论混淆了"不深度学习"与"深度不学习",过度夸大了深度学习的作用。深度学习是一个计算机学的专业术语,源于人工神经网络的研究,是机器学习中一种基于对数据进行表征学习的方法。深度学习依赖于大数据,在理论上最好是穷尽所有的数据。③ 应当承认,法律确实并不依赖于大数据,更无须穷尽全部数据,就此而言,说法律不是"深度学习"并无不妥。但是,并不能就据此认为法律是"深度不学习"的。深度不学习这个概念颇具蛊惑性,在不经意之间就给法律塑造了一个顽固僵化的刻板形象。法律不依赖深度学习和大数据,一方面固然是由于技术的限制无法穷尽数据,但也是因为并无此必要。正如一位医生不用剖解所有尸体才了解人体的结构,一名法官也不需要见过全部的判决才懂得如何裁判。因此,法律不依赖于深度学习和大数据,并不意味着法律不需要数据,深度学习与大数据对法律毫无意义;相反,不管是同案同判等法律原则要求,还是类案鉴别等法律适用技术,抑或我国裁判文书全面上网等意义深远的法律实践,都说明法律的世界并非一潭数据死水。法律不依赖于深度学习和大数据也不意味着法律对外界信息不闻不问毫无反应,法律不能朝令夕改,但也不是一成不变的,法律的适用绝不是"死抠法律的字眼",而是需要透过法律条文的表象追寻法律价值的精神,谨慎考虑个案的细微差异与人生百态,才能作出既符合法律真意亦熨帖人心的优质裁判。倒是因为缺乏常识,即便坐拥海量数据也无法因应具体情势的变化作出灵活调整应对,恰恰是人工智能无法处理日常生活情事

---

 ① 参见余成峰:《法律的"死亡":人工智能时代的法律功能危机》,载《华东政法大学学报》2018年第2期。
 ② 参见余成峰:《法律的"死亡":人工智能时代的法律功能危机》,载《华东政法大学学报》2018年第2期。
 ③ See Quoc V. Le, Jiquan Ngiam Adam Coates, et al., *On Optimization Methods for Deep Learning*, International Conference on Machine Learning, DBLP, 2011, p. 265-272.

的重要原因。一台装有千万词汇的对话机器人,其语言交流能力恐怕尚且不如3岁幼童,便道出个中要害。况且,对于法律而言,并非数据越多越好,正义女神蒙眼布的隐喻,正说明了为免于偏见和公平正义起见,有些信息是须予屏蔽而不应进入"法"眼的。

其次,法律消亡论过度强调了人工智能在数据处理上可以即时反馈的速度优势,却忽视了法律应有的稳定性。生活的信息瞬息万变,尤其是在现代信息社会,各类信息每时每刻都在以几何级的惊人速度不断增长,但是,法律作为公共的行为规则,却不可能也无必要与信息的变化保持同步;相反,法律应当保持相对的稳定性与连续性,否则,人们将无所适从,无法作出生活预期与行动安排。何况,正如前文已指出的,运算的速度并不能保证真理,更快的速度可能只意味着更快收获谬误。此外,尽管理论是灰色的而生活之树长青,但法律当中所包含的基本价值与法律原则,却具有永恒的意义,不会因信息的变化而消逝。它们虽然是大数据之中的小数据,却是在数据洪流中统摄数据价值的定海神针,而对这些价值原则的理解与诠释,人工智能并不比人类具有优势。

再次,在处理价值问题这个角度,也可以看到法律消亡论低估了价值化约的难度。即便如数据主义者们所说的那样"代码即法律"①,首先也需要对数据作出规范判断并有一个将之程序化的过程。但是,正如前文曾论证过的,规范的数据化,无论是采用自上而下的还是自下而上的方式,都难以完全突破价值化约的技术障碍。

最后,由此便同时也可看到,法律消亡论给未来法律下发"死亡通知书"可能过于仓促了,它混淆了法的变化与死亡。毋庸置疑,信息时代的到来确实给传统法律和法律职业带来了前所未有的冲击和挑战,甚至说这是千百年来所未见之大变局亦并不为过。但是,促使法律的变革乃至革命,与宣告它的死亡之间,委实存在本质的差距。诚如有论者指出的那样,科技手段不能完全定义法律概念,法律概念也不能只通过科技这一种方式来定义②,宣扬法律消亡的数据主义者仅仅定义了代码,却没有清晰定义法。因此,其提出的真正问题,与其说是"法"的消亡,毋宁说是法的范式转移。③ 而且,尤应看到,即使人工智能重塑了法律的范式,法律的内容全面转化为数据,但特定算

---

① 参见〔美〕劳伦斯·莱斯格:《代码:塑造网络空间的法律》,李旭等译,中信出版社2004年版。

② 参见 Filippi, Hassan:《区块链将取代法律吗》,赵蕾、邓楚伊译,载 https://mp.weixin.qq.com/s? src = 11&timestamp = 1596946708&ver = 2511&signature = MV266F * p - qSM4ErBlWlF8eq UXuJtuaG4VytuOHvNOIgZGiNvVVDjjAEaiQ93AeC61hYWuRfUrVclG - awJ6BXJ02MNfWVZaiCJKj * mGE * dmq-n7HcSV13 * 2jfYFNSkRyg&new=1,最后访问日期:2020年8月9日。

③ 参见鲁楠:《科技革命、法哲学与后人类境况》,载《中国法律评论》2018年第2期。

法是否属于法律的内容,都是法体系接受或者不接受的结果,算法始终是法体系所要调整的对象。所以,在人工智能时代,法律不但没有死亡,也不可能匍匐在算法之下,反而是算法的主宰者和拘束者。①

法律消亡论不恰当地夸大了深度学习的作用,似乎深度学习就是掌控世界的上帝之手。与之形成鲜明反差的是,人工智能学界却已经开始反思深度学习的局限了。②退一步而言,即使算法取代了法律,但是,一方面,不同的算法系统之间仍然是存在着分歧的;另一方面,算法也并非都是善良的天使,而是既可为善亦可为恶,如数据歧视。因此,为了维护一种公共的和良善的行为标准,依然需要有超越所有个体算法的公共评价标准,这样法律与法律职业就并不能被消除。对此,法律消亡论一个可能的辩护是,即使在算法之上需要有评价算法的法律,关于算法的法律也可以由机器人制定。这样,关于算法的法律其本身就是算法了。而且,他们可能还会进一步辩护道,让算法评价算法这种说法并不是无意义的循环,因为在人类的历史上并不缺少恶法当道的记录。既然人类的错误可以由人类自己来裁断和矫正,为何机器人就不能呢?这种观点的意思是说,即使有法律,也是作为法律的算法,而不是人类的法律,因此,即使在人工智能的世界中分化出专门从事算法裁判的职业,也是由机器人担任,而不是由人类担任。但是,在这样一个由人工智能垄断法律职业的世界里,如果还有人类的存在,那么,对于机器裁判将存在三种可能。一是人类能够理解机器人的裁判,且理解能力超越机器人,那么,机器裁判最终还须依赖于人类的决断,机器人只能成为人类的助手,不能完全取代人类。二是机器人的能力和人类打成平手,但如果人类将行为评价全部交给机器人,人类的价值判断能力就必将退化,由此必然导致第三种情况。三是机器人超越人类,人类无法理解机器人的判断,即使机器人的判断事实上要比人类自己的判断更好。但是,如果人类无法理解,再好的裁判对人类来说还有什么意义呢?就好像人类认为自己对待动物的方式要比动物自生自灭要好,且事实的确如此,但人类的善意,动物是无法理解的,因此这种善意对动物来说便没有意义,所谓对它们的意义不过是人类觉得有意义罢了。如果人工智能真的发展到超越并取代人类的阶段,机器人之对待人类,就像今日人类之对待动物一样,人类便丧失了真正的道德主体性,只有在作为人工智能应当善待的对象时才具有道德和伦理意义,而此时需要承担道德责任的道德主体,已经是机器人而不是人类了。讨论到这个层面,法律职业之于人类的内在伦理价值,便呼之欲出了。

---

① 参见陈景辉:《人工智能的法律挑战:应该从哪里开始?》,载《比较法研究》2018年第5期。
② 参见张钺:《走向真正的人工智能》,载《卫星与网络》2018年第6期。

二、机器风险论

在正面进入这个问题之前,仍有必要检视反对法律和法律职业消亡论的另一种重要理论,即机器风险论,该理论关注的重心不在于数据事实上能否取代法律或人工智能事实上能否取代法律职业,而是在于人工智能将引发不可控的整体性风险,因此,让数据取代法律或让人工智能取代法律职业变得不可欲。

风险作为一个理性的概念,产生于近代。据考证,风险作为与其他各种不安全感相区别的一个概念,出现在14世纪早期的意大利商业城市和城市国家,其原意是指远途贸易特别是海上贸易的损失。把风险作为一个理性的概念,其重要意义在于,它从一个理性参与者的立场出发,把经济活动的不可预测性不再当作要去承受的命运事件或其他不可预测的影响因素,而是看作或多或少地可以计算的不确定性。这样,风险与理性的行动规划或决策就有了一种紧密的关联,也因此排除了纯粹的自然灾害或自主的个人冒险行为。[1] 人工智能因为可能脱离人类的控制并产生波及全人类的危害,而被认为是一种特殊类型的风险,在这种新型的风险面前,人类的理性显示出捉襟见肘的窘困与无能为力的无奈。

根据塔勒布的反脆弱理论,体系的精密程度与安全系数可能呈反相关的关系。也就是说,越是精密的体系,其抗风险的能力就可能越脆弱,其风险也就越大,对于非常精密的体系,一个小小的漏洞就可能导致全盘崩溃的极端后果。[2] 如果反脆弱理论是有道理的,那么,对人工智能的规制和风险防范便是重要且紧急的,因为人工智能无疑是极端精密的体系且发展势头迅猛。但是,对于人工智能而言,无论是事前的预防还是事后的规制,都困难重重,正是这些困难使人工智能风险成为区别于传统公共风险的一个独立的风险类型。

首先,且不说技术发展到强人工智能或超级人工智能之后,人类想要控制比自己更聪明的机器人,就像人类想要控制上帝一样,简直是天方夜谭,即使是对弱人工智能,事先预防也存在着诸多困难:第一,隐蔽性难题。人工智能的研发并不需要大型的设备,极难发现。传统的公共风险类型,如核能和污染等,在认定责任的主体和发生地方面,并不存在太大的困难,因为需要大规模的采购和建设。但是,制作一个人工智能编程却是非常简单的,可能仅

---

[1] 参见〔德〕阿明·格伦瓦尔德主编:《技术伦理学手册》,吴宁译,社会科学文献出版社2017年版。
[2] 参见赵汀阳:《现代性的终结与全球性的未来》,载《文化纵横》2013年第4期。

凭一人之力，有一部电脑，甚至一部手机，就可以做到。这种隐蔽性是区分人工智能风险与传统公共风险的最大特征。第二，分散性难题。人工智能的开发者可能分散在不同的法律辖区，甚至某些系统是开放的，如网络图书馆，任何人都可以自由地编辑，作出大量的修改，很难追踪到是谁作出了什么样的修改。这些人可能来自不同的国家，因此，没有任何一个国家可以完全监管。第三，离散性难题。人工智能系统的组件在组装起来之前，可能是并无合意的，但一旦组装起来却产生了重大的风险。第四，不透明性难题。人工智能技术对大多数监管者而言是不透明的，人工智能系统内部运行是不可知且不可逆的。一个复杂的人工智能系统的设计缺陷可能是无法探测的，不仅是消费者无法探测，即便是开发者和设计者也无法探测，因为人工智能可能由产自不同地方的软、硬件组装而成，而这些组件可能都受到专利的保护，使用者可能根本不知道它们是如何运行的。① 第五，理解悖论难题。从2014年开始，媒体就开始报道霍金、马斯克、沃尔兹尼克、盖茨等名人对人工智能的担忧，但人们更多地只是关注到了这种声音，并没有真正了解他们担忧的到底是什么。事实上，他们并不只是担心机器人本质上是邪恶的或者憎恨人类的，人工智能的风险不仅来自一个人工智能系统可能被设计用来毁灭人类，或与人类的价值观相悖，即使人工智能与人类的价值观与利益是完全一致的，人工智能对人类目标的实现，也可能出现事与愿违的结果：你获得了你所要求的，却不是你想要的。②

事先预防的难题也带来了事后监管的难题。除人工智能的风险一旦发生，就可能给人类造成无可挽回的重大损失之外，人工智能事后监管的困难突出地表现在责任的认定和归结的难题之上。人工智能是自主运行的，可以以一种脱离其责任人甚至人类可以控制的方式运行，其产生的结果既不可知因而无法预测，也不可逆因而无法改变，由此便导致"责任的裂缝"，在人工智能引发损害之后如何对受害者进行赔偿等，都成为棘手的难题。让最终的使用者承担责任无疑是不公平的，但如果让人工智能系统的制造者承担责任也是不妥的，因为其制造者可能有很多，且他们也无法预测人工智能的结果③，机器人也无法成为责任的主体，因为传统的法律制裁手段，即便是较为严厉的财产罚与自由罚乃至极刑，在机器人面前都全部失效。

---

① See Matthew U. Scherer, Regulating Artificial Intelligence Systems: Risks, Challenges, Competencies, and Strategies, *Harv. J. L. & Tech*, 2016(29), p.353.
② See Stuart Russell, Q&A: The Future of Artificial Intelligence, University of Berkeley (http://people.eecs.berkeley.edu/~russell/temp/q-and-a.html), last access: October 25, 2018.
③ See Matthew U. Scherer, Regulating Artificial Intelligence Systems: Risks, Challenges, Competencies, and Strategies, *Harv. J. L. & Tech*, 2016(29), p.353.

此时，即便是适用强预防原则也无济于事。强预防原则要求政府应当"不计代价"地应对科技风险，而不是就科技风险进行利害计算。也就是说，即便风险的支持证据是臆测的，并且即便就此支付的经济成本是高昂的，也需要突破成本收益分析的界限，而以"安全边界"是否获得确立作为最主要的任务。①但是，强预防原则的困难在于如何确定标准来决定什么时候启动它。②一方面，对于什么是"安全边界"，可能存在着尖锐的理论争议，无论如何选择，都存在"误判风险"；③另一方面，在上述争论正酣之时，人工智能的风险可能事实上已经开始渗透，或者甚至已如特洛伊的木马，早早就潜伏在错误的安全共识之中了。

正是基于对人工智能风险的种种顾虑，机器风险论者对数据取代法律和人工智能取代法律职业持谨慎态度。但是，假如机器的风险可控，对于人工智能应否取代法律职业这个问题的回答，机器风险论者的口风将会有所松动吗？价值化约的技术障碍与未来风险的难以防范给人工智能无法取代法律职业留出了事实性的空间，但正如本书反复强调的，事实性的论据与后果论论证不能直接回答应否取代的问题。退一步而言，假如未来算法与代码完全取代了法律，人工智能的风险也得以有效地防范，那么，在那个时候，法律职业应该让位于人工智能吗？相信前文的讨论已经足够充分了，行文至此，是时候对此问题作出正面的回应了。

第五节　认真对待法律职业

本质上具有价值的事物，可以分为不同的类型。例如，根据一个事物的价值是否依赖于其他事物，可以区分为内在价值和外在价值；根据一个事物的某种属性对于该事物价值的本质而言是否必要，可以区分为构成性价值和非构成性价值；根据一个事物的价值存在于结果还是过程，可以区分为功能性价值和生成性价值；等等。讨论法律职业的价值，应当考虑不同的价值类型以及由此展开的复杂层次。

---

① 参见陈景辉：《捍卫预防原则：科技风险的法律姿态》，载《华东政法大学学报》2018年第1期。
② 参见〔美〕温德尔·瓦拉赫、〔美〕科林·艾伦：《道德机器：如何让机器人明辨是非》，王小红主译，北京大学出版社2017年版。
③ 参见〔德〕阿明·格伦瓦尔德主编：《技术伦理学手册》，吴宁译，社会科学文献出版社2017年版。

一、法律职业的内在价值

德沃金对价值的分类提供了一个有意义的思路。德沃金区分了三种价值,分别为工具价值、主观价值和内在价值。所谓工具价值,是指当且仅当物品或事件可以服务于某人或某事的利益时才有价值可言。也就是说,工具价值端赖于事物的可用性而定。例如,金钱和药品就具有工具价值。主观价值是指一事物能引起人们喜爱、怡悦或享受的价值。可见,主观价值取决于个人的主观体验。例如,欣赏一场精彩的足球比赛,对于一个球迷而言便具有主观价值。内在价值则和人们喜不喜欢、想不想要、需不需要、有没有用,并没有关系,而仅仅取决于事物本身固有的性质。具有内在价值的事物,仅仅是因为其本身的性质,就值得推崇和尊敬。例如,知识、艺术和人类文化等,便具有内在价值。①

德沃金所说的工具价值是一种外在价值。一个事物拥有外在价值是指当且仅当它可以帮助实现其他有价值的目标的时候存在价值。也就是说,如果它不能实现或不能很好地实现其价值目标,它就不再具有价值或价值便减损了。此时若有其他事物能够实现或能够更好地实现该当目标,它就应当被其他事物取代。例如,电话机所具有的价值就是外在价值,随着手机的普及,传统电话机通信功能的实现比不上手机,它在日常生活的应用领域就逐渐缩减。

与外在价值相对,一个事物拥有内在价值是指其存在价值无须通过能够帮助实现其他价值目标来获得证明;相反,其存在本身就是有价值的。也就是说,对于内在价值而言,即使存在实现价值的其他可能更好的方式,其价值也不会因此而受到任何的减损,不应据此而被取代。就此而言,内在价值也可被称为神圣的或不可侵犯的价值。② 例如,人的生命就具有内在价值,对一个人的生命而言,即使其他人的生命比他更圆满,但他的生命也仍然值得尊敬、推崇和保护,因为生命本身就值得尊敬、推崇和保护。对于外在价值而言,如果一个事物被更好的事物取代,人们应该感到高兴和庆幸,觉得那是一件好的事情,如一件破烂肮脏的衣服经缝补清洗后变得干净整洁,旧貌换新颜;相反,对于内在价值而言,即使一个事物被更好的事物取代了,人们仍然会感到悲伤和遗憾。例如,一个孩子被人贩子拐卖了,并且在其养父母那

---

① 参见〔美〕罗纳德·M.德沃金:《生命的自主权:堕胎、安乐死与个人自由的论辩》,郭贞伶、陈雅汝译,中国政法大学出版社 2013 年版。
② 参见〔美〕罗纳德·M.德沃金:《生命的自主权:堕胎、安乐死与个人自由的论辩》,郭贞伶、陈雅汝译,中国政法大学出版社 2013 年版。

里得到了比在亲生父母那里更加精心的照料和更为富足的生活,这依然令人感到深深的遗憾,因为与亲生父母一起生活本身就具有重要的内在价值。

需要指出的是,外在价值与内在价值并非相互排斥的关系,一个事物可以既具有外在价值,也具有内在价值。例如,作为一种交通工具,马车具有的是外在价值,所以当更为便捷的汽车出现时,马车便应当让位于汽车。但是,如果把马车视为传统礼仪的一部分,如欧洲王室在婚丧等重大仪式中,依然坚持使用传统的马车,而不是现代的汽车,就是因为此时作为传统文化一部分的马车具有内在价值。

如果从区分外在价值与内在价值的角度来看待人工智能应否取代法律职业的问题,就应当思考法律职业是否具有内在价值。如果法律职业仅具有外在价值,倘若人工智能做得比人类好,就应当取代法律职业。但是,如果法律职业并不仅仅具有外在价值,而且也具有内在价值,即使人工智能可以做得比人类好,并且既不存在技术上的障碍,也不存在不可控的风险,也并不必然应当取代法律职业。缺少内在价值视角的讨论,仅仅关注事实性论据或后果论论证的角度,就是不完整因此也是不充分的。法律职业之于人类生活的意义具有内在价值吗？对此,也可以这样进行提问：如果人工智能取代了法律职业,将会削弱人类内在价值的重要方面吗？ 如果答案是肯定的,那么,法律职业之于人类生活便具有内在价值,值得严肃认真地对待。

法律实践是人类道德实践的重要构成部分,如果法律职业被人工智能取代,那么,人类道德实践很重要的一部分就从人类的生活实践中脱离了出去,这是对人类道德实践的严重减损。根据用进废退的规律,人类的能力会由于相关实践的匮乏而退化。例如,随着技术的不断进步和生产力的提升,人类逐渐摆脱对自然的依赖,但是,人类与自然相处的能力,如感知自然的能力、运动能力、野外生存能力等,也随着科技的进步而退化。如果人工智能取代法律职业,将削弱人类的道德实践能力。

一旦人工智能取代了法律职业,将难以避免地引发滑坡效应,导致人类道德能力的整体丧失。一方面,如果法律实践与法律职业可以被人工智能取代,也就意味着其他规范性领域也可以被取代,直至最终取消人类的道德实践与道德生活;另一方面,如果人工智能取代人类进行规范性判断,由机器人控制道德决策的全过程,机器人就会成为道德权威,人类质疑和挑战机器的决策和建议就会变得相当困难[1],以至于最后只能无条件服从。这样一来,离开了道德实践,人类的道德实践能力也就完全退化了。

---

[1] 参见〔美〕温德尔·瓦拉赫、〔美〕科林·艾伦:《道德机器:如何让机器人明辨是非》,王小红主译,北京大学出版社2017年版。

人类为什么需要道德实践和能力呢？因为道德生活构成人类有意义的生活的一部分，离开了道德感知和道德实践能力，人类生活的意义就会被抽空。缺乏道德意义的人，就是只有生命而无生活的人，与行尸走肉无异。就此而言，法律实践作为道德实践的重要组成部分，其自身便具有重要的内在价值。

二、法律职业的构成性价值

是不是只要证明了法律职业和法律实践具有内在价值，就足以证立法律职业不应被人工智能取代的命题了呢？尚未足够。原因在于，不同的内在价值具有不同的分量。一种内在价值有可能会被另一种更重要的内在价值取代或凌驾。例如，艺术与生命同样都具有内在价值，但是，在一场博物馆的大火中，人们可能会选择抢救一个陷于火海的人的生命，而遗憾地放任一幅艺术珍品毁于一旦。也就是说，仅仅证明法律职业与人类道德生活之间存在内在的价值关联是不够的，还需要进一步思考这种关联具有何种程度的重要性。其中一个有效的考察视角，是看法律职业与法律实践的内在价值相对于人类的道德生活而言，是否具有不可或缺的必要性。如果一种内在价值对于良善生活的本质而言，并不是必要的，那么，该内在价值就有可能被取代或凌驾。

从一个事物的某种属性对于该事物价值目标的本质而言是否必要的角度，可以把价值区分为构成性价值和非构成性价值。如果一事物的属性对于其价值目标而言是必要的，则具有构成性价值；反之，则具有非构成性价值。非构成价值与事物的本质或目的只具有偶然的关联，因而是可取代、可凌驾的；相反，构成性价值与事物的本质或目的存在必然的关联，如果构成性价值不再存在，则事物的本质或目的将发生根本性的改变，因此，是不可取代或凌驾的。根据这个分类，要证明法律职业具有人工智能不可取代的内在价值，就需要证明法律职业的内在价值是人类道德生活的构成性价值。

外在价值、主观价值和内在价值的分类，与构成性价值和非构成性价值的分类，遵循的是两个不同的分类标准。前者是根据事物的价值是否具有独立性而进行的分类，后者则是根据事物的属性是否其价值目标的必要要素所进行的分类。无论是外在价值、主观价值还是内在价值，都既可能是非构成性价值，也可能是构成性价值。例如，药品具有外在的工具价值。俗语说，良药苦口利于病，但苦并非药品的构成性价值，疗效才是它的构成性价值。因此，假如有一种药品具有同样的药效，但它不是苦的而是甜的，那么，就可以用这种甜的药取代苦的药。但是，药效是不能取代的，如果一种药品失去了药效,它就不再是药品了。主观价值也是如此。比方说,假如一个人的口味是喜欢吃辣菜,那么,湘菜对他而言便具有主观价值。但是,假如这个人改变口味了,他忽然排斥吃辣而疯狂地爱上了口味清淡的粤菜,那么,湘菜对他而言就不再具有主观价值。由此可见,辣并非构成性价值,味觉的享受才是构成性价值。这种理解对于内在价值也同样适用。例如,健康是一种内在价值,健康的身体本身就值得追求。但是,对于幸福生活而言,健康却只是一种非构成性价值,而不是构成性价值。因为即使是一个患有疾病或身体残缺的人,尽管存在遗憾,但他依然可以拥有幸福的生活。但是,人格和尊严对于幸福生活而言,却是构成性价值,因为一种丧失人格和尊严的生活,不可能是幸福的生活。

构成性价值与非构成性价值的区分使价值的分量维度,不仅适用于外在价值和主观价值,而且也适用于内在价值。诗人裴多菲的著名诗句"生命诚可贵,爱情价更高,若为自由故,两者皆可抛",便体现了这一点。生命、爱情与自由都具有内在价值,但为什么很多人认为自由是更高的价值?这与人们的尊严观念有关,人们往往认为自由与尊严的关系更为紧密。基于同样的道理,对于那些被判处自由刑的人,虽然人们会认为对他们的自由施加限制是正当的,但也必须保证其作为人的基本权利,而不能施以酷刑。

只有构成性价值才具有不可取代或凌驾的地位,那么,法律职业和法律实践对于人类的道德生活而言,具有构成性价值吗?有种观点认为,如果让人工智能取代法律职业和法律实践,那么,人们就可以腾出更多的时间来处理其他道德事务。因此,人工智能取代法律职业和法律实践,并不意味着人类将完全放弃道德实践和道德生活,从而削弱道德能力;相反,因为人类有更多的时间去处理更复杂的道德难题,反而会极大地增强人类的实践能力,丰富道德实践和道德生活。

如果这个说法成立,那它无疑是一个很好的理由。但遗憾的是,这种说法只是一厢情愿的幻想。理由有二:

第一,如果人工智能取代法律职业,将消解人类的道德主体性。如果人工智能取代了法律职业,基于前述滑坡效应,人工智能也将入侵其他规范性领域而将人类清理出局。进一步地,如果人类只能服从人工智能的道德选择和规范判断,那么,人类就不再具有创造性的自由,充其量只能在人工智能程序给定的选项中选择,人工智能就取消了人类的道德自主性。如果被取消了道德自主性,人类的道德生活就只能交由人工智能来选择和判定,这样,人类便从道德主体异化为人工智能道德审视的对象,彻底丧失道德主体的伦理资格。但是,人类作为道德主体,凭借自己的天赋和努力,自主地进行道德选择并自主地去过道德生活,是基本人性和人的尊严的直接体现①,本身就是人类生活意义的构成性部分。就此而言,法律职业对于人类,就不仅具有作为法律职业者生存手段的"硬"意义,而且还具有"软"意义,即法律职业与法律实践给人类提供了"道德生活的内容",因此,人工智能取代法律职业带来的真正难题,不是如何处置下岗的法律职业者,而是人类生活意义的萎缩与消失。② 道德自主性与道德主体性之于人类的生活,是一种典型的构成性内在价值,既不能够以外在的后果衡量来加以限制和否定,也不能被其他内在价值以分量的理由加以取代或凌驾。

第二,基于法律作为公共道德标准的特殊性,如果人工智能取代法律职业,将导致人类道德生活根基的瓦解。可能会有人反对上述滑坡效应的假设,他们会批评说这种假设太杞人忧天,因为人工智能取代法律职业和法律实践,并不必然导致其他规范和道德领域将被人工智能全面入侵。退一步而言,就算有限度地接受这一批评,假设人工智能对人类道德领域的取代,仅限于法律领域,但鉴于法律实践在道德实践中的特殊性,人工智能取代法律职业也将导致对整体道德生活的致命伤害。法律不仅规定了重要的权利和义务,关涉生命、自由、平等、正义、尊严等几乎全部重要的伦理价值,而且是关于这些重要价值的基本共识。也就是说,法律不仅是作为基本伦理价值的"蓄水池",而且也作为公共的价值共识,发挥着道德兜底的功能。因此,在法律的领域内讨论伦理和道德问题,不仅是难以避免的,而且是至关重要且具有基础性意义的。如果人类从法律领域中抽身而出,不仅意味着从某一个道德领域撤退,而且意味着从一个至关重要的且具有基础性意义的道德领域撤退。这使寄望于人类在法律领域抽身之后可以将更多精力和智慧投放于更高级的道德实践的想法,成为一种带有自欺色彩的幻想。

三、法律职业的生成性价值

还可能会面对一种观点的挑战:即使法律职业和法律实践具有构成性的内在价值,也并不意味着人工智能取代法律职业就不存在任何空间了。这种观点主张,可以让人工智能取代法律职业,人们可以根据人工智能的裁判结果行动,但保留决定是否服从的最终权利。根据这种观点,人类只是把裁判过程的道德实践让位于人工智能,同时只是把人工智能的裁判视为道德实践

---

① 参见〔美〕迈克尔·桑德尔:《反对完美:科技与人性的正义之战》,黄慧慧译,中信出版社2013年版。
② 参见赵汀阳:《人工智能"革命"的"近忧"和"远虑"——一种伦理学和存在论的分析》,载《哲学动态》2018年第4期。

的一个理由,因此人类依然生活在道德世界之中,这并没有损害道德生活的构成性价值。这就好比病人将治疗托付给医生,并授权医生可以根据其具体病情选择治疗方案,但是,并不能因此认为病人放弃了道德主体性和生活自主权。因为病人只是把医生的意见视为一个行动理由,而对于是否接受治疗,病人依然享有最终的决定权。也就是说,这种观点认为,如果人类对于是否接受人工智能的裁判拥有最终的决定权,就算将法律裁判全部都交给人工智能,也不意味着人类道德主体性和自主权的减损或丧失。

这种观点如果成立,也可以构成一个有力的反驳。但是,这种观点混淆了另一组价值类型,即功能性价值与生成性价值。功能性价值着眼于结果,只要能实现某种结果便具有功能性价值。例如,通过演唱获得收入,演唱对于获得收入的这种工具价值就是一种功能性价值。如果另一种事物比该事物更有利于实现特定结果,那么该事物的功能性价值是可以被取代的。例如,如果跳舞比唱歌收入更高,那么,演唱者就可能会选择跳舞。

生成性价值则不仅着眼于结果,而且着眼于过程,其价值不仅凝结于行为的结果上,而且也是在行为的过程中生成的,行为的过程本身便具有独立于行为结果的价值。因为生成性价值与行为过程相伴相生,所以德沃金把这种生成性价值称为行为价值。① 例如,一幅艺术品因价值连城而具有工具价值,因其布局精美而具有内在价值,因其可使人怡悦而具有主观价值。但是,一件复制品虽然也可能因价值不菲而具有工具价值,因其足以乱真而具有内在价值,因其同样可使人怡悦而具有主观价值,但它却无法和原作一样具有另一种客观的价值:即艺术家透过创造性活动完成这幅作品的这个创造性行为所具有的行为价值。这种行为价值是一种生成性价值,只要某种行为发生,便产生这种价值,它和该行为的结果并无关系。例如,即使一幅艺术作品甫一完成就被付诸一炬,因而其工具价值、主观价值和内在价值都荡然无存,而且永远不会再现,但该艺术创作行为的生成性价值却将永远保留下来。②

生成性价值往往和人身性相关联。需注意的是,功能性价值也可能与人身性相关联,但是,这两种相关性是不同的。在功能性价值的情形中,它虽然依附于人身,但这种依附性不是绝对的,它可以被替代或凌驾,在遭受到损害时往往也可以被弥补。例如,观看个人演唱会便属于这种类型。假如某著名歌星的歌迷花钱购买了该歌星模仿者的演唱会门票,结果却看到该著名歌星

---

① 参见〔美〕罗纳德·M.德沃金:《刺猬的正义》,周望、徐宗立译,中国政法大学出版社2016年版。
② 参见〔美〕罗纳德·M.德沃金:《刺猬的正义》,周望、徐宗立译,中国政法大学出版社2016年版。

本人登台演唱，那么，观众可能不仅不会不满，反而会惊喜异常。这就是从功能性角度来评价的。同样的道理，健康是一种内在价值，但是，获得健康的方式却是多种多样的，除亲自去锻炼之外，还可以假手于人，如按摩或治疗。所以，前述所举病人授权医生治疗的例子，并不会伤害病人的主体性价值，因为恢复健康是一种功能性的价值。它并不要求病人自己给自己治疗，其价值也并不体现于治疗的过程，而仅在于治疗的效果。相反，为了实现功能性价值，应当托付给专业的医生。

但是，在生成性价值的情形中，对人身的依附性是绝对的，因此，就其价值的本质而言，是不可被替代或凌驾的。例如，对于一名歌手而言，他可能十分享受举办个人演唱会那种现场的感觉。即使本尊比模仿者演唱的效果更好，也不能替代模仿者自己表演时获得的那种亲身的体会和享受。

因为生成性价值是和行为过程相伴相生且绝对依附于人身的，所以，一旦被侵犯或损害，便很难弥补或恢复。例如，一笔金钱被他人冒名代领，其损失可以事后追缴，但是，如果一个人被他人冒名顶替上大学因而改写了人生，这种损失便是一种生成性价值的损失，是难以事后弥补的。

法律职业和法律实践具有生成性价值吗？如果答案是肯定的，它就具有绝对的过程依赖和人身依赖，因而必须由人类自己去亲自完成这个过程，而不能将行为的过程托付于机器。基于以下三点理由，可以给出肯定的回答：

第一，道德生活就是道德实践，而道德实践的价值是一种生成性价值。人类的伦理目标是过好的生活，而要过好的生活，就必须符合两个前提条件：其一是要知道何为好的生活，其二是要去过好的生活，即按照好生活的标准去过。对于好的生活而言，这两个条件缺一不可。为了实现好的生活，需要作出判断、选择和实践。道德生活是由一次次具体的道德判断、选择和实践构成的，脱离了后者，道德生活不是空洞的，而是根本不存在。也就是说，道德实践的价值是一种生成性价值。因此，对于作为道德实践的法律实践，试图脱离法律实践的过程而仅遵循其结果，借以维持由法律实践建构的道德生活，是不可能实现的。

第二，如果人类放弃法律实践的生成性价值，将导致道德实践的懈怠，最终使人类丧失道德实践能力和道德主体性。如前文所述，如果人工智能完全取代了法律职业，那么，人类在法律领域的道德判断能力必将退化，并且伴随滑坡效应，这种退化将逐步蔓延至其他道德领域，从而导致人类道德实践能力的全面退化。最终只能在被人工智能善意对待的意义上乞求到伦理价值，但此时人类已经丧失了道德主体性而被异化为道德客体，仅仅在道德客体的意义上具有伦理意义。待到这一天，机器人对待人类，就好比今日之人类对待动物。

第三,如果人工智能取代法律职业,将伤害人类团结,导致社会溃败。人是一种社会性的生物,需要在社群生活中成就生命的意义,这是一种生成性的价值。而现代性的后果之一,就是导致了个人与社会关系的悖论:一方面,全球化与现代科技的进步使现代人可以足不出户而知天下事,所谓万物互联,一个现代人可以为遥远国度一个陌生人的命运伤心感怀,也可以躲在自己的房间仅依赖一部手机维持日常生活,人与人之间的关联与依赖从未如此深刻与紧密,尽管这种关联与依赖关系是虚拟的或隐形的;另一方面,人与人之间也从未像今天这般如此地疏离与隔膜,技术的速度与生活的节奏越来越快,但人们之间亲密相处的时间却越来越短,难怪有漫画讽刺,亲密爱人之间即使面对面,交流的方式也是埋首微信,舍不得抬头瞄上对方一眼。人工智能的发展将使上述问题变得更加严重,因为如果人工智能取代了人类职业,人与人之间的相互依赖,就将转变为人类对机器人的依赖,现代社会中人类彼此之间原本所具有的虚拟的或隐形的关联与依赖关系便可能消失殆尽,人类将走向极端的原子化状态,最终导致人类孤独与社会崩溃的命运。同样的道理,如果人工智能取代法律职业进而取代所有规范性职业,人类的公共道德网络便将走向解体与崩溃。但是,人与人之间相互需要,过一种公共的道德生活,本身就是好的;相反,走向人类孤独与社会的溃败的命运,并不值得追求与向往。

结　语

曾有人戏称,我们生活在一个人工智能越来越聪明而人类却越来越愚蠢的时代。此言虽为戏谑,却足以警示人类重新反思人类的本质与生活的意义。这也是深入人类生活意义的内核,从内在观点的视角思考"人工智能应否取代法律职业"这个问题的意义与价值所在。

人工智能是人类智能的延伸,而不是延伸的人类智能[①],它可以帮助人类作出规范性选择,促进人类智能和道德能力,但不应取代人类作出规范性选择和道德决定,从而危及人类的道德自主和主体性。人类应当直面道德问题,亲身参与到道德实践之中,自我负责,自我成就,既享受成功的喜悦,也承受失败的苦楚,并凭借着智慧和勇气,在经验中反思,在反思中成长。毕竟,机器人越来越聪明而人类却越来越愚蠢的社会并不美好,不值得人类奔赴。

[①] 参见〔澳〕托比·沃尔什:《人工智能会取代人类吗?》,闫佳译,北京联合出版公司2018年版。

人工智能正在塑造人类历史的新格局。不仅法律职业者,而且整个人类都需要严肃面对这个千年未有之大变局。尽管未来充满让人既惊且喜的未知数,人工智能的伦理作为一种"未完成的伦理"也才刚刚上路①,但理论的思考不应当是"马后炮"②,而是应当始终保持一种更加积极的、更负责任和更具远见的姿态。诚如雅斯贝尔斯所言,生存的震撼恰是哲学沉思的源头③,未来社会的挑战呼唤更深刻的理论回应,未来的法律职业也必将更深地进入法哲学和道德哲学领域,这是我们的挑战,也是我们的机会。

(本章作者:黄伟文)

---

① 参见段伟文:《人工智能时代的价值审度与伦理调适》,载《中国人民大学学报》2017年第6期。
② 参见〔德〕阿明·格伦瓦尔德主编:《技术伦理学手册》,吴宁译,社会科学文献出版社2017年版。
③ Vgl. Jaspers, *Einfuhrung in die Philosophie*, 25. Auflage, 1986. S. 16.

第十六章　对司法程序的影响①

司法智能化,是我国司法改革中充满技术含量的话题。作为智能化司法和数字技术具有代表性的外在表现,大数据在司法中的应用早已由一种讨论中的概念变成刑事诉讼中逐渐普遍化的现实存在。对于这类在当代司法实践中越来越受到重视的技术应用,有两种观察的维度,一是从发现并惩罚犯罪的维度,着眼于该技术方法在维护秩序、提高效率方面的作用,揭示其在证明犯罪嫌疑人、被告人有罪方面带来的变化以及需要解决的某些技术性问题,如大数据分析报告的证据归属、大数据与司法证明客体之间的关联性等,目标是在全国范围内推广这一智能化司法手段;二是从法律的正当程序角度,着眼于大数据在刑事司法应用中涉及的对个人自由权利的干预,对于履行刑事追诉权的主体获取大数据的方法,试图找出规制的路径,体现自由主义司法的价值。不仅大数据的司法应用如此,与此类似的新的科技应用,也是如此。

当前,从相关司法实践和学术研究来看,向控制犯罪的需求倾斜十分明显,对于正当程序的学术关注尚且不够,相应的立法努力更是有待进一步加强。笔者认为,与刑事侦查学不同,刑事诉讼领域的智能化司法的研究重点,不在于发挥数字技术手段在控制犯罪中令人惊叹的作用,而在于如何对其进行有效的正当程序控制,这是由刑事诉讼法的限权功能重于授权功能的基本特征所决定的。但是,对新科技手段的应用,存在控制犯罪与正当程序的两种价值,两个方面都有需要解决的问题,彼此之间也存在一定的联系,包括应当考虑的两种价值的平衡关系。

第一节　数字技术应用与智能司法:控制犯罪之维

圣经开篇,上帝说"要有光"于是就有了光。人类的早期司法,借助的是上帝之光,诉讼证据史上称为"神判制度"。在漫长的中世纪,人类借助的是长期积累的司法经验,由经验形成规律性认识,如宋慈的《洗冤录》和欧陆中

---

① 本章引自张建伟:《司法的科技应用:两个维度的观察与分析》,载《浙江工商大学学报》2021年第5期。

世纪盛行的法定证据制度,就是借助于经验使司法得以改观的典型表现。在当下以及未来,司法需要借助"科技之光"。现在司法科技化发展速度惊人,折射了司法机关对于科技化司法的自觉意识,科技应用不但体现在司法领域,在普法教育方面、网络舆情预警等方面都在发挥高效能的作用。

英国学者理查德·萨斯坎德在《法律人的明天会怎样?——法律职业的未来》一书中提到:"目前互联网研究和实践领域最激动人心的话题之一就是'大数据'。全世界对信息技术和互联网无处不在的使用产生了无边无际的海量数据。由于过于庞大和浩繁,大多数传统工具都无法处理。确实,一个人机交互的产业正在兴起,帮助我们应对数据带来的挑战,帮助我们更高效地处理和驾驭数据中的价值。这项工作吸引人的成果之一,即在于大数据能揭示出过去我们不能发现的模式和关联。"①

的确,当今社会进入了一个"新时代",许多令人耳目一新的变化构成了这个时代的"新"。早在 20 世纪 90 年代,比尔·恩门就提出了"大数据"(Big Data)的概念。所谓"大数据",具有五大特征,即大体量(数据量大,Volume)、多样性(类型繁杂,Variety)、有价值(Value)、时效性(实时高速,Velocity)、准确性(Veracity)。② 也有人认为是四大特征,包含大体量、多样性、有价值、时效性。③ 无论如何,大数据之所谓大,是因为其数据可谓海量。大数据主要来自 3 个方面:商业数据(人们从事商业纪录的直接内容纪录)、人为数据(人有意识通过大脑创造的内容)和机器数据(机器产生的数据)。纵观"上述三类数据,格式异构、类型繁杂、形式多样"④。

大数据等新的科技手段,会不会使司法也迎来一个新时代?答案是,不但会,而且会来得很快。近年来,司法智能化取得很大进展,在很多方面都发挥了作用,包括对于犯罪趋势的预测,发现某些犯罪的线索,以及在刑事执行方面,预测再犯可能性,在司法证明方面,大数据应用和智能手段的推广,正在改变司法形态。理查德·萨斯坎德指出:"几乎还没有什么人考察过大数据对于法律意味着什么。然而,我预言事实最终会证明,大数据对于法律意义深远。例如,通过汇集搜索数据,我们或许能够找出某些社群具体被哪些法律问题所困扰;通过分析法官和监管部门的裁决数据库,我们或许能够用全新的方式来预测案件结果;通过收集海量商业合同和电邮通信,我们或能

---

① 〔英〕理查德·萨斯坎德:《法律人的明天会怎样?——法律职业的未来》,何广越译,北京大学出版社 2015 年版。
② 参见邹锦沛、张璇:《基于大数据的网络社交媒体情报预测分析》,载赵志刚、刘品新等:《科技强检人才讲演录——检察大数据》,中国检察出版社 2018 年版。
③ 参见赵志刚:《大数据与检察工作》,载赵志刚、刘品新等:《科技强检人才讲演录——检察大数据》,中国检察出版社 2018 年版。
④ 同上注。

了解到某一行业所面临的最大的法律风险。"①事实上,没过多久,许多法律职业者已经真切地感受到,司法的新时代可能比预料的来得要快。

我国过去的司法长期存在一个问题,就是科技化程度不高。司法审判中关于科学证据的争议并不多见,鉴定人员出庭作证的比例也不高。形成对比的是,在西方一些国家,法庭审判中有关科学证据的争议既多且大,如美国的辛普森案件、凯西案件等,有大量鉴识科学人员到法庭上作证,控方、辩方形成一种竞争态势。凯西案件审理过程中,还有气味方面的鉴识科学人员出庭作证,这种气味鉴别证据涉及对弗莱伊规则的应用,法庭要裁决能不能采用这种气味鉴定的专家意见,给人深刻印象。这种审判活动不但具有实质性,而且科技化程度非常高。

这种现象,与司法竞争程度、司法制度的总体设计、诉讼模式和辩方的挑战力都有密切联系。一个清楚的脉络是司法竞争程度越高、司法制度的总体设计中对抗性越强、辩方的挑战力越大,司法的科技应用就越及时。例如,DNA 技术最早应用于英国,有其诉讼模式的原因。它引出的一个问题是:为什么在对抗制诉讼模式之下科技应用很快,而在其他诉讼模式之下似乎要慢很多?答案就在其竞争主义的诉讼模式、司法机制等因素之中。

现在我国在司法智能化方面取得大的进步,大数据等新的科学技术在司法当中得到快速应用,并取得可观的成绩,固然有诉讼模式中引入对抗制因素以及律师作用加大的原因,但主要原因是这些技术手段在控制犯罪方面令人惊叹的作用。

对于大数据在司法领域的应用,尤其在控制犯罪方面的作用,人们可以从侦查、检察和审判等不同领域进行考察。每个领域又可区分为办案、办公和管理等多个方面。

从刑事侦查角度来看,大数据应用于打击犯罪,涉及两个方面:

一是对于已经存在的犯罪,办案机关运用大数据技术收集证据,确定并抓获犯罪嫌疑人,也使有关的单位犯罪问题得以曝光。在侦查过程中,大数据的应用有其独特作用,大数据侦查的原理就是"侦查部门通过采集海量数据建立数据库,建立关联性分析、数据碰撞、数据可视化、数据画像等规则,对犯罪嫌疑人进行画像等,获取破案的线索和情报"②。侦查机关借助情报分析系统或者信息云平台,将所有收集到的数据关联起来,进行一键搜索和关联研判,或对大数据作出智能分析,从而发现犯罪线索、证据和犯罪嫌疑人信

---

① 〔英〕理查德·萨斯坎德:《法律人的明天会怎样?——法律职业的未来》,何广越译,北京大学出版社 2015 年版。
② 刘品新:《大数据司法:创新与实践》,载赵志刚、刘品新等:《科技强检人才讲演录——检察大数据》,中国检察出版社 2018 年版。

息。其中数据画像,源自交互设计之父 Alan Cooper 提出的用户画像(persona)的概念,"用户画像"是真实用户的虚拟代表,是建立在一系列真实数据之上的目标用户模型,"通过对客户多方面的信息的了解,将多种信息集合在一起并形成在一定类型上的独有的特征与气质,这就形成了用户独特的'画像'"[1]。个体画像的构成要素包括:一是静态属性,属于一个人的人口学特征,诸如年龄、性别等,由于不会有变化或者短期内不会有变化,因此称为静态属性;二是动态属性,如一个人的行为以及行为反映出来的兴趣爱好等,容易发生变化甚至突变,属于更具有个性的特征;三是环境属性,一个人所在位置、所处环境等,属于与一个人紧密联系的自然、地理和虚拟世界等环境因素。[2] 显然,这些对于查缉犯罪人并获得相关证据都具有实际价值。大数据在某些特殊领域的应用,显得尤为重要,如在金融领域,数据革命为银行、执法机构和监管机构创建了一个新的工具包,用来打击金融犯罪,有利于打击腐败、洗钱和恐怖主义融资等违法犯罪行为。对于政治人物,他们因身居高位、握有重权而便于通过受贿等手段获得巨额资产,大数据可以帮助银行履行对于这类政治人物的识别和监测,从而展现国际反腐败合作中的金融力量。[3]

二是应用大数据,可以对未来的犯罪进行预测,对可能的犯罪进行提前打击,达到阻止犯罪的功效。大数据的价值,可以帮助人们"通过各种途径、运用各种方式,获得尽可能详尽的事物描述性信息",从而实现预测。因此,大数据形成"一切皆可测量"的局面——"不仅仅互联网线上的事物可测,线下的行为也可以通过某种方式获得数据;很多过去难以量化的事物,如情绪、偏好,基于科技处理数据能力的提升,都能够很好地用数字化的方式记录和表达了"[4]。基于大数据的这一特征,侦查机关可以通过数据分析掌握人和单位的各种细节,从中发现异常情况,寻踪做出犯罪风险预测,实现防范犯罪的功能。

我国司法机关近年来着力打造的司法新时代,不仅有大数据的司法应用,还有人工智能技术带来的革命性变化。司法上一些令人瞩目的变化出现了:法院开始走进智能法院阶段,刑事侦查中更是加紧利用大数据,这势必使

---

[1] 李振:《浅谈大数据挖掘》,载赵志刚、刘品新等:《科技强检人才讲演录——检察大数据》,中国检察出版社 2018 年版。
[2] 同上注。
[3] Malcolm Wright, Big Data and the Fight Against Financial Crime,载 https://www.refinitiv.com/perspectives/big-data/is-big-data-being-handcuffed-in-the-fight-against-global-financial-crime/, lass access: Dec. 9, 2019.
[4] 赵志刚:《大数据与检察工作》,载赵志刚、刘品新等:《科技强检人才讲演录——检察大数据》,中国检察出版社 2018 年版。

过去侦查极为困难的案件,得以迅速侦破。在刑事司法中,司法机关最初关注的是同案同判,同类相似案件的量刑要大体均衡,如今又提出"类案检索",在这方面司法智能化得到持续推动,甚至一度出现"电脑量刑"的尝试。

毫无疑问,科学技术的发展成为司法的助力,已经改变并且正在改变司法的样貌。将最新科学技术应用于司法,成为司法机关的自觉意识。我国公安司法机关近些年来,在提升司法的科技含量方面作出了很多努力,科技应用方面已取得明显的成绩。

第二节 科技的司法应用需要解决的法律技术性问题

当然,纵观整体司法上的科技应用状况,可以发现我国司法的科技应用仍然具有一定的局限性和被动性特征。另外,数据司法也暴露出智能化存在的不足,如数据孤岛的问题——算法的选择和透明性,都是在司法的科技化发展当中产生的问题,还需要有针对性地加以解决。

在司法智能化过程中,大数据等新科技手段在侦查、起诉和审判活动中的应用,引申出程序或者证据问题乃至更深层次的具体问题。

一、大数据应用是否以刑事立案为条件

司法的科技应用,使人思考相应的刑事诉讼程序问题,既要考虑把新的调查措施和证据形式纳入诉讼轨道,也要规范运用高科技手段的取证行为,研究信息化时代取证手段的正当性问题,这已经成为立法和司法的迫切需求。在诉讼程序方面,大数据技术应用,带来诉讼程序设计方面的新思考。

我国对于侦查机关行使侦查权的程序限制之一,是设定了较高的立案条件。这里的"较高"是与许多国家的登记立案制度比较而言的。一些国家以登记(booking)为侦查端绪,这种制度下的立案条件比我国宽松得多——有人报案、自首、控告、举报,警方作一个登记,随即就可以开始侦查。所以,侦查大门较容易开启。不过,许多国家对于侦查的司法控制比我国严格得多,倘若使用强制性侦查手段,依据令状制度,应由法官加以限制。我国刑事诉讼实行审查立案制,这就为立案设置了较高的门槛,规定某些调查案件事实的措施在立案后才能实施,意味着立案前不能采取这些措施预先实现调查案件的初步意图,为进一步侦查打下基础。的确,那些具有强制性的措施,不能不以严格条件和程序加以限制,如查封、扣押、冻结和拘留、逮捕等,立案之前不能采取这些措施,以避免对人身自由和财产权利加以不适当的剥夺,除非情况紧急,如根据需要对可能犯罪的人进行人身自由的控制(本质上是暂时剥夺其人身自由)。但是,不能不允许侦查机关在立案之前就采取非强制性的措施(即任意性措施),这些措施,如现场勘查措施、鉴定措施是确定是否立案的手段,需要在立案前就进行现场勘查、鉴定,以确定是否具备立案条件;现场勘查中取得的证据和鉴定意见,也应当允许在立案之后的诉讼中使用。有的措施,并不能将其性质限定为侦查措施,如鉴定,固然属于调查手段,但是只有在侦查阶段采取这一措施时才称之为侦查措施,立案前和侦查终结后就不属于侦查措施,如在审判阶段进行补充鉴定、重新鉴定或者为核实案件事实、证据而于庭外进行鉴定,由于这类鉴定已发生在审判阶段且委托鉴定的是法院,就不能再称之为侦查措施。

大数据采集和分析,作为发现犯罪的一种手段,也是如此。在立案之前进行的大数据采集分析,只是立案的信息来源之一,在立案来源中属于"自行发现"这一种情况。易言之,作为立案来源之一的大数据采集分析不必然属于侦查措施;但是,立案后作为服务于具体案件办理的大数据采集分析,就是侦查措施的一种。我国刑事诉讼法规定的立案条件相当严格,要求具备有犯罪事实发生、需要追究刑事责任、符合管辖规定这3个条件才可以立案。显然,如果将大数据技术在侦查前的应用也看作侦查措施(进一步,看作技术侦查措施),就会产生应用上的困难——高科技手段在立案之前就需要得到应用,由此才能发现犯罪,如果限于满足立案条件才能采取这一措施,就陷入了"二十二条军规"式的困境。因此,对于非特定目标人物或者团体采取的大数据采集分析,不以立案作为其合法有效的条件,包括办案机关得到重大犯罪即将发生的情报信息,但是尚未确定目标人物或团体,立案之前应当允许采用一定的高科技手段来收集证据和获得犯罪以及犯罪人信息。

不过,对于特定目标人物和团体实施大数据采集分析,应当以立案为条件。但是,这种限制是否适应智能时代的侦查需求,不能不重新进行审视。我国立案条件较高,成为对于特定目标人物和团体实施大数据采集分析的制度障碍,解决办法有两个:一是降低立案条件,由审查立案制改为登记立案制;二是将这种措施配套的司法审查与控制延伸到立案前阶段。在我国,未来高科技手段运用于案件的侦查和预防,可以通过司法机关进行事后审查,或者事中、事前加以控制,亦即司法机关对于采取这种侦查手段的授权和控制,可以延伸到立案前,侦查机关要采取技术手段应当向司法机关(理想的制度主体是法院承担这一职能,根据我国目前制约侦查权的制度设计也可以考虑由检察机关承担)提出申请,申请时应提供一定的证据、证据线索以及可疑情况,由司法机关审查批准,无论是否批准均采取书面形式。批准书应当明确技术应用的对象范围、时间范围和注意事项。对于技术应用情况,司法机关有权了解和监督。技术性调查结束以后,对于技术应用取得的结果(由此获得的证据),侦查机关应向司法机关作出报告,司法机关可以根据技术应用过程合法与否决定是否予以接受。整个调查过程中,发现技术应用存在违法问题,司法机关应当及时进行纠正,以保证高科技在犯罪控制方面能够被充分、正确地应用。

二、如何确定证据归类

关于大数据在司法中的应用,需要确定的是证据归属问题。海量数据,顾名思义,其包含的信息浩如烟海,但是只有其中一部分数据与正在办理的案件有关,这些数据淹没其中,跟大数据是合流的,与案件有关的这部分数据,需要加以提炼和分析,如果不经过分析,司法实践中便无从知晓具体数据的意义何在,无法进行法律意义上的解读。所以,在大数据应用方面离不开数据分析,由此形成的大数据分析报告,其证据属性上如何归类就成为一个问题。

我国司法制度和证据制度学自苏联,苏联证据法的特点之一,就是将证据种类一项一项地列举出来,这种列举式的证据种类规定,优点是哪些证据可以在司法中应用一目了然,证据的法定形式非常清楚;缺点是列举不易周延,需要根据诉讼新情况、新变化随时作出调整,如果调整不及时,对于司法活动中新出现的证据种类,办案人员就会产生它能否作为证据使用的困惑。

笔者认为,未来的证据法,有必要将大数据分析报告单列出来作为独立的证据种类,从大数据中提取出的跟案件相关的数据信息,基于其生成机制中的电子技术,可以纳入"电子数据"这一既有的法定证据种类范畴。

三、如何确定与证明对象的关联性

大数据侦查获得的信息材料及其分析结果跟司法证明对象之间的关联性如何确认,这是又一个需要给出答案的问题。传统的关联性判断标准可以用于破解这一疑问,这个标准可以分为两个具体标准:一是指向标准,即这些数据和相关分析是不是指向案件的争点问题;二是功能标准,即这些数据和相关分析得出的结论,对于证明对象,有没有证明作用或者证明价值,亦即这个材料的存在是否使争议中的问题变得更有可能或者更无可能。

在司法活动中,确定信息材料及其分析结果跟司法证明对象有没有关联性的实际做法,是借助有专门知识的人来揭示信息材料及其分析结果跟司法证明对象的关联性。同时,在诉讼具有一定竞争性的场合,控方举证时提供数据和相关分析,辩方可以借助科技力量,聘请有专门知识的人作为专家辅助人去挑刺、去质疑,双方围绕证据关联性等争议点进行诉讼攻防。在这个过程当中,由法官在双方发表意见和辩论的基础上进行判断。所以,法庭上控辩双方的演示、说明很有必要,要说服裁判者,让裁判者听得懂、看得懂,以便其作出妥适的判断。

四、运用大数据辅助量刑,是否导致司法机械化

在中国,运用大数据辅助量刑,最初的设想是电脑辅助量刑。[①] 有的法院大胆设想要将已决案例分别编入电脑,承审法院将自己受理的案件的主要事实、情节、当事人基本情况等输入电脑,电脑就会显示以前类似案件作出的判决,法官无须根据自己的心证决定案件的定性和量刑,一切都在电脑掌握之中。对"电脑量刑"的做法,存在争议:"每个案件都是千差万别的,它要求法官针对不同情况,做出具体而有针对性的量刑处理。而且,恰恰就是在运用量刑个别化标准的时候,才是最能考验法官智慧和能力的时候,而电脑量刑则把一个法官所必备的经验抛到了九霄云外。"[②]实际上,"电脑量刑"的做法限制了法官根据自己的良心、理性和对法律的诚挚的理解,在法律赋予的权限范围内对个案进行处理,实现"个别的公正"。电脑将纷繁复杂的刑事案件简单化,如果法官机械地按照电脑的指示去处理案件(法官只保留了微小的自由裁量幅度),就背离了根据案件具体情况在法定幅度内选择适于本案的刑期的规定,法律赋予法官根据案件实际情况进行自由裁量的权力因此就会被弃置。

五、运用大数据确立证据规格,能否导致法定证据制度复归

法定证据制度又称"形式证据制度",其核心内容为证据的证明力由法律预先加以规定,即突出体现为法律对各种证据的证明力所作的预先规定。法定证据制度有多种表现,其中之一,是有些国家对于认定某些特定案件的

[①] 2004年3月,山东省淄博市淄川区人民法院实施"电脑量刑",9个月内该院通过"电脑量刑"审理了403起刑事案件,以伤害案件为例,具体做法是:(1)计算基础刑。法官选择本案罪名并点击,再在"基准刑情节"栏选择"致1人轻伤"进行双击,电脑显示"基准刑为有期徒刑6个月"。然后输入十级伤残,电脑显示"增加基础刑3个月",这样就得出9个月的"基础刑"。(2)计算浮动刑。该案有两个浮动刑情节:一是自首;二是全额赔偿,各应减刑20%。法官输入"自首"和"全部赔偿",电脑显示"减少基础刑3个月"。(3)计算量化刑。基础刑减去浮动刑,量化刑为5个月。由于刑法规定有期徒刑最低为6个月,则这5个月相应转化为拘役。在电脑上点击"计算刑期",即显示5个月拘役。电脑计算完刑期后,法官最后确定宣告刑:本案有一个特殊情节,即被告人系持刀伤人,应重于未持械的情况。所以最终确定宣告刑为6个月拘役。

[②] 魏镇胜、陈刑天等:《"电脑量刑"能主持正义吗?》,载《时代潮》2004年第12期。

证据运用作出了具体规定①,法定证据制度的形成,就是考虑到用法律的形式,具体规定各种诉讼证据的证明力和运用的规则,消除各地在诉讼中运用证据的混乱状态。为此,把某些证据形式上的特征,作为评价所有这些证据证明力的标准,并把这些内容规定在法律中,要求法官在审理案件中机械地遵守。这种规定遏制了法官在审理案件中的理性,束缚了他们的头脑。我国一些司法机关尝试统一某些种类案件的证据规则,这根植于从司法实践中总结的经验和大数据分析的结果,具有一定的指导性,但是由此形成的证据规格、标准如果是对于侦查、起诉和审判的统一的硬性要求,就容易忽略案件与案件之间的个体差异,形成僵化的、机械的司法状态,复归到实行法定证据制度,与证据制度由反理性向理性发展的方向相背离。就此有论者提出:"从目前的情况来看,他们研发的是统一的数据化的证据标准(即应该有什么样证据、证据是否有效的标准),还不是统一的数据化的证明标准;他们取得的成绩主要是在证据的数据和合法性规范方面,也遇到了如何教会机器审查判断证据的关联性、真实性的挑战;他们在证据合法性自动审查方面取得的进步是形式审查方面,在实质审查方面还有一些障碍。"②显然,如果证据审查的形式意义大于实质意义,证据的形式审查对于公安司法人员的实质审查产生窒碍作用,曾经存在的法定证据制度的弊端就随着这种形式审查的回潮而自然产生了。

六、人的司法能否被机器司法取代?

在司法科技化的发展过程中,当下强调较多的是科学机械、科技仪器的应用,包括智能机器人在司法中的应用,这些都属于机器的智能化的范畴,所谓"工欲善其事,必先利其器"。然而需要指出的,是在科技化司法发展当中,机器的科技化、司法的智能化,旨在为人服务,科技手段为人提供便利,却不能取代人的智慧。就司法而言,尚难想象离开人的能力和智慧而成就的正义。人可以"机器化",如德国学者赖默尔·格罗尼迈尔所言:"人类这一由骨血和体液构成的湿润配件也听从于设计命令。"③但是,机器可以具有人类的情感吗? 即使所谓智能型司法,也不能缺少公安司法人员的能力、智慧、感

---

① 例如,《俄罗斯帝国法规全书》第 312 条规定:审理强奸案件必须具备下列情况才能定罪量刑:(1)切实证明确有强暴行为;(2)证人证明被害人曾呼喊救助;(3)她的身上或被告人身上,或者两个人身上,显露血迹、青斑或衣服被撕破,能够证明有过抵拒;(4)立即或在当日报告。
② 刘品新:《大数据司法:创新与实践》,载赵志刚、刘品新等:《科技强检人才讲演录——检察大数据》,中国检察出版社 2018 年版。
③ 〔德〕赖默尔·格罗尼迈尔:《21 世纪的十诫:新时代的道德与伦理》,梁晶晶、陈群译,社会科学文献出版社 2007 年版。

情的注入,更何况纷繁复杂的社会与人生,怎能少了人的观察与判断,司法要具有温度,就必须是人的司法而不是机器的司法。借助机器化智能软件的司法,决不能免除法律人维护法律价值尤其是维护宪法允诺保障的各种自由权利的责任。不仅如此,司法智能化的同时应当警惕这种智能化可能造成司法人员的惰性,久而久之形成智力退化,造就怠于思维的司法群体,更糟的是,"信息和知识社会通过将人类数据化的方式来进行。很明显:数据一体化笼罩在个体的上方,取代了人与人之间的融合。人类把自己变成了附属物"①。司法科技化,只能成为办案人员的司法能力和智慧应用的助力,对于后者发挥提升作用而不是相反。

除上述问题之外,大数据的司法应用,还存在其他需要解决的问题,诸如数据沉睡与壁垒的问题:公安机关"并非没有数据资源,只是相当一部分数据都还处于沉睡状态,没有被激活",不仅如此,不少司法机关的内部数据仅仅处于"内部公开"状态,"局限于某系统、某部门、某地区范围内"②,不同系统、不同地区、不同部门、不同级别的公安机关各自为政,形成各自森严的壁垒,使大数据的应用受到阻碍。该问题亟待解决。

此外,公安机关中能够对大数据进行分析的技术人员的匮乏已经成为一个突出问题,可以预见,"法律大数据将催生一种新型的法律职业——法律数据分析师。大数据既然是一种技术,意味着需要专业知识来掌握,不可能为普通人所掌握。因此,法律研究、审查应用和立法领域都需要具有丰富经验的法律大数据分析人才提供协助"③。到目前为止,司法机关法律数据分析技术人才不足的问题尚未得到很好的解决。不仅如此,在已有的司法人员和技术人员中也存在着"隔膜"问题:"司法人员与技术人员的'隔行'是一个非常严重的问题,不是技术人员不懂司法业务,就是司法人员不懂技术原理,导致许多司法需求难以被理解、被转换成技术方案。"④这影响了司法科技化程度和司法专业主义的强化。

---

① 〔德〕赖默尔·格罗尼迈尔:《21世纪的十诫:新时代的道德与伦理》,梁晶晶、陈群译,社会科学文献出版社2007年版。
② 季美君、王燃、姚石京等:《大数据时代检察机关遇到的挑战与应对》,载《人民检察》2017年第15期。
③ 高扬捷、吴美满、黄彭亮:《大数据技术在金融检察工作中的应用》,载福建省检察官协会等编:《海峡两岸检察制度研讨会(2018)交流论文汇编》。
④ 季美君、王燃、姚石京等:《大数据时代检察机关遇到的挑战与应对》,载《人民检察》2017年第15期。

第三节 数字技术应用与智能司法:对正当程序的影响

现代国家的任务之一是遏制犯罪、维护秩序,反恐怖的国家安全和遏制犯罪的社会防范的需要,为新科技的司法应用提供了正当性和必要性。这种正当性和必要性很容易掩盖司法科技化的另外一面,这就是正当程序理念下对于新科技应用带来的危害的警觉和防控。

不过,令人欣慰的是,如今越来越多的人将保障人权看作现代国家的任务之一,这为新科技手段引发的个人自由权利的保护制度提供了民意基础。

新科技应用,无不涉及个人的基本权利。特别值得密切关注的,一是大数据技术的司法应用,使侦查、起诉和审判获得助力;二是公权力运用科技定位措施,进行追踪监视;三是面部识别技术在社会多领域的广泛应用。这3个方面的科技应用,正在改变司法状况、社会形态和国家治理能力。它们无一例外地涉及人权、人性尊严这一类话题,这一类话题正是多年来国际社会普遍关心的。

以科技手段进行定位以及追踪监视,即通过定位科技掌握特定对象的位置资讯,进而对该对象进行跟踪和监视,以获得其行为信息或者对其进行人身控制或抓捕。这种技术手段具有比过去人盯人式的跟踪监视方法更为便利的特点,"公权力运用科技定位措施追踪监视可以大量又精密地收集资料,尤其很多以传统方式无法达成的任务,都可以透过科技定位来完成"[1]。这种手段比旧手段更优越的是,"虽然公权力广泛地运用这些措施,但是民众通常对于这种公权力运用的措施并没有任何感觉,尤其有些措施并不具有目的性"[2],它造成的人权侵犯的状况不易为权利受侵犯者所知,这对于公权力机关来说就太方便了,但是,权利保障问题因权利被隐秘侵犯的事实而淡化。

面部识别依靠摄像机作为识别信息获取装置,获取识别对象的面部图像后,依计算机系统对获取的面部图像完成识别过程。这种识别方法,在准确、高精度等方面的特性优于肉眼识别,也是指纹识别等过去的识别方式无法比拟的。人脸识别技术在识别恐怖分子以防范危险和识别需要抓捕的犯罪人员以将其抓获归案等方面有着积极的作用,但是这种技术的优点是以更多与此无关的人暴露隐私为代价的,这势必引起社会的广泛疑虑,进而引出法律学者和立法机关、司法机关予以解答的必要。

---

[1] 黄清德:《科技定位追踪监视与基本人权保障》,元照出版公司2011年版。
[2] 黄清德:《科技定位追踪监视与基本人权保障》,元照出版公司2011年版。

大数据"实质上意味着从不同资源中获取巨大信息的能力",最新科技手段和科技条件及其应用,令人惊叹,有论者将各国在这个领域的竞争称为"二十一世纪军备竞赛"(A Twenty-First Century Arms Race)。人们在乐观看待技术进步改变社会生活多方面的同时,不能不注意到,新的科技手段是一把"双刃剑","大数据明显有利于执法",这种技术手段在为刑事侦查、起诉和审判提供令人赞叹的助力,特别是为有些依照过去的侦查手段难以解决的案件提供了新的解决之道,但同时也提升了政府对于整个社会的控制能力,乃至危及到宪法允诺保障的个人自由权利。

在上述科技手段之下,个人日益成为"透明人",生活在"隐私不保的社会",在政府的科技控制下成为毫无抵御能力的人,其中大数据采集造成"大数据,小个人"(big data, little persons)乃至"数据愈大,个人愈小"等现象,这成为许多法治成熟的国家与社会格外警惕的问题。

控制犯罪与正当程序两种价值再一次以尖锐冲突的局面出现,并连接着国家与社会在自由与威权之间重新位移的可能性,因此,对于科技手段带来的反面乌托邦的担忧,成为当下一些国家的法学研究以及立法与司法集中的焦点之一。

在国际社会,人们意识到:新的科技手段及其广泛应用,为21世纪新的极权模式创造了条件。人们并不是一开始就意识到这一点,"在互联网的语境下,对我们来说尤其重要的是:大多数人甚至根本没有意识到,这种网络构建的选择已经能够用于规制。大多数人认为它们是理所当然的,因此,从不提出质疑。在他们眼中,互联网保护自由,是因为其设计理应如此。现在互联网越来越快地控制人们,多数人同样认为这是一种设计的必然"[1]。

不同国家,对于包括隐私权在内的自由权利保障状况不同,甚至对于个人信息安全的观念存在差异,对于电子技术控制人的自由权利的意识也会有所不同,有着健全的自由权利保护机制的社会,人们生活在互联网环境中的安全感较强,对于数字极权主义可能性反倒并不敏感;在自由权利被严格控制的社会,知识阶层对于数字极权主义会有较早的警觉与感受,但是大多数普通民众因素来缺乏隐私权观念和自由意识传统而反应较为迟钝。不过,"任何文明都可能落入恐惧、科技和暴政共同编制的罗网"[2]。随着国际交往越来越频繁,会有越来越多的人担心极权主义的梦魇会借助新的科技条件变

---

[1] 〔美〕劳伦斯·莱西格:《论互联网及〈一九八四〉的良性侵犯》,载〔美〕阿博特·格里森等编:《〈一九八四〉与我们的未来》,董晓洁、侯玮萍译,法律出版社2013年版。
[2] 〔美〕大卫·布林:《带有'自身阻断性'的预言——为什么噩梦能帮助制伏未来的危险?》,载〔美〕阿博特·格里森等编:《〈一九八四〉与我们的未来》,董晓洁、侯玮萍译,法律出版社2013年版。

为现实,这种担心有着充分的理由:如果对于这种可能性不加警惕并加以规制,人的行为和言论将被新的技术手段严密控制。无论是《一九八四》描述的粗暴的压制型社会也好,还是《美丽新世界》描述的精制的功利型社会也好,一旦与电子化时代新的科学技术手段结合在一起,对人的全面控制就会获得比以往更加强而有力的条件。

人们对极权主义(totalitarianism)并不感到陌生。它首先是一种意识形态,这种意识形态的实体化,体现为一整套严密的制度,在这一意识形态和制度之下,高度集中的领导权不受制约地行使政治权力,去影响总体(total)社会的进化,甚至人的生存条件都植根于全体人民被强迫一致的氛围里由领导者所倡导的专制意识形态。

弗里德里克和布热津斯基是总结极权主义特征的最著名的研究者,他们认为极权主义由六大特征构成:(1)包含描述一个理想社会的官方意识形态,并以强迫信仰的方式推行这一意识形态,非正统的信仰会受到惩罚;(2)一个官僚化与世袭性的单一政党,通常由一个独裁者加以领导;(3)令人恐惧的警察;(4)全面控制大众传播工具;(5)垄断使用武装(军事力量);(6)中央控制的经济。其中"第3—6项高度依赖于发达的科技手段,以至于极权主义仅仅在科技发展的某一特定阶段的社会出现"①。极权社会是现代社会的产物,古代社会缺乏对社会进行全面控制的技术手段,因此,除了少数城邦国家,不能形成极权社会。

科学技术的高度发达,为人们带来新的极权主义威胁,这就是"数字极权主义"或者亦可称为"科技极权主义"。在大数据等科技条件下,如何善加利用技术进步带来的便利与效能,同时防止个人自由的流失以及社会走向封闭,让不利于人民而只有利于统治者的局面形成,成为世界上许多民主国家关心的问题。例如,在美国,有人警告说:"我们以为政府暗中监视公民只是为了抓获恐怖分子,但我要告诉大家,对一个进步主义政府来说,还能从其中获取更多利益,如果政府已经变成一个小偷,那么监控不过是窃贼的行为而已。换句话说,监控表示我们的政府正在踩点。政府正在收集相关目标的资料,其方式与电影《十二罗汉》中的窃贼如出一辙:在赌场内踩点,然后便动手抢劫。政府通过监视对公民们加以控制,同时还可以打击那些反对政府实施盗窃的人。总之,美国政府正在组织力量,不仅是为了对公民系统性地实施盗窃,也是为了能够使用恐怖手段对付他们——如果他们胆敢反对的话。"②还有学者指出:"科技既能够保障自由,也能够增加控制。我更要强调

---

① Barbara Goodwin, *Using Political Ideas*, John Wiley & Sons, 1982, pp.152-153.
② 〔美〕迪内希·德·索萨:《一个国家的自杀:假如美国不存在,世界将会怎样?》,小小冰人译,四川人民出版社2015年版。

一个我们素来容易遗忘的事实：我们应用技术的方式决定了这项技术将会保障自由还是增加控制，而怎样应用技术，则尽在我们的选择中。"①

科技手段为数字极权国家的形成提供条件，科技警察国家也会同时形成。警察具有保障人民安全、促进人民福利、改善社会等重要而积极的机能，是国家与社会不可缺少的公共机制。不过，警察权如其他国家权力一样，很容易被滥用。特别是，基于这种权力的性质，与其他国家权力相比，它更容易走向暴虐与专横。人们常将警察国家与纳粹德国联系在一起，德国具备一个警察国家的许多特征，人们对于"警察国家"怀有恐惧，希望通过完善刑事诉讼程序来规范警察行为，防止使用暴力威胁、引诱欺骗等非法方法进行取证，通过全程录音录像、律师介入以及司法令状制度、司法审批等方式对警察权加以控制，防止"秘密的暴力"。在现代法治社会，"警察国家"已经成为历史的一个梦魇，尽管如此，人们仍需要时刻警惕，并注重以司法权来抑制警察权。避免过去的"警察国家"借助新的科技手段再度形成，正是当下司法制度与诉讼程序的使命。

我国当下技术应用的重心在控制犯罪，正是前文揭示的新技术手段在控制犯罪方面发挥的令人惊叹的作用，激励侦查机关和社会管控部门加快了技术应用的步伐，并从技术应用的结果中受益，这种技术应用也迅速成为国家和社会治理现代化的组成部分。

不过，也许不远的将来这种技术应用的犯罪控制思维将会向正当程序思维转移，刑事侦查学、治安学的技术应用倾向必然与刑事诉讼法、刑事证据法的权力规范的功能结合起来，刑事诉讼法学中的科学技术程序规范问题必然成为一种"显学"。这种趋势的必然性原因有以下5点：

一是技术具有两面性，不能只看重一面而忽视另一面，"技术在带来福音的同时，也是一种危险——确实，作为一种既是仆人又是主人的存在，技术'进步'从人类文明的角度来看，或许从根本上来说是一种退步"②。种种事实表明，"技术的发展对社会福利的影响是不特定的，这就解释了为什么很多人认为技术的发展'难以控制'，并把我们的未来带向不一定有利于社会福利净增加的方向"③。

---

① 〔美〕劳伦斯·莱西格：《论互联网及〈一九八四〉的良性侵犯》，载〔美〕阿博特·格里森等编：《〈一九八四〉与我们的未来》，董晓洁、侯玮萍译，法律出版社2013年版。
② 〔美〕理查德·A. 波斯纳：《奥威尔与赫胥黎：经济学、技术、隐私与讽刺文学》，载〔美〕阿博特·格里森等编：《〈一九八四〉与我们的未来》，董晓洁、侯玮萍译，法律出版社2013年版。
③ 同上注。

二是国际社会对于数字极权主义给予充分警惕的观念必然向中国传递,我国跻身世界法治文明国家之林,对于民主世界的这一关切不能有所隔膜,因此我国对新科技应用带来的权力性质的变化也会有所警惕。

三是宪法"尊重与保障人权"的庄严承诺使我们在进行技术应用时不能不进行人权考量,也就是对于新技术应用需要进行人权审查,这是落实宪法原则和迈向现代法治国家的必要条件。

四是公众获得科技应用的便利(包括查缉犯罪人为被害人和公众带来的满足感)的同时,也会对隐私权、信息安全等问题保持高度敏感,由此引发的社会不满会增加,导致社会情绪的发酵,乃至影响社会安定,这势必引起立法者和司法者的关切。

五是刑事诉讼法既是一种授权法,也是一种限权法,现代刑事诉讼法的限权功能更重于授权功能,不仅如此,授权之时在划定权力边界意义上也会具有限权功能。刑事诉讼法学对于新的科学技术应用于司法,思考的重点不在控制犯罪而在正当程序。当大数据与智能司法为越来越多的刑事诉讼法学者所重视,这方面学术研究的正当程序之维将得以彰显。

从上述 5 个原因可以得出结论:大数据与智能司法的正当程序问题是绕不过去的重要法治问题。

第四节　数字技术应用下隐私权和信息安全的保障

防止国家权力失去制衡进而危及个人的自由权利,并不是一个新鲜话题,在启蒙思想家中的论著中,已经有了太多的言说。这些言说在科技进步的今天,重新变得清晰和尖锐,这是因为技术进步带来了反面乌托邦的可怕前景。有论者尖锐地指出:"当互联网发生改变,变得越来越像控制的工具时,我们表现出的将是一种人性的基本特征:鲁钝。大型动物总是被非常不结实的围栏控制住,而我们就是大型动物。对我们中的大多数人来说,大多数情况下,在网络空间结构内部的规则就等于我们发现的那些限制。经过大量学习,我们才会发现,其实规则是人定的。我们能够也理应——抵制这些限制。"①

目前防止国家权力添上科技的翅膀走向失控的基本做法,也已包含在过去已经实行的、体现人类智慧的制度之中了。人民主权原理、权力制衡原理等宪法基本原理为人们应对技术进步带来的负面的政治与法律影响提供了

---

① 〔美〕劳伦斯·莱西格:"论互联网及《一九八四》的良性侵犯",载〔美〕阿博特·格里森等编:《〈一九八四〉与我们的未来》,董晓洁、侯玮萍译,法律出版社 2013 年版。

逻辑起点。在立法、司法领域已经证明行之有效的制约立法权、司法权、行政权等的制度，势必在新的技术条件下继续发挥作用，其中包含立法过程的民主性，以及对于行政权的司法审查制。

在大数据应用等智能化司法中已经有若干引人注目的立法例或者判例，立法方面的例子有：2019年5月14日美国加利福尼亚州旧金山市通过立法禁止当地警方及其他市政机构采行面部识别技术。该日市立法机构监事会（Board of Supervisors）以8∶1票通过了《停止秘密监视条例》，该决议经旧金山监事会形式性的第二次投票通过后，在6月发生效力。该法案广泛禁止包括警察机构在内的53个市政部门使用人脸识别技术，并限制监控设施及操作，设定了严格的审批程序：市政机构如果想要引入监控技术或者服务，需要向监事会提出申请，说明这样做的理由和使用方法，监事会批准后才能实施。旧金山市政府还需要就监视设备和服务以及遵守既定要求的情况（包括数据存储和删除情况）提出年度报告，接受监督。① 这一法案显示了人脸识别技术的实际应用在美国存在争议，该法案使旧金山市成为全球首个通过立法禁止人脸识别技术应用的城市。

旧金山市禁止政府机构采行人脸识别技术和限制监控技术应用的做法，揭示了在美国围绕该技术应用的问题存在的忧虑，人们担心对这项技术的应用如不加以限制与规范，政府就会获得空前的权力来跟踪、事后调查人们的日常生活，从而使隐私权成为历史，这与自由、民主的基本价值不相容。

美国学者爱伦·艾德曼、卡罗琳·甘乃迪著有《隐私的权利》一书，在该书的序言中，他们指出：“隐私权涵盖了许多层面：它保护创造性思维所需的独处生活；它让我们得以独立，那就是维系家庭的重要部分；它使我们的居住和财产得到保障，确保政府公权力不会任意干扰我们。隐私的概念亦涵盖了我们决定如何自我定位。即使我们居住在一个嘈杂的自我告解的世界里，隐私权使我们得以保留一些秘密不为人所知，如果我们这么选择的话。如此一来，隐私权似乎使我们更文明一些。"②科技手段的司法应用危及隐私权的事实毋庸回避，如大数据司法中数据信息的收集许可及所有权、控制权归属，是一个值得关注的问题。当今社会，存在一个矛盾现象，一方面，人们的隐私权得到强化，另一方面，危及隐私权的技术应用越来越普遍：各种社交软件的应用，定位软件或定位功能的使用，使个人位置被暴露，对于隐私保护来

---

① 参见曾佳：《美国旧金山禁止市政部门使用人脸识别技术，防止权力滥用》，载财新网（https://international.caixin.com/2019-05-15/101415886.html），最后访问日期：2019年9月2日。

② 林子仪：《资讯与生物科技时代的隐私权难题》，载〔美〕爱伦·艾德曼、〔美〕卡罗琳·甘乃迪：《隐私的权利》，吴懿婷译，商周出版公司2001年版。

说构成一种严重的威胁。关键是对于公民的个人信息,政府在说明情况的条件下才能采集和分析以及使用,不能随心所欲。这是因为隐私权具有保障个人其他自由权利的作用,有学者指出:"随着社会的开放,人际关系愈趋错综复杂,人们越来越珍视个人能拥有一块不受他人干预的隐私领域。在这块隐私领域中,我们可以暂时卸下伪装,松懈心理的防御,自由地思考,做自己想做的事,真诚毫无顾忌地与友人高谈阔论,与亲爱的人发展亲密的关系。只有保留这块隐私空间,个人才得以维持其主体性,才有可能实现自我,表现自我;也才可能维系友情、亲情与爱情。"①

隐私权保护,在司法领域,需要依靠传统的权力制约方法加以实现。传统的权力制约方法仍然是行之有效的方法,表现为:一方面需要通过立法加以规范,一些国家或地区陆续出台一些保护性措施就是以立法权来实现权利保障的体现;另一方面需要法官依据司法令状制度加以制约,在隐私权保护方面已经有许多判例,涉及执法、媒体等诸多方面,与智能化司法相关的判例也在司法实践中产生出来。一些国家或者地区的法官在个人隐私权保护方面继续扮演"自由的屏障"的角色。

在我国,科技发展为社会生活带来了许多变化,也为政治和司法发展增添了助力,大数据的司法应用以及司法智能化的塑造,就体现了这一变化。与此同时,伴随着发展进步,我国逐渐增强了隐私权观念。这两个方面的变化如何协调,成为立法与司法以及法学研究需要共同面对的问题。

在保障公安机关借助科技条件实现查缉犯罪人、遏制犯罪和稳定社会秩序的同时,对政府利用大数据加以必要的限制,防止科技能力不适当地侵害公民自由权利,理应成为相关立法与司法的重点之一:

第一,在立法方面,关于资讯所有权与使用权以及相关权利保护的立法工作应当积极展开,就此有人提出"数权"的概念,研究并推动"数权法"的立法。在这一方面,相关司法制度的建构显得尤其重要,在司法领域的科技应用中实行司法令状制度,是完善司法权制约侦查权的制度的重要举措,需要立法机关作出努力。毫无疑问,与科学技术的发展应用相关的配套法律制度应该及时跟进,这涉及电子监察方面的司法控制、数据采集运用等方面的司法控制,以及手机追踪定位方面的司法控制,都要一一加以实现。

其中,对于科技定位进行追踪监视措施,已有论者指出:"对于违法的科技定位进行追踪监视措施,国家应该提供完整而有效的救济。尤其,科技定位措施往往都以秘密方式为之,被追踪监督的对象往往不知道自己被追踪监

---

① 林子仪:《资讯与生物科技时代的隐私权难题》,载〔美〕爱伦·艾德曼、〔美〕卡罗琳·甘乃迪:《隐私的权利》,吴懿婷译,商周出版公司2001年版。

视当中,根本无法察觉到其受宪法所保障的权利已经受到侵害,再加上有些追踪监视,系由公权力以外的第三人协助作成,使受害人权利如何救济的问题更加复杂,也更加重要。"①目前有些国家或地区在这方面已经取得进展,值得我国认真研究和借鉴。例如,科技定位措施侵犯公民基本权利,受害人可以寻求的救济途径:一是通过国家赔偿制度进行赔偿;二是通过刑法设定相关罪名进行追责;三是通过行政诉讼途径进行救济。②

借鉴这些做法,在我国,若要通过立法防止科技能力不适当地侵害公民自由权利,需要做的是:

(1)需要立法划清合法与非法的界限,从而使"违法"的概念得到厘清,为寻求救济手段提供前提。我国已经制定和颁布《个人信息保护法》,涉及个人信息的收集、存储、使用、加工、传输、提供、公开等多个方面。有论者提出:"一些地方、企业和单位滥用人工智能、大数据特别是人脸识别等新技术,无序、任意采集使用乃至泄露敏感个人信息的问题愈演愈烈,有必要从法律上对敏感个人信息处理的源头加强规制,强化保护,并提出比个人信息保护更严格的要求",为此建议:"除法律、行政法规规定和维护国家安全、公共利益外,敏感个人信息的采集与使用,应当报履行个人信息保护职责的部门备案审查;极度敏感个人信息的采集与使用,应当取得相关行政许可。"③还有人特别建议针对人脸识别技术被滥用的普遍情况进行相应的立法限制。笔者认为,对于个人信息的侵犯,不能不顾及其侵犯者不仅是一些非公权力机关,还有很多公权力机关,包括司法机关,因此对于侵犯个人信息的公权力来源也应进行法律规制,不能顾此失彼。因此,在已经制定的《个人信息保护法》的基础上,应当专门制定"通信监察法"之类的法律,为个人信息和通信自由提供进一步保护,尤其是在刑事司法领域的保护。

(2)对于采取科技手段进行监听、追踪和大数据采集等行为,应立法设立事后告知制度,监听、追踪和大数据采集等的相对人应有权事后知晓被技术侦查的情况,以保障其寻求救济所需要的知情权。告知义务的设定:一是保障被侵害人在知情权基础之上的司法救济机会;二是提高科技手段行使机关的谨慎度,防止其滥用手中的科技手段侵犯个人的合法权利。有学者指出:"告知目的系为资料收集时人格的保护以及权利的保障,告知之基础,一般认为乃基于公开原则而衍生,公开原则强调收集证据行为之透明化,乃

---

① 黄清德:《科技定位追踪监视与基本人权保障》,元照出版公司2011年版。
② 参见黄清德:《科技定位追踪监视与基本人权保障》,元照出版公司2011年版。
③ 张伟杰:《全国人大常委会分组审议个人信息保护法草案 任意、无序采集人脸等个人信息需严管》,载中国财经网(http://finance.china.com.cn/news/20210506/5564792.shtml),最后访问日期:2021年5月14日。

资讯自决之低预度表征,惟单纯之公开方式,并无法达到资讯自决权之保障,乃须借由'告知义务'之履行,始得以确保正当法律程序,因此,公权力机关从事收集个人相关资料活动时,应主动告知当事人收集之理由、法律依据、目的以及法律上提供资料之义务或是同意收集等事项,如此当事人得以掌握何机关、收集何资料、收集范围以及在何处收集等资讯,进而有行使自我决定之可能,达到保障当事人资讯自决权的目的;如果事先告知有妨碍公权力目的之虞或不能通知者,则可以例外地不于事前告知,但于事后亦须践行告知程序。"①

(3)完善国家赔偿制度,明确将以违法的科技手段进行的司法行为纳入国家赔偿范围。我国《国家赔偿法》规定的行政赔偿和刑事赔偿范围尚不包括采取技术手段非法进行监听、追踪和大数据采集等行为,为此,应当从行政赔偿和刑事赔偿两个方面为科技手段违法行政或司法的被害人提供赔偿,并以此促使有关机关遵循法律的正当程序约束手中的科技手段。

(4)完善刑法相关罪名及其司法应用,为保护人民不受非法技术手段的侵犯提供刑罚权保障。此外,对于非司法性质的科技监听、追踪和大数据采集等政府行为,提供给被侵害人以行政诉讼的救济途径。这是因为,对于隐私权等权利来说,"'法律的保护'不仅要求在私法和行政法领域采取相关措施,而且还要求在刑法中规定最低程度的禁止性规范,无论这是为了保护性方面的完整性、通信或电信的秘密还是荣誉"②。我国《刑法》第253条之一规定了侵犯公民个人信息罪③,从刑法这些规定看,公权力机关在行政和司法活动中"窃取或者以其他方法非法获取公民个人信息"的行为是否可以以该罪名定罪,并不明确。刑法应从保护人民不受公权力机关非法技术手段的侵犯这一方面周密考虑刑法罪名的设定及其具体应用,为运用刑罚手段规范这一领域提供立法条件。

第二,在司法方面,法院在行使司法权以维护个人自由权利方面还有许多潜力可以施展,这需要调整司法体制加以配合。如果公、检、法三机关能够形成切实有效的制约关系,并依靠优良的司法程序,在国家信息安全受到重

---

① 黄清德:《科技定位追踪监视与基本人权保障》,元照出版公司2011年版。
② 〔奥〕曼弗雷德·诺瓦克:《〈公民权利和政治权利国际公约〉评注》(修订第二版),孙世彦、毕小青译,生活·读书·新知三联书店2008年版。
③ 具体内容是:"违反国家有关规定,向他人出售或者提供公民个人信息,情节严重的,处三年以下有期徒刑或者拘役,并处或者单处罚金;情节特别严重的,处三年以上七年以下有期徒刑,并处罚金。""违反国家有关规定,将在履行职责或者提供服务过程中获得的公民个人信息,出售或者提供给他人的,依照前款的规定从重处罚。""窃取或者以其他方法非法获取公民个人信息的,依照第一款的规定处罚。""单位犯前三款罪的,对单位判处罚金,并对其直接负责的主管人员和其他直接责任人员,依照各该款的规定处罚。"

视的同时也使个人信息安全得到有力保障,则公民的隐私权在很大程度上可以获得保全。

第三,检察机关在大数据应用领域也可以发挥积极作用,由于个人信息安全关联着国际人权法和宪法允诺保障的通信自由、隐私权、言论自由、居住安全、人身自由等多项基本自由权利,对于个人信息安全的保护,成为其他一些基本自由权利保障的必要条件,这些具有普遍意义的权利当然具有公益性质。代表公共利益的检察机关应当密切关注这类案件,以公益诉讼或者其他司法手段如《刑事诉讼法》赋予的监督职权维护个人自由权利,以构建隐私权的多元保障制度。

结　论

司法智能化和数字技术的司法应用,具有两面性,"日新月异的资讯科技与生物科技,一方面固然带给了我们相当的便利,对文明的进步与知识的提升,人类的生命与健康,均有绝大的助益;但另一方面,也提供了侵犯个人隐私的利器"[1]。因此,围绕大数据司法应用等智能化司法的主题展开的讨论,应当兼顾这两个方面。

在我国刑事司法领域,法院和检察院作为司法机关,对于侦查权的司法控制还有很大的拓展空间,大数据应用之类的科技司法手段为司法机关加强对侦查权的控制提供了新的契机,这种契机能否转变为司法程序规范的内容以及有力、有效的司法实践,还需要足够有力的针对立法与司法的学术推动力。新科技条件下的司法如何遵循正当程序的规范,为深入、细致的学术研究提出了要求,思考这一问题,有必要重温一个已经得到反复强调的观点:"技术的进步,如互联网的出现,对这种趋势来说,可谓非福即祸,最终的结果要看我们在接下来的数年里作出怎样的选择。"[2]

在我国,对于新科技手段的应用所引发的个人信息安全问题,国家新近出台了《个人信息保护法》予以回应,誓言"国家建立健全个人信息保护制度,预防和惩治侵害个人信息权益的行为",同时规定"国家机关为履行法定职责处理个人信息,应当依照法律、行政法规规定的权限、程序进行,不得超出履行法定职责所必需的范围和限度"(《个人信息保护法》第34条)。以此

---

[1] 林子仪:《资讯与生物科技时代的隐私权难题》,载〔美〕爱伦·艾德曼、〔美〕卡罗琳·甘乃迪:《隐私的权利》,吴懿婷译,当代世界出版社2003年版;商周出版公司2001年版。
[2] 〔美〕大卫·布林:《带有"自身阻断性"的预言——为什么噩梦能帮助制伏未来的危险?》,载〔美〕阿博特·格里森等编:《〈一九八四〉与我们的未来》,董晓洁、侯玮萍译,法律出版社2013年版。

作为刑事司法相关研究的基本出发点,对于政府权力的限制及其相关的正当程序问题,理应纳入研究与讨论的重点。

立法、司法与学术研究领域关心此一议题的人,都应该为此付出努力。

(本章作者:张萌)

第十七章 对法学研究的影响

近年来,随着全社会大数据资源的日益丰富,人工智能技术在我国呈现高速发展态势。党的十九大报告中提出要"推动互联网、大数据、人工智能和实体经济深度融合"。2017年7月国务院专门印发了《关于印发新一代人工智能发展规划的通知》①,提出一系列重点任务,其中包括"建立数据驱动、以自然语言理解为核心的认知计算模型,形成从大数据到知识、从知识到决策的能力"。人工智能具有技术属性和社会属性高度融合的特征,不仅体现为技术领域的进步,更需要与产业政策、创新政策与社会政策的发展相协调,所以,包括法学在内的"新文科的发展必须突破既有学科的樊篱,推动文理交叉融合、协同研究,并创建新的研究领域"②。客观上,法学研究也展现出空前新颖的样态,跨学科交流活跃,在大数据、法律人工智能背景下探讨法学研究的新可能与新态势具有突出的现实意义。

第一节 对法学研究对象的影响

我国已经提出,计划在2025年初步建立人工智能法律法规、伦理规范和政策体系,形成人工智能安全评估和管控能力。为此,人工智能以及作为人工智能养料的大数据,都会对法学研究产生影响,这种影响体现在法学研究的对象、方法等诸多方面。

法学研究的对象面临的多样挑战主要体现为:人工智能对民事法律制度提出了挑战,人格权制度、数据财产保护、知识产权保护、侵权责任认定和责任承担等,都需要随着人工智能技术的发展而作出必要的调整。③ 附着在数据上的权利,究竟是什么属性,传统的保护方式能否容纳?这些都使传统法律概念、传统权利的样态融入了新视角。例如,"在腾讯与抖音的用户头像和昵称之争的背后,实际上是关于用户社会关系链这种数据财产之上的权利束

---

① 参见《国务院关于印发新一代人工智能发展规划的通知》,载中央人民政府网(http://www.gov.cn/zhengce/content/2017-07/20/content_5211996.htm),最后访问日期:2020年5月10日。
② 季卫东:《新文科的学术范式与集群化》,载《上海交通大学学报(哲学社会科学版)》2020年第1期。
③ 参见王利明:《人工智能时代对民法学的新挑战》,载《东方法学》2018年第3期。

体的分割与归属争议,有必要从一个'开放的权利束'视角来理解和阐释。微信通讯录中的关系链数据具有社会资本属性,对大量用户而言具有不可替代性;与隐私期待一样,涉及大量微信用户的重大利益关切。法律需充分保障用户对其社会关系链数据的利用权;在不损害其他用户隐私的前提下,允许用户积极利用关系链数据"①。人工智能技术的落地产品如机器人、无人驾驶汽车等引起的民事侵权责任问题②,以及刑法视角的定位问题③。在程序法、证据法领域,证据的数字化以及法律科技应用带来的证据载体的数据化、在线化等从多角度提出了挑战。有学者指出,当前如何进一步强化人工智能背景下的证据与证明理论研究就是十分重要的命题,"法学研究紧紧围绕事实认定与法律适用中的智能化发展方向也是拉动司法实践发展和回应司法需求的重要一环"④。而且,人工智能和大数据的发展对于社会宏观管理和公民个体的若干影响有时甚至始料未及,如近期疫情之下数据形态的公民信息收集和保护极大挑战了传统人权保障。这个宏观背景下,可以说,人工智能时代出现了"第四代"人权,需要树立全新的"数字人权"观,构建相应的人权保护机制。⑤

第二节 对法学研究方法的影响

科学研究的总体目标在于认识世界、改进世界,其中,社会科学的价值和目标应该在于发现和解决人类社会中的问题,推动社会制度的变革与完善。科学研究所需的工具、资料和方法,在信息技术迅猛发展的大数据时代都面临空前显著的变化机遇;海量数据的聚集,辅之以计算机科学带动的人工智能技术的不断演进,深刻地影响了人类社会的众多领域。

就社会科学研究方法而言,可以分为思辨研究、量化研究、质性研究和混合研究范式。法学研究中的研究方法主要体现为:以思辨方式为本质的法教义学研究方法和以定量、定性或二者混合为特征的社科法学研究方式。所谓"教义式",是指这种法律方法往往建立在某种并不明确表露出来的推定基

---

① 包晓丽、熊丙万:《通讯录数据关系中的社会资本——数据要素产权配置的研究范式》,载《中国法律评论》2020年第2期。
② 参见袁曾:《无人驾驶汽车侵权责任的链式分配机制——以算法应用为切入点》,载《东方法学》2019年第5期。
③ 参见〔德〕埃里克·希尔根多夫:《自动系统、人工智能和机器人——一个刑法角度的定位》,黄笑岩译,载《法治现代化研究》2019年第1期。
④ 左卫民:《从通用化走向专门化:反思中国司法人工智能的运用》,载《法学论坛》2020年第2期。
⑤ 参见马长山:《智慧社会背景下的"第四代人权"及其保障》,载《中国法学》2019年第5期。

础之上。这种推定认为:法律是一种内在协调一致的规则系统。法律人通过运用某种大体客观的方法,可以从这类抽象规则、概念以及"蕴涵"其间的诸多价值中获得具体问题的答案以及针对具体个案的解决方法。① 法教义学最能够体现法律知识的专业性和思维逻辑的独特性。社科法学则力图运用社会科学的方法分析法律现象、预测法律效果,更具有社会亲和力,更能回应社会和公共政策需求。② 社科法学以法律现实主义为源起,"该方法运用社会学和经济学等社会科学的方法研究现实社会中的法律,关注法律与社会的互动关系,特别是揭示法律的实施情况"③。该方法探讨的核心问题是"现实中的法律是什么",兼容质性研究方法与量化研究方法。此外,有学者指出法学研究还可以被区分成第三种类型,即理论性研究视角,"它通常不以实体性法律领域的分支作为起点,而是设法获取与各种法律领域相关的洞察"④。

近年来,以裁判文书为主体的法律大数据为研究者提供了一个研究的富矿和研究的"蓝海"。⑤ 对于法律大数据的概念,有论者从本体论的视角认为是指在立法、司法、执法等法律实施过程中形成或依法获取的,既在一定程度上具备大数据的通用特征,又满足适配性、正确性和易变性的领域需求,必须结合法律领域的特定算法与模型来实现辅助法律决策、优化法律过程之目标的数据集。⑥ 社会科学领域概念的界定通常具有延展性,与行动的目的相关,就如同法律解释需要遵循合目的性原则一样。当开发法律人工智能应用产品时,如当前技术投入比较活跃的量刑预测、类案推送等领域,法律大数据更偏重法律实施过程中产生的官方文本数据,因为针对司法数据运用算法、机器学习的结果被期待能够反馈运用到法律适用中。然而,法学研究视角下的法律大数据外延更加广阔:从数据来源来看,包括以裁判文书网、国家统计网等为代表的对外公开数据,也包括机构与企业内部不公开的本地数据;既有基于法律实施活动产生的数据(裁判文书、庭审视频、执行文书等),也有基于整个社会活动视角下的处在法律领域以外但可以被法学研究借鉴使用的数据。依托于折射多方面社会活动的大数据口径有助于法学研究者将视线在法律与社会整体之间顾盼往返,立足于丰富多维的数据信息,更清晰透彻地观照到社会活动背景下的立法、司法、执法活动,也会给法律概念、原则、

---

① 参见〔荷〕马丁·W. 海塞林克:《新的欧洲法律文化》(增订版),魏磊杰、吴雅婷译,中国法制出版社 2018 年版。
② 参见陈柏峰:《社科法学及其功用》,载《法商研究》2014 年第 5 期。
③ 黄辉:《法学实证研究方法及其在中国的运用》,载《法学研究》,2013 年第 6 期。
④ 〔荷〕扬·斯密茨:《法学的观念与方法》,魏磊杰、吴雅婷译,法律出版社 2017 年版。
⑤ 参见左卫民:《从通用化走向专门化:反思中国司法人工智能的运用》,载《法学论坛》2020 年第 2 期。
⑥ 参见王禄生:《论法律大数据"领域理论"的构建》,载《中国法学》2020 年第 2 期。

理论以与时俱进的信息充实,展开我国新文科建设规划之下的法学研究新篇章。换言之,"大数据如果以恰当的方式被研究者所收集并充分挖掘其价值,数据分析结果便极有可能呈现出客观世界中尚未被揭露的真实及其隐藏的规律。由此,既有的理论可以被验证或是被推翻,新的理论突破会在崭新的经验事实基础上产生"。①

一、对法教义学研究范式的可能影响

"法教义学的方法就是对现行有效的法律规范进行解释、归类于系统化的方法,而这种方法必定是在现行法所确立的体系之内进行的","保证体系内部无矛盾性是法教义学的首要任务。"②为此,它关注立法目的和法律条文之间的关联、无冲突,对于思辨能力与逻辑水平有很高的要求。法教义学是晚近以来我国从德国引入的概念,而此前相应的概念是法律解释活动。哈特针对法律解释问题提出了法律的开放性特质(Open Texture of Law),他认为,用语言文字表达的法律规则在核心范围内具有毋庸置疑的含义,它适用于某些案件的结果也是高度确定且可预测的。但因为语言不是绝对精确周密的示意工具,加上立法者在起草法规时不可能预见到所有将来可能出现的情况,所以对于处于边缘地带的案件,语言和规则的适用不具有确定性。③ 英美法学界的法理学大师德沃金认为,法律体系中不仅有哈特所说的规则,更有源于政治社会生活道德向度、反映公平正义标准的原理(或曰"原则")和政策,他认为原理隐含于社会共同体的历史文化传统、政治制度和法制实践之中,需要由法学、法律实践去发掘并发扬光大。④ 所以,法律解释或曰法教义学研究离不开对现实社会和司法实践的观察、思考和吸纳。

以刑法学为例,刑法教义学的研究为司法活动中适用刑法提供根据。我国陈兴良教授指出:"刑法教义学是一种语言学和逻辑学的分析,它具有纯理论的性质,如果不能与司法活动的现实结合起来,刑法教义学的研究就会因脱离司法实践而失真。因此,以司法案件和数据为内容的刑法实证研究,应当成为刑法教义学研究的基础……从类型角度分析,我国刑法的实证研究可以分为两种:第一种是以刑事案例为素材的实证研究,主要通过对刑事案件

---

① 左卫民等:《基于裁判文书网的大数据法律研究:反思与前瞻》,载《华东政法大学学报》2020年第2期。
② 卜元石:《法教义学:建立司法、学术与法学教育良性互动的途径》,载田士永、王洪亮、张双根主编:《中德私法研究》(第6卷),北京大学出版社2010年版。
③ 参见陈弘毅:《当代西方法律解释学初探》,载梁治平编:《法律解释问题》,法律出版社1998年版。
④ 同上注。

进行归纳整理而提炼规则和提供模型。第二种是以司法数据为素材的实证研究,主要通过对刑事司法数据的处理而发现规律和揭示本相。"①在大数据时代,以司法案件和数据为内容的刑法实证研究获得更加丰富和多维的数据支持,为获得刑事司法的真实状况、提炼规则和提供模型、支持刑法教义学研究提供了重大机遇。

法教义学在设法为立法提供反思性知识时,需要分析研判司法实务疑难问题,尤其是对那些不能为法律文本的射程范围所涵摄的情况。② 为此,法律大数据对法教义学的影响主要体现为司法案例对理解法律规则(由法律概念、法律原理等组成)的影响,具体路径主要体现如下:

一是大数据可以检验(立法面向的)法教义规范制定的现实正当性,提供宏观图景掌控。在大数据时代,"数据"包括手机、电脑、摄像头、检查仪器等电子设备记录的种类繁多的音频、视频、图像和文本等,具体体现为医学影像、随着社交网络兴起而产生的社交链数据、随着物联网技术成熟而产生的车联网数据等。在法律领域,判决书、裁定书、仲裁文书、合同、公司章程等具有法律价值的文本基于其电子化记录方式而统统成为"数据"。为此,通过分析利用海量裁判文书等数据,检索类案、大样本数据甚至全样本数据,发掘此前难以捕捉到的实务规律,丰富法教义学的研究维度。以一项有关索债型非法拘禁犯罪的研究为例,研究对象是三年跨度的公开发布的全样本,验证了全部由索债因素引发的非法拘禁罪的总量分布、时间分布、地域分布等,发现索债型非法拘禁与民间债务的时间序列关联,这类研究成果对于验证与完善法律规则具有显著的现实价值。③

近些年来我国刑法领域出现积极刑法立法观,立法逐步赋予刑法在参与社会管理、解决社会矛盾方面的新机能。比如,《刑法修正案(八)》增设拒不支付劳动报酬罪,将部分原本具有民事不法性质的欠债不还的行为犯罪化,将虚假诉讼、使用虚假身份证件、考试作弊等行为犯罪化以惩治严重丧失社会诚信的行为。刑法规制社会生活的深度、广度和强度都有大幅度拓展、扩张,刑法成为解决社会问题时必须考虑的手段。而且,若干新增罪名不再追求发生实际侵害的"结果导向",高度概括的行为描述使不法的直观性、可感性降低。④ 这些变化要求即便从教义学视角解读刑法也必须更深入地理解社会现实,才可以做到妥当适用罪名,不偏离立法预设的目标。

---

① 林维主编:《刑事司法大数据蓝皮书》,北京大学出版社2020年版。
② 参见姜涛:《法教义学的基本功能:从刑法视域的思考》,载《法学家》2020年第2期。
③ 参见侯晓焱、马瑜馨、侯丽:《索债型非法拘禁犯罪的大数据研究》,载《中国应用法学》2018年第1期。
④ 参见周光权:《积极刑法立法观在中国的确立》,载《法学研究》2016年第4期。

二是海量案例数据有助于支持法教义学与司法实务的对照,将法教义学的明晰程度映射得更为清楚。以正当防卫问题为例,从1997年至今,正当防卫的适用在司法实务当中呈现出一种限制过严的倾向,始终未得到实质性改观。对此,人们主要把司法实务对于正当防卫限制过严的问题原因归结为对正当防卫的法教义学建构不足,试图通过重构正当防卫的正当化根据,重新界定正当防卫的成立要件,或者重新解释防卫过当的判断标准,来纠正司法实务的不当做法。① 事实上,遇有争议时有关正当防卫的规定倾向于不被适用,一方面有来自于正当防卫的法教义学建构不足的原因;另一方面,也需要跳出刑法教义学进行考察。"某个制定法规范的失效或者部分失效,从社会之法的维度来看,必然存在复杂的结构原因。"②为此,有学者通过分析若干案例,对正当防卫要件在我国司法实务中的理解进行了类型化的归纳,发现我国司法实务经常会添加"不得已"及"退避性要件"与侵害紧迫性要件,这些要件几乎无一例外地朝着否定正当防卫成立的方向去理解。甚至在既有的要件之外,添加额外的否定性要件,以此限缩正当防卫的成立空间。③ 由此,立足于司法数据的现实考察,拓展了法教义学分析的维度,有效地增进了法教义学在与司法实务的互动中获得对自身更清晰的认知。

三是案例数据映射的司法实相直接丰富了法教义学对法律规则的解释维度。教义学对立法进行解释,解读的依据源于全部的社会生活。以我国民法中规定的"情势变更原则"为例,如何确定该原则的适用条件,即什么是"情势"以及情势的变更需达到什么程度才能调整或解除合同,这涉及重要的法律政策考量,也关乎复杂的法律解释技术。各国法典大多规定得非常抽象,具体如何适用由法官在个案中行使裁量权酌酌判断。所以,有学者深切认识到,通过法律原则演绎而来的制度,都存在着内涵难以确定的问题,应转而求诸于归纳的方法去确切了解其含义,而最有价值的归纳素材无疑是案例材料,只有透过对案例资料的分析、归纳和研究,才能真切地感知法律在社会生活中运行的状况,才能制定出活生生的法律。④ 文本数据形态的案例等材料,通过机器学习、数据挖掘,更便于归纳提炼法律概念、原则的生动形态。

二、对社科法学研究范式的可能影响

在法教义学的视角下,法以规范现象的身份出现,它设定人们应当如何

---

① 参见劳东燕:《正当防卫的异化与刑法系统的功能》,载《法学家》2018年第5期。
② 同上注。
③ 同上注。
④ 参见韩强:《情势变更原则的类型化研究》,载《法学研究》2010年第4期。

行为与交往的标准。相比较而言,社科法学中的是以经验现象的面目出现的,它涉及的是法律运作的实然状态。从社会科学的不同视角切入,就会从不同的面向观察法律运作的实然状态。① 社会科学研究人以及由人组成的社会和与其相关的制度,它包括政治学、经济学、心理学、社会学、法学等领域。法教义学与社科法学在研究方法上各有侧重,前者更加注重思辨和逻辑推理,依靠归纳法或演绎法展开分析;后者则关注"发现事实"——法律运行的实然状态,从纷繁复杂的社会现实中提炼出法律规则的实相,提炼出规律。

社科法学视角下期待发现的"事实"在哪里?社会科学是关于人类群体生活方方面面知识的领域,法律映射的也是社会生活的全部。我国的裁判文书及其周边数据是法律规范在司法实务中的真实反映。大数据时代,反映法律运作实然状态的载体有很多都已经数据化,分析资料延展到社会活动的方方面面。这有助于法学研究拓展到其他学科的数据型经验,实现更加广泛的考察。具体可以从社科法学的两个主要分支——定性研究与定量研究来分别观察。

(一)定性研究的新机遇

定性研究致力于研究事物的属性,报告人们如何讨论事物、如何描述事物以及如何看待这个世界。它需要研究者进入具体情境,较长时间关注研究对象,循序渐进地展开研究。而且,研究并不从小样本推广到大样本,而是在小范围内展开,旨在从小样本中获得更加丰富的资料和特定的深度理解。

法律大数据支持定性分析。在国际社会科学具有重要影响力的"扎根理论"的发现者之一安塞尔姆·施特劳斯教授在著作中指出,定性研究采取访谈、观察、档案、录像、图画、新闻报纸等多种资料来源进行分析,资料众多而重在分析材料的质量。② 以其中的档案分析为例,对应到法律大数据领域,裁判文书是司法机关适用法律的记录,属于司法档案的范畴,在前数字化时代需要通过纸质卷宗去查阅;裁判文书电子化并上网公开后,观察分析文书内容的过程在形式上就是研究"档案"的质性研究。

法律大数据的实践经验表明,从宏观分析数据入手,以量化研究的方式观察态势、占比等趋势后,需要借助表层分析和初步发现的提示进入小样本甚至个案中深入观察,结合使用质性分析路径。在一项研究中,有学者结合6692份裁判文书样本探讨了"合理怀疑"问题,统计了这些案件的地域分布、

---

① 参见陈柏峰:《社科法学及其功用》,载《法商研究》2014年第5期。
② 参见〔美〕朱丽叶·M.科宾、〔美〕安塞尔姆·L.施特劳斯:《质性研究的基础:形成扎根理论的程序与方法》(第3版),朱光明译,重庆大学出版社2015年版,第30页;〔德〕伍多·库卡茨(Udo Kuckartz):《质性文本分析:方法、实践与软件使用指南》,朱志勇、范晓慧译,重庆大学出版社2017年版。

罪名分布、审理层级、法院裁判意见类型,勾勒出"合理怀疑"司法适用状况的宏观图景。为避免量化分析流于表面,该研究选取了若干典型的错案,提炼具有操作性的"合理怀疑"的类型公式。① 观察小样本,就是深入情境、循序渐进的一种定性研究方法。这在社会科学领域属于观察层面和视角转换的方法。对微观层面的研究需要先借助宏观和中观层面的先期描述。② 法律大数据研究过程中立足大样本的宏观分析也需要辅以深入小样本的定性审视而获得独特精细的视角。

(二)定量研究的流程

定量研究是社会科学研究中与定性研究并列的一种研究方法。它对个体的某些属性进行分析,"总是关心按照一定程序选取的、属于一个特定类型或者种类的、一定数量的个体"③,测量其某些属性的变化。定量研究属于演绎思维的性质,其价值通常在于验证两个或者多个属性之间的关系。大数据支持的定量研究原则上遵循传统的研究路径,面临的变化主要来自海量数据中对目标数据的提取、噪声数据的清洗、数据集的标注与验证等特有环节。定量研究主要涵括以下环节:

一是提出研究假设。从数据中发现知识是人们对大数据的普遍期待。那么,如何从大数据中发现知识呢?一种观点认为需要依靠复杂算法和统计工具。相较于技术而言,理论预设显得可有可无。域外有论者甚至总结说道,随着数据量的大幅增长以及数据处理能力的显著提升,大数据的认识论似乎将接管一切,并且可以在没有先验理论的情况下从数据中提取知识或者见解。也就是说,大数据认识论将带来理论的终结。④

这里的假设是依托既定问题的相关理论建构的知识框架。这一步骤与学科理论互动,既被理论影响,也检验理论的适应性。"社会科学领域的理论是不可以被证实的,而只可能被证伪。"⑤相关理论是开展定量分析的预设方向,人们通过大量数据检验相关理论是否依然成立。若想支持一个理论,增加一些案例,再次加以解释即可。所以,后实证主义的代表波普认为,科学是通过证伪而不是证实来进行检验,科学是先提出一些假设,在经验观察研究中,那些暂时没有被否定的,成为暂时保留下来的理论。这便是科学理论的

---

① 参见栗峥:《合理怀疑的本土类型与法理建构》,载《中国社会科学》2019年第4期。
② 参见[法]多米尼克·戴泽:《社会科学》,彭郁译,商务印书馆2015年版。
③ 李连江:《戏说统计:文科生的量化方法》,中国政法大学出版社2017年版。
④ 参见王禄生:《论法律大数据"领域理论的构建"》,载《中国法学》2020年第2期。
⑤ 杨菊华:《社会统计分析与数据处理技术:STATA软件的应用》,中国人民大学出版社2008年版。

"可否证性"。① 所以,有价值的研究应该是有意无意地受到某些假设的影响,加以验证,有时会对理论做出局部修正。以文本数据等作为研究对象也是一种观察,而"观察是受到理论渗透的,为表达数据而构建精细的科学工具和程序时常常会或明或暗地接受一些很成熟的科学理论,而这些理论超越或涵盖着正在被检验的理论"②。

二是构建数据挖掘的知识图谱。这一环节借鉴了人工智能领域的概念,"知识图谱"从简单理解的角度来看,类似于传统研究方式下的构建提纲,但需要将问题拆解为数据可以支撑的细小粒度,目标在于从属性和维度的角度来理解现象和认识事物。③ 例如,研究审前羁押问题时,常见思路是从文本数据中提取羁押日期、批准逮捕日期、起诉日期等信息,从而计算羁押时长;但立足小样本的定性研究表明,犯罪嫌疑人的户籍地是考量决定羁押和延长羁押期限时的重点因素。为此,提取数据时需要提取犯罪嫌疑人的户籍所在地,以及罪名、犯罪情节等各种可能影响羁押时长的因素,将理论思维转换为关联着现实信息要素的数据思维,与文本数据蕴涵的信息节点相呼应,形成知识图谱,保证信息的提取具有可操作性。

三是数据提取。从计算机识别的角度来看,数据有结构化、非结构化与半结构化之分④;从载体来看,有文本型、数字型、图片、音视频等类型。不同的研究需求也在数据提取方面有不同的实现方式,如刑事辩护率的计算,存在以案件为统计单位、以文书篇数为统计单位以及以被告人为统计单位等不同路径、不同角度下的计算结果差别较大,在多名被告人、文书撰写不规范的情况下,通过机器识别被告人的总数和其中有辩护人的人数可能会出错。⑤ 有时候还会因属性缺失而出现数据矛盾的情况。例如,对某个罪名进行专题研究,可以对犯罪人总数做出统计,然后再统计不同教育程度的人员分布情况,而后者加总之后不一定等于犯罪人总数,因为在有些文书中被告人教育状况缺失。数据提取实务中遇到的问题会出其不意,需要在实战中总结经验。

四是数据清洗。这是大数据研究的必经之路,因为数据库的来源、结构、

---

① 参见乔晓春:《中国社会科学离科学有多远?》,北京大学出版社 2017 年版。
② 〔美〕阿巴斯·塔沙克里、〔美〕查尔斯·特德莱:《混合方法论:定性方法和定量方法的结合》,唐海华译,重庆大学出版社 2010 年版。
③ 参见〔美〕朱丽叶·M. 科宾、〔美〕安塞尔姆·L. 施特劳斯:《质性研究的基础:形成扎根理论的程序与方法》(第 3 版),朱光明译,重庆大学出版社 2015 年版。
④ 参见王汉生编著:《数据思维:从数据分析到商业价值》,中国人民大学出版社 2017 年版。
⑤ 参见王禄生:《论刑事诉讼的象征性立法及其后果——基于 303 万判决书大数据的自然语义挖掘》,载《清华法学》2018 年第 6 期。

类型存在差异,会有错误的、不相关的数据混入,需要人工复核,通过抽样方式在小范围内验证所提数据的准确度,将明显错误的结果或者不符合逻辑的异常值从数据集中剔除。例如,希望从各种文本中识别出"未成年人"信息。关于未成年人的表述有"未成年""不满十八周岁""未满18周岁",或者具体年龄,如10岁、15岁等,此时已无法用关键词提取。另外,若干数据噪声混入,如"未成年管教所""《保险法》关于未成年人死亡险责任限额的规定"等不相关数据,需要去除。这里的数据提取和数据清洗有可能需要编写程序,或是基于标注数据进行建模、验证等复杂流程,通常反复多次才能完成。这两个环节是大数据研究的特色和难点环节。

五是开展数据分析。去除数据噪声后,对真正属于研究对象的数据开展观察和研究,既可以进行描述性分析,也可以借助 SPSS、STATA 等软件进行回归检验等分析,对已有结论进行检验,验证成立或者推翻,也有可能突破基于局部观察产生的认知,取得新发现。在此过程中,定量分析也可能先于定性分析开展,定量分析获得的在相关性方面的发现将推动质性研究的深入展开。在这一意义上,定性研究与定量研究的顺序是不确定的,可以采取"顺序研究""平行/共时研究"或者"平衡研究"等方式。①

六是对研究结论进行解释,回应已有成果展开讨论,提出启示。运用数据进行定性、定量分析后,对结果进行阐释、得出结论,是研究中的重要步骤。② 在商业、新闻、交通等通用领域,运行数据后关注变量间的相关性就可以制定相应策略,满足应用需求,但对于法学研究而言,因果性在法律思维中占据重要地位,评价因果、论证说理几乎是法律学科的核心素能要求,无论基于何种研究方式、研究素材,对于研究的发现和结论给出解释都是应有之义。

对于研究方法的研究表明,越来越多的研究者使用定性研究和定量研究的路径混合方式开展研究,因为二者各有"短板",许多定量研究强调统计显著性,但牺牲了对关系/效果之量级的关注,而且不能在分析中吸纳观察等方式中获得的广泛信息,甚至容易将重要的信息资料在定量过程中降解为简单的类型;定性研究则容易在报告研究结果时带有选择性。所以,适用混合研究方法有助于扬长避短,相辅相成地完成研究目标。③

---

① 对相关具体概念的解读,参见〔美〕阿巴斯·塔沙克里、〔美〕查尔斯·特德莱:《混合方法论:定性方法和定量方法的结合》,唐海华译,重庆大学出版社2010年版。
② 参见后文对这一问题的详解。
③ 参见〔美〕阿巴斯·塔沙克里、〔美〕查尔斯·特德莱:《混合方法论:定性方法和定量方法的结合》,唐海华译,重庆大学出版社2010年版。

三、数据法学研究需关注的问题

从海量数据中提取出多维信息,便产生了进行统计分析的需求与可能。对研究主题进行测量,包括法律学科在内的多门社会科学均面临新技能的挑战,"社会科学研究者需要学会对全样本数据进行分析和处理,这是运用传统研究方法无法做到的"①。在社会学、政治学、传媒学等领域,运用统计学知识进行大数据分析的状况已经显著繁盛,一百多年前,美国的霍姆斯大法官曾做出非常有名的预测:"对于法律的理性研究而言,现在的主流是对法律继续'白纸黑字'的解读,但将来必定属于那些精通统计学和经济学的人。"②从当下来看,我国法学领域运用统计方法开展研究还处于初步阶段,掌握定量研究方法的研究者较少。运用统计知识的操作过程必须合理与科学,涉及"变量选取与编码,还有简单的事实描述、双变量分析、统计模型搭建、回归分析、验证稳健性、回归结果解读,以及对经验发现的总结和推论等一系列过程……当前部分中国法律实证研究作品的统计显得非常随意"③。本书观察我国法学实证分析的文章,总结出如下问题有待关注。

(一)正确理解数据样本与总量

在法律大数据的主体裁判文书上网方面,在现实中,除了司法解释规定的法定不上网的情况,的确还存在着各地对文书选择性上网、上网不及时等问题,有的省份裁判文书上网率接近80%,有些省份的比例在20%~50%之间,有的判决上网时间有几个月的滞后。④ 这意味着就某种研究专题的数据进行地域分布的观察时,不宜给出结论,因为检索到的样本数量与客观状况不一定相符。这里涉及的是样本与总体的关系问题。如何看待这一问题?对此有几点看法:

一是社会科学研究在传统上并不是全样本,甚至不是大样本,而是抽样研究。抽样最主要的问题是如何选取一部分对象作为总体的代表的问题。抽样所具有的神奇作用,在1984年预测美国大选结果的过程中展现无遗,在当时的将近1亿选民中,调查对象还不到2000人,不少民意测验机构都正确地预言了谁将赢得选举,有的预言结果在比例上也很接近实际投票结果。具有代表性的抽样,是符合概率的抽样。社会生活中的各种事件虽然具有随机

---

① 高奇琦:《建设时代所需的文科》,载《人民日报》,2018年10月8日,第16版。
② Oliver Wendell Holmes, The Path of the Law, *Harvard Law Review*, vol. 110, 1997, p.1001.
③ 程金华:《迈向科学的法律实证研究》,载《清华法学》,2018年第4期。
④ 裁判文书上网的比例各省并不一致。参见马超等:《大数据分析:中国司法裁判文书上网公开报告》,载《中国法律评论》2016年第4期。

性,但也存在着发生的客观概率,这种概率决定着随机事件的发展和变化规律。概率抽样按照总体的内在结构中蕴涵的各种随机事件的概率来构成样本,使样本成为总体的缩影。①尽管从理论上说,样本规模越大,样本对总体的代表性也会越好,但是,任何研究的时间、人力和经费都是有限的,只要样本规模契合实际情况,或者足以把待证问题证明出来,就没有必要再去追求大样本甚至是全样本了。

二是研究设计决定了什么是总体。追求裁判文书应公开尽公开的研究实质上默认了以全部裁判文书为研究总体。这类研究通常是包含一个描述性分析部分,对全国态势进行地域、年份、案由等维度的汇总分析,由此,用公开不全面所得的数据进行这些分析是有风险的。有些研究主题则可以摆脱这一缺憾,无须立足于全国数据这一数量最大而实际上个人也难以真正有效处理的数据展开研究。例如,一份对各省高级人民法院做出的 586 个行政征收判决的实证研究发现,权利人胜诉率接近 28.33%。这一胜诉比例说明了中国司法的外部观察者们不宜将中国的法院看作一个整体,而应该将不同层级的法院区别对待,并审慎评估法院在处理不同类型的纠纷中的作用;以及中国的法院能够在一定程度上保护产权,而不是像以往文献认为的那样碌碌无为。② 该研究以特定审级为研究对象,契合了裁判文书数据分层分布的特征,选取研究其中的一个层级。对该研究而言,总体不再是全国裁判文书,而是高级人民法院的行政征收判决。所以,擅长数据研究者总会发现研究所需的适宜数据。

三是研究对象具有很强的特殊性,属于稀有样本。例如,对于非法证据排除问题,有论者检索了自 2013 年 1 月 1 日到 2017 年 12 月 31 日的刑事判决书。这是面向五六百万份裁判文书的检索,查询到的相关裁判文书接近 1 万份,这就是基本反映司法现实的样本数量。③ 此处也是由研究主题决定了数据总体和样本。研究稀有现象时,数据并不表现为海量样本,而且,在大数定理的作用下,达到一定规模的样本即可实现良好的代表性。

关于全样本情结,我国法学实证研究的先行者白建军教授曾指出,"为什么研究对象及其结论一定要能推论到全国才算是科学呢……这本身就是一种关于学术研究的误解,一种盲目追求宏大叙事而不屑于细微具体研究的

---

① 参见风笑天:《社会研究方法》(第五版),中国人民大学出版社 2018 年版。
② 参见乔仕彤、毛文峥:《行政征收的司法控制之道:基于各高级法院裁判文书的分析》,载《清华法学》2018 年第 4 期。
③ 参见侯晓焱、邢永杰:《我国证人证言排除的司法实务观察》,载《国家检察官学院学报》2019 年第 4 期。

浮躁"①。根据社会科学应用统计学原理,统计学研究的是样本,却旨在对于样本所代表的总体下结论。为此,概率抽样这种行之有效的传统研究方式应运而生。在大数据时代,各类信息电子化存储的普及、信息提取和分析技术的迅速发展,提供了研究大样本的现实条件,而大样本研究的结论会更加接近于总体的真实结论。究竟如何使用数据,取决于研究问题的差异。

（二）研究设计避免遗漏重要变量

变量在统计分析中有重要价值。通过统计分析,观察变量之间的关系,发现规律。变量选取属于前置性任务,处理不当则直接动摇分析的基础,影响研究发现。

当前我国定量研究中还存在着遗漏重要变量的情况。例如,在一项对盗窃罪、故意伤害罪等认罪案件的刑事判罚情况的定量研究中,考察的变量包括案件审理程序、若干具体罪名、是否共同犯罪、犯罪记录情况、辩护律师参与情况和案件审理地点,经过多元回归分析后得出了一系列结论,其中一个是:认罪的被告人并没有因为简化程序的选择而得到量刑上的优惠。② 对此值得商榷的是:前述设置的变量没有纳入具体案件中的犯罪情节。该研究考虑了"共同犯罪"这一个刑法总则规定的情节,但是,收集的案例中的具体犯罪数额、暴力犯罪中的伤情级别、是否存在已经探讨的共同犯罪情节之外的其他刑法总则情节、分则情节等,与刑罚均有密切关联,却没有在定量分析中参与回归分析。所以,关于被告人没有从简化程序中得到量刑优惠的结论还需要夯实基础。最后,研究者自己也提出"样本的有限性和变量选择的局限性决定对该原理证明的力度和观察面还需要加强,更具普遍意义的结论还需要更大范围和更深层次的分析"③。又如,一项对1459个申请非法证据排除的案例的研究发现,"东南沿海地区非法证据排除案例比较多,以浙江、广东、江苏等为代表;中部地区非法证据排除案例数次之,以河南、湖南、四川等为代表;西部地区非法证据排除案例普遍较少,以西藏、新疆、青海、宁夏等为代表"④。针对这种地域分布,文章指出"中东部地区由于经济比较发达,被告人获得律师帮助的比例比较高;由于大多数刑事案件被告人都没有受过专门法律训练,因此,越是有律师介入的案件,提出非法证据排除申请的可能性越大"⑤。事实

---

① 白建军:《法律实证研究方法》,北京大学出版社2008年版。
② 参见李本森:《法律中的二八定理——基于被告人认罪案件审理的定量分析》,载《中国社会科学》2013年第3期。
③ 同上注。
④ 易延友:《非法证据排除规则的中国范式——基于1459个刑事案例的分析》,载《中国社会科学》2016年第1期。
⑤ 同上注。

上,影响提出非法证据排除申请的变量具有复杂性,而这项研究仅提到了律师帮助的因素,却未对这些非法证据排除申请的提出者是被告人还是辩护律师进行考察。而且,还有其他变量会对排非申请的提出产生影响,如被告人被控的罪名、是否认罪、有可能是非法获取的证据的类型、案件审理级别等。此外,各省刑事案件审结数量客观上并不相同,上网发布的比例如前所述也不相同,那么,此研究从网上查询文书以命中"非法证据"的数量作为计算的基础,并展开后续比较和分析,这一研究路径本身是有风险的。①

(三)对数据发现的解析

获得数据之后,无论是进行基本的比例计算等描述性统计分析,还是进行卡方检验、回归分析等获得的分析结果,都是从手中数据生发出来的发现,不能在自身范围内对这些规律和特征进行解释。法学研究的目标则尝试透过数据本身解析出数据背后隐含的更本质的内容,阐明数字所隐含的实际意义究竟是什么。科学哲学家劳丹曾经讲过:"如果说问题是科学思维的焦点,那么,理论便是科学思维的最终结果。理论在认识上的重要性在于,并仅仅在于它们为问题提供了合适的解答。如果疑难构成了科学问题,那么,理论即是对疑难的解答。理论的功能是消除含混性、化无规律为有规律以及声明事物是可以理解和可以预测的。"②显然,基于一定的理论功底和严谨的逻辑思维才能对研究结果做出妥当的解释。③ 此外,解析发现还需要关注下列方面:

一是在研究中扎根实务视角。以最高人民检察院发布的办案数据为例,"2020 年 1 至 3 月,全国检察机关共批准和决定逮捕各类犯罪 132914人,同比下降 41.8%;决定起诉 275450 人,同比下降 25.7%"。面对这种宏观数据趋势,可以想到的解读是,疫情期间,各项社会活动减少,全国人民基本居家,推测犯罪数量在整体上是大幅减少的,所以,这一数据应该是近两年特殊的社会现实在刑事案件数量方面的折射。而最高人民检察院给出了更加全面的解读:一方面,新冠肺炎疫情防控期间,有些犯罪的实施条件不具备,犯罪案件的发案数本身会降低;另一方面,司法机关办案也受到较大影响,所以办案数量会有较大幅度下降。从实务视角而言,不仅是办理对象的数量减少,办案工作本身也因为疫情受到限制,如在审查逮捕工作中,对于是否符合逮捕条件存在疑问的情况下,检察机关应当讯问犯罪嫌疑人,也可以

---

① 该文查找样本的方式:检索词为"非法证据",匹配方式为"精确",匹配对象为"全篇"。参见易延友:《非法证据排除规则的中国范式》,载《中国社会科学》2016 年第 1 期。

② 参见[美]拉瑞·劳丹:《进步及其问题》,刘新民译,华夏出版社 1999 年版,转引自乔晓春:《中国社会科学离科学有多远?》,北京大学出版社 2017 年版。

③ 参见乔晓春:《中国社会科学离科学有多远?》,北京大学出版社 2017 年版。

询问证人等诉讼参与人,听取辩护律师的意见等。那么,在疫情期间,实现上述办案要求的确会面临障碍。所以,统计涉及数据波动需要解读时,要求全面收集资料,深入调研,才能准确地还原真相。

扎根实务解读发现的必要性还有另一例证。前述的基于6692份裁判文书样本的"合理怀疑"专题研究中①,在实证分析部分得出的几个结论值得关注:(1)合理怀疑的适用最多的地域为广东,最少的为西藏,由此认为"适用案件量的多少与区域经济发展水平成正比";(2)合理怀疑的适用罪名集中在盗窃、故意伤害等10个罪名(共占全部的比例为92.2%),论文的解释为"这十大罪名的认定过程中存在巨大的合理怀疑的争议空间";(3)高级人民法院在对合理怀疑的适用比例偏高,说明"合理怀疑"与我国审级体制和再审程序存在紧密联系。(4)因为合理怀疑导致程序变动的案件占比偏低,这说明合理怀疑在司法适用中发挥的作用不充分。② 这些结论引发了一个前提问题:"合理怀疑"在什么情况下适用?

"排除合理怀疑"在我国从死刑案件切入,迂回突破,最终于2012年修订《刑事诉讼法》时增加,并适用于所有刑事案件。③ 由此,定罪证据是否确实充分、排除合理怀疑,是所有刑事案件在审判阶段需要面临的考量。所以,无论刑事裁判文书是否明确使用了"合理怀疑"这一表述,该案办理过程中都会考量是否"综合全案证据,对所认定事实已排除合理怀疑"。裁判者内心对证据的审查判断、综合考量、罪与非罪间的证据抗衡,都毫无例外地进行着,风险诉讼、留有余地的判决等正是此类心理活动的结果。④ 由此可见,研究以"合理怀疑"为关键词进行检索,将记载有"合理怀疑"字样作为案件中存在"合理怀疑"考量的依据,这一判断与司法办案实际差距甚大,论者继而分析存在"合理怀疑"表述的6692余份文书为何在地域、审级、罪名等方面分布上出现差异,但得出的结论在说服力方面还有欠缺。

二是全面收集相关背景信息。比如,在研究公开裁判文书中的信息保护问题时,看到2016年修订的《关于人民法院在互联网公布裁判文书的规定》

---

① 针对"中国裁判文书网"进行数据取样,时间范围为2013年1月1日至2016年12月31日,共涉及"合理怀疑"(以"合理怀疑"为检索词,下同)的总量为6692份,其中,2013年322份,2014年1801份,2015年2331份,2016年2238份。参见栗峥:《合理怀疑的本土类型与法理建构》,载《中国社会科学》2019年第4期。

② 参见栗峥:《合理怀疑的本土类型与法理建构》,载《中国社会科学》2019年第4期。

③ 参见李训虎:《排除合理怀疑的中国叙事》,法律出版社2019年版,第27页。《刑事诉讼法》具体条文为第55条:"证据确实、充分,应当符合以下条件:(一)定罪量刑的事实都有证据证明;(二)据以定案的证据均经法定程序查证属实;(三)综合全案证据,对所认定事实已排除合理怀疑。"

④ 这方面研究参见陈瑞华:《留有余地的判决——一种值得反思的司法裁判方式》,载《法学论坛》2010年第4期;胡云腾、段启俊:《疑罪问题研究》,载《中国法学》2006年第3期。

(以下简称裁判文书上网规定)第 4 条第 4 项规定:"离婚诉讼或者涉及未成年子女抚养、监护的"裁判文书不在互联网公布。有研究指出,"诸多离婚或涉及儿童抚养、监护类案件的裁判文书不符合仅公布案号、审理法院、裁判日期及不公开理由的规定,多数在匿名化处理之后公布了全文"[1]。那么,整体情形如何呢?经过数据挖掘,发现在 2017 年出现了明显降幅,如何解释数据波动呢?可以尝试作以下解读:一是每年度审结的"离婚诉讼或者涉及未成年子女抚养、监护的"案件绝对数量暂不可知,故此处的升降趋势仅作为参考;二是最高人民法院关于裁判文书上网的规定最早发布于 2013 年,当时未要求对这些类型的裁判文书不予公开,2016 年裁判文书上网规定修订时增加该项内容,逐步得到落实,可以看到自 2017 年起此类情形的文书数量大幅减少,2017 年较 2016 年减少 76.8%,2018 年和 2019 年的此类文书继续减少;三是 2016 年裁判文书上网规定第 16 条要求,此前发布的跟最新规定不符的文书,应该从互联网上撤回。"离婚诉讼或者涉及未成年子女抚养、监护的"裁判文书就属于这种情形。从此次统计来看,文书撤回规定的执行情况还有提升空间。

(四)法律大数据中的相关性与因果性分析

法学研究运用统计学方法分析大数据后可以呈现基本的数量和比例、数字,并对这些数量关系进行描述。而科学研究不仅仅需要描述发现,即解决"是什么"的问题,还需要进行解释性分析,即回答"为什么"的问题。如果数据分析的目标在于支撑决策的作出,那么,正确的决策不取决于数据描述,而是因果叙述。[2] 大数据时代下,变量间的相关性引人注目,相当一部分观点认为,"大数据分析是对给定数据集中变量的相关性归纳。知识发现的过程由技术和算法驱动,没有因果关系的介入。由此,大数据分析最重要的思维特征是"追求相关、放弃因果"[3]。

在法学研究领域,不解释因果几乎是不可能的。法律思维重视因果、强调因果。"在现代法治理论的话语下,法律思维和法律方法基本是普遍性优于特殊性、合法性优于客观性、形式合理性优于实质合理性、程序优于实体、理由优于结论、保守优于激情等分析进路,其中因果性占据着十分重要的地位,是建立在思辨的逻辑推理基础上思维方式。"[4]仅以法律个案的分析视角

---

[1] 齐凯悦:《互联网时代家事案件裁判文书的公开及其限制》,载《华东政法大学学报》2020 年第 1 期。
[2] 参见〔美〕朱迪亚·珀尔、〔美〕达纳·麦肯齐:《为什么:关于因果关系的新科学》,江生、于华译,中信出版集团 2019 年版。
[3] 王禄生:《论法律大数据"领域理论"的构建"》,载《中国法学》2020 年第 2 期。
[4] 马长山:《面向智慧社会的法学转型》,载《中国大学教学》2018 年第 9 期。

切入便可见,评议案件事实中的因果关系、法律上的因果关系属于司法思维的核心,行为、结果到责任的思辨过程中,对因果的分析莫不贯穿始终。

近代社会以来,探究因果性成为科学知识的终极目标。"尽管学者们在不同意义上使用因果、原因、结果等概念,但科学研究普遍相信'凡事必有因'……因果性的识别与判定(因果推论)是一项系统工程,要求研究者利用规范程序采集经验资料、定义和测量抽象概念(变量)、探索原因与结果的关联模式、识别因果关系的效应(方向)与机制(过程)。"① 在方法论层面,探究因果似乎走了一条比较曲折的道路。长期以来,与数据运算密切相关的统计学研究探讨概率、误差等问题,强调"相关关系不等于因果关系",但又未能解释"因果关系是什么",人们默认数学工具对于处理因果问题毫无用武之地,相信所有科学问题的答案都有待通过数据挖掘手段通过数据揭示出来。在过去的30年中,情况在逐步发生变化,流行病学家、社会学家、经济学家、统计学家接纳"数据远非万能"的观点,希望借助高度精确的数学工具对因果关系有所探寻。美国图灵奖获得者、毕生致力于因果关系科学及其在人工智能领域的应用的朱迪亚·珀尔教授将此称为"因果革命",因为业界不再将人类理解因果知识的能力排斥于科学之外,并且他已经运用名为"因果关系演算法"的数据工具使一些有关因果关系的棘手问题得以解答。② 因果关系的问题不仅依然重要,而且处于各个研究论题研究难度的最顶端,对因果关系的认知至少存在三个层级:一是通过观察寻找规律,即发现事物之间的关联;二是有计划地采取行动并预测行动的结果;三是假设采取了与之前不同的行动会怎样,以及追问"为什么",即进行反事实假设。从这个意义上说,无人驾驶汽车、语言识别系统乃至广受推崇的深度学习算法都处在因果关系之梯的最低层级。③ 随着对数据分析运用经验的积累、工具的丰富,探究因果关系的意识、能力都日益增强。历史、社会学、政治学等若干社会科学学科都在运用多样的建模工具探究因果关系。

或许数学专业术语和模型的挑战较高,但法学研究者依然可以用事例来厘清一些基本原理,感受因果关系问题的复杂性,从而在对研究的初步发现进行解释时更加谨慎。因果关系解释过程中经常遇到的挑战有三点:一是遗漏变量;二是简化因果关系模型;三是因果关系虚假,如辛普森悖论。以其中的辛普森悖论为例,假设有一项研究关注各年龄段群体每周的运动时间与体

---

① 孟广天:《政治科学视角下的大数据方法与因果推论》,载《政治学研究》2018年第3期。
② 参见〔美〕朱迪亚·珀尔、〔美〕达纳·麦肯齐:《为什么:关于因果关系的新科学》,江生、于华译,中信出版集团2019年版。
③ 参见〔美〕朱迪亚·珀尔、〔美〕达纳·麦肯齐:《为什么:关于因果关系的新科学》,江生、于华译,中信出版集团2019年版。

内胆固醇水平这两个变量之间的关系。研究发现,不分年龄层的全体人员运动时间越长,体内胆固醇水平越高。而如果引入"年龄"作为一个新变量,则会看到,在各个年龄层内部,随着 x 轴表示的运动时间的增长,y 轴代表的人体胆固醇水平都出现了下降的趋势。① 这种变量增加导致研究结论逆转的情况就是统计学上的悖论。

"观察到某件事"与"使某件事发生"之间存在区别。因果关系至少要涉及 3 个因素:一是要有方向性;二是要有时间滞后性,如果两个自变量和因变量处在同一时间线上,没有先后顺序,则反映不出因果关系,因为因果关系是引起与被引起的关系;三是要有实际的因果含义。② 总之,变量之间的因果关系在大数据时代依然重要,而且确认的难度较高。对此,研究者需要有清晰的认知。

(五)注重对数据提取的说明

大数据法学研究依托的是前所未有的大体量数据,需要遵循行之有效的方法与步骤,并逐渐发展为有共识的学术规范,且在行文中专门交待。对于数据分析的方法描述得含糊是个普遍存在的问题。这背后的原因可能是受期刊发文篇幅的限制,也可能是对数据提取说明的重视程度不足,认为是赘言。事实上,"越以研究数据为基础,越对研究负责,研究过程越透明,记录越完善,就越可能提高分析的可信度,提高整个学术界的总体认可度"③。在我国当前运用数据进行分析的法学研究成果中,有的是部分内容使用数据作为论据,有的则是以数据作为研究起点,后一种情况是本书关注的法律大数据研究方法,它尤其有必要详细交待数据的全方位信息。对数据提取过程的表层的、空泛的描述不利于对分析过程形成准确理解,不便于读者评价论述的可信度。数据使用者对于数据的质量进行充分说明,有助于避免读者对数据和结论产生困惑和质疑。故此应该引起重视。

第三节　对法学研究主体素质养成的影响

法学学科相对稳定甚至趋向保守,在社会发展进步中属于后续发力的角色。中国法律领域的大数据和人工智能的发展,很大程度上源于自上而下的部署。而客观上形成的裁判文书、庭审视频等海量数据,为观察"行动中的

---

① 参见〔美〕朱迪亚·珀尔、〔美〕达纳·麦肯齐:《为什么:关于因果关系的新科学》,江生、于华译,中信出版集团 2019 年版。
② 参见乔晓春:《中国社会科学离科学有多远?》,北京大学出版社 2017 年版。
③ 〔德〕伍多·库卡茨:《质性文本分析:方法、实践与软件使用指南》,朱志勇、范晓慧译,重庆大学出版社 2017 版。

法"带来了得天独厚的便利。美国法学家爱泼斯坦教授等指出:"法律评论中发表的绝大部分文章都会至少给出一些实证性观点,哪怕这并不是他们研究的主要目标"。① 这种实证倾向的法律分析,刚好可以从法律大数据中获得支持。

当法律大数据成为研究者面对的研究客体和可以依托的研究资料时,作为研究主体的法学研究者需要在意识、思维和知识储备等方面做出回应,从而更加适应法律大数据、人工智能时代的新情况、新特点。

一、数据思维养成

法学研究者要对现实中的数据培养敏感度,形成用数据说话的思维习惯。"研究者的作用是进行数据的收集、汇总和整理,让数据表现出规律,并作出结论。尽管这个结论是研究者说出来或者写出来的,但真正给出这个结论的是事实和数据,而不是研究者本人。"②

法学虽然专业性强、知识壁垒高,但也不是超越社会现实的存在。法学家萨维尼曾指出:"法律就是生活的全部,只不过是从一个特殊视角来观察而已。"③法律人运用逻辑和思辨方式解释法律规则和条文时,都离不开对社会现实的关照。科学的立法、妥当的司法都承担着将法律原则、法律概念还原到客观实相中予以理解的使命。由此,运用大数据开展法学研究,要求具备对理论、实务与数据进行贯通分析的能力。其中的关键是,把蕴涵着理论和假设的研究思路拆解为研究框架,使其中包含的法律概念、法律原则都能与数据形成映射,沿着理论——实务——数据的路径,在该研究领域的知识、理论的引导下,以适宜的方式运用法律大数据展开研究。为此,需要做好两个方面的准备:

一是面向领域理论引导的数据挖掘。苏力教授曾经谈到,社科法学研究者需要建构起自己的研究"田野",保持学术敏感性,否则,即便到了一个"田野",也会什么都看不到。④ 对法律大数据而言,如果观察实务时缺乏理论指引的思维转向,即便面对足够的高质量数据,也可能难以发现有价值的问题和结论,失于盲目和无效的"奔跑"。当前,通用领域中的技术主义所采取的从数据出发进行归纳、尝试发现知识的方式,在知识壁垒较高的法律学科中

---

① Lee Epstein & Gary King, A Defense of Empirical Legal Scholarship, *The University of Chicago Law Review*, Vol. 69, No. 1, 2002, p. 194.
② 乔晓春:《中国社会科学离科学有多远?》,北京大学出版社2017年版。
③ 〔英〕罗杰·科特威尔:《法律社会学导论》(第二版),彭小龙译,中国政法大学出版社2015年版。
④ 参见侯猛编:《法学研究的格局流变》,法律出版社2017年版。

是低效的、无效的甚至是偏误的。法律科技行业的某些应用产品与作为用户的司法人员的需求不匹配,很大程度上正是源于技术对法律领域知识理解程度的不足。所以,研究者的理论功底与其思辨和逻辑能力同等重要,以便能够娴熟地将本领域的理论与数据实际衔接起来。

二是面向客观真实的数据粒度,实现法律概念的操作化。与其他社会科学一样,法学实证研究面临对法律概念进行面向现实的"可操作化"任务,从而把理论中的概念与社会现实、法律实务中的实相进行对应。什么是概念的操作化? 美国著名社会学家艾尔·巴比教授曾举例说,界定"同情心"这个概念时可以指定若干指标,"在圣诞节和光明节期间访问医院就是同情心的指标;将落巢的小鸟放回鸟巢则是同情心的另一个指标……可以观察各项指标在每一个研究对象身上的表现"①,通过不同维度的观察,完成概念化的操作测量。此处是对概念在现实生活中的典型表现进行列举,有的可操作化则是将抽象程度高的概念进行降维拆解,与具体现象之间建立关联,进行测量,这对于面向大数据的法学实证研究是必需的。

立足法律大数据的研究,在很大程度上可以借鉴计算机学科,因为当前知识表示的数据化,实际上是将计算机工程与学科内容进行了一定程度的衔接。知识工程中,知识表示中的节点和边相互连接的模式属于"语义网"概念的表达,其中的节点表示实体、事件或值等,边表示对象之间的语义关系。语义网中的"关系"有多种类型,如实例关系(具体与抽象的关系)、聚合关系(部分与整体关系)、属性关系(如一个人的身高、年龄、体重等)等。② 运用大数据分析法律问题时,需要把处于高层级的法律概念拆解成下层细小的知识粒度。这一过程将研究框架中的概念与数据有机勾连起来。例如,研究个人信息保护中的"健康信息"时,就在这个节点设立实例关系,关联到体现健康状况的具体现实数据,如家族病史、住院志、医嘱单、检验报告、手术及麻醉记录、诊治情况、体检报告等繁复的信息,由此知识粒度变得具体细小。不同颗粒度的概念层层递进下去,形成数据之间的接力,发挥解析价值。数据支持下的法学研究提倡用数据说话,在概念与映射着概念的数据之间顾盼往返,实事求是地获得发现,小心谨慎地展开解析。

二、知识管理能力

大数据时代,法学面向的社会知识以前所未有的速度产生、流通、叠加,法律的出台、修订和完善更加频繁,大数据塑造了传统法学的新视角,也

---

① 参见〔美〕艾尔·巴比:《社会研究方法》(第十一版),邱泽奇译,华夏出版社2009年版。
② 参见赵军主编:《知识图谱》,高等教育出版社2018年版。

带来了既往知识框架难以涵括的新课题。法律人面向海量知识,可以借鉴计算机学科知识工程领域的知识图谱化路径,梳理和表示法学知识,实现高效、便捷的知识管理和调用。

目前日益丰富的法律科技产品就是立足于由知识图谱支撑的法律数据底层研发而成。① 大型的法律知识图谱是由众多法律要素组成的知识库。它把法律规定、法律文书、证据材料以及其他法律资料中的知识点,按照一定的法律逻辑连接在一起,形成概念框架。概念框架上的每一个知识实体或概念又分别与法律法规、司法案例、证据材料等挂接,从而建立起动态关联关系。② 具体的法学专题研究都可以构建自己的专用知识图谱,因为知识图谱体现的是一种知识储备与管理思路。大数据背景下法学研究所需要的数据思维,不仅指对数字和实证资料保持敏感度,还需要把研究主题系统化地拆解,由宏大理论、抽象概念关联到微观、具体的细节现实,从折射现实的数据中获得多维度的节点信息,支持分析论述。这一过程将使对研究专题发展出清晰的、落地的、可延展的知识体系,其更宝贵的价值在于,与计算机学科逻辑匹配,实现法学知识与知识工程框架的融合,由此可供研究者自身或者他人日后复用。

三、跨学科知识储备

法律大数据研究方法的运用,需要法学研究者向大数据、人工智能领域的专门知识和研发路径跨进,实现自身的学科跨越与知识复合。有学者在探讨司法人工智能时指出,它"显然已经难以再归属到传统意义上的人文社科当中,对其研究也需要更多的资金投入……需要革新将法学一概视为传统人文社科的视域"③。法律大数据作为训练研发人工智能的养料,也需要以跨学科的视角进行运用。

学科划分有助于深化认知,但过于严格的学科划分却会妨碍该领域的发展。社会科学内部的各学科在探寻世界本真的过程中发展出各自侧重的认识世界和解决问题的方法论体系。"这既是学科分工所带来的优点,即专业的纵深;同时亦是学科分工问题的症结,即探究综合性领域的孤力难支。"④每一个事物或现象,都有多学科价值。法学研究的一部分使命是回归法律的源起,立足全部社会活动这一"活水",把法学带入广阔的社会背景之

---

① 比较普及的法律人工智能产品包括量刑预测、类案推送、诉讼服务等。
② 参见华宇元典法律人工智能研究院编著:《让法律人读懂人工智能》,法律出版社 2019 年版。
③ 左卫民:《从通用化走向专门化:反思中国司法人工智能的运用》,载《法学论坛》2020 年第 2 期。
④ 刘一鸣、吴磊、李贵才:《空间理论的图景拓展——基于哈格斯特朗与布迪厄的理论互构研究》,载《人文地理》2019 年第 6 期。

中展开分析。

大数据时代,法学研究打破学科壁垒的发展趋势更加显著,会拓展到计算机科学等更加广阔的领域,如哈佛大学的加里·金教授所指出的,"大数据不仅仅是指数据,使大数据成为可能的,是同时产生的方法上的显著进步,这些方法是关于从数据中提取信息,创造、保存、分析这些数据,以及由此产生的理解个体、群体、社会如何思考和行为的方法"①。运用法律大数据开展研究的过程中,必须了解数据类型、文本结构、节点特征等知识工程内容,才能准确提取数据,服务于研究分析。而在分析方法上,传统法学多采用法解释学、价值分析等研究方法,大数据法学研究则往往需要"运用数据、数理模型、图形、计算机模拟等方式表述和分析法律问题"②。这一过程中,法律人自身向统计学、计算机学科拓展知识,也会带来跨领域、跨学科的合作。可以预见的是,大数据以空前力度促进多学科知识的交叉融合,法学领域的认知也将得以同步丰富乃至突破。

结　语

在研究领域,"较高的认知能力、抽象能力、推理能力是对学术工作者的普遍期待,不同领域的知识生产和传播有各自特殊的门槛,而包括社会学在内的所有实证社会科学的门槛是定性和定量数据的收集和分析能力"③。这刚好可以在大数据时代获得新的机遇和支持。大数据的核心价值在于助力发现新知。数据挖掘的目标和价值在于探求数据之间的关系,努力发现一定的规律,这一过程是具有哲学性质的定性分析与定量分析相融合的产物。借助大数据和人工智能发展的时代背景,法律学科有望加强对于实证研究范式的关注。当下,我国已经提出新文科建设的概念,我国多地高校也开始探索"新法科"的建设。法学研究进一步打开视野,不仅在法学二级学科之间开展融合,也与其他社会科学乃至自然科学增加合理适宜的交叉,必将有助于推动法科人素质的跃迁式发展,从而更充分地吸纳科技发展的成果,更有力地为社会治理贡献智慧。④

(本章作者:侯晓炎)

---

① 〔美〕加里·金:《重构社会科学:基于哈佛定量社会科学研究院的反思》,黄建军、杨文辉译,载《经济社会体制比较》,2016年第5期。
② 张妮、徐静村:《计算法学:法律与人工智能的交叉研究》,载《现代法学》2019年第6期。
③ 边燕杰:《理论导向的实证社会学研究》,载《中国社会科学评价》2015年第2期。
④ 参见王禄生:《论法律大数据"领域理论"的构建》,载《中国法学》2020年第2期。

第十八章 法律人工智能的未来

对于热情拥抱人工智能的中国法律人而言，在 AlphaGo 连续战胜李世石、柯洁之后，一个挥之不去的梦魇抑或梦想便是：有朝一日，AI 法官将取代人类法官坐堂问案！实际上，自计算机技术问世之时，有研究者便开始讨论法律推理是否可由机器进行。① 20 世纪 70 年代，Anthony D'Amato 提出人类法官是否应被机器法官取代以消除法律的不确定性的问题。② 此后，与此相关的讨论持续不绝，并最终上升到了哲学层面。反对者 JC Smith 认为，"电脑可以/应该替代法官"的见解是基于笛卡尔的"灵体二元论"和"莱布尼茨的谬误"，犯了智力可以独立于人体而存在的错误。③ 然而，从 20 世纪 80 年代惩教所认为开始使用的精算法决策④，到晚近美国刑事司法实践中对 COMPAS 等风险评估软件的大量应用，意味着这场辩论仍在延续，并在技术与价值等不同维度不断深入。在中国，以"睿法官""206 系统"等为代表的"类 AI 法官"亦在业界的鼓与呼之中开始发展。

这些软件在技术上以大数据、人工智能等统计概率型前沿技术为依托，在功能上辅助甚至力求取代法官决策这一核心职能，某种程度上可以被视为 AI 法官的雏形。实践中，法官常常会接受算法的结论，从而使算法本身成为"实质上的法官"。其兴起似乎预示着司法人工智能的未来已来。当然，也可以注意到，在这种热闹场景的反面，法律人工智能的先驱——ROSS 公司破产的新闻似乎又将这种美好的愿景拉回了现实。法律人工智能的未来究竟如何？对此需要作一番全面的审视。本书将对 AI 法官在以美国为典型代表的域外实践和理论研究进行重点关注，并对其在中国的实践状况和理论空间进行初步探讨，以求教于同人。

---

① See Bruce G. Buchanand and Thomas E. Headrickr, Some Speculation about Artificial Intelligence and Legal Reasoning, 23 *Stan. L. Rev.* 40, 40-62(1970).
② See Anthony D'Amato, Can/Should Computers Replace Judges?, 11 *Ga. L. Rev.* 1277 (1977), pp. 1277-1301.
③ See JC Smith, Machine Intelligence and Legal Reasoning, 73 *Chi.-Kent L. Rev.* 277 (1997-1998).
④ See M. Feeley and J. Simon, Actuaraial Justice: The Emerging New Criminal Law, *The Futures of Criminology*(1994), P173-201.

第一节 AI 法官的现状如何

面对裁判人工智能产品的迅猛发展,部分学者对其使用前景持相对乐观的态度,认为在算法进一步优化、计算机硬件进一步升级的背景下①,裁判人工智能在未来将获得更广泛的使用。这些人士不仅主张在案情简单、事实清楚的案件中运用 AI 法官进行裁判,也开始对复杂案件的裁判进行预测性评估分析,例如,通过对一国最高法院既往裁判数据的分析来预测其未来裁判走向,从而为当事人、律师做好诉讼准备提供帮助(尽管他们认为人工智能并不能代替法官或律师)。同时,乐观主义者认为在司法公正等价值层面,AI 法官相较于人类法官更具优势。一方面,法庭时常面临传统媒体和社交媒体施加的压力,而 AI 法官可以无视媒体或公众的期待,而将公众压力排除在决策考虑因素之外。同时,人工智能法官没有职务晋升或经济报酬的激励或压力,可以无偏见、无情感地运行。另一方面,AI 法官不知疲倦,具备更高的效率,而效率与司法公正在某种程度上密切相关。

然而,需要回答的问题是,AI 法官的运用现状与乐观主义者的预期是否吻合?就目前而言,其有限的实践呈现出什么样的特征?取得了怎样的效果?本书认为,可以从域外与国内两个方面进行初步的勾勒。

一、域外的现状

迄今为止,域外一些国家和地区已初见 AI 法官的身影。例如,荷兰一家私人化的在线法院自 2011 年起开始在债务追收诉讼中尝试实践 AI 独立裁判,AI 法官根据算法工程师在分析界定债务追收诉讼中的关键性裁判要素之后建立的裁判模型来做出判决。② 爱沙尼亚则从国家层面着手设计 AI 法官,试图将其运用于标的低于 7000 欧元的小额索赔诉讼裁判,以解决案件积压问题。双方当事人将各自的案卷材料输入裁判数据库之后,AI 法官会对相关材料进行分析并做出判决,当事人对 AI 法官所做判决不服的可上诉至人类法官。③ 除此之外,广义上的裁判型人工智能技术在一些英美法系国家

---

① See David J. Walton, Litigation and Trial Practice in the Era of Big Data, *Litigation* (2014-2015), pp. 55-58.

② See Henriette Nakad-Westrate, Ton Jongbloed, Jaap van den Herik, Abdel-Badeeh M. Salem, Digitally Produced Judgements in Modern Court Proceedings, *International Journal of Digital Society*, Vol. 6, Iss. 4, December 2015, p. 1102.

③ 参见陈志宏:《"数字国家"爱沙尼亚的司法信息化之路》,载《中国审判》2021 年第 2 期。

开始找到用武之地。晚近十余年,在美国刑事司法中,风险算法预测的运用面不断扩大,覆盖了刑事诉讼中保释、量刑、假释等多个阶段。从这种再犯罪风险评估技术及以其为基础的裁判型人工智能实践,大致可以看出当下 AI 法官实践的现状。

（一）AI 法官在司法实质决策领域初步开始运用

AI 法官开始在司法尤其是刑事司法的实质性决策领域,特别是在有关量刑和保释的裁判中获得应用。这种实际应用可以说是裁判人工智能从理论到实践迈出的重要一步。相比之下,似乎大多数国家还没有在这么大范围内开展裁判智能实践,而是仍停留于理论探讨或产品的初步设计、尝试适用阶段。例如,法国司法系统于 2017 年在雷恩和杜埃两家上诉法院进行了司法人工智能判决结果预测软件 Predictice 的试点。经过试点后,法国司法系统得出的结论是该软件无法判断案件中的细微差别,也无法充分考量一些案外因素。随后,法国立法机关颁布"法官画像"禁令,禁止基于法官身份的数据分析、比较、评估与预测,由此将法官判决结果预测限制在狭小范围内。[①]

需要注意的是,即便在智能风险评估工具被广泛应用的美国,最为关键的裁判领域——定罪或决定对诉讼请求支持与否的事项并未交给 AI 法官,在笔者看来,AI 法官能够适用于量刑、小额诉讼等领域,既是因为该领域的风险评估具有客观化的数据基础,也是因为基于算法的风险评估技术具有相当的定量性、科学性特征,算法可以胜任并帮助提高量刑效率和一致性,使量刑结果具备可信赖性。而 AI 法官不适用于定罪是因为这类事项涉及被告人刑事责任的具体承担或人身权利的剥夺,在传统上一直是法官裁判权力的核心内容。AI 法官不适用于定罪等核心事项的裁判,一方面,是因为此类决策一般由陪审团决定,其具有难以动摇的政治哲学支撑和公众的支持,AI 法官难以在其间找到用武之地;另一方面,在刑事案件"排除合理怀疑"的定罪证明标准下,内心确信的要求难以通过数字精准量化,并且在无法排除合理怀疑的情况下需要适用无罪推定原则,AI 法官难以满足此种高度主观性的证明过程的要求。一言以蔽之,AI 法官已经成为美国刑事司法的角色之一,但还未成为美国刑事司法的关键主角。

（二）AI 法官与定量实证方式等的方法论革新相关

AI 法官究竟如何运行?行内人惯用"算法"等标签性词汇进行阐释,这时常让外行人望而却步。对算法进行抽丝剥茧可以发现,其基本方式是统计学的线性模型,乃至包括机器学习式的算法应用。以前述荷兰电子私人法院

---

① 参见王禄生：《司法大数据应用的法理冲突与价值平衡——从法国司法大数据禁令展开》,载《比较法研究》2020 年第 2 期。

为例,软件工程师通过开发机器学习应用程序识别裁判决策的关键参数,从而对收债案件进行建模,这些参数包括 3 个不同领域:索赔(索赔额、到期日、到期日利息、与索赔额有关的百分比和比例、当事方的个人数据)、收债成本(传票令状的成本、私人和公共法院的诉讼费、在法庭上的代理费用)以及诉讼程序(法院的权限,被告就即将进行的法院程序得到适当通知的权利,援引公共法院的权限,遵守法院的仲裁规则,被告是否出庭以及请求权是否应因违法或不合理而被拒绝等)。这些参数构成了考量是否裁判以及如何裁判的关键性因素。

美国刑事司法实践中使用的风险评估工具均是在传统的量刑指南和相关量表基础上发展起来的。众所周知,美国的量刑指南制度要求法官根据几乎定量化的各种因素来确定被定罪被告人的具体刑期,甚至因此被批为机械化量刑①。因循这一传统,量刑中的风险评估采用"加权检查表"的形式,根据输入值与未来违法行为的统计相关性(通过再次逮捕或再次定罪衡量)来打分,风险分数便是这些分数的总和。这种简单模型仿效了量刑指南指引下的量刑量表,将带有数据化特征的量刑量表这一裁判辅助工具发扬光大。但促使风险评估工具获得重要发展的实际上是统计方法的介入。具体而言,根据其使用的统计方法可将风险评估分为简单的风险评估和复杂的风险评估两大类。简单的风险评估技术并未利用非线性或交互关系,但具有整数权值和少量输入的简单统计评估工具便可以在不少领域与复杂预测模型的精确度相匹敌。有研究发现,仅考虑被告人年龄和先前未能出庭这两个特征的简单风险评估规则得出的再犯罪风险预测结果,与包含所有 64 个可用特征的机器学习模型(随机森林和 LASSO 回归)的运算结果几乎完全相同。而复杂的风险评估技术,如 COMPAS(其可以包括 136 个输入变量),主要通过标准回归模型运行,但它结合了更先进的机器学习模型。② 总之,以美国刑事司法实践中被广泛应用的再犯风险评估工具为代表的 AI 法官是对人类法官决策经验的收集、总结和模式化。换言之,其基本模型是经验式的,基于司法大数据,面向实践去收集、分析、建模量刑数据是其运作的前提。所以,这种通过分析、使用数据以作出决策的风险评估工具本质上是较为简单或复杂的实证方式;相反,现在美国学者分析风险评估工具时所用的研究工具才是机器学习的方式,这是否意味着未来风险评估工具的改进、发展也会更加复杂化呢? 值得进一步观察。

---

① 彭文华:《美国联邦量刑指南的历史、现状与量刑改革新动向》,载《比较法研究》2015 年第 6 期。

② See Beyond Intent: Establishing Discriminatory Purpose in Algorithmic Risk Assessment, *Havard Law Review*, March 10 ,2021, pp. 1760-1781.

(三) AI 法官与数据分析的认识论转型相关

AI 法官的算法形成仰赖于海量数据的"投喂",这必然要求建立一个以数据分析为中心的 AI 法官认识论体系。以美国弗吉尼亚州为例,该州曾制定了将 25% 的非暴力罪犯从监狱转移出来的目标。风险评估被视作达成这一目标的重要方法,由弗吉尼亚刑事量刑委员会(VCSC)在 20 世纪 90 年代末为非暴力罪犯开发并试验。其通过对 1500 名判处非监禁刑以及刚释放非暴力罪犯相关数据的随机抽样分析,预测哪些被告可能会在回归社会后 3 年内再次被判处重罪,它的输入值包括定罪指控的内容、有无其他违法行为、性别、年龄、就业、婚姻状况、最近的逮捕、监禁以及重罪前科等记录。① 这些数据都存在于既往的裁判资料中间,VCSC 所做的便是收集、转换、分析这些资料中的数据。所以,以既往的司法实践为基础,观察、提取数据,总结既有决策的模式,以此作为未来 AI 法官决策的基本依据,是所谓算法裁判的根本前提。需要指出,这种算法并非一蹴而就,而是经过实践试错进而不断修正完善的,这种修正工作也表明算法本身需要根据实践不断发展。

还要明确的是,算法也有多种类型。在美国刑事司法的再犯风险评估实践中,不同的科技公司开发了不同的算法,COMPAS 只有若干州在使用,其他州也有类似的算法。这些系统的原理近似于中国尝试过的计算机量刑,在明确量刑规则之后由计算机来计算量刑结果,实际上也可以视为信息化的量刑规范化改革。

(四) AI 法官是"自动化司法"的呈现

AI 法官体现的是一种"自动售货机"式的决策模式。在将司法决策经验用统计学的方式抽象、建模后,法官及其助手所要做的是发现、确定与案件裁判相关的关键因素,然后让算法一一打分,最后由 AI 法官算出总分并将其归入不同等级,得出是否以及如何处理的建议。事实上,法官并未参与结论的形成过程,且一般直接采纳算法的结果。美国已有一半以上的州在司法实践中利用风险评估软件来辅助法官量刑②,可以认为,实现韦伯构想的"自动售货机"式司法似乎终于在百年后看到了一线曙光。

除使用算法进行司法决策的直接性运用外,依靠人工智能进行裁判预测的间接性运用也开始出现。裁判预测主要是根据既有裁判结果对法官的裁判模式进行建模,据此预言当下和未来的裁判可能。例如,弗吉尼亚理工大

---

① 参见翟中东:《危险评估与控制——新刑罚学的主张》,载《法律科学(西北政法大学学报)》2010 年第 4 期。

② 参见李本:《美国司法实践中的人工智能:问题与挑战》,载《中国法律评论》2018 年第 2 期。

学发现分析中心的研究人员通过数据驱动结构的机器学习,对美国联邦最高法院的历史裁判进行分析,以此预测联邦最高法院的未来判决。算法通过仔细分析裁判文本,计算每个与争点相关的话语,评估其权重,分析不同法官对其关注程度,然后参照其表决,判断文字表述的实际意义。最终,AI 可以发现不同法官的裁判立场与观点,评估其未来态度。由此,AI 预测最高法院未来裁判的准确率达到了 79.46%。① 当然,由于这些预测性裁判相当程度上只是一种"智力游戏",并非直接的司法实践,所以其说服力始终不如直接的 AI 法官实践,因此,还是需要将关注点放到实践中的算法上。

基于上述种种,笔者基于美国刑事司法实践的文献考察,认为实践中所谓的 AI 法官裁判机制尤其是类似的风险评估算法有如下 2 种效果:

第一,风险评估工具的使用具有有限性。例如,梅根·史蒂文森(Megan T. Stevenson)和珍妮弗·果莉(Jennifer L. Doleac)对弗吉尼亚州法官使用风险评估的结果的研究发现:非暴力案件中有近一半(44%)的法官遵从分流建议,但依然有不少时候未使用风险评估算法。如何判断法官是否使用了风险评估工具?两位研究者的主要方法是观察风险评估中得分高于或低于临界值是否会引发不同的量刑建议。通过使用断点回归方法,他们发现,风险得分恰好低于临界值的非暴力犯罪者(几乎没有接受分流建议),被监禁的可能性降低了 6 个百分点,刑期比那些风险得分高于临界值的犯罪者短了约 23%。风险得分刚好高于相关临界值的性犯罪者(没有扩展量刑建议的上限),被监禁的可能性高了 6 个百分点,刑期比风险评估分数较低的被告要长 34%。② 据此可以合理认定法官采用了风险评估算法的结果,否则,难以解释风险得分处于风险评分临界值上下时量刑的巨大差异。

第二,风险评估工具的效果具有有限性。风险评估是否会对一些重要问题的处理产生显著影响?整体而言,研究结果显示风险评估工具的使用会导致处理问题的差异,但差异程度不一。仍以 Megan T. Stevenson 和 Jennifer L. Doleac 的研究为例,通过重点分析年龄和种族因素对非暴力风险评估的影响问题,两位研究者发现即使考虑到量刑建议时的随机误差,年轻被告的风险得分也比年长被告高得多,黑人被告的风险得分也比非黑人被告高得多。因此,可以说,风险评估工具的使用在某些方面会导致差异。例如,风险评估的使用对年轻人产生了不利影响。基于"三重差分法"研究设计,他们发现风险评估的使用使年轻被告(相对于年长被告)的入狱概率增加了几个百分

---

① 参见左卫民:《关于法律人工智能在中国运用前景的若干思考》,载《清华法学》2018 年第 2 期。

② See Megan T. Stevenson & Jennifer L. Doleac, Algorithmic Risk Assessment in the Hands of Humans, *Social Science Electronic Publishing*, April 21, 2021, p. 2.

点,而刑期长度则相对增加了10%左右。不过,将这种增长与如果法官完全遵守与该算法相关的量刑建议将会发生的情况进行比较,研究者发现这种差异似乎没有想象中那么大。因为完全依从算法建议会导致年龄差距更大:监禁的可能性相对增加15个百分点,刑期长度相对延长。[①]这说明法官们利用自己的自由裁量权从轻判处了年轻被告,从而减少了对年轻人的不利影响。此外,尽管其标准误差不能排除对部分黑人被告(相对于白人)适用更长刑期的可能性,但没有直接证据表明风险评估的使用大大加剧了全州范围内的种族差异。

基于上述分析,在一定程度上可以认为AI法官在美国刑事司法实践中已经出现,但其扮演的更多是一种补充式的角色,距离主角的地位尚远。

二、我国的现状

纵观当下的中国司法实践,中国在AI法官方面的实践某种程度上可以视为是一种"弱形式"的AI法官应用,具体来看呈现出以下3个特点。

(一)AI法官尚未在实质性审判领域进行应用

在我国,智能化技术尽管为突破诉讼服务困境提供了可能[②],但人工智能并未在审判决策的重要环节(更具体来说是在量刑环节)发挥实质性作用,而在非关键性的环节中已经开始提供辅助。例如,作为完整的刑事智能辅助办案系统的上海206系统、具有智能量刑辅助功能的北京高级人民法院睿法官系统,尽管在整体上这些应用没有实现常态化、规模化,但"智慧法院"建设在一些关键性的决策事宜上推进裁判智能化尝试,如对实体裁判的预测与监督。因此,在某种程度上可以将其视为是一种"弱形式"的AI法官应用。

实体裁判预测是指人工智能系统对海量裁判文书进行情节特征的自动提取和判决结果的智能学习,建立具体案件裁判模型,根据法官点选的关键词或提供的事实、情节,预测在审案件的实体裁判,这似乎可以视作"弱"意义上的裁判智能,尽管其不构成对法官决策的拘束力,但仍有可能对法官的裁判决策产生一定的影响。同时,人工智能系统在预测的同时还会自动统计、实时展示同类案件裁判情况,推送更为精准的相似案例,供法官参考,同样可能影响法官的裁决决策。所以,所谓的类案类判推送系统也可以视为广

[①] See Megan T. Stevenson & Jennifer L. Doleac, Algorithmic Risk Assessment in the Hands of Humans, *Social Science Electronic Publishing*, April 21, 2021, p. 3.
[②] 周佑勇:《智能技术驱动下的诉讼服务问题及其应对之策》,载《东方法学》2019年第5期。

义上的 AI 法官,因为它完成案件间的比较与含蓄的处理建议。

而实体裁判的监督是指对于"同判度"较高的类案,形成预测性判断,若法官制作的裁判文书判决结果与之发生重大偏离,系统将自动预警。例如,苏州法院系统的人工智能系统据称不仅能够统计类案的裁判模式与结果,还能针对当下案件根据历史裁判模型模拟裁判,如果法官制作的裁判文书判决结果与之发生重大偏离,系统将自动预警,方便院庭长行使审判监督管理职权。①

(二) AI 法官是基于知识图谱式算法而非定量实证的方法论革新

我国法律从业者、法律科技公司在谈及 AI 法官时,往往将其与知识图谱式的算法相联系,从现有实践来看,这种知识图谱式的算法存有"自上而下"和"自下而上"两种典型的模式②,但不论属于何种模式的构建基本上未使用以统计学为基础且时常扩展到机器学习的算法。即便在一些 AI 法官系统的算法生成过程中使用了数据进行训练,但这种意义上的数据使用,并非如同域外一样是利用统计学、数学的原理,对数据加以分析的实证方法运用,而是完全服务于知识图谱生成、训练的工作需要,本质上只是生成知识图谱的工具而已。所以,在理解、使用 AI 法官的基本工作机制的迥然相异,从而也导致几乎完全不同的研制机制和实践状态。实际上,区分中外 AI 法官的重要标志便是有没有使用统计学基础上的机器学习尤其是最新的深度学习算法。在此意义上,与深度学习算法相关的神经网络同所谓的知识图谱应用有着完全不同的效果。顺带要指出的是,AlphaGo 的成功很大程度上归因于神经网络,而相较之下知识图谱是有本质缺陷的,中国大部分所谓法律人工智能均为知识图谱式,据此难以打造能在实践中充分应用的 AI 法官。

(三) AI 法官是规范取向而非经验模式

我国研制 AI 法官的基本模型一般是规范取向的,它着眼于使用知识图谱对立法、司法解释等规则进行提取和分析,构建一种规范式而非经验式的裁判模式。换言之,AI 法官的"训练集"并非行动中的"案例集",而是书本上的"规则集"。最终产出的不是具有"实践理性"的 AI 法官,而是"被规训了的" AI 法官。规范取向的后果便是其很可能不适合丰富、多样的实践决策模式,从而无法得到实践者的认同。

就效果来看,上述努力、尝试并不意味着中国司法领域的人工智能运用已经获得了实质性的突破。事实上,一些裁判人工智能产品的效果不理

---

① 参见徐清宇:《智慧审判苏州模式的实践探索》,载《人民法院报》2017 年 9 月 13 日,第 008 版。
② 王禄生:《司法大数据与人工智能开发的技术障碍》,载《中国法律评论》2018 年第 2 期。

想,或被长期搁置以至于难觅踪迹。笔者在成都市有关法院调研类案类判系统时曾了解到,一些法官表示法院提供的类案类判系统存在明显问题,如类案相似度不高,难以提供精准的类案;类案范围不够广阔,局限于部分省份的类案;类案的时间不延续,往往集中于若干年份等。这使类案类判系统无法充分发挥关键性的参考作用,法官要么不用,要么不得不寻求外援。同样,前面提及的江苏智慧审判系统的应用情况似乎也不太理想,江苏基层法院的部分法官甚至表示并未使用该系统。

第二节 AI 法官的应用障碍

整体而言,无论是域外还是国内,AI 法官都未得到广泛应用,特别是难以在关键性裁判决策中应用,而且在中短期内或许都较难全面推开。对此种状况的出现,我国理论界也有一些初步的讨论。例如,何帆认为,现在谈 AI 法官是无稽之谈,法官"需要的智慧和智能,第一要务还是辅助和服务法官办案,而不是替代司法裁决、淘汰办案法官。"[1]吴习彧认为,人工智能难以胜任知识覆盖面大、技术含量高的司法工作,更可行的做法应是建立一种人机结合的司法裁判智能化辅助系统。[2] 笔者也持类似的看法,[3]并认为正是下述四点障碍使至少中短期内 AI 法官在关键性裁判决策中很难被普遍实际应用。

一、社会认同障碍

是否接受"AI 法官",这本质上是一个社会认同问题。而当下的状况是 AI 法官仍缺乏社会认同的基础,并且中、短期甚至长期也难以达至共识。为何出现此种境况?这源于审判的历史传统。观察历史变迁,由谁来承担裁判职责是人类社会在长期演变进程中逐渐自然选择的结果,其经历了一个由"非人裁判"到"人类裁判"的演变过程。一千多年前,罗马教皇召集主教会议,决定废除"神明裁判",实行"法定证据裁判"。自此之后,审判等法律决策活动一直是特定人群——行政长官或者法官的专属权力。裁判权从"神"传递到"人"并获得人类社会认同这一重大的变革不仅经历了漫长的时间,而且是人类认识、改造世界的能力进步,政治、经济、文化发展等各种主客

---

[1] 何帆:《我们离"阿尔法法官"还有多远?》,载《浙江人大》2017 年第 5 期。
[2] 参见吴习彧:《司法裁判人工智能化的可能性及问题》,载《浙江社会科学》2017 年第 4 期。
[3] 详细观点参见左卫民:《如何通过人工智能实现类案类判?》,载《中国法律评论》2018 年第 2 期。

观因素交融的结果。而是否可以、可能将裁判权从"人"还给"机(神)"——从某种意义上而言,当人们对人工智能高度信任之后,是不是返回到了神明裁判时代,只不过是"技术神"替代了宗教神?裁判制度再次重大变革的"未来"是否"已来",取决于人类特别是法律人、当事人是否选择相信智能机器。长期以来,法律经验经由人类开放的辩论与长久的累积而达至,并以当事人与社会可接受的方式表述。然而,人工智能是一种由智能机器(尽管人类在其中深度介入)分析数据,基于数据关联性而构建的另类的客观化决策模式。这种模式需要法律人、当事人以及更重要的是公众的认同。虽然短期而言,算法不透明,只为少数专业人士所认知,但一旦这一问题为公众了解之后,AI 法官要获得公众的认同将与人类法官一样困难。

二、技术发展障碍

就目前人工智能技术发展程度来看,中、短期内 AI 法官仍难以匹敌人类法官的智慧。这主要体现在两个方面:

一是人类法官处理案件的过程蕴涵着 AI 法官难以习得的情感与智慧,特别是在一些涉及对人性复杂性进行考量的案件中,人类法官对人性进行思考、权衡、把握的过程对于案件裁判结论的形成起着至关重要的作用,但这些思考、权衡、把握却难以形成文字并记载在裁判文书——AI 法官据以学习的基础数据材料当中,即使记载了,但同样鉴于人性复杂性的原因,不同的法官个体对人性的思考和判断却远不如其对法律文本、原则、精神的理解一样,存在着大致的群体接近性。在漫长的法制史中,许许多多的优秀法官之所以青史留名,很大程度上不是因为其对法律本身的理解如何精深,而是因为其对人性的独到把握。例如,传说中的所罗门王曾设计与评判过"二妇争孩案"①,面对此类案件,AI 法官是否能和人类法官一样情理并用?目前,对于人类法官审判智慧与经验的归纳尚待时日,需要经验数据来"喂养"的 AI 法官短期之内更难言超越。尚处于萌芽的裁判人工智能是一个长期且极为耗费资源的工程,既需要更多既懂法律又懂人工智能的复合型人才人加入,也需要有海量数据与资料供 AI 法官深度学习人类法官在裁判过程中对情感、价值、态度的把握模式。目前以美国刑事司法过程中广泛实践的再犯风险评估技术为代表的裁判人工智能模式仍然只是一种统计型、经验型的弱人工智能,而中国当下的裁判人工智能偏向有着天然缺陷的知识图谱式,更

---

① 在该案中,两名妇女为了争夺一孩子发生了争吵。所罗门为了判别孩子的归属,假意要将孩子劈为两半,二妇女各执其一。听闻此法后,孩子的亲生母亲表示为了孩子的性命宁愿不要孩子,而另一名妇女则大喜过望。所罗门王据此立即判断出了孩子的亲生母亲。

属于材料准备型、文字模板型的弱人工智能,效果有限甚至低效,且适用范围窄。

二是,AI法官学习模式所必然导致的滞后性难以适应人类思维方式的变化。众所周知,人类的思维与认知是不断发展变化的,对于法律的认知亦不例外。而AI法官的学习模式是以模仿为基础,申言之,裁判人工智能像是嗷嗷待哺的婴儿,期盼着优秀数据、成熟算法进行模仿学习。但中国裁判人工智能的学习模式面临着两个突出的问题:其一是在学习模式上,几乎没有成熟的算法模式,即或号称采取了知识图谱的半监督学习方式,其实际展开程度与产品成熟程度还处于较为"低幼"的状态,此种方式的显著特点是"有多少人工方有多少智能";通过优秀专家归纳、总结法律规范、法律案例,将其转换为节点——边——节点的表示知识和事实的陈述语句,在此基础上应用统计学方法包括机器学习归纳、总结司法实践中的数据,并构建现实的裁判模型。可以说,我国目前市场上大多数人工智能产品的开发者都未能很好地解决如何表示、总结、阐释裁判模式的难题。其二是在学习基础上缺乏优质的数据供给,裁判人工智能产品既不是基于全样本,也没有重点研究优秀样本,这意味着作为基础的数据既不能代表平均值,也无法推断最优值。甚至,无法确定会不会出现人工智能领域经典的"垃圾(数据)进,垃圾(算法)出"的问题。因此,以学习和模仿为基础的人工智能无法同步,更遑论超前人类的思维发展,甚至反而会阻断这种发展。一言以蔽之,即使AI法官具备了较强的学习能力,但面对学习对象的动态变化也可能束手无策。有学者便指出:"法律的特征是深度不学习,在难以彻底还原事实真相时,仍需要由法官采取不学习的态度对案件作出终局裁决。"[①]从这个意义上讲,法律的特性便与人工智能深度学习的发展模式相背离。

三、司法伦理障碍

AI法官面对的司法伦理障碍存在以下两个方面:

第一,算法黑箱与司法的程序性、公开性理念相背离。人类法官决策是由一整套理性化、程序化、公开化的机制作为载体的,法官的裁判听取并依赖于当事人双方的举证、质证、辩论。程序正义是法官决策的基础,程序的公开、透明则是程序正义的基本要求之一。目前所有的AI法官似乎均缺乏一整套科学、公开、标准的程序机制来推行。如果由一个缺乏正当性的AI法官来裁判,得出的裁判结论必然导致对公众说服力不足、社会认同度缺乏。

[①] 余成峰:《法律的死亡:人工智能时代的法律功能危机》,载《华东政法大学学报》2018年第2期。

同时,AI 法官裁判的实践在程序、机制、结果等方面均显示其相对于人类法官裁判而言,既缺乏程序公正性,也缺乏更优的实体公正性。实际上,谁来输入案件信息,输入什么信息,如何进行信息的分析,如何做出与人类法官裁判一样甚至更好的判决,这些在 AI 法官运用于司法裁判之前需要明确的问题都还没有得到有说服力的回应。实践中应用的所谓预测性裁判或建议性裁判似乎只展示了一个简单的结论,而非一个有论证过程的理性证明;相反,诸如使用了何种算法,其运算逻辑如何展开,还往往沦为开发裁判智能产品的科技公司的保密知识产权,拒绝被公开。① 同时,许多时候机器归纳的裁判模式、裁判标准可能连操控主体也难以理解,宛如算法黑箱,就如人类时常无法理解"AlphaGo"的围棋招式一样。最为关键的,是此种算法黑箱在现有技术条件下,难以通过可视化、可理解的方式予以解决,致使这一问题成为司法上的死结问题。

第二,算法歧视与司法公正性理念相背离。人们普遍认为,未来行为的最佳预测者是过去的行为,而作为 AI 法官技术基础的算法,正是基于过去行为的判断,那么,使用这种算法是否公正呢?② 一种较为普遍的观点认为,虽然算法可能比人类决策者更高效、更精准,但算法广泛运用所具有的不透明性可能引发算法不平等。③ 事实确实如此吗? 有研究便指出,美国刑事司法系统中广泛使用的犯罪预测算法不仅不准确,还具有相当的歧视性,证据显示,黑人的再次犯罪风险更容易被高估,而白人的再次犯罪风险则更容易被低估。尽管种族本身并非生成这一风险评分的特征,但算法实际使用的特征(有关工作职位、家族犯罪史之类的信息)可能与种族密切相关④,因此根据 COMPAS 累犯评分来预测是否再次逮捕,可能产生带有种族偏见的结果,这种基于数据的预测似乎并不能充分保障决策的公正性。这些研究有助于理解一个更大的问题,即数据驱动的算法是如何强化和恶化社会中业已存在的不平等的。

John Monahan 等学者的研究则进一步指出,算法本身的公平性可能还需要提升。其在美国招募了约 300 名法官并将其随机分成四组。每一组法官

---

① 有研究甚至认为,即使这些算法向公众披露,对普通人而言毫无意义,即便是专业人士,仅凭对代码的校验,也很难对算法行为进行预测。See JA. Kroll, J. Huey, S. Barocas, et al. , Accountable Algorithms, *University of Pennsylvania Law Review* 633(2017).

② See Beyond Intent:Establishing Discriminatory Purpose in Algorithmic Risk Assessment, *Havard Law Review*, March 10, 2021.

③ See J. Larson, S. Mattu, L. Kirchner and J. Angwin, How We Analyzed the COMPAS Recidivism Algorithm, ProPublica(2016).

④ 〔美〕凯伦·杨、〔美〕马丁·洛奇:《驯服算法:数字歧视与算法规制》,林少伟、唐林垚译,上海人民出版社 2020 年版。

会看到大致相同的案情并依此判决嫌疑人是否需要服刑。差异在于嫌疑人的社会经济状况好坏程度不一以及是否使用了算法结果。研究发现,算法使法官对贫富差距的观感发生了"倒转"。在不展示算法的情况下,法官倾向轻判社会经济状况较差的嫌疑人;在展示算法场景下,法官则倾向重判社会经济状况较差的嫌疑人。研究认为,未使用算法时,法官侧重嫌疑人的可责性;获示算法后,法官的关注点相应地转移到算法强调的"再犯风险"上。这一裁判思维的转移,客观上可能扩大阶层间的不平等。①

显然,作为现代社会对法庭程序根深蒂固的期望,司法公正往往挑战着 AI 法官。人类法官基于自己的人生阅历,有着不尽一致的思维,这种差异难免反映在他们的司法决策上。AI 法官能比人类法官更客观地发挥作用吗? 鉴于人工智能裁判所依据的数据基础往往可能存在偏见等问题,这一点难以判断②。更重要的是,人们期待法庭判决能够详细推理,这恰好是 AI 法官的短板,其是法律"黑匣子":由人发送输入指令,然后通过一个未知过程得到输出:即只是给出一个类似陪审团裁判的是或否的结论,而非一个长篇大论的判决书,就如同 AlphaGo 只下棋,不解释一样(某种程度上甚至不如 AlphaGo,因为机器棋手也会显示其每一步的胜率)。而这种"黑匣子"意味着受决策影响的个体难以知晓决策的形成根据,也剥夺了其表达意见或反驳决策的机会,而在常规的人类法官决策中,在受到质疑时,决策者至少可以清楚地陈述作出决策的理由。③ 所以,有些研究者甚至认为机器推理只不过是"用代数方法处理先前获得的知识以回答一个新问题"④。然而,社会公众一定会要求未来的自动裁判系统做出"决定的解释",其涉及特定结果的原因或合理性且应该为人类所能理解,能够洞察哪些输入对输出具有决定性或影响力。它应该包括决策的主要因素,并提供两个相似的案例具有不同解决方案的原因。⑤ 显然,这对于人工智能系统而言是一个尚未解决的重大技术难题。

---

① See J. Skeem et al. , Impact of Risk Assessment on Judges' Fairness in Sentencing Relatively Poor Defendants, *Law and Human Behavior*, Vol. 44, No. 1, 2020, pp. 51-59.
② 马长山:《司法人工智能的重塑效应及其限度》,载《法学研究》2020 年第 4 期。
③ See M. Veale and L. Edwards, Clarity, Surprises, and Further Question in the Article 29 Working Party Draft Guidance on automated Decision-Making and Profiling, *Computer Law & Security Review* 398(2018).
④ L. Bottou, From Machine Learning to Machine Reasoning, *Machine Learning*, 2014, pp. 133-149.
⑤ See Finale Doshi-Velez et al. , Accountability of AI Under the Law: The Role of Explanation, *Social Science Electronic Publishing*, 2017. pp. 1-21.

第三节 AI 法官的发展

展望未来,司法领域还可能打造并使用优秀的裁判人工智能吗?事实上,尽管人工智能法学研究空前繁荣,但距离强人工智能时代的到来尚有距离。笔者认为,无论是在我国,抑或是在域外,AI 法官均难以在中、短期内得到普遍的运用。但是,个中缘由却有所不同。

在域外尤其是美国,由于科技基础等因素,司法人工智能的研发进展较为前沿,也出现了诸如前文所提及的司法人工智能产品。但为何尖端科技并未广泛地运用?这或许反映出客观性因素并非决定性作用,AI 法官难以大规模运用更多源于理念性因素,即将人工智能运用于裁判活动的一种主观性反对。申言之,在域外国家的司法传统观念中,司法活动的公正性、专业性是由人类法官所独享的能力,技术的发展并不必然带来司法公正性与专业性的提升,反而会由于算法黑箱等不透明因素使公正性大打折扣。正如某域外学者的总结,基于对正当程序标准与技术的审视,需要谨慎面对机器人取代人类法官并满足人们对可解释性和公平性期望的结论。[1]

而在我国,更为重要的原因可能在于尚未开发研制出能够满足司法活动特殊需求的人工智能产品,在此种客观因素之外,不可否认的是,我国当然也不乏对人工智能介入司法活动尤其是裁判活动的反对之声,但整体而言,法律界对于人工智能的接受程度是高于域外的,从司法机关频频举办或参与各种关于人工智能的研讨活动、与科技公司的合作开发便可见一斑。[2] 只是实际的人工智能产品适配性未能跟上这种热闹话语的步伐,才导致了在实践运用当中的"冷遇"。

当然,在难以普遍化运用的前提下,笔者也认为,在中国,AI 法官也许在非常有限的范围内,就相当有限的问题,在可以预见的中期内能有一席之地,但具体实施还有赖于下述相关问题的妥善解决。

一、形成对于人工智能的合理预期

应当降低对裁判人工智能应用领域的预期。必须明确,类似预测或裁判

---

[1] See Pedro RUBIM BORGES FORTES, Paths to Digital Justice: Judicial Robots, Algorithmic Decision-Making, and Due Process, *Asian Journal of Law and Society*, Vol. 7, Iss. 3, 2020, pp. 453-469.

[2] 关于我国官方对于法律人工智能的主动,一个重要的现实原因可能在于我国高度依赖卷宗的审判传统。而这种基于文字的审判方式,高度契合了人工智能的学习模式,即卷宗的存在为人工智能广泛收集数据进行深度学习提供了优厚的基础条件,而域外尤其是英美法系国家在审判中对于言词证据更加青睐,因而缺乏了卷宗为人工智能提供的数据前提条件。

的人工智能是目前技术上最为复杂的也是最难以突破的。为何我国类案推送系统不太成功,原因在于,区分、评判相似案件所要求的数据量、算法、模型构造需要依靠人类法官和工程师的长期实践。在人工有限、智能不足的当下中国司法人工智能浪潮中,如果还要对裁判智能有所期待,笔者以为现实化、低标化应该是不二选择。如同 AlphaGo 适用于围棋这类规则清楚、边界明确、信息充分的场域一样,裁判人工智能的运用领域应当是信息客观性强、易于获得,同时,案件事实清楚、适用法条清晰的简单案件,而对复杂、模糊案件的裁判仍须倚重法官的专业智慧。前述也指出,当下存在"算法局限"与"裁判扩张"之间的矛盾,但人工智能在司法中的使用受限于技术条件,只能解决司法裁判中的某些具体问题,还难以贯穿于所有案件与所有诉讼环节。具体而言,在刑事案件中,盗窃、抢劫、酒驾等案件较为适合运用人工智能,因其比较倚重数据化的定罪、量刑标准,这可以为 AI 法官所收集、分析、建模并以"自动售货机"模式进行裁判;相反,职务犯罪、经济犯罪、杀人等案件的处理标准相对复杂、多样,往往还要对证据进行甄别,个案特殊性较强,因此,应用人工智能必须谨慎。所以,在刑事司法领域 AI 法官难以大展身手。同样,民事裁判中最适宜的也是事实清楚、规则明确简单、算法可以识别、总结和建模的案件(例如道交案件、民间借贷等);相反,规则复杂多样、事实有争议、算法难以成功总结、建模的案件,AI 法官也难以胜任。就此而言,只有一部分简单案件可能成为适宜 AI 法官的裁判对象。值得一提的,是部分域外学者也持此种观点,蒂姆吴(Tim Wu)通过对 Twitter 和 Facebook 使用人工智能进行言论审查的案例分析,发现纯粹的人工智能目前更适宜用在简单案件中,因为其在解释性方面的缺陷仅能说明如何做而无法解释为何做。因此,面对重大利害攸关的案件时人类法官依旧无法被取代,运用具备辅助功能的机器人是最优的选择。未来司法领域人工智能的运用或许会进入人工与人工智能的混合模式。①

二、多层面推动法律人工智能技术发展

(一)数据层面

应当首先解决裁判智能产品的前提——数据问题。诸如 COMPAS 这样的智能量刑软件,为何在我国尚未打造出来?这当然与裁判人工智能在我国依然缺乏可以信赖的充分数据有关。显然,在如何辨识、提取和总结法律数据方面尚存在严重的认知困难。机器识别自然语言已属不易,识别法律专业

---

① See Tim Wu, Will Artificial Intelligence Eat the Law? The Rise Of Hybrid Social-Ordering Systems, *Columbia Law Review*, Vol. 119, 2019, pp. 1-29.

术语更是难上加难。面对法律,主流方法如无监督学习的效果不甚理想,必须使用人工方式筛选、清洗、分类法律数据。同时,当下不少所谓的法律科技公司或研究团队严重依赖自己事先假定的知识图谱来提取、印证规范化的裁判模式,其打造的裁判模式可能严重脱离实践。实际上,笔者率领的团队也在做裁判文书的识别、提取等工作,我们发现,稍微复杂的文书识别往往极其困难,因为机器识别在抽取多样、微妙的语言时经常出错,从而影响到大样本材料提取的准确性,最终给出误差很大甚至错误的解读。由此,裁判模式的建模往往是错误百出的。为了解决这一问题,人类的反复、深度介入在所难免。或许,当务之急是如何找到好的方法,方便机器识别、学习法律数据。这需要在实践中摸索,按照以下主要路径逐步予以解决:

第一,解决获取的司法数据严重不全的问题。谋求对中国法律运行真实情况的充分认识,如果仅仅依靠裁判文书网上的大数据或其他有限公开渠道上的信息,显然不科学。因为这些数据时常具有结构性缺陷、对于解释事实来说并不关键、甚至与真实情况背离。因此,我们需要学会在数据有限甚至失真的前提下,探索成功的代表性研究,包括结合局部数据形成整体性结论,印证大数据研究的结论。

第二,透过公开的法律数据具有的"表象性",发现实质性的关键所在。这种"表象性",是指法院、法官在决策时所真正采用的"实质信息"并未以裁判文书等公开的文字化方式表现出来。当下,纸面上形式真实的法律信息与实践中实质真实的法律信息之间的鸿沟难以被法律人工智能充分归纳,如若不能识别出人类裁判的真实理由、普遍标准,则难以得出真正有效的裁判模式。对此,因应之道便是在数据之外,通过社会调查等方式,把握司法决策的要害所在,并将之嵌入裁判模式,用实践数据来评估、调整其权重,最终打造真实、有效的裁判产品。

第三,正确处理法律数据的主观性、复杂性问题。司法裁决难以避免地具有意识形态色彩,这意味着司法判决以及其依据都具有很强的主体性、主观性。在中国,典型表现是在"同案不同判"方面。不同法官对于同一法律问题往往有着不同的看法与见解。在一些所谓的"疑难"案件中,更是如此。

(二)算法层面

打造成功、有效的裁判算法和研究方式,抛弃明显落后的知识图谱式的裁判人工智能算法和研究方法。从实践来看,一些法学研究者和法律科技公司并未做过实证研究,统计学方法的应用阙如,也没有证据显示其做过法律领域的机器学习研究。所谓的知识图谱应用,似乎多涉及对立法的解读,而非对实践数据的挖掘、建模。而在域外的机器人裁判实践中,可以发现对基于实践数据的统计学方法乃至机器学习方式的普遍使用,法律机器学习的论文常见于高级别的自然科学刊物。换言之,对裁判模式的发现、建模一定离不开基于实践数据的统计学或机器学习方法,然而,在中国裁判人工智能的实践中始终难以见到类似的研究与应用。由此,或许可以大胆断定:不懂、不用基于实践数据的算法可能是中国裁判人工智能实践的一种通病。因此,抛弃带有传统的法教义学色彩的法律人工智能研究方式、裁判模型的生产机制,转而打造面向实践的、统计式的、机器学习介入的研究范式、裁判模型机制,将成为裁判人工智能能否在中国成功运用的关键。当然,如何通过机器学习算法发现或者充分发现裁判规律是一个漫长而未知的过程,中国裁判人工智能距离成功还路途遥远。

三、构建适配的司法伦理规则

构建 AI 法官适配的司法伦理规则,应解决如下三个问题:

第一,解决 AI 法官运行机制的公正性问题。这一点是域外学者、实务工作者共同关注且努力解决的问题。尽管裁判类人工智能研究刚刚起步,但实际应用时会有什么样的机制来保障公正性,如何赋予其程序正当性,这是未来实际使用裁判人工智能的关键。笔者认为,未来应该积极思考如何打造与人类法官审判既有共性也有差异性的程序机制。具体而言,在差异性方面,应当理解并容许 AI 法官发挥审判效率上的技术优势,其能在极短时间内处理数以千计的数据信息,较之人类的信息处理能力具有无可比拟的优势,因此,对于裁判人工智能的技术设计并不能苛求采取和人类法官完全一致的理念或方式。但也要确保裁判智能应用程序与人类法官在审判公正上的一致性。申言之,除追求 AI 法官的高效处理能力之外,也应杜绝其可能出现的歧视性,而这需要在决策之前便进行公正性的考察,即对数据挖掘过程、算法训练过程进行公正性验证,并建立起相应的事后修正机制,从事前监管与事后修正两个角度确保 AI 法官裁判的公正性。

第二,解决算法的公开性(透明性)问题。关于透明性,弗朗西斯卡(Franciska Zsófia Gyuranecz)等主张,一方面应该确定人工智能的可能应用以及算法在司法系统中的应用所引起的所有潜在问题,由来自 IT、法律、社会学、工程学等众多学科的多位专家(流程工程师、法律知识工程师、数据科学家、信息专家等)建立联合团队,全面评估 AI 系统可能对社会产生的影响。相应地,在全球范围内尽可能有效地制定标准,这些联合团队应该在全球范围内相互沟通。开始讨论这些主题的前提是用户了解这些工具是如何从数据输入、处理和计算到预测输出的。① 另一方面是打开法律"黑匣子",即必须赋予法官权力,要求软件开发私有公司披露评估工具的称量代码,同时只让公共机构负责监管这些法律软件,让司法系统能够在决策过程中依赖人工智能。

第三,解决自动化决策的有关责任问题。在自动化系统做出决策时,是由法官、立法者还是系统开发者来负责,智能机器出问题时又由谁来负责?由于将自动化纳入司法决策过程,应该意识到,科技公司设计的法律产品表明公共权力实际上被间接授予作为开发者的技术公司。所以,必须明确这样做的法理依据何在,即间接赋予开发者部分参与司法决策权的正当性支撑。但是,在具体责任承担上,笔者认为可能难以简单地将责任归于某一主体,这样既容易打压技术创新的积极性,也不利于追责的实际展开。在此可以借鉴研究者提出的差异化责任承担方式:区分司法人工智能各个主体之间的职责,作为应用者的司法机关首先提供救济渠道,再追究研发者与审核者的相关责任。

结　语

人类曾经无数次预测甚至恐惧智能型机器终将取代自己。在当代,面对人工智能技术的迅速、长期发展,即使以保守为标签的法律行业、法律人也难以熟视无睹,很难抑制将其引入到司法活动中的热情。但是,在不抹杀对待新生事物的满腔热忱的前提下,在中国,不可不警惕的危险是:人们既可能高估了法律人工智能到来的成熟性、快速性,同时,也低估了将权力转让 AI 法官可能意味着人类良好裁判能力的消减,而这似乎有悖于将 AI 引入到司法领域的初衷。有鉴于此,尽管不具有当下的现实性,但对于我国 AI 法官未来可能的应用前景,笔者的看法是:既不确定也需要持有谨慎的态度,抑或在条件变化的远景下,也只能"试着来"。未来已来了吗,就让未来告诉未来吧。

(本章作者:左卫民)

---

① See Bruce G. Buchanand, Thomas E. Headrick, Some Speculation about Artificial Intelligence and Legal Reasoning, 23 *Stan. L. Rev.* 40, 40-62(1970).

附录一：人工智能法学研究综述

随着人工智能技术的发展和进步，人工智能在世界与中国范围内的讨论愈来愈热。法学界对法律人工智能的关注和研究热度也与日俱增。在中国知网数据库中，以"法律""人工智能"为关键词搜索发现，相关主题的文献从 2001 年开始出现，从 2001 年到 2013 年，文献数目都徘徊于个位数，其中 2003、2004 两年完全空白，2014 年首次达到 10 篇，2016 年增长到 62 篇，2017 年目前已达到 288 篇，法律人工智能的专著或专题研究类成果也开始出现。① 截至 2021 年 8 月，民商法领域的相关研究文献有 1500 多篇，刑法领域的有 400 多篇，法理法史领域的有 472 篇，诉讼法与司法制度领域的有 600 多篇。本附录拟通过梳理现有文献，概括归纳法学领域人工智能研究的一般特点，并重点对刑事、民事、立法、司法以及自动驾驶 5 个方面的人工智能研究现状进行观点综述，以期较为全面地呈现我国人工智能法学研究的学术动态和热点。

第一节　人工智能法学研究的概况

通过对现有文献的梳理发现，法学领域的人工智能研究主要表现为以下 5 个方面的特点。

第一，目前关于法律人工智能的研究主要集中于以下 4 个方面：一是探讨人工智能对整个法律体系、法律制度的影响；二是探讨人工智能所涉及的法律资格、主体的问题，如是否应当将法律主体资格延伸至人工智能；三是探讨人工智能对部门法的可能影响，如人工智能担任公司独立董事的法律问题以及智能机器人的刑罚体系等；四是讨论人工智能在司法领域的运用，尤其是有关中国智慧法院建设的问题。

第二，目前的研究总体上趋向于立法或司法对策性研究。学者们重点探讨了法律如何应对人工智能发展所形成的各种新型法律问题、如何对于人工

---

① 例如，乔路、白雪：《人工智能的法律未来》，知识产权出版社 2018 年版；彭诚信主编，〔美〕瑞恩·卡洛、〔美〕迈克尔·弗兰金、〔加〕伊恩·克尔编：《人工智能与法律的对话》，陈吉栋、董惠敏、杭颖颖译，上海人民出版社 2018 年版。

智能的发展进行规制,既包括针对目前弱人工智能的实际应用进行法律规制的相关研究,也包括对于未来强人工智能可能向人类社会提出的挑战进行预测性的研究,甚至还包含了对于"奇点"之后的超人工智能会造成什么样的颠覆性后果、是否可能进行法律约束的思考。

第三,关于弱人工智能的相关问题,多数观点认为其基本上可以纳入传统的法律框架中解决。由于弱人工智能已经应用在生活中的方方面面,已经出现了具体的法律适用问题,而且对弱人工智能的应用所作出的法律回应也比较容易纳入现有的法律框架当中,因而弱人工智能成为人工智能与相关法律研究当中最主要的主题。其中,人工智能创造物的知识产权以及关于智能汽车无人驾驶的相关法律研究最具有代表性。对于这一系列问题,虽然技术上有许多前所未有的创新,基本上还是可以尝试将其纳入到传统的知识产权法、侵权法、刑法、行政法等框架当中解决。

第四,关于强人工智能的相关研究,学者们尚未达成一致观点。在强人工智能方面,研究的重点是如何处理其法律人格、权利义务的相关问题。进一步说,就是可能成为机器人形态的人工智能如何与人类在社会中有序共存。尽管现有关于人工智能与法律关系的研究成果大都集中于上述问题,但远未达成较为一致的观点。

第五,关于人工智能在司法领域的应用,也是学界关注较多的问题,并集中围绕3个方面开展研讨:一是人工智能司法应用现状,主要研析其应用现状和融合困境;二是司法论证的框架构建,以明确司法实践中的论证结构能否直接应用于人工智能;三是司法人工智能的规范适用,主要涉及人工智能应用的规制问题。

第二节 人工智能的刑事法律问题

当前我国刑法学者比较热衷于人工智能的研究,以主题"法律""人工智能"、文献分类"刑法"在中国知网数据库进行检索,共检索到400多篇文献。自1995年至2016年,每年仅有一两篇相关文献。2017年有5篇,从2018年开始激增至71篇,一年的成果量是以前二十余年成果量之和的4.7倍。但也有学者指出,人工智能技术热潮的再度兴起,使人工智能法学研究空前繁盛,但当前研究出现了违反人类智力常识的反智化现象。概念附会现象严重,不少成果只是基于"AI+法律"的任意性组合,"泛人工智能化"研究正在产生大量学术泡沫;制造人工智能研究中的"假问题"或误将司法适用问题当作人工智能法学研究中的元问题,理论创新方向值得怀疑;将对策与科技问题当作理论与学术问题,离开法教义学的基本立场与方法,使人工智能的研究日益滑向不可知论。① 人工智能并未对法律基础理论、法学基本教义提出挑战,网络技术与信息时代对刑法的真正挑战在于:如何将传统刑法理论适用于新型网络犯罪。② 下面主要围绕人工智能的刑事主体地位、涉及的犯罪行为、犯罪归责问题以及对刑事立法的冲击四个方面进行观点综述。

一、刑事主体地位

学界对于弱人工智能的刑事责任问题没有太大争议,一般认为其仅具有工具属性,不具有独立的刑事责任能力。分歧主要在于强人工智能是否具有独立的刑事责任能力。

(一)否定说:强人工智能机器人不能成为刑事责任主体

从认知科学的角度来看,智能机器人不具有人类智能。持该观点的学者认为,人类的心智由低到高可以分为神经、心理、语言、思维和文化5个层级,而智能机器人在神经层级上缺乏对痛苦、幸福等情绪的感受能力,在语言层级上缺乏对作为思维产生基础的语言的理解能力,在思维层级上缺乏创造力,在文化层级上不具有特殊的"人生"经验。③

从哲学维度来看,智能机器人不可能产生人类智能。有学者基于超越论认为,人类只能用范畴认识现象,而无法认识意识自身,否则,会陷入二律背反。④ 也有学者从意识的广延性、统一性与非逻辑性等属性的角度出发,认为机器人超越人脑形成独立意识是根本不可能的。⑤

从人工智能的本质属性来看,即便人工智能的思辨能力突飞猛进,但是其与人类的社会和文化属性仍然存在不同,人工智能的本质属性仍然是自然性和机械性。虽然人工智能具备人类的某些特征,甚至具有超越人类的某些能力,但很难涵盖人类的全部特征,承认人工智能的犯罪主体性的观点确实存在以偏概全的嫌疑。⑥ 由于法人具有非生命体形象,学界常常借助单位犯罪类比论证人工智能的刑事责任主体地位,但二者存在根本不同的运行原

---

① 参见刘艳红:《人工智能法学研究的反智化批判》,载《东方法学》2019年第5期。
② 参见刘艳红:《刑法理论因应时代发展需处理好五种关系》,载《东方法学》2020年第2期。
③ 参见蔡曙山、薛小迪:《人工智能与人类智能——从认知科学五个层级的理论看人机大战》,载《北京大学学报(哲学社会科学版)》2016年第4期。
④ 参见韩连庆:《哲学与科学的短路——德雷福斯人工智能批判的局限》,载《哲学分析》2017年第6期。
⑤ 参见高良、朱亚宗:《关于人工智能的形而上学批判》,载《湖南社会科学》2017年第3期。
⑥ 参见姚万勤:《对通过新增罪名应对人工智能风险的质疑》,载《当代法学》2019年第3期。

理,肯定论对刑法中的"辨认控制能力"的认识也存在严重的以偏概全的问题。①

从刑事责任根据及刑罚目的角度来看,智能机器人难以成为刑事责任主体。持该观点的学者从道义责任论出发,认为意志自由是法律人格的根本条件,若犯罪主体不具有意志自由,则无法与其进行伦理对话并对其行为进行有效的刑罚谴责。② 首先,机器人与人的认识和意志机制不同,难以理解行为的实质意义。其次,机器人无法理解并遵从法律规范,无法感知违反规范的消极后果。最后,从刑罚目的来看,智能机器人的行为选择属于技术问题而非伦理问题,一般预防的作用难以发挥;同时,对不具有意志自由的机器进行矫正、改造,具有荒谬性。也有学者认为人工智能机器人本质上属于人类的创造物,不能独立承担刑事责任,不应赋予其刑事责任能力。③

从刑罚的具体内容来看,智能机器人无法成为刑事责任主体。持该观点的学者认为,中国的刑罚可分为人身刑与财产刑。一方面,智能机器人无法适用人身刑。智能机器人并非有机体,只要载体保存得当,并不存在生命限制。同时,智能机器人代码的可复制性,彻底打破了被处罚主体的独立性和可辨识性特征。另一方面,智能机器人与单位不同,赋予其财产权没有现实需求基础。④

从刑法体系来看,刑法不应将人工智能系统规定为犯罪主体或者刑事责任主体。有论者指出,如果未来人工智能系统不受人类控制、自主进化,极可能不具备成立犯罪的主观条件,不能适用刑法有关刑事责任和刑罚的规定,赋予其犯罪主体地位与刑法体系不协调,不应将其作为犯罪主体对待;不受人类控制的未来人工智能系统不可能接受刑法的规制,其制造的危机需要以其他直接、有效的技术手段应对。⑤

还有论者认为,强人工智能的刑法主体地位取决于人工智能的自主意识及其程度(事实层面)、人工智能的政策选择(政策层面)和处理人工智能的刑法技术措施(技术层面)3个方面。刑法技术措施是解决人工智能法律主体问题的关键所在。针对人工智能的刑法技术措施客观上无法介入人工智能的自我意思决定,将其上升为刑罚方法将极大地限制人类对人工智能的行

---

① 参见冀洋:《人工智能时代的刑事责任体系不必重构》,载《比较法研究》2019年第4期。
② 参见时方:《人工智能刑事主体地位之否定》,载《法律科学(西北政法大学学报)》2018年第6期。
③ 参见牛天宝:《否定与建构:人工智能时代的刑法应对——人工智能机器人侵害法益相关刑事责任分析》,载《西南政法大学学报》2020年第1期。
④ 参见江国强、裴长利:《人工智能体刑事主体资格的冷思考》,载《华北水利水电大学学报(社会科学版)》2020年第4期。
⑤ 参见皮勇:《人工智能刑事法治的基本问题》,载《比较法研究》2018年第5期。

为治理,同时,也难以将其与其他部门法律后果进行区分,并将导致行政违法与刑事犯罪不分。①

(二)肯定说:强人工智能机器人可以成为刑事责任主体

(1)智能机器人能够在意识、实践和自由等方面有所突破,成为"法人"。有论者指出,首先,意识可以分为本能反应、后天反应、思考决策(沉思)、反思、自我反思和自我意识,当前的神经网络、区块链等技术能够为智能机器人获得意识提供技术支持。② 其次,语义网架构能够实现人与机器间的无障碍沟通。再次,智能机器人在具有自我意识后会进行改造世界等实践活动,产生寻求存在感、实现目的等"器生意义"。最后,智能机器人通过代码运行占有比特币等资源并进行资源配置,使权利、义务和责任成为必要,需要赋予其"软件法人"的法律地位。

(2)智能机器人通过深度学习能够产生自主意识和意志,应当将其定位为不具有生命体的"人工人"。③ 首先,与单位相比,强人工智能机器人的辨认能力和控制能力与人类更接近。超出设计和编制的程序范围,在自主意识和意志支配之下实施行为的智能机器人,具有辨认能力和控制能力,且由于这种辨认能力和控制能力是不受人类控制的,因此,应当被认定为自主的辨认能力和控制能力,这与具备刑事责任能力的自然人所具有的辨认能力和控制能力并无本质上的不同。④ 其次,刑事责任主体的基本内涵是辨认、控制能力,将强人工智能机器人作为刑事责任主体有利于维护刑事责任主体基本内涵的统一性,也符合罪责自负原则。⑤ 最后,强人工智能机器人具有感知刑罚痛苦的能力,将其纳入刑罚处罚范围能够实现刑罚目的,也符合主体拟制的刑事立法规律。⑥

(3)强人工智能机器人承担刑事责任的基础是其对人类社会造成的威胁。有论者认为,强人工智能机器人承担刑事责任的根据、承受刑罚的基础,与自然人、单位存在较大差异,不能对其直接适用以自然人和单位为中心构建的刑法理论。强人工智能时代应采取新型社会责任论,并且强人工智能

---

① 参见袁彬:《人工智能的刑法主体地位反思——意思决定、平等主义与刑法技术措施》,载《上海政法学院学报(法治论丛)》2019 年第 3 期。
② 参见林命彬:《智能机器的哲学思考》,吉林大学 2017 年博士学位论文。
③ 参见刘宪权、胡荷佳:《论人工智能时代智能机器人的刑事责任能力》,载《法学》2018 年第 1 期。
④ 参见刘宪权:《涉人工智能犯罪刑法规制的路径》,载《现代法学》2019 年第 1 期。
⑤ 参见刘宪权、林雨佳:《人工智能时代刑事责任主体的重新解构》,载《人民检察》2018 年第 3 期。
⑥ 参见刘宪权:《人工智能时代我国刑罚体系重构的法理基础》,载《法律科学(西北政法大学学报)》2018 年第 4 期。

机器人承担刑事责任的基础是其对人类社会造成的威胁。该新型社会责任论以保护"人类"社会的安全为核心内容,将强人工智能机器人的刑事责任建立在对人类社会威胁的基础之上。①

(三)与其他部门法的衔接

有论者提出,将人工智能规定为刑法上的主体,意味着对人工智能还存在民法、行政法等部门法意义上的主体区分。对人工智能的法律主体定位而言,应当坚持"综合法律主体论",对人工智能的民事、行政和刑事法律责任不作明确的区分,而是根据人工智能的能力和状态,由其综合承担各种其所能承担和应当承担的法律责任。② 也有论者认为,刑法学的讨论,不能脱离民法学的研究,而是应当以民法学的研究为基础。将机器人视为"人",赋予其相应的主体资格,难以在现有的民法理论中得到合理的解释,刑法上就承认其主体地位未免显得突进。③

机器人的法律主体地位问题,是整个人工智能与法律关系的理论研究中的一个基础性或前提性问题。上述相关争论一方面反映了刑法学者们尚未就是否应当赋予机器人以法律主体地位达成共识;另一方面也反映了刑法学者和伦理学学者在对待这一问题上的思维和立场差异。虽然刑法学者关于支持立法赋予机器人以主体地位或权利资格的观点有法律制度史和法理层面的依据,并且多是持一种实用主义的态度,但伦理学学者从伦理学和道德哲学等视角的反对及忠告也不应被忽视。

二、涉及的犯罪行为

有论者认为,根据人工智能犯罪主要侵犯的法益及其行为特征,可以将其分为侵犯人工智能系统安全的犯罪、利用人工智能实施的传统犯罪、利用人工智能侵犯个人信息的犯罪和独立的外围人工智能犯罪、违反人工智能安全管理义务的犯罪,其各自特征显著,涉及的刑法问题不同,需要分别加以研究。④ 有论者参考了针对计算机网络的犯罪和利用计算机网络的犯罪的二元划分法,认为人工智能犯罪可以分为针对人工智能的犯罪和利用人工智

---

① 参见卢勤忠、何鑫:《强人工智能时代的刑事责任与刑罚理论》,载《华南师范大学学报(社会科学版)》2018年第6期。
② 参见袁彬:《人工智能的刑法主体地位反思——意思决定、平等主义与刑法技术措施》,载《上海政法学院学报(法治论丛)》2019年第3期。
③ 参见牛天宝:《否定与建构:人工智能时代的刑法应对——人工智能机器人侵害法益相关刑事责任分析》,载《西南政法大学学报》2020年第1期。
④ 参见皮勇:《人工智能刑事法治的基本问题》,载《比较法研究》2018年第5期。

能的犯罪。① 也有论者从人工智能的独立性角度出发,把涉人工智能机器人侵害法益的案件分两大类型:人类将人工智能机器人作为犯罪工具实施侵害法益的行为;人工智能机器人超出人类意志实施侵犯法益的行为。②

也有论者指出,仍然具有"工具"和"产品"属性的弱人工智能可能涉及的刑事犯罪主要存在以下两种情形:一是行为人利用人工智能实施其他犯罪,造成了严重危害社会的结果;二是由于人工智能产品自身的缺陷,特别是智能系统的运行故障,从而导致严重危害社会的结果发生。涉及人工智能的刑事犯罪风险大致可以分为3类:一是直接对人工智能的智能系统实施犯罪;二是利用人工智能技术实施传统犯罪;三是对人工智能产品未尽安全生产、管理义务的犯罪。③

三、犯罪归责问题

探讨智能机器人可能触及犯罪、承担刑事责任的问题,须以智能机器人是否具有刑事法律主体资格为语境。一般来说,肯定说承认强人工智能的犯罪主体性,认为强人工智能体可以构成犯罪,对人工智能体的刑罚主要是报废人工智能体或者消除其数据或者记忆。否定说否认人工智能体的犯罪主体地位,认为人工智能体只可能引起过失犯罪,并以修正的过失犯理论为依据将自主性人工智能引起后果的责任排除在"可容许的危险"范围之外,并据此在设计者、贩卖者、利用者之间分配过失犯罪的责任。

(一)肯定说下的犯罪归责

有学者认为,在弱人工智能时代,智能机器人在设计和编制的程序范围内实施严重危害社会的行为,实际上是研发者或使用者行为的延伸,应当由研发者或使用者承担刑事责任。与传统犯罪相比,研发者或使用者之间的刑事责任分配会随着智能机器人"智能"的增长而有所不同。智能机器人"智能"的增长还会影响对行为人量刑的轻重,甚至可能影响对行为人行为的性质判断。智能机器人在自主意识和意志的支配下超出设计和编制的程序范围实施严重危害社会的行为时,应将其作为刑事责任主体进行刑罚处罚。此时,智能机器人不能和研发者成立共同犯罪,但有可能和使用者构成共同犯罪。④

---

① 参见郭旨龙:《中国刑法何以预防人工智能犯罪》,载《当代法学》2020年第2期。
② 参见牛天宝:《否定与建构:人工智能时代的刑法应对——人工智能机器人侵害法益相关刑事责任分析》,载《西南政法大学学报》2020年第1期。
③ 参见高铭暄、王红:《互联网+人工智能全新时代的刑事风险与犯罪类型化分析》,载《暨南学报》2018年第9期。
④ 参见刘宪权:《涉人工智能犯罪刑法规制的路径》,载《现代法学》2019年第1期。

(二) 否定说下的犯罪归责

有论者指出,对于将人工智能机器人作为犯罪工具而从事犯罪活动的相关主体,除涉嫌计算机系统方面的犯罪以外,应按其实际侵害法益的情况确定罪名,依法追究相应的刑事责任。鉴于现阶段承认人工智能机器人的刑事主体定位尚不具有现实可能性,人工智能机器人侵害法益的案件可以根据实际情况归责于人工智能机器人的制造者和所有者,或者非法侵入者。刑事责任主体的主观过错主要是故意和过失两类:如果人工智能机器人的制造者和所有者以及非法侵入者利用人工智能机器人作为工具从事犯罪活动,应当承担相应的故意犯罪刑事责任;如果人工智能机器人的制造者未尽到安全注意义务或者结果回避义务,则应承担相应的过失犯罪刑事责任;如果人工智能机器人的所有者未尽到管理义务,则应当承担监督过失责任。①

有论者提出建议,为防止强人工智能机器人实施严重危害社会的行为,需要对强人工智能机器人设定相关的监管人员。这样,当强人工智能机器人依据自己的意志实施犯罪行为时,对智能机器人负有监管义务且没有履行或没有充分履行该义务的人员就要负担相应的刑事责任。②

还有论者认为,人工智能时代的犯罪主观状态或者说责任认定将以严格责任为常态,而以故意和过失为例外。人工智能犯罪的刑法规制体系,必须在责任要素上普遍采纳严格责任,对超过的客观要素(结果)不强求故意或者过失,必要时,可以直接规定危险犯,将预备行为实行化,连客观的结果要素都无须要求。③

四、对刑事立法的冲击

目前学界不少观点认为,刑法立法的滞后性明显未能给处罚人工智能犯罪提供足够的立法支撑,如有观点认为,由于智能刑事风险的不确定和结果发展的漫长过程,对人工智能犯罪立法化将变得必要且有意义。④ 但是,也有观点认为,对于人工智能、自动系统等带来的新问题,可以通过旧的刑法教义学得以解决的,就不必要再通过增设新的罪名或者刑罚来应对人工智能产

---

① 参见牛天宝:《否定与建构:人工智能时代的刑法应对——人工智能机器人侵害法益相关刑事责任分析》,载《西南政法大学学报》2020年第1期。
② 参见王志祥、张圆圆:《人工智能时代刑事风险的刑法应对》,载《上海政法学院学报(法治论丛)》2019年第2期。
③ 参见郭旨龙:《中国刑法何以预防人工智能犯罪》,载《当代法学》2020年第2期。
④ 参见陈伟、熊波:《人工智能刑事风险的治理逻辑与刑法转向》,载《学术界》2018年第9期。

生的新挑战和安全威胁。①

（一）关于增设罪名

1. 赞成论

有论者主张,通过增设刑法罪名来规制或应对人工智能的刑事风险。② 在具体的罪名设置上,有论者建议暂时可以考虑设立"滥用人工智能罪"和"人工智能事故罪";③有论者建议设立"破坏人工智能管理秩序罪",其中规定,滥用人工智能技术破坏人工智能管理秩序,情节严重的,按照破坏人工智能管理秩序罪论处;④也有论者建议,如果确有必要进行立法规制,应增设针对智能机器人产品责任的过失犯罪。对于人工智能的使用,先应通过行政法进行规制,再由刑法设定相应的新型罪名。与技术危险相关的主要是过失犯罪。未来刑法应通过调整过失犯罪中的注意义务,让人工智能的设计者和使用者承担更多的注意义务,以减少对社会的危害。⑤

有论者认为,在人工智能领域增设预防性刑法立法总体上具有正当性,这也将成为今后的立法趋势。预防性刑法立法的总体思路:是对于故意犯罪而言,将侵害人工智能系统及其数据的犯罪、滥用人工智能系统及其数据实施的犯罪设置为危险犯;对于过失犯罪而言,人工智能研发者、制造者和使用者违反人工智能安全管理义务并导致严重后果的,应承担刑事责任。⑥

也有论者针对人工智能"深度伪造"指出,在身份盗窃的独立性、危害性不断提升的背景下,借助公民个人信息犯罪规制身份盗窃,越来越像是隔靴搔痒。深度伪造的规范本质是身份盗窃行为,有必要在刑法中引入身份盗窃,既能建立"公民个人信息——身份信息——生物识别信息"的梯次加重保护体系,弥补"合法获取+不法利用"个人信息的刑法评价空白,并顺带规制传统的身份盗窃行为,增强身份盗窃入罪化的扩散性立法效应。⑦

有论者以人工智能作为犯罪主体的侵财犯罪的认定为例,认为我国法律

---

① 参见高铭暄、王红:《互联网+人工智能全新时代的刑事风险与犯罪类型化分析》,载《暨南学报》2018年第9期。
② 参见王肃之:《人工智能犯罪的理论与立法问题初探》,载《大连理工大学学报(社会科学版)》2018年第4期。
③ 参见王燕玲:《人工智能时代的刑法问题与应对思路》,载《政治与法律》2019年第1期。
④ 参见王志祥、张圆国:《人工智能时代刑事风险的刑法应对》,载《上海政法学院学报(法治论丛)》2019年第2期。
⑤ 参见高艳东、黄京平、钟福雄等:《人工智能与刑事法治的未来》,载《人民检察》2018年第1期。
⑥ 参见李文吉:《论人工智能时代的预防性刑法立法》,载《大连理工学院学报》2020年第5期。
⑦ 参见李怀胜:《滥用个人生物识别信息的刑事制裁思路——以人工智能"深度伪造"为例》,载《政法论坛》2020年第4期。

目前尚处于空白状态。人工智能时代侵财犯罪的刑事立法应当从两个方面双管齐下：一是应在刑法总则中规定人工智能作为犯罪主体时的情形，并设置相应的法定刑；二是应在刑法分则中增补相关罪名，为刑法理论的定分止争和相关司法适用的统一提供更为精准且及时的指导。①

有论者建议可单独设置非法制造技术风险罪与过失制造科技风险罪。对于技术研发行为，由于受到生产伪劣产品罪、投放危险物质罪等罪状模式设置的法益类型、行为手段以及主体身份的限制，现行刑法缺乏单独的对研发人员主观意志内技术生产的可控漏洞行为的规制条款。②

还有论者建议，在对人工智能刑事立法具体条文的修订和增设方面，应当修改侵害计算机信息系统类犯罪、交通肇事罪、危险驾驶罪等犯罪的主体和行为方式，使其适应人工智能技术的发展现状和未来趋势。③

2. 反对论

虽然学界主张通过新增罪名应对人工智能刑事风险的观点越来越有力，也有论者认为，对人工智能的风险以及风险类型尚未进行深入分析就贸然增设罪名，不仅违背了刑法的谦抑性原则，而且也背离了超前立法理念，其正当性饱受诟病；从人的属性视角分析，人工智能并不符合人的本质特征，就此肯定其具有犯罪主体资格也不妥当。根据人工智能的不同风险大致可以区分出"使用人工智能造成事故的风险"和"利用智能机器人进行犯罪的风险"两种场域，且在现行民法以及刑法体系之下均能得到有效解决，因而没有必要通过增设刑法罪名来予以应对。④

（二）关于刑罚的完善

一些学者提出了刑罚的立法完善路径。有论者认为，在强人工智能时代，应通过删除数据、修改程序和永久销毁等契合强人工智能机器人特征的刑罚处罚方式来实现刑罚报应和预防的双重目的。⑤ 也有论者提出了增加报废、回收改造等刑罚方式。⑥

---

① 参见吴允锋：《人工智能时代侵财犯罪刑法适用的困境与出路》，载《法学》2018 年第 5 期。
② 参见陈伟、熊波：《人工智能刑事风险的治理逻辑与刑法转向》，载《学术界》2018 年第 9 期。
③ 参见刘宪权：《涉人工智能犯罪刑法规制的路径》，载《现代法学》2019 年第 1 期。
④ 参见姚万勤：《对通过新增罪名应对人工智能风险的质疑》，载《当代法学》2019 年第 3 期。
⑤ 参见卢勤忠、何鑫：《强人工智能时代的刑事责任与刑罚理论》，载《华南师范大学学报（社会科学版）》2018 年第 6 期。
⑥ 参见王燕玲：《人工智能时代的刑法问题与应对思路》，载《政治与法律》2019 年第 1 期。

第三节 人工智能的民事法律问题

一、民事主体问题

民法学界同样对于是否赋予智能机器人法律主体地位众说纷纭,现阶段的代表性观点主要包括主体说与客体说。

(一)主体说的主要观点

持主体说的学者认为,在机器人社会化应用不可避免的情况下,应当肯定机器人的法律主体地位,赋予机器人必要的权利,并积极迎合人工智能时代的社会发展趋势。民事主体随着社会的发展已经突破了自然人的局限,众多非自然人实体基于立法者的需要也被逐渐赋予了法律上"人"的资格,取得民事主体地位,"非人可人"的趋势日益加强,这也为机器人这种类人的存在获得民法上的法律主体资格提供了解释空间。承认并赋予机器人的权利主体地位,既是权利发展的内在规律,也是社会发展的必然趋势。

1. 有限人格说

有学者认为,智能机器人虽然具有法律人格,但归根结底依旧是由人类创造并服务于人类社会发展的智慧型工具,智能机器人所享有的法律人格为有限的工具性人格。具体表现为:行为能力的有限性、权利义务的有限性和责任能力的有限性。[1] 也有学者认为,人工智能虽然具有法律人格,但这种人格是有限的,并非完全的法律人格,归根结底人工智能是由人类创造以服务发展的智慧型工具,即人类自身的权利优位于人工智能。[2]

2. 拟制人格说

一般认为,"法律拟制"是"立法者为了实现法律背后的制度目的而作出的一种不容辩驳的决断性的虚构",机器人不同于生物学意义上的人,且附带较强的工具性价值。在这种情况下,赋予"法人"鲜活生命的"法律拟制"将成为立法者解决机器人权利来源的技术性措施。[3] 人工智能因具备人类思维能力而超越了"物"的概念范畴,但是人工智能并未摆脱为人类服务的工具角色。因此,人工智能既不是物也不是人,可以从法律上拟制一个新的主

---

[1] 参见许中缘:《论智能机器人的工具性人格》,载《法学评论》2018 年第 5 期。
[2] 参见袁曾:《人工智能有限法律人格审视》,载《东方法学》2017 年第 5 期。
[3] 参见张玉洁:《论人工智能时代的机器人权利及其风险规制》,载《东方法学》2017 年第 6 期。

体,或与法人一样,从拟制自然人角度赋予新主体相同或类似的法律地位。①

在支持以法律拟制的立法技术赋予人工智能独立的法律人格的学者中,有部分学者认为在此种拟制人格的前提下,对人工智能的人格应进行有限的拟制,即承认人工智能无法像人类一样具有权利能力和行为能力,所以只能将它们拟制为法律主体,但这种拟制只可能在部分领域得以实现。②

3. 电子人格说

欧洲议会法律事务委员会发布《关于机器人民事法律规则立法建议致欧盟委员会的报告》第 59 段建议,当对未来法律文件的影响进行评估时,应探索、分析并考虑所有可能的法律举措的意蕴。其中,举措之一:从长期着眼为机器人创立特定的法律地位,以至于至少明确最精密的自主机器人拥有"电子人"地位,能够承担弥补其引发的损害的责任,并可能把"电子人格"适用于那些机器人自主决定或其他独立于第三方交互的案件。③

(二)客体说的主要观点

与主体说相对应,持客体说的学者认为不应该赋予智能机器人法律主体的地位。受自然人、自然人集合体——民事主体控制的机器人,尚不足以取得独立的主体地位。人工智能不能成为法律关系的主体,从目前人工智能的发展来看,其尚未对传统民事法律主体理论提出颠覆性的挑战,在短时期内仍然应当坚守传统民事主体理论,而不宜将智能机器人规定为民事主体。

1. 动物说

机器人更接近于动物而不是法人,赋予其法律主体地位既不可能也不可欲,它无法、也不应当承担独立责任。在法律上为机器人行为负责的总是人类自身。它更接近具有自我意识的动物,两者都被视为法律的客体,而非主体。④

2. 特殊物说

有观点认为,当前的人工智能未发展出理性,不可取得类似于自然人的法律主体资格,为其拟制一个法律人格对社会问题的解决并无重大意义。但是,人工智能不同于一般的物,鉴于其智能上的"类人"属性,应将其界定为法律客体中的特殊物。⑤ 也有观点指出,应赋予智能机器人以"人工类人

---

① 参见易继明:《人工智能创作物是作品吗》,载《法律科学(西北政法大学学报)》2017 年第 5 期。
② 参见彭中礼:《人工智能法律主体地位新论》,载《甘肃社会科学》2019 年第 4 期。
③ 参见郭少飞:《"电子人"法律主体论》,载《东方法学》2018 年第 3 期。
④ 参见冯洁:《人工智能体法律主体地位的法理反思》,载《东方法学》2019 年第 4 期。
⑤ 参见刘洪华:《人工智能法律主体资格的否定及其法律规制构想》,载《北方法学》2019 年第 4 期。

格",智能机器人的民法地位属于"人工类人格",是智能机器人所享有的、通过人工制造的、类似于或者接近于自然人的自然人格的民事法律地位,但其仍然属于物的范畴,仍然具有物的属性,还是要受到人的支配和控制,因而是民法的客体,而不是民事主体。[1]

二、侵权责任认定

关于人工智能的侵权责任的探讨主要围绕人工智能侵犯他人人身、财产或精神而产生的法律责任。一般认为,处于不同发展阶段的人工智能,对其追责的规则亦不相同。弱人工智能实质上是人类活动的辅助与工具,无独立之意思表示,对该阶段人工智能侵权责任之追究与其他凭借工具侵权之情形并无差异。而具有独立意识的智能机器人,其行为具有自主性,且能根据客观的情形做出相应的判断从而实施一定的行为。一旦其行为侵犯他人人身、财产或精神利益,应如何予以追责引发学者争议且尚无定论。

(一)人工智能侵权的归责原则

多数观点认为,人工智能侵权目前还无法颠覆现有法律体系,但对现行侵权责任法规则带来挑战。一般来说,民事主体说认为,具有完全自主能力的智能机器人拥有民事主体的资格和地位,有独立的人格以及财产,自然也有承担不利法律后果的责任能力。民事客体说认为,产品责任规则已经能够适应具有自主能力智能机器人所产生的民事责任的需求,不需要再去寻求智能机器人责任或者其他的特殊保护。但是,也有观点认为,鉴于人工智能侵权的特殊性,适用一般侵权行为或者已经作出规定的特殊侵权行为的相关规则恐很难妥善处理。人工智能侵权的归责原则大体有以下 4 种:

(1)无过错原则。有观点认为,基于侵权责任法保护受害人权益之圭臬,有损害必有责任,当过错责任无法适用于智能机器人侵权情形时,结合具体的实例可依据法律规定的适用无过错责任的情形予以规制。[2] 也有论者不赞成这一观点,认为一味地追求产品生产者的无过错侵权责任,不仅是对生产者经济的削弱,也会严重打击人工智能市场的主体的积极性,不利于人工智能技术的发展和新型经济的蓬勃,让"无辜者"承担责任也许并不是法律的初衷。[3]

---

[1] 参见杨立新:《人工类人格:智能机器人的民法地位——兼论智能机器人致人损害的民事责任》,载《求是学刊》2018 年第 4 期。

[2] 参见刘小璇、张虎:《论人工智能的侵权责任》,载《南京社会科学》2018 年第 9 期。

[3] 参见李坤海、徐来:《人工智能对侵权责任构成要件的挑战及应对》,载《重庆社会科学》2019 年第 2 期。

（2）过错责任。有学者从法经济学视野提出，由于人工智能产品具有不同于普通产品的自主性，需要在法经济学视阈下重构人工智能技术背景下的产品责任制度。应当明确以过错责任而非严格责任作为我国人工智能产品责任归责原则。这既符合司法中保障主体权益的要求，又能最大化人工智能发展阶段的资源配置效率。① 也有论者认为，当人工智能基于其"自主意识"实施侵权行为，造成损害后果后，应以过错推定原则为一般性的归责原则，以公平责任原则作为补充。②

（3）技术中立原则。有学者认为人工智能侵权责任可就具体情形依产品责任或替代责任进行追责。具体来说，机器人致人损害有两种情形：一是侵权人对智能系统进行非法控制而造成的损害；二是智能系统因自身的产品瑕疵而造成的损害。关于智能系统致人损害责任的认定，有两种责任方式可供选择：一是基于行为人过失所产生的产品责任。从产品责任的认定条件来看，机器人造成的损害可归咎于机器人制造者和销售者的过失，包括产品制造的过失、产品设计的过失、产品警告的过失以及其他没有尽到合理的注意义务的情形。二是基于技术中立原则所产生的替代责任。在替代责任情形中，机器人本无瑕疵，符合技术中立原则要求，但机器人的所有人或使用人，如果不尽善良管理人之义务或放任机器人的侵权行为，则不能以技术中立原则免除责任。③

（4）严格责任与过失责任双重原则。严格责任更加注重人工智能体在专门设计后，是否具备可以预见的特殊风险；过失责任则注重的是人工智能体的程序设计者与生产者在设计制造时是否履行了规避发生产品缺陷的最大努力责任，是否实施了符合一般人理念的行为。在对人工智能体侵权行为进行责任认定时，应该对处于当前技术水平可预见的风险内的侵权行为适用严格责任，对不可预见的人工智能体侵权风险则适用过失原则。④

（二）人工智能侵权责任类型

人工智能侵权责任主要分为以下三类：

（1）适用产品责任。有论者提出，对于人工智能机器人的法律地位，应当界定其具有人工类人格，仍然是物、是动产、是产品，其致人损害应当适用

---

① 参见魏益华、于艾思：《法经济学视阈下人工智能产品责任归责原则》，载《吉林大学社会科学学报》2020年第2期。
② 参见胡耀文：《人工智能侵权的建构》，载《湖北经济学院学报（人文社会科学版）》2020年第2期。
③ 参见吴汉东：《人工智能时代的制度安排与法律规制》，载《法律科学（西北政法大学学报）》2017年第5期。
④ 参见卢嘉程：《人工智能体侵权责任承担可行路径研究》，载《东南大学学报（哲学社会科学版）》2018年第20卷。

产品责任规则,确定所有者、使用者以及生产者、设计者和销售者的责任,并预防人工智能技术发展带来危害人类的危险。①

(2)适用替代责任。有论者认为,当一项人工智能产品的设计初衷不是用来从事侵权或其他违法行为的,适用替代责任较为适宜。替代责任又称为转承责任,最初出现在代理关系与雇佣关系中,即被代理人对代理人实施的、得到被代理人"授权"或"批准"的侵权行为承担责任;雇主对其雇员在"雇用期间"实施的侵权行为承担责任,概称为"为他人侵权行为承担责任"。在替代责任情形中,机器人本无瑕疵,符合技术中立原则要求,但机器人的所有人或使用人,如果不尽善良管理人之义务或放任机器人的侵权行为,则不能以技术中立原则免除责任。②

(3)适用区别责任。有学者提出,应根据不同情形适用不同的归责原则;根据侵害原因的不同确定不同的侵权责任形态。③ 人工智能区别对待原则即对各流程主体进行责任区分,主张采用阶段式方法对人工智能侵权进行法律规制,即在设计、生产、运输、销售、使用等不同动态环节中规制责任。④

此外,也有论者认为,应改造产品责任制度以规制人工智能侵权,在产品质量标准中加入伦理道德规范,对人工智能产品设计缺陷实行举证责任倒置,将设计者增加为独立的产品责任主体。⑤

三、对权利的挑战

在探讨人工智能的民事法律问题时,不可避免地会涉及人工智能对权利义务的影响。人工智能对权利的挑战关系到每一个民事主体的切身利益,值得我们深入探索。

(一)对人格权保护的挑战

1. 隐私信息的保护

有学者提出,面对大数据对个人隐私构成的潜在威胁,必须重视智能革

---

① 参见杨立新:《用现行民法规则解决人工智能法律调整问题的尝试》,载《中州学刊》2018年第7期。
② 参见吴汉东:《人工智能时代的制度安排与法律规制》,载《法律科学(西北政法大学学报)》2017年第5期。
③ 参见张莉:《人工智能对民法的冲击与应对》,载《福建法学》2019年第4期。
④ 参见李政佐:《论人工智能产品侵权行为责任认定——以人工智能汽车为例》,载《商界论坛》2016年第33期。
⑤ 参见张安毅:《人工智能侵权:产品责任制度介入的权宜性及立法改造》,载《深圳大学学报(人文社会科学版)》2020年第4期;宁金成、李瑞升:《人工智能致损对传统〈侵权责任法〉的挑战及立法回应》,载《电子科技大学学报(社科版)》2021年第1期。

命时代隐私权的保护,有三点举措可供采用:一是增强自我保护意识;二是强化企业保护用户隐私的责任;三是加强网络、电信隐私保护的专门立法。① 有观点认为,未来立法有必要专门设置相关的法律规则,防止人工智能应用过程中出现数据非法收集、泄露、贩卖等问题,以有效地保护个人信息的安全。②

2. 声音权的保护

对于人工智能时代声音权的立法及保护问题,当前学界也存在争议。一些学者提出了关于声音权的立法建议。但是对于声音权的立法形式,一直没有取得一致的意见。一些学者认为声音的利益可以通过反不正当竞争法和侵权法来保护,不需要把它单独设置为具体人格权。有的学者提出设立肖像声音权,把肖像利益和声音利益结合起来进行保护。还有学者提出了形象权说,当利用声音进行动画配音、发表歌曲、电话推销等商业行为时,保障声音所有者获得财产收益,着重保护的是声音权的财产利益。也有学者提出了独立声音权说③,这是目前学界的主流观点。立法保护声音权,是人工智能时代的必然要求,也是人格权法定性与开放性所提供的可能。④

(二) 对知识产权保护的挑战

人工智能在新闻和视觉艺术领域参与创作活动的现象虽然已成常态,但如何认定生成内容的可版权性及其权利归属,在法律上却并未形成统一意见。作为非自然人和法人的人工智能首次成为内容来源后,如果将该内容认定为受著作权法保护的作品,必将冲击传统著作权的客体认定标准和权利归属原则。关于人工智能生成作品的知识产权保护,有两个问题需要解决:机器人设计的作品是否享有权利,该项权利应归属于机器还是创制机器的人?

1. 人工智能生成物的知识产权客体范围

机器生成作品的"可版权性"、机器生成发明的"可专利性"问题,在知识产权界引发广泛的讨论。当前,学界对于人工智能生成内容在著作权法上的性质,主要有3种观点:第一种观点是"作品保护说",认为人工智能生成内容构成作品,但对其权益归属有不同的看法;第二种观点是"邻接权保护说",认为人工智能生成内容无法构成作品,但应当对其创设邻接权进行保护;第三种观点是著作权法保护否定说,认为现阶段人工智能生成内容尚不

---

① 参见吴汉东:《人工智能时代的制度安排与法律规制》,载《法律科学(西北政法大学学报)》2017 年第 5 期。
② 参见王利明:《人工智能时代提出的法学新课题》,载《中国法律评论》2018 年第 2 期。
③ 参见杨立新、袁雪石:《论声音权的独立及其民法保护》,载《法商研究》2005 年第 4 期。
④ 参见王利明:《论人格权的法定性与开放性》,载《经贸法律评论》2018 年第 1 期。

能构成著作权法意义上的作品。①

多数观点认为,对于目前的人工智能生成物,既不可全然否定其成为作品的可能,也不能僵硬地适用传统著作权法对作品独创性的要求,并提出了不同的认定标准。有学者认为,如果人工智能生成的内容在表现形式上不符合作品的构成要件,如计算机生成的无独创性数据库,当然不能作为作品受到保护。但如果人工智能生成的内容在表现形式上与人类创作的作品类似,如机器人绘制的图画、写出的新闻报道或谱出的乐曲,则需要从其产生过程判断其是否构成作品。迄今为止,这些内容都是应用算法、规则和模板的结果,不能体现创作者独特的个性,并不能被认定为作品。② 有学者提出,对人工智能创作物的可版权性判断,应该以"额头出汗"原则建立起独创性判断的客观标准。③ 有学者认为,作为遵循人工智能软件设计者意志创作的产物,人工智能生成内容的结果仍可由独创性判定标准来认定。人工智能创造内容的可版权性判断及其权利归属选择,必须建立在人作为权利主体的基础之上。④ 还有学者提出,如果人类在使用人工智能的过程中对最终的生成物贡献了最低程度的具体表达所需的劳动而非仅仅提供思想,此时的人工智能生成物因其体现了使用人的个性构成作品。⑤

也有学者认为,从主体资格、独创性判断、责任能力、立法宗旨和制度沿革等方面来看,人工智能生成内容无法受到著作权法保护,应即时进入公有领域。人工智能生成内容的前提在于各种基础数据的输入,人工智能内容生产过程中法律保护的正确方向应在于对基础数据的保护,对于受著作权法保护的数据、个人数据、大数据应按数据性质进行分类保护。有学者提出了知识产权客体关于人工智能生成物的排除领域,即不具有"可专利性"的人工智能主题至少包括以下3个方面:一是有悖公共秩序的发明;二是不属于技术方案的发明;三是某些特定技术领域的发明。⑥

2. 知识产权归属问题

世界上关于人工智能生成物的著作权归属路径的理论学说主要包括:

---

① 参见蓝纯杰:《从生成内容到基础数据——人工智能法律保护的新方向》,载《科技与法律》2020年第3期。

② 参见王迁:《论人工智能生成的内容在著作权法中的定性》,载《法律科学(西北政法大学学报)》2017年第5期。

③ 参见易继明:《人工智能创作物是作品吗》,载《法律科学(西北政法大学学报)》2017年第5期。

④ 参见熊琦:《人工智能生成内容的著作权认定》,载《知识产权》2017年第3期。

⑤ 参见寨佳伶:《再论人工智能生成物的著作权法属性》,载《社会科学论坛》2020年第3期。

⑥ 参见吴汉东、张平、张晓津:《人工智能对知识产权法律保护的挑战》,载《中国法律评论》2018年第2期。

"人工智能作者说""虚拟法律人格说""人工智能编程设计者为作者说""社会公有领域说""人工智能使用者说""人工智能编程设计者与使用者为共同作者说"。

国内学者也围绕上述学说进行研讨,并形成了不同的观点。有学者认为,相比于"人工智能作者说"或"虚拟法律人格说"将著作权赋予人工智能本身,以及"社会公有领域说"将著作权纳入社会公共资源,采用"人工智能使用者说"更能够发挥著作权对于人类主体进行创造的激励作用。并且,从对人工智能生成物产生的实际贡献等角度来看,将"人工智能使用者"认定为著作权法意义上的作者更具有合理性。因此,在我国构建以"人工智能使用者说"为基础,并类推适用职务作品的相关规定的人工智能生成物著作权归属制度,能够实现对人工智能生成物的充分保护和有效利用。[1] 有学者则指出,在有关人工智能生成物知识产权保护的归属权问题上起主导作用的应是权利与责任对等原则,而不是"虚拟法律人格说"。[2]

也有观点认为,对于智能作品上的权利配置,需要首先重视设计者、所有者和使用者之间的合同安排,按照约定优先的原则确定权利,解决权属纠纷;在没有约定的情况下,应该建立起以所有者为核心的权利构造。[3]

(三)对数据保护的挑战

在大数据时代,法律遇到的一个严峻挑战即应当如何确认数据的权利归属,既要保护被收集人的个人信息权,又要保护数据开发者、合法利用者的数据财产权。迄今为止,如何对数据进行确权并且构建起权利内容和权利转移制度的问题尚未解决,需要法律予以尽快完善。

1. 数据权利属性

数据权属及其分配规则不清,已成为数字经济发展的最大制度障碍。现行物权法把物权分为动产和不动产,而数据难以按照此种方法进行分类,故而学界一直争议数据属于物权还是债权,使数据权利属性成为一个争议点。大体来讲,目前主要存在五种不同观点:财产权说、人格权说(隐私权说)、知识产权说、独立数据权说、区别说。

一是财产权说,强调数据的经济价值。有学者指出,数据在性质上属于新型财产权,数据保护问题并不限于财产权的归属和分配问题,还涉及这

---

[1] 参见朱梦云:《人工智能生成物的著作权归属制度设计》,载《山东大学学报(哲学社会科学版)》2019年第1期。
[2] 参见王雪乔:《人工智能生成物的知识产权保护立法研究》,载《湖南科技大学学报(社会科学版)》2020年第2期。
[3] 参见易继明:《人工智能创作物是作品吗》,载《法律科学(西北政法大学学报)》2017年第5期。

一类财产权的转移、利用、保管等法律问题。① 有观点认为,数据财产权的基本原则是谁的数据归谁所有,没有任何主体指向的数据是公共资源。②

二是人格权说或隐私权说,强调对个人信息的保护。有论者认为,将个人数据权归为财产权,其原因在于将个人数据权与个人信息权作了混淆。个人信息权是信息主体的财产权,而个人数据权是数据主体的人格权。③

三是知识产权说,强调从数据产生过程来界定数据权属。有观点认为,用户数据与个人信息并非绝对等同,用户数据基于其非物质性等独特属性,与知识产权存在多维度的性质共通,知识产权也因此成为规制用户数据最便捷、最现实的选择方案。④

四是独立数据权说,认为有必要在财产权、人格权等基础权利之外新设一种独立的数据权。有观点认为,由于数据具有客体属性、确定性、独立性,存在于人体之外,因此,数据权利属于民事权利。但由于数据权利客体"数据"的自然属性与现有的民事权利客体的自然属性不同,所以,数据权利是具有财产权属性、人格权属性、国家主权属性的新型的民事权利。⑤

五是区别说,强调数据本身的多样性和复杂性,其性质不能一概而论,主张根据数据内容或类型分别说明其权利性质。根据主体不同,有学者将数据划分为公共数据、企业数据和个人数据,并认为公共数据归公民所有,是一项基本的公民权利;企业数据是一种财产权;而个人数据既包括了人格权,也包括财产权。⑥ 也有学者从数据安全的角度出发,将其划分为底层数据、匿名化数据和衍生数据。⑦

2. 司法实践中涉数据保护案件的现状

据实践调研了解,江苏、浙江、北京、广东为涉数据保护类案件高发地区,上海、河南、福建、四川、安徽、山东等地的案件量相对较多。涉数据保护案件中的民事案件占比较少,约为 20%。其中近半数的民事案件发生于北京。涉数据保护民事案件中,不正当竞争纠纷和侵害作品信息网络传播权纠

---

① 参见王利明:《人工智能时代对民法学的新挑战》,载《东方法学》2018 年第 3 期。
② 参见吴晓灵:《大数据应用:不能牺牲个人数据所有权》,载《清华金融评论》2016 年第 10 期。
③ 参见周斯佳:《个人数据权的宪法性分析》,载《重庆大学学报(社会科学版)》2021 年第 1 期。
④ 参见司马航:《用户数据的知识产权属性之辩》,载《科技与法律》2019 年第 6 期。
⑤ 参见李爱君:《数据权利属性与法律特征》,载《东方法学》2018 年第 3 期。
⑥ 参见石丹:《大数据时代数据权属及其保护路径研究》,载《西安交通大学学报(社会科学版)》2018 年第 3 期;吕廷君:《数据权体系及其法治意义》,载《中共中央党校学报》2017 年第 5 期。
⑦ 参见武长海、常铮:《论我国数据权法律制度的构建与完善》,载《河北法学》2018 年第 2 期。

纷案件高发。从数据内容类型上看,涉用户信息的案件和涉客户信息、商户信息、简历信息等经营性信息的案件数量较多;从数据媒介类型上看,涉微信、微博、抖音等通信或社交应用数据的案件数量最多。

而涉数据保护刑事案件所占比重较大,约80%的案件发生在刑事领域,主要分布于江苏、浙江。涉数据保护刑事案件中,非法获取计算机信息系统数据、非法控制计算机信息系统罪案件量最多,破坏计算机信息系统罪案件量次之,侵犯商业秘密罪、提供侵入,非法控制计算机信息系统程序、工具罪和非法侵入计算机信息系统罪案件数量较少。

调研中发现,因数据的权属不明确,有3个问题困扰有关企业:一是创新难,数据企业之间爬取数据、滥用数据的现象普遍存在,甚至形成灰色产业,小型企业担心数据安全,不愿将数据接入云平台共享,一些企业研发创新动力明显不足。二是交易难,因数据价值缺乏统一评估标准,需要逐一谈判,数据交易成本高。对企业交易数据是否需要原始数据全部所有人同意、对衍生数据企业是否可以自主交易等问题尚无定论,交易企业可能面临诉讼风险。有人预测,个人信息保护法出台后,数据企业被诉的风险增大。三是维权难,数据平台遭到侵权的情况时有发生。司法实践中,针对数据侵权纠纷案件,因现有法律没有保护数据的具体条款,原告主张权利的举证难度大,法院只能将非独创性数据视为企业财产利益、竞争优势,适用《反不正当竞争法》第2条的一般条款,只能保护企业的部分权益,难以全面、及时、有效地保护数据企业的正当利益。[①]

3. 数据权益的立法保护

(1)对于数据控制者的数据财产权益是否应当受到保护的问题,我国学者多持肯定态度。但是,对于如何护数据财产权益的问题,则存在相当大的争议。大致可以分为两类模式:第一类模式为"现行制度模式",认为可以通过现有制度来解决数据财产权益保护问题;第二类模式为"新设制度模式",认为现有制度不足以解决数据财产权益保护问题,需要另行创设新的制度加以应对。[②] 具体而言,第一类模式还包括以6种观点:一是知识产权保护说,认为应当通过知识产权对数据进行保护[③];二是竞争法保护说,认为对数

[①] 参见姜伟:《数字经济发展呼唤数据权利保护类法律》,载《人民法院报》2021年1月7日,第2版。
[②] 参见杨翱宇:《数据财产权益的私法规范路径》,载《法律科学(西北政法大学学报)》2020年第2期。
[③] 参见王广震:《大数据的法律性质探析——以知识产权法为研究进路》,载《重庆邮电大学学报(社会科学版)》2017年第4期。

据不正当竞争行为的规制需要依赖竞争法[1];三是合同法保护说,认为应当构建以契约式规制为核心、辅以代码技术调整和侵权责任法救济的数据纠纷化解路径[2];四是非赋权保护说,认为数据上体现的内容可以受到个人信息、著作权、商业秘密等保护,对之并无增添一个新的专门权利之必要[3];五是概括保护说,认为在民法总则对数据给予概括式、原则性保护很有必要[4];六是复合保护说,认为数据产业者财产赋权保护应采用物权加知识产权双重保护模式[5]。第二类模式包含以下两种观点:一是信息财产权保护说,认为数据财产保护赋权要打破有形物的固有观念,对于数据财产权利保护应采用信息财产权体系[6];二是新型财产权保护说,认为数据之上的利益在现行法下受到若干制度的保护,但都有其缺陷,因此,应当采取新型财产权保护的进路[7]。

(2)学者围绕数据权利入法提出了各种对策,多数观点认为传统的法律架构无法适应人工智能时代下的数据保护。有学者认为数据权利立法模式必须转向。数据法益是数据立法的核心,围绕数据法益展开的数据立法以个体与集体的数据法益保护为原则与宗旨,以用户与经营者之间的数据法益双向平衡为立法结构,通过数据法与民法、行政法、经济法、国际法规范的有效衔接,保障和约束数据法益的实现。[8] 有学者提出,传统法律框架中以用户为中心的单边保护模式无法适应数据经济中对数据流通与保护有效平衡的合理需求。应结合数据经济中的双向动态性复杂结构,从个人信息与数据资产角度分别进行用户与数据经营者的权利配置,从而在法律设计上处理好数据流通和数据安全的关系,在数据的保护和利用之间实现有效平衡。[9] 有学者认为,传统法律架构无法适应当前数据经济利益关系合理调整的需求。应该在区分个人信息和数据资产的基础上,进行两个阶段的权利建构:对于用户,应在个人信息或者说初始数据的层面,同时配置人格权益和财产权益;对

---

[1] 参见刘继峰、曾晓梅:《论用户数据的竞争法保护路径》,载《价格理论与实践》2018年第3期。
[2] 参见张阳:《数据的权利化困境与契约式规制》,载《科技与法律》2016年第6期。
[3] 参见吕炳斌:《论网络用户对"数据"的权利——兼论网络法中的产业政策和利益衡量》,载《法律科学(西北政法大学学报)》2018年第6期。
[4] 参见曹建峰:《民法总则数据保护路径:概括式保护及与知识产权协调》,载《大数据》2017年第1期。
[5] 参见姬蕾蕾:《数据产业者财产赋权保护研究》,载《图书馆建设》2018年第1期。
[6] 参见刘金瑞:《数据财产保护的权利进路初探》,载《中国信息安全》2017年第12期。
[7] 参见纪海龙:《数据的私法定位与保护》,载《法学研究》2018第6期。
[8] 参见任颖:《数据立法转向:从数据权利入法到数据法益保护》,载《政治与法律》2020年第6期。
[9] 参见刘新宇:《大数据时代数据权属分析及其体系构建》,载《上海大学学报(社会科学版)》2019年第6期。

于数据经营者,基于数据经营和利益驱动的机制需求,应分别配置数据经营权和数据资产权。①

有学者提出构建人工智能时代下数据保护的法律制度的重点:重塑同意机制;拓展数据主体权利,包括被遗忘权、数据便携权、反自动化决策权;加强对个人敏感数据的保护力度;加重数据控制者责任。② 还有学者指出,我国需要加快建立数据匿名化处理和使用的法律规范,包括明确匿名化数据的法律概念和认定标准,强调数据不再具有身份可识别性;引入隐私风险评估机制,鼓励企业基于个案在内部实施数据匿名化的风险评估,并基于评估结果,适时调整匿名化策略;利用合同规范、技术保障等多重工具实现数据的真正匿名化;建立数据匿名化的事前、事中和事后的规范体系。③

(3)关于企业数据保护,有观点认为,数据资源的产权保护、企业经营者的利益保障、鼓励数据开放应用的法律尚不完备,需要把握好数据安全与数字经济发展之间的动态平衡。按照"急用先行"的原则,在《数据安全法》、《个人信息保护法》即将出台的背景下,建议将数据权利,特别是数据产权保护类法律尽快列入立法计划并及时出台,建立既维护国家安全,也保护个人信息权利,又保护数据使用者权利的数据保护制度。④

也有论者提出,企业数据保护在承载企业追求经济利益的功能的同时,具有多重功能的聚合性和所涉利益关系的交织性,这些导致企业数据财产权保护路径的设计非常复杂。其设计应与民法上典型的财产权不同,不能简单化,而应该建立一种具有极强协同性的结构系统,体现为一种以私益结构为核心、多层限制为包裹的复杂法律秩序构造。在功能上,既要有利于充分刺激数据制作者的积极性,又要维护数据相关的各种功能和利益关系;在构造上,不是简单赋予权利人一个完全自在自为的利益空间,而是在赋予权利人必要私益基础上的,同时设定诸多条件和活动限制,从而达成数据关联利益的平衡。⑤

第四节 人工智能的立法建议

法律应当如何规制人工智能,从而在鼓励创新的同时保护人类社会的基

---

① 参见龙卫球:《数据新型财产权构建及其体系研究》,载《政法论坛》2017年第4期。
② 参见张志峰:《人工智能时代个人数据的法律保护》,载《中国社会科学报》2020年4月22日。
③ 参见江溯:《自动驾驶汽车对法律的挑战》,载《中国法律评论》2018年第2期。
④ 参见姜伟:《数字经济发展呼唤数据权利保护类法律》,载《人民法院报》2021年1月7日,第2版。
⑤ 参见龙卫球:《再论企业数据保护的财产权化路径》,载《东方法学》2018年第3期。

本价值并将风险保持在可控范围之内,是一个已经引起学者广泛讨论的问题。

一、关于立法原则

关于立法原则,有论者认为,有关人工智能技术的立法应以鼓励和引导为主,打击和规制为辅。① 有论者建议进行人工智能试验性立法时,应当遵循以人类为中心、人工智能权利有限等原则,对人工智能相关权利义务、技术研发和行政规制等内容加以规定。② 有论者提出,有关人工智能技术的立法以经济性、社会性的双重架构,坚持维护人的尊严原则,技术创新、经济效率和社会保护一体化原则,科技风险和监管一体化原则,行为治理和技术治理协同原则,来推进对人工智能的合理规范。③ 还有学者建议,将社会主义核心价值观嵌入并融合于国家人工智能立法过程,这既是我国人工智能技术及产业发展的内在需要,也是推进国家治理体系和治理能力现代化建设,进一步弘扬社会主义核心价值观的现实考量。④

二、关于立法路径

不少学者认为人工智能法一定要按照科技法的迭代,把既有的科技法路径接续下来,体系贯彻下来,而不是重新开始。⑤ 有学者进一步指出,人工智能的立法基础和路径,应当深入到科技法及其迭代发展的语境之中加以认识,并且自觉体现"历史—发展""社会—技术"的连接性。⑥ 人工智能立法应以立法范式转型引领科技立法进入新时代,即应该向"技术—社会+经济"新范式转变。⑦

也有学者基于类型化的区分,认为立法回应应当采取针对性的不同对策。人工智能的法律挑战可以类型化为安全、权利、治理三个层次。对于安全挑战与权利挑战,侧重于立足既有法律制度进行小幅度的调整,同时保障

---

① 参见刘宪权:《人工智能时代的刑事责任演变:昨天、今天、明天》,载《法学》2019年第1期。
② 参见陈光:《论我国人工智能试验性立法》,载《安徽师范大学学报(人文社会科学版)》2020年第4期。
③ 参见龙卫球:《人工智能立法的"技术—社会+经济"范式》,载《武汉大学学报(哲学社会科学版)》2020年第1期。
④ 参见陈兵:《把社会主义核心价值观融入人工智能立法的必要与可能》,载《兰州学刊》2020年第6期。
⑤ 参见龙卫球:《人工智能立法路径》,载《互联网天地》2019年第11期。
⑥ 参见龙卫球:《科技法迭代视角下的人工智能立法》,载《法商研究》2020年第1期。
⑦ 参见龙卫球:《人工智能立法的"技术—社会+经济"范式》,载《武汉大学学报(哲学社会科学版)》2020年第1期。

对技术发展的激励;对于治理挑战则应该更加审慎地应对,重视以立法手段回应,强化法律约束,避免市场平台的算法治理凌驾于法律治理之上。① 还有学者指出,个人信息法律保护应当从侧重个体主义许可转向侧重风险控制,从侧重静态化的保护转向侧重动态化的保护。②

三、关于立法体系

我国人工智能产业应如何立法,是系统性地制定人工智能法还是按照人工智能细分领域单独立法,目前尚未形成统一认识。有学者认为,制定一部总括性的人工智能法在目前这个阶段时机尚不成熟。在目前这个阶段,我国不会针对人工智能进行体系化的立法,试图为技术发展留下足够广阔的想象力空间。只有在自动驾驶等技术发展已经相对成熟、产品亟待进入市场的应用领域,才会尝试进行地方性、试验性的立法。③ 也有学者认为,应专门制定一个法律,叫"人工智能科技法"。④

有学者指出,人工智能立法作为科技立法的特别领域法,应当注意一般与具体的结合,还要注意自身与其他法律的交叉。人工智能特别法,目前存在不同划分方法,现在的一种趋势是,按照人工智能具体场景或者应用功能类型做出进一步细分,如人工智能传媒、内容分发、电商平台、社交平台、搜索算法、公共服务(广义包括政务、司法等)、交通(无人机、自动驾驶)、智能辅助、医疗诊断、法律助手等。⑤ 也有学者认为,应构建公法框架下的细分领域法律体系,促进技术创新和产业发展。根据人工智能细分应用领域(如智能机器人、无人驾驶汽车、算法等),制定涵盖监管职责、技术标准和责任划分的公法模式下的相关法律,重点立法范畴可包括人工智能的法律地位、人工智能成果权利归属、人工智能损害后果的责任划分和人工智能风险的法律控制等。⑥

四、立法面临的挑战

智能革命对当下的法律规则和法律秩序带来一场前所未有的挑战,在民

---

① 李晟:《人工智能的立法回应:挑战与对策》,载《地方立法研究》2019 年第 5 期。
② 参见丁晓东:《大数据与人工智能时代的个人信息立法》,载《北京航空航天大学学报(社会科学版)》2020 年第 3 期。
③ 参见郑戈:《如何为人工智能立法》,载《检察风云》2018 年第 7 期。
④ 参见龙卫球:《人工智能立法路径》,载《互联网天地》2019 年第 11 期。
⑤ 参见龙卫球:《人工智能立法的"技术—社会+经济"范式》,载《武汉大学学报(哲学社会科学版)》2020 年第 1 期。
⑥ 参见李佳霖:《人工智能产业立法当加速》,载《经济日报》2018 年 5 月 8 日,第 9 版。

事主体法、著作权法、侵权责任法、人格权法、交通法、劳动法等诸多方面与现有法律制度形成冲突,凸显法律制度产品供给的缺陷。① 人工智能产业快速发展带来的法律问题主要有智能系统和机器人的主体问题、算法歧视、数据隐私和保护、知识产权归属、责任划分和承担等,我国现有法律对此均无相应的明文规定。② 人工智能技术既是当前各国科技研发与应用推广的重点,也对伦理、安全和隐私等方面带来了诸多挑战。③

当前,人工智能所带来的核心挑战或基本问题主要有三个:一是责任承担问题,即如果人工智能给社会和他人造成伤害,该由谁来承担责任,与之相关的则是其所带来的收益,又该如何确定其归属;二是主体资格问题,即人类的法律是否应当赋予人工智能体以法律主体资格及相应的法律权利;三是伦理问题,即为了守住人类中心地位及共同的善,应当确定人工智能可以做出哪些决策或从事哪些行为,而哪些决策或行为是严禁人工智能触碰的等。④ 另外,在人工智能的立法规制领域,各国之间需要加强合作,实际上,各国之间在很多方面已经开展了合作,但基于竞争、安全或价值取向等考虑,也会在立法调整方面保留自己的立场或特色,从而在无国界的技术之上设置各自的制度壁垒,这影响了人工治理法律规制的国际合作,制约了相对统一的国际规则或标准的形成。⑤

五、关于立法的重点难点

有学者认为,制定一部人工智能法要重点解决三个问题:一是科技市场法语境下,人工智能规范的问题;二是科技工程管控下的人工智能风险法;三是科技政策与人工智能。⑥ 有观点指出,要构建和完善人工智能技术研发标准,对研发者的资质和研发内容进行严格审核;确立智能机器人致损的归责原则和标准;对于与公民个人身份相关的可识别性信息,应建立销毁制度及赋予公民知情同意权。⑦

有学者提出,制定一部人工智能法,首先需要明确其规范对象与规范策

---

① 参见吴汉东:《人工智能时代的制度安排与法律规制》,载《法律科学(西北政法大学学报)》2017年第5期。
② 参见李佳霖:《人工智能产业立法当加速》,载《经济日报》2018年5月8日,第9版。
③ 参见张吉豫:《人工智能良性创新发展的法制构建思考》,载《中国法律评论》2018年第2期。
④ 参见陈光:《论人工智能时代立法者的危机与生机》,载《河北法学》2020年第8期。
⑤ 同上注。
⑥ 参见龙卫球:《人工智能立法路径》,载《互联网天地》2019年第11期。
⑦ 参见刘宪权:《人工智能时代的刑事责任演变:昨天、今天、明天》,载《法学》2019年第1期。

略。人工智能立法调整对象存在双重区划必要,并应依据两大领域基本功能、利益和风险预设的不同对调整策略作出区分。其中,对于专业科技活动部分,鉴于人工智能科技具有战略竞争地位,基础共性和环节研发具有攻关复杂性的特点,应在鼓励促进资源市场化配置的同时,加大政府战略和政策支持力度;对于赋能科技活动部分,应该立足"人工智能+"框架下赋能与应用场景的叠加关系,注重赋能与应用场景之间的权衡,避免因引入赋能效率而导致被赋权场景的价值功能偏移异化或利益风险关系的严重失衡。①

有学者提出,应设置人工智能产业发展与安全委员会,针对重点应用领域进行调研,并重视对于正在快速发展的人工智能技术对发展空间的需求,以及人工智能技术中安全性、可解释性等方面发展相对滞后的现实,从专利制度、侵权责任制度和政府机构管制3个方面的综合考虑出发,构建可以更好地促进人工智能创新发展的法制环境。②

在如何避免人工智能对人类造成伤害这一问题上,学者们提出了很多建议,如在赋予人工智能体以法律地位的同时,严格限制其某些领域(政治、自我复制等)的权利,并建立和完善相应的监管机制。为了确保建立在人类中心地位基础上的"底线"得以维系,立法者可选择的一种方式是在制度上给人工智能设置一个"切断开关"。这种机制允许人们在感到生命或财产可能受到人工智能侵害时,有权启动人工智能体上的"切断开关",停止人工智能体的运行,而不必承担法律责任。③

第五节 法律人工智能的相关问题

在司法领域,人工智能的运用尝试如火如荼,开始初步形成了信息的电子数据化、办案辅助系统的智能化、实体裁判的预测与监督系统以及统一、电子化的证据标准等法律人工智能形式。受司法实务界的影响,法学界对人工智能在司法领域中的运用的关注和研究热度也与日俱增。对司法人工智能的相关研究主要集中在司法人工智能的可能性、风险性、主要发展障碍以及司法人工智能的具体运用等方面。

一、法律人工智能的可能性

面对法律人工智能的迅猛发展与广泛运用,域外理论界出现了两种观

---

① 参见龙卫球:《人工智能立法规范对象与规范策略》,载《政法论丛》2020年第3期。
② 参见张吉豫:《人工智能良性创新发展的法制构建思考》,载《中国法律评论》2018年第2期。
③ 参见陈光:《论人工智能时代立法者的危机与生机》,载《河北法学》2020年第8期。

点;部分学者对法律人工智能的使用前景持相对乐观的态度,认为法律人工智能在当下与未来将获得更广泛的使用,但这取决于算法的进一步优化、计算机硬件的进一步提升以及更为物美价廉的法律人工智能服务的出现。还有部分学者则认为,由于目前能够获取的数据可能并不可靠、算法标准模糊且未达到公开透明程度,盲目信任法律人工智能会产生如隐性歧视等新问题、新冲突。①

国内学者的观点较为一致,法律人工智能在中国可预见的中短期内只可能是一种有限的辅助办案手段,难以胜任知识覆盖面大、技术含量高的司法实务工作,更可行的做法应是一种人机结合的司法裁判智能化辅助系统。② 在现阶段对法律专家系统软件的设计和运用应该持一种慎之又慎的态度,尤其是在电脑量刑方面更不可急于求成,也没有必要完全排除法官的心证和裁量。司法权的终局性注定了要通过辩论的优胜劣汰机制选出一个正确的最终解决方案。在这样的现代法治体制面前,大数据、云计算、信息技术、人工智能都只是实现合法正义的辅助手段,切不可本末倒置,这是始终应该铭记的一条基本原则。③

二、法律人工智能的风险及其应对

不少学者关注司法领域中人工智能可能引发的风险,并提出防范风险的宏观思路与措施。有论者提出,智能技术司法运用的局限性导致人工智能介入司法不可避免地带来司法过程对技术的过度依赖、算法黑箱影响司法公开、数据裁决的算法歧视等一系列风险。面对智慧司法可能带来的风险和挑战,司法机关需要在严格把握人工智能介入司法边界的基础上,建立事前评估和事后检验相结合的算法论证规则,设立完善的算法解释规则,嵌入案件预警纠偏机制,并探索运用区块链技术,对智慧司法实施的风险进行有效地法律规制,保障智慧司法在法治轨道上理性推进,从而实现有效益的正义。④

另外,有学者提出刑事司法智能化探索仍须解决好以下挑战:一是进一步完善司法大数据建设,确保司法数据的完整性、真实性,为算法规则的制定与运算奠定前提与保障;二是语言转换与数据解码处理技术是关键,应实现计算机语言与人类语言的无缝对接,优化算法的透明性、程序正当性;三是

---

① 参见左卫民:《关于法律人工智能在中国运用前景的若干思考》,载《清华法学》2018年第2期。
② 参见宋旭光:《论司法裁判的人工智能化及其限度》,载《比较法研究》2020年第5期。
③ 参见季卫东:《人工智能时代的司法权之变》,载《东方法学》2018年第1期。
④ 参见徐娟、杜家明:《智慧司法实施的风险及其法律规制》,载《河北法学》2020年第8期。

法律适用基本不存在唯一的标准答案,智能系统设定或通过学习得出的"标准答案",存在机械性司法的覆辙之风险,应予以控制;四是应对智能技术及其应用进行必要、有效且可靠的伦理监管,使技术应用具有可视化与可知性、程序正当性,避免"技术暴力"演化为具体危害与危险;五是应对智能系统控制的数据、信息等进行保密,规范数据的采集、提供、存储、使用等方面的行为;六是前瞻地讨论智能法律体系的"法律职业人资质"问题,包括法律职业资格考试、职业等级认定、司法责任制等的调试。①

就伦理风险来说,学界当前对人工智能司法应用方面的伦理风险及规制关注较少。有论者认为,司法大数据与人工智能技术的应用呈现出数据前置性、算法依赖性、自我适应性与领域限定性的技术特征以及范围全面性、功能根本性、地位关键性与态度开放性的时代特征,与司法场景特性的融合交叠可能诱发司法固有属性被消解、法官主体地位被削弱、司法改革目标被替代和司法改革结果失控等风险。为了有效防范风险,在司法大数据与人工智能技术应用中必须遵循以保障司法固有属性为终极目标、以强化法官主体地位为根本出发点、以工具主义为功能定位、以比例原则推动审慎创新的伦理规范。②

就算法风险来说,有学者提出人工智能算法独特的运行逻辑正在深刻地改变着以往的生产方式和生活方式,并诱发了一系列的伦理危机。调整传统法律制度的规制理念,构建符合人工智能算法运作基本逻辑的规制路径具有规制算法的重要意义。③ 有学者进一步提出,对于算法问题,首先,要考虑的问题是提高算法的准确性与科学性,探索契合中国法律实践的算法。其次,注意算法使用的透明性。最后,注意算法的歧视性。这就要求认识到人工智能得出的判断可能存在错误,需要人的理性判断与解读。④

三、法律人工智能的发展障碍及其应对

不少学者提出当前法律大数据应用在成效与期待之间出现了断层,我国在顶层设计、国家政策、学术界研究方面对人工智能的重视程度超过不少国家,但却在司法实践运用效果层面遇冷,并从宏观层面或针对具体发展障碍

---

① 参见孙道萃:《我国刑事司法智能化的知识解构与应对逻辑》,载《当代法学》2019年第3期。
② 参见王禄生:《司法大数据与人工智能技术应用的风险及伦理规制》,载《法商研究》2019年第2期。
③ 参见郑智航:《人工智能算法的伦理危机与法律规制》,载《法律科学(西北政法大学学报)》2021年第1期。
④ 参见左卫民:《关于法律人工智能在中国运用前景的若干思考》,载《清华法学》2018年第2期。

提出多项建议。

有论者认为,法律人工智能存在一定的现实困境。从数据层面来看,当下的法律数据不充分、不真实、不客观且结构化不足;从算法层面来看,法律人工智能所使用的算法隐秘且低效;从人才层面来看,法律界、人工智能界互有疏离、隔阂。未来,应认识到法律人工智能在我国运用的长期性与艰巨性,在明确法律人工智能应定位于辅助角色的同时,在技术层面上改进算法并培养法学与计算机科学知识相融合的人才。① 也有论者提出,持续强化法律人工智能的实践能力,通过引入统计学、计算机科学的人才从根本上改变法学院的基因,并通过开设法律大数据、法律人工智能等相关课程,实现真正的跨学科互动与交流。②

有学者采用技术进路分析认为,法律大数据在自然语义理解、模型训练等领域遭遇的技术"瓶颈"限制了法律领域智能化应用的效果;也有学者采用制度进路,认为法律大数据的应用推广需要制度设计予以保障。例如,从本体论、认识论和方法论的角度出发,尝试构建法律大数据"领域理论":一是尝试构建法律大数据的基本知识谱系,探讨法律大数据的"3A"领域特征;二是尝试更新法律大数据的知识表示逻辑,提出"轻量级理论驱动"领域认识论;三是结合法律大数据的本体论与认识论,构建技术与法律深度融合的领域方法论。③ 又如,提出破解这些难题的路径是基于私权利保护的理念,从设置算法的论证程序、嵌入案件纠补机制、确立算法解释规则、限定技术应用空间及构建司法商谈机制等多个程序入手,促使智慧司法健康发展。④

有论者提出,人工智能司法应用存在话语冲突,大数据与人工智能司法应用虽与传统司法信息化有着承继关系,但却呈现出技术介入的广泛性与深刻性。前沿技术地位的提升在司法场域中引发了"一种实践,两套话语"的独特现象。此种"话语分裂"是由法学专业知识与科学技术知识塑造的专业权利与技术权利在司法场域中外化为专业话语与技术话语进而形成的冲突。在下一阶段大数据与人工智能司法应用的过程中要协调话语冲突,推动技术知识与专业知识的深度融合,明晰技术权利对专业权利的介入边界。⑤

---

① 参见左卫民:《关于法律人工智能在中国运用前景的若干思考》,载《清华法学》2018年第2期。
② 参见左卫民:《热与冷:中国法律人工智能的再思考》,载《环球法律评论》2019年第2期。
③ 参见王禄生:《论法律大数据"领域理论"的构建》,载《中国法学》2020年第2期。
④ 参见马靖云:《智慧司法的难题及其破解》,载《华东政法大学学报》2019年第4期。
⑤ 参见王禄生:《大数据与人工智能司法应用的话语冲突及其理论解读》,载《法学论坛》2018年第5期。

有论者对智慧司法进行法理反思,认为智慧司法进入了全面应用的阶段,也产生了新的实践问题。智慧司法之法理反思直面实践问题背后的本质,从本体论视角批判性分析法律代码化、审判模式重塑和审判权嬗变等困境。从方法论视角反思"同案同判"、道德推理、价值判断和法律预测等法律方法的功能替代效应。从技术视角反思智慧司法自身面临的大数据挖掘难题、算法偏见和其他技术"瓶颈"。①

四、法律人工智能的具体运用

司法人工智能目前已取得一定效果,并主要集中在两个领域:一是警务活动中的广泛运用,典型的如人脸识别技术被广泛布置于机场、车站、广场等人员密集区域,能自动捕获、抓取动态人脸图像,并与公安机关数据库中的图像进行比对、核实。二是司法辅助活动中的相对有限运用,典型的如"智慧法院"建设中推出的庭审智能语音识别、电子卷宗生成、类案推送、量刑辅助、法律问答机器人等,这些运用似乎在某种程度上满足了当事人的需求,减轻了法官的工作量。同时,在司法活动中也开始发挥提高效率、节约司法资源的作用,但其效果似乎相当有限,在司法实践中并未如预期般普遍运用。② 类案推荐、量刑辅助、偏离预警等应用面临着图谱构建过度依赖人工干预、情节提取的自然语义识别技术准确度不足、类案识别的准确率偏低、模型训练的样本瑕疵、量刑算法的非可视化、偏离度预警的颗粒度悖论等技术"瓶颈"。因此,在承认前沿技术给传统司法工作带来突破的同时,也必须客观分析技术所面临的障碍。③

关于智慧法院建设,有论者认为,中国的"智慧法院"建设虽然处在世界领先地位,但同时也出现了审判业务与信息化建设的"两张皮"现象。应建构一种"大审判管理格局",有效释放"技术红利",把法官从非审判性事务中解放出来,更加专注于规则适用等核心审判工作,并与传统的"以人为中心"的司法改革和当下的"以科技为中心"的智慧法院建设一起,成为中国法院建设的"一体两翼",以实现法院内部资源的最优配置,最大限度地同时实现司法公正和司法效益。④ 也有论者指出,就中国智慧法院的性质而言,一方

---

① 参见魏斌:《智慧司法的法理反思与应对》,载《政治与法律》2021年第8期。
② 参见左卫民:《从通用化走向专门化:反思中国司法人工智能的运用》,载《法学论坛》2020年第2期。
③ 参见王禄生:《司法大数据与人工智能开发的技术障碍》,载《中国法律评论》2018年第2期。
④ 参见程金华:《人工、智能与法院大转型》,载《上海交通大学学报(哲学社会科学版)》2019年第6期。

面,包括人工智能在内的信息技术并未改变我国法院的科层化管理方式,而是通过精准配置司法资源和优化绩效考核而强化了法院内部的科层化管理;另一方面,智能技术通过高效精准的类案检索、类案推送和案件比对强化了司法判决的形式品质,但并不是在法律论证的意义上,而是在统计学规律的意义上。从总体上说,中国智慧法院建设的经验显示了法律与科技之间的深刻互动。①

关于人工智能技术应用于审判辅助智能化办案体系,有论者认为,必须确立与审判工作具有关联性的大数据分析理论系统,将此系统与审判工作中的决策、监督、管理、流程、程序等基础理论相结合进行综合分析研判,技术应用同时还需要与审判人员和技术研发人员的教育培训相结合,人工智能辅助办案规则体系和培训教育模式。人工智能辅助审判办案机制建构以及人工智能技术在审判中推广应用需要拓展全新视野,力求从人工智能技术在公共法律服务的应用层面推进审判体系和审判能力现代化,促进人工智能技术与审判辅助办案机制的深度融合。②

关于人工智能辅助司法裁判,有论者提出应当对人工智能辅助司法裁判设定必要的限度,并在智能辅助系统的应用初期对其应用范围、数据利用、系统设计方面进行分析和探索,以助力人工智能在司法裁判领域的可靠、可控发展。③ 人工智能裁判系统在数据来源、数据格式、数据处理等方面存在技术困境。在技术层面,目前人工智能运用于审判是以连接主义作为认知方式的基础,但随之而来的是决策过程的黑箱问题,使我国的司法体系再次面临实体价值和程序价值的抉择。面对智能裁判系统,法官们也在隐私权、审判权等方面存在担忧,可从"双向监控"、弱化偏离预警的上报功能入手,避免审判管理异化为审判管控。④

关于构建量刑辅助系统,有论者提出,现阶段必须清醒地认识到,在量刑改革中人工智能只能扮演法官的辅助角色,切不可本末倒置。未来司法人工智能的发展,应在厘清其自身定位的基础上,寻求技术上的实质突破。⑤ 在微观层面,应以量刑逻辑主导算法逻辑为原则,以阶段性量刑为作用领域,且

---

① 参见郑戈:《在法律与科技之间——智慧法院与未来司法》,载《中国社会科学评价》2021年第1期。
② 参见杨凯:《公共法律服务智能应用新视野——以人工智能技术与审判辅助办案机制建构》,载《湖北警官学院学报》2020年第5期。
③ 参见帅奕男:《人工智能辅助司法裁判的现实可能与必要限度》,载《山东大学学报(哲学社会科学版)》2020年第4期。
④ 参见秦汉:《人工智能司法裁判系统的学理反思》,载《北方法学》2021年第3期。
⑤ 参见倪震:《量刑改革时代人工智能泛化之批判》,载《人民论坛·学术前沿》2020年第7期。

为保证司法公正,须落实量刑人工智能的算法公开和阶段性量刑结论的可解释性。① 特别是在认罪认罚案件中,人工智能辅助精准预测量刑系统宜定位为司法辅助角色,发挥量刑规范化层面的参考作用。理论预测与数据预测作为体系双核相互验证,与必要的人工介入齐力实现更精准预测量刑,提高量刑协商效率与量刑建议质量。② 为了更好地推动智能量刑算法的司法适用,我国应在现行司法程序的基础上,建立司法听证程序、算法选择程序、算法判决申诉程序,并面向三类刑事变通事项建立主审法官的伴随性审查程序,以消除智能量刑算法的技术性缺陷。③

关于类案推送系统,有论者认为,法院现有的类案类判系统存在检索推送案例不精确、推送案例的范围过窄、来源不明、层级不清、类案类判实践差异显著等诸多问题。这背后有技术无突破、数据不全面、制度不健全的现实原因,同时就司法逻辑层面而言,类案类判能否以及在何种程度上取代司法解释与指导性案例的地位值得怀疑与考量。因此,需要思考如何充分捏合算法与法律,建立真正的法律案例大数据库。同时,加强"类案"本身的建设与管理,确立国家层面类案类判的管理机制与标准流程,建立一套类案类判、类案推送、类案检索的国家标准。④

关于审讯过程中对人工智能的应用,有论者提出,运用科技手段辅助侦查人员执行复杂而缜密的心理分析、策略制定及推送、口供甄别等智能性的审讯任务已经成为可能。为此,在大数据背景下,应用行为科学技术方法探讨并解决研究和应用过程中的技术与法律问题,架构审讯智能系统平台,提高审讯的质量和效率,拓展人工智能在审讯领域的应用空间是审讯实践未来发展的方向。⑤

第六节 自动驾驶汽车的相关法律问题

无人驾驶汽车可能带来的法律问题,主要有两个方面:一是法律规制对象的转变;二是法律责任体系的重构。前面已经探讨过智能机器的自主性与

---

① 参见甄航:《人工智能介入量刑机制:困境、定位与解构》,载《重庆大学学报(社会科学版)》2020年第6期。
② 参见孙道萃:《人工智能辅助精准预测量刑的中国境遇——以认罪认罚案件为适用场域》,载《暨南学报(哲学社会科学版)》2020年第12期。
③ 参见张玉洁:《智能量刑算法的司法适用:逻辑、难题与程序法回应》,载《东方法学》2021年第3期。
④ 参见左卫民:《如何通过人工智能实现类案类判》,载《中国法律评论》2018年第2期。
⑤ 参见毕惜茜:《审讯中人工智能的应用与思考》,载《中国人民公安大学学报(社会科学版)》2020年第3期。

法律人格,这里主要梳理后一个问题。

一、自动驾驶的民事归责问题

关于自动驾驶民事归责的讨论主要集中在责任主体和责任承担类型两个方面。

在责任主体方面,主要存在两种分类方式:一是三方结构,分别是研发者、制造者和驾驶者,其中研发者应承担合理研发义务,制造者应承担安全义务,驾驶者应承担谨慎义务。[1] 二是无人驾驶侵权责任应呈链式分配,将侵权事故的涉及主体即研发者、生产者、使用者、保险人、监管者与其他主体全部包含在内。在这种结构下,链条内的主体均有恰当的责任制度予以规制,形成风险责任负担闭环。[2]

在责任承担类型方面,持严格责任论者认为应适用严格责任,而对于应由何人承担严格责任也有争议。有论者指出,对于自动驾驶模式下发生的交通事故侵权,无论是从自动驾驶汽车运行原理考察,还是从侵权法的救济与预防目标来看,抑或从自动驾驶产业的自身发展状况出发,均应由制造商一方承担产品责任。[3] 也有学者并不赞成,认为从长期来看,将系统生产者解释为自动驾驶汽车的驾驶人的解释论构造会导致原来由车辆驾驶人承担的机动车责任移转给生产者,使生产者负担过重的证明责任。从促进技术进步的角度来看,此种责任的移转并不合理,需要通过立法予以纠正。[4] 有论者提出,为充分救济事故的受害人,可以考虑引入机动车保有人的严格责任。[5] 还有论者提出,在《侵权责任法》与《产品质量法》均无法提供有效救济的情况下,可以考虑的是参考英国的相关立法,设立专门针对自动驾驶汽车的保险。[6]

二、自动驾驶的刑事归责问题

由于人工智能技术的复杂性、裁量的独立性和行为自控性等特点,使现实中会出现人工智能因过失导致的法益侵害,存在无法归责的空白地带。学

---

[1] 参见许中缘:《论智能汽车侵权责任立法——以工具性人格为中心》,载《法学》2019年第4期。

[2] 参见袁曾:《无人驾驶汽车侵权责任的链式分配机制——以算法应用为切入点》,载《东方法学》2019年第5期。

[3] 参见郑志峰:《自动驾驶汽车的交通事故侵权责任》,载《法学》2018年第4期。

[4] 参见冯洁语:《人工智能技术与责任法的变迁——以自动驾驶技术为考察》,载《比较法研究》2018年第2期。

[5] 参见冯珏:《自动驾驶汽车致损的民事侵权责任》,载《中国法学》2018年第6期。

[6] 参见江溯:《自动驾驶汽车对法律的挑战》,载《中国法律评论》2018年第2期。

界形成了"智能机器人独立刑事责任说"与"人工智能'背后的人'的刑事责任说"两种解决路径,形成了"机器人刑法"与"传统刑法修正"两套应对方案,或是承认自动驾驶汽车的犯罪主体地位,或是建议修改刑法增设罪名。

多数观点认为,既有的刑事法律规范足以解决自动驾驶汽车肇事的刑事责任归属问题。例如,有论者指出,现阶段应克服刑事立法冲动,在既有的刑事法律规范体系内寻求解决方案,更具有现实意义。自动驾驶汽车的驾驶人未尽到合理注意义务的,承担过失责任;制造单位生产的自动驾驶汽车存在缺陷或者明知有缺陷而未召回的,承担产品质量相关的刑事责任;使用人发现自动驾驶汽车存在缺陷继续使用的,承担监管过失责任;入侵智能驾驶系统或者利用自动驾驶汽车实施犯罪的,承担故意犯罪的刑事责任。①

有论者认为"智能机器人独立刑事责任说"提倡的无人驾驶汽车的犯罪主体性、增加罪名、修改刑罚体系的方案不具有合理性和可操作性。"人工智能'背后的人'的刑事责任说"对生产商、使用者苛以严格责任或监督过失责任的主张,既违背了责任主义,也过于偏重刑法的社会防范机能而忽视了权利保障。实质上,以客观归责理论和新过失理论解释完全自动驾驶模式下的无人驾驶汽车交通肇事的刑事责任归属问题具有妥当性与合理性。②

有论者认为,自动驾驶模式引发的交通事故,须结合自动驾驶的程序原理和级别设定进行刑事归责。非完全或高度自动驾驶模式下,自动驾驶汽车只允许驾驶人部分地信赖操作系统;过度信赖导致事故发生则应追究驾驶人的过失责任。相关问题的处理,需要平衡技术发展与风险承担之间的紧张关系,优先运用民事责任合理分配风险,刑法应尽量保持谦抑、注重信赖原则的规范适用。在具体的刑事归责方面,可以类型化为:非法利用自动驾驶汽车作为犯罪工具的犯罪人的故意责任、驾驶人的过失责任、系统故障导致的生产销售者的产品责任以及驾驶人与系统存在过失竞合的责任等情况。对于自动驾驶模式造成交通肇事后逃逸的行为,驾驶人并非实行行为人,不存在构成结果加重犯的可能。为避免交通事故结果的扩大,应扩张适用不报、谎报安全事故罪。对于生产者、销售者所可能承担的产品责任,以当时科学技术水平能够预见到的产品缺陷为限。③

有论者在批判"机器人刑法"与"传统刑法修正"的基础上,提出了限缩过失犯的解决路径。机器人刑法虽然在一定程度上会防止技术发展的萎

---

① 参见牛天宝:《通过现有规范解决自动驾驶汽车肇事之刑事责任归属问题》,载《法学杂志》2020年第3期。
② 参见廖兴存:《无人驾驶汽车交通肇事过失刑事责任论纲》,载《湖南社会科学》2021年第3期。
③ 参见付玉明:《自动驾驶汽车事故的刑事归责与教义展开》,载《法学》2020年第9期。

缩,但是,在刑法的主体、刑罚正当化和自由意志等方面备受质疑。而传统刑法修正,虽然会保留刑法的本来面貌,但会导致出现刑法介入过失犯的范围过宽的局面。应对人工智能时代的风险,社会应当在保障技术发展的长远目标的基础上,限缩过失犯的成立,保持刑法的最后手段性。[1]

有论者认为,对驾驶员和使用者能否构成犯罪,应着重分析其对肇事结果有无过失,即便在高度自动化和完全自动化场合,留在车上的驾驶员和使用者仍有可能构成犯罪。虽然自动驾驶汽车的整车、零部件或程序的设计者、生产者、销售者可能因为生产、销售不符合安全标准的产品而承担产品责任或刑事责任,但由于他们对具体的驾驶违章行为所致具体肇事结果不可能预见和避免,无法对具体肇事结果产生注意义务,因而不能构成交通肇事罪。[2]

三、其他国家的相关研究

不同国家关于自动驾驶立法侧重虽有不同,但都关注交通安全问题。[3] 2014年,荷兰修订交通法律,以便在公路上开展大规模的自动驾驶卡车测试;英国2018年7月通过《自动与电动汽车法案》,明确了适用于自动驾驶汽车的保险和责任规则;瑞典2016年制定《自动驾驶公共道路测试规范》,确定了隐私保护的一般要求,即测试单位确保测试数据采集、保存符合国际相关法规,并且保护个人隐私信息;芬兰法律并没有特别要求机动车必须有驾驶员,2016年7月15日,芬兰交通安全局批准了无人驾驶公交车在芬兰上路,为无人驾驶车合法上路扫除了障碍。

为适应自动驾驶发展的需要,联合国相关机构自2016年年初起就修改包括《维也纳公约》在内的一系列国际道路交通安全法规,3月正式确认自动驾驶合法,在最新修订生效的法规中写明允许驾驶员适时接管车辆的驾驶,不必随时自行驾驶汽车。美国也一直在探索单独立法模式,众议院于2017年一致通过两党法案《自动驾驶法案》,试图建立一个联邦框架,以确保自动驾驶汽车的安全性,并防止各州制定有关这类车辆的设计、制造和性能的法律。

(一)德国

2017年5月,德国联邦议会和参议院通过了一部法案,对《道路交通法》

---

[1] 参见储陈城:《人工智能时代刑法归责的走向——以过失的归责间隙为中心的讨论》,载《东方法学》2018年第3期。
[2] 参见赵宇航:《论自动驾驶汽车交通肇事的刑事责任》,载《福建法学》2020年第1期。
[3] 参见龙卫球:《人工智能立法规范对象与规范策略》,载《政法论丛》2020年第3期。

进行了修改,允许高度自动化和完全自动化的汽车作为交通工具上路。但为了符合1968年《维也纳道路交通公约》第8条"每一部车辆在行驶时都必须有驾驶员在位"的规定,该法没有允许自动驾驶汽车变成"无人驾驶"汽车。① 该法规定,当自动驾驶系统启动之后,司机可以转移注意力,如去读书或上网,但他必须保持足够的警觉,以便在系统发出请求时恢复人工控制。该法还要求高度或完全自动化汽车安装记录驾驶过程的"黑匣子",在没有卷入交通事故的情况下,"黑匣子"信息必须保存半年。如果在自动驾驶模式运行过程中发生了事故,责任在于汽车制造商;但如果自动驾驶系统已经发出了请求人工控制的信号,责任便转移到了汽车上的驾驶人员身上。德国的这部法律遭到业界的猛烈批评。有人指出,在新法下,司机不知道该怎样做才能避免法律责任,自动驾驶汽车无法实现真正的"无人驾驶",也就是车上只有乘客而没有驾驶员,这阻碍了自动驾驶汽车的商业化发展。试想,如果一个人花比传统汽车贵得多的价钱购买了自动驾驶汽车,却时刻必须保持警觉,而且要在自动驾驶系统控制汽车操作一段时间后瞬间介入,应付紧急情况,这实际上对驾驶员提出了更高的要求。新法把自动驾驶汽车造成人身伤亡的最高赔偿额度提高到1000万欧元,比原来的最高赔偿额度增加了1倍。虽然这笔赔偿在多数情况下将由保险公司支付,但保险公司无疑会提高保费,这也增加了自动驾驶汽车车主的负担。此外,"黑匣子"信息保留半年的规定也增加了个人数据和隐私被滥用的风险,因为自动驾驶汽车上遍布的传感器和摄像头会记录下非常多的个人私密信息。

(二) 美国

与德国立法模式不同,美国众议院于2017年9月通过的《自动驾驶法》则采取了一种完全不同的思路。② 它没有改变现有的道路交通规则和与事故责任相关的侵权法规则,而是用宪法和行政法的思维方式划分了联邦与各州之间在规制自动驾驶汽车方面的责任,明确了交通部在确立自动驾驶汽车硬件安全标准、网络安全标准、公众知情标准等方面的具体义务和履行时间表。其中,第12条强化了隐私权保护,要求制造商和经销商只有在提出了满足一系列具体要求的"隐私权保障计划"的前提下才可以供应、销售或进口自动驾驶汽车。这些要求旨在确保自动驾驶汽车的车主和使用者对自己的个人数据和隐私有充分的控制能力,使其不至于在自己不知情的情况下任由制造商或程序设计者使用自己的个人数据。

---

① 参见郑戈:《如何为人工智能立法》,载《检察风云》2018年第7期。
② 同上注。

结　语

在当前的经济形势下,人工智能领域是我国极具竞争优势的领域之一,人工智能和经济社会进行了深度融合,深刻地改变着人们的生活,但它的广泛应用也带来了新的社会治理问题、法律问题以及伦理规范问题。总体来看,我国目前关于人工智能法学研究呈现繁荣之势,但各项研究还处于起步阶段,一些基础性、原理性的问题尚未梳理清楚,一些根本性的争议问题还没达成基本共识,需要法学理论研究者长期关注、勇于探索、积极回应。特别是在全面依法治国的时代背景下,思考人工智能与社会治理的关系、人工智能与权益保护的关系,具有十分重要的意义。法学研究应当密切关注社会现实,积极回应人工智能带来的一系列法律挑战,冷静思考新技术发展所提出的各种法学问题,进行理性分析和专业判断,为立法完善和司法实践提供有力的理论支撑。

（附录一作者:徐文文）

附录二:欧盟各国司法数字化水平分析报告

法治在欧盟政治日程上占有重要地位。2020 年起,欧委会每年发布一份欧盟年度法治报告,对 27 个成员国的法治状况进行评估。成员国的司法质量和效率是年度法治报告的重要内容,而司法数字化水平则是对成员国司法质量评估的重要方面。此外,欧盟从 2013 年起每年发布一份的"司法分数表"①,更是对各成员国的司法数字化水平从十余项具体指标予以量化评分。可见,司法数字化已引起欧盟的高度重视。

近年来,欧盟加速向绿色和数字社会转型,成员国司法机关也不例外,大刀阔斧推进数字化改革。本附录主要基于 2020—2022 年的欧盟年度法治报告和司法分数表,介绍欧盟成员国的司法数字化概况并对各国司法数字化水平、主要特点进行分析,最后介绍欧盟支持成员国司法数字化的举措并对未来发展进行展望。

一、司法数字化概况

根据 2022 年欧盟司法分数表,主要从以下几方面考察成员国的司法数字化水平:②

(1)在线获取司法系统信息方面。几乎所有成员国都有关于司法系统的网上信息,包括如何获取法律援助、法院收费标准、法院程序表格等信息,但各国所提供信息的内容和回应民众需求的程度差异较大。在此方面排名比较靠前的国家有保加利亚、德国、西班牙、拉脱维亚等十几个国家,得分差距不大。克罗地亚、罗马尼亚、卢森堡等国得分较低,而希腊和塞浦路斯则完全没有得分。

(2)制定数字化程序规则方面。指成员国制定相应程序规则,允许法院在民商事、行政和刑事案件审判中使用数字技术。细分为当事人、被告人、受害人、专家、证人等可远程参加庭审、程序口头部分可完全远程进行、数字证

---

① EU Justice Scoreboard,是欧盟法治工具箱的一部分,对成员国司法系统的效率、质量和独立性进行年度评估。
② The 2022 EU Justice Scoreboard, Publications Office of the European Union, 2022, pp. 40-47.

据的可采性等评分指标。总体而言,不到一半的成员国制定了数字化程序规则,允许审理案件时使用远程通讯技术和采纳数字证据。剩下的成员国中,有的只在有限情形下有相应数字程序规则。在此方面得分较高的国家包括捷克、爱沙尼亚、西班牙、斯洛伐克、瑞典等国;排名靠后的国家包括法国、卢森堡、塞浦路斯、希腊等。希腊是制定数字化规则最少的。

(3)法院和检察机关使用的数字技术方面。具体包括使用电子案件管理系统、电子案件分配系统、安全远程办公技术、使用视频会议等远程通讯技术、使用人工智能、区块链等新技术。调查显示,大多数成员国的法官、检察官和一般员工已经有各种数字工具可以使用。尽管多数成员国有案件管理系统、视频会议系统和远程办公安排,但在案件分配系统的自动化以及人工智能、区块链工具更广泛应用方面仍需改进。在此方面得分高的国家有爱沙尼亚、奥地利、德国、西班牙等国,而马耳他、比利时、塞浦路斯、保加利亚、捷克等则排名较低。塞浦路斯和保加利亚的检察机关完全没有得分。

(4)安全的电子通讯工具方面。指法院分别与执行官、公证员、拘留场所、诉讼律师之间,以及法院之间有安全的电子通讯渠道。报告显示,多数成员国法院具备安全电子通讯工具。然而在一些国家,法院只能与某些法律从业者和相关部门沟通。在此方面,丹麦、德国、爱沙尼亚等14国并列第一梯队,而塞浦路斯、希腊、马耳他、保加利亚等国则得分较低。

(5)在线跟踪在审或已结案件方面:具体包括在线起诉、获取案件电子档案、电子送达、在线申请法律援助等指标。对民商事和行政案件,尽管程度不同,多数成员国的个人和企业可以在线跟踪其在审或已结案件。与2020年相比,三分之一以上成员国在此方面有所改进。然而在刑事案件中,大多数成员国的被告人和受害人只在非常有限的情况下可以在线跟进或部分从事诉讼活动。对民事和行政案件而言,爱沙尼亚、拉脱维亚、立陶宛三国并列满分,意大利、德国等得分也较高,而保加利亚和卢森堡得分最低,且与其他国家差距较大。对刑事案件而言,爱沙尼亚、匈牙利并列第一,希腊、马耳他和荷兰则没有得分。

(6)在线获取法院判决方面。在最高审级的判决公布方面,22个成员国公布了所有民商事和行政案件判决,也公布了刑事案件判决。然而,在线公布二审判决就少得多,只有10个成员国公布了所有二审法院判决。总体而言,低级别法院判决公布情况不理想;与民事、行政案件相比,刑事案件判决公布较少。保加利亚、爱沙尼亚、立陶宛、匈牙利、斯洛伐克并列满分,比利时、波兰、法国、瑞典、希腊等国排名靠后。

(7)采取措施制作机器可读的司法判决方面。包括判决及其元数据可免费下载,进行匿名化/假名化处理,公布判决时是否隐去个人数据,判决附有关键词、日期等检索信息等评分指标。尽管差异巨大,所有成员国至少都采取了某些措施制作机器可读的判决。总体而言,各国有采取更多措施的趋势,尤其是提供判决的关键词、日期等元数据以及公布判决时修改个人信息。10个国家与2020年相比有所改进。排名靠前的国家包括德国、拉脱维亚、保加利亚、爱沙尼亚等国,比利时、瑞典、丹麦、希腊则排名靠后。

二、成员国司法数字化水平分析

如果说欧盟司法分数表试图以图表形式直观地对成员国司法系统数字化水平按不同指标给出量化评分,欧盟年度法治报告则更多是对成员国司法数字化水平的整体评估和具体描述。当我们对欧盟各国司法数字化水平进行考察时,呈现在眼前的是一幅面貌各异的复杂图景。法院、检察院、法律从业者、公众等利益相关方牵涉其中,民事、行政和刑事司法领域差距明显,各国所处的数字化阶段不同,改革措施和优先领域各异。从欧盟司法分数表可以看出,各国在司法数字化具体指标上的表现变动不一,有的国家在某一指标评分很高,但另一指标则可能排名靠后。任何一般化概括都存在风险,欧盟也没有对成员国司法数字化水平进行总体排名。

本附录尝试结合近三年的法治报告和司法分数表,对欧盟各国的司法数字化水平进行初略分析。由于人们习惯按地理位置划分国家,为便于比较分析,此处将各成员国按地理位置大致划分如下:北欧三国(丹麦、芬兰、瑞典)、波罗的海三国(爱沙尼亚、拉脱维亚、立陶宛)、西欧八国(比利时、德国、法国、意大利、卢森堡、荷兰、奥地利、爱尔兰)、中东欧八国(保加利亚、捷克、克罗地亚、匈牙利、波兰、罗马尼亚、斯洛文尼亚、斯洛伐克),以及南欧五国(西班牙、葡萄牙、希腊、塞浦路斯、马耳他)。这只是一种相对划分,不一定准确。

总体而言,波罗的海三国的司法数字化水平突出:爱沙尼亚是成员国中司法数字化方面表现最好的[1];拉脱维亚司法系统运用信息通讯技术在欧盟属于最先进之列[2];立陶宛数字工具在司法系统的使用很普遍[3]。北欧三国整体水平较高,但面临不同程度的挑战:丹麦主要在以电子方式起诉和跟踪

---

[1] 2022 Rule of Law Report, Country Chapter on the rule of law situation in Estonia, Luxembourg, 13.7.2022.

[2] 2022 Rule of Law Report, Country Chapter on the rule of law situation in Latvia, Luxembourg, 13.7.2022.

[3] 2022 Rule of Law Report, Country Chapter on the rule of law situation in Lithuania, Luxembourg, 13.7.2022.

行政和刑事诉讼进度方面有差距①;芬兰正在改进其案件管理系统并在网上公布更多判决②;瑞典法院数字技术的配备和使用情况总体不错,然而在线获取一审法院判决和使判决机器可读方面仍有问题③。西欧八国总体处于平均水平:意大利、奥地利相对突出,总体水平较高;比利时、卢森堡、爱尔兰则相对落后;德国、荷兰、法国近两年加大投入,司法数字化进展较快。中东欧八国司法数字化水平差异较大,匈牙利、斯洛文尼亚水平较高,其他国家则相对较低,但罗马尼亚、波兰和斯洛伐克近年来努力改进,取得重要进展,保加利亚、捷克则进展较慢,改革执行情况不理想。克罗地亚则比较落后,在信息通讯技术方面位于欧盟最不发达国家之列。④ 南欧五国中西班牙整体水平较高、多项评分靠前;葡萄牙、希腊尚可,虽已采取一些措施但很多方面仍待改进;塞浦路斯、马耳他两个小岛国则很落后,与其他国家差距巨大,引起欧委会严重担忧。

可以看出,各国司法系统采用的数字化技术和所处的数字化阶段差异较大。爱沙尼亚在所有成员国中表现最为亮眼,其法院使用的信息通讯技术十分先进,法治报告连续肯定"爱沙尼亚是欧盟成员国中司法数字化方面表现最好的"⑤,且还在不断改进。2020 年欧盟法治报告浓墨重彩介绍了爱沙尼亚法院使用的颇为先进的四大信息系统,其中既包括法官和工作人员使用的内部信息系统,也有当事人参与诉讼的外部信息系统,还有集合了公检法等诉讼相关部门信息并可进行集中分享的公共电子文件系统。⑥ 形成巨大反差的是,塞浦路斯的司法系统则几乎没有数字化。公众可在线获取的司法信息非常有限。此外,几乎无法以数字方式提起和跟踪民商事和行政案件。⑦

---

① 2022 Rule of Law Report, Country Chapter on the rule of law situation in Denmark, Luxembourg, 13. 7. 2022.
② 2022 Rule of Law Report, Country Chapter on the rule of law situation in Finland, Luxembourg, 13. 7. 2022.
③ 2022 Rule of Law Report, Country Chapter on the rule of law situation in Sweden, Luxembourg, 13. 7. 2022.
④ 2021 Rule of Law Report, Country Chapter on the rule of law situation in Croatia, Brussels, 20. 7. 2021.
⑤ 2020 Rule of Law Report, Country Chapter on the rule of law situation in Estonia, Luxembourg, 30. 9. 2020; 2021 Rule of Law Report, Country Chapter on the rule of law situation in Estonia, Luxembourg, 20. 7. 2021.
⑥ 2020 Rule of Law Report, Country Chapter on the rule of law situation in Estonia, Luxembourg, 30. 9. 2020.
⑦ 2022 Rule of Law Report, Country Chapter on the rule of law situation in Cyprus, Luxembourg, 13. 7. 2022.

三、司法数字化的主要特点

一是数字化改革要规则先行、于法有据。与 2020 年相比,近两年许多国家完成对三大诉讼法的修改,制定允许法院使用数字技术的程序规则,为引入电子卷宗、视频庭审、数字证据等技术扫清法律障碍。从近三年的欧盟司法分数表也可看出,欧盟各国在制定数字化程序规则方面进展较快,2020 年起近一半成员国已取得进展。新冠病毒疫情初期各国对程序规则所进行的临时调整,后来纷纷经立法程序成为正式规则。一些国家司法数字化方面存在的问题迟迟没有解决,也与存在法律障碍有关。以斯洛文尼亚为例,2020 年欧盟法治报告指出其一审判决公布有限。此前斯洛文尼亚最高法院作出一份有关获取刑事案件卷宗信息权的判决。法院认为刑事诉讼法将查阅案件卷宗的权利限定为有法律利益关系的人(比如被告人和被害人),公共信息获取法又不适用于法院和公诉机关的文件。议会对此的回应是对刑事诉讼法进行修订,明确表明公共信息获取法设立了普遍获取文件的机制①,为下一步判决公开改革扫清了法律障碍。

二是文档电子化是多国近年来司法数字化的重点。电子文档可以说是数字化的基础,是诉讼流程数字化、法院案件管理电子化的前提。欧委会在 2020 年年底的一份报告中指出,欧盟司法系统一个突出问题是无论国内还是跨境司法程序中一直使用纸质文件。② 欧洲司法效率委员会下设的"网络司法和司法领域人工智能工作组"在 2020 年 12 月发布的《工作组路线图和行动方案》中将纸质文档向电子文档的转变列为 2021 年工作的首要优先领域。③ 近两年,欧盟不少成员国加快电子文档建设。比如,德国要求法院和检察院必须在 2026 年 1 月 1 日前完全使用电子文档保存程序性文件。州层面正在进行三个引入电子档案的项目。④ 法国从 2019 年开始在两个法院试点对刑事诉讼案件文档数字化,并逐步扩展至所有法院。⑤ 奥地利继续推进

---

① 2021 Rule of Law Report, Country Chapter on the rule of law situation in Slovenia, Brussels, 20. 7. 2021.

② Digitalisation of justice in the European Union A toolbox of opportunities, Brussels, 2. 12. 2020, P5.

③ CEPEJ, Roadmap and Workplan of the CEPEJ-GT-CYBERJUST, adopted at the 34th plenary meeting of the CEPEJ, 9 December 2020.

④ 2022 Rule of Law Report, Country Chapter on the rule of law situation in Germany, Luxembourg, 13. 7. 2022.

⑤ 2022 Rule of Law Report, Country Chapter on the rule of law situation in France, Luxembourg, 13. 7. 2022.

"司法3.0"项目,目的是在2025年前完全过渡到电子档案。①

三是判决公开获得越来越多认同,不少国家加快数据库建设。此前欧盟国家在判决网上公开方面不尽理想,个人、企业和法律从业人员获取信息均遇到困难。比如荷兰判决的公布率低、法国公布的判决数量有限、卢森堡只公布标志性判决,等等。2020年时只有立陶宛实现所有审级和司法辖区判决的全部网上公开,大部分国家只公布部分判决。② 而在2022年,保加利亚、爱沙尼亚、立陶宛、匈牙利、斯洛伐克实现所有类型和所有审级案件判决网上公开。③ 近两年,许多国家投资判决或案例法数据库建设,一方面注重判决的机器可读性和可检索性,另一方面制定匿名化或假名化规则,开发算法对所涉个人数据进行处理,力图在满足公众信息权和保护个人隐私和数据方面实现平衡。比如,捷克要求法院在2022年7月1日前必须公布所有判决④;丹麦国家法院管理局2022年1月6日起引入判决在线数据库⑤;荷兰线上公布法院判决的比例仍相对较低,但计划未来10年内将公开判决的占比提高至所有判决的75%⑥;罗马尼亚上线一个包括一审和上诉审案件最终判决的新网站⑦;芬兰2020年年底建成一套可以自动匿名和注释法院判决的系统,使判决公开更加便利⑧。

四是司法数字化水平与司法效率正相关,提升数字化水平成为一些国家解决司法效率低下问题的重要手段。克罗地亚、塞浦路斯、马耳他正在解决长期存在的司法系统效率低下问题,而这几个国家的司法数字化水平很低。塞浦路斯一审法院解决民商事和行政案件的时间在欧盟中是最长的(2018年为737天,2019年为882天)。⑨ 马耳他司法系统的效率问题持续恶化。2020年,一审民商事案件的时间进一步增加(550天),上诉程序也非常长

---

① 2022 Rule of Law Report, Country Chapter on the rule of law situation in Austria, Luxembourg, 13. 7. 2022.

② 2020 Rule of Law Report, Country Chapters of Netherlands, France, Luxembourg and Lithuania, Brussels, 30. 9. 2020.

③ The 2022 EU Justice Scoreboard, Publications Office of the European Union, 2022, P44.

④ 2022 Rule of Law Report, Country Chapter on the rule of law situation in Czechia, Luxembourg, 13. 7. 2022.

⑤ 2022 Rule of Law Report, Country Chapter on the rule of law situation in Denmark, Luxembourg, 13. 7. 2022.

⑥ 2022 Rule of Law Report, Country Chapter on the rule of law situation in the Netherlands, Luxembourg, 13. 7. 2022.

⑦ 2022 Rule of Law Report, Country Chapter on the rule of law situation in Romania, Luxembourg, 13. 7. 2022.

⑧ 2022 Rule of Law Report, Country Chapter on the rule of law situation in Finland, Luxembourg, 13. 7. 2022.

⑨ 2021 Rule of Law Report, Country Chapter on the rule of law situation in Cyprus, Brussels, 20. 7. 2021.

(838天)。① 克罗地亚司法数字化多项评分落后,用于案件管理和法院与当事人间电子通讯的信息通讯技术在欧盟属于最不发达之列。② 相反,数字化水平最高的爱沙尼亚的司法系统十分高效,诉讼时长和待审案件量在欧盟中是最低的。③ 欧盟对塞浦路斯、马耳他等国冗长的诉讼程序表示严重担忧,敦促政府加大司法数字化投入,提升司法效率。

五是尽管司法数字化转型是共识和趋势,但过程并非一帆风顺,期间可能出现反复。欧盟国家无一例外都在推进司法系统数字化转型,但一些信息系统存在技术缺陷,运行初期反而影响工作效率,遭到法官和法院员工的抵制。保加利亚要求所有法院从2021年6月1日起,使用法院统一信息系统,但法官和法院员工抱怨系统无法改进工作。2021年7月28日,最高法院全体会议请求院长下令不再使用该系统,因为系统看上去复杂繁琐且耗时。2021年8月10日,最高法院院长下令停止使用系统。2022年1月28日,索菲亚市行政法院判决最高法院院长的命令无效。然而,最高法院新任院长确认围绕系统的担忧仍存在,并已对索菲亚市行政法院的判决提起上诉,目前该案仍在最高行政法院审理。④ 拉脱维亚2021年底开始运行的电子案件管理系统也遇到技术问题,难以上传法院文件,最高法院发布对立法的解释,允许继续使用纸质文件。⑤ 可以预见,未来各国司法数字化转型中仍会遇到各种问题,挑战各国改革的决心。

四、欧盟促进司法数字化的措施及未来展望

欧盟近年来一直积极推动成员国司法系统数字化转型。欧委会为司法数字化设计了"工具箱",即司法系统各主体可以使用的一套综合性的法律、财政和技术工具,大体分为四类:一是给成员国的财政支持;二是立法动议,即设定数字化要求,促进司法便民,改进跨境司法合作;三是短中期内可被各成员国使用的信息技术工具,此类工具需要满足可交互操作、用户为中心、快速安全、可靠耐用、数据驱动,且确保隐私、数据保护和透明度等要求;

---

① 2022 Rule of Law Report, Country Chapter on the rule of law situation in Malta, Luxembourg, 13.7.2022.
② 2021 Rule of Law Report, Country Chapter on the rule of law situation in Croatia, Brussels, 20.7.2021.
③ 2021 Rule of Law Report, Country Chapter on the rule of law situation in Estonia, Brussels, 20.7.2021.
④ 2022 Rule of Law Report, Country Chapter on the rule of law situation in Bulgaria, Luxembourg, 13.7.2022.
⑤ 2022 Rule of Law Report, Country Chapter on the rule of law situation in Latvia, Luxembourg, 13.7.2022.

四是推广国家协调和监督工具,对司法数字化进行监督、协调、评估和经验交流。①

新冠病毒疫情暴露了许多成员国在司法数字化方面的缺陷,凸显了司法数字化的必要性和紧迫性。疫情以来,欧盟更是加大对成员国司法数字化的资金支持力度,在欧盟"复苏基金"(RRF)②机制下,重点向成员国绿色和数字转型领域的项目投资。RRF 提供多达 6700 亿欧元的贷款和无偿财政支持,每个成员国需要分配至少 20% 给数字转型。在批准的 22 个国家方案中,成员国已将 26% 以上投入数字转型。此外,欧委会还通过技术支持帮助成员国司法改革。欧委会在"技术支持工具"下③,2017—2021 年提供预算超过 8.6 亿欧元的资金,支持成员国与改善司法质效直接相关的项目。

各成员国也积极利用欧盟的财政和技术支持,制定了雄心勃勃的改革方案。瑞典、荷兰、葡萄牙等十几国都有正在开展的提升司法数字化水平的项目。比利时计划 2021—2026 年大幅投资提升司法系统数字化水平,包括建立统一司法门户、电子案件管理系统和在线公布案例等。④ 爱尔兰法院服务署公布了 2021—2024 年信息通讯技术战略,列出 6 个关键主题和 42 项行动。⑤ 卢森堡计划在 2026 年前完成"无纸化司法"项目。⑥ 马耳他政府发起 2022—2027 年数字司法战略,加大解决司法数字化领域差距的努力。⑦ 葡萄牙分配给司法系统的信息通讯技术预算 2021 年增加了 23.4%,一项投入高达 510 万欧元的专项资金用于支持司法系统现代化项目。⑧ 罗马尼亚司法机

---

① Digitalisation of justice in the European Union A toolbox of opportunities, Brussels, 2.12. 2020, P6.

② Recovery and Resilience Facility(https://ec.europa.eu/info/business-economy-euro/recovery-coronavirus/recovery-and-resilience-facility_en.),2021 年 2 月 19 日生效,对成员国从 2020 年 2 月疫情开始至 2026 年 12 月的改革和投资进行资助。它允许欧委会筹集资金帮助成员国实行与欧盟优先事项一致的改革和投资。RRF 优先支持成员国司法改革、反腐机制、公共行政和司法系统数字化。

③ Technical Support Instrument, https://ec.europa.eu/info/funding-tenders/find-funding/eu-funding-programmes/technical-support-instrument/technical-support-instrument-tsi_en, last access:Mar, 22, 2023.

④ 2022 Rule of Law Report, Country Chapter on the rule of law situation in Belgium, Luxembourg, 13.7.2022.

⑤ 2022 Rule of Law Report, Country Chapter on the rule of law situation in Ireland, Luxembourg, 13.7.2022.

⑥ 2022 Rule of Law Report, Country Chapter on the rule of law situation in Luxembourg, Luxembourg, 13.7.2022.

⑦ 2022 Rule of Law Report, Country Chapter on the rule of law situation in Malta, Luxembourg, 13.7.2022.

⑧ 2021 Rule of Law Report, Country Chapter on the rule of law situation in Portugal, Brussels, 20.7.2021.

关 2022—2025 年发展战略中列出了数字化目标,包括 2023 年年底前普遍使用电子文档、签名和印章,2024 年前升级地方司法机关的信息基础设施,2026 年前设立并运行集中数据中心等。① 瑞典新设了一个司法系统数字化委员会并已制定 2023—2027 年战略方案。②

可以预见,在欧盟和各成员国共同努力下,未来几年将是欧盟各国司法数字化转型的关键时期,一系列中长期战略将分阶段实施,一大批数字化项目将继续推进,司法数字化进入加速提质阶段。在此过程中,欧盟将通过其"司法学期"③"司法分数表""法治国家报告"等机制,及时监督、评估成员国改革进程和效果,并将其与下一阶段的资金支持紧密挂钩。因为崇尚法治是欧盟预算和资金管理的一个基本前提,法治评估的负面结果可能导致资金被撤回。相信这种外部压力一定程度上也将转化为成员国积极推动司法数字化改革的动力。

五、对我国司法数字化发展的建议

十八大以来,我国法院加大信息技术应用,积极推进智慧法院建设,司法数字化进展迅速,成绩显著。大数据、区块链、人工智能等先进技术广泛用于法院工作,电子卷宗系统、案件管理系统、各类智能化辅助系统全面上线;设立互联网法院,发布互联网司法规则,构建互联网司法新模式;深化司法大数据分析利用,建成审判流程、庭审活动、裁判文书、执行信息四大公开平台,实现审判态势实时分析。可以说,我国司法数字化处于世界领先水平,引起国际社会广泛关注。美国知名法律技术专家贾森·塔什亚 2021 年 10 月在美国著名智库布鲁金斯学会网站发文指出,过去十年,没有一个国家在数字司法领域的努力和成就可与中国相比。中国司法数字化举措大大提升了司法透明度,降低了诉讼成本,也极大提升了司法效率,推动司法工作惠及大众。④

下一步,我国的司法数字化将迈向"高质量"发展阶段。在各国争相发展法律技术和司法数字化模式竞争日益激烈的背景下,中国司法数字化如何

---

① 2022 Rule of Law Report, Country Chapter on the rule of law situation in Romania, Luxembourg, 13.7.2022.
② 2022 Rule of Law Report, Country Chapter on the rule of law situation in Sweden, Luxembourg, 13.7.2022.
③ European Semester,是对欧盟的经济和就业政策进行综合协调和监督的框架。2011 年引入,成为讨论欧盟国家财政、经济和就业政策的论坛。
④ Jason Tashea, How the U.S. can compete with China on digital justice technology, www.brookings.edu/techstream/how-the-u-s-can-comtepte-with-china-on-digital-technology, last access:Oct. 25, 2021.

继续保持领先地位，引领全球司法数字化发展道路，如何在世界范围内扩大中国数字司法影响力？无疑需要我们在坚持自身特色的同时，注重吸收借鉴其他国家司法数字化的经验。通过对欧盟各国司法数字化水平和特点的分析，对我国司法数字化的进一步发展提出以下几点建议：

一是及时将实践证明行之有效的司法数字化政策和经验上升为法律，为更深层次改革扫清制度障碍。欧盟成员国在新冠病毒疫情初期采取的视频庭审等临时应对措施，虽然维护了司法机关的正常运转，却构成对三大诉讼法规定的传统诉讼程序规则的背离。因而疫情缓解后各成员国纷纷修改法律，为未来全面推行视频庭审、电子证据、电子送达等数字化举措奠定法律基础。对许多司法数字化改革举措，我国最高人民法院在先行试点基础上，及时总结经验，制定相应司法解释或政策，先后出台人民法院在线诉讼、在线调解、在线运行"三大规则"，发布有关区块链和人工智能司法应用的意见，2021年年底修改的民事诉讼法，广泛吸收人民法院在线司法有关成果经验，明确了在线诉讼的法律效力。今后，人民法院应继续沿此路径深化智慧法院建设，推进司法技术升级迭代，同时完善相应规则体系。经过初期探索和快速扩张后，我国司法数字化改革将进入"深水区"，一些更为前沿的法律技术的开发应用将涉及一系列复杂敏感的法律和伦理问题，也需要立法明确原则、厘清边界、保障权利，为改革推向纵深保驾护航。

二是研究制定裁判文书匿名化标准和程序，加大对个人信息和隐私权的保护。欧盟各国在裁判文书公开时必须对所涉个人信息进行匿名化或假名化处理，满足《通用数据保护条例》（GDPR）设置的数据隐私和安全要求。GDPR号称全世界最严格的数据保护条例，在欧盟范围内，只要涉及个人数据处理就绕不开GDPR。因而捷克、希腊、芬兰、克罗地亚、罗马尼亚等国，或积极投入判决匿名化项目①，或在电子文档系统中引入专门匿名模块②，或开发可完全自动对裁判文书匿名的程序或软件③，对裁判文书所涉个人信息进行匿名化处理。匿名化必须遵循一定的标准和程序。GDPR第4条规定了"个人数据"和"匿名化"的定义，参照该标准，《德国联邦数据保护法》第3条第1款和第6款分别对"个人数据"和"匿名化"作出界定，其中"匿名化"指修改个人数据使有关私人或实际情况的信息不再与已识别的或者可识别的

---

① 2021 Rule of Law Report, Country Chapter on the rule of law situation in Czechia, Brussels, 20.7.2021.
② 2021 Rule of Law Report, Country Chapter on the rule of law situation in Croatia, Brussels, 20.7.2021.
③ 2021 Rule of Law Report, Country Chapter on the rule of law situation in Finland, Brussels, 20.7.2021.

个人一一对应,或者再现一一对应需要耗费不成比例的时间、费用和劳动。① 德国法院遵循法律规定的匿名化标准,采取了删除当事人及其诉讼代理人信息,并从案件事实和判决理由中删除所有人名和地名,而只保留名称的首字母的一般匿名化举措。但在个别情况下,这些措施仍不构成充分的匿名化。② 我国裁判文书公开在收获司法透明度提升赞誉的同时,也受到保护个人信息不足的指责。下一步,我国一方面应借鉴德国等国家裁判文书公开时的匿名化经验,就匿名化标准、具体方式、操作流程、实施机构与人员、核查机制等问题认真研究,及时制定相关法律和实践指引,规范裁判文书公开流程;另一方面,根据设定的标准和流程,及时开发匿名化技术工具,以便利裁判文书公开和更好保护公民个人数据和隐私。

三是要加强对司法技术的影响和技术相关难题的研究与应对能力。不可否认的是,经过十年发展,我国司法技术尚未成熟。司法系统在经历技术变革的同时,也应重视对技术带来的影响和一些相关难题的研究。美国学者贾森·塔什亚提出的影响司法技术未来发展的几个问题,对我们下一步推进司法数字化改革也具有借鉴意义。比如,各种司法技术项目的结果如何监测和评估,是看用户数量和网站流量,还是仅通过将司法服务和过程数字化？如何加强司法平台与政府搭建的其他平台的数据交互？如何有效保障老年人、残障人士等弱势群体利用信息技术享受司法服务的权利,尽可能消除"数字鸿沟",防止"数字分化"？如何完善司法数据的保管政策,明确数据权属,规范私营部门和技术公司获取公共司法数据的权限？③ 这些问题可以说是各国司法机关面临的共同难题,其解决需要法官、司法官员、技术专家、律师和公众等各利益相关方的参与,也需要各国司法机关加强交流互鉴。

四是要加强对人工智能等新技术的应用可能带来的法律与伦理问题的研究。数据、技术、政策和法律构成一个完整的数字司法生态系统④,技术的发展需要政策的支持,也需要法律与伦理为技术划定边界,防止技术野蛮生长或被滥用。当前,世界范围内司法数字化争议较大的一个领域是人工智能的应用。欧盟对人工智能在司法领域的应用持非常谨慎的态度,制定了开发利用必须遵循的五大原则,并对不同类型应用表明不同态度。对法律信息提

---

① 刘金瑞:《德国联邦数据保护法 2017 年版译本及历次修改简介》,载《中德法学论坛》2017 年第 2 期。
② VGH Baden-Württemberg, Beschluss vom 23.7.2010-1 S 501/10=MMR 2011, 277; VerwG Leipzig, Urt. v. 18.5.2016-1 K 1720/14=DStR 2016, 1606.
③ Jason Tashea, Justice-as-a-Platform, *MIT Computational Law Report*, https://law.mit.edu/pub/justiceasaplatform/release/3, last access: Dec. 7, 2021.
④ Jason Tashea, Justice-as-a-Platform, *MIT Computational Law Report*, https://law.mit.edu/pub/justiceasaplatform/release/3, last access: Dec. 7, 2021.

供和案例搜索、分析法院活动数据以改善司法效率等应用持鼓励态度,而对为法官或犯罪个体画像、预测法院判决等"预测性司法"应用持明确反对态度。① 一些人工智能应用背后的算法不透明或可能导致的"算法歧视"风险,是许多国家对司法系统应用人工智能持保留态度的重要原因。② 当前,欧盟各国司法数字化仍主要处于文档电子化、诉讼流程数字化阶段,较少涉及人工智能应用。国外对我国司法机关应用人工智能的状况,不乏机器代替法官判案的担心与质疑。③ 但正如我国学者回应此类质疑时指出的,人工智能软件和程序确实被用来辅助中国法官判案,但人工智能判案在中国法院尚未成为现实,短期内也不可能发生。④ 由于人工智能的司法应用面临敏感微妙的法律与伦理问题,未来我国法院应借鉴欧盟为司法领域人工智能应用定章立制的做法,加强顶层设计,为人工智能相关应用的开发设定边界。法院应发挥主导作用,法官必须在早期阶段即参与信息技术程序的开发,与技术人员紧密合作。"智慧法院工程背后的'智慧'必须是法官智慧的结晶,而不是任何信息通讯软件、程序专家或公司的智慧。"⑤除在设计阶段重点关注对数字系统的内容进行事前审查和质疑外,我们也需要找到可以对电子系统运行情况和针对个体所做具体决定进行系统性事后审查的有效机制⑥,为受人工智能应用影响的个体提供救济渠道。

(附录二作者:高园)

---

① CEPEJ, European Ethical Charter on the Use of Artificial Intelligence in Judicial Systems and Their Environment, adopted at the 31st Plenary Meeting of the CEPEJ (Strasbourg, 3-4 December 2018).

② CEPEJ, European Ethical Charter on the Use of Artificial Intelligence in Judicial Systems and Their Environment, adopted at the 31st Plenary Meeting of the CEPEJ (Strasbourg, 3-4 December 2018); Philip Sales, Algorithms, Artificial Intelligence, and the Law, *Judicature*, Vol. 105, No. 1, pp. 23-34.

③ Philip Sales, Algorithms, Artificial Intelligence, and the Law, *Judicature*, Vol. 105, No. 1, pp. 23-34.

④ Zhuhao Wang, China's E-Justice Revolution, *Judicature*, Vol. 105, No. 1, pp. 37-45.

⑤ Zhuhao Wang, China's E-Justice Revolution, *Judicature*, Vol. 105, No. 1, pp. 37-45.

⑥ Philip Sales, Algorithms, Artificial Intelligence, and the Law, *Judicature*, Vol. 105, No. 1, pp. 23-34.